이제부터 내가
회계 시스템 담당자라는데

회계 시스템 개발자를 위한 회계 원리와 회계 시스템 기본 지식

오세훈·이정수 지음

光文閣
www.kwangmoonkag.co.kr

서문

'IT 업체에 개발자로 입사했는데 내게 떨어진 업무가 회계 시스템 개발이란다. 대학에서 경영학을 전공했으니 회계를 알지 않느냐는 것이다. 사실 대학에서 회계 원리를 배우기는 했으나 지금은 다 잊어 분개도 잘 모르는데 어쩌지?'

'IT 업체에서 사업관리 시스템을 개발해 왔는데 회계 시스템 개발자가 퇴사해 대신 맡아야 하는 상황이 되었다. 회계의 '회'자도 모르고 회계 시스템에 구현된 업무 내용도 모르는데 도대체 어떻게 시작해야 하나? 일단 책부터 찾아 공부해야 할 텐데…. 회계 원리 책은 너무 학술적이고 회계 시스템 책은 마땅한 것이 없다.'

위는 회계 시스템의 개발이나 운영을 처음 맡게 된 개발자의 상황을 표현한 것이다. 여기서 개발자는 단순 코더(Coder)가 아닌 응용 시스템의 설계 일부를 겸하는 경우를 상정한 것이다. 개발자 입장에서 코딩 기술은 이미 배우고 익혀 그리 문제되지 않지만, 응용 시스템에 반영된 현업 업무는 파악하기 쉽지 않은 것이 현실이다. 그렇다고 피할 수도 없다. 어떤 업무든 처음에는 안 그렇겠는가. 중요한 것은 얼마만큼 정확하고 신속하게 파악하느냐인 것이다.

필자는 IT 업체에 근무하면서 회계 시스템 설계자 및 개발자를 채용하고 양성하는 데 많은 노력을 기울였다. 근무한 회사의 주 사업 분야가 일반 기업 및 공공기관의 경영관리 시스템 구축 및 운영인데, 회계 시스템의 경우 회계에 대한 지식과 경험이 없으면 업무를 수행하는 데 한계가 있기에 해당 분야 우수 인력 확보가 회사의 경쟁력에 결정적인 영향을 주기 때문이다.

거의 대부분 기업이 회계 시스템을 보유하고 있고 이를 운영 및 개발하는 인력을 직간접적으로 보유하고 있어 업무 분야별로 구분하면 IT 인력 중 회계 시스템 설계자/개발자가 수적으로 가장 많겠지만, 그만큼 수요도 많아 막상 역량 있는 인력을 구하기가 쉽지 않다. 더욱이 중소기업은 연봉 부담으로 우수 경력 사원의 영입이 쉽지 않은 상황이다. 따라서 신입 사원을 채용하여 자체 양성을 위한 교육을 할 수밖에 없는데, 마땅한 교재도 없고 가르쳐 줄 선배도 부족해 교육에 애를 먹는 것이 현실이다.

그래서 회계 시스템을 처음 접하는 신입 개발자와 또는 다른 업무 경험은 있어도 회계 시스템을 새로이 담당하게 된 경력 개발자에게 학습용으로 제공할 도서가 필요했다. 특히 회계

이론뿐 아니라 배우고 익히는 데 시간이 많이 걸리고 체계적으로 가르쳐 주는 사람도 없는 회계 시스템의 '업무 경험'을 충족시켜 줄 교재가 필요한데, 이를 찾을 수 없어 직접 본 도서를 집필하게 되었다.

    필자가 회계를 처음 접한 것은 중학교 시절이었다. 당시 '기술'은 남학교 필수 과목이었고 농업, 공업, 상업 등이 선택 과목이었는데 우리 학교는 상업을 선택하였었다. 그래서 전표 작성부터 분개장 기록, 총계정원장에 전기(轉記, posting), 그리고 재무제표 작성까지 상업 과목 중 '부기(簿記, bookkeeping)'에 해당하는 부분을 실습을 통해 배웠는데, 이것이 평생 회계 관련 업무를 하는 데 기반이 되었다.

    34여 년 전 SI 업체에 입사하여 SE(Software Engineer, 응용 시스템 개발자)로서 첫 출발할 때, 담당 업무로 회계 시스템 운영을 자원하였다. 그 이유는 회계 시스템은 전 세계 모든 기업이 사용하는, 시장이 가장 큰 시스템이기 때문에 향후 경력 관리상 유리할 것으로 생각했고, 또 이미 중고등학교에서 상업을 배워 회계에 대한 기본 지식이 있었기 때문이었다. 그 이후로는 줄곧 회계 시스템 구축 설계자 및 ERP 회계 컨설턴트로서 활동하였다.

    산업 측면에서는 제조, 물류/유통, 서비스, 금융 및 공공 부문의 회계 시스템 구축을 모두 경험하였다. 회계 시스템 컨설턴트로서 처음 수행하게 되는 산업의 경우, (프로젝트 전에 협상하는 과정에서) 해당 사업 분야 경험이 없는 부분에 대해 일부 고객의 우려가 있었지만, 실제 업무를 수행하는 데 전혀 어려움이 없었다. 왜냐하면 업무 프로세스와 사용하는 용어에 약간의 차이는 있지만 재무회계의 원리는 모두 동일하기 때문이다.

    수년 전에는 비영리 기관용 ERP 솔루션을 개발하면서 회계 시스템 전반에 대한 설계를 수행하였다. 그리고 그 제품을 한 공공기관에 적용하였고, 그 회계 시스템을 담당하게 된 개발자들을 대상으로 수시로 교육을 진행하였다. 이 책은 30여 년간의 회계 시스템 경험과 회계 ERP 개발 시 설계하고 교육했던 내용을 기초로 작성한 것이다.

    업무 시스템을 개발하기 위해서는 무엇보다 업무에 대한 이해가 중요하다. 아무리 기술력이 좋은 개발자라 하더라도 업무를 모르면 양질의 시스템을 개발할 수 없기 때문이다. 요구 사항을 전달하는 현업 사용자는 업무의 세부적인 사항까지 설명해 줄 수 없고, 또 시스템을 모르기 때문에 시스템 구현에 필요한 사항을 잘 이야기해 주지 못한다. 따라서 설계자 또는 개발자가 해당 업무에 대해 잘 모르면 사용자가 요구하는 내용을 잘못 이해하거나 일부만을 구현할 수 있고, 결국 뒤늦게 사용자 테스트 과정에서 필요 기능의 누락 또는 잘못된 부분이 밝혀지면 이를 바로잡기 위해 시스템을 수정 보완하는 데 많은 노력과 시간을 소모하게 된다. 이는 시스템 구축 프로젝트에서 손실이 자주 발생하게 되는 주요 원인 중에 하나이다.

회계 시스템 개발자(설계자 포함)는 업무 지식으로서 회계 원리를 기본적으로 알고 있어야 한다. 회계 시스템의 상당 부분은 회계 원리를 몰라도 개발하는 데 문제가 없으나 핵심적인 부분의 완성을 위해서는 회계에 대한 이해가 불가피하다.

회계 비전공자로서 차변과 대변이라는 용어를 처음 접하는 개발자에겐 회계가 막연하고 두렵게 느껴질 수 있다. 그러나 회계의 원리를 이해하고 회계 시스템의 구조와 회계 처리 방식을 파악하게 되면 회계 담당자인 고객과 업무 협의할 때 좀 더 자신감 있게 대할 수 있고, 이해 부족으로 인해 사용자 요구와는 다른 시스템을 개발하는 일도 없을 것이다.

이 책은 회계 시스템을 처음 접하는 개발자들에 대한 초기 교육 또는 자율학습용으로 만든 것이다. 그리고 회계의 원리와 회계 시스템의 구조에 대해 다시 정리해 보고 싶은 경력 개발자나 사용자들에게도 도움이 되리라 생각한다.

초급자의 경우 회계 원리 부분은 실습을 통해 스스로 익히기를 권장한다. 회계 원리가 그리 어려운 내용은 아니지만 어렵게 느껴지는 이유는 익숙하기까지 어느 정도 노력과 시간이 필요하기 때문이다. 우리가 사칙연산을 깨우쳐도 구구단을 외우는 이유가 실생활에서 필요 시 신속하게 계산하기 위한 것과 마찬가지다. 거래의 8요소를 익힌 후, 회계 시스템을 설계 또는 파악할 때 항상 거래에 대한 분개를 염두에 두고 진행하면 전체적인 흐름과 구조를 잡는 데 큰 도움이 될 것이다.

끝으로, 이 책에 예시로 든 회계 시스템을 개발하는데 있어 물심양면으로 지원해 주신 ㈜아이티메이트의 고재용 대표님께 깊이 감사드리며, 부디 이 책이 회계 시스템을 처음 개발하거나 담당하게 된 분들께 조금이나마 도움이 되기를 바란다.

이 정 수

목차

이 책의 구성 ... 11

제1편 회계 원리

제1부 재무제표와 회계 정보의 산출

제1장 회계 시스템 ... 17

제2장 기업회계기준 ... 19
    1. 국제회계기준 ... 19
    2. 한국채택국제회계기준(K-IFRS) ... 19
    3. 일반기업회계기준 ... 21
    4. 중소기업회계기준 ... 21

제3장 재무제표 ... 22
    1. 재무제표 ... 22
    2. 재무상태표 ... 23
    3. 손익계산서 ... 42

제4장 회계 순환 과정 ... 61
    1. 회계 기초 ... 61

제2부 계정 과목별 회계 정보

제1장 금융상품_현금예금 및 매출채권 ... 75
    1. 현금예금 ... 75
    2. 매출채권 ... 77
    3. 매출채권의 양적 측면에 대한 분석 ... 85

제2장 상품 거래 ... 88
    1. 매출거래 ... 88
    2. 매입거래 ... 91
    3. 매출원가 ... 94

제3장 재고자산 ... 95
    1. 재고자산의 의의 ... 95

　　　　2. 재고수불관리　98
　　　　3. 재고자산의 평가　107
　　　　4. 재고자산의 양적 측면에 대한 분석　109

제4장　유형자산　114
　　　　1. 유형자산의 취득　115
　　　　2. 유형자산의 유지 관련 지출　117
　　　　3. 감가상각　119
　　　　4. 유형자산의 평가　125
　　　　5. 유형자산의 처분　129
　　　　6. 차입원가 자본화　130

제5장　무형자산　133
　　　　1. 취득 및 측정　133
　　　　2. 상각　135
　　　　3. 연구개발 관련 지출　137
　　　　4. 사업 결합으로 취득한 영업권　139

제6장　기타 유동자산 및 기타 유동부채　141

제7장　금융자산_유가증권　146
　　　　1. 금융자산의 분류체계　146
　　　　2. 한국채택국제회계기준 분류체계　149
　　　　3. 일반기업회계기준 분류체계　159

제8장　관계 기업투자　168
　　　　1. 지분법의 의의　168

제9장　부채　174
　　　　1. 부채 계정 과목　175
　　　　2. 금융부채의 평가　176
　　　　3. 사채　176
　　　　4. 부채비율　187

제10장　퇴직급여 부채　188
　　　　1. 퇴직급여 부채의 의의　188

제11장　자본　194
　　　　1. 자본금　195
　　　　2. 자본잉여금　198
　　　　3. 자본조정　198
　　　　4. 기타포괄손익누계액　200

5. 이익잉여금 202
  6. 자기주식 203
  7. 주식배당, 무상증자, 주식분할 206
  8. 자본과 관련된 재무비율 207

제12장　수익 209
  1. 건설계약 혹은 건설형 공사계약 209

제13장　판매관리비 및 영업외손익 215
  1. 판매비와 관리비 215
  2. 매출액영업이익률 220
  3. 영업외수익·비용 221
  4. 외화 관련 손익계정 227

제14장　연결 재무제표와 별도 재무제표 229

제15장　원가회계 기초 236
  1. 원가의 분류 236
  3. 원가의 흐름 242
  4. 원가 요소별 계산 및 제조원가명세서 243

제3부 자본변동표와 현금흐름표

제1장　자본변동표 255
  1. 자본의 변동 요인 255
  2. 자본변동표의 예시_일반기업회계기준 257
  3. 자본변동표의 예시_한국채택국제회계기준 258

제2장　이익잉여금처분계산서 259
  1. 이익잉여금처분계산서의 의의와 구성 259
  2. 이익잉여금처분계산서 예시 261
  3. 결손금처리계산서 262

제3장　현금흐름표 263
  1. 현금흐름과 이익흐름 263
  2. 현금흐름표의 의의 266
  3. 일반기업회계기준에 의한 현금흐름표 267
  4. 영업활동으로 인한 현금흐름 270
  5. 투자활동 및 재무활동 현금흐름 282
  6. 현금흐름표의 주석 사항 287
  7. 한국채택국제회계기준에 의한 현금흐름표 288

제2편　회계 시스템

제1장　회계 시스템 개요 ... 299
　　　1. ERP와 회계 시스템 ... 299
　　　2. 회계의 순환 과정과 회계 시스템의 흐름 ... 302
　　　3. 거래 유형별 회계 시스템과 분개(전표) ... 304
　　　4. 자동분개 ... 308
　　　5. 회계 시스템 내 승인 및 전표 상태 변화 ... 312

제2장　회계기준 정보 ... 314
　　　1. 회계기준 정보 개요 ... 314
　　　2. 회계단위 ... 316
　　　3. 계정 과목 ... 321
　　　4. 회계 기간 및 마감 ... 323
　　　5. 통화(환율) ... 325
　　　6. 거래처 ... 327

제3장　지출관리 ... 330
　　　1. 지출관리 개요 ... 330
　　　2. 지출결의 ... 332
　　　3. 지급관리 ... 343
　　　4. 법인카드 ... 346
　　　5. 채무관리 ... 351

제4장　수입관리 ... 353
　　　1. 수입관리 개요 ... 353
　　　2. 수입결의 ... 354
　　　3. 입금 처리 ... 359
　　　4. 채권관리 ... 363

제5장　자금관리 ... 366
　　　1. 자금관리 개요 ... 366
　　　2. 자금 기준 정보 ... 367
　　　3. 자금수지 ... 371
　　　4. 자금 운용 ... 375
　　　5. 자금 조달 ... 378

제6장　자산관리 ... 381
　　　1. 자산관리 개요 ... 381
　　　2. 자산 기준 정보 ... 383

  3. 자산 취득 및 등록   385
  4. 자산 변경 및 처분   390
  5. 재물조사   396
  6. 감가상각   398

제7장   원장관리   404
  1. 원장관리 개요   404
  2. 전표 관리   405
  3. 결산관리   411
  4. 회계장부   414
  5. 미결관리   419

제8장   세무관리   424
  1. 세무관리 개요   424
  2. 부가가치세 관리   428
  3. 원천세 관리   437

제9장   예산관리   442
  1. 예산관리 개요   442
  2. 예산 기준 정보   443
  3. 예산 편성   452
  4. 예산 배정   454
  5. 예산 변경   457
  6. 예산 집행   459
  7. 예산 결산   462

제10장   시스템 공통   464
  1. 모듈화 및 공통 기준 정보 관리   464
  2. 공통 코드 관리   467
  3. 레코드의 식별자   469
  4. 권한 관리   471
  5. UI/UX   476
  6. 메시지 관리   483
  7. 기타 유용한 기능   485
  8. 테스트   489

이 책의 구성

이 책은 크게 회계 원리와 회계 시스템 두 영역으로 구성하였다.

제1편 '회계 원리'에서는 회계 처리의 기준이 되는 기업회계기준과 그 결과물인 재무제표, 그리고 회계적 거래 발생부터 재무제표 작성까지의 회계 순환 과정을 설명하였다. 또한, 각 계정 과목 유형별로 그 의미 및 회계 처리 내용에 대해 상술하였다.

제2편 '회계 시스템'에서는 회계 시스템의 기본적인 구성 및 내용을 소개하고, 회계의 순환 과정과 대비되는 회계 시스템 내 기능 및 분개를 설명한 후, 각 하위 시스템별 프로세스, 주요 개념, 화면 및 분개 예시 등을 통해 해당 업무를 이해할 수 있도록 하였다. 그리고 시스템 개발 시 공통적으로 적용되는 시스템 권한 관련 사항과 UI(User Interface)/UX(User Experience) 고려 사항 등을 다루었다.

시스템 흐름도 범례

- 하위시스템 : 시스템 흐름도 내 하위 시스템 구분
- 연계시스템 : 시스템 흐름도 내 프로세스와 연계되는 관련 시스템/모듈 표기
- 프로세스/화면 : 프로세스나 화면 표기 (실제로는 복수의 화면으로 구성될 수 있음)
- 데이터 → : 데이터 및 업무 흐름 (주요 흐름 우선 표시, 일부 화살표는 표현의 복잡성으로 생략, 점선으로 표시된 부분은 일부 산업/기업에서만 나타날 수 있음)
- 테이블 명 : DB 테이블 (여러 테이블로 구성 가능)

예시 화면

본서에서의 예시 화면은 필자가 설계했던 회계 시스템을 기초로 일부 수정한 것으로, 실제 화면을 캡처(Capture)한 것이 아니라 모두 수작업으로 작성한 것이다.

보통 회계 시스템은 화면 수 기준으로 수백에서 많게는 1,000여 본이 넘기도 하나, 본서에서는 각 주제별로 핵심적인 화면 하나씩만을 예시로 들었다.

그리고 화면의 항목 중 일부 산업이나 기업에 한정된 것은 가급적 생략하였으며, 예시 화면에 나타난 데이터는 이해를 돕기 위해 가상으로 작성한 것이므로 참고하기 바란다.

[버튼 명] : 화면 설명 중에 대괄호(Square brackets)로 표현한 것은 버튼(Button)을 의미한다.

[[화면 명]] : 본서의 본문 중에 이중대괄호로 표현한 것은 화면을 의미한다.

용어

이 책에서 사용한 회계 시스템 관련 용어는 업무 현장에서 일반적으로 사용되는 용어를 적용하였다. 업무 파악은 용어에 대한 이해로부터 출발하므로 회계 시스템을 처음 시작하는 사람은 일상에서는 접하지 못했던 용어에 대해 그 의미를 이해하는 것이 무엇보다 중요하다.

그런데 용어에 대한 이해는 모든 사람이 일치하는 것이 아니다. 사용처 또는 각자 경험과 생각에 따라 달리 해석되기도 한다. 그러므로 적어도 프로젝트 단위에서는 참여자 모두에게 업무 시스템 관련 용어에 대해 통일된 이해 또는 합의가 필요하다.

예를 들어, 차변(Debit), 대변(Credit), 분개(Journalizing), 전표(Voucher, Slip), 재무제표(Financial statements) 등 회계 원리에서 사용되는 용어는 어느 시스템 또는 담당자 차이 없이 공통적으로 사용하는 용어이므로 그대로 의미를 이해하고 적용하면 된다.

마스터(Master), 상세(Detail), 매핑(Mapping), 반제(Clearing), 대사(Reconciliation), 채번(Numbering) 등의 시스템 용어는 일부 일본식 한자어가 포함되어 있어 생소할 수 있으나, 이들은 오래전부터 회계 시스템 분야에서 관습적으로 사용되는 용어로 사용자마다 이해하고 있는 의미가 다르지 않다.

그러나 회계단위, 예산단위, 부서, 각종 결의서 등은 사용하는 사람과 기업마다 용어의 의미와 용도에 약간의 차이가 있을 수 있으며, 일부의 경우 완전히 다른 의미로 사용될 수도 있다. 따라서 실제 현장에서는 시스템에서 사용하는 용어에 대해 고객 및 프로젝트 팀원과 확인, 합의하는 과정이 필요하다.

1편
회계 원리
초보자를 위한 회계 기본

제1부

재무제표와 회계 정보의 산출

제1장
회계 시스템

회계 시스템(Accounting system)이란 기업에서 일어나는 거래 사항을 측정, 분류, 요약하여 기업의 이해관계자에게 보고하는 정보 제공 시스템을 말한다. 즉 회계 시스템의 가장 기본적인 기능은 기업에 관한 정보를 전달하는 과정이다.

> 회계 시스템 = 정보 제공 시스템

이러한 회계 시스템은 정보 보고의 대상인 이해관계자에 따라 다음과 같이 2가지의 분야로 구분된다.

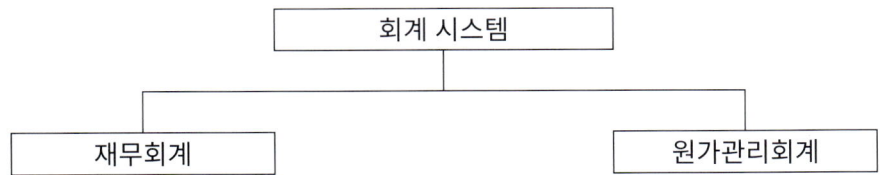

▢ 재무회계(Financial accounting)

재무회계는 기업의 외부 이해관계자인 투자자나 채권자 등에게 경제적 의사결정에 유용한 재무정보를 측정·보고하는 것을 목적으로 한다. 재무회계 시스템을 통하여 작성되는 재무제표(Financial statements: 재무상태표, 포괄손익계산서, 자본변동표, 현금흐름표)는 광범위한 이용자를 대상으로 하고 있다는 점에서 일반목적회계(General purpose accounting)라고도 한다.

▢ 원가관리회계(Cost and managerial accounting)

원가관리회계란 기업의 내부 이해관계자인 경영자가 경영의사결정을 하는 데 필요한 회계 정보를 제공하는 내부보고목적의 회계 분야를 말하며, 보통 원가회계, 의사결정회계, 성과평가회계 등을 포함한다.

구분	재무회계	원가관리회계
1. 의의	기업의 재무상태, 경영성과, 현금흐름의 변동을 측정·보고하는 회계 외부보고 목적회계	경영계획 및 통제 등 경영의사결정을 위한 정보를 제공하기 위한 회계 내부보고 목적회계
2. 이해관계자	주주, 채권자, 정부, 노조 등 불특정 다수의 외부 이해관계자	내부 이해관계자인 경영자
3. 회계원칙	일반적으로 인정된 회계원칙(GAAP)	통일적 기준이 없음
4. 정보 성격	과거 정보, 화폐적 정보 지향 신뢰성을 강조	과거·미래, 화폐적·비화폐적 정보 지향 목적 적합성 강조
5. 보고서	재무상태표, 손익계산서, 자본변동표, 현금흐름표 등의 재무제표	일정한 양식이 없음
6. 보고주기	보통 1년 단위(혹은 반기, 분기)	년, 분기, 월, 주, 일 단위 등
7. 회계단위	기업 전체가 하나의 단위	기업 전체, 사업부별, 제품별 보고 가능

제2장
기업회계기준

기업회계기준은 다음과 같이 적용 대상 기업에 따라 3가지로 구분된다.

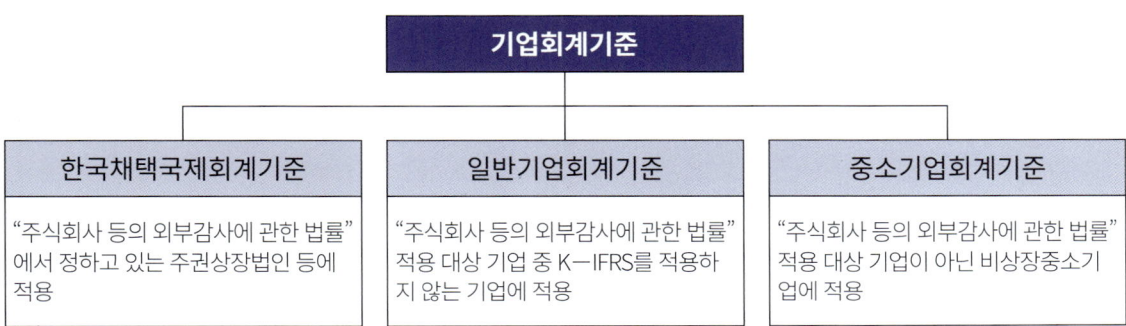

1. 국제회계기준

자본시장의 국제화에 따라 전 세계적으로 통용될 수 있는 단일의 회계기준에 대한 필요성이 대두되었고, 국제회계기준 제정을 위한 국제회계기준위원회(IASB, International Accounting Standards Board)가 1973년 설립되었다. 국제회계기준위원회는 국제회계기준서(Standards)와 국제회계기준해석서(Interpretations)를 제정하였는데 통상 이를 국제회계기준이라고 한다.

2. 한국채택국제회계기준(K-IFRS)

한국채택국제회계기준(K-IFRS: Korean International Financial Reporting Standards)은 국제회계기준의 도입에 따라 제정되어 대한민국에서 적용되는 국제회계기준이다. 따라서 한국채택국제회계기준을 준수하면 국제회계기준을 준수하는 것으로 인정된다. 한국채택국제회계기준은 2011년부터 적용(일부 조기적용 기업 제외)되지만 비교표시 공시를 감안하면 실질적으로는 2010년부터 적용되었다.

한국채택국제회계기준은 국제회계기준에 대응하기 위하여 국제회계기준과 동일한 구성 체계를 가지고 있으며, 기업회계기준서와 기업회계기준해석서로 구성된다.

(1) 한국채택국제회계기준의 구성 체계

1) 기업회계기준서(Standards)
국제회계기준의 IAS(International Accounting Standards)와 IFRS(International Financial Reporting Standards)에 대응하는 기준서로 구성되어 있으며 목적, 적용 범위, 회계 처리 방법, 공시, 부록 등으로 구성된다. IAS에 대응하는 K-IFRS는 일련번호 1001호에서 1099호까지, IFRS에 대응하는 K-IFRS는 일련번호 1101호에서 1999호까지 사용한다.

2) 해석서(Interpretations)
IFRIC Interpretations와 SIC Interpretations에 대응하는 해석서로 구성되어 있으며, 기업회계기준서에 대한 적용 지침 등을 제공한다. SIC Interpretations에 대응하는 K-IFRS는 일련번호 2001호에서 2099호까지, IFRIC Interpretations에 대응하는 K-IFRS는 일련번호 2101호에서 2999호까지 사용한다.

(2) 한국채택국제회계기준의 적용
한국채택국제회계기준은 "주식회사 등의 외부감사에 관한 법률"에서 정하고 있는 다음의 회사들에 적용된다.
- 주권상장법인
- 해당 사업연도 또는 다음 사업연도 중에 주권상장법인이 되려는 주식회사
- 금융지주회사법에 따른 금융지주회사
- 은행법에 따른 은행
- 「자본시장과 금융투자업에 관한 법률」에 따른 투자매매업자, 투자중개업자, 집합투자업자, 신탁업자 및 종합금융회사
- 보험업법에 따른 보험회사
- 여신전문금융업법에 따른 신용카드업자

(3) 한국채택국제회계기준의 특징

한국채택국제회계기준은 국제회계기준을 도입한 것이므로 국제회계기준의 특징을 그대로 가지고 있다. 주요한 특징은 다음과 같다.

① 원칙 중심의 기준체계(Principle-based standards)
② 연결 재무제표 중심(Consolidated financial statements)
③ 공정가치 평가(Fair value accounting)

3. 일반기업회계기준

일반기업회계기준은 '주식회사 등의 외부감사에 관한 법률' 적용 대상 기업 중 한국채택국제회계기준에 따라 회계 처리하지 않는 기업에 적용되는 회계기준을 말한다. 일반기업회계기준은 2011년 1월 1일 이후 최초로 개시하는 회계연도부터 적용한다.

일반기업회계기준은 K-IFRS를 적용하기에는 실무적인 어려움을 갖는 비상장 기업 등을 위한 회계기준으로서 주제별 33장으로 구성되어 있으며, 종전의 기업회계기준서 내용과 유사하고 일부는 한국채택국제회계기준과 동일한 내용을 가지고 있다.

4. 중소기업회계기준

중소기업회계기준은 '주식회사 등의 외부감사에 관한 법률' 적용 대상 기업이 아닌 비상장 중소기업에 적용되는 회계기준이며 2014년 1월 1일 이후 최초로 개시하는 회계연도부터 적용한다.

제3장

재무제표

1. 재무제표

재무제표(Financial Statements)란 기업의 거래를 측정·기록·분류·요약하여 작성되는 회계보고서로 주주·채권자·정부·종업원 등 불특정 다수의 이해관계자에게 그들이 합리적 의사결정을 할 수 있도록 기업의 재무상태, 경영성과 및 현금흐름 등에 대한 정보를 전달하는 보고서이다.

재무제표는 상장기업의 경우에는 회계연도말, 반기말, 분기말을 기준으로 통상 3개월에 한 번씩 작성되어 공시되며 비상장 회사의 경우에는 회계연도말 기준으로 1년에 한 번 공시된다. 물론 회사 내부에서는 월차결산을 통하여 매달 작성되고 경영진에게 보고되기도 한다.

기업이 공시하는 재무제표의 파악하려면 금융감독원 전자공시 시스템(DART:Data Analysis, Retrieval and Transfer system)을 이용할 수도 있다. 금융감독원 전자공시 시스템에서는 정기공시, 수시공기, 외부감사관련공시, 지분공시, 특수공시, 발행공시 등 기업에 관한 거의 모든 정보를 망라하고 있다고 보아도 과언이 아니다. 따라서 '주식회사 등의 외부감사에 관한 법률'의 대상이 되는 기업이라면 어느 회사의 재무제표라도 전자공시 시스템을 통하여 얻을 수 있다. 다만, 2025년 현재 '주식회사 등의 외부감사에 관한 법률'에서 정하는 외부감사 대상 기업은 일반적으로 자산규모 120억 원 이상의 기업(주식회사 및 유한회사)을 말한다.

해외 기업의 재무제표는 해당 기업의 홈페이지를 통하여 파악할 수도 있으며 각국별 공시 시스템을 통하여 검색할 수도 있다. 공시 시스템은 미국의 경우 EDGAR(sec.gov), 일본의 경우 EDINET(disclosure.edinet-fsa.go.jp) 등이 있다.

회계기준의 종류	재무제표의 종류	
한국채택국제회계기준 (K-IFRS)	재무상태표(Statement of Financial Position)	
	포괄손익계산서(Comprehensive Income Statement)	
	자본변동표(Statement of Changes in Equity)	
	현금흐름표(Statement of Cash Flows)	
일반기업회계기준	재무상태표	
	손익계산서	
	자본변동표	
	현금흐름표	
중소기업회계기준	대차대조표	
	손익계산서	
	자본변동표	(선택 작성)
	이익잉여금처분계산서(결손금처리계산서)	

재무제표에는 위의 4가지 재무제표 외에 주석을 포함한다. 주석은 재무제표에 표시된 항목을 구체적으로 설명하거나 세분화하고, 재무제표 인식 요건을 충족하지 못하는 항목에 대한 정보를 제공한다.

한국채택국제회계기준과 일반기업회계기준에서는 종전에 재무제표로 인정되던 이익잉여금처분계산서(결손금처리계산서)는 재무제표의 종류에서는 삭제되었으나, 주석을 통하여 공시된다.

2. 재무상태표

(1) 재무상태표의 의의

일정 시점(회계연도말, 반기말, 분기말)의 재무상태를 표시하는 재무제표로 재무상태는 자산, 부채, 자본으로 구성된다. 2008년까지는 대차대조표(Balance Sheet)라는 명칭으로 사용되었으나 2009년부터 현재의 명칭이 사용되고 있다. 다만, 중소기업회계기준과 상법 등 관련 법률에서는 여전히 대차대조표라는 용어를 사용하고 있다.

■ 자산(Assets)

현금, 예금, 유가증권, 매출채권, 재고자산, 토지, 건물, 기계장치 등 기업이 보유하고 있는 일체의 재화와 청구권을 말하며 자산으로 인식되기 위해서는 미래의 경제적 효익을 갖추고 있어야 한다. 경영분석에서는 자산은 부채와 자본에 의하여 조달된 자금이 투자된 결과를 말하므로 투자(Investment)활동을 말하게 되며 일부는 영업(Operating)활동과 관련된 결과이기도 하다.

■ 부채(Liabilities)

매입채무, 미지급금, 선수금, 차입금, 사채, 퇴직급여 부채 등 기업이 미래에 제3자에게 제공하여야 하는 경제적 가치를 말한다. 경영분석에서는 부채를 '타인자본(他人資本)'이라고도 한다. 부채는 기업의 자금조달(Financing) 활동을 말하며 일부는 영업활동과 관련된 결과이기도 하다.

■ 자본(Capital, shareholders' equity)

자본금, 자본잉여금, 자본조정(기타자본), 기타포괄손익누계액, 이익잉여금 등 주주가 출자한 금액과 영업활동에서 창출된 이익 등으로서 기업의 순자산(Net asset)이 된다. 경영분석에서는 자본을 '자기자본(自己資本)'이라고도 한다. 자본은 부채와 마찬가지로 기업의 자금조달(Financing) 활동을 말한다.

재무상태표

자 산	부 채(=타인자본)
	자 본(=자기자본)
자산총계(=총자산)	부채와 자본총계(=총자본)
⇧	⇧
투자활동(자금의 운용)	재무활동(자금의 조달)

회계의 기본 논리상 자산총액은 부채와 자본의 합계와 일치하므로 다음과 같은 간단한 공식을 사용하기도 한다.

$$자산 = 부채 + 자본$$
$$자산 - 부채 = 자본$$

(2) 일반기업회계기준에 의한 재무상태표 표시

재무상태표는 일정 시점 현재 기업이 보유하고 있는 경제적 자원인 자산과 경제적 의무인 부채, 그리고 자본에 대한 정보를 제공하는 재무보고서로서, 정보 이용자들이 기업의 유동성, 재무적 탄력성, 수익성과 위험 등을 평가하는 데 유용한 정보를 제공한다.

일반기업회계기준에 의한 재무상태표는 한국채택국제회계기준이 적용된 재무상태표보다 좀 더 상세하게 자산·부채·자본의 분류체계를 제시하는 특징을 갖고 있다.

일반기업회계기준에서는 유동성배열법을 사용하여 자산과 부채를 분류·표시하는데 자산은 1년을 기준으로 유동자산과 비유동자산으로 분류한다. 다만, 정상적인 영업주기 내에 판매되거나 사용되는 재고자산과 회수되는 매출채권 등은 보고 기간 종료일로부터 1년 이내에 실현되지 않더라도 유동자산으로 분류한다.

부채는 1년을 기준으로 유동부채와 비유동부채로 분류한다. 다만, 정상적인 영업주기 내에 소멸할 것으로 예상되는 매입채무와 미지급비용 등은 보고 기간 종료일로부터 1년 이내에 결제되지 않더라도 유동부채로 분류한다.

재무상태표

자산		부채·자본	
유동자산 (Current asset)	당좌자산 (quick asset)	부채 (Liability)	유동부채 (Current liability)
	재고자산 (Inventory)		비유동부채 (Non-current liability)
비유동자산 (Non-current asset)	투자자산 (Investment)	자본 (Shareholders' equity)	자본금 (Capital stock)
	유형자산 (Tangible asset)		자본잉여금 (Capital surplus)
			자본조정 (Capital adjustment)
	무형자산 (Intangible asset)		기타포괄손익누계액 (Other accumulated comprehensive income)
	기타비유동자산 (Other non-current asset)		이익잉여금(결손금) (Retained earnings) (Deficit)
총자산 ⇧ 투자(Investment) 활동		총자본 ⇧ 재무(Finance) 활동	

1) 자산의 분류

가. 당좌자산

현금성이 높은 자산을 의미하며 주로 현금·예금, 매출채권 등을 말한다.

나. 재고자산

판매 혹은 제조의 목적을 위하여 보유하는 자산으로 상품, 제품, 원재료 등을 말한다.

다. 투자자산

투자의 목적을 위하여 보유하는 자산으로 장기성 예금 및 유가증권 관련 항목들로 구성된다.

라. 유형자산

장기간 보유하는 자산 중 형태가 있는 자산으로서 정상적 경영활동을 위하여 보유하는 자산을 말한다. 토지, 건물, 기계장치 등이 있다.

마. 무형자산

장기간 보유하는 자산 중 형태가 없는 자산으로서 각종 법적 권리를 의미하는 산업재산권, 개발비, 영업권 등으로 구성된다.

바. 기타비유동자산

비유동자산 중 위의 투자자산, 유형자산, 무형자산에 속하지 않는 기타의 자산을 말한다.

2) 부채의 분류

가. 유동부채

만기가 1년 이내에 도래하는 부채로서 매입채무, 미지급금, 단기차입금, 선수금 등이 있다.

나. 비유동부채

만기가 1년 이후에 도래하는 부채로서 사채, 장기차입금, 퇴직급여충당부채 등이 있다.

3) 자본의 분류

가. 자본금

기업이 발행한 주식의 액면총액으로서 "주당액면×주식 수"로 계산된다.

나. 자본잉여금

증자, 감자 등 자본거래에서 발생한 잉여금을 말하며 주식발행초과금, 감자차익 등이 있다.

다. 자본조정

자본거래에서 발생하는 기타의 항목을 말하며 주식할인발행차금, 자기주식 등이 있다.

라. 기타포괄손익누계액

기업이 소유주와의 자본거래를 제외한 모든 거래에서 인식한 자본의 변동액을 말하며 매도가능증권평가손익, 해외사업환산손익 등이 있다.

마. 이익잉여금

영업활동을 통하여 벌어들인 이익의 누계액을 말하며 손실이 누적되는 경우 결손금이라고 한다.

4) 재무상태표 계정 과목의 분류와 예시

자산	유동자산	당좌자산	현금및현금성자산, 단기금융상품, 단기매매증권, 매출채권, 단기대여금, 미수금, 미수수익, 선급금, 선급비용, 이연법인세자산 등
		재고자산	상품, 제품, 재공품, 원재료, 저장품 등
	비유동자산	투자자산	장기금융상품, 지분법적용투자주식, 매도가능증권, 만기 보유증권, 장기대여금, 투자부동산 등
		유형자산	토지, 건물, 구축물, 기계장치, 차량운반구, 선박, 비품, 공기구, 건설중인자산 등
		무형자산	영업권, 산업재산권, 라이선스와 프랜차이즈, 저작권, 컴퓨터소프트웨어, 임차권리금, 광업권, 어업권, 개발비 등
		기타 비유동자산	이연법인세자산, 장기매출채권, 장기미수금, 보증금 등
부채	유동부채		매입채무, 단기차입금, 미지급금, 선수금, 예수금, 미지급비용, 미지급법인세, 유동성장기부채, 선수수익, 이연법인세부채 등
	비유동부채		사채, 장기차입금, 장기성매입채무, 퇴직급여충당부채, 판매보증충당부채, 이연법인세부채 등
자본	자본금		보통주자본금, 우선주자본금
	자본잉여금		주식발행초과금, 감자차익, 자기주식처분이익, 기타자본잉여금 등
	자본조정		주식할인발행차금, 자기주식, 주식선택권, 감자차손, 자기주식처분손실 등
	기타포괄손익누계액		매도가능증권평가손익, 해외사업환산손익, 현금흐름위험회피 파생상품평가손익, 지분법자본변동, 재평가잉여금 등
	이익잉여금		이익준비금, 임의적립금, 미처분이익잉여금

5) 일반기업회계기준 재무상태표 예시

재 무 상 태 표

제×기 20××년 ×월 ×일 현재
제×기 20××년 ×월 ×일 현재

회사명 (단위:원)

과 목	당 기	전 기
자 산		
유동자산	×××	×××
당좌자산	×××	×××
현금및현금성자산	×××	×××
단기투자자산	×××	×××
매출채권	×××	×××
선급비용	×××	×××
이연법인세자산	×××	×××
……	×××	×××
재고자산	×××	×××
제품	×××	×××
재공품	×××	×××
원재료	×××	×××
……	×××	×××
비유동자산	×××	×××
투자자산	×××	×××
투자부동산	×××	×××
장기투자증권	×××	×××
지분법적용투자주식	×××	×××
……	×××	×××
유형자산	×××	×××
토지	×××	×××
설비자산	×××	×××
(−) 감가상각누계액	(×××)	(×××)
건설중인자산	×××	×××
……	×××	×××
무형자산	×××	×××
영업권	×××	×××
산업재산권	×××	×××
개발비	×××	×××
……	×××	×××
기타비유동자산	×××	×××
이연법인세자산	×××	×××
……	×××	×××
자 산 총 계	×××	×××

과 목	당 기		전 기	
부 채				
유동부채		×××		×××
단기차입금	×××		×××	
매입채무	×××		×××	
미지급법인세	×××		×××	
미지급비용	×××		×××	
이연법인세부채	×××		×××	
……	×××		×××	
비유동부채		×××		×××
사채	×××		×××	
신주인수권부사채	×××		×××	
전환사채	×××		×××	
장기차입금	×××		×××	
퇴직급여충당부채	×××		×××	
장기제품보증충당부채	×××		×××	
이연법인세부채	×××		×××	
……	×××		×××	
부 채 총 계		×××		×××
자 본				
자본금		×××		×××
보통주자본금	×××		×××	
우선주자본금	×××		×××	
자본잉여금		×××		×××
주식발행초과금	×××		×××	
……	×××		×××	
자본조정		×××		×××
자기주식	×××		×××	
……	×××		×××	
기타포괄손익누계액		×××		×××
매도가능증권평가손익	×××		×××	
해외사업환산손익	×××		×××	
……	×××		×××	
이익잉여금(또는 결손금)		×××		×××
법정적립금	×××		×××	
임의적립금	×××		×××	
미처분이익잉여금(또는 미처리결손금)	×××		×××	
자 본 총 계		×××		×××
부채 및 자본 총계		×××		×××

(3) 한국채택국제회계기준에 의한 재무상태표 표시

한국채택국제회계기준에서는 자산·부채의 분류체계에 대해서만 설명을 할 뿐 재무상태표의 구체적 양식에 관하여는 제시하지 않고 있으므로 본서에서는 일반기업회계기준에서 사용하여 우리에게 익숙한 유동성배열법을 통하여 설명하도록 한다.

재무상태표

자 산 (Asset)	유동자산 (Current asset)	부 채 (Liability)	유동부채 (Current liability)
			비유동부채 (Non-current liability)
	비유동자산 (Non-current asset)	자 본 (Shareholders' equity)	
총자산		총자본	

⇑ 조달된 자금의 운용·투자(Investment) 활동   ⇑ 자금의 조달·재무(Finance) 활동

한국채택국제회계기준에서는 자산은 유동자산과 비유동자산, 부채는 유동부채와 비유동부채로 구분하여 표시하도록 하고 있다. 이를 유동성구분법이라 한다. 또한, 유동성 순서에 따른 표시 방법이 신뢰성이 있고 더욱 목적 적합한 정보를 제공하는 경우에는 유동성배열법을 적용할 수 있다.

1) 자산의 분류

가. 유동자산

① 기업의 정상 영업주기 내에 실현될 것으로 예상하거나, 정상 영업주기 내에 판매하거나 소비할 의도가 있다.
② 주로 단기매매 목적으로 보유하고 있다.
③ 보고 기간 후 12개월 이내에 실현될 것으로 예상한다.
④ 현금이나 현금성자산으로서 교환이나 부채상환 목적으로의 사용에 대한 제한 기간이 보고 기간 후 12개월 이상이 아니다.

나. 비유동자산

그밖의 모든 자산은 비유동자산으로 분류한다.

2) 부채의 분류

가. 유동부채

① 정상 영업주기 내에 결제될 것으로 예상하고 있다.

② 주로 단기매매 목적으로 보유하고 있다.

③ 보고 기간 후 12개월 이내에 결제하기로 되어 있다.

④ 보고 기간 후 12개월 이상 부채의 결제를 연기할 수 있는 무조건의 권리를 가지고 있지 않다. 계약 상대방의 선택에 따라 지분상품의 발행으로 결제할 수 있는 부채의 조건은 그 분류에 영향을 미치지 아니한다.

나. 비유동부채

그밖의 모든 부채는 비유동부채로 분류한다.

3) 한국채택국제회계기준의 재무상태표 표시 항목

한국채택국제회계기준은 재무상태표에 적어도 다음에 해당하는 금액을 나타내는 항목을 표시하도록 하고 있다.

자산	부채
⑴ 유형자산	⑴ 매입채무 및 기타채무
⑵ 투자부동산	⑵ 충당부채
⑶ 무형자산	⑶ 금융부채
⑷ 금융자산	⑷ 당기법인세부채
⑸ 지분법회계 처리 투자자산	⑸ 매각예정부채
⑹ 생물자산	⑹ 이연법인세부채
⑺ 재고자산	자본
⑻ 매출채권 및 기타채권	
⑼ 현금및현금성자산	⑴ 비지배지분
⑽ 매각예정자산	⑵ 지배기업의 소유주에게 귀속되는 납입자본과 적립금
⑾ 당기법인세자산	
⑿ 이연법인세자산	

4) 재무상태표의 예시

재 무 상 태 표
제×기 20××년 ×월 ×일 현재
제×기 20××년 ×월 ×일 현재

회사명 (단위:원)

과 목	제××(당)기		제××(전)기	
자산				
유동자산		×××		×××
현금및현금성자산	×××		×××	
단기금융상품	×××		×××	
매출채권	×××		×××	
기타채권	×××		×××	
재고자산	×××		×××	
기타 유동자산	×××		×××	
비유동자산		×××		×××
장기금융상품	×××		×××	
공정가치금융자산	×××		×××	
종속기업, 관계 기업 및 공동기업 투자	×××		×××	
투자부동산	×××		×××	
유형자산	×××		×××	
무형자산	×××		×××	
보증금	×××		×××	
이연법인세자산	×××		×××	
기타비유동자산	×××		×××	
자산총계		×××		×××

과 목	제××(당)기		제××(전)기	
부채				
유동부채		×××		×××
매입채무	×××		×××	
단기금융부채(차입금)	×××		×××	
당기법인세부채	×××		×××	
단기충당부채	×××		×××	
비유동부채		×××		×××
장기금융부채(차입금)	×××		×××	
퇴직급여 부채	×××		×××	
장기충당부채	×××		×××	
이연법인세부채	×××		×××	
기타비유동부채	×××		×××	
부채총계		×××		×××
자본				
자본금	×××		×××	
자본잉여금	×××		×××	
기타자본	×××		×××	
기타포괄손익누계액	×××		×××	
이익잉여금	×××		×××	
자본총계		×××		×××
부채와 자본총계		×××		×××

(4) 중소기업회계기준에 의한 대차대조표 표시

중소기업회계기준은 대차대조표로 표시되며 일반기업회계기준의 재무상태표와 거의 동일하지만 자본 중 기타포괄손익누계액은 별도 표시되지 않는다.

대 차 대 조 표
제×기 20××년 ×월 ×일 현재
제×기 20××년 ×월 ×일 현재

회사명 (단위:원)

과 목	제××(당)기		제××(전)기	
자 산				
유동자산		×××		×××
당좌자산		×××		×××
현금및현금성자산	×××		×××	
단기투자자산	×××		×××	
매출채권	×××		×××	
(−)대손충당금	(×××)		(×××)	
선급비용	×××		×××	
미수수익	×××		×××	
―――	×××		×××	
재고자산		×××		×××
상품	×××		×××	
제품	×××		×××	
재공품	×××		×××	
원재료	×××		×××	
―――				
비유동자산		×××		×××
투자자산		×××		×××
장기투자증권	×××		×××	
장기대여금	×××		×××	
―――	×××		×××	

과목	제××(당)기		제××(전)기	
유형자산		×××		×××
토지	×××		×××	
건물	×××		×××	
(−)감가상각누계액	(×××)		(×××)	
구축물	×××		×××	
(−)감가상각누계액	(×××)		(×××)	
기계장치	×××		×××	
(−)정부보조금	(×××)		(×××)	
(−)감가상각누계액	(×××)		(×××)	
건설중인자산	×××		×××	
―――	×××		×××	
무형자산		×××		×××
지식재산권	×××		×××	
컴퓨터소프트웨어	×××		×××	
임차권리금	×××		×××	
영업권	×××		×××	
―――	×××		×××	
기타비유동자산		×××		×××
임차보증금	×××		×××	
장기미수금	×××		×××	
―――	×××		×××	
자산총계		×××		×××
부　　채				
유동부채		×××		×××
단기차입금	×××		×××	
매입채무	×××		×××	
미지급비용	×××		×××	
미지급금	×××		×××	
미지급법인세	×××		×××	
선수금	×××		×××	
―――	×××		×××	

과목	제××(당)기		제××(전)기	
비유동부채		×××		×××
장기차입금	×××		×××	
사채	×××		×××	
퇴직급여충당부채	×××		×××	
───	×××		×××	
부채총계		×××		×××
자　본				
자본금		×××		×××
보통주자본금	×××		×××	
우선주자본금	×××		×××	
자본잉여금		×××		×××
주식발행초과금	×××		×××	
자기주식처분이익	×××		×××	
감자차익	×××		×××	
───	×××		×××	
자본조정		×××		×××
주식할인발행차금	×××		×××	
자기주식	×××		×××	
자기주식처분손실	×××		×××	
감자차손	×××		×××	
───	×××		×××	
이익잉여금(또는 결손금)		×××		×××
법정적립금	×××		×××	
임의적립금	×××		×××	
미처분이익잉여금(또는 미처리결손금)	×××		×××	
자본총계		×××		×××
부채 및 자본총계		×××		×××

(5) 재무상태표 계정 과목

1) 자산

① **현금및현금성자산**

통화 및 타인발행수표 등과 당좌예금, 보통예금 등 요구불예금을 포함한다.

② **단기·장기금융상품**

금융기관이 취급하는 정기예금, 정기적금, 기타 정형화된 금융상품을 말하며, 그중 단기적 자금운용 목적으로 소유하거나 기한이 보고 기간 종료일로부터 1년 이내에 도래하는 것을 단기금융상품, 기한이 보고 기간 종료일로부터 1년 이후에 도래하는 것을 장기금융상품이라 한다.

③ **유가증권**

유가증권은 주식 등의 지분증권과 국·공채, 사채 등의 채무증권을 말한다. 보유하는 목적과 의도 등에 따라 당기손익인식금융자산(단기매매증권), 매도가능금융자산(매도가능증권), 만기 보유 금융자산(만기 보유증권), 관계기업투자주식(지분법적용투자주식) 등으로 구분된다.

④ **매출채권**

재화나 용역을 판매하고 장래에 거래처로부터 현금을 받을 수 있는 채권을 말한다. 다만, 재화나 용역은 회사가 영업 목적으로 표방하는 것이어야 한다. 실무적으로는 외상매출금, 받을어음으로 구분하여 회계 처리하나 재무제표를 공시할 때에는 매출채권이라는 과목으로 통합하여 표시한다.

⑤ **대여금**

임직원 혹은 타 회사에 자금을 대여한 것 중 회수 기한이 1년 내에 도래하는 것을 단기대여금, 1년 이후에 도래하는 것을 장기대여금이라 한다. 임직원 등에 대한 주택구입자금 혹은 주택임차자금 등이 대표적이다.

⑥ **미수금**

일반적인 상거래 이외에서 발생한 미수채권으로서 토지·건물을 매각하거나 유가증권 등을 처분하는 과정에서 발생하는 미수채권을 말한다.

⑦ **미수수익**

당기에 속하는 수익 중 미수금액으로 정의되는데 수익은 실현주의에 의하여 인식하기 때문에 비록 현금으로 수취하지는 않았어도 기업이 수취할 권리가 있는 수익은 기간 계산에 따라 미수수익으로 인식한다. 예금이자, 임대료 등의 기간 경과분이 대표적인 미수수익에 해당한다.

⑧ 선급금

상품, 원재료 등의 매입을 위하여 선급한 금액을 말한다.

⑨ 선급비용

비용을 위하여 지출된 금액 중 선급된 금액을 말한다. 비용은 발생주의에 따라 인식하므로 이미 지출된 비용 중에서 기간 미경과분은 선급비용으로 계상하는데 보험료, 이자비용, 리스료, 임차료 등의 기간 미경과분이 대표적이다.

⑩ 상품

판매를 목적으로 구매한 상품, 미착상품, 적송품 등을 말하며, 부동산 매매업에 있어서 판매를 목적으로 소유하는 토지, 건물 기타 이와 유사한 부동산은 이를 상품에 포함한다.

⑪ 제품

판매를 목적으로 제조한 생산품, 부산물 등

⑫ 재공품

제품 또는 반제품의 제조를 위하여 재공 과정에 있는 것

⑬ 원재료

원료와 재료, 매입부분품, 미착원재료 등

⑭ 관계기업투자주식

지분법투자주식 등을 말하는데 다른 회사에 대한 유의적인 영향력을 행사할 수 있는 주식을 말한다. 일반적으로 유의적 영향력이란 지분의 20% 이상을 보유하는 경우를 말한다.

⑮ 토지

대지, 임야, 전답, 잡종지 등 토지로 분류되는 것들이 포함된다. 다만, 부동산 매매업에 있어서 판매를 목적으로 소유하는 토지는 재고자산 중 '상품'으로, 건설회사 등이 아파트 건설 등을 위하여 보유하고 있는 토지는 재고자산 중 '용지(用地)'의 과목으로 처리하며, 가격 상승에 따른 양도차익을 목적으로 소유하는 토지는 투자자산 중 '투자부동산'으로 처리한다.

⑯ 건물

건물과 냉난방, 전기, 통신 및 기타의 건물부속설비 등을 말한다. 부동산 매매업에 있어서 판매를 목적으로 소유하는 건물은 상품에 포함한다.

⑰ 구축물

교량, 궤도, 갱도, 정원설비 및 기타의 토목설비 또는 공작물 등을 말한다.

⑱ **기계장치**

기계장치·운송설비(콘베이어, 호이스트, 기중기 등)와 기타의 부속설비 등을 말한다.

⑲ **차량운반구**

기업이 업무용으로 사용하는 승용차, 트럭 등을 말한다.

⑳ **비품**

컴퓨터, 프린터, 에어컨, 책상, 복사기, 칸막이 등 집기비품을 말한다.

㉑ **산업재산권**

특허권, 실용신안권, 상표권 등을 말한다.

㉒ **영업권**

합병 등의 과정에서 취득한 순자산의 순공정가치를 초과하여 지급한 대가를 말한다.

㉓ **개발비**

신제품 개발 등을 위하여 지출한 재료비, 인건비, 기타 경비 등을 말한다.

㉔ **보증금**

임차계약보증금, 영업거래보증금 등을 말한다.

㉕ **이연법인세자산**

이연법인세자산이란 회계상의 이익과 세법상 소득금액과의 일시적 차이로 인하여 미래에 납부하여야 할 법인세액이 감소하게 되는 경우 해당 금액을 말한다.

(2) 부채

① **매입채무**

외상매입금과 지급어음으로 구성되는데 외상매입금(Account payable)이란 상품이나 원재료 등을 구입하고 대금을 아직 지급하지 않은 외상대금을 말하며, 지급어음(Note payable)은 매입대금을 지급하기 위해 거래처에 어음을 발행하였으나 아직 만기가 되지 않은 것을 말한다. 장부상으로는 외상매입금과 지급어음은 구분하여 기록하나 재무제표를 공시할 때에는 통합하여 매입채무로 표시한다.

② **차입금**

회사가 은행 등으로부터 차입한 금액을 말하며 보고 기간 종료일로부터 1년 이내에 만기가 도래하는 경우 단기차입금으로, 보고 기간 종료일로부터 1년 이후에 만기가 도래하는 경우 장기차입금으로 표시한다.

③ 미지급금

상품이나 원재료 등 회사의 영업거래와 관련된 매입대금 이외의 외상대금을 말한다. 차량운반구나 비품 등을 매입하고 지급하지 아니한 채무의 경우 미지급금으로 처리한다.

④ 미지급비용

이미 제공받은 재화나 용역에 대한 대가를 지급하지 않은 경우 그 미지급액을 말한다. 미지급금은 자산 관련 부채이나 미지급비용은 비용 관련 부채라는 차이점이 있다. 예를 들어, 결산기 말에 지급하지 아니한 전력비, 임차료, 이자비용 등은 미지급비용으로 처리한다.

⑤ 선수금

선수금은 제품이나 상품의 주문계약과 관련하여 재화를 인도하기 전에 일정액을 계약금 혹은 중도금 등의 명목으로 미리 받아 놓은 것을 말한다. 일반적인 거래 형태가 외상판매인 경우가 많은데 외상판매는 판매대금을 재화의 인도 이후에 받는 것에 비하여 선수금은 판매대금의 일부를 재화의 인도 이전에 받으므로 자금 확보라는 측면에서는 아주 유리하다고 할 수 있다.

⑥ 선수수익

선수수익은 제공하지 아니한 용역 등의 대가를 미리 받은 것을 말한다. 임대료, 이자수익 등의 선수액이 대표적이다.

⑦ 예수금

일시적으로 자금을 보관하였다가 다른 곳에 지급하는 금액을 말하는데 급여를 지급할 때 소득세, 국민건강보험료, 국민연금 등을 원천징수하게 되는데, 이러한 원천징수액이 예수금의 대표적 사례라 할 수 있다.

⑧ 당기법인세부채

법인세 등의 경우 결산 확정 후 납부할 세액이 산출되나 법인세의 납부 기한은 결산일 이후 3개월 이내이므로 결산일 현재에는 미납부 상태로 남아 있게 된다. 따라서 미지급된 법인세와 지방소득세 등을 말한다.

⑨ 유동성장기부채

기업이 금융기관에서 장기차입을 하였다 하더라도 시간이 경과함에 따라 장기차입금의 상환일이 보고 기간 종료일로부터 1년 이내에 도래하게 된다. 이 경우 상환일이 보고 기간 종료일로부터 1년 이내에 도래한 장기차입금은 '유동성장기부채'의 과목으로 하여 유동부채로 대체하여야 한다.

⑩ 이연법인세부채

이연법인세부채란 회계상의 이익과 세법상 소득금액과의 일시적 차이로 인하여 미래에 납부하여야 할 법인세액이 증가하게 되는 경우 그 해당 금액을 말한다.

⑪ 사채

회사가 자금조달 목적으로 발행한 채권을 말하며 일반사채, 전환사채, 신주인수권부사채 등이 있다.

⑫ 퇴직급여 부채(퇴직급여충당부채)

임직원이 퇴직하는 경우 지불하여야 할 채무의 현재 가치(일반기업회계기준의 경우 보고 기간 종료일 현재 1년 이상 근속한 임직원이 일시에 퇴직할 경우 지급하여야 할 퇴직금추계액)를 말하며 사외적립자산의 공정가치는 차감한다.

⑬ 충당부채

당기의 수익에 대응하는 당기의 비용이나 지출은 미래에 이루어지는 부채를 말한다. 판매보증충당부채 등이 있다.

3) 자본

① 자본금

회사가 발행한 주식의 액면총액을 말한다. 주식에는 보통주와 우선주가 있다.

② 주식발행초과금

주식의 발행가액이 액면금액을 초과하는 경우에 그 초과하는 금액을 말한다.

③ 감자차익

감소하는 자본금보다 감자 대가가 적은 경우에 발생한다. 감자차익은 일반적으로 이월결손금을 보전하는 데 사용된다. 한편, 감소하는 자본금보다 감자 대가가 많은 경우에 발생하는 것을 감자차손이라고 한다.

④ 자기주식

회사가 이미 발행한 주식을 주주로부터 취득한 경우 그 취득가액을 말하며 차감 항목의 성격을 갖는다.

⑤ 주식할인발행차금

액면에 미달하여 주식을 발행한 때에 그 액면에 미달한 금액을 말하며 차감 항목의 성격을 갖는다. 주식발행 관련 비용은 주식의 발행가액에서 차감하므로 액면발행을 하는 경우에도 주식발행비로 인하여 주식할인발행차금이 발생하는 경우가 있다.

⑥ 법정적립금

각종 법규에서 정하고 있는 적립금으로 이익준비금이 있다. 이익준비금은 자본의 2분의 1에 달할 때까지 매 결산기에 금전에 의한 이익배당액의 10분의 1 이상의 금액을 계속적으로 적립해야 한다. 이익준비금은 상법 제458조에 따라 적립되는 법정적립금으로서 상법 제460조에 의하면 이익준비금은 자본의 결손보전에 충당하는 경우 외에는 처분하지 못하도록 하고 있다.

⑦ 임의적립금

임의적립금은 회사가 정관의 규정 또는 주주총회의 결의 등에 의하여 임의적으로 적립하는 적립금으로서 사업확장적립금·감채적립금·배당평균적립금·결손보전적립금 및 세법상 준비금 등이 있다.

⑧ 미처분이익잉여금

미처분이익잉여금이란 주주총회에서 처분되기 전의 이익잉여금을 말하는데, 전기이월이익잉여금과 당기순이익 등의 합계금액으로 계산된다.

3. 손익계산서

(1) 손익계산서의 의의

손익계산서(IS: Income Statement)는 일정 기간(회계연도, 반기, 분기) 동안 기업의 경영성과에 대한 정보를 제공하는 재무보고서이다. 손익계산서는 당해 회계 기간의 경영성과를 나타낼 뿐만 아니라 기업의 미래현금흐름과 수익 창출 능력 등의 예측에 유용한 정보를 제공한다.

일반기업회계기준의 경우 예전처럼 '손익계산서'라는 용어를 사용한다. 반면, 한국채택국제회계기준에서는 '포괄손익계산서'(CIS; Comprehensive Income Statement)를 사용한다.

손익계산서에 표시되는 경영성과는 수익, 비용, 순이익(순손실)으로 구성된다.

■ 수익(Revenue)

매출액, 이자수익, 배당금수익, 임대료, 외환차익, 외화환산이익, 유형자산처분이익 등으로 기업의 순자산을 증가(자본거래 제외)시키는 항목들을 말한다.

■ 비용(Expense)

매출원가, 급여, 복리후생비, 접대비, 이자비용, 대손상각비, 유형자산처분손실, 법인세비용 등으로 수익을 창출하기 위하여 희생된 경제적 가치를 말한다.

■ 이익(Income)

수익에서 비용을 차감한 금액을 말하며 기업의 경영성과를 측정하는 지표가 된다. (—)의 경우에는 손실(Loss)로 표시된다.

(2) 일반기업회계기준에 의한 손익계산서 표시

일반기업회계기준에 의한 손익계산서는 기업활동에 따른 경영성과를 구분 표시하기 위하여 수익과 비용을 영업 관련 여부에 따라 구분하고 있다. 일반기업회계기준에서 포괄손익계산서는 주석으로 기재한다.

구분기준	수 익	비 용
영업성 ⇨	영업수익	영업비용
	영업외수익	영업외비용

영업수익은 기업의 주된 영업활동에서 발생하는 수익으로 일반적으로는 매출액과 같은 의미이다. 영업비용은 기업의 주된 영업활동에서 발생하는 비용으로서 비용의 기능에 따라 매출원가와 판매관리비로 구분된다.

영업외수익은 기업의 주된 영업활동 이외에서 발생한 수익을 말하며 영업외비용은 기업의 주된 영업활동 이외에서 발생한 비용을 말한다.

예를 들어, 제조업종의 회사가 영업활동을 하는 과정에서 금융거래를 하고 이자수익이 발생한다면 영업외수익으로 분류한다. 왜냐하면 이자수익은 제조업종 회사의 본연의 영업활동으로 인한 항목이 아니기 때문이다. 하지만 만약 은행이 대출을 하고 받은 이자수익이 있다면 은행은 금융업이 므로 이자수익은 영업활동의 항목이 되어 영업수익으로 분류된다는 점을 유의하여야 한다.

손익계산서는 위에서 분류된 수익과 비용을 단계별로 대응시켜 다음과 같은 구조로 이익을 표시한다. 다만, 위의 구분에서 법인세는 고려되지 않았기 때문에 가장 마지막 단계에서 법인세비용과 중단사업손익을 고려하여 당기순이익을 계산한다.

1) 중단사업손익이 없는 경우의 손익계산서 표시

일반기업회계기준에서 설명하는 손익계산서는 다음과 같이 구분하여 표시한다. 중소기업회계기준의 손익계산서 양식도 이와 동일한 방식을 취하고 있다. 다만, 제조업, 판매업 및 건설업 외의 업종에 속하는 기업은 매출총손익의 구분 표시를 생략할 수 있다.

위의 사항을 반영한 손익계산서의 표시는 다음과 같다.

손 익 계 산 서

과 목	금 액
Ⅰ. 매출액(Sales)	×××
Ⅱ. 매출원가(Cost of goods sold)	×××
Ⅲ. 매출총이익(Gross profit)	×××
Ⅳ. 판매비와 관리비(Selling and administrative expenses)	×××
Ⅴ. 영업이익(Operating income)	×××
Ⅵ. 영업외수익(Non-operating income)	×××
Ⅶ. 영업외비용(Non-operating expense)	×××
Ⅷ. 법인세비용차감전순이익(Income before income taxes)	×××
Ⅸ. 법인세비용(Income taxes expense)	×××
Ⅹ. 당기순이익(Net income)	×××

앞에서 살펴본 손익계산서를 수익과 비용 각각의 분류체계와 연관지어 보도록 한다. 수익은 <영업수익>과 <영업외수익>으로 분류되므로 손익계산서와의 대응 관계는 다음과 같다.

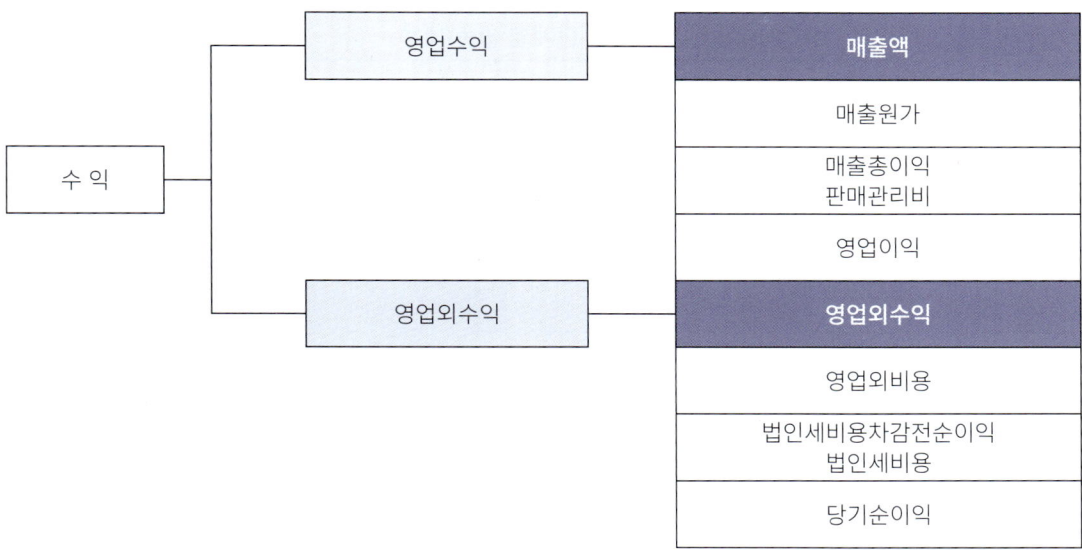

비용은 <영업비용>과 <영업외비용>으로 분류되고, <영업비용>은 다시 <매출원가>와 <판매관리비>로 분류되므로 손익계산서와의 대응 관계는 다음과 같다.

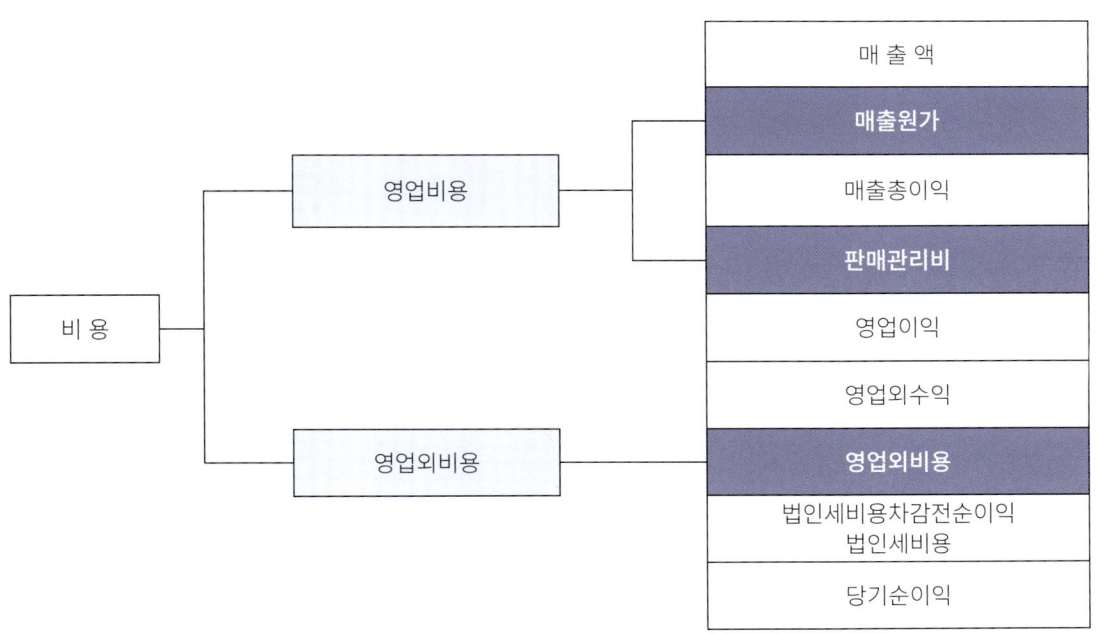

손익계산서에 표시되는 각 단계별 이익은 기업의 활동을 생산 및 판매 활동, 재무 및 투자활동, 세무활동 등으로 구분하여 설명하고 있다.

손익계산서 각 단계별 활동 내용

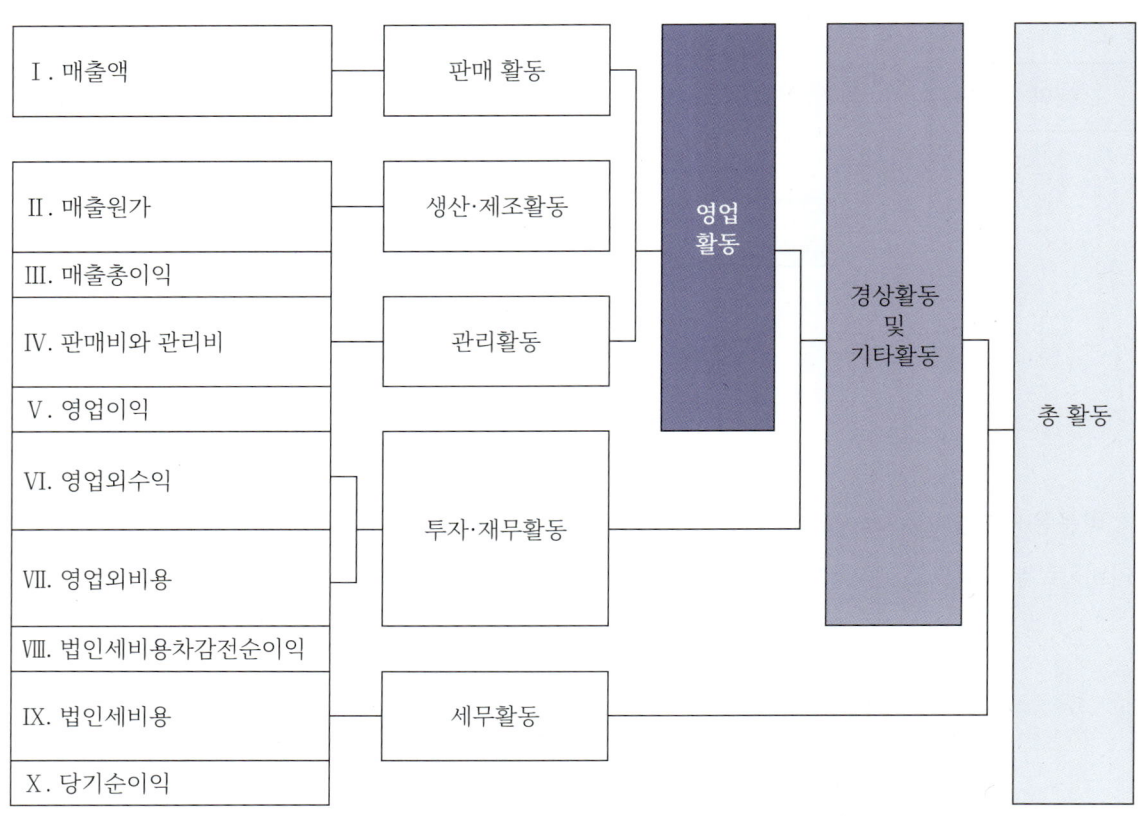

2) 중단사업손익이 있는 경우의 손익계산서 표시

기업이 여러 사업을 영위하는 경우 일부 사업의 경우 회계 기간 중 사업을 중단하는 경우가 있는데 이렇게 중단된 사업으로부터 발생한 손익은 위의 손익계산서에서 중단사업손익으로 하여 별도 표시된다.

손 익 계 산 서

과　목	금　액
Ⅰ. 매출액(Sales)	×××
Ⅱ. 매출원가(Cost of goods sold)	×××
Ⅲ. 매출총이익(Gross profit)	×××
Ⅳ. 판매비와 관리비(Selling and administrative expenses)	×××
Ⅴ. 영업이익(Operating income)	×××
Ⅵ. 영업외수익(Non-operating income)	×××
Ⅶ. 영업외비용(Non-operating expense)	×××
Ⅷ. 법인세비용차감전 계속사업이익(Continuing income before income taxes)	×××
Ⅸ. 계속사업이익 법인세비용(Income taxes expense)	×××
Ⅹ. 계속사업이익(Continuing income)	×××
Ⅺ. 중단사업손익(Income/Loss from discontinued operation)	×××
Ⅻ. 당기순이익(Net income)	×××

3) 손익계산서 항목의 분류

가. 매출액

매출액은 기업의 주된 영업활동에서 발생한 제품, 상품, 용역 등의 총매출액에서 매출할인, 매출환입, 매출에누리 등을 차감한 금액이다. 차감 대상 금액이 중요한 경우에는 총매출액에서 차감하는 형식으로 표시하거나 주석으로 기재한다. 매출액은 업종별이나 부문별로 구분하여 표시할 수 있다.

나. 매출원가

제품, 상품 등의 매출액에 대응되는 원가로서 판매된 제품이나 상품 등에 대한 제조원가 또는 매입원가이다. 매출원가의 산출과정은 손익계산서 본문에 표시하거나 주석으로 기재한다.

다. 매출총이익(손실)

매출총이익(손실)은 매출액에서 매출원가를 차감한 것으로 기업의 판매 활동과 생산 활동으로 인한 경영성과를 보여 준다.

라. 판매비와 관리비

제품, 상품, 용역 등의 판매 활동과 기업의 관리활동에서 발생하는 비용으로서 매출원가에 속하지 아니하는 모든 영업비용을 포함한다. 판매비와 관리비는 당해 비용을 표시하는 적절한 항목으로 구분하여 표시하거나 일괄 표시할 수 있다. 일괄 표시하는 경우에는 적절한 항목으로 구분하여 이를 주석으로 기재한다.

마. 영업이익(손실)

영업이익(손실)은 매출총이익에서 판매관리비를 차감한 것으로 판매 활동, 생산 활동 및 관리 활동으로 인한 경영성과를 보여 준다. 기업가치평가 등의 과정에서 가장 중시되는 것이 영업이익으로서 기업 본래의 영업활동으로부터의 경영성과를 측정하는 데 많이 쓰인다.

바. 영업외수익과 영업외비용

영업외수익과 비용은 기업의 주된 영업활동이 아닌 활동으로부터 발생한 수익과 차익을 말한다.

사. 법인세비용차감전 계속사업이익(손실)

법인세비용차감전 계속사업이익(손실)은 영업이익에 영업외수익을 가산하고 영업외비용을 차감하여 계산한다. 영업활동의 결과에 재무활동과 투자활동 및 기타활동으로 인한 손익의 효과를 감안하여 기업의 경영성과를 보여 준다.

아. 계속사업이익(손실)

계속사업이익(손실)은 기업의 계속적인 사업활동과 그와 관련된 부수적인 활동에서 발생하는 법인세비용 차감 후의 이익(손실)으로서 중단사업손익에 해당하지 않는 모든 손익을 말한다.

자. 중단사업손익

중단사업손익은 중단사업으로부터 발생한 영업손익과 영업외손익으로서 사업중단직접비용과 중단사업자산손상차손을 포함하며, 법인세 효과를 차감한 후의 순액으로 보고하고 중단사업손익의 산출내역을 주석으로 기재한다.

차. 당기순이익(손실)

당기순이익(손실)은 계속사업손익에 중단사업손익을 가감하여 산출한다. 기업의 최종적인 경영성과를 표시하는 손익이라 할 수 있다.

당기순이익(손실)에 기타포괄손익을 가감하여 산출한 포괄손익의 내용을 주석으로 기재한다. 이 경우 기타포괄손익의 각 항목은 관련된 법인세 효과가 있다면 그 금액을 차감한 후의 금액으로 표시하고 법인세 효과에 대한 내용을 별도로 기재한다.

4) 매출총이익의 표시 생략

제조업·판매업·건설업 이외의 기업에 있어서는 매출총이익의 구분 표시를 생략할 수 있으므로 이익(손실)은 다음의 예와 같이 3단계로 표시할 수도 있다.

손 익 계 산 서

과 목	금 액
Ⅰ. 영업수익(Operating Revenue)	×××
Ⅱ. 영업비용(Operating expense)	×××
Ⅲ. 영업이익(Operating income)	×××
Ⅳ. 영업외수익(Non-operating income)	×××
Ⅴ. 영업외비용(Non-operating expense)	×××
Ⅵ. 법인세비용차감전순이익(Income before income taxes)	×××
Ⅶ. 법인세비용(Income taxes expense)	×××
Ⅷ. 당기순이익(Net income)	×××

5) 손익계산서 계정 과목의 분류와 예시

수익	매출액	상품매출액, 제품매출액 등
	영업외수익	이자수익, 배당금수익(주식배당액 제외), 임대료, 단기매매증권처분이익, 단기매매증권평가이익, 외환차익, 외화환산이익, 지분법이익, 매도가능증권손상차손환입, 투자자산처분이익, 유형자산처분이익, 사채상환이익, 자산수증이익, 채무면제이익, 보험차익 등
비용	매출원가	상품매출원가, 제품매출원가(제조원가) (제조원가: 재료비, 노무비, 복리후생비, 임차료, 감가상각비, 세금과공과, 보험료, 전력비, 가스비, 용수비, 소모품비, 수선비 등)
	판매비와 관리비	급여(임원급여, 급료, 임금 및 제수당 포함), 퇴직급여, 복리후생비, 임차료, 접대비, 감가상각비, 무형자산상각비, 세금과공과, 광고선전비, 연구비, 경상개발비, 대손상각비 등
	영업외비용	이자비용, 기타의 대손상각비, 단기매매증권처분손실, 단기매매증권평가손실, 재고자산감모손실, 외환차손, 외화환산손실, 기부금, 지분법손실, 매도가능증권손상차손, 투자자산처분손실, 유형자산처분손실, 사채상환손실, 재해손실 등
	법인세비용	법인세비용

6) 일반기업회계기준 손익계산서 예시

손 익 계 산 서
제×기 20××년 ×월 ×일부터 20××년 ×월 ×일까지
제×기 20××년 ×월 ×일부터 20××년 ×월 ×일까지

회사명 (단위:원)

과 목	당 기		전 기	
매출액		×××		×××
매출원가		×××		×××
기초제품(또는 상품)재고액	×××		×××	
당기제품제조원가(또는 당기상품매입액)	×××		×××	
기말제품(또는 상품)재고액	(×××)		(×××)	
매출총이익(또는 매출총손실)		×××		×××
판매비와 관리비		×××		×××
급여	×××		×××	
퇴직급여	×××		×××	
복리후생비	×××		×××	
임차료	×××		×××	
접대비	×××		×××	
감가상각비	×××		×××	
무형자산상각비	×××		×××	
세금과공과	×××		×××	
광고선전비	×××		×××	
연구비	×××		×××	
경상개발비	×××		×××	
대손상각비	×××		×××	
……	×××		×××	
영업이익(또는 영업손실)		×××		×××

과 목	당 기		전 기	
영업외수익		×××		×××
이자수익	×××		×××	
배당금수익	×××		×××	
임대료	×××		×××	
단기투자자산처분이익	×××		×××	
단기투자자산평가이익	×××		×××	
외환차익	×××		×××	
외화환산이익	×××		×××	
지분법이익	×××		×××	
장기투자증권손상차손환입	×××		×××	
유형자산처분이익	×××		×××	
사채상환이익	×××		×××	
전기오류수정이익	×××		×××	
……	×××		×××	
영업외비용		×××		×××
이자비용	×××		×××	
기타의대손상각비	×××		×××	
단기투자자산처분손실	×××		×××	
단기투자자산평가손실	×××		×××	
재고자산감모손실	×××		×××	
외환차손	×××		×××	
외화환산손실	×××		×××	
기부금	×××		×××	
지분법손실	×××		×××	
장기투자증권손상차손	×××		×××	
유형자산처분손실	×××		×××	
사채상환손실	×××		×××	
전기오류수정손실	×××		×××	
……	×××		×××	
법인세비용차감전순이익(손실)		×××		×××
법인세비용		×××		×××
당기순이익(또는 당기순손실)		×××		×××

(3) 포괄손익계산서(한국채택국제회계기준)

1) 포괄손익계산서의 의의

한국채택국제회계기준의 손익계산서는 포괄손익계산서 방식을 취하고 있다. 포괄손익은 당기순손익과 기타포괄손익을 합한 것을 말한다.

당기순손익(NI; Net Income)은 수익과 비용에 의하여 산출된다. 반면, 당기순손익을 구성하지 않고 자본에 직접 반영되는 항목도 있는데, 이를 기타포괄손익(OCI; Other Comprehensive Income)이라고 한다. 포괄손익이란 이러한 당기순손익과 기타포괄손익을 합한 것으로 자본거래를 제외한 모든 자본의 변동을 말한다.

당기순손익(NI)	당기에 발생한 수익에서 비용을 차감한 금액
기타포괄손익(OCI)	순손익에는 반영되지 않지만 자본에 직접 반영되는 미실현금액
총포괄손익(CI)	당기순손익＋기타포괄손익

기타포괄손익에는 다음의 항목들이 속한다.

① 재평가잉여금의 변동
② 종업원 급여 관련 확정급여제도의 보험수리적 손익
③ 해외 사업장 재무제표 환산손익
④ 기타포괄손익-공정가치금융자산 재측정손익
⑤ 현금흐름위험회피의 위험회피수단 평가손익 중 효과적 부분
⑥ 당기손익-공정가치 측정 항목으로 지정한 특정 부채의 신용위험 변동으로 인한 공정가치 변동 등

2) 포괄손익계산서의 작성 방식

포괄손익계산서의 작성 방식에 있어서는 단일포괄손익계산서와 두 개의 보고서 중에서 선택적용이 가능하다.
- 단일포괄손익계산서
- 두 개의 보고서

가. 단일포괄손익계산서(A single statement of comprehensive income)

단일포괄손익계산서는 당기순손익과 기타포괄손익을 하나의 재무제표에 포함하여 표시하는 방식으로 다음과 같이 작성될 수 있다.

포괄손익계산서
제××기 20×2년 1월 1일부터 20×2년 12월 31일까지
제××기 20×1년 1월 1일부터 20×1년 12월 31일까지

회사명 (단위:원)

과 목	제××(당)기		제××(전)기	
매출액		×××		×××
매출원가		×××		×××
매출총이익		×××		×××
판매비와 관리비		×××		×××
―――	×××		×××	
영업이익		×××		×××
금융수익	×××		×××	
금융비용	×××		×××	
기타수익	×××		×××	
기타 비용	×××		×××	
법인세비용차감전순이익		×××		×××
법인세비용		×××		×××
당기순이익		×××		×××
기타포괄손익		×××		×××
―――	×××		×××	
―――	×××		×××	
총포괄이익		×××		×××

※ 참고

한국채택국제회계기준에서는 일반기업회계기준의 영업외수익과 영업외비용을 각각 금융수익과 기타수익, 금융비용과 기타 비용으로 구분하여 표시한다. 각 기업마다 분류체계의 차이가 있을 수 있으나 일반적으로 금융수익과 금융비용에는 각각 이자수익·비용, 외환차익·차손, 외화환산이익·환산손실 등이 포함되며 나머지 항목은 기타수익·기타 비용으로 분류된다.

나. 두 개의 손익계산서(Two statements)

두 개의 손익계산서 방식은 손익계산서와 포괄손익계산서를 별도로 표시하는 방식으로서 당기순손익의 구성 요소를 표시하는 보고서(별개의 손익계산서)와 당기순손익에서 시작하여 기타포괄손익의 구성 요소를 표시하는 보고서(포괄손익계산서)의 2개의 손익계산서로 구성된다.

① 별개의 손익계산서
② 포괄손익계산서

손익계산서
제××기 20×2년 1월 1일부터 20×2년 12월 31일까지
제××기 20×1년 1월 1일부터 20×1년 12월 31일까지

회사명 (단위:원)

과 목	제××(당)기	제××(전)기
수익	×××	×××
―――	×××	×××
―――	×××	×××
비용	×××	×××
―――	×××	×××
―――	×××	×××
당기순이익	×××	×××

포괄손익계산서
제××기 20×2년 1월 1일부터 20×2년 12월 31일까지
제××기 20×1년 1월 1일부터 20×1년 12월 31일까지

회사명 (단위:원)

과 목	제××(당)기	제××(전)기
당기순이익	×××	×××
기타포괄손익	×××	×××
―――	×××	×××
―――	×××	×××
총포괄이익	×××	×××

3) 별개의 손익계산서

기타포괄손익의 내용을 제외하고 수익, 비용 및 당기순이익의 내용을 보여 주는 손익계산서를 "별개의 손익계산서"라고 하는데, 별개의 손익계산서는 원가를 제조원가와 비제조원가로 구분, 즉 영업비용을 기능별 분류에 따라 <매출원가>와 <판매관리비>로 구분한다.

다만, 손익계산서는 작성 방식에 있어 성격별 분류법과 기능별 분류법을 선택 적용할 수 있으므로 성격별 분류법을 적용하는 경우 다음과 같이 작성된다.

손익계산서(성격별 분류법)

과 목	제 ××(당) 기		제 ××(전) 기	
매출액		×××		×××
제품과 재공품의 변동액		×××		×××
원재료와 소모품의 사용액		(×××)		(×××)
종업원급여비용		(×××)		(×××)
감가상각비와 기타 상각비		(×××)		(×××)
기타 비용		(×××)		(×××)
영업이익		×××		×××
금융수익	×××		×××	
금융비용	×××		×××	
기타수익	×××		×××	
기타 비용	×××		×××	
법인세비용차감전순이익		×××		×××
법인세비용		(×××)		(×××)
당기순이익		×××		×××

성격별 분류법을 선택하는 경우 손익계산서에서 제조원가와 비제조원가를 별도로 표시하지 않고 비용(원가)의 성격에 따라 구분하지만 '제품과 재공품의 변동액'을 표시하여야 하므로 기업 내부적으로는 제조원가와 비제조원가를 구분하여 추후 설명하는 원가계산 방식에 의하여 제품 원가계산을 하여야 한다.

실무적으로는 상당수의 기업들이 일반기업회계기준에서 설명하는 손익계산서에 익숙하여 주로 기능별 분류법을 적용하고 있다.

(4) 손익계산서 계정 과목

1) 수익

① **매출액**

상품이나 제품의 매출액을 말한다.

② **이자수익**

금융기관 등에 예치한 각종 예금이나 유가증권 등의 이자수익을 말한다.

③ **배당금수익**

주식이나 출자금 등에서 이익을 분배받는 것을 말한다.

④ **외환차익**

외화 관련 자산이나 부채가 회수되거나 상환될 때 발생하는, 즉 실현 거래에서 발생하는 차익을 말한다.

⑤ **외화환산이익**

결산기 말에 환율 변동으로 인하여 장부상 외화자산이나 부채의 장부금액에 대한 평가가 달라지는 경우에 발생하는, 즉 미실현 거래에서 발생하는 평가이익을 말한다.

⑥ **임대료**

부동산 등을 임대하고 일정 기간마다 사용대가를 받는 경우에 이를 임대료라고 한다.

⑦ **지분법이익**

관계기업투자주식을 지분법에 의하여 평가 후 피투자회사의 당기순이익 중 투자회사의 지분에 해당하는 금액을 말한다.

⑧ **투자자산처분이익**

투자자산을 처분할 때 처분가액이 장부금액을 초과하는 경우 그 차액을 말한다.

⑨ **유형자산처분이익**

토지, 건물 등 유형자산을 처분할 때 처분가액이 장부금액을 초과하는 경우 그 차액을 말한다.

⑩ **사채상환이익**

사채를 상환할 때 상환금액이 사채의 장부금액보다 적은 경우 그 차액을 말한다.

⑪ **자산수증이익**

회사가 주주·임원 등으로부터 자산을 무상으로 증여받는 경우 자산수증이익이라고 한다.

⑫ 채무면제이익

회사의 채권자들로부터 채무의 일부 또는 전부를 면제받는 경우 면제받는 금액을 채무면제이익이라고 한다.

2) 비용

① 급여

임직원 등에게 지급되는 기본급, 제수당, 상여, 잡급 등을 말하며 '급여'라는 과목으로 통합하여 표시한다.

② 퇴직급여

결산일 현재 미래의 퇴직금 지급을 위한 부채인 퇴직급여 부채(퇴직급여충당부채)를 인식하기 위하여 설정하는 금액을 말한다.

③ 복리후생비

복리후생비는 근로자에게 직접 지급되지는 않으나 근로환경의 개선이나 근로복지 향상 등을 위하여 지출되는 것을 말한다. 복리후생비에는 건강보험료, 고용보험료, 직장체육비, 직장연예비, 사업주부담 국민연금부담액, 경조비, 우리사주조합의 운영비, 직장보육시설의 운영비 등이 포함된다.

④ 임차료

토지, 건물, 기계장치 등을 임차하는 경우 해당 임차료를 말한다.

⑤ 접대비

사업상의 목적을 위하여 지출한 식대, 주대, 선물비용 등 접대비용을 말한다.

⑥ 세금과공과

세금과공과는 국가나 지방자치단체가 부과하는 국세·지방세, 조합이나 협회 등의 공과금, 벌금·과태료 등을 말한다. 일반적으로 재산세, 자동차세, 매입부가가치세 중 불공제분, 조합비·협회비 등이 포함된다.

⑦ 연구비

연구활동은 새로운 과학적 또는 기술적 지식을 얻기 위하여 수행하는 독창적이고 계획적인 탐구활동을 말하는데, 프로젝트의 연구 단계에서는 미래 경제적 효익을 창출할 무형자산이 존재한다는 것을 입증할 수 없기 때문에 연구 단계에서 발생한 지출은 무형자산으로 인식할 수 없고 발생한 기간의 비용으로 인식한다.

⑧ 경상개발비

개발활동은 상업적인 생산 또는 사용 전에 연구 결과나 관련 지식을 새롭거나 현저히 개량된 재료, 장치, 제품, 공정, 시스템 및 용역의 생산을 위한 계획이나 설계에 적용하는 활동을 말하는데, 개발활동과 관련하여 지출된 금액 중 무형자산의 '개발비'로 인정되는 금액을 제외한 금액은 경상개발비의 과목으로 하여 발생한 기간의 비용으로 인식한다.

⑨ 대손상각비

결산기 말 현재 회수가 불확실한 채권은 합리적이고 객관적인 기준에 따라 산출한 대손추산액을 대손충당금으로 설정한다. 대손상각비는 기말에 이러한 대손충당금을 설정하기 위한 비용과목을 말한다.

⑩ 여비교통비

회사의 임직원이 업무와 관련하여 출장을 가는 경우 지급되는 실비 성격의 숙박료, 일당, 식사대, 교통비 등을 말한다.

⑪ 통신비

전화료·우편요금 등의 사용료와 관련 장치의 유지비용을 말한다.

⑫ 수도광열비

수도료, 전기료, 가스대 및 기타 연료대 등을 말한다.

⑬ 수선비

유형자산 등을 취득한 이후에 해당 자산의 성능을 유지·보수 및 관리하기 위하여 지출하는 금액을 말한다.

⑭ 보험료

회사가 보유하고 있는 건축물이나 재고자산 등에 대한 화재보험료, 자동차보험료, 제품 등의 책임보험료 등을 말한다.

⑮ 포장비

상품 등을 판매하는 과정에서 발생하는 포장비를 말하는데, 제품을 공장에서 출하하기 전에 발생하는 포장비는 제조원가로 분류하여야 한다.

⑯ 견본비

회사의 제품 등을 널리 알릴 목적으로 불특정 다수의 거래처나 고객에게 제품의 일부를 제공하는 것을 말한다.

⑰ **판매수수료**

수탁판매회사나 대리점 등 기업의 외부인에게 사전 약정에 의하여 판매량이나 판매금액에 따라 지급하는 것을 말한다.

⑱ **소모품비**

사무용 용지, 문방구류, 소모공구·기구·비품, 기타 사무용 소모품 등을 구매하기 위해서 지출한 비용을 말한다.

⑲ **지급수수료**

회사의 업무와 관련하여 외부 전문가인 변호사, 회계사, 세무사, 외부 용역기관 등에게 지급한 금액 등을 말한다.

⑳ **이자비용**

장단기차입금, 사채 등에 대한 이자비용을 말한다. 금융원가라는 과목으로 표시될 수도 있다.

㉑ **외환차손**

외화 관련 자산이나 부채가 회수되거나 상환될 때 발생하는, 즉 실현 거래에서 발생하는 차손을 말한다.

㉒ **외화환산이익**

결산기 말에 환율 변동으로 인하여 장부상 외화자산이나 부채의 장부금액에 대한 평가가 달라지는 경우에 발생하는, 즉 미실현 거래에서 발생하는 평가손실을 말한다.

㉓ **기부금**

사회복지단체나 종교단체 등에게 회사의 영업활동과 관계없이 무상으로 증여하는 금전 또는 기타 자산가액을 말한다.

㉔ **지분법손실**

관계기업투자주식을 지분법에 의하여 평가 후 피투자회사의 당기순손실 중 투자회사의 지분에 해당하는 금액을 말한다.

㉕ **유형자산처분손실**

토지, 건물 등 유형자산을 처분할 때 처분가액이 장부금액보다 적은 경우 그 차액을 말한다.

㉖ **사채상환손실**

사채를 상환할 때 상환금액이 사채의 장부금액보다 많은 경우 그 차액을 말한다.

㉗ **유형자산손상차손**
유형자산의 장부금액보다 회수 가능액 또는 공정가치가 하락하여 회복할 가능성이 없는 경우 가치하락분을 감액하는 금액을 말한다.

㉘ **재해손실**
화재, 지진 등의 천재지변이나 도난 등으로 인하여 발생하는 손실을 말한다.

제4장

회계 순환 과정

1. 회계 기초

(1) 회계의 순환 과정

```
거   래
  ⇩
분   개
  ⇩
총계정원장
  ⇩
시 산 표
  ⇩
수 정 분 개
  ⇩
수 정 후 시산표
  ⇩
재 무 제 표
```

기업은 거래가 발생하는 경우 이를 최초로 회계 시스템에 인식시키기 위하여 분개(分介, Journalizing)를 하게 된다. 실무에서는 분개장 대신 전표로 대체하기도 한다.

분개장에 기록된 거래의 내용은 총계정원장에 계정별로 기록되는데, 이러한 과정을 전기(轉記, Posting)라고 하며 총계정원장은 실무적으로는 장부의 개념으로 이해해도 된다. 넓은 의미의 장부에는 총계정원장 외에 계정별원장, 거래처별원장 등 기업의 필요와 회계 프로그램에 따라 여러 가지로 작성된다.

기말에는 회계 기간 중에 작성된 장부와 결산분개라 불리는 기말회계 처리 사항을 반영하여 결산(決算, Settlement of account)을 하게 되며 시산표 등을 통하여 최종적으로 재무제표를 만들게 된다.

(2) 분개

분개는 거래를 회계적으로 인식하는 절차로서 회계 순환 과정의 첫 번째 절차가 된다.

분개는 차변과 대변으로 구성되며 차변에 기록되는 금액과 대변에 기록되는 금액은 그 합계가 일치하여야 한다. 이를 복식부기상 "거래의 이중성"이라 하며 회계에서 장부의 기록 및 각종 계산 과정의 가장 기본적 바탕이 된다.

분개는 분개장에 하게 되는데, 최근에는 분개장을 대신하여 전표를 많이 사용하기도 한다. 분개를 위하여 기본 회계 요소와 차·대변의 구성 요소를 살펴보면 다음과 같다.

분개장

차변)　　△△△　　×××　│　대변)　　○○○　　×××

분개를 하기 위하여 필요한 가장 기본적인 이해의 과정은 거래가 발생했을 때 이를 자산·부채·자본·수익·비용의 어떤 계정 과목으로 기록할 것이며 차변과 대변 어느 쪽에 기록되는가 하는 것이다. 계정 과목에 대한 이해는 앞에서 이미 살펴보았으므로 이번 장에서는 차·대변에 기록하는 방법을 살펴보도록 한다.

거래가 발생하였을 때 이를 분개장에 기록하기 위해서는 다음과 같은 거래의 8요소에 따라 기록한다.

차변 (Debit)	대변 (Credit)
자산의 증가	자산의 감소
부채의 감소	부채의 증가
자본의 감소	자본의 증가
비용의 발생	수익의 발생

- 자산이 증가하는 거래는 차변에, 자산이 감소하는 거래는 대변에 기록한다.
- 부채가 증가하는 거래는 대변에, 부채가 감소하는 거래는 차변에 기록한다.
- 자본이 증가하는 거래는 대변에, 자본이 감소하는 거래는 차변에 기록한다.
- 수익이 발생하는 거래는 대변에, 비용이 발생하는 거래는 차변에 기록한다.

1) 분개의 이해

분개를 이해하기 위해서는 항상 기억해야 할 점은 모든 거래는 항상 차변요소와 대변요소로 기록된다는 것이다. 회계를 처음 접하는 분들이 분개를 어렵게 생각하는 것은 거래를 한 가지 항목의 증가 혹은 감소로만 판단하기 때문이다.

다음의 거래를 분개를 통하여 연습해 본다.

① 은행에서 일정 금액을 차입하는 거래가 발생하였다.

- 차입금이 증가하였다. → ×
- 예금(자산)이 증가하는 한편 차입금(부채)이 증가하다. → ○

이를 분개장에 기록하면 다음과 같다.

차변) 예 금 ×××	대변) 차 입 금 ×××
(자산의 증가)	(부채의 증가)

② 차입금 중 일부 금액을 만기가 도래하여 회사 보유 예금으로 상환하였다.

- 차입금이 감소하였다. → ×
- 예금(자산)이 감소하며 차입금(부채)이 감소하다. → ○

차변) 차 입 금 ×××	대변) 예 금 ×××
(부채의 감소)	(자산의 감소)

③ 당월 급여를 지급하였다.

- 급여가 발생하다. → ×
- 급여(비용)가 발생하며 예금(자산)이 감소하다. → ○

차변) 급 여 ×××	대변) 예 금 ×××
(비용의 발생)	(자산의 감소)

2) 분개의 사례

① 상품 100,000원을 현금으로 구입하다.
  ⇨ 상품(자산)이 증가하고 현금(자산)이 감소

차변)	상 품	100,000	대변)	현 금	100,000
	(자산의 증가)			(자산의 감소)	

② 주주로부터 현금 1,000,000원을 출자받아 기업이 설립되다.
  ⇨ 현금(자산)이 증가하고 자본금(자본)이 증가

차변)	현 금	1,000,000	대변)	자 본 금	1,000,000
	(자산의 증가)			(자본의 증가)	

③ 상품 100,000원을 외상으로 구입하다.
  ⇨ 상품(자산)이 증가하고 외상매입금(부채)가 증가

차변)	상 품	100,000	대변)	외상매입금	100,000
	(자산의 증가)			(부채의 증가)	

④ 은행에서 2,000,000원을 차입하여 예금이 증가하다.
  ⇨ 예금(자산)이 증가하고 차입금(부채)가 증가

차변)	예 금	2,000,000	대변)	차 입 금	2,000,000
	(자산의 증가)			(부채의 증가)	

⑤ 전력비 500,000이 발생하여 예금에서 납부되다.
  ⇨ 전력비(비용)이 발생하고 예금(자산)이 감소

차변)	전 력 비	500,000	대변)	예 금	500,000
	(비용의 발생)			(자산의 감소)	

⑥ 은행예금이자 100,000이 발생하다.
  ⇨ 이자수익(수익)이 발생하고 예금(자산)이 증가

차변)	예 금	100,000	대변)	이 자 수 익	100,000
	(자산의 증가)			(수익의 발생)	

(3) 장부 기록

기업의 규모에 따라 다르지만 연간 수천에서 수백만 건에 이르는 거래는 각각 분개장(혹은 전표)에 기록된다. 이후 분개장에 기록된 내용을 동일한 계정끼리 모아 장부를 기록하게 되는데 이렇게 전기는 분개장에 기록된 내용을 장부에 옮겨 적는 절차를 말한다.

예를 들어,

① 1월 10일 현금 ₩1,000,000이 출자되어 기업이 설립되고
② 5월 28일 상품을 ₩500,000을 외상으로 매입하였으며
③ 9월 17일 외상매입금 중 ₩300,000을 현금으로 갚았다면

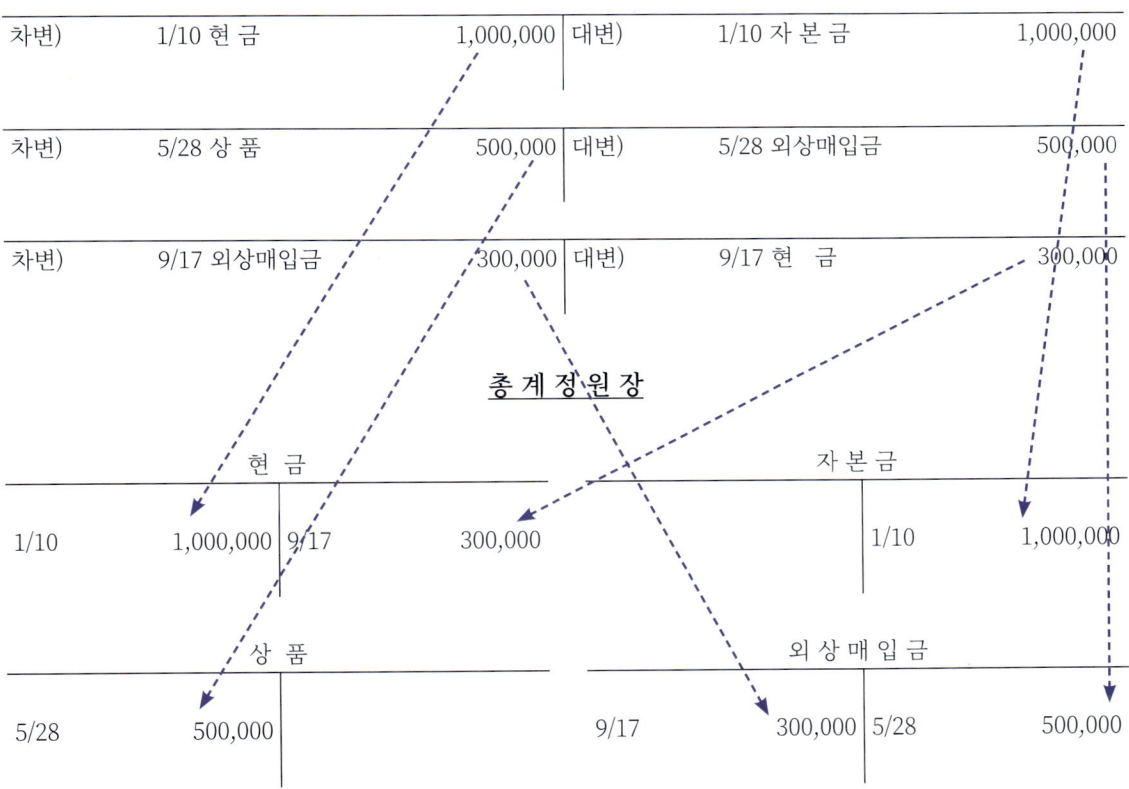

총계정원장을 해석하면

① 현금은 1/10 ₩1,000,000 증가하였다가 9/17 ₩300,000이 감소하여 잔액이 ₩700,000이 되었다.
② 상품은 5/28 ₩500,000 매입하여 남아 있다.
③ 외상매입금은 5/28 ₩500,000이 발생하였으나 9/17 ₩300,000을 상환하여 잔액은 ₩200,000이 남아 있다.
④ 자본금은 최초 1/10 ₩1,000,000이 납입되어 있다.

(4) 재무제표의 작성

기말에는 위의 총계정원장 금액으로 시산표를 작성하게 된다. 시산표는 추후 재무상태표와 손익계산서를 작성하는 기초가 된다. 앞의 예제를 이용하여 시산표를 작성하면 다음과 같다.

합계잔액시산표

차변		계정	대변	
잔액	합계		합계	잔액
700,000	1,000,000	현 금	300,000	
500,000	500,000	상 품		
	300,000	외 상 매 입 금	500,000	200,000
		자 본 금	1,000,000	1,000,000
1,200,000	1,800,000	계	1,800,000	1,200,000

위의 경우 손익관련 계정 과목이 없는 단순한 상황이므로 재무상태표만 만들어 본다면 다음과 같다.

재 무 상 태 표

현 금	700,000	외상매입금	200,000
상 품	500,000	자본금	1,000,000
	1,200,000		1,200,000

(5) 회계의 순환 과정 예제

1) 거래의 내역

① 주주로부터 현금 ₩500,000 출자받아 회사가 설립되다.

　차>　　　　　　　　　　　　　　　대>

② 은행에서 ₩900,000 현금 차입하다.

　차>　　　　　　　　　　　　　　　대>

③ 상품 ₩400,000을 현금으로 매입하다

　차>　　　　　　　　　　　　　　　대>

④ 상품 ₩300,000을 외상매입하다.

　차>　　　　　　　　　　　　　　　대>

⑤ 원가 ₩500,000의 상품을 ₩800,000에 외상매출하다.

　차>　　　　　　　　　　　　　　　대>

⑥ 기계를 현금 ₩250,000에 구입하다.

　차>　　　　　　　　　　　　　　　대>

⑦ 외상매출금 중 ₩450,000을 현금으로 회수하다.

　차>　　　　　　　　　　　　　　　대>

⑧ 급여 ₩30,000을 현금 지급하다.

　차>　　　　　　　　　　　　　　　대>

⑨ 임차료 ₩70,000을 현금 지급하다.

　차>　　　　　　　　　　　　　　　대>

⑩ 차입금 중 ₩600,000을 이자 ₩60,000과 함께 현금 지급하다.

　차>　　　　　　　　　　　　　　　대>

⑪ 외상매입금 중 ₩240,000을 현금 지급하다.

　차>　　　　　　　　　　　　　　　대>

2) 분개

①	차) 현금	500,000	대) 자본금	500,000
②	차) 현금	900,000	대) 차입금	900,000
③	차) 상품	400,000	대) 현금	400,000
④	차) 상품	300,000	대) 외상매입금	300,000
⑤	차) 외상매출금	800,000	대) 매출액	800,000
	매출원가	500,000	상품	500,000
⑥	차) 기계	250,000	대) 현금	250,000
⑦	차) 현금	450,000	대) 외상매출금	450,000
⑧	차) 급여	30,000	대) 현금	30,000
⑨	차) 임차료	70,000	대) 현금	70,000
⑩	차) 차입금	600,000	대) 현금	660,000
	이자비용	60,000		
⑪	차) 외상매입금	240,000	대) 현금	240,000

3) 장부 기록

현 금					외 상 매 출 금			
①자본금	500,000	③상품	400,000		⑤매출	800,000	⑦현금	450,000
②차입금	900,000	⑥기계	250,000				**차 기 이 월**	**350,000**
⑦외상매출금	450,000	⑧급여	30,000		합 계	800,000	합 계	800,000
		⑨임차료	70,000					
		⑩차입금 등	660,000		상 품			
		⑪외상매입금	240,000		③현금	400,000	⑤매출원가	500,000
		차 기 이 월	**200,000**		④외상매입금	300,000	**차 기 이 월**	**200,000**
합 계	1,850,000	합 계	1,850,000		합 계	700,000	합 계	700,000

기 계					자 본 금			
⑥현금	250,000	**차 기 이 월**	**250,000**		**차 기 이 월**	**500,000**	①현금	500,000
합 계	250,000	합 계	250,000		합 계	500,000	합 계	500,000

차 입 금					외 상 매 입 금			
⑩현금	600,000	②현금	900,000		⑪현금	240,000	④상품	300,000
차 기 이 월	**300,000**				**차 기 이 월**	**60,000**		
합 계	900,000	합 계	900,000		합 계	300,000	합 계	300,000

매출액					매출원가			
		⑤외상매출금	800,000		⑤상품	500,000		

급 여					임차료			
⑧현금	30,000				⑨현금	70,000		

이자비용			
⑩현금	60,000		

4) 합계잔액시산표

합계잔액시산표

차변		계정	대변	
잔액	합계		합계	잔액
200,000	1,850,000	현 금	1,650,000	
350,000	800,000	외 상 매 출 금	450,000	
200,000	700,000	상 품	500,000	
250,000	250,000	기 계		
	600,000	차 입 금	900,000	300,000
	240,000	외 상 매 입 금	300,000	60,000
		자 본 금	500,000	500,000
		매 출 액	800,000	800,000
500,000	500,000	매 출 원 가		
30,000	30,000	급 여		
70,000	70,000	임 차 료		
60,000	60,000	이 자 비 용		
1,660,000	5,100,000	계	5,100,000	1,660,000

5) 재무제표

손 익 계 산 서

매 출 원 가	500,000		매 출 액	800,000
급 여	30,000			
임 차 료	70,000			
이 자 비 용	60,000			
당 기 순 이 익	140,000			
합 계	800,000		합 계	800,000

재 무 상 태 표

현 금	200,000		차 입 금	300,000
외 상 매 출 금	350,000		외 상 매 입 금	60,000
			부 채 총 계	360,000
상 품	200,000		자 본 금	500,000
기 계	250,000		이 익 잉 여 금	140,000
			자 본 총 계	640,000
자 산 총 계	1,000,000		부채 및 자본총계	1,000,000

제2부

계정 과목별 회계 정보

제1장
금융상품_현금예금 및 매출채권

이번 장에서는 금융상품(Financial instruments)에 대하여 먼저 간략하게 살펴보고 현금예금과 매출채권에 대하여 살펴보도록 한다.

금융상품이란 거래 당사자 어느 한쪽에게는 금융자산이 생기게 하고, 거래 상대방에게 금융부채나 지분상품이 생기게 하는 모든 계약을 말한다.

1. 현금예금

일반적으로 금융상품[1]에는 현금및현금성자산, 대여금, 수취채권, 지분형 금융상품, 채권형 금융상품 등이 포함된다. 유가증권 종류의 금융상품은 별도로 살펴보도록 하고 이번 절에 살펴보는 현금예금은 재무상태표에 일반적으로 다음과 같이 분류, 표시된다.

재무상태표

Ⅰ. 유동자산	Ⅰ. 유동부채
1. 현금및현금성자산	
2. 단기금융상품	
Ⅱ. 비유동자산	Ⅱ. 비유동부채
1. 장기금융상품	

---

[1] 금융상품 중 금융자산은 현금 등 금융자산을 수취할 권리이므로 선급금, 선급비용처럼 재화나 용역을 수취할 권리는 금융자산에 포함되지 않는다.

· 현금및현금성자산

통화 및 타인발행수표 등과 당좌예금, 보통예금 등 요구불예금을 포함한다.

· 단기·장기금융상품

금융기관이 취급하는 정기예금, 정기적금, 기타 정형화된 금융상품을 말하며, 그중 단기적 자금운용 목적으로 소유하거나 기한이 보고 기간 종료일로부터 1년 이내에 도래하는 것을 단기금융상품, 기한이 보고 기간 종료일로부터 1년 이후에 도래하는 것을 장기금융상품이라 한다.

(1) 현금 및 현금성자산

1) 현금

현금은 지폐와 동전과 같은 통화뿐 아니라 타인발행수표, 배당증권, 지급일이 도래한 이자표 등과 같은 통화대용증권을 포함한다.

또한, 보통예금이나 당좌예금과 같이 예입이나 인출에 제한이 없고 자유롭게 사용할 수 있는 요구불예금(Demand deposit)까지 포함한다.

2) 현금성자산

현금성자산은 큰 거래비용 없이 현금으로 전환이 용이하며, 이자율 등의 변동에 따른 가치 변동이 크지 않아 현금과 동일하게 사용할 수 있는, 즉 취득 당시 만기가 3개월 이내에 도래하는 채권 등을 말한다.

3) 단기금융상품

금융기관이 취급하는 정기예금, 정기적금, 기타 정형화된 금융상품을 말하며, 그중 단기적 자금운용 목적으로 소유하거나 기한이 보고 기간 종료일로부터 1년 이내에 도래하는 것을 말한다.

4) 장기금융상품

금융기관이 취급하는 정기예금, 정기적금, 기타 정형화된 금융상품을 말하며 기한이 보고 기간 종료일로부터 1년 이후에 도래하는 것을 장기금융상품이라 한다.

당좌예금을 개설하기 위한 당좌개설보증금은 계좌를 해지하기 전에는 현금화되지 않으므로 장기금융상품으로 분류한다.

(2) 당좌예금과 당좌차월

1) 당좌예금

당좌예금(Checking account)은 보통예금과 같이 요구불예금이며 기업이 수표나 어음을 발행할 수 있는 예금을 말한다.

2) 당좌차월

당좌예금은 은행과의 계약에 따라 일정 금액까지는 잔액이 (-)될 수 있는 한도를 두게 된다. 일반적으로 당좌차월은 기중에는 당좌예금에서 (-)으로 처리하지만 결산기 말에는 차입금 성격이므로 "단기차입금"으로 회계 처리한다.

2. 매출채권

수취채권(Receivables)이란 기업이 재화나 용역 등을 외상으로 판매하고 미래에 현금을 수취할 권리를 획득하는 경우 해당 채권금액을 말한다. 수취채권은 일반적으로 매출채권과 비매출채권(기타채권)으로 나누어 접근하는데 매출채권은 외상매출금, 받을어음 등을 말하며 비매출채권은 미수금, 미수수익, 대여금 등이 있다. 물론 이들은 "금융상품"의 범주에 포함된다.

(1) 매출채권과 비매출채권

- **매출채권**(Trade receivables)

재화나 용역을 판매하고 장래에 거래처로부터 현금을 받을 수 있는 채권을 말한다. 다만 재화나 용역은 회사가 영업 목적으로 표방하는 것이어야 한다. 실무적으로는 외상매출금, 받을어음으로 구분하여 회계 처리하나 재무제표를 공시할 때에는 매출채권이라는 과목으로 통합하여 표시한다.

기업이 자금을 조달할 수 있는 방법으로는 유상증자, 차입이나 사채 발행, 자산매각, 판매대금(매출채권)의 회수 등이 있을 수 있다. 그러나 매출채권의 회수가 가장 기본적인 자금의 조달 원천이라는 점에서는 이의가 없으므로 매출채권의 회수에 대한 분석은 자금흐름에 대한 중요한 정보를 제공한다고 볼 수 있다.

• 비매출채권(Non-trade receivables)

영업 목적과는 직접적인 관련성이 없는 수취채권으로서 미수금, 대여금 등을 말한다. 예를 들어, 만약 자동차를 제조·판매하는 회사가 판매의 대상이 되는 자동차를 외상 판매하였다면 그 채권은 매출채권(외상매출금)이 된다. 그러나 다른 업종의 회사가 사용하던 자동차(즉 유형자산 중 차량운반구)를 처분하였다면 그 채권은 미수금으로 회계 처리한다.

【예제 1. 상품의 외상판매】

발해산업은 거래처에 상품 ₩1,000,000을 판매하고 판매대금은 한 달 후에 받기로 하다.

차>	외상매출금	1,000,000	대>	매출액	1,000,000

(2) 매출채권의 손상

매출채권의 손상(Impairment)이란 거래처의 채무불이행, 파산 등의 사유로 매출채권을 회수할 수 없는 것을 말하며 "대손상각비(貸損償却費)"의 과목으로 회계 처리한다.

매출채권의 손상은 매출채권의 질적 측면에 대한 분석이라 할 수 있는데, 이는 매출채권의 회수 가능성에 대한 분석을 말한다. 아무리 매출채권이 많아도 회수 불가능한 부실채권이 많다면 기업의 자금에는 결코 도움이 되지 않을 것이다. 따라서 해당 회사의 매출채권 중 회수 불능 채권을 제외하고 회수 가능한 매출채권금액(순실현가치)의 규모를 파악하는 것이 매출채권의 질적 평가에 있어 가장 중요한 부분이라 할 수 있다.

회수 불능 채권은 "대손충당금"으로 표시하며 회수 가능 금액은 매출채권금액에서 대손충당금을 차감하여 표시한다. 같은 규모의 매출채권을 갖고 있는 회사라 할지라도 대손충당금이 적은 회사의 매출채권이 더 큰 회수 가능 금액을 갖게 되므로 더 건실한 매출채권을 보유하고 있다고 볼 수 있다.

차>	대손상각비	×××	대>	대손충당금	×××
	⇩			⇩	
	손익계산서 판매관리비			재무상태표 매출채권 차감 형식 표시	

【예제 2. 대손충당금의 표시】

발해산업은 기말에 보유하고 있는 매출채권 ₩5,000,000 중 600,000은 회수 불가능하다고 판단하고 있다.

| 차> 대손상각비 | 600,000 | 대> 대손충당금 | 600,000 |

손익계산서		재무상태표	
Ⅰ. 매출액		Ⅰ. 유동자산	
…		매출채권	5,000,000
Ⅳ. 판매관리비		대손충당금	(600,000)
대손상각비	600,000		4,400,000

(3) 대손충당금을 인식하는 이유

매출채권의 대손회계 처리에서 대손충당금을 설정하는 이유에 대하여 살펴보도록 한다.

만약 20×1년 회사가 여러 거래처에 대하여 ₩300,000의 매출을 하였으며 20×2년 매출채권 중 ₩20,000의 대손이 발생하였다고 가정하자.

이러한 거래를 대손충당금을 고려하지 않고 회계 처리한다면

| 20×1년 매출 | 차> 외상매출금 | 300,000 | 대> 매출액 | 300,000 |
| 20×2년 대손 발생 | 차> 대손상각비 | 20,000 | 대> 외상매출금 | 20,000 |

위와 같이 회계 처리한다면 매출은 20×1년에 인식하고 대손상각비라는 비용은 20×2년에 인식하게 되어 회계에서 중요시하는 "수익비용 대응의 원칙"에 어긋나게 된다.

따라서 다음과 같이 회계 처리하여 수익과 관련 비용을 같은 연도에 인식하는 회계 처리를 하는 것이다.

20×1년 매출	차> 외상매출금	300,000	대> 매출액	300,000
20×1년 기말 대손추정	차> 대손상각비	20,000	대> 대손충당금	20,000
20×2년 대손 발생	차> 대손충당금	20,000	대> 외상매출금	20,000

(4) 손상 관련 회계용어

1) 대손상각비(Bad debt expense)

회수 불능 채권에 대한 손실을 계상하는 비용계정이다. 매출채권에 대한 대손상각비는 "판매비와관리비"에 속하고, 기타채권(미수금, 대여금 등)에 대한 것일 경우 "영업외비용"에 속한다.

대손상각비계정은 결산 시 대손추정에 있어 객관적 증거가 있는 경우 혹은 기중에 특정채권이 회수 불가능하게 되어 해당 채권을 상각하는 경우에 인식된다.

2) 대손충당금(Allowance for doubtful accounts)

매출채권의 잔액 중 회수 불능 채권의 추정금액을 나타내는 것이다. 매출채권은 재무상태표에서 대손충당금을 차감하는 형식으로 표시되거나 혹은 차감 후 금액으로 표시된다.

재무상태표

과 목	금 액	
	제××(당)기	
매출채권	1,000,000	
대손충당금	(55,000)	945,000

과 목	금 액
	제××(당)기
매출채권	945,000

3) 대손충당금환입(Reversal of allowance for doubtful accounts)

전기 이전에 설정한 대손충당금 잔액이 당기에 새로 설정할 대손충당금보다 많아 차액을 환입하는 경우에 나타나는 계정으로 매출채권에 대한 대손충당금환입은 대손상각비에서 차감 즉 (−)대손상각비로 처리하며, 기타수취채권에 대한 대손충당금환입은 '영업외수익'에 속한다.

(5) 기말 대손액의 추정

보고 기간 말에 회사는 매출채권 중 회수 불능 금액을 추정하고 그 금액만큼 대손충당금을 설정한다.

* 20×1년 말 외상매출금 ₩500,000 중 향후 ₩20,000의 대손이 추정된다.

20×1년 기말	차> 대손상각비	20,000	대> 대손충당금	20,000

* 20×2년 중 대손 발생은 없었으며 20×2년 기말 외상매출금 ₩700,000 중 향후 ₩50,000의 대손이 추정된다.

20×2년 기말	차> 대손상각비	30,000	대> 대손충당금	30,000

※ 대손충당금은 재무상태표 계정의 성격상 이월되므로 20×2년말 대손충당금 잔액은 20×1년 설정분 ₩20,000(전년도 이월분)과 20×2년 설정분 ₩30,000이 합산되어 ₩50,000이 된다.

매출채권 중 거래처별로 대손 여부의 확인이 가능한 경우에는 거래처별로 파산 여부, 채권에 대한 담보설정 여부, 회수 가능성 등을 판단하여 손상을 검토하나 거래처의 수가 많아 개별 거래처별 파악이 곤란한 경우에는 일반적으로 매출채권의 연령에 따라 대손추정률을 달리 설정하여 대손을 추정하는 연령분석법 등이 있다.

실무적으로 개별 기업에 대한 검토에서 가장 먼저 실시하는 절차로는 국세청 홈페이지에서 휴폐업 조회를 하는 절차도 있다.

연령분석법 등에 따른 대손추산액이 기말에 남아 있는 대손충당금 잔액보다 많은 경우에는 추가로 대손상각비를 설정한다.

반대로 연령분석법 등에 따른 대손추산액이 기말에 남아 있는 대손충당금 잔액보다 적은 경우(즉 (−)금액이 산출되는 경우)에는 대손충당금이 너무 많은 상태이므로 대손충당금을 줄여야 하며 "대손충당금환입"으로 회계 처리한다(실무적으로는 (−)대손상각비로 표시한다).

① 대손충당금을 추가 설정하여야 하는 경우				
(차) 대손상각비	×××	(대) 대손충당금	×××	
② 대손충당금환입을 인식하는 경우				
(차) 대손충당금	×××	(대) 대손충당금환입	×××	
※ 실무적으로는				
(차) 대손충당금	×××	(대) −	−	
대손상각비	(−)×××			

1) 연령분석법(Aging method)

매출채권의 연령을 분석하여 최근 발생한 매출채권은 회수 가능성이 높다고 보아 낮은 대손추정률을, 오래된 매출채권은 회수 가능성이 낮다고 보아 높은 대손추정률을 적용하는 방법을 말한다. 실무적으로는 매출채권의 연령을 3개월 이내, 6개월 이내, 1년 이내, 2년 이내, 3년 이내, 3년 이상 등으로 구분하기도 한다.

【예제 3. 연령분석법】

발해산업의 매출채권에 대하여 거래처별 연령을 분석한 결과 다음과 같았다. 회사가 추정하는 연령별 대손추정률이 다음과 같은 경우 기말에 설정할 대손상각비는 얼마인가?

▶ 요구 사항

다음 각각의 경우에 대하여 대손설정 관련 회계 처리를 하시오.
1. 대손충당금 설정 전 기말 대손충당금 잔액은 ₩850,000이다.
2. 대손충당금 설정 전 기말 대손충당금 잔액은 ₩1,400,000이다.

거래처 명	3월 이내	6월 이내	1년 이내	2년 이내	2년 이상	계
A	1,000,000	500,000	300,000	—	—	1,800,000
B	2,000,000	1,000,000	—	—	500,000	3,500,000
C	5,000,000	2,000,000	—	—	—	7,000,000
D	—	—	—	1,000,000	—	1,000,000
계	8,000,000	3,500,000	300,000	1,000,000	500,000	13,300,000
대손추정률	1%	2%	25%	50%	100%	

▶ 해설

1. 대손충당금 잔액이 ₩850,000 인 경우

① 대손추산액

거래처 명	3월 이내	6월 이내	1년 이내	2년 이내	2년 이상	계
계	₩8,000,000	3,500,000	300,000	1,000,000	500,000	
대손추정률	1%	2%	25%	50%	100%	
대손추산액	80,000	70,000	75,000	500,000	500,000	₩1,225,000

② 대손상각비 = ₩1,225,000 − 850,000 = ₩375,000

| 차> | 대손상각비 | 375,000 | 대> | 대손충당금 | 375,000 |

2. 대손충당금 잔액이 ₩1,400,000 인 경우

대손상각비 설정액＝₩1,225,000－1,400,000＝₩175,000

차>	대손충당금	175,000	대>	–	–
	대손상각비	(-)175,000			

(6) 대손 확정에 따른 매출채권의 대손처리

회계 기간 중에 특정거래처의 매출채권이 파산 등의 사유로 회수 불가능하다고 확정되는 경우 대손충당금 잔액에 따라 다음과 같이 회계 처리된다.

① 대손충당금 잔액이 충분한 경우
(차) 대손충당금　　×××　　　　(대) 매출채권　　×××

② 대손충당금 잔액이 부족한 경우
(차) 대손충당금　　×××　　　　(대) 매출채권　　×××
　　대손상각비　　×××

③ 대손충당금 잔액이 없는 경우
(차) 대손상각비　　×××　　　　(대) 매출채권　　×××

【예제 4. 대손 확정 매출채권의 대손처리】

발해산업의 20×1년 말 현재 대손충당금 잔액은 ₩90,000이다. 20×2년 중 다음과 같이 대손이 발생하였다면 회계 처리는?

▶ 해설

① 20×2년 3월 ₩70,000의 매출채권이 회수 불가능한 것으로 판명되다.

차>	대손충당금	70,000	대>	매출채권	70,000

② 20×2년 5월 ₩30,000의 외상매출금이 회수 불가능한 것으로 판명되다.

차>	대손충당금	20,000	대>	매출채권	30,000
	대손상각비	10,000			

③ 20×2년 7월 ₩45,000의 외상매출금이 회수 불가능한 것으로 판명되다.

차>	대손상각비	45,000	대>	매출채권	45,000

> **※ 참고**
>
> 위의 예제에서 20×2년 기말에 대손추산액이 ₩100,000이라면 손익계산서에 표시되는 대손상각비는?
>
> ⇨ 5월, 7월의 회계 처리된 대손상각비 합 ₩55,000과 대손처리 후 대손충당금 잔액이 0이므로 추가 설정할 금액 ₩100,000의 합 ₩155,000이다.
>
> 하지만 실무적으로는 3월, 5월, 7월 회계 처리를 대손충당금 잔액과 관계없이 차변을 모두 "대손충당금"으로 처리하는 것이 편할 수 있다.
>
> ⇨ 대손충당금 잔액은 (-)₩55,000[1]이므로 기말에 설정할 대손상각비는 ₩155,000(=₩100,000 - (-)55,000)이며 손익계산서에도 동액으로 표시된다.

1) (-)₩55,000 = ₩90,000 - 70,000 - 30,000 - 45,000

(7) 대손처리 채권의 회수

이미 대손처리한 매출채권을 회수하는 경우가 있다. 이 경우의 회계 처리는 다음과 같다.

(차) 현금 등	×××	(대) 대손충당금	×××

(8) 매출채권의 매각

기업은 외상매출채권 대금을 조기에 회수하기 위하여 외상매출금을 금융회사에 매각하는 경우가 있는데 이를 "외상매출금의 팩토링(Factoring)"이라고 한다.

외상매출금을 매각할 때에는 일정 금액의 수수료를 차감한 후 금액이 입금되므로 회계 처리는 다음과 같다.

【예제 5. 매출채권의 팩토링】

발해산업은 ₩1,000,000의 외상매출금을 고려캐피탈에 매각하였으며 수수료는 외상매출금의 2%이다. 수수료 차감 후 금액은 회사의 보통예금으로 입금된다.

차> 보통예금	980,000	대> 외상매출금	1,000,000
매출채권처분손실	20,000		

회사가 보유하고 있는 어음도 위와 동일하게 금융기관에 매각하고 만기 이전에 대금을 조기 회수하는 경우도 있다. 이를 "할인"이라고 한다. 회계 처리 또한 동일하다.

※ 참고

다만 기업회계기준에서 외상매출금의 팩토링, 받을어음의 할인 등을 매출채권의 매각으로 회계처리하려면 다음과 같은 조건이 모두 충족되어야 양도자가 금융자산에 대한 통제권을 이전한 것으로 보아 매각거래로 본다.

(1) 양도인은 금융자산 양도 후 당해 양도자산에 대한 권리를 행사할 수 없어야 한다.
(2) 양수인은 양수한 금융자산을 처분(양도 및 담보제공 등)할 자유로운 권리를 갖고 있어야 한다.
(3) 양도인은 금융자산 양도 후에 효율적인 통제권을 행사할 수 없어야 한다.

만약 위의 조건들이 충족되지 못하면 매출채권을 담보로 한 차입거래로 해석하므로 예제 5의 경우 회계 처리는 다음과 같다.

차>	현금, 예금	980,000	대>	차입금	1,000,000
	이자비용 등	20,000			

3. 매출채권의 양적 측면에 대한 분석

기업의 입장에서는 매출채권의 규모를 어느 정도 유지하는 것이 좋을까?

이러한 질문에 대하여 일반적으로 매출채권은 회사가 현금을 회수하는 중요한 채권이므로 적은 규모로 유지하는 것이 좋은 정책이라고 생각할 수 있다. 하지만 매출채권은 회사의 매출 규모에 따라 달라질 수 있다. 매출액이 매우 큰 회사는 매출채권의 규모도 커지게 되며, 매출액이 적다면 매출채권의 규모도 또한 적어지게 된다. 따라서 매출채권의 규모는 금액의 크기로 표현하기는 곤란하다. 또한 신용정책, 업계의 특성, 경제상황 등에 따라 달라지므로 자산대비 혹은 매출대비 몇 %이어야 한다는 절대적인 기준값은 존재하지 않는다고 보아야 할 것이다.

매출채권 규모의 적정성에 대한 분석은 일반적으로 매출채권회전율을 통하여 이루어진다.

(1) 매출채권회전율

일반적으로 매출채권의 적정 규모는 업종 평균과 비교하여 판단하게 되는데 이러한 과정에서 자주 분석되는 비율로 '매출채권회전율'(Receivables turnover)이 있다.

$$\text{매출채권회전율} = \frac{\text{매출액}}{(\text{기초매출채권} + \text{기말매출채권})/2}$$

매출채권회전율은 매출액을 평균매출채권으로 나누어 계산하는데 이는 매출채권의 규모를 매출액의 규모와 비교하고자 하는 것으로써 ××회로 표시된다. 매출액과 매출채권을 비교함으로써 매출액에 비하여 매출채권을 얼마만큼 많이 보유하는지 혹은 적게 보유하는지를 측정할 수 있는 매출채권에 대한 양적 측면의 측정지표이다.

일반적으로 매출채권은 매출액이 많을수록, 매출채권이 적을수록 좋으므로 매출채권회전율은 높을수록 좋은 것으로 평가된다.

최근 제조업 전체 매출채권회전율은 다음과 같다.

구 분	2017	2018	2019	2020	2021	2022	2023
매출채권회전율	6.11회	6.30회	6.30회	6.18회	6.79회	7.17회	6.76회

【예제 6. 매출채권회전율】

발해산업의 제5기 매출액은 60,000천 원이다. 다음은 재무상태표의 일부이다.

(단위:천원)

과 목	금 액			
	제5(당)기		제4(전)기	
Ⅰ. 유동자산		×××		×××
(1) 당좌자산		×××		×××
…		×××		×××
매출채권	5,650		4,600	
대손충당금	(150)	5,500	(100)	4,500

▶ 요구 사항

매출채권회전율을 구하시오.

▶ 해설

$$\text{매출채권회전율} = \frac{\text{매출액}}{(\text{기초매출채권} + \text{기말매출채권})/2} = \frac{60,000\text{천원}}{(4,500\text{천원} + 5,500\text{천원})/2} = 12\text{회}$$

앞의 사례와 같이 매출채권회전율이 12회라면 매출액이 평균 매출채권 잔액의 12배라는 의미이다. 다시 말해 이는 매출채권의 평균잔액이 매출액의 1/12이라는 뜻이다. 따라서 매출채권회전율이 12회라면 약 1개월 정도의 매출액을 평균매출채권으로 유지한다고 볼 수 있다.

매출채권회전율이 높다는 것은 매출채권의 규모를 적게 유지하거나 매출액이 많다는 뜻이므로 좋은 의미로 해석된다. 따라서 업종 평균 매출채권회전율과 비교하여 높으면 양호한 것으로 볼 수 있다.

한국은행이 매년 발간하는 "기업경영분석"에 따르면 최근 10여 년간 제조업 전체의 매출채권회전율은 약 6~7회 수준을 보이고 있다. 매출채권회전율이 6회라면 이는 매출채권에 비하여 매출액이 6배 정도이고 매출액에 비하여 평균매출채권이 1/6 정도 수준이라는 의미이다. 즉 연간 매출액이 1,200억 원 정도 되는 기업이라면 매출채권이 약 200여 억 원 정도 수준이라는 의미가 된다. 따라서 매출채권을 200억 원 이상으로 보유하고 있다는 것은 회사가 평균보다 과다한 매출채권을 보유하고 있다는 의미가 된다. 즉 매출채권의 회수가 산업 평균보다 지연되고 있다는 의미가 되기도 한다. 다만, 이러한 수치는 제조업 전체의 평균 수준이므로 업종에 따라 달라질 수 있다.

제2장

상품 거래

앞서 제1부 제4장에서는 기본적인 회계의 순환 과정을 설명하면서 거래와 분개의 개념을 설명하였다. 이번 장에서는 거래의 분개 중 상품 거래에 대하여 자세히 살펴보도록 한다.

상거래 기업의 경우 상품 거래는 기업의 가장 중요한 이익의 원천이자 현금 창출의 원천이 된다. 상품을 매입하여 판매하며 판매대금을 회수하고 그 과정에서 관리활동을 하는 흐름을 재무분석에서는 영업순환 과정(Business cycle)이라고 하며 회계적으로는 수익 창출의 과정이라고도 한다.

이번 장에서는 매입과정에서 상품의 취득원가 결정, 매입환출 및 에누리, 매입할인 등을 살펴보고 매출 과정에서 매출액, 매출환입 및 에누리, 매출할인 등에 대하여 살펴보도록 한다.

또한, 손익계산서의 매출원가 계산 과정에 대해서도 살펴보도록 한다.

1. 매출거래

(1) 매출
앞서 설명한 바와 같이 상품을 외상판매한 경우의 회계 처리는 다음과 같다.

발해산업은 거래처에 상품 ₩1,000,000을 판매하고 판매대금은 한 달 후에 받기로 하다.

차> 외상매출금　　　　　1,000,000　　　　대> 매출액　　　　　1,000,000

다만, 실무적으로는 상당수의 회사들이 부가가치세법상 과세사업자이므로 회계 처리는 다음과 같다.(이하의 사례에서는 부가가치세는 제외하고 설명하도록 한다.)

발해산업은 거래처에 상품 ₩1,000,000을 판매(부가가치세 10% 별도)하고 판매대금은 한 달 후에 받기로 하다.

차> 외상매출금　　　　　1,100,000　　　　대> 매출액　　　　　1,000,000
　　　　　　　　　　　　　　　　　　　　　　　부가가치세예수금　　100,000

※ 판매 시 매출액의 10%를 받는 부가가치세는 판매자의 입장에서는 추후 세무서에 납부하여야 하므로 "부채"로 인식하며 구체적으로 "부가가치세예수금" 등의 과목으로 회계 처리한다.

한편, 상품의 판매로 인하여 상품이 출고되므로 해당 금액은 매출원가, 즉 판매된 상품의 원가를 구성한다.

발해산업은 거래처에 상품 ₩1,000,000을 판매하고 판매대금은 한 달 후에 받기로 하다. 한편 출고된 상품의 원가는 ₩700,000이다.

차> 외상매출금	1,000,000	대> 매출액	1,000,000
매출원가	700,000	상품	700,000

---

(2) 매출환입과 매출에누리

1) 매출환입

상품 등 재고자산을 판매하는 과정에서 파손 등의 원인으로 판매된 상품이 반품되는 경우도 있다. 이를 "매출환입(Sales return)"이라 하며 이는 판매의 취소에 해당하므로 매출에서 차감하므로 회계 처리는 다음과 같다.

발해산업이 거래처에 외상판매한 ₩1,000,000 중 운송과정의 문제로 인하여 ₩200,000이 반품되었다. 이에 따라 판매를 취소하고 해당 상품(원가: ₩140,000)은 회사의 창고로 입고되었다.

차>	매출[1]	200,000	대>	외상매출금	200,000
	상품	140,000		매출원가	140,000

*1) 매출환입으로 처리 후 매출에서 차감하기도 하고 매출에서 직접 차감하기도 한다.

---

2) 매출에누리

상품의 하자가 일부 있었으나 구입한 업체에서 반품을 하지는 않고 인수하였으며, 다만 판매금액의 일부를 조정하는 경우 이를 "매출에누리(Sales allowances)"라고 하며 매출에서 차감한다. 상품의 이동은 없었으므로 매출과 외상매출금만 해당 금액만큼 조정한다.

발해산업이 거래처에 외상판매한 ₩1,000,000 중 일부 상품이 운송 문제로 경미한 하자가 발생하다. 거래처는 ₩50,000의 에누리 요구하였으며 회사는 이를 수용하였다.

차> 매출[2]	50,000	대> 외상매출금	50,000

*2) 매출에누리로 처리 후 매출에서 차감하기도 하고 매출에서 직접 차감하기도 한다.

(3) 매출할인

"매출할인(Sales discounts)"은 외상매출금의 신속한 회수를 위하여 사전에 일정 조건을 제시하고 해당 조건에 충족하는 경우 일부 금액을 할인해 주는 것을 말한다.

일반적으로 판매일자로부터 일정 기간 이내에 구매자가 매입대금을 결제하면 일정 %를 할인해주고, 그렇지 않다면 언제까지는 대금을 결제해주어야 한다는 방식으로 계약서를 작성한다. 매출할인도 매출에서 차감한다.

【예제 1. 매출할인】

발해산업은 고려상사에 상품을 판매하는데 판매일로부터 10일 이내에 고려상사가 대금을 결제하면 2%를 차감해주고, 10일 이내에 결제하지 못하는 경우에는 판매일로부터 30일 내에 대금을 결제하여야 한다는 조건으로 계약을 하였다.

발해산업이 고려상사에 외상매출한 금액은 ₩1,000,000이다.

▶ 요구 사항

다음 각각의 경우 판매자인 발해산업의 회계 처리를 하시오

    1. 고려산업이 10일 이내에 결제한 경우
    2. 고려산업이 10일을 넘겨 대금을 결제한 경우

▶ 해설

1. 판매일로부터 10일 이내 결제한 경우
    차> 현금   980,000   대> 외상매출금   1,000,000
        매출할인   20,000
        (※ 매출할인은 결산과정에서 매출에서 차감한다.)

2. 판매일로부터 10일을 넘겨 결제한 경우
    차> 현금   1,000,000   대> 외상매출금   1,000,000

(4) 판매장려금

판매자가 사전에 제시한 일정 금액 혹은 일정 수량 이상을 구매자가 구입하면 판매자가 "판매장려금"등의 명목으로 구매자에게 일정 금액을 제시하는 경우가 있다. 이는 앞에서 살펴본 "매출할인"과 실질적으로 동일한 효과를 가져오므로 매출에서 차감하여 처리한다. 판매자 입장에서 판매장려금은 비용으로 처리하지 않는다는 점에 유의하여야 한다. 만약 판매장려금을 매출에서 차감하지 않고 비용으로 처리한다면 매출의 과대계상이라는 문제가 발생할 수도 있다.

발해산업이 고려상사에 판매한 ₩1,000,000은 발해산업이 사전에 제시한 판매장려금의 조건에 충족하므로 발해산업은 고려상사에 ₩30,000의 판매장려금을 지급하기로 하다. 판매장려금은 발해산업이 받을 외상매출채권에서 차감하기로 하고 나머지 금액을 수취하다.

차>	현금	970,000	대> 외상매출금	1,000,000
	판매장려금[3]	30,000		

*3) 판매장려금으로 회계 처리한 후 결산 시점에 매출에서 차감하는 방법이 일반적이다.

(5) 판매운반비

판매 과정에서 발생하는 운송비를 판매자가 부담하기로 한 경우 판매자는 해당 비용을 "판매비와 관리비" 중 "운반비" 등의 과목으로 회계 처리한다.

2. 매입거래

(1) 매입

상품을 외상매입한 경우의 회계 처리는 다음과 같다.

고려상사는 발해산업으로부터 상품 ₩1,000,000을 매입하고 대금은 한 달 후에 지급하기로 하다.

차>	상품	1,000,000	대> 외상매입금	1,000,000

다만, 실무적으로는 부가가치세법상 과세사업자인 경우 회계 처리는 다음과 같다.(이하의 사례에서는 부가가치세는 제외하고 설명하도록 한다.)

고려상사는 발해산업으로부터 상품 ₩1,000,000(부가가치세 10% 별도)을 매입하고 대금은 한 달 후에 지급하기로 하다.

차>	상품	1,000,000	대> 외상매입금	1,100,000
	부가가치세대급금	100,000		

※ 상품 구입 시 부담한 부가가치세는 구입자의 입장에서는 추후 납부할 부가가치세에서 차감하므로 "자산"으로 인식하며 구체적으로 "부가가치세대급금" 등의 과목으로 회계 처리한다.

(2) 매입환출과 매입에누리

1) 매입환출

상품 등 재고자산을 구입하는 과정에서 파손 등의 원인으로 판매된 상품이 반품하는 경우도 있다.

이를 "매입환출(Purchase return)"이라 하며 이는 구매 취소에 해당하므로 회계 처리는 다음과 같다.

고려상사가 외상매입한 상품 ₩1,000,000 중 상품의 하자로 인하여 ₩200,000의 금액을 반품하였다.

차> 외상매입금　　　　　200,000　　　　대> 상품　　　　　　　　200,000

---

2) 매입에누리

상품의 하자가 일부 있었으나 판매처에 반품하지는 않고 인수하였으며, 다만 매입금액의 일부를 조정하는 경우 이를 "매입에누리(Purchase allowances)"라고 하며 매입금액을 차감한다.

고려상사가 외상매입한 ₩1,000,000 중 일부 상품에 경미한 하자가 발생하다. 판매처에 ₩50,000의 에누리 요구하였으며 판매처는 이를 수용하였다.

차> 외상매입금　　　　　50,000　　　　대> 상품[*4]　　　　　　50,000

*4) 상품계정의 대변에 기록하면 상품의 출고로 오해되는 경우가 많이 다음과 같이 회계 처리되기도 한다.

차> 외상매입금　　　　　50,000　　　　대>
　　상품　　　　　　　(-)50,000

---

(3) 매입할인

"매입할인(Purchase discounts)"은 판매자가 외상매출금의 신속한 회수를 위하여 사전에 일정 조건을 제시하고 해당 조건에 충족하는 경우 일부 금액을 할인해 주는 경우 매입자 입장에서 회계 처리하는 것을 말한다. "매출할인"의 상대적 개념이다.

매입할인도 상품의 취득원가에서 차감한다.

【예제 2. 매입할인】

발해산업은 고려상사에 상품을 판매하는데 판매일로부터 10일 이내에 고려상사가 대금을 결제하면 2%를 차감해 주고, 10일 이내에 결제하지 못하는 경우에는 판매일로부터 30일 내에 대금을 결제하여야 한다는 조건으로 계약을 하였다.

고려산업이 발해산업에서 외상매입한 금액은 ₩1,000,000이다.

▶ 요구 사항

다음 각각의 경우 매입자인 고려상사의 회계 처리를 하시오

　1. 고려산업이 10일 이내에 결제한 경우
　2. 고려산업이 10일을 넘겨 대금을 결제한 경우

▶ **해설**

1. 판매일로부터 10일 이내 결제한 경우

차> 외상매입금	1,000,000	대> 현금	980,000
		매입할인	20,000

(※ 매입할인은 결산과정에서 재고자산 취득원가에서 차감한다. 단, 다음과 같이 상품의 취득원가에서 직접 차감하기도 한다.)

차> 외상매입금	1,000,000	대> 현금	980,000
상품	(-)20,000		

2. 판매일로부터 10일을 넘겨 결제한 경우

차> 외상매입금	1,000,000	대> 현금	1,000,000

(4) 판매장려금을 수취한 경우

판매자가 사전에 제시한 일정 금액 혹은 일정 수량 이상을 구매자가 구입하면 판매자가 "판매장려금" 등의 명목으로 구매자에게 일정 금액을 제시하는 경우가 있다. 구매자 입장에서 앞에서 살펴본 "매입할인"과 실질적으로 동일한 효과를 가져오므로 상품의 취득원가에서 차감하여 처리한다.

발해산업이 고려상사에 판매한 ₩1,000,000은 발해산업이 사전에 제시한 판매장려금의 조건에 충족하므로 발해산업은 고려상사에게 ₩30,000의 판매장려금을 지급하기로 하다. 판매장려금은 고려상사가 지급할 외상매입채무에서 차감하기로 하다.

차> 외상매입금	1,000,000	대> 현금	970,000
상품	(-)30,000		

※ 참고

간혹 실무적으로 판매장려금을 받는 경우 회계 처리의 편의를 위하여 "영업외수익"으로 처리하는 경우도 있다. 특히 손익에 미치는 효과는 동일하다는 이유로 회계 처리가 되기도 한다. 하지만 이는 영업거래에서 발생한 사항을 영업외거래로 취급하는 논리적 문제를 발생시키므로 적절한 회계 처리라고 할 수 없다.

(5) 매입부대비용

매입과정에서 발생하는 추가적인 비용은 상품의 취득원가에 가산한다.

고려상사는 발해산업으로부터 상품 ₩1,000,000을 매입하였으며 운반비 ₩20,000을 고려상사가 부담하고 모두 현금으로 지급하다.

차> 상품	1,020,000	대> 현금	1,020,000

3. 매출원가

손 익 계 산 서
매   출   액
매   출   원   가
매 출 총 이 익
판 매 관 리 비
영   업   이   익
영 업 외 수 익
영 업 외 비 용
법인세비용차감전순이익
법 인 세 비 용
당 기 순 이 익

제1부 재무제표에서 살펴본 바와 같이 손익계산서 매출액에서 매출원가를 차감하여 매출총이익을 계산한다. 매출원가 계산에 대한 자세한 내용은 다음 장에서 살펴보도록 하고 이번 장에서는 기본적 구조만 이해하도록 한다.

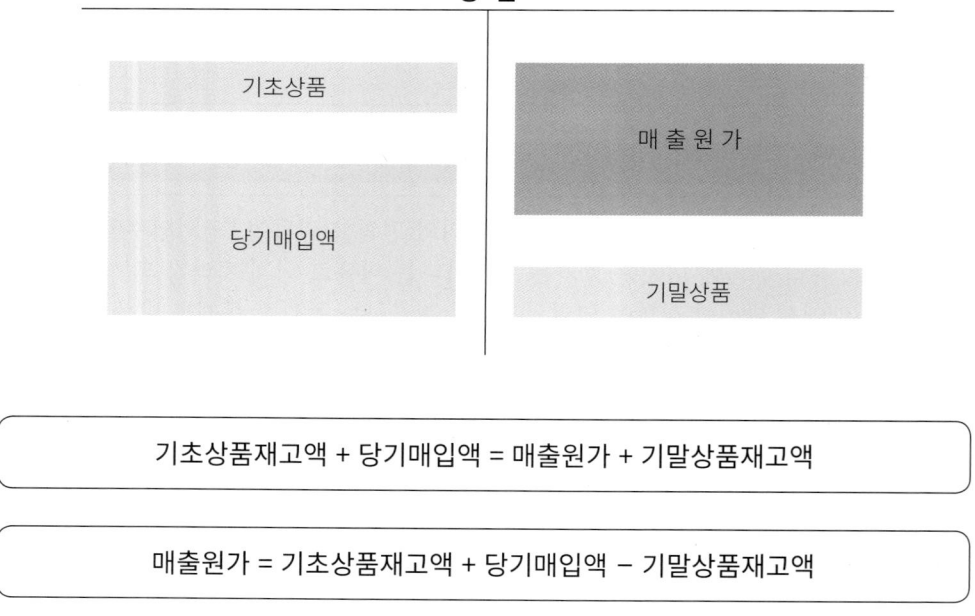

기초상품재고액 + 당기매입액 = 매출원가 + 기말상품재고액

매출원가 = 기초상품재고액 + 당기매입액 − 기말상품재고액

제3장

재고자산

1. 재고자산의 의의

재고자산(Inventory)은 판매 혹은 제조의 목적을 위하여 보유하는 자산으로 상품, 제품, 재공품, 원재료, 미착상품 등을 말한다.

재무상태표

Ⅰ. 유동자산	Ⅰ. 유동부채
재고자산	

• 상품
판매를 목적으로 구입한 상품 등을 말한다.

• 제품
판매를 목적으로 제조한 생산품, 부산물 등을 말한다.

• 재공품
제품 또는 반제품의 생산을 위하여 공정에 있는 미완성의 것을 말한다.

• 원재료
제품을 생산하기 위한 원료와 부재료, 부품 등을 말한다.

• 미착상품
구매한 상품이 운송 중에 있어 아직 도착하지 않은 상품을 말한다.

재고자산에 대한 최초의 인식은 재고자산 소유권을 보유하고 있는지의 판단이다. 즉 해당 재고자산에 소유권을 보유하고 있다는 것은 재무제표의 재고자산으로 기록할 수 있다는 것을 의미한다. 이론적으로는 재고자산의 보유에 따르는 경제적 효익과 위험을 누가 부담하고 있는가의 문제로 귀결될 수 있다.

일반적인 거래에서 판매자는 재고자산을 구입자에게 인도함에 따라 매출을 인식하고 재고자산의 소유권을 구매자에게 넘기게 된다. 구매자 또한 재고자산을 인도받는 시점에 재고자산에 대한 소유권을 넘겨받게 되므로 해당 자산의 보유에 따르는 경제적 효익과 위험을 부담하는 것이다.

하지만 다음과 같이 일반적인 거래가 아닌 경우가 있으므로 이에 대하여 살펴보도록 한다.

(1) 미착상품

국내 거래의 경우 미착상품(Goods in transit)을 인식하는 경우는 극히 드물지만 해외에서 상품을 매입하는 경우에는 운송에 상당 시간이 소요되므로 운송 중인 상품에 대한 회계 처리는 거래조건에 따라 다를 수 있다.

1) FOB(Free on Board·본선인도조건)

FOB는 무역거래조건 즉 인코텀즈(Incoterms) 중 많이 쓰이는 조건 중 하나로 일반적으로는 수출자(판매자)가 선적 시점까지의 상품 관련 모든 비용을 부담하는 조건으로 인도하고 선적 이후 발생하는 운반비, 보험료 등 및 상품운송의 책임과 위험은 수입자(구매자)가 부담하는 조건을 말한다. 따라서 운송 중인 상품은 구매자의 자산이 되며 "미착상품"의 과목으로 회계 처리한다.

2) CIF(Cost·제조원가, Insurance·보험료, Freight·운임)

CIF는 무역거래조건 즉 인코텀즈(Incoterms) 중 많이 쓰이는 조건 중 하나로 일반적으로는 운임·보험료 포함조건이라고도 한다. 수출자(판매자)가 도착 항구까지의 상품 관련 모든 운반비, 보험료 등 비용을 부담하는 조건으로서 보통 상품에 대한 책임과 위험은 보통 선적지 항구에서 구매자에게 인도된다.

운송 중인 상품이 판매자 혹은 구매자의 자산인지 여부는 책임과 위험이 이전되는 시점이 개별 계약조건에 따라 달라질 수도 있으므로 이에 따라 판단되어야 한다.

참고로 무역거래조건(Incoterms)에는 여러 형태의 조건들이 있는데, 실무에서 많이 사용되는 조건으로는 다음과 같은 것들이 있다.

구 분	명 칭	설 명
EXW (Ex Works)	공장인도	판매자가 지정한 공장 등의 장소에서 상품을 인도하며, 이후 모든 비용과 위험부담은 구매자 부담
FOB (Free On Board)	본선인도	판매자는 선적항에 상품을 선적하는 것까지 책임지며, 이후의 비용과 위험부담은 구매자 부담
CFR (Cost and Freight)	운임포함인도	판매자가 지정된 목적지까지 운송비를 부담하지만, 상품에 대한 위험부담은 선적 시점에 구매자에게 이전
CIF (Cost, Insurance and Freight)	운임 및 보험료 포함 인도	판매자가 지정된 목적지까지 운송비와 최소 보험을 부담. 상품에 대한 위험부담은 선적 시점에 구매자에게 이전
DDP (Delivered Duty Paid)	관세지급인도	판매자가 지정된 목적지까지 모든 비용, 세금 및 관세를 부담하며 상품에 대한 위험은 목적지 인도 이후 구매자에게 이전

(2) 시용품

시용판매(Sales on approval)는 구매자에게 상품을 인도하지만 구매자가 상품을 사용해 본 후에 구매의사를 표시하는 거래를 말한다. 따라서 판매자는 구매자의 구매의사 표시 시점에 매출을 인식하며 구매의사 표시 전까지는 매출이 실현되지 않았으므로 비록 구매자가 보관·사용 중이라 할지라도 판매자산 재고자산으로 인식한다.

(3) 위탁상품

위탁상품(Consigned goods)은 위탁자가 수탁자에게 판매를 위탁하기 위하여 보낸 상품으로서 위탁자는 수탁자의 판매 시점을 기준으로 매출을 인식한다. 따라서 수탁자가 보관하고 있는 상품은 수탁자가 판매하기 전까지는 위탁자의 재고자산으로 인식한다.

수탁자가 재고자산을 보관하는 것은 단지 판매를 위하여 관리하고 있을 뿐이므로 위탁자의 자산으로 회계 처리하는 것이다.

(4) 할부판매

할부판매는 판매 후 판매대금을 비교적 장기간에 걸쳐 분할회수하는 판매방식을 말한다. 판매대금이 장기간에 걸쳐 회수되지만 해당 상품에 대한 경제적 효익과 위험은 구매자에게 인도된 것이므로 판매 시점에 매출을 인식하고 재고자산에서 제외시킨다.

2. 재고수불관리

재고자산관리의 절차 중 가장 기본적인 절차는 원재료, 상품 등 재고자산의 수불(Management of receipts and disbursements)이라고 할 수 있다. 재고자산을 정확하게 기록·유지할 수 있는 시스템이 없다면 결산을 할 수 없다고 보아도 과언이 아닐 것이다.

재고자산의 수불관리는 가격(단가)과 수량에 의하여 결정되므로 가격을 관리하는 방법과 수량을 관리하는 방법에 대하여 각각 살펴보도록 한다.

(1) 수량 결정 방법

1) 실지재고조사법(Periodic inventory system)

실사법이라고도 하는데 당기입고수량은 기록하되 당기출고수량은 기록하지 않는다. 대신 기말에 재고수량을 일괄 조사하여 기말재고수량을 확정하고 출고수량을 최종적으로 결정하는 방법을 말한다.

재고수량이 많고 입출고가 빈번하여 출고 때마다 기록하기 불편한 저가품 등의 경우에 적용하기 편안한 방법이다. 그러나 실지재고조사법을 적용하면 회계 기간 중에는 재고수량을 파악할 수 없다는 단점이 있다.

> 기초재고수량 + 당기입고수량 − 기말재고수량 = 당기출고수량

2) 계속기록법(Perpetual inventory system)

입고수량과 출고수량을 매번 거래가 일어날 때마다 기록하여 장부상으로 매일의 재고를 파악하는 방법이다. 따라서 이 방법을 적용하면 기말재고는 기초수량에 당기입고수량을 가산하고 당기출고수량을 차감하여 장부에서 계산된다. 장부상의 기록을 매일 유지하므로 매출원가와 기말재고금액의 파악도 실지재고조사법보다는 쉽게 파악된다.

실무적으로는 계속기록법을 적용하여도 장부상 재고수량을 확인해야 하므로 주기적으로 재고실사를 통하여 장부 수량과 실제 수량의 일치 여부를 확인하고, 차이가 있다면 차이 수량을 조정하여야 한다.

> 기초재고수량 + 당기입고수량 − 당기출고수량 = 기말재고수량

(2) 단가 결정 방법

1) 개별법(Specific identification method)

재고자산을 개별적으로 식별하여 출고된 재고와 기말에 남은 것을 구별하여 재고자산원가를 결정하는 방법이다. 기업회계기준에서 단가 결정 원칙으로 적용되는 방법이다.

재고를 매입할 때 재고별로 원가를 표시하였다가 판매된 재고의 원가 합계는 매출원가로, 기말에 남은 재고의 원가 합계는 기말재고액으로 계산하는 방법으로서 재고별로 가격표를 붙이는 방법과 유사하다고 하여 Tagging method라고도 한다.

개별법은 거래 수량 및 거래 빈도가 많지 않고 고가인 상품 등의 수불에 적용하기 용이하다. 개별법은 원가흐름과 실제 물량흐름(Actual physical flow)이 일치하는 가장 이상적인 방법이므로 수익·비용의 대응이 적절히 이루어진다는 장점이 있다.

다음의 예제 1부터 예제 4까지는 수량 관리 측면에서 계속기록법을 전제로 작성되었다.

【예제 1. 개별법】

㈜태백산의 5월 상품수불부는 다음과 같다.

일자	입 고			출 고			잔 고		
	단가	수량	금액	단가	수량	금액	단가	수량	금액
05/01	₩200	200	₩40,000						
05/10					100			100	
05/14	230	500	115,000					600	
05/24	240	300	72,000					900	
05/30					700			200	
계		1,000	227,000		800				

5월 30일 출고된 700개는 개당 ₩230인 재고 450개와 개당 ₩240인 재고 250개로 구성되어 있다(이 가정은 개별법에만 적용).

▶ 요구 사항

매출원가와 기말상품재고액을 계산하시오.

▶ 해설

1. 매출원가 = @200×100개+@230×450개+@240×250개 = ₩183,500
2. 기말상품재고액 = @200×100개+@230×50개+@240×50개 = ₩43,500

2) 선입선출법(FIFO:First-In First-Out method)

재고자산의 단가 결정 방법에서 개별법이 원칙이기는 하나 현실적으로 개별법을 적용하기 용이하지 않은 경우가 많다. 이런 경우에는 선입선출법이나 평균법 등을 적용하게 된다.

선입선출법은 먼저 매입된 재고가 먼저 출고되는 것으로 가정하여 계산하는 방법이다. 이 방법은 실제의 물량흐름과 원가흐름이 비슷해지는 효과가 있으나 상품을 개별적으로 식별하지 않으므로 개별법과는 차이가 발생한다.

선입선출법에 의하여 계산하는 경우 기말재고액은 최근의 원가가 반영되며 매출원가는 비교적 오래된 원가가 반영된다.

【예제 2. 선입선출법】

예제 1의 자료를 이용하여 선입선출법으로 계산하시오.

일자	입고			출고			잔고		
	단가	수량	금액	단가	수량	금액	단가	수량	금액
05/01	₩200	200	₩40,000				₩200	200	₩40,000
05/10				200	100	20,000	200	100	20,000
05/14	230	500	115,000				200	100	20,000
							230	500	115,000
05/24	240	300	72,000				200	100	20,000
							230	500	115,000
							240	300	72,000
05/30				200	100	20,000			
				230	500	115,000			
				240	100	24,000	240	200	48,000
계		1,000	227,000		800	179,000			

3) 후입선출법(LIFO:Last-In First-Out method)

나중에 매입된 상품이 먼저 판매(불출)되는 것으로 가정하여 계산하는 방법이다. 실제의 물량 흐름과 원가 흐름이 선입선출법과는 달리 반대로 나타나게 된다.

후입선출법에 의하여 계산하는 경우 기말재고액은 비교적 오래전의 원가가 반영되며 매출원가는 최근의 원가가 반영된다. 지속적인 물가 상승으로 인하여 재고의 매입가격이 오르는 경우 후입선출법에서는 최근의 원가가 매출원가에 반영되는 특성으로 인하여 다른 방법에 의한 매출원가보다 크게 표시되며 이로 인하여 매출총이익이 낮아지는 효과가 있다. 이는 결국 법인세부담액을 줄이는 효과로 나타나게 된다. 이를 후입선출법에 의한 법인세 절감 효과(Tax shield effect)라고도 한다.

이론적으로는 인플레이션의 영향을 어느 정도 억제하는 효과가 있다고 분석되지만 한국채택국제회계기준에서는 인정되지 않는 방법이다. 또한, 일반기업회계기준을 적용하는 비상장 기업의 경우에도 사용빈도가 매우 낮은 방법이다.

【예제 3. 후입선출법】

예제 1의 자료를 이용하여 후입선출법으로 계산하시오.

일자	입고			출고			잔고		
	단가	수량	금액	단가	수량	금액	단가	수량	금액
05/01	₩200	200	₩40,000				₩200	200	₩40,000
05/10				200	100	20,000	200	100	20,000
05/14	230	500	115,000				200	100	20,000
							230	500	115,000
05/24	240	300	72,000				200	100	20,000
							230	500	115,000
							240	300	72,000
05/30							200	100	20,000
				230	400	92,000	230	100	23,000
				240	300	72,000			
계		1,000	227,000		800	184,000			

4) 평균법(Average cost method)

재고자산의 원가를 평균하는 방식으로 취득원가를 결정하는 방법이다. 평균법에는 후술하는 수량결정방식에 따라 다음의 두 가지 방법이 있다.

앞서 설명한 선입선출법, 후입선출법에 비하여 매출원가와 기말재고금액이 평균적인 수준에서 결정되므로 인플레이션의 여부와 관계없이 이익의 유연화 효과(Smoothing effect)가 있으며 적용하기 쉽기 때문에 실무적으로 가장 많이 사용되는 방법이다.

① 이동평균법(Moving average method)

새로운 재고가 매입(입고)될 때마다 기존의 재고와 평균하여 원가를 계산하는 방법이다. 재고의 매입(입고)이 있을 때마다 재고의 원가가 달라지므로 계속기록법에서만 사용 가능하다는 특징이 있다.

【예제 4. 이동평균법】

예제 1의 자료를 이용하여 이동평균법으로 계산하시오.

일자	입고			출고			잔고		
	단가	수량	금액	단가	수량	금액	단가	수량	금액
05/01	₩200	200	₩40,000				₩200	200	₩40,000
05/10				200	100	20,000	200	100	20,000
05/14	230	500	115,000				225	600	135,000
05/24	240	300	72,000				230	900	207,000
05/30				230	700	161,000	230	200	46,000
계		1,000	227,000		800	181,000			

05/14 단가 ₩225 = (₩20,000+115,000)÷(100개+500개)
05/24 단가 ₩230 = (₩135,000+72,000)÷(600개+300개)

② **총평균법**(Weighted average method)

가중평균법이라고도 하는데 일정 기간 동안 재고자산의 원가를 총평균하여 취득원가를 결정하는 방법이다. 즉 일정 기간의 기초재고와 당기매입(입고)분을 모두 합하여 총평균을 계산하고 산정된 총평균단가를 매출원가와 기말재고계산에 적용하는 방법이다.

총평균법은 회계기말에만 적용되므로 재고의 수불이 이루어지는 회계 기간 중에는 재고의 평균단가를 계산하지 못하며, 이로 인하여 실지재고조사법에서만 적용 가능하다는 특징이 있다.

【예제 5. 총평균법】

예제 1의 자료를 이용하여 총평균법으로 계산하시오.

총평균원가의 계산 = (₩40,000 + 115,000 + 72,000) ÷ (200개 + 500개 + 300개)
= ₩227,000 ÷ 1,000개 = ₩227

일자	입 고			출 고			잔 고		
	단가	수량	금액	단가	수량	금액	단가	수량	금액
05/01	₩200	200	₩40,000						
05/10									
05/14	230	500	115,000						
05/24	240	300	72,000						
05/30							227	200	45,400
계		1,000	227,000	227	800	181,600			

총평균법은 기말에 수행되므로 다음의 계산도 수량이 확정되는 기말에 산출된다.

1. 매출원가 = @227 × 800개 = ₩181,600
2. 기말상품재고액 = @227 × 200개 = ₩45,400

(3) 실지재고조사법 하의 여러 가지 원가흐름에 대한 가정

실지재고조사법은 앞서 설명한 바와 같이 기말에 수량을 확정하는 방법으로서 비교적 정확한 재고관리를 힘들어 하는 중소기업 등에서 많이 사용되는 방법이다.

【예제 6. 실지재고조사법】

발해주유소는 당기 중 다음과 같이 4차례에 걸쳐 총 4,000리터의 휘발유를 정유사로부터 구입하였으며 기말시점에 계측 결과 지하 유류탱크에 남아 있는 휘발유는 1,000리터인 것을 확인하였다.

다음의 자료를 이용하여 선입선출법, 후입선출법, 총평균법을 적용한 경우 매출원가와 기말상품재고금액을 계산하시오. 또한, 당기 중 발해주유소는 리터당 ₩2,000에 휘발유를 판매한 경우 각 방법에서 손익계산서를 작성하시오.

05/05	1,000L	@1,000	₩1,000,000		
05/10	1,000L	@1,100	1,100,000		
05/14	1,000L	@1,200	1,200,000		
05/25	1,000L	@1,300	1,300,000	05/31 재고	1,000L
계	4,000L		₩4,600,000		

당기 판매량 = 4,000L - 1,000L = 3,000L

구 분	선입선출법	후입선출법	총평균법
기말재고	1,000L*@1,300 =₩1,300,000	1,000L*@1,000 =₩1,000,000	1,000L*@1,150 =₩1,150,000
매출원가	₩4,600,000-1,300,000 =₩3,300,000	₩4,600,000-1,000,000 =₩3,600,000	3,000L*@1,150 =₩3,450,000
합 계	₩4,600,000	₩4,600,000	₩4,600,000

※총평균법 평균단가 = ₩4,600,000 ÷ 4,000L = @1,150

구 분	선입선출법	후입선출법	총평균법
매 출 액	3,000L*@2,000=₩6,000,000	₩6,000,000	₩6,000,000
매 출 원 가	₩3,300,000	₩3,600,000	3,450,000
매출총이익	₩2,700,000	₩2,400,000	₩2,550,000

(4) 한국채택국제회계기준 및 일반기업회계기준 재고자산 단위원가 결정

한국채택국제회계기준에서는 재고자산의 단위원가 결정방법에 대하여 통상적으로 상호 교환될 수 없는 재고자산 항목의 원가와 특정 프로젝트별로 생산되고 분리되는 재화 또는 용역의 원가는 개별법을 사용하도록 하고 있다. 한편, 개별법을 적용할 수 없는 재고자산의 단위원가는 선입선출법이나 가중평균법을 사용하도록 하고 있다.

단위원가 결정은 성격과 용도면에서 유사한 재고자산에는 동일한 단위원가 결정방법을 적용하여야 하며, 성격이나 용도면에서 차이가 있는 재고자산에는 서로 다른 단위원가 결정방법을 적용할 수 있다.

후입선출법은 한국채택국제회계기준에서는 인정되지 않고 있으며, 일반기업회계기준에서는 인정되고 있으나 실무적으로 후입선출법을 적용하는 경우는 매우 드문 편이다.

앞서 살펴본 단가 결정 방법과 수량 결정 방법을 함께 살펴보면 다음과 같이 정리할 수 있다.

단가 결정 \ 수량결정	계속기록법	실지재고조사법
개별법	○	○
선입선출법	○	○
총평균법	X	○
이동평균법	○	X

※ 법인세법상 재고자산 평가

① 법인세법에서 재고자산의 평가 방법은 다음의 방법 중 법인이 납세지 관할세무서장에게 신고한 방법에 의한다.

  1. 원가법

    가. 개별법

    나. 선입선출법

    다. 후입선출법

    라. 총평균법

    마. 이동평균법

    바. 매출가격환원법

  2. 저가법

원가법과 기업회계기준이 정하는 바에 따라 시가로 평가한 가액중 낮은 가액을 평가액으로 하는 방법

② 법인은 재고자산을 평가할 때 해당 자산을 각 자산별로 구분하여 종류별·영업장별로 각각 다른 방법에 의하여 평가할 수 있다. 이 경우 수익과 비용을 영업의 종목별 또는 영업장별로 각각 구분하여 기장하고, 종목별·영업장별로 제조원가보고서와 손익계산서를 작성하여야 한다.

③ 각 자산별 구분하여 평가할 수 있는 재고자산은 다음과 같다.

    가. 제품 및 상품

    나. 반제품 및 재공품

    다. 원재료

    라. 저장품

3. 재고자산의 평가

앞서 2. 재고수불관리에서 매출원가와 기말재고금액을 산출하는 과정을 살펴보았다.

재고수불부(계속기록법 전제)에서 기말재고금액을 확정하여도 이는 "취득원가×장부 수량"으로 계산된 것이다. 하지만 재고자산의 순실현가능가치는 취득 이후에 하락할 수도 있으며 재고자산의 물량 또한 파손, 불량, 화재, 도난 등의 원인에 의하여 감소할 수도 있다.

재고자산이 취득 이후 여러 가지 요인에 의하여 하락하는 경우 순실현가능가치(Net realizable value)와 취득원가 중 낮은 금액으로 평가하는 데 이를 저가기준(Lower of cost or market)에 의한 평가라고 한다. 순실현가능가치가 취득원가보다 높은 경우 재고자산평가이익은 인식하지 않는데 이것은 보수적 회계 처리의 대표적 예라고 할 수 있다.

순실현가능가치는 추정판매가격에서 판매부대비용을 차감한 것을 말하는데 실무적으로 판매부대비용이 그리 크지 않은 경우 쉽게 말하면 시가로 이해할 수 있다.

순실현가능가치가 취득원가보다 낮은 경우 이를 "재고자산평가손실"이라고 하며 매출원가에 산입한다. 상대계정은 "재고자산평가충당금"으로 인식한다.

차>	재고자산평가손실	×××	대>	재고자산평가충당금	×××
	⇩			⇩	
	매출원가에 가산			재고자산에서 차감형식 표시	

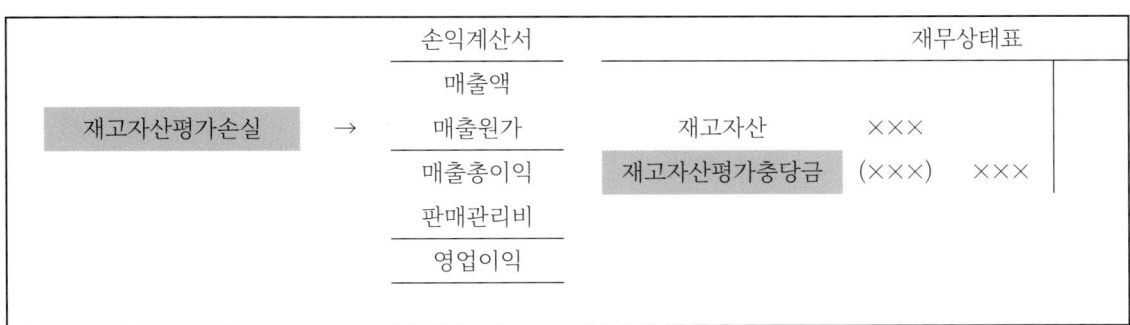

재고자산은 파손, 분실, 도난, 화재 등의 원인에 의하여 장부상 수량보다 실제 수량이 적어지는 경우도 있다. 이런 경우 재고 감소로 인한 손실은 "재고자산감모손실"로 인식하며 정상적 감모손실은 매출원가에 가산하고 비정상적 감모손실은 영업외비용으로 처리한다.

실무적으로 감모손실의 발생 원인을 정상·비정상적 원인으로 구분하는 것은 쉽지 않은데 영업활동의 보관, 이동, 판매 과정에서 파손 등의 원인에 의한 경우는 정상적으로 볼 수 있으며 도난, 화재 등은 정상적인 상황이라 볼 수 없으므로 비정상적 감모손실로 보는 것이 일반적이다.

앞서 살펴본 재고자산평가손실과 재고자산감모손실을 그림으로 표현하면 다음과 같다.

```
취득원가  ┌─────────────────────────┬──────────┐
          │      재고자산평가손실      │          │
순실현가치 ├─────────────────────────┤  재고자산 │
          │                         │  감모손실 │
          │                         │          │
          └─────────────────────────┴──────────┘
                                   실제 수량    장부 수량
```

> 재고자산평가손실 = (취득원가 − 순실현가치) × 실제 수량

> 재고자산감모손실 = (장부 수량 − 실제 수량) × 취득원가

【예제 7. 실지재고조사법을 이용한 선입선출법】

발해산업은 상품수불부를 계속기록법과 이동평균법에 의하여 정리하니 기말상품금액이 ₩1,000,000 (₩1,000× 1,000L)으로 산출되었다.

하지만 실사를 통하여 창고에 있는 상품의 실제 수량을 파악하니 약 50L가 감모되어 950L로 파악되었는데 이 정도의 감소는 증발, 휘발 등의 원인에 의하여 발생하는 것으로서 회사는 정상적인 것으로 판단한다. 또한, 상품의 가격이 하락하여 L당 가격이 ₩900이 되었다.

▶ 요구 사항

재고평가손실과 재고감모손실을 계산하고 회계 처리하시오.

▶ 해 설

* 재고평가손실 = (₩1,000 − 900) × 950L = ₩95,000
* 재고감모손실 = (1,000L − 950L) × ₩1,000 = ₩50,000

차> 재고자산평가손실	95,000	대> 재고자산평가충당금	95,000
재고자산감모손실	50,000	상 품	50,000

> **※ 참고**
>
> 앞의 예제에서 장부상 재고금액은 ₩1,000,000 (₩1,000×1,000L)이었다. 하지만 실제 수량과 순실현가치에 의한 실제재고금액은 ₩855,000(₩900×950L)이다. 따라서 총재고손실은 ₩145,000(= ₩1,000,000−855,000)으로서 재고자산평가손실 ₩95,000과 재고자산감모손실 ₩50,000의 합과 일치한다. 한편, 평가손실과 감모손실의 합 ₩145,000은 매출원가에 가산한다.

4. 재고자산의 양적 측면에 대한 분석

(1) 재고자산회전율

어느 기업에게나 적정 재고수준을 결정하는 문제는 어려운 과제에 해당한다. 전통적인 생산관리의 시각에서는 적정 재고수준을 판단하기 위하여 판매예측, 생산가능규모, 원자재수급현황, 자금상황, 재고보관비용 등 많은 요인을 고려하여야 하는데 여기에서는 재고자산회전율을 활용한 재고자산 보유규모의 적정성 검토 및 재고자산의 회전 속도의 측정 등에 대하여 살펴보도록 한다.

1) 재고자산 보유에 따른 장단점

가. 재고보유의 장점

- 적정 수준의 상품·제품 보유는 다양한 판매 기회에 적절히 대응할 수 있다. 만약 적정 수준의 재고를 보유하지 않는다면 거래처로부터 주문이 와도 정해진 납품기한 내에 판매를 하지 못할 수도 있다.
- 적정 수준의 원재료 보유는 원활한 생산을 가능하게 한다. 원재료 재고가 부족한 경우 생산공정에 문제가 없어도 생산에 차질이 발생할 수 있다.

나. 재고 보유의 단점

- 재고자산을 취득·생산하기 위한 자금 부담이 있다.
- 재고자산을 보관·보유하기 위한 인건비, 전력비, 보관료 등 비용이 발생한다.
- 재고자산의 가치가 하락하여 정상적인 가격으로 판매하지 못하는 진부화(Obsolescence)가 발생한다.

진부화는 다음 3가지로 유형으로 구분된다. 물리적 요인에 의한 진부화는 제품의 손상·부패 등과 같이 제품이 물리적·화학적 요인에 의하여 제품의 가치가 하락하는 것을 말하며 식음료업종 등에서 발생한다. 기능적 요인에 의한 진부화는 새로운 기술이나 제조방법 등에 의하여 기존 제품을 사용할 수 없는 경우 제품의 가치가 하락하는 것을 말하며 기술적 변화가 빠른 IT업종 등에서 발생한다. 심리적 요인에 의한 진부화는 소비자의 선호도 변화에 따라 기존 제품이 더 이상 정상적인 가격으로 판매되지 않는 경우 제품의 가치가 하락하는 것을 말하며 의류업종 등에서 쉽게 발견된다.

2) 재고자산회전율

위에서 언급한 적정 재고수준의 결정을 위하여 재고자산회전율을 이용하기도 한다.

재고자산회전율(Inventories turnover)은 매출액[2]을 재고자산으로 나누어 계산하는데 매출 규모에 비하여 적정 수준의 재고자산을 보유하고 있는지의 여부를 평가하기 위하여 사용된다. 일반적으로 재고자산은 적을수록 좋으므로 재고자산회전율은 높을수록 양호한 것으로 평가된다.

최근 제조업 전체 재고자산회전율은 다음과 같다.

$$재고자산회전율 = \frac{매출액}{((기초\ 재고자산 + 기말\ 재고자산)/2)}$$

※재고자산보유규모의 적정성 측정 및 한국은행 기업분석통계에 적용

구 분	2017	2018	2019	2020	2021	2022	2023
재고자산회전율	10.28회	9.52회	8.69회	8.39회	8.89회	8.39회	7.48회

재고자산회전율이 낮다면 매출액이 적거나 과다한 재고자산을 보유하고 있다는 의미가 된다. 이는 단순히 과다한 재고를 보유하고 있는 경우일 수도 있지만, 때로는 진부화된 재고를 보유하고 있는 경우도 있을 수 있으므로 면밀한 분석이 필요하다고 할 수 있다.

재고자산회전율이 높다는 것은 매출액이 많거나 적은 재고를 보유한다는 의미가 되어 재고자산을 효율적으로 운용하고 있다는 의미가 된다.

....

[2] 실무적으로 재고자산회전율은 후술하는 매출원가로 계산하는 공식과 함께 매출액으로 계산하는 공식 모두 사용된다. 이는 각각의 공식이 측정하고자 하는 내용이 다르기 때문이다.

다만, 재고자산을 너무 적게 보유하여 재고자산회전율이 과다하게 높게 산출되는 경우 정상적인 영업활동을 하는 과정에서 재고 부족으로 인하여 수요 변동에 적절히 대처하지 못할 수도 있다. 따라서 재고자산회전율이 높다고 해서 무조건 양호하다고 판단할 것이 아니라 생산이나 판매에 문제가 없을 정도의 적정 재고를 유지하고 있는지의 여부를 검토하여야 한다.

적시재고방식(Just-in-time inventory system)을 적용하고 있는 기업에서는 생산관리상 재고 보유를 재고의 이동, 저장, 대기 등 비부가가치 활동으로 보아 기업의 이익과 관련성이 없는 불필요한 활동으로 간주하므로 재고자산금액이 매우 낮아지게 되어 재고자산회전율이 매우 높은 수준을 유지하는 것이 일반적이다.

제조업 전체의 재고자산회전율은 최근 약 8회 정도를 보이고 있는데 이는 매출액이 재고자산의 8배 정도라는 의미이며, 달리 표현하면 재고자산금액이 매출액의 약 1/8 정도 수준이라는 의미이다.

업종마다 다르기는 하지만, 재고자산회전율이 8회 정도라면 매출액이 1,000억 원 정도의 기업은 재고자산을 약 125억 원 정도 유지하는 것이 일반적 수준이라는 의미이다.

(2) 매출원가로 계산한 재고자산회전율과 재고자산회전일수

1) 재고자산회전율

재고자산회전율은 재고의 과다 보유 여부를 분석하고자 사용될 수 있지만 재고자산의 회전 속도를 분석하기 위하여 사용된다. 재고자산회전율은 재고자산의 회전 속도, 즉 재고자산이 당좌자산(매출채권 혹은 현금)으로 변화하는 속도를 나타내는 의미로 사용되기도 한다.

재고자산의 회전 속도를 계산하기 위한 목적의 재고자산회전율은 계산 공식에서 분자를 매출액보다는 매출원가로 계산하는 것이 본래의 의미에 충실하다고 볼 수 있을 것이다. 왜냐하면 분모의 재고자산이 재무상태표에서 원가 개념으로 표시되므로 분자인 매출액도 매출원가로 전환하여 분자와 분모를 상응하는 개념으로 만드는 것이다.

$$재고자산회전율 = \frac{매출원가}{((기초\ 재고자산 + 기말\ 재고자산)/2)}$$

※재고자산의 회전 속도 측정

2) 재고자산회전일수

재고자산회전율의 의미가 1년에 재고자산이 평균적으로 몇 회전하는가를 측정하는 것이므로 위의 산식에 의하여 재고자산의 회전수를 계산한다. 만약 12회가 산출되면 평균적으로 재고자산이 1년에 12회전한다는 의미이다. 그렇다면 재고자산이 1회전한다는 것을 어떤 의미일까?

재고자산은 제조업의 경우 원재료로 입고되어 생산공정에 투입되면 재공품이 되고 완성되면 제품이 된다. 그 후 판매의 과정을 거쳐 출고가 이루어진다. 따라서 재고자산의 1회전은 원재료 입고 시점부터 제품의 판매 시점까지를 말한다.

이렇게 원재료가 입고되어 제품으로 완성 후 출고될 때까지 소요되는 기간을 '재고자산회전일수'라고 하는데 이는 기업의 생산 활동과 판매 활동을 집약적으로 보여 주는 매우 중요한 개념이라 할 수 있다.

재고자산회전율을 이용하여 다음과 같이 재고자산회전일수를 계산할 수 있다.

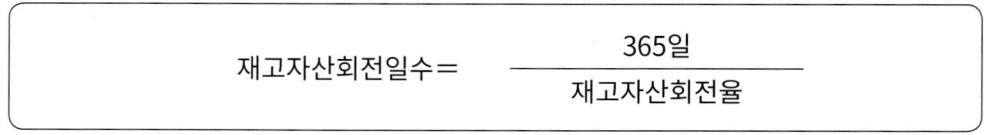

재고자산회전율의 의미가 1년에 재고자산이 평균적으로 몇 회전하는가를 측정하는 것이므로 위의 공식에 의하면 재고자산회전일수(Days of average inventory on hand)는 재고자산이 1회전하는 데 소요되는 일수를 계산하는 것이다. 이는 재고자산의 평균 보유 기간을 의미하기도 한다.

재고자산회전일수는 재고자산이 최초에 회사에 입고된 시점부터 재고자산이 회사에서 출고되는 시점까지의 일수를 측정하는 것이다. 제조업을 전제로 한다면 원재료의 형태로 입고된 시점부터 재공품을 거쳐 제품으로 완성된 이후 판매될 때까지의 시간을 의미한다. 재고자산회전율은 높을수록 양호하므로 재고자산회전일수는 짧을수록 양호하다고 볼 수 있다.

다만, 재고자산회전일수의 해석과 관련해서 주의해야 할 점은 재고자산회전일수를 기술적 분석을 통한 생산일수 등과 비교하지 말아야 한다는 점이다. 재무분석에서 설명하는 재고자산회전일수는 현재 생산 및 판매 과정에 있는 재고자산뿐만 아니라 창고에 저장되어 있는 원자재와 제품 등도 포함하고 있는 개념이다. 하지만 기술적 분석을 통한 생산시간 혹은 생산일수 등은 현재 생산과 판매 과정에 있는 재고자산만을 고려하므로 재무분석에서 설명하는 재고자산회전일수보다 훨씬 짧게 산출된다.

재고자산회전일수가 짧다는 것은 원재료에서 제품까지 걸리는 시간, 즉 '생산성'과 제품에서 판매까지 걸리는 시간, 즉 '영업력'이 양호하다는 것을 의미한다. 최근 제조업 재고자산회전일수는 약 55~60일 정도의 수준을 보이고 있다.

제4장

유형자산

유형자산(Property, plant and equipment)은 기업의 장기간 영업활동에 사용할 목적으로 보유하는 토지, 건물, 구축물, 기계장치, 차량운반구, 비품 등이 있으며 회사에 따라 건설중인자산, 항공기, 선박, 입목 등이 추가되기도 있다.

• 토지

대지, 임야, 전답, 잡종지 등 토지로 분류되는 것들이 포함된다. 다만, 부동산 매매업에 있어서 판매를 목적으로 소유하는 토지는 재고자산 중 '상품'으로, 건설회사 등이 아파트 건설 등을 위하여 보유하고 있는 토지는 재고자산 중 '용지(用地)'의 과목으로 처리하며, 가격 상승에 따른 양도차익을 목적으로 소유하는 토지는 투자자산 중 '투자부동산'으로 처리한다.

• 건물

건물과 냉난방, 전기, 통신 및 기타의 건물부속설비 등을 말한다. 부동산 매매업에 있어서 판매를 목적으로 소유하는 건물은 상품에 포함한다.

• 구축물

교량, 궤도, 갱도, 정원설비 및 기타의 토목설비 또는 공작물 등을 말한다.

• 기계장치

기계장치·운송설비(콘베이어, 호이스트, 기중기 등)와 기타의 부속설비 등을 말한다.

• 차량운반구

기업이 업무용으로 사용하는 승용차, 트럭 등을 말한다.

· 비품

컴퓨터, 프린터, 에어컨, 책상, 복사기, 칸막이 등 집기비품을 말한다.

· 건설중인자산

건설 중인 건물, 기계장치 등으로서 완성되기 이전의 상태를 말하며 완성 후에는 해당 계정으로 대체된다.

1. 유형자산의 취득

(1) 취득원가의 결정

유형자산은 최초 취득 시 취득원가로 기록하며, 취득원가는 구입원가 또는 제작원가 및 경영진이 의도하는 방식으로 자산을 가동하는 데 필요한 장소와 상태에 이르게 하는 데 직접 관련되는 원가를 말한다.

유형자산의 취득원가를 구성하는 항목은 다음과 같은 것들이 있다.

① 설치 장소 준비를 위한 지출
② 외부 운송 및 취급비
③ 설치비
④ 설계와 관련하여 전문가에게 지급하는 수수료
⑤ 유형자산의 취득과 관련하여 국·공채 등을 불가피하게 매입하는 경우 당해 채권의 매입금액과 일반기업회계기준에 따라 평가한 현재 가치와의 차액
⑥ 자본화대상인 차입원가
⑦ 취득세, 등록세 등 유형자산의 취득과 직접 관련된 제세공과금
⑧ 해당 유형자산의 경제적 사용이 종료된 후에 원상회복을 위하여 그 자산을 제거, 해체하거나 또는 부지를 복원하는 데 소요될 것으로 추정되는 원가가 충당부채의 인식 요건을 충족하는 경우 그 지출의 현재 가치(이하 '복구원가'라 한다)
⑨ 유형자산이 정상적으로 작동되는지 여부를 시험하는 과정에서 발생하는 원가. 단, 시험과정에서 생산된 재화(예: 장비의 시험과정에서 생산된 시제품)의 순매각금액(매각금액에서 매각부대원가를 뺀 금액)은 당해 원가에서 차감한다.

(2) 토지 취득 시 구건물 철거비용

새 건물을 신축하기 위하여 기존 건물이 있는 토지를 취득하고 그 건물을 철거하는 경우 기존 건물의 철거 관련 비용에서 철거된 건물의 부산물을 판매하여 수취한 금액을 차감한 금액은 토지의 취득원가에 포함한다.

(3) 일괄취득

여러 유형자산을 일괄취득(Lump-sum purchase)하여 개별자산의 취득원가를 알수 없는 경우에는 취득가액을 각 개별자산의 공정가치에 비례하여 배분한다.

(4) 무상취득

유형자산을 무상으로 취득한 경우에는 취득원가는 없지만 기업의 순자산이 증가하고 미래에 경제적 효익이 발생할 것이므로 자산의 공정가치로 취득원가를 결정하고 자산수증이익을 인식한다.

차> 토지 등	×××	대> 자산수증이익	×××
⇩		⇩	
공정가치로 평가		영업외수익	

(5) 장기연불구입

유형자산을 구입할 때 장기간에 걸쳐 연불구입하는 경우 취득원가는 최초 시점의 현금가격상당액으로 한다. 즉 장기간 지급되는 지급액을 현재 가치로 할인한 현재 가치금액(현금구입 가격 상당액)으로 취득원가를 결정하며 총지급액과 현재 가치와의 차이는 지급기간에 걸쳐 이자비용으로 인식한다.

취득 시	차> 기계장치 등	×××	대> 장기미지급금	×××
	현재 가치할인차금	×××		
매 결산 시점	차> 장기미지급금	×××	대> 현금 등	×××
	이자비용		현재 가치할인차금	

> ※ 참고
>
> 비상장 회사 중 일반기업회계기준을 적용하는 경우 중소기업에 해당하는 경우에는 "중소기업특례 규정"에 의하여 위와 같은 현재 가치금액이 아닌 총지급액을 자산의 취득원가로 할 수 있다.
>
> 차> 기계장치 등　　　×××　　　　대> 장기미지급금　　　×××

(6) 취득대금의 분할지급

토지 등을 구입할 때 분할지급하는 경우 잔금청산일 혹은 자산의 사용 가능일까지 지급된 금액은 "건설중인자산"으로 회계 처리하고 후에 해당 자산으로 대체한다.

【예제 1. 건설중인자산】

발해산업은 20×1년 토지를 취득하며 계약금, 중도금, 잔금의 형태로 분할하여 지급할 예정이다. 지급 예정일자는 다음과 같다.

구 분	일 자	금액
계약금	20×1년 2월 1일	1,000,000
중도금	20×1년 5월 1일	3,000,000
잔금	20×1년 8월 1일	6,000,000

▶ 요구 사항

각 일자별 회계 처리를 하시오.

▶ 해설

2/1	차> 건설중인자산	1,000,000	대> 현금	1,000,000
5/1	차> 건설중인자산	3,000,000	대> 현금	3,000,000
8/1	차> 토지	10,000,000	대> 건설중인자산	4,000,000
			현금	6,000,000

2. 유형자산의 유지 관련 지출

(1) 자본적 지출

자본적 지출(Capital expenditure)은 자산으로부터 발생하는 미래 경제적 효익이 기업에 유입될 가능성을 높일 수 있는 지출로서 생산 능력 증대, 내용연수 연장, 상당한 원가 절감 또는 품질 향상을 가져오는 경우를 말한다.

자본적 지출은 자산의 취득원가에 가산하며 내용연수 동안 감가상각을 한다.

차> 기계장치 등	×××	대> 현금	×××

법인세법에서 예시하는 자본적 지출에는 다음과 같은 지출이 있다.

① 본래의 용도를 변경하기 위한 개조
② 엘리베이터 또는 냉난방장치의 설치
③ 빌딩 등에 있어서 피난시설 등의 설치
④ 재해 등으로 인하여 멸실 또는 훼손되어 본래의 용도에 이용할 가치가 없는 건축물·기계·설비 등의 복구
⑤ 그밖에 개량·확장·증설 등 제1호부터 제4호까지의 지출과 유사한 성질의 것

(2) 수익적 지출

수익적 지출(Revenue expenditure)은 단순한 수선유지 성격의 지출로서 원상 회복 혹은 능률 유지를 위한 지출을 말하며 자본적 지출에 해당하지 않는 것을 말한다. 실무적으로는 소액의 지출인 경우 중요성 측면에서 수익적 지출로 처리하는 경우도 있다.

| 차> 수선비 | ××× | 대> 현금 | ××× |

법인세법에서 예시하는 수익적 지출에는 다음과 같은 지출이 있다.

① 건물 또는 벽의 도장
② 파손된 유리나 기와의 대체
③ 기계의 소모된 부속품 또는 벨트의 대체
④ 자동차 타이어의 대체
⑤ 재해를 입은 자산에 대한 외장의 복구·도장 및 유리의 삽입
⑥ 기타 조업 가능한 상태의 유지 등 제1호 내지 제5호와 유사한 것

또한, 구체적으로 제시하고 있는 자본적 지출에 해당하지 않은 지출에는 다음과 같은 경우도 있다.

① 개별 자산별로 수선비로 지출한 금액이 600만 원 미만인 경우
② 개별 자산별로 수선비로 지출한 금액이 직전 사업연도 종료일 현재 재무상태표상의 자산가액(취득가액에서 감가상각누계액상당액을 차감한 금액을 말한다)의 100분의 5에 미달하는 경우
③ 3년 미만의 기간마다 주기적인 수선을 위하여 지출하는 경우

자본적 지출과 수익적 지출의 회계 처리는 실무적으로 지방세(취득세 등)에서 매우 중요한 문제가 될 수도 있으므로 회계 처리에서 상당한 주의를 요구한다.

3. 감가상각

(1) 감가상각의 의의

감가상각(Depreciation)이란 유형자산을 그 자산의 내용연수 동안 체계적인 방법에 의하여 각 회계 기간에 배분하는 것을 말한다. 회계 이론상으로는 기간별 경영성과를 파악하기 위하여 '회계 기간의 공준'이 기본적인 가정으로 적용되며, 이러한 가정하에 비용에 대하여는 '발생주의 회계'와 '수익·비용 대응의 원칙'이 적용되기 때문이다.

예를 들어, ₩100에 구입한 유형자산을 5년간 사용 가능한 경우라면 매년 ₩20의 감가상각비를 인식하게 된다.

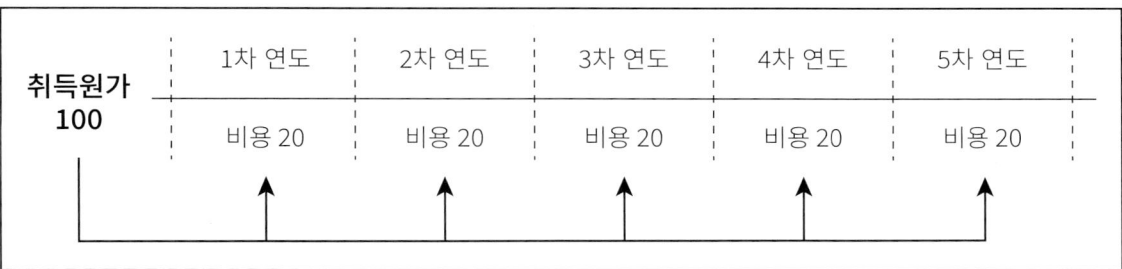

유형자산은 사용에 의한 소모, 시간의 경과와 기술의 변화에 따른 진부화 등에 의해 경제적 효익이 감소한다. 감가상각은 이러한 경제적 효익의 감소를 반영하기 위하여 유형자산의 취득원가를 일정한 방법에 의하여 일정한 회계 기간에 걸쳐 비용화하게 되며 이를 처리하는 계정 과목을 '감가상각비'라고 한다. 또한, 매년 인식되는 감가상각비는 재무상태표에서는 '감가상각누계액'의 과목으로 하여 해당 유형자산에서 차감하는 형식 혹은 차감하여 표시한다.

다만, 감가상각의 주목적은 취득원가의 배분이지 자산의 평가는 아니다. 따라서 감가상각은 유형자산의 공정가액과는 관계없이 계속하여 진행한다.

(2) 감가상각 회계 처리 및 표시

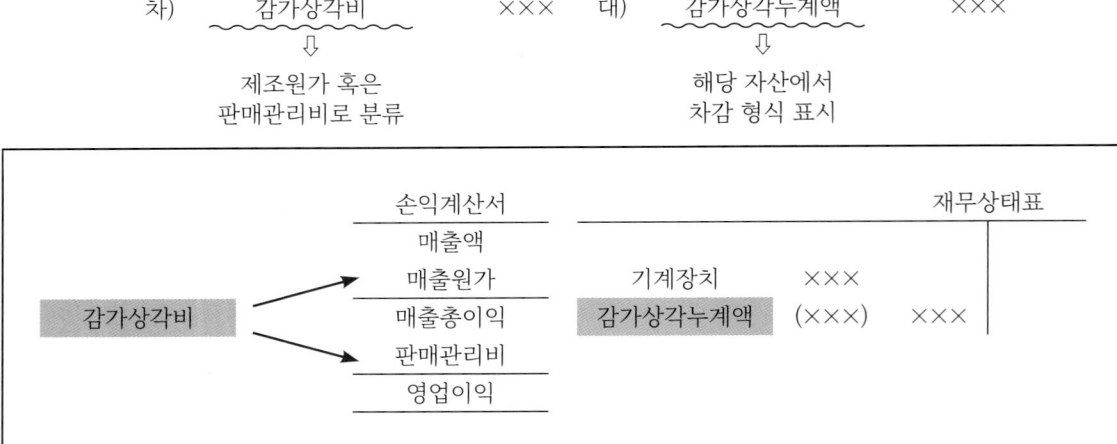

감가상각은 재무상태표에서는 감가상각누계액으로 표시되어 자산의 평가적 성격을 갖게 되며 손익계산서에서는 제조원가 혹은 판매관리비로 분류되어 손익분석의 중요한 대상이 된다.

또한, 감가상각비는 대표적인 비현금 항목으로서 현금흐름표를 이해하는 과정에서 매우 중요한 역할을 하게 된다.

(3) 감가상각대상자산 및 과목 분류

감가상각대상자산은 토지(내용연수가 무한), 건설중인자산(수익 창출에 기여하지 못함), 입목(내용연수가 무한에 근접)을 제외한 모든 유형자산이며 해당 유형자산이 사용 가능한 때, 즉 경영진이 의도하는 방식으로 자산을 가동하는 데 필요한 장소와 상태에 이른 때부터 감가상각한다.

내용연수 도중 사용을 중단하고 처분 예정인 유형자산은 사용을 중단한 시점의 장부금액으로 투자자산으로 재분류하고 감가상각을 하지 않으며, 손상차손 발생 여부를 매 보고 기간 말에 검토한다.

내용연수 도중 사용을 중단하였으나, 장래 사용을 재개할 예정인 유형자산에 대해서는 감가상각을 하되, 그 감가상각비는 영업외비용으로 처리한다.

(4) 감가상각대상금액과 내용연수

1) 감가상각대상금액

감가상각대상금액은 취득원가에서 잔존가치를 차감한 금액으로서 내용연수 동안 비용화되는 대상금액을 말한다.

잔존가치는 내용연수가 종료되는 시점의 처분으로 인한 순현금흐름(예상처분대가－예상처분비용)을 말하는데 추정의 어려움 및 불확실성으로 인하여 실무적으로는 잔존가치가 경미하다고 보아 보통 "0"으로 추정하고 있다. 다만, 법인세법상으로는 잔존가치에 대하여 비망기록을 위하여 취득가액의 5%와 1,000원 중 적은 금액을 잔존가치로 하고 그 금액은 손금에 산입하지 않는다.

2) 내용연수

내용연수는 유형자산의 예상 사용 기간을 의미하는데 기업회계에서는 합리적 추정을 통하여 내용연수를 정하지만 세법에서는 법에서 내용연수를 정하고 있다.

참고로 법인세법에서는 차량운반구, 공기구, 비품 등에 대해서는 5년 내외, 건축물에 대해서는 구조에 따라 20~40년 내외 정도의 내용연수를 정하고 있으며, 기계장치에 대해서는 업종에 따라 4년에서 20년까지 정하고 있다.

(5) 감가상각 방법

1) 정액법(직선법: Straight-line method)

실무에서 가장 많이 사용되는 방법으로서 자산의 내용연수 동안 매기 일정한 금액을 상각하는 방법이다. 후술하는 정률법과 함께 감가상각이 시간의 경과에 따라 이루어진다고 보는 방법이다. 자산을 회계 기간 중에 취득한 경우에는 보유한 월수(月數)에 따라 상각한다.

$$\text{연 감가상각비} = \frac{\text{취득원가} - \text{잔존가치}}{\text{내용연수}}$$

정액법에 의한 감가상각은 매기 일정한 금액을 인식하므로 그림으로 표현하면 다음과 같다.

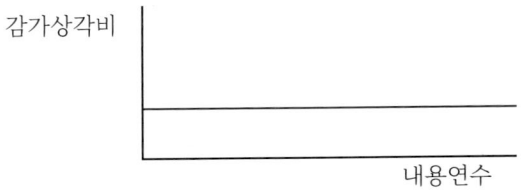

【예제 2. 정액법】

발해산업은 20×1년 초 기계장치를 ₩1,000,000에 취득하였다. 회사는 기계장치의 내용연수를 5년으로, 잔존가치는 없는 것으로 보고 있다.

▶ 요구 사항

1. 정액법에 의한 연 감가상각비를 계산하시오.
2. 매년 말 기계장치는 얼마로 표시되는지 부분 재무상태표를 작성하시오.

▶ 해설

1. 연 감가상각비

$$\text{연 감가상각비} = \frac{1{,}000{,}000}{5\text{년}} = ₩200{,}000$$

2. 매년 말 장부가액

	1차 연도	2차 연도	3차 연도	4차 연도	5차 연도
기계장치	1,000,000	1,000,000	1,000,000	1,000,000	1,000,000
감가상각누계액	(200,000)	(400,000)	(600,000)	(800,000)	(1,000,000)
	800,000	600,000	400,000	200,000	0

실무적으로 감가상각은 월할상각을 한다. 즉 보유 기간만큼의 월수에 의하여 계산하며 취득한 달에는 1개월을 보유하지 않았다 하더라도 초월산입 규정에 따라 1개월로 보아 보유 기간을 계산한다.

2) 정률법(Fixed-percentage-of-declining-balance method)

가속상각법(Accelerated depreciation methods)이라고도 불리는 방법으로 유형자산의 장부가액(미상각잔액)에 일정한 상각률(정률)을 곱하여 각 연도의 감가상각비를 계산하는 방법이다.

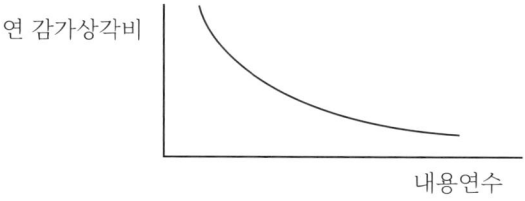

$$\text{연 감가상각비} = \text{미상각잔액} \times \text{정률}$$
$$= (\text{취득원가} - \text{감가상각누계액}) \times \text{정률}$$

$$*\text{정률} = 1 - \sqrt[n]{\frac{\text{취득원가} - \text{잔존가치}}{\text{내용연수}}} \quad (N: \text{내용연수})$$

정률법에 의한 감가상각은 시간이 경과함에 따라 점점 감소하므로 이를 그림으로 표현하면 다음과 같다.

【예제 3. 정률법】

예제 2의 자료를 이용하여 정률법에 의한 연 감가상각비를 계산하고 매년 말 기계장치의 장부가액을 표시하시오.(단, 감가상각률[3]은 0.451로 계산한다)

▶ 해설

1차 연도	= 1,000,000×0.451	= 451,000
2차 연도	= (1,000,000-451,000)×0.451	= 247,599
3차 연도	= (1,000,000-698,599)×0.451	= 135,932
4차 연도	= (1,000,000-834,531)×0.451	= 74,627
5차 연도	= 1,000,000-909,158	= 90,842

	1차 연도	2차 연도	3차 연도	4차 연도	5차 연도
기계장치	1,000,000	1,000,000	1,000,000	1,000,000	1,000,000
감가상각누계액	(451,000)	(698,599)	(834,531)	(909,158)	(1,000,000)
	549,000	301,401	165,469	90,842	0

---

[3] 유형자산의 잔존가액을 '0'으로 보더라도 정률법에서는 정률을 계산할 때 취득원가의 5%를 잔존가액으로 하여 계산한다. 따라서 마지막 회계연도에는 나머지 5%의 잔액을 포함하여 감가상각액을 계산한다.

정률법에 의하여 감가상각을 하면 내용연수의 초기에 감가상각비를 많이 계상하고, 시간이 경과함에 따라 차차 적게 계상한다. 이러한 특징으로 인하여 초기에는 정액법에 비하여 감가상각비를 많이 계상하므로 이익이 상대적으로 적어지며 법인세가 절감되는 효과가 있다. 하지만 내용연수의 후기에는 반대의 현상이 일어나게 되므로 내용연수 전체를 통해서는 정액법이나 정률법이나 법인세 부담액은 동일해진다.

반면, 정액법은 매기 동일한 금액을 감가상각비로 계상하므로 정률법에 비하여 내용연수의 초기에 감가상각비를 상대적으로 적게 인식한다. 실무적으로는 사업 초기에 이익이 확보되기 어려운 경우에 정액법을 사용하면 손실을 줄이거나 이익을 늘리는 데 유리한 방법이라 할 수 있다.

구분	연도별 감가상각비		
	정액법	정률법	차이
1차 연도	200,000	451,000	251,000
2차 연도	200,000	247,599	47,599
3차 연도	200,000	135,932	(−)64,068
4차 연도	200,000	74,627	(−)125,373
5차 연도	200,000	90,842	(−)109,158
계	1,000,000	1,000,000	0

3) 생산량비례법(Units-of-production method)

생산량비례법은 생산량에 비례하여 감가상각하는 방법이다. 즉 연 감가상각비를 계산할 때 감가상각대상금액에 대해 추정 총생산량에 대한 실제 생산량의 비율을 곱하여 계산하는 방법이다. 세무상으로는 광업권이나 광업용 유형자산 등에 적용된다.

$$연\ 감가상각비 = (취득원가 - 잔존가치) \times \frac{생산량}{총예정생산량}$$

4. 유형자산의 평가

취득 이후 매 회계 기간 말에 유형자산은 다음의 2가지 모형 중 한 가지를 적용하여 평가한다. 즉 기업은 원가모형이나 재평가모형 중 하나를 회계정책으로 선택하여 유형자산의 유형별로 동일하게 적용한다.

유형자산의 평가
원가모형 or 재평가모형

(1) 원가모형

최초 인식 후에 유형자산은 원가에서 감가상각누계액과 손상차손누계액을 차감한 금액을 장부금액으로 한다.

(2) 재평가모형

최초 인식 후에 공정가치를 신뢰성 있게 측정할 수 있는 유형자산은 재평가일의 공정가치에서 이후의 감가상각누계액과 손상차손누계액을 차감한 재평가금액을 장부금액으로 한다. 재평가는 보고 기간 말에 자산의 장부금액이 공정가치와 중요하게 차이가 나지 않도록 주기적으로 수행한다.

재평가의 빈도는 재평가되는 유형자산의 공정가치 변동에 따라 달라진다. 재평가된 자산의 공정가치가 장부금액과 중요하게 차이가 나는 경우에는 추가적인 재평가가 필요하다. 유의적이고 급격한 공정가치의 변동 때문에 매년 재평가가 필요한 유형자산이 있는 반면에 공정가치의 변동이 경미하여 빈번한 재평가가 필요하지 않은 유형자산도 있다. 즉 3년이나 5년마다 재평가하는 것으로 충분한 유형자산도 있다.

실무적으로 토지, 건물 등에 대한 재평가가 가장 빈번한데 공정가치의 평가는 보통 전문적 자격이 있는 감정평가인의 평가액을 기초로 산정된다.

1) 재평가 방법

유형자산을 재평가할 때, 그 자산의 장부금액을 재평가금액으로 조정한다.

> 장부금액 = 재평가일의 공정가치 − 감가상각누계액 − 손상차손누계액

2) 재평가 대상 유형

특정 유형자산을 재평가할 때, 해당 자산이 포함되는 유형자산의 유형 전체를 재평가한다. 유형자산의 유형은 기업의 영업에서 특성과 용도가 비슷한 자산의 집합이다. 다음은 개별 유형의 예이다.

① 토지
② 토지와 건물
③ 기계장치
④ 선박
⑤ 항공기
⑥ 차량운반구
⑦ 집기 등

3) 재평가잉여금

자산의 장부금액이 재평가로 인하여 증가된 경우에 그 증가액은 기타포괄손익으로 인식하고 재평가잉여금의 과목으로 자본에 가산한다. 그러나 동일한 자산에 대하여 이전에 당기손익으로 인식한 재평가감소액이 있다면 그 금액을 한도로 재평가증가액만큼 당기손익으로 인식한다.

자산의 장부금액이 재평가로 인하여 감소된 경우에 그 감소액은 당기손익으로 인식한다. 그러나 그 자산에 대한 재평가잉여금의 잔액이 있다면 그 금액을 한도로 재평가감소액을 기타포괄손익으로 인식한다. 재평가감소액을 기타포괄손익으로 인식하는 경우 재평가잉여금의 과목으로 자본에 누계한 금액을 감소시킨다.

어떤 유형자산 항목과 관련하여 자본에 계상된 재평가잉여금은 그 자산이 제거될 때 이익잉여금으로 직접 대체할 수 있다. 자산이 폐기되거나 처분될 때에 재평가잉여금 전부를 이익잉여금으로 대체하는 것이 그러한 경우에 해당될 수 있다.

실무적으로 건물의 경우 재평가차액은 매우 적은 경우가 대부분이므로 중요성의 측면에서 건물은 재평가를 하지 않고 보통 토지에 대해서만 재평가를 하기도 한다.

【예제 4. 토지평가_원가모형】

㈜발해산업은 20×1년 초 토지를 ₩100,000,000에 취득하였다. 회사는 토지평가에 원가모형을 적용하고 있으며 토지의 공정가치는 다음과 같다.

	사례 1	사례 2
20×1년 말 공정가치	₩80,000,000	₩130,000,000
20×2년 말 공정가치	110,000,000	80,000,000
20×3년 초 처분	120,000,000	70,000,000

<사례 1>

20×1년 말	차>	토지손상차손[1]	20,000,000	대>	토지	20,000,000
20×2년 말	차>	토지	20,000,000	대>	토지손상차손환입[2]	20,000,000
20×3년 초	차>	현금	120,000,000	대>	토지	100,000,000
					유형자산처분이익	20,000,000

<사례 2>

20×1년 말		회계 처리 없음				
20×2년 말	차>	토지손상차손[1]	20,000,000	대>	토지	20,000,000
20×3년 초	차>	현금	70,000,000	대>	토지	80,000,000
		유형자산처분손실	10,000,000			

* 1), 2) 토지손상차손과 토지손상차손환입은 모두 영업외손익(기타손익)으로 회계 처리한다.
* 유형자산처분이익, 손실은 모두 영업외손익(기타손익)으로 회계 처리한다.
* 이 예제는 토지가격의 하락이 일시적 하락이 아닌 손상의 징후가 있는 경우를 전제로 회계 처리함.

【예제 5. 토지평가_재평가모형】

㈜발해산업은 20×1년 초 토지를 ₩100,000,000에 취득하였다. 회사의 회계정책은 토지에 대해서 재평가모형을 적용하는 것이다.(법인세 효과는 없는 것으로 가정)

토지의 공정가치는 다음과 같다.

20×1년 말 공정가치	₩80,000,000
20×2년 말 공정가치	₩110,000,000
20×3년 초 처분	₩120,000,000

20×1년 말	차> 재평가손실[1]	20,000,000	대> 토지		20,000,000
20×2년 말	차> 토지	30,000,000	대> 재평가이익[2]		20,000,000
			재평가잉여금[3]		10,000,000
20×3년 초	차> 현금	120,000,000	대> 토지		110,000,000
			유형자산처분이익		10,000,000
	재평가잉여금	10,000,000	미처분이익잉여금		10,000,000

*1), 2) 재평가손실과 재평가이익은 모두 영업외손익(기타손익)으로 회계 처리한다.
*3) 재평가이익잉여금은 재무상태표 자본 중 기타포괄손익(OCI)으로 분류되다.

【예제 6. 토지평가_재평가모형】

㈜발해산업은 20×1년 초 토지를 ₩100,000,000에 취득하였다. 회사의 회계정책은 토지에 대해서 재평가모형을 적용하는 것이다.(법인세 효과는 없는 것으로 가정)

토지의 공정가치는 매년 말 다음과 같다.

20×1년 말 공정가치	₩130,000,000
20×2년 말 공정가치	₩80,000,000
20×3년 초 처분	₩70,000,000

20×1년 말	차> 토지	30,000,000	대> 재평가잉여금		30,000,000
20×2년 말	차> 재평가잉여금	30,000,000	대> 토지		50,000,000
	재평가손실	20,000,000			
20×3년 초	차> 현금	70,000,000	대> 토지		80,000,000
	유형자산처분손실	10,000,000			

5. 유형자산의 처분

보유 중이던 유형자산을 매각하는 경우에는 처분 시점까지의 감가상각비를 인식하고, 처분 시점에서는 처분가액과 장부가액을 비교하여 처분손익을 인식한다. 유형자산처분손익은 영업외손익(기타손익)으로 분류된다.

【예제 7. 유형자산의 처분】

발해산업은 20×1년 1월 1일 구입하였던 기계장치를 20×4년 6월 말 처분하기로 하였다. 관련 자료는 다음과 같다.

* 취득원가:	8,000,000	* 감가상각 목적 잔존가치	0
* 내용연수:	8년	* 처분가액	5,000,000
* 감가상각 방법:	정액법	* 매각일	6월 30일

▶ 요구 사항

처분일의 회계 처리를 하시오.

▶ 해설

* 매각일까지의 감가상각비 = $\dfrac{₩8,000,000}{8년} \times \dfrac{6}{12}$ = 5,000,000

* 유형자산처분손익 = 처분가액 − 장부가액
   = ₩5,000,000 − (8,000,000 - 3,500,000) = ₩500,000

※ 20×1년초 구입후 20×3년까지 3년간 보유, 따라서 매년 ₩1,000,000씩 총 ₩3,000,000의 감가상각을 하였으므로 전기 말 장부에는 ₩3,000,000의 감가상각누계액이 있다.

6/30	차> 감가상각비	500,000	대> 감가상각누계액	500,000
	차> 현금	5,000,000	대> 기계장치	8,000,000
	감가상각누계액	3,500,000	유형자산처분이익	500,000

6. 차입원가 자본화

유형자산을 취득 혹은 건설하는 데 장기간이 소요되는 경우, 재고자산을 생산하는 데 상당한 기간이 필요한 경우에는 해당 재화를 생산, 건설, 취득하는 데 소요되는 차입금의 차입원가(이자비용)는 해당 자산의 원가에 포함하여야 한다.

이를 차입원가의 자본화라고 하며 차입원가를 자본화하는 대상자산을 "적격자산"이라고 한다.

적격자산에는 유형자산, 무형자산, 재고자산(생산기간이 장기간인 경우에 한함), 투자부동산 등이 포함된다.

(1) 자본화 대상 차입원가

1) 특정차입금 차입원가

적격자산을 취득하기 위한 목적으로 특정하여 차입한 자금에 한하여, 회계 기간 동안 그 차입금으로부터 실제 발생한 차입원가에서 당해 차입금의 일시적 운용에서 생긴 투자수익을 차감한 금액을 자본화가능차입원가로 결정한다.

2) 일반차입금 차입원가

일반적인 목적으로 자금을 차입하고 이를 적격자산의 취득을 위해 사용하는 경우에 한하여 당해 자산 관련 지출액에 자본화이자율을 적용하는 방식으로 자본화가능차입원가를 결정한다.

자본화이자율은 회계 기간에 존재하는 기업의 모든 차입금에서 발생된 차입원가를 가중평균하여 산정한다.

(2) 자본화의 개시

차입원가는 자본화 개시일부터 적격자산 원가의 일부로 자본화한다. 자본화 개시일은 최초로 다음 조건을 모두 충족시키는 날이다.

① 적격자산에 대하여 지출한다.
② 차입원가를 발생시킨다.
③ 적격자산을 의도된 용도로 사용(또는 판매) 가능하게 하는 데 필요한 활동을 수행한다.

(3) 자본화의 중단

적격자산에 대한 적극적인 개발 활동을 중단한 기간에는 차입원가의 자본화를 중단한다.

(4) 자본화의 종료

적격자산을 의도된 용도로 사용(또는 판매) 가능하게 하는 데 필요한 대부분의 활동이 완료된 시점에 차입원가의 자본화를 종료한다.

【예제 8. 차입원가 자본화】

발해산업은 20×1년 공장을 신축하기로 하였으며 관련 자료는 다음과 같다.

구분	금액	일자	이자율	12/31까지 일수
공장 신축 관련 지출액	500,000,000	20×1. 4. 1	–	274일
건설 관련 특정차입금	400,000,000	20×1. 6. 1	4%	213일
일반차입금	500,000,000		5%	365일
※일반차입금은 전기 중 차입하여 당기 말까지 금액을 유지함.				

위의 상황을 그림으로 표시하면

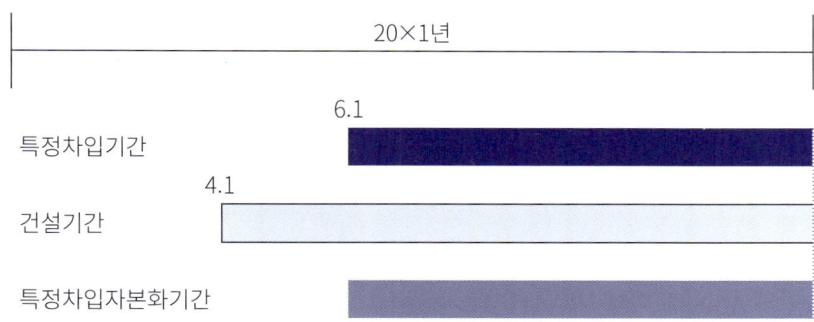

(1) 특정차입금 이자비용 중 자본화될 금액

400,000,000× 213/365 × 4% = 9,336,986

(2) 특정차입금 ₩400,000,000을 제외한 일반차입금의 이자비용 자본화될 금액

① 신축 관련 평균지출액 = ₩500,000,000 × 274/365 = 375,342,465

② 일반차입금 지출액 = 375,342,465 − 400,000,000× 213/365 = 141,917,808

③ 일반차입금 이자비용 중 자본화할 금액 = 141,917,808 × 5% = 7,905,890

▶ 회계 처리

4/1		차> 건설중인자산	500,000,000	대> 현금	500,000,000
6/1		차> 현금	600,000,000	대> 차입금	600,000,000
12/31 특정차입금 이자비용		차> 이자비용	9,336,986	대> 현금	9,336,986
		건설중인자산	9,336,986	이자비용	9,336,986
일반차입금 이자비용		차> 이자비용	25,000,000	대> 현금	25,000,000
		건설중인자산	7,905,890	이자비용	7,905,890

※ 참조   <차입원가 자본화에 대한 회계기준 및 법인세법 규정>

- **한국채택국제회계기준**

  8. 적격자산의 취득, 건설 또는 생산과 직접 관련된 차입원가는 당해 자산 원가의 일부로 자본화하여야 한다. 기타 차입원가는 발생기간에 비용으로 인식하여야 한다.

- **일반기업회계기준**

  18.4 차입원가는 기간비용으로 처리함을 원칙으로 한다. 다만, 유형자산, 무형자산 및 투자부동산과 제조, 매입, 건설, 또는 개발(이하 '취득'이라 한다)이 개시된 날로부터 의도된 용도로 사용하거나 판매할 수 있는 상태가 될 때까지 1년 이상의 기간이 소요되는 재고자산(이하 '적격자산'이라 한다)의 취득을 위한 자금에 차입금이 포함된다면 이러한 차입금에 대한 차입원가는 적격자산의 취득에 소요되는 원가로 회계 처리할 수 있다.

- **법인세법**

  제28조 ① 다음 각 호의 차입금의 이자는 내국법인의 각 사업연도의 소득금액을 계산할 때 손금에 산입하지 아니한다.
  　　　　3. 대통령령으로 정하는 건설자금에 충당한 차입금의 이자

(법인세법은 "건설자금이자"라는 용어를 사용한다. 또한 대상자산은 사업용고정자산에 한하며 특정차입금이자는 강제화되어 있지만 일반차입금이자는 선택적)

제5장

무형자산

무형자산(Intangible asset)은 기업이 영업활동을 위하여 장기간 보유하는 자산 중 형태가 없는 비화폐성자산으로서 산업재산권(특허권, 상표권, 실용신안권 등), 개발비, 소프트웨어, 라이선스, 영업권 등이 무형자산에 포함된다.

무형자산의 다음의 인식 요건으로는 모두 충족해야 자산으로 인식된다.

- 식별 가능성   · 기업의 통제   · 미래 경제적 효익

1. 취득 및 측정

(1) 취득_최초 인식

무형자산을 최초로 인식할 때에는 원가로 측정한다.

무형자산의 최초 인식은 일반적으로 다음의 유형으로 구분할 수 있다.

① 개별 취득: 산업재산권, 소프트웨어, 라이선스 등

② 내부에서 창출: 개발비

③ 사업 결합: 영업권

1) 개별 취득

개별 취득하는 무형자산의 원가는 다음 항목으로 구성된다.

① 구입 가격(매입할인과 리베이트를 차감하고 수입관세와 환급받을 수 없는 제세금을 포함한다)

② 자산을 의도한 목적에 사용할 수 있도록 준비하는 데 직접 관련되는 원가

2) 내부적으로 창출하였으나 무형자산으로 인식하지 않는 것
　① 내부적으로 창출한 영업권은 식별 가능성이 없고 신뢰성 있게 측정할 수 없으므로 자산으로 인식하지 않는다. 즉 관련 비용은 모두 비용 처리하는 것이다.
　② 내부적으로 창출한 브랜드, 제호, 출판표제, 고객 목록과 이와 실질이 유사한 항목은 무형자산으로 인식하지 아니한다.

(2) 인식 후 측정

무형자산은 유형자산과 동일하게 최초 취득 후에는 원가모형이나 재평가모형 중 선택하여 적용한다.

1) 원가모형

최초 인식 후에 무형자산은 원가에서 상각누계액과 손상차손누계액을 차감한 금액을 장부금액으로 한다.

> 장부금액 = 취득원가 − 감가상각누계액 − 손상차손누계액

2) 재평가모형

최초 인식 후에 무형자산은 재평가일의 공정가치에서 이후의 상각누계액과 손상차손누계액을 차감한 재평가금액을 장부금액으로 한다. 재평가 목적상 공정가치는 활성시장을 기초로 하여 측정한다. 보고 기간 말에 자산의 장부금액이 공정가치와 중요하게 차이가 나지 않도록 주기적으로 재평가를 실시한다.

> 장부금액 = 공정가치 − 감가상각누계액 − 손상차손누계액

재평가모형을 적용하여 무형자산을 회계 처리하는 경우에는, 같은 유형의 기타 모든 자산도 그에 대한 활성시장이 없는 경우를 제외하고는 동일한 방법을 적용하여 회계 처리한다.

무형자산의 유형은 기업의 영업에서 특성과 용도가 비슷한 자산의 집합이다. 자산을 선택적으로 재평가하거나 재무제표에서 서로 다른 기준일의 원가와 가치가 혼재된 금액을 보고하는 것을 방지하기 위하여 같은 유형 내의 무형자산 항목들은 동시에 재평가한다.

재평가한 무형자산과 같은 유형 내의 무형자산을 그 자산에 대한 활성시장이 없어서 재평가할 수 없는 경우에는 원가에서 상각누계액과 손상차손누계액을 차감한 금액으로 표시한다. 즉 활성화된 시장이 없는 경우에는

> 장부금액 = 취득원가 − 감가상각누계액 − 손상차손누계액

2. 상각

(1) 상각의 의의

취득한 자산의 유형자산의 경제적 효익의 감소를 반영하기 위하여 감가상각을 한 것처럼 무형자산도 취득원가를 일정한 방법에 의하여 일정한 회계 기간에 걸쳐 비용화하게 되며 이를 상각(Amortization)이라고 한다. 또한, 이를 처리하는 계정 과목을 '상각비'라고 한다.

(2) 무형자산상각비의 회계 처리 및 표시

일반적으로 무형자산의 상각비는 해당 자산에서 직적 참가하여 표시하는 직접법을 많이 사용한다.

차) 무형자산상각비 ×××	대) 무형자산 ×××
⇩	
제조원가 **혹은** 판매관리비로 분류	

무형자산의 회계 처리는 내용연수에 따라 다르다. 내용연수가 유한한 무형자산은 상각하고, 내용연수가 비한정인 무형자산은 상각하지 아니한다.

(3) 상각절차

1) 상각 방법

무형자산의 상각 방법은 자산의 경제적 효익이 소비될 것으로 예상되는 형태를 반영한 방법이어야 한다. 다만, 그 형태를 신뢰성 있게 결정할 수 없는 경우에는 정액법을 사용한다.

상각은 자산을 사용할 수 있는 때부터 시작한다. 즉 자산이 경영자가 의도하는 방식으로 운영

할 수 있는 장소와 상태에 이르렀을 때부터 시작한다.

2) 내용연수

무형자산의 내용연수는 경제적 요인과 법적 요인의 영향을 받는다. 경제적 요인은 자산의 미래 경제적 효익이 획득되는 기간을 결정하고, 법적 요인은 기업이 그 효익에 대한 접근을 통제할 수 있는 기간을 제한한다. 내용연수는 이러한 요인에 의해 결정된 기간 중 짧은 기간으로 한다.

3) 잔존가치

내용연수가 유한한 무형자산의 잔존가치는 다음 중 하나에 해당하는 경우를 제외하고는 영(0)으로 본다.

① 내용연수 종료 시점에 제3자가 자산을 구입하기로 한 약정이 있다.
② 무형자산의 활성시장(기업회계기준서 제1113호에 정의되어 있음)이 있고 다음을 모두 충족한다.
  ㈎ 잔존가치를 그 활성시장에 기초하여 결정할 수 있다.
  ㈏ 그러한 활성시장이 내용연수 종료 시점에 존재할 가능성이 높다.

4) 내용연수가 무한정인 자산

내용연수가 비한정인 무형자산은 상각하지 아니한다. 다만, 다음의 각 경우에 회수 가능액과 장부금액을 비교하여 내용연수가 비한정인 무형자산의 손상검사를 수행하여야 한다. 대표적으로 영업권이 있다.

> ※ 참고
>
> · 영업권에 대한 상각
>   · 한국채택국제회계기준: 내용연수가 비한정자산으로 보아 손상 검토만 하고 상각은 하지 않는다.
>   · 일반기업회계기준: 영업권은 상각을 하며 그 기간은 20년을 초과하지 못한다.

3. 연구개발 관련 지출

(1) 연구개발 관련 지출의 회계 처리

연구개발(R&D)과 관련하여 발생하는 원가는 기본적으로 해당 원가의 발생 단계에 따라 회계 처리가 달라진다.

· 연구활동(Research)

연구활동이란 새로운 과학적, 기술적 지식이나 이해를 얻기 위해 수행하는 독창적이고 계획적인 탐구활동을 말한다.

연구 단계에서 발생한 원가는 발생한 시점에 비용(성격에 따라 제조원가 혹은 판매관리비 중 "연구비" 등의 과목)으로 회계 처리된다.

· 개발활동(Development)

개발활동이란 상업적인 생산이나 사용 전에 연구 결과나 관련 지식을 새롭거나 현저히 개량된 재료, 장치, 제품, 공정, 시스템이나 용역의 생산을 위한 계획이나 설계에 적용하는 활동

"개발단계"에서 발생한 원가는 조건 충족 여부에 따라 일정 조건을 충족하는 경우는 재무상태표의 "개발비"라는 자산(무형자산)으로 인식하고, 충족하지 못하는 경우에는 발생한 시점에 비용(성격에 따라 제조원가 혹은 판매관리비 중 "경상개발비" 등의 과목)으로 회계 처리한다.

(2) 개발비 인식 요건

개발비(무형자산)로 인식될 수 있는 조건은 다음의 사항을 모두 만족하는 경우에만 가능하며 개발비는 추후 일정 기간 동안 상각(Amortization)하여 비용으로 인식한다.

① 무형자산을 사용하거나 판매하기 위해 그 자산을 완성할 수 있는 기술적 실현 가능성
② 무형자산을 완성하여 사용하거나 판매하려는 기업의 의도
③ 무형자산을 사용하거나 판매할 수 있는 기업의 능력
④ 무형자산이 미래 경제적 효익을 창출하는 방법. 그중에서도 특히 무형자산의 산출물이나 무형자산 자체를 거래하는 시장이 존재함을 제시할 수 있거나 또는 무형자산을 내부적으로 사용할 것이라면 그 유용성을 제시할 수 있다.
⑤ 무형자산의 개발을 완료하고 그것을 판매하거나 사용하는 데 필요한 기술적, 재정적 자원 등의 입수 가능성

⑥ 개발과정에서 발생한 무형자산 관련 지출을 신뢰성 있게 측정할 수 있는 기업의 능력

앞에서 살펴본 연구개발 관련 원가의 회계 처리를 살펴보면 다음과 같다.

<연구·개발 관련 원가>

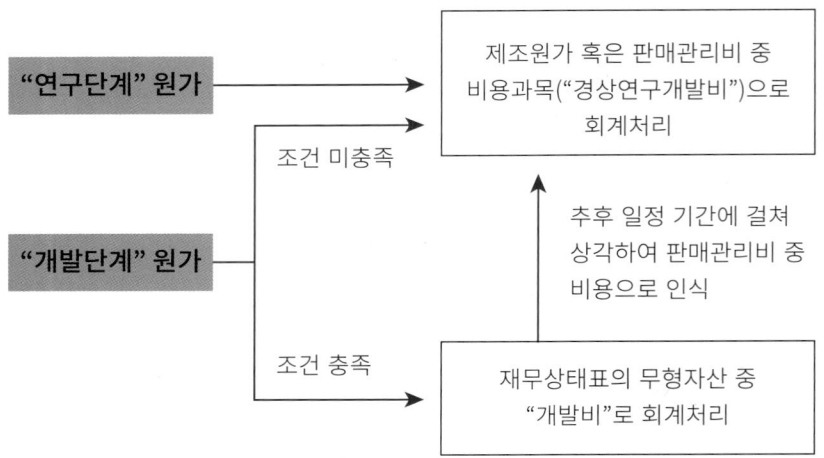

예를 들어, 100이라는 연구·개발 관련 원가가 발생한 경우 연구 단계 원가로 인정되어 "연구비"로 회계 처리되거나, 개발단계에서 조건 미충족으로 "경상개발비"로 회계 처리된다면(즉 **"경상연구개발비"**) 100 모두 지출이 발생한 연도의 비용으로 인식된다.

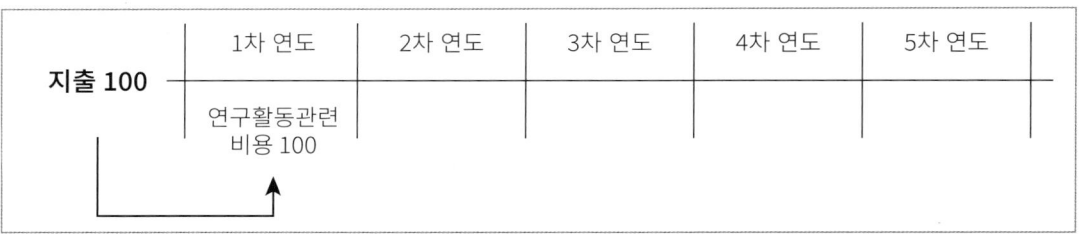

하지만 100이라는 연구·개발 관련 원가가 발생한 경우 개발단계의 원가로 인정되고 개발비의 인식 요건을 충족하며, 회사는 개발비를 5년간 상각한다면 다음과 같이 매년 20씩 "무형자산상각비"의 과목으로 하여 비용화된다.

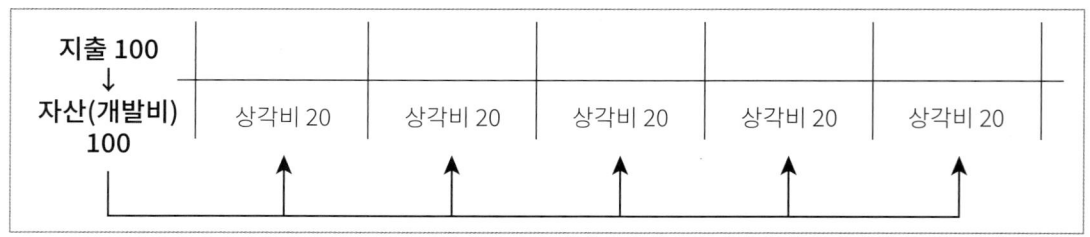

4. 사업 결합으로 취득한 영업권

(1) 영업권과 염가매수차익

1) 영업권

영업권(Good will)이란 일반적으로 초과이익력(또는 초과수익력 Excess earning power)으로 정의될 수 있는데, 초과이익력을 가져오는 이유로는 우수한 경영진, 유리한 지리적 위치, 영업상·제조상의 비법, 자원의 확보, 높은 신용도, 유리한 정부 규제 조건, 효과적인 광고 등 여러 가지가 있을 수 있다.

영업권은 유상취득의 경우인 매입영업권(Purchased goodwill)만 자산으로서 계상이 허용되고, 앞서 언급한 것처럼 자가창설영업권은 취득원가를 신뢰성 있게 측정할 수 없을 뿐만 아니라 기업이 통제하고 있는 식별 가능한 자원도 아니기 때문에 인식할 수 없다.

영업권(Good will)은 다른 회사를 합병, 영업양수하면서 공정가치로 평가한 피매수회사의 순자산가액을 초과하는 대가를 지급하는 경우 그 초과액을 말한다.

2) 염가매수차익

영업권과는 달리 피매수회사의 순자산가액보다 적은 대가를 지불하고 인수하는 경우도 있는데 이러한 경우 해당 차액을 "염가매수차익"이라 한다. 염가매수차익은 매수일에 식별 가능한 부채로 계상할 수는 없으나 미래에 발생할 것으로 기대되는 손실이나 비용 등으로 인하여, 협상 과정에서 매수회사의 우세한 협상력에 의하여 또는 기타의 원인에 의하여 발생할 수도 있다.

(2) 회계 처리

영업권은 상각하지 아니하고 회계연도마다 손상 검토를 한다. 영업권에 인식한 손상차손은 후속 기간에 환입하지 아니한다.

염가매수차익은 취득일에 그 차익을 당기손익으로 인식한다.

【예제 1. 영업권과 염가매수차익】

한국채택국제회계기준을 적용하는 ㈜발해산업은 ㈜고려상사를 합병하였다.

합병 당시 ㈜고려상사의 재무상태표는 다음과 같다.

자산	70,000,000	부채	40,000,000
		자본금	5,000,000
		이익잉여금	25,000,000
	70,000,000		70,000,000

㈜고려상사의 자산 중 토지는 장부금액과 공정가치가 차이가 발생한다.

과목	장부금액	공정가치
토 지	₩20,000,000	35,000,000

㈜발해산업은 합병을 위하여 ㈜고려상사의 주주에게 ㈜발해산업의 주식을 발행하였다. ㈜발해산업의 주식은 액면 주당 ₩5,000이며 공정가치는 주당 ₩100,000이다.

▶요구 사항

합병 대가로 ㈜고려상사에 지급한 이전 대가가 다음과 같은 경우 각각 회계 처리를 하시오.

1. ㈜발해산업의 주식 600주를 발행한 경우
2. ㈜발해산업의 주식 400주를 발행한 경우

▶ 해설

1. 발행한 주식의 공정가치는 ₩100,000× 600주 = ₩60,000,000

차> 자산	85,000,000	대> 부채	40,000,000
영업권	15,000,000	자본금	3,000,000
		주식발행초과금	57,000,000

2. 발행한 주식의 공정가치는 ₩100,000× 400주 = ₩40,000,000

차> 자산	85,000,000	대> 부채	40,000,000
		자본금	2,000,000
		주식발행초과금	38,000,000
		염가매수차익	5,000,000

제6장
기타 유동자산 및 기타 유동부채

기타 유동자산과 기타 유동부채는 많은 과목이 있으나 이번 장에서는 수익과 비용의 이연 및 발생에 대해서만 살펴보도록 한다.

수익과 비용의 인식은 발생주의(Accrual basis)에 따라 인식한다. 발생주의란 현금의 유입·유출이 나타나게 하는 원인이 발생하는 시점에 수익과 비용을 인식하는 것을 말한다. 이는 이론적으로 기업의 경영성과를 정확하게 측정하기 위한 목적이라고 할 수 있다.

실무적에서는 수익과 비용에 대하여 기중에는 현금주의에 따라 인식하다가 기말에 결산조정분개를 통하여 발생주의에 적합하게 조정하는 방법을 취하고 있다. 이로 인하여 나타나게 되는 과목이 선수수익·선급비용·미수수익·미지급비용 등이 있다.

재무상태표

Ⅰ. 유동자산	Ⅰ. 유동부채
선급비용	선수수익
미수수익	미지급비용

결산에서 이러한 항목들은 반영되지 않는 경우 기간 성과에 미치는 영향이 상당하므로 누락되지 않게 반드시 회계 처리 되어야 한다.

(1) 선수수익(Unearned income)

수익의 이연, 즉 당기에 수취한 수익 중 일부 금액을 차기로 이연시키는 절차로써 선수수익을 말한다. 임대료, 이자수익 등을 미리 받은 경우 차기 이후 해당분이 선수수익에 해당한다. 유동부채로 분류된다.

만약 1차 연도 4월 1일 1년분 임대료(20×1. 4/1–20×2. 3/31)를 현금 수취하였다면

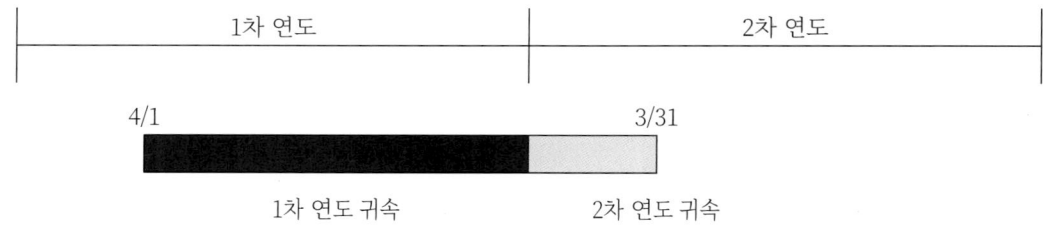

【예제 1. 선수수익】

㈜태백산업은 20×1년 4월 1일 연간 임대료 ₩2,400,000을 받고 건물을 임대하였다. 임대 기간 1년 조건의 임대계약이다.

▶ 요구 사항

다음 일자의 거래를 분개하시오.

1. 20×1년 4월 1일(현금수취일)
2. 20×1년 12월 31일(기말 결산일)
3. 20×2년 1월 1일(기초재수정분개)

▶ 해설

일자	차변	금액	대변	금액
20×1. 4/1	차> 현금	2,400,000	대> 임대료수익	2,400,000
20×1. 12/31	차> 임대료수익[1]	600,000	대> 선수수익	600,000
20×2. 1/1	차> 선수수익	600,000	대> 임대료수익	600,000

*1) 600,000 = 2,400,000 × 3/12

(2) 선급비용(Prepaid expenses)

비용의 이연, 즉 당기에 지급한 비용 중 일부 금액을 차기로 이연시키는 절차로써 선급비용을 말한다. 이자비용, 임차료, 리스료, 보험료 등을 미리 지급하는 경우 차기 이후 해당분이 선급비용에 해당한다. 유동자산으로 분류된다.

만약 1차 연도 10월 1일 1년분 보험료(20×1. 10/1 – 20×2. 9/30)를 현금 지급하였다면

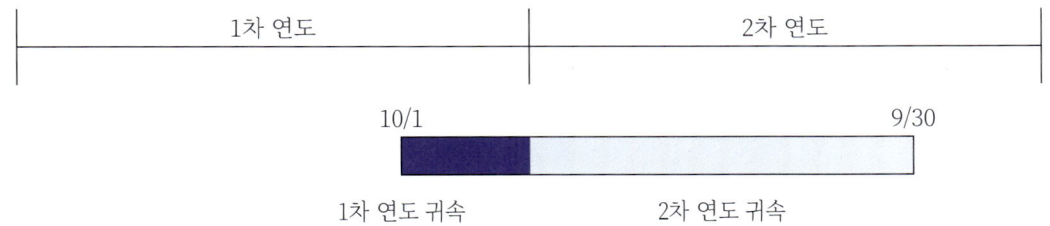

【예제 2. 선급비용】

㈜태백산업은 20×1년 10월 1일 회사 자동차의 보험료로 ₩1,200,000을 현금으로 지급하였다. 보험기간은 20×1년 10월 1일부터 20×2년 9월 30일까지이다.

▶ 요구 사항

다음에서 요구하는 일자의 거래를 분개하시오.

1. 20×1년 10월 1일(보험료 지출일)
2. 20×1년 12월 31일(기말 결산일)
3. 20×2년 1월 1일(기초재수정분개)

▶ 해설

20×1. 10/1	차> 보험료	1,200,000	대> 현금	1,200,000
20×1. 12/31	차> 선급비용[1]	900,000	대> 보험료	900,000
20×2. 1/1	차> 보험료	900,000	대> 선급비용	900,000

*1) 900,000 = 1,200,000 × 9/12

(3) 미수수익(Accrued income)

수익의 예상(발생), 즉 차기 이후에 현금의 수취가 이루어지나 당기에 해당 현금을 수취할 권리가 발생하는 경우로서 미수수익을 말한다. 이자수익, 임대료 등의 기간 경과분, 즉 수익이 발생하였으나 결산기 말까지 수취하지 못한 미수수익이 여기에 해당한다. 유동자산으로 분류된다.

만약 1차 연도 11월 1일 1년 만기(20×1. 11/1-20×2. 11/1) 정기예금에 가입하고 이자는 만기에 전액 수취하는 경우라면

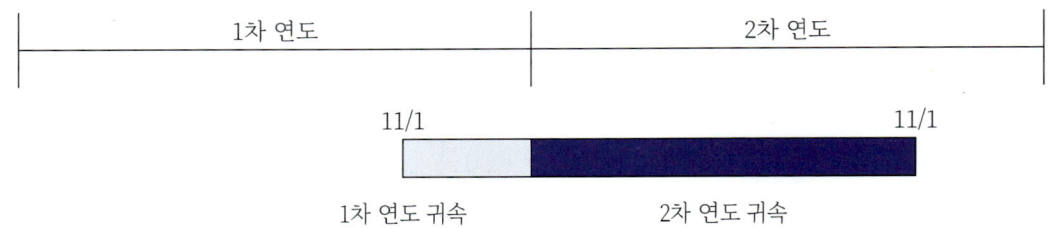

【예제 3. 미수수익】

㈜태백산업은 20×1년 11월 1일 은행에 ₩100,000,000을 6%의 조건으로 1년 만기 정기예금에 예치하였다. 이자는 만기인 20×2년 11월 1일 원금과 함께 전액 현금으로 수취한다.

▶ 요구 사항

다음에서 요구하는 일자의 거래를 분개하시오.

1. 20×1년 11월 1일(정기예금 가입일)
1. 20×1년 12월 31일(기말결산일)
2. 20×2년 1월 1일(기초재수정분개)
3. 20×2년 11월 1일(이자수취일)

▶ 해설

20×1.11/	차>	단기금융상품	100,000,000	대>	현금	100,000,000
20×1.12/31	차>	미수수익[1]	1,000,000	대>	이자수익	1,000,000
20×2.1/1	차>	이자수익	1,000,000	대>	미수수익	1,000,000
20×2. 11/1	차>	현금	106,000,000	대>	이자수익	6,000,000
					단기금융상품	100,000,000

[1] $1,000,000 = 100,000,000 \times 6\% \times 2/12$

(4) 미지급비용(Accrued expenses)

비용의 예상(발생), 즉 차기 이후에 현금의 지급이 이루어지나 당기에 해당 현금을 지급할 의무가 발생하는 경우로서 미지급비용을 말한다. 이자비용, 임차료, 전력비 등의 기간 경과분, 즉 비용이 발생하였으나 결산기 말까지 지급되지 않은 미지급비용이 여기에 해당한다.

만약 1차 연도 8월 1일 1년 만기 조건으로 은행에서 차입을 하고 이자는 만기에 전액 지급하는 경우라면

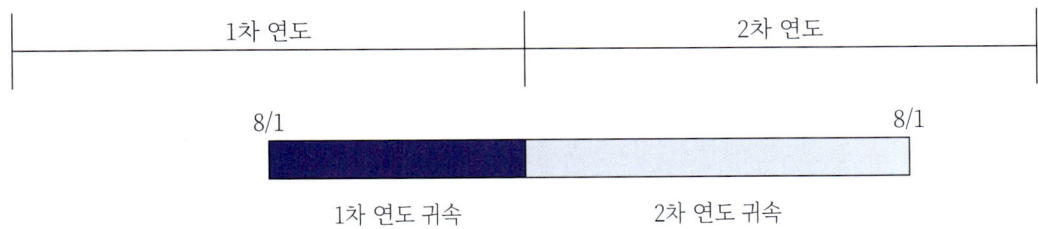

【예제 4. 미지급비용】

㈜태백산업은 20×1년 8월 1일 은행으로부터 ₩50,000,000을 차입하였다. 만기 1년이며, 이자율 연 6%, 이자는 만기상환 시 원금과 함께 지불하는 조건이다.

▶ 요구 사항

다음 일자의 거래를 분개하시오.

1. 20×1년 8월 1일(차입일)
2. 20×1년 12월 31일(기말 결산일)
3. 20×2년 1월 1일(기초재수정분개)
4. 20×2년 8월 1일(상환일)

▶ 해설

20×1.8/1	차> 현금	50,000,000	대> 단기차입금	50,000,000
20×1.12/31	차> 이자비용	1,250,000	대> 미지급비용[1]	1,250,000
20×2.1/1	차> 미지급비용	1,250,000	대> 이자비용	1,250,000
20×2.8/1	차> 이자비용 　　 단기차입금	3,000,000 50,000,000	대> 현금	53,000,000

*1) 1,250,000 = 50,000,000 × 6% × 5/12

제7장
금융자산_유가증권

1. 금융자산의 분류체계

금융상품이란 거래 당사자 어느 한쪽에게는 금융자산이 생기게 하고 거래 상대방에게 금융부채나 지분상품이 생기게 하는 모든 계약을 말한다.

일반적으로 금융상품에는 현금및현금성자산, 대여금, 수취채권, 지분형 금융상품, 채권형 금융상품 등이 포함된다. 앞서 현금, 매출채권 등에 대해서는 살펴보았으므로 이번 장에서는 흔히 유가증권이라 불리는 지분형 금융상품과 채권형 금융상품을 중심으로 살펴본다.

다만, 제7장. 제8장, 제14장 모두 유가증권 중 주로 지분형 금융상품인 주식에 대하여 설명하고 있는데 이를 포괄적으로 살펴보면 다음과 같다. 지분형 증권은 투자회사가 피투자회사의 지분을 몇 % 보유하고 있느냐에 따라 크게 다음과 같이 3개의 구간으로 나뉘어지게 된다.

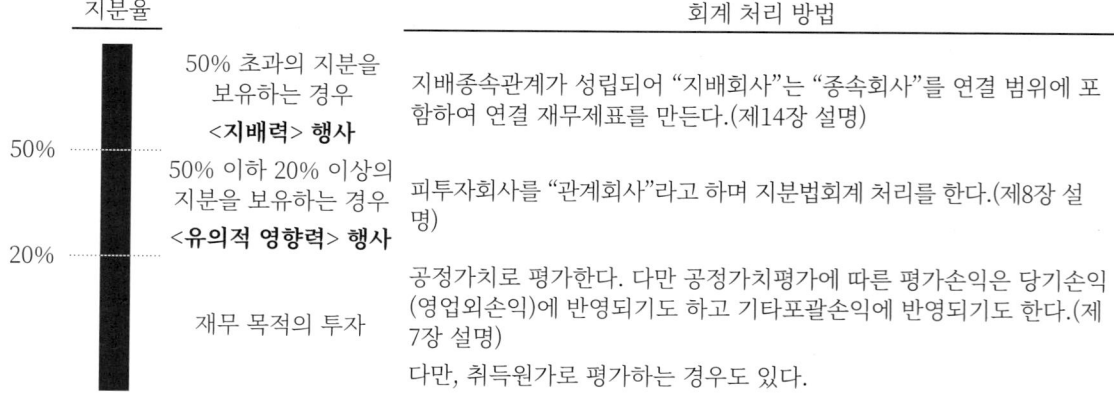

(※위에서 20%와 50%는 절대적 조건은 아니며 각각 그 이상 혹은 그 이하라 하더라도 각각의 회계 처리 방법이 적용되기도 하고 적용배제되는 경우도 있다.)

(1) 한국채택국제회계기준

한국채택국제회계기준 하의 재무상태표에서 유가증권 종류의 금융상품은 기업마다 표시 방법의 차이가 있지만 일반적으로 다음과 같이 표시된다.

재무상태표

Ⅰ. 유동자산 　… 　3. 단기금융자산 　　(당기손익-공정가치 금융자산) 　　(상각후원가_금융자산) 　… Ⅱ. 비유동자산 　1. 당기손익-공정가치 금융자산 　2. 기타포괄손익-공정가치 금융자산 　3. 상각후원가_금융자산 　4. 관계회사 주식 　…	Ⅰ. 유동부채 Ⅱ. 비유동부채

(2) 일반기업회계기준

일반기업회계기준 하의 재무상태표에서 유가증권 종류의 금융상품은 일반적으로 다음과 같이 표시된다.

재무상태표

Ⅰ. 유동자산 　… 　3. 단기매매증권 Ⅱ. 비유동자산 　1. 매도가능증권 　2. 만기 보유증권 　3. 지분법적용투자주식 　…	Ⅰ. 유동부채 Ⅱ. 비유동부채

(3) 기본 용어

한국채택국제회계기준에서 금융상품의 내용은 상당히 방대하고 복잡하므로 여기에서는 파생상품 등은 제외하고 간략하게 분류체계와 회계 처리에 대해서 살펴보도록 한다.

다만, 용어의 복잡성 때문에 실무에서 많이 쓰이는 간략한 용어를 먼저 알아보도록 한다.

- FV(공정가치, Fair value)
  활성화된 시장에서 획득할 수 있는 자산의 시장가격

- P&L(당기손익, Profit & loss)
  손익계산서의 수익 혹은 비용을 말한다.

- OCI(기타포괄손익, Other comprehensive income)
  포괄손익계산서의 기타포괄손익을 말한다.

- AC(상각 후 원가, Amortised cost)
  자산을 최초 취득하였을 때 취득원가로 기록하고, 자산의 명목금액과 현재 가치가 다를 때 이를 매기 상각한 후의 원가를 말한다.

- FVPL(당기손익-공정가치, Fair value through profit & loss)
  가격 변동 등이 있을 때 이를 손익계산서의 수익 혹은 비용으로 인식한다. 즉 당기순이익에 반영된다.

- FVOCI(기타포괄손익_공정가치, Fair value through other comprehensive income)
  가격 변동 등이 있을 때 이를 포괄손익계산서의 기타포괄손익으로 인식한다. 당기순이익에는 반영되지 않으며 기타포괄손익누계액에 가감되므로 자본에 직접 반영된다.

2. 한국채택국제회계기준 분류체계

(1) 지분형 금융상품
한국채택국제회계기준에서 설명하는 지분형 금융상품의 분류체계는 다음과 같다.

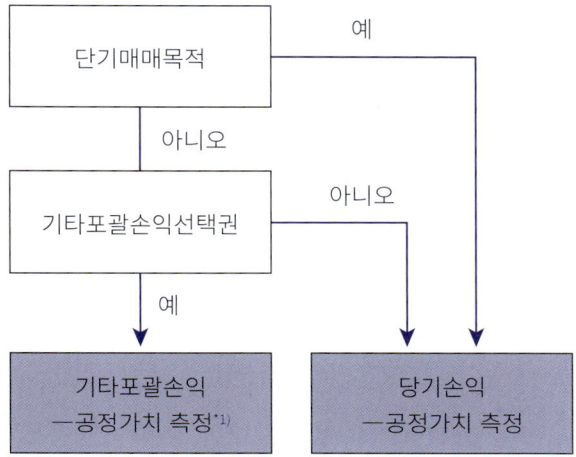

*1) 후속 측정 시 재순환 금지

(2) 채무형 금융상품

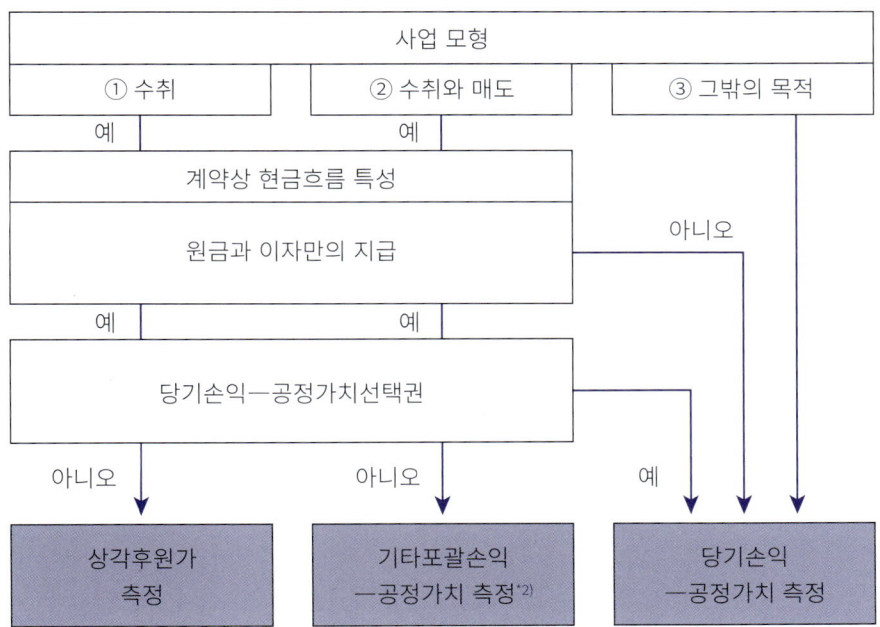

*2) 후속측정시 재순환인식

결국 금융상품의 취득 후 후속측정 방법은 원가로 측정하는 상각후원가 측정, 공정가치로 측정하는 기타포괄손익-공정가치 측정과 당기손익-공정가치 측정으로 구분된다.

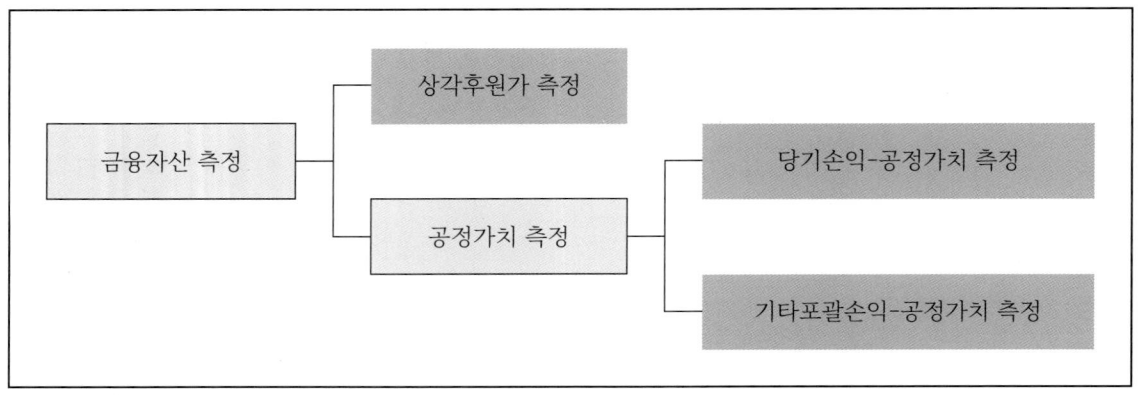

(3) 상각후원가 측정 금융자산

상각후원가 측정 금융자산은 쉽게 이해하면 기업이 원금과 이자만을 수취할 목적으로 투자한 금융자산으로서 만기 보유 목적의 사채가 대표적이라 할 수 있다.

이론적으로는 다음의 두 가지 조건을 모두 충족하여야 한다.

① 계약상 현금흐름을 수취하기 위해 보유하는 것이 목적인 사업모형 하에서 금융자산을 보유한다.
② 금융자산의 계약 조건에 따라 특정일에 원금과 원금잔액에 대한 이자 지급(이하 '원리금 지급') 만으로 구성되어 있는 현금흐름이 발생한다.

만기 보유 목적의 사채 외에 대여금, 수취채권 등의 경우에도 상각후원가로 측정한다.

상각후원가 측정 금융자산은 후속적으로 유효이자율법을 적용하여 측정한다. 상각후원가 측정 금융자산은 후속적으로 발생할 수 있는 손상이나 처분손익도 모두 당기손익에 반영한다.

상각후원가 측정 금융자산 중 사채를 취득 및 평가를 이해하기 위해서는 사채의 발행과정에 대한 이해가 선행되어야 한다.

1) 채권의 발행

채권의 발행은 채권의 시장가격에 따라 발행되며 시장가격은 발행자의 입장에서 장래 지급할 현금흐름을 현재 가치로 할인한 값과 일치한다. 현금흐름을 할인할 때 시장이자율에 의하여 계산하는데 액면이자율과 시장이자율의 차이에 의하여 발행가액이 액면금액보다 커질 수도 있고 작아질 수도 있다. 채권발행가액의 계산 논리를 수식으로 표현하면 다음과 같다.

액면의 현재 가치: 액면가액×₩1의 현재 가치(상환기간, 시장이자율)	×××
이자의 현재 가치: 표시이자×연금₩1의 현재 가치(상환기간, 시장이자율)	×××
채권 발행가액	×××

채권의 발행가액은 앞에서 설명한 것처럼 시장이자율과 액면이자율과의 차이에 따라 결정되는데 투자자의 입장에서는 이에 따라 채권을 할인 취득할 수도 있고 할증 취득할 수도 있는 것이다.

액면이자율 < 시장이자율	⇨	할인 취득
액면이자율 > 시장이자율	⇨	할증 취득
액면이자율 = 시장이자율	⇨	액면 취득

액면이자율이 시장이자율에 미달하면 투자자의 입장에서는 투자수익률이 다른 투자 수단에 미달하게 되므로 투자를 꺼리게 될 것이다. 따라서 발행 회사의 입장에서는 투자를 유도하기 위하여 발행가액을 할인함으로써 투자자가 다른 투자 수단에 투자하는 것과 같은 투자수익률을 올릴 수 있도록 하는 것이다. 따라서 투자자는 할인 취득을 하게 된다.

반대로 액면이자율이 시장이자율을 초과하는 경우에는 투자자의 투자수익률이 시장이자율과 같은 수준이 되도록 채권의 발행가액을 높이게 되며 투자자는 할증 취득을 하게 된다.

【예제 1. 사채의 발행】

태백산업은 다음과 같은 조건의 사채를 취득하였다.

발 행 일:	20×1년 1월 1일	이자 지급:	매년 말
만 기:	20×3년 12월 31일	액 면:	₩100,000

시장이자율은 10%이며, 10% ₩1의 현재 가치는 0.75131, ₩1의 연금 현재 가치합계는 2.48685이다.

▶ 요구 사항

액면이자율이 각각 9%, 10%, 12%인 경우 취득가액을 구하시오.

▶ 해설

⑴ 액면이자율이 9%일 때
= ₩9,000×2.48685+100,000×0.75131=₩97,513

⑵ 액면이자율이 10%일 때
= ₩10,000×2.48685+100,000×0.75131=₩100,000

⑶ 액면이자율이 12%일 때
= ₩12,000×2.48685+100,000×0.75131=₩104,973

상각후원가로 평가하여 재무상태표에 표시하는 것은 채무증권의 특성을 고려하여 평가하는 것으로서 채권은 주식과는 달리 만기에 액면금액으로 상환을 받게 되므로 취득원가와 액면금액과의 관계를 고려하여야 한다. 취득원가와 액면금액과의 차이를 할인 취득액 혹은 할증 취득액이라고 하는데, 투자자의 입장에서는 할인(할증) 취득액은 취득원가의 결정에서 중요한 역할을 하게 된다.

앞의 사례와 같이 채권의 액면이자율과 시장이자율의 차이에 따라 발행가액이 달라지므로 투자자의 취득가액도 달라지게 된다. 취득 형태에 따라 살펴보도록 한다.

2) 액면 취득

액면이자율과 시장이자율이 동일한 경우에는 액면 발행을 하게 되므로 투자자는 액면금액으로 취득하게 된다. 따라서 투자자 입장에서는 할인(할증) 취득액이 나타나지 않으므로 매 기말 이자수취에 대한 회계 처리와 만기에 액면금액을 상환받는 회계 처리만 하게 된다.

앞의 예제에서 액면 취득(액면이자율 10%)인 경우의 회계 처리를 살펴보면 다음과 같다(편의상 투자채권은 장기금융자산으로 가정한다).

20×1. 1/1	차> 장기금융자산	100,000	대> 현금	100,000
20×1. 12/31	차> 현금	100,00	대> 이자수익	10,000
20×2. 12/31	차> 현금	100,00	대> 이자수익	10,000
20×3. 12/31	차> 현금	110,000	대> 이자수익	10,000
			장기금융자산	100,000

3) 할인 취득

액면이자율이 시장이자율에 미달하는 경우에는 할인 취득을 하게 된다. 할인 취득액은 투자자의 입장에서는 3년간의 이자를 미리 받은 것이나 마찬가지이며 발생주의 회계의 논리에 따라 보유 기간 동안에 유효이자율법에 의하여 상각하며 매기 상각액은 투자채권을 증가시키면서 이자수익으로 회계 처리한다.

유효이자율법이란 투자자의 투자수익률이 매기 동일하도록 할인 취득액을 상각하는 방법을 말하는데, 구체적으로는 투자채권의 기초장부가액에 시장이자율을 곱하여 실질 이자액을 구하고, 여기에서 액면이자를 차감하여 할인 취득금액의 상각액을 구하는 방법이다.

$$\text{할인 취득 상각액} = \underbrace{\text{기초장부가액} \times \text{유효이자율}}_{\text{실질이자}} - \underbrace{\text{액면가액} \times \text{표시이자율}}_{\text{액면이자}}$$

앞의 예제 1에 따라 할인 취득(액면이자율 9%)한 경우 상각 스케줄과 회계 처리는 다음과 같다.

일자	기초장부가액 (A)	실질이자 (B=A×10%)	명목이자 (C)	상각액 (D=B−C)	기말장부가액 (E=A+D)
20×1.12.31.	97,513	9,751	9,000	751	98,264
20×2.12.31.	98,264	9,827	9,000	827	99,091
20×3.12.31.	99,091	9,909	9,000	909	100,000
계		29,487	27,000	2,487	

20×1. 1/1		차>	장기금융자산	97,513	대>	현금	97,513
20×1. 12/31		차>	현금	9,000	대>	이자수익	9,751
			장기금융자산	751			
20×2. 12/31		차>	현금	9,000	대>	이자수익	9,827
			장기금융자산	827			
20×3. 12/31		차>	현금	9,000	대>	이자수익	9,909
			장기금융자산	909			
			현금	100,000		장기금융자산	100,000

투자채권의 장부가액은 할인 취득 상각액을 매 기말 가산함에 따라 다음과 같이 증가하게 되고 상환 직전인 20×3년 말에는 액면금액과 동일한 ₩100,000이 된다.

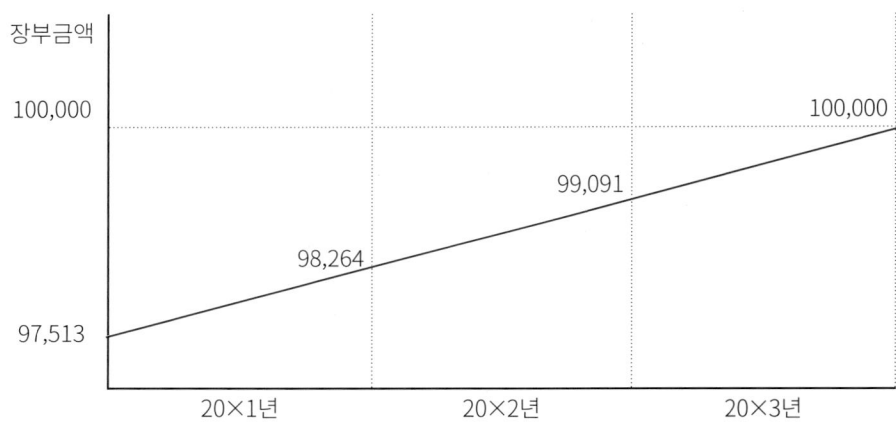

4) 할증 취득

액면이자율이 시장이자율을 초과하는 경우에는 할증 취득을 하게 된다. 할증 취득액은 할인 취득액과 마찬가지로 발생주의 회계의 논리에 따라 보유 기간 동안에 유효이자율법에 의하여 상각하며 매기 상각액은 투자채권을 감소시키면서 이자수익을 차감하게 된다. 할증 취득 상각액의 계산은 액면이자에서 투자채권의 기초장부가액에 시장이자율을 곱하여 계산한 실질 이자액을 차감하여 계산한다.

$$\text{할증 취득 상각액} = \underbrace{\text{액면가액} \times \text{표시이자율}}_{\text{액면이자}} - \underbrace{\text{기초장부가액} \times \text{시장이자율}}_{\text{실질이자}}$$

앞의 예제 1에 따라 할증 취득(액면이자율 12%)한 경우 상각 스케줄과 회계 처리는 다음과 같다.

일자	기초장부가액 (A)	명목이자 (B)	실질이자 (C=A×10%)	상각액 (D=B−C)	기말장부가액 (E=A−D)
20×1.12.31.	104,973	12,000	10,498	1,502	103,471
20×2.12.31.	103,471	12,000	10,347	1,653	101,818
20×3.12.31.	101,818	12,000	10,182	1,818	100,000
계		36,000	31,027	4,973	

20×1. 1/1	차> 장기금융자산	104,973	대> 현금	104,973
20×1. 12/31	차> 현금	12,000	대> 이자수익	9,751
			장기금융자산	1,502
20×2. 12/31	차> 현금	12,000	대> 이자수익	9,827
			장기금융자산	1,653
20×3. 12/31	차> 현금	12,000	대> 이자수익	9,909
			장기금융자산	1,818
	현금	100,000	장기금융자산	100,000

투자채권의 장부가액은 할증 취득 상각액을 매 기말 차감함에 따라 다음과 같이 감소하게 되고 상환 직전인 20×3년 말에는 액면금액과 동일한 ₩100,000이 된다.

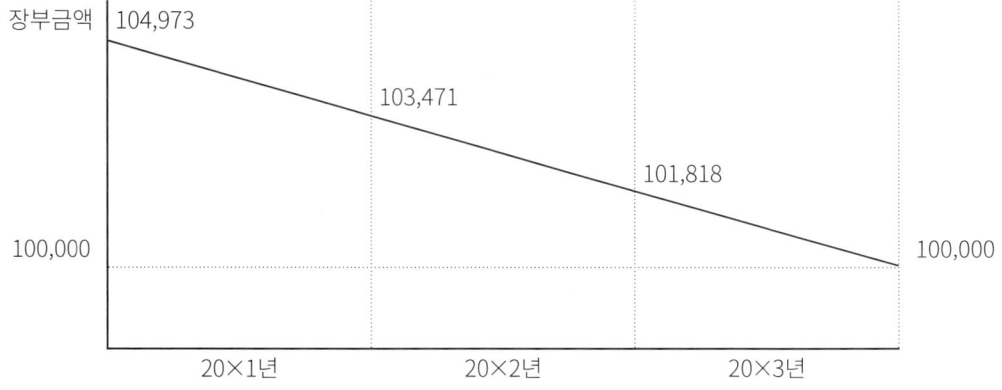

(4) 당기손익-공정가치 금융자산(FVPL)

당기손익-공정가치 금융자산은 취득 이후 공정가치의 변동에 따른 평가손익을 당기손익에 반영하는 자산으로서 공정가치의 변동을 손익계산서 당기순이익에 반영하는 금융자산을 말한다. 금융자산 처분손익도 손익에 반영한다.

채무형 증권과 지분형 증권 모두 적용될 수 있는 평가 방법이다. 채무형 증권은 앞서 살펴본 유효이자율법을 이용한 상각후원가를 매 기말 반영하면서 공정가치와 비교한다.

【예제 2. 당기손익-공정가치 금융자산】

백두산업은 20×1년 10월 1일 상장주식인 ㈜고려산업의 주식 100주를 주당 ₩20,000에 취득하였고 회사는 당기손익-공정가치 금융자산으로 분류하고 있다.

각 연도 말 주당 공정가치는 다음과 같다.

20×1.12.31	20×2.12.31
₩18,000	₩21,000

백두산업은 20×3년 3월 8일 보유 중이던 주식 40주를 주당 ₩22,000에 처분하였다.

▶ 요구 사항

일자별 회계 처리를 하시오.

▶ 해설

20×1.10.01	차> 당기손익- 공정가치 금융자산	2,000,000	대> 현금	2,000,000
20×1.12.31	차> 공정가치- 금융자산 평가손실	200,000	대> 당기손익- 공정가치 금융자산	200,000
20×2.12.31	차> 당기손익- 공정가치 금융자산	300,000	대> 공정가치- 금융자산 평가이익	300,000
20×3.03.08	차> 현금	880,000	대> 당기손익- 공정가치 금융자산 공정가치 금융자산 처분이익	840,000 40,000

* "공정가치-금융자산 평가손실"과 "공정가치 금융자산 처분이익" 모두 손익계산서에 영업외손익으로 반영한다.

(5) 기타포괄손익-공정가치 금융자산(FVOCI)

기타포괄손익-공정가치 금융자산은 취득 이후 공정가치의 변동으로 인한 평가손익을 "기타포괄손익"으로 인식하는 금융자산을 말한다. 결국 공정가치 변동의 평가손익을 손익계산서에는 반영하지 않고 포괄손익계산서에 반영하는 평가 방법이다. 평가손익이 손익계산서에 반영되지 않는 것은 장기간 보유하는 금융자산의 공정가치 변동 효과, 즉 미실현이익(처분 전까지)을 당기순이익이라는 기업의 실적에 반영하지 않는 것이며 따라서 재무상태표에서는 이익잉여금에 반영되지 않는다.

반면 평가손익이 기타포괄손익으로 분류되므로 재무상태표의 기타포괄손익누계액에 반영되는 효과가 있다.

금융자산 처분 시에는 기존의 누적되어 있는 기타포괄손익의 평가손익은 일반적으로 이익잉여금으로 대체한다.

채무형 증권과 지분형 증권 모두 적용될 수 있는 평가 방법이다.

【예제 2. 당기손익-공정가치 금융자산_지분증권】

백두산업은 20×1년 10월 1일 상장주식인 ㈜고려산업의 주식 100주를 주당 ₩20,000에 취득하였고 회사는 기타포괄손익-공정가치 금융자산으로 분류하고 있다.

각 연도 말 주당 공정가치는 다음과 같다.

20×1.12.31	20×2.12.31
₩18,000	₩21,000

백두산업은 20×3년 3월 8일 보유 중이던 주식 100주를 주당 ₩22,000에 처분하였다.

▶ 요구 사항

일자별 회계 처리를 하고 부분 재무상태표를 작성하시오.

▶ 해설

20×1.10.01	차> 기타포괄손익- 공정가치금융자산	2,000,000	대> 현금	2,000,000

재무상태표

자산		자본	
FVOCI	2,000,000		

| 20×1.12.31 | 차> 공정가치-
금융자산 평가손실 | 200,000 | 대> 기타포괄손익-
공정가치 금융자산 | 200,000 |

재무상태표

| 자산
FVOCI | 1,800,000 | 자본
기타포괄손익누계액 | (−)200,000 |

| 20×2.12.31 | 차> 기타포괄손익-
공정가치 금융자산 | 300,000 | 대> 공정가치-
금융자산 평가손실[*1]
공정가치-
금융자산평가이익 | 200,000

100,000 |

재무상태표

| 자산
FVOCI | 2,100,000 | 자본
기타포괄손익누계액
(금융자산평가이익) | 100,000 |

*1) "공정가치_금융자산평가손실"은 재무상태표의 기타포괄손익누계액이라는 자본항목이므로 이월되었으며 2021.12.31 해당 금액을 제거하고 차액 ₩100,000만 "공정가치_금융자산평가이익"으로 인식한다.

| 20×3.03.08 | 차> 기타포괄손익-
공정가치 금융자산 | 100,000[*2] | 대> 공정가치-
금융자산 평가이익 | 100,000 |

재무상태표(처분전)

| 자산
FVOCI | 2,200,000 | 자본
기타포괄손익누계액
(금융자산평가이익) | 200,000 |

*2) 처분주식 100주는 처분 시점 공정가치 평가를 한다.
(₩22,000−21,000)×100주 =₩100,000

| 20×3.03.08 | 현금

공정가치-
금융자산 평가이익 | 2,200,000

200,000 | 기타포괄손익-
공정가치 금융자산
미처분이익잉여금 | 2,200,000

200,000 |

재무상태표(처분후)

| 자산 | | 자본
미처분이익잉여금 | 200,000 |

3. 일반기업회계기준 분류체계

(1) 유가증권의 분류체계

일반기업회계기준에서 지분증권과 채무증권은 기업회계기준상 요건에 따라 다음과 같이 구분된다.

	주식	채권(국공채, 사채)
단기매매증권	○	○
매도가능증권	○	○
지분법적용주식	○	—
만기 보유증권	—	○

위와 같이 분류된 유가증권은 재무상태표에서 다음과 같이 표시된다.

재무상태표

유동자산
    단기매매증권 ×××
비유동자산
    매도가능증권 ×××
    만기 보유증권 ×××
    지분법적용투자주식 ×××

일반기업회계기준은 주로 보유 목적, 의도와 능력에 따라 다음과 같이 분류한다.

• 지분증권의 분류

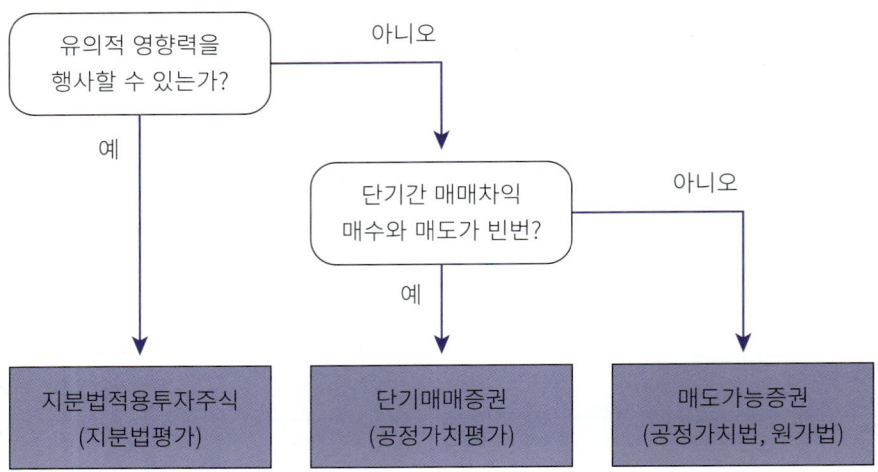

• 채무증권의 분류

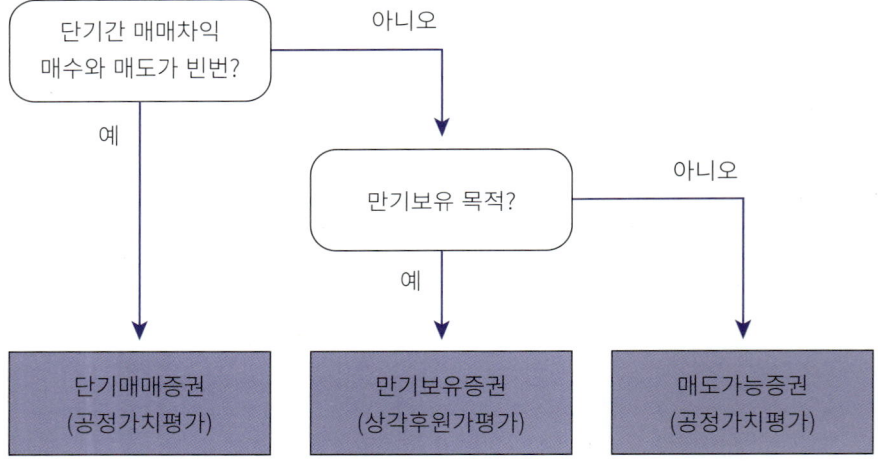

(2) 단기매매증권

1) 단기매매증권의 의의

단기매매증권(Trading securities)은 주로 단기간 내의 매매차익을 목적으로 취득한 유가증권으로서 매수와 매도가 적극적이고 빈번하게 이루어지는 것을 말하며 단기간 보유라는 특성상 유동자산으로 분류한다.

- 단기간 내의 매매차익 목적
- 매수와 매도가 적극적이고 빈번

주식의 경우에는 매수와 매도가 빈번하게 이루어지기 위해서는 시장성이라는 조건을 충족하여야 하며 시장성은 유가증권시장, 코스닥시장, 공신력 있는 외국의 증권거래소시장 등에 상장된 주식을 의미한다.

채권의 경우에는 시장성이 없어도 단기간 내의 매매차익 목적과 매수와 매도가 적극적이고 빈번하게 이루어지는 조건만 충족하면 단기매매증권으로 분류할 수 있다.

2) 단기매매증권의 평가

단기매매증권의 평가는 공정가치에 의해서 평가하며 미실현보유손익은 당기손익 항목으로 처리한다. 즉 단기매매증권평가이익(손실) 또는 단기투자자산평가이익(손실)의 과목으로 하여 영업외 항목으로 분류한다.

| 단기매매증권평가이익 | ⇨ | 손익계산서에 반영 |
| 단기매매증권평가손실 | | (영업외수익 또는 영업외비용) |

시장성 있는 유가증권의 경우 보고 기간 종료일 현재의 종가를 적용하며 보고 기간 종료일 현재의 종가가 없는 경우 직전 거래일의 종가를 적용한다. 다만 보고 기간 종료일과 직전 거래일 사이에 중요한 경제적 상황의 변화가 있는 경우에는 그 변화의 영향을 직전 거래일의 종가에 적절히 반영한다.

실무적으로는 금융업이 아닌 기업이 유가증권의 매매를 빈번하게 하는 경우는 흔하지 않으므로 대부분의 기업들은 유가증권을 보유하는 경우 뒤에서 언급하는 매도가능증권, 만기 보유증권, 지분법적용투자주식 등으로 분류하게 된다.

(3) 매도가능증권

지분증권을 전제로 살펴보면 매도가능증권(Available-for-sale securities)은 단기매매증권과 지분법 적용투자주식으로 분류되지 아니한 것을 말한다.

1) 매도가능증권의 평가

매도가능증권은 공정가치로 평가한다. 다만, 매도가능증권 중 시장성 없는 지분증권의 경우 공정가치를 신뢰성 있게 측정할 수 없는 경우에는 취득원가로 평가한다.

매도가능증권을 공정가치로 평가하는 경우 미실현보유손익은 "매도가능증권평가이익(손실)"의 과목으로 하여 기타포괄손익누계액으로 처리하고, 당해 유가증권에 대한 기타포괄손익누계액은 그 유가증권을 처분하거나 손상차손을 인식하는 시점에 일괄하여 당기손익에 반영한다.

매도가능증권평가이익 매도가능증권평가손실	⇨	재무상태표에 반영 (기타포괄손익누계액)

2) 매도가능증권의 단가흐름 가정

매도가능증권을 매각하는 경우 처분손익을 확정하기 위한 단가 산정은 종목별로 총평균법 혹은 이동평균법 등을 이용하여 계산한다. 처분 시 발생하는 처분손익은 "매도가능증권처분이익" 혹은 "매도가능증권처분손실"의 과목으로 하여 당기손익(영업외손익)에 반영한다.

【예제 3. 매도가능증권의 평가 및 처분】

태백산업은 20×1년 초에 다음과 같이 A, B회사 주식을 취득하였다. 태백산업의 취득 목적은 장기 보유이며 모두 지분율이 20% 미만으로써 지분법 평가대상은 아니다. 회사의 결산일은 매년 12월 31일이다.

종목명	구분	취득원가	20×1년 말 공정가치
A	상 장	₩300,000	₩340,000
B	코스닥	200,000	180,000
계		₩500,000	

한편, 20×2년 말 각 종목별 시가는 다음과 같으며 20×3년 초에 다음의 금액으로 처분하였다.

종목명	구분	20×2년 말 공정가치	20×3년 처분가액
A	상 장	₩350,000	₩370,000
B	코스닥	230,000	190,000

▶ 요구 사항

각 일자별 회계 처리를 하고 매 연도별 재무상태표에 표시되는 매도가능증권 관련 계정을 보이시오. (법인세 효과는 없는 것으로 가정)

▶ 해설

1. 20×1년 초 취득 시점

(차)	매도가능증권(A)	300,000	(대)	현금	500,000
	매도가능증권(B)	200,000			

2. 20×1년 말 결산일

(차)	매도가능증권(A)	40,000	(대)	매도가능증권평가이익	40,000
	매도가능증권평가손실	20,000		매도가능증권(B)	20,000

20×1년 말 재무상태표

자산		자본	
비유동자산		기타포괄손익누계액	
매도가능증권	520,000	매도가능증권평가이익(A)	40,000
		매도가능증권평가손실(B)	(−)20,000

3. 20×2년 말 결산일

(차)	매도가능증권(A)	10,000	(대)	매도가능증권평가이익	10,000
	매도가능증권(B)	50,000		매도가능증권평가손실	20,000
				매도가능증권평가이익	30,000

20×2년 말 재무상태표

자산		자본	
비유동자산		기타포괄손익누계액	
매도가능증권	580,000	매도가능증권평가이익(A)	50,000
		매도가능증권평가손실(B)	30,000

4. 20×3년 초 매각시점

(차)	현금	370,000	(대)	매도가능증권(A)	350,000
	매도가능증권평가이익(A)	50,000		매도가능증권처분이익	70,000
	현금	190,000	(대)	매도가능증권(B)	230,000
	매도가능증권평가이익(B)	30,000			
	매도가능증권처분손실	10,000			

※ 매도가능증권처분손익은 처분가액과 최초 취득원가의 차이와 동일하다.
 A처분이익 ₩70,000 = ₩370,000(20×3년 초 처분가치) − 300,000(취득원가)
 B처분손실 ₩10,000 = ₩190,000(20×3년 초 처분가치) − 200,000(취득원가)

3) 매도가능증권의 손상

유가증권의 손상 발생에 대한 객관적인 증거가 있는지를 매 보고 기간 말에 평가하고, 그러한 증거가 있는 경우 다음과 같이 손상차손을 인식한다. 손상차손은 "매도가능증권손상차손"의 과목으로 하여 당기비용(영업외비용)으로 처리한다.

일반기업회계기준에서 설명하는 손상의 객관적 증거는 다음과 같다.

① 은행법에 의해 설립된 금융기관으로부터 당좌거래 정지 처분을 받은 경우, 청산 중에 있거나 1년 이상 휴업 중인 경우, 또는 완전자본잠식 상태에 있는 경우와 같이 유가증권 발행자의 재무 상태가 심각하게 악화된 경우
② 이자 지급과 원금 상환의 지연과 같은 계약의 실질적인 위반이나 채무불이행이 있는 경우
③ 회사정리법에 의한 정리절차개시의 신청이 있거나 정리절차가 진행 중인 경우 또는 화의법에 의한 화의절차개시의 신청이 있거나 화의절차가 진행 중인 경우와 같이, 유가증권 발행자의 재무적 곤경과 관련한 경제적 또는 법률적인 이유 때문에 당초의 차입 조건의 완화가 불가피한 경우
④ 유가증권 발행자의 파산 가능성이 높은 경우
⑤ 과거에 그 유가증권에 대하여 손상차손을 인식하였으며 그때의 손상 사유가 계속 존재하는 경우
⑥ 유가증권 발행자의 재무상태가 악화되어 그 유가증권이 시장성을 잃게 된 경우
⑦ 표시이자율 또는 유효이자율이 일반적인 시장이자율보다 비정상적으로 높거나 낮은 채무증권(예:후순위채권, 정크본드)을 법규나 채무조정협약 등에 의해 취득한 경우
⑧ 기업 구조조정촉진법에 의한 관리 절차를 신청하였거나 진행 중인 경우
⑨ 기타 '①' 내지 '⑧'의 경우에 준하는 사유

(4) 투자채권(만기 보유증권과 매도가능증권)

투자채권은 채무증권 중에서 단기매매증권으로 분류되지 아니한 것을 말하는데 만기 보유증권과 매도가능증권이 있다.

1) 만기 보유증권

만기 보유증권(Held-to-maturity securities)은 만기가 확정된 채무증권으로서 상환금액이 확정되었거나 확정이 가능한 채무증권을 만기까지 보유할 적극적인 의도와 능력이 있는 것을 말한다.

만기 보유증권은 비유동자산으로 분류한다. 다만, 만기 보유증권 중 1년 이내에 실현되는 부분은 유동자산으로 분류한다.

만기 보유증권은 상각후원가로 평가하여 재무상태표에 표시한다. 만기 보유증권을 상각후원가로 측정할 때에는 장부금액과 만기액면금액의 차이를 상환기간에 걸쳐 유효이자율법에 의하여 상각하여 취득원가와 이자수익에 가감한다.

만기 보유증권에 대한 회계 처리는 한국채택국제회계기준의 "상각후원가 측정금융자산"에서 설명한 내용과 동일하게 회계 처리하므로 자세한 설명은 생략한다. (예제1 관련내용)

2) 매도가능증권으로 분류되는 채무증권

매도가능증권은 채무증권 중 단기매매증권과 만기 보유증권으로 분류되지 않는 것을 말한다. 매도가능증권의 평가는 공정가치에 의하여 평가하는데 앞에서 언급한 절차에 따라 상각 후 취득원가를 계산하고 상각 후 취득원가와 공정가액과의 차이를 매도가능증권평가손익의 과목으로 하여 기타포괄손익누계액으로 분류한다. 따라서 할인(증)취득 상각액을 이자수익에 가감하는 절차는 만기 보유증권과 동일하다.

【예제 4. 매도가능증권의 평가】

태백산업은 다음과 같은 조건의 사채를 취득하였다.

발 행 일:	20×1. 01.01	이자 지급:	매년 말
만 기:	20×3. 12.31	액 면:	₩100,000

액면이자율 9%, 시장이자율은 10%이며, 10% ₩1의 현재 가치는 0.75131, ₩1의 연금현재 가치 합계는 2.48685이다.

회사는 이 채권을 매도가능증권으로 분류하고 있으며 공정가치 평가액은 다음과 같다.

20×1.12.31	20×2.12.31
₩99,000	₩99,500

▶ **요구 사항**

연도별 회계 처리를 하고 약식 재무상태표를 작성하시오.

▶ **해설**

취득원가: ₩9,000×2.48685+100,000×0.75131=₩97,513

* 상각 스케줄

일자	기초장부가액 (A)	실질이자 (B=A×10%)	명목이자 (C)	상각액 (D=B−C)	기말장부가액 (E=A+D)
20×1.12.31.	97,513	9,751	9,000	751	98,264
20×2.12.31.	98,264	9,827	9,000	827	99,091
20×3.12.31.	99,090	9,909	9,000	909	100,000
계		29,487	27,000	2,487	

20×1.01.01	차> 매도가능증권	97,513	대> 현금	97,513
20×1.12.31	차> 현금	9,000	대> 이자수익	9,751
	매도가능증권	751		
	매도가능증권	736	매도가능증권평가이익	736

재무상태표

비유동자산				
매도가능증권	99,000	기타포괄손익누계액 (매도가능증권평가이익)	736

* ₩736=₩99,000−98,264

20×2.12.31	차> 현금	9,000	대> 이자수익	9,827
	매도가능증권	827		
	매도가능증권평가이익	327	매도가능증권	327

재무상태표

비유동자산				
매도가능증권	99,500	기타포괄손익누계액 (매도가능증권평가이익)	409

* ₩327=₩99,500−(99,000 +827)

| 20×3.12.31 | 차> 현금 | 9,000 | 대> 이자수익 | 9,909 |
| | 매도가능증권 | 909 | | |

재무상태표(상환 전)

비유동자산				
	매도가능증권	100,409	기타포괄손익누계액	409
			(매도가능증권평가이익)	
20×3.12.31	현금	100,000	매도가능증권	100,409
	매도가능증권평가이익	409		

제8장
관계 기업투자

1. 지분법의 의의

지분법(Equity method)은 투자회사가 피투자회사에 유의적 영향력을 행사할 수 있는 경우 투자회사와 피투자회사가 경제적으로 연결되어 있다고 보고 피투자회사의 순자산(자본)의 변동을 투자회사가 보유하고 있는 피투자회사 주식 평가에 적용하는 방법이다. 결국 지분법은 피투자회사의 경영성과가 투자회사의 경영성과에 반영되는 효과가 나타나는 방법이다.

'지분법피투자기업'은 투자기업이 유의적인 영향력을 행사할 수 있는 지분법 적용 대상 피투자기업을 말한다. 지분법피투자기업에는 주식회사, 합명회사, 합자회사, 유한회사, 조합 등의 모든 법적 실체를 포함한다.

지분법이 적용되는 주식은 한국채택국제회계기준에서는 "관계기업투자주식", 일반기업회계기준에서는 "지분법적용투자주식"등으로 표시한다.

(1) 유의적인 영향력

'유의적인 영향력'은 투자기업이 피투자기업의 재무정책과 영업정책에 관한 의사결정에 참여할 수 있는 능력을 말한다. 유의적인 영향력은 다음의 조건에 따라 판단한다.

투자회사
⇩
피투자회사

지분의 20% 이상 보유
지분법 적용

투자기업이 직접 또는 종속기업을 통하여 간접적으로 피투자기업의 의결권 있는 주식의 20% 이상을 보유하고 있다면 명백한 반증이 있는 경우를 제외하고는 유의적인 영향력이 있는 것으로 본다.

투자기업이 직접 또는 종속기업을 통하여 간접적으로 보유하고 있는 피투자기업에 대한 의결권 있는 주식이 20%에 미달하는 경우에는 일반적으로 피투자기업에 대하여 유의적인 영향력이 없는 것으로 본다.

하지만 투자기업이 피투자기업에 대한 의결권 있는 주식의 20%에 미달하는 경우에도 기업이 다음 중 하나 이상에 해당하는 경우 일반적으로 유의적인 영향력을 보유한다는 것이 입증된다.

① 피투자자의 이사회나 이에 준하는 의사결정기구에 참여
② 배당이나 다른 분배에 관한 의사결정에 참여하는 것을 포함하여 정책결정 과정에 참여
③ 기업과 피투자자 사이의 중요한 거래
④ 경영진의 상호 교류
⑤ 필수적 기술정보의 제공

(2) 지분법 회계 처리

1) 피투자회사 지분변동액의 회계 처리

투자기업은 관계기업투자주식을 원가로 인식하고, 관계기업투자주식의 취득 시점 이후 발생한 지분변동액을 당해 관계기업투자주식에 가감하여 보고한다.

지분변동액은 지분법피투자기업의 순자산 변동액 중 투자기업의 지분율에 해당하는 금액으로 관계기업투자주식에 가감하고 지분법피투자기업의 순자산금액 변동의 원천에 따라 회계 처리한다.

지분변동액의 유형에 따른 회계 처리는 다음과 같다. 다만, 피투자회사의 주식배당, 무상증자, 무상감자, 결손보전, 주식병합, 주식분할 등은 피투자회사의 순자산에 변동이 없기 때문에 투자회사에서 회계 처리하지 않는다.

2) 피투자회사의 당기순이익(손실)

투자회사는 피투자회사의 순이익 혹은 순손실 중 지분율에 해당하는 금액을 "지분법이익"혹은 "지분법손실"의 과목으로 하여 당기손익(영업외손익)으로 인식하고 동액을 관계기업투자주식에 가감한다.

| 차> 관계기업투자주식 | ××× | 대> 지분법이익 | ××× |
| 차> 지분법손실 | ××× | 대> 관계기업투자주식 | ××× |

(3) 피투자회사의 전기이월이익잉여금의 증감

① 피투자회사의 중대한 오류 수정 — 투자회사에 중요하지 않은 경우

지분법피투자기업의 전기이월이익잉여금이 중대한 오류 수정에 의하여 변동하였으나 투자기업의 재무제표에 미치는 영향이 중대하지 아니하면 당해 지분변동액을 당기손익으로 처리한다.

② 피투자회사의 중대한 오류 수정 — 투자회사에 중요한 경우

피투자회사의 이익잉여금이 중대한 오류 수정으로 인하여 증감하였으며 이러한 오류 수정이 투자기업에게 중대한 영향을 미치는 경우에는 투자기업의 이익잉여금의 증감으로 반영한다.

| 차> 관계기업투자주식 | ××× | 대> 지분법이익잉여금변동
(미처분이익잉여금) | ××× |

| 차> 부의지분법이익잉여금변동
(미처분이익잉여금) | ××× | 대> 관계기업투자주식 | ××× |

③ 피투자회사의 회계 변경에 의하여 변동하였을 경우

지분법피투자기업의 전기이월이익잉여금이 피투자기업의 회계 변경에 의하여 변동하였을 경우 당해 지분변동액은 전기이월이익잉여금(예:지분법이익잉여금변동)에 반영한다.

(3) 기타의 변동원천(피투자회사의 자본잉여금, 자본조정, 기타포괄손익누계액의 증감)

지분법피투자기업의 순자산금액 변동이 당기순손익과 전기이월이익잉여금을 제외한 자본의 증감으로 인하여 발생한 경우 지분변동액은 기타포괄손익누계액(예:지분법자본변동)으로 처리한다(다만, 이 경우에는 법인세 효과를 고려하여 회계 처리한다).

| 차> 관계기업투자주식 | ××× | 대> 지분법자본변동
(기타포괄손익누계액) | ××× |

| 차> 부의지분법자본변동
(기타포괄손익누계액) | ××× | 대> 관계기업투자주식 | ××× |

(4) 피투자회사의 배당금

투자기업은 지분법피투자기업이 배당금 지급을 결의한 시점에 투자기업이 수취하게 될 배당금 금액을 관계기업투자주식에서 직접 차감한다. 이는 배당금을 지급하는 만큼 피투자회사의 순자산이 감소되기 때문이다.

| 차> 미수금 | ××× | 대> 관계기업투자주식 | ××× |

【예제 1. 지분법】

태백산업은 A회사가 발행한 주식의 30%를 ₩300,000에 취득하였다. 이후 A회사는 ₩100,000의 순이익을 보고하였고 얼마 후 ₩40,000의 배당금을 지급하였다.

▶ 요구 사항

1. 각 거래에 대한 태백주식회사의 분개를 하시오.
2. 거래 후 관계기업투자주식은 얼마로 표시되는가?

▶ 해설

1. 거래별 분개

<취득>
| 차> 관계기업투자주식 | 300,000 | 대> 현금 | 300,000 |

<피투자회사의 순이익 보고>
| 차> 관계기업투자주식 | 30,000 | 대> 지분법이익 | 30,000 |
　*₩30,000 = ₩100,000 × 30%

<배당금 수령>
| 차> 현금 | 12,000 | 대> 관계기업투자주식 | 12,000 |
　*₩12,000 = ₩40,000 × 30%

2. 관계 기업주식

취득원가	300,000
피투자회사 순자산 증가(순이익 발생)	30,000
배당금 수령	(−)12,000
계	318,000

(3) 기타 회계 처리 사항

1) 관계기업투자주식의 금액이 영(0) 이하가 될 경우
투자기업이 지분법을 적용할 때 지분법피투자기업의 손실 등을 반영함으로 인하여 관계기업투자주식의 장부금액이 영(0) 이하가 될 경우에는 더 이상의 지분변동액에 대한 인식을 중지하고 관계기업투자주식을 영(0)으로 처리한다.

2) 내부거래미실현손익의 제거
투자기업 및 지분법피투자기업 간의 거래에서 발생한 손익에 투자기업의 지분율을 곱한 금액 중 보고 기간 종료일 현재 보유자산의 장부금액에 반영되어 있는 부분은 투자기업의 미실현손익으로 본다. 이 경우 미실현이익은 관계기업투자주식에서 차감하고 미실현손실은 관계기업투자주식에 가산한다.

3) 손상차손
관계기업투자주식으로부터 회수할 수 있을 것으로 추정되는 금액(이하 '회수 가능액'이라 한다.)이 장부금액보다 작은 경우에는 손상차손을 인식할 것을 고려하여야 한다. 손상차손의 발생에 대한 객관적인 증거가 있는지를 평가하고 그러한 증거가 있는 경우에는 손상차손을 인식한다.

회수 가능액은 관계기업투자주식을 매각한다면 예상되는 순현금 유입액과 사용 가치 중 큰 금액으로 한다. 손상차손금액은 당기손실(예:관계기업투자주식손상차손)로 인식한다.

4) 해외 소재 관계 기업투자회사의 재무제표 환산
해외에 소재하는 관계 기업투자회사의 외화표시재무제표를 환산하여 지분법을 적용하는 경우 자산 및 부채는 투자회사의 재무상태표일 현재의 환율, 지분 취득 당시의 자본은 취득 당시의 환율, 지분 취득 이후에 증가한 이익잉여금 이외의 자본은 거래 발생 당시의 환율을 적용하여 환산한다.

손익 항목은 거래 발생 당시의 환율 또는 당해 회계 기간의 평균환율을 적용하여 환산할 수 있다.

원화로 환산한 후 자산에서 부채를 차감한 금액과 자본총계금액과의 차이 중 투자회사의 지분에 상당하는 금액은 기타포괄손익누계액(예: 지분법자본변동)으로 처리한다.

(4) 관계회사투자주식의 처분

1) 한국채택국제회계기준

관계회사투자주식을 처분하는 경우에는 처분가액과 관계회사 주식의 장부가액의 차액을 관계회사 주식처분손익으로 회계 처리한다.

처분된 관계회사 주식 관련 지분법자본변동(기타포괄손익누계액)은 피투자회사의 회계 처리와 동일한 방식으로 인식한다.

피투자회사의 회계 처리	투자회사의 회계 처리	관계회사 주식 처분 시
후속적으로 당기손익으로 재분류되는 항목에 해당하는 기타포괄손익	지분법자본변동으로 인식	당기손익으로 처리
후속적으로 당기손익으로 재분류되는 않는 항목에 해당하는 기타포괄손익	지분법자본변동으로 인식	당기손익으로 처리하지 않음.

2) 일반기업회계기준

지분법적용투자주식을 처분하는 경우에는 처분가액과 지분법적용투자주식의 장부가액의 차액을 관계회사 주식처분손익으로 회계 처리한다.

처분된 관계회사 주식 관련 지분법자본변동(기타포괄손익누계액)은 한국채택국제회계기준과는 달리 당해 투자주식의 처분손익에 가감한다.

제9장

부채

부채는 회계 기간 종료일로부터 1년 이내에 상환해야 하는 유동부채와 1년 이후에 상환하는 비유동부채로 구분된다. 유동부채와 비유동부채에는 다음과 같은 과목들이 있으며 기업마다 과목의 명칭은 차이가 있을 수 있다.

재무상태표

Ⅰ. 유동자산	**Ⅰ. 유동부채**
	매입채무
	단기차입금
	미지급금
	당기법인세부채
	유동성장기부채
	기타부채
Ⅱ. 비유동자산	**Ⅱ. 비유동부채**
	장기차입금
	사채
	확정급여부채
	기타비유동부채
	이연법인세부채

1. 부채 계정 과목

① **매입채무**
거래처로부터 상품, 원재료 등을 매입할 때 발생하는 외상매입금, 지급어음 등

② **단기차입금**
당좌차월과 금융기관차입금 중 재무상태표일로부터 1년 이내에 상환될 차입금 등

③ **미지급금**
유형자산이나 유가증권 등을 취득하고 지급하여야 할 채무를 말한다.

④ **당기법인세부채**
회사의 법인세부담액 중 결산일 현재 납부하지 아니한 금액을 말한다.

⑤ **기타부채**
미지급비용, 선수금, 선수수익, 예수금 등이 있으며 기업마다 개별 표시하기도 하고 묶어서 표시하기도 한다.

⑥ **장기차입금**
금융기관차입금 중 만기가 재무상태표일로부터 1년 이후에 도래하는 차입금 등

⑦ **사채**
기업이 발행한 회사채를 말한다.

⑧ **확정급여부채**
임직원에게 지급하여야 하는 퇴직급여채무의 현재 가치에서 사외적립자산의 공정가치를 차감한 금액을 말한다. 일반기업회계기준에서는 현재 가치를 계산하지 않은 결산일 현재의 퇴직급추계액에서 퇴직연금자산을 차감한 것을 말한다.

⑨ **기타비유동부채**
장기미지급금, 임대보증금, 판매보증충당부채 등이 있으며 별도 표시되기도 한다.

⑩ **이연법인세부채**
이연법인세제도로 인하여 미래에 부담하여야 하는 법인세부담액을 말한다. 일반기업회계기준에서는 유동성과 비유동성으로 구분하나 한국채택국제회계기준에서는 비유동부채로 분류한다.

2. 금융부채의 평가

금융부채는 실무적으로 대부분 상각후원가로 측정 및 평가된다. 하지만 다음 중 하나에 해당하는 경우에는 당기손익-공정가치측정 금융부채로 분류된다.

① 주로 단기간 내에 매각하거나 재매입할 목적으로 취득하거나 부담한다.

② 최초 인식시점에 최근의 실제 운용 형태가 단기적 이익 획득 목적이라는 증거가 있으며, 공동으로 관리되는 특정 금융상품 포트폴리오의 일부이다.

③ 파생상품, 다만, 금융보증계약인 파생상품이나 위험회피수단으로 지정되고 위험회피에 효과적인 파생상품 제외

본서는 회계 원리를 이해하는 수준의 설명과 분석을 하고 있으므로 당기손익-공정가치측정 금융부채는 생략하도록 한다.

3. 사채

기업이 자금조달을 위해 직접 발행하는 채권으로 보통 회사채(Bond)라고 한다. 일정 기간마다 일정율의 이자를 지급하고 자금을 조달한다는 측면에서는 일반 차입금과 그 성격이 같지만, 증권금융의 일종이며 발행된 회사채가 유가증권으로 유통됨으로써 투자의 대상이 된다는 점에서 장기차입금과 다르다.

실무적으로 신용등급이 일정 수준 이상인 상장법인 또는 금융감독원에 등록된 법인이 자금조달을 위해서 발행한다. 이자 지급은 통상 3개월마다 지급되며 기간은 2년, 3년, 4년, 5년 등이 있다.

사채는 금융기관의 보증 여부에 따라 보증사채와 무보증사채, 담보 여부에 따라 담보부사채와 무담보부사채, 사채의 성격에 따라 일반사채, 전환사채, 신주인수권부사채 등이 있다.

(1) 사채의 발행 및 회계 처리

기업이 필요로 하는 장기자금을 조달하기 위하여 발행되는 사채(社債:Debenture)는 일반적으로 만기가 3년 정도이므로 비유동부채로 분류된다. 물론 3년 만기의 사채라 할지라도 상환일이 회계연도 종료일로부터 1년 이내에 도래하게 되면 유동성사채로 대체하여야 한다.

사채를 발행하는 경우에 발행수수료 및 보증료, 사채공모를 위한 광고비, 사채권의 인쇄비 등의 비용이 발생하게 되는데 이를 사채 발행비라고 하며 이러한 사채 발행비는 사채 발행가액에서 차감한다.

채권의 발행은 채권의 시장가격에 따라 발행되며 시장가격은 발행자의 입장에서 장래 지급할 현금흐름을 현재 가치로 할인한 값과 일치한다. 현금흐름을 할인할 때 시장이자율에 의하여 계산하는데 액면이자율과 시장이자율의 차이에 의하여 발행가액이 액면금액보다 커질 수도 있고 작아질 수도 있다. 채권발행가액의 계산 논리를 수식으로 표현하면 다음과 같다.

사채의 현금흐름은 다음과 같다.

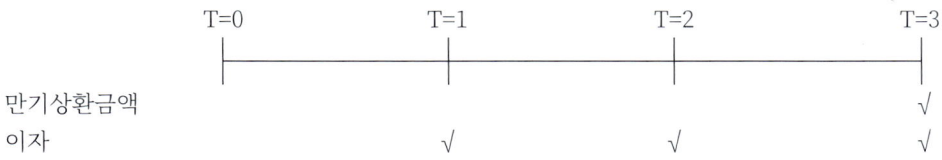

사채의 발행가액은 위의 현금흐름을 시장이자율로 할인한 현재 가치의 합계로 결정되므로 다음과 같이 계산된다.

액면의 현재 가치: 액면가액×₩1의 현재 가치(상환기간, 시장이자율)	×××
이자의 현재 가치: 표시이자×연금₩1의 현재 가치(상환기간, 시장이자율)	×××
채권 발행가액	×××

발행가액은 액면이자율과 시장이자율의 수준에 따라 다음과 같이 결정된다.

액면이자율 < 시장이자율	⇨	할인 발행
액면이자율 > 시장이자율	⇨	할증 발행
액면이자율 = 시장이자율	⇨	액면 발행

※참고

실무적으로 사채 발행 시의 시장이자율은 알 수 있으며 이에 따라 사채의 발행가액이 결정된다. 하지만 사채 발행을 위한 발행수수료 및 보증료, 사채공모를 위한 광고비 등의 비용은 고려되지 않고 발행가액이 결정되므로 발행비용을 고려하여 "유효이자율"을 다시 계산하여야 한다.

1) 액면 발행

액면 발행의 경우에는 발행가액과 액면가액이 일치하므로 발행자 입장에서는 매기 이자 지급과 만기일에 상환에 대한 회계 처리만 이루어지게 된다.

이자율 측면에서 살펴보면 액면이자율과 시장이자율이 일치하므로 발행 회사의 입장에서는 액면 그대로 발행하는 것이다.

【예제 1. 사채의 액면 발행】

백두산업은 다음과 같은 조건의 사채를 발행하였다.

발행일:	20×1년 1월 1일	이자 지급:	매년 말
만 기:	20×3년 12월 31일	액 면:	₩100,000

시장이자율은 10%이며, 10% ₩1의 현재 가치는 0.75131, ₩1의 연금 현재 가치 합계는 2.48685이다.

▶ 요구 사항

액면이자율이 10%인 경우 발행가액을 계산하고 일자별 회계 처리를 하시오.

▶ 해설

1. 발행가액

₩10,000×2.48685+100,000×0.75131=₩100,000

2. 회계 처리

20×1. 1/1	차> 현금	100,000	대> 사채	100,000
20×1. 12/31	차> 이자비용	10,000	대> 현금	10,000
20×2. 12/31	차> 이자비용	10,000	대> 현금	10,000
20×3. 12/31	차> 이자비용	10,000	대> 현금	110,000
	사채	100,000		

2) 할인 발행

액면이자율이 시장이자율에 미달하는 경우에는 할인 발행을 하게 된다. 발행가액이 액면금액에 미달하는 금액은 사채할인발행차금이라 하여 사채에서 차감하는 형식으로 표시한다. 이는 액면이자율이 시장이자율보다 낮기 때문에 이러한 단점을 보완하기 위하여 사채를 액면보다 낮게 발행하는 것이다.

할인 발행차금은 발행자의 입장에서는 3년간의 이자의 일부를 미리 지급한 것이나 마찬가지이며 발생주의 회계에 따라 보유 기간 동안에 유효이자율법에 의하여 상각하며 매기 상각액은 이자비용에 가산한다.

$$\text{할인발행차금상각액} = \underbrace{\text{기초장부가액} \times \text{유효이자율}}_{\text{실질이자}} - \underbrace{\text{액면가액} \times \text{표시이자율}}_{\text{액면이자}}$$

【예제 2. 사채의 할인 발행】

예제 1에서 액면이자율이 9%인 경우 발행가액을 계산하고 일자별 회계 처리를 하시오.

▶ 해설

1. 발행가액

₩9,000×2.48685+100,000×0.75131=₩97,513

2. 회계 처리

일자	기초장부가액 (A)	실질이자 (B=A×10%)	명목이자 (C)	상각액 (D=B−C)	기말장부가액 (E=A+D)
20×1.12.31.	97,513	9,751	9,000	751	98,264
20×2.12.31.	98,264	9,827	9,000	827	99,091
20×3.12.31.	99,091	9,909	9,000	909	100,000
계		29,487	27,000	2,487	

일자		차변		금액	대변		금액
20×1. 1/1		차>	현금	97,513	대> 사채		100,000
			사채할인발행차금	2,487			
20×1. 12/31		차>	이자비용	9,751	대> 현금		9,000
					사채할인발행차금		751
20×2. 12/31		차>	이자비용	9,827	대> 현금		9,000
					사채할인발행차금		827
20×3. 12/31		차>	이자비용	9,909	대> 현금		9,000
					사채할인발행차금		909
			사채	100,000	현금		100,000

사채의 매 기말 장부가액은 다음과 같이 증가한다.

	발행일	1차 연도 말	2차 연도 말	3차 연도 말
사채	100,000	100,000	100,000	100,000
사채할인발행차금	(2,487)	(1,736)	(909)	—
	97,513	98,264	99,091	100,000

사채의 장부가액은 차감 항목인 사채할인발행차금이 상각되므로 다음과 같이 시간이 지남에 따라 점점 증가하여 상환 직전인 20×3년 말에는 액면금액과 동일한 ₩100,000이 된다.

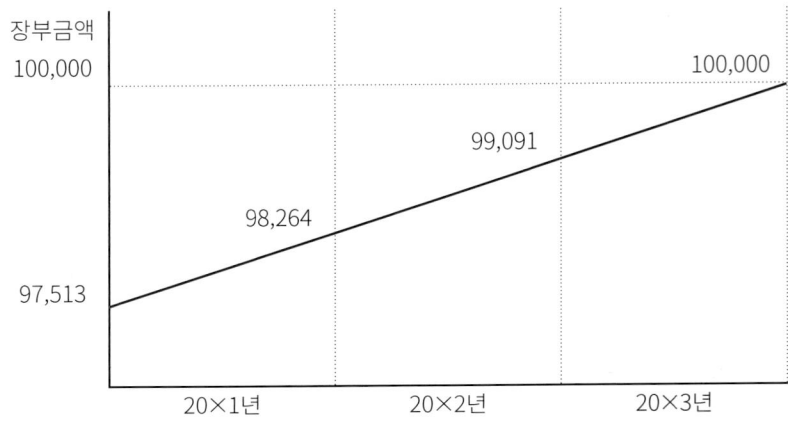

3) 할증 발행

액면이자율이 시장이자율을 초과하는 경우에 할증 발행을 하게 된다. 이는 액면이자율이 시장이자율을 초과하기에 갖는 이점으로 발행가액을 액면보다 높게 발행하는 것이다.

발행가액이 액면가액을 초과하는 금액을 사채할증발행차금이라하여 사채에 부가하는 형식으로 표시한다. 할증 발행차금은 매기 유효이자율법에 의하여 상각하여 이자비용에서 차감하는 회계 처리를 한다.

> 할증발행차금상각액 = 액면가액 × 표시이자율 − 기초장부가액 × 시장이자율
>   액면이자   실질이자

【예제 3. 사채의 할증 발행】

사례 4에서 액면이자율이 12%인 경우 발행가액을 계산하고 일자별 회계 처리를 하시오.

▶ 해설

1. 발행가액

₩12,000×2.48685+100,000×0.75131=₩104,973

2. 회계 처리

일자	기초장부가액 (A)	명목이자 (B)	실질이자 (C=A×10%)	상각액 (D=B−C)	기말장부가액 (E=A−D)
20×1.12.31.	104,973	12,000	10,498	1,502	103,471
20×2.12.31.	103,471	12,000	10,347	1,653	101,818
20×3.12.31.	101,818	12,000	10,182	1,818	100,000
계		36,000	31,027	4,973	

일자		차변		대변	
20×1. 1/1	차>	현금	104,973	대> 사채	100,000
				사채할증발행차금	4,973
20×1. 12/31	차>	이자비용	10,498	대> 현금	12,000
		사채할증발행차금	1,502		
20×2. 12/31	차>	이자비용	10,347	대> 현금	12,000
		사채할증발행차금	1,653		
20×3. 12/31	차>	이자비용	10,182	대> 현금	12,000
		사채할증발행차금	1,818		
		사채	100,000	현금	100,000

사채의 매 기말 장부가액은 다음과 같이 감소한다.

	발행일	1차 연도 말	2차 연도 말	3차 연도 말
사채	100,000	100,000	100,000	100,000
사채할증발행차금	4,973	3,471	1,818	—
	104,973	103,471	101,818	100,000

사채의 장부가액은 가산계정인 사채할증발행차금이 상각되므로 다음과 같이 시간이 지남에 따라 점점 감소하여 상환 직전인 20×3년 말에는 액면금액과 동일한 ₩100,000이 된다.

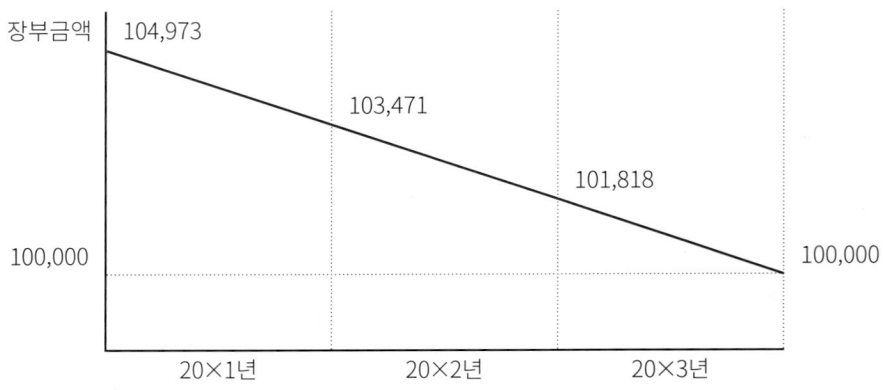

(2) 사채의 상환

사채는 사채권자의 옵션 실행에 따라 만기가 되기 전에 상환이 가능하다. 사채가 상환되는 경우에는 사채의 장부가액과 상환가액을 비교하여 사채상환손익을 인식한다.

사채의 장부가액보다 상환가액이 큰 경우에는 사채상환손실을 인식하며, 장부가액보다 상환가액이 적은 경우에는 사채상환이익을 인식한다.

【예제 4. 사채 상환】

예제 2의 경우에 사채권자의 옵션 실행에 따라 20×2년 12월 31일 이자 지급 후 다음의 금액으로 상환하는 경우 회계 처리를 하시오.

  1. 상환가액 ₩99,500
  2. 상환가액 ₩98,000

▶ 해설

20×2년 12월 31일 이자 지급 후 사채의 장부가액은 다음과 같다.

	2차 연도 말	
사채	100,000	
사채할인발행차금	(909)	99,091

1. 상환가액 ₩99,500

차>	사채	100,000	대>	현금	99,500
	사채상환손실	409		사채할인발행차금	909

2. 상환가액 ₩98,000

차>	사채	100,000	대>	현금	98,000
				사채할인발행차금	909
				사채상환이익	1,091

(3) 전환사채

전환증권(Convertible securities)이란 발행 이후에 전환증권의 소유자가 권리행사를 함으로써 보통주로 전환이 되는 증권을 말한다. 전환증권이 보통주로 전환됨에 따라 기존 주식의 1주당 지분비율이 감소되기 때문에 희석증권(Dilutive securities)이라고도 한다.

희석증권에는 전환사채(CB: Convertible bond), 신주인수권부사채(BW: Bond with warrant), 전환우선주, 신주인수권, 주식매입선택권 등이 있다.

1) 전환사채

전환사채란 처음에는 사채로 발행되었으나 일정 기간 경과 후 사채권자가 전환을 청구하면 보통주로 전환될 수 있는 권리가 부여된 사채를 말한다.

전환사채는 투자자의 입장에서는 다음과 같은 이점이 있다.

① 발행 회사의 주가가 상승할 경우 주식으로 전환하여 배당금 수익과 매매차익 등을 얻을 수 있다.

② 발행 회사의 주가가 하락해도 사채로부터 이자를 얻을 수 있어 투자의 안정성을 유지할 수 있다.

한편, 전환사채는 발행 회사의 입장에서도 다음과 같은 이점이 있다.

① 전환사채는 전환권의 존재로 인하여 동일한 조건의 일반사채보다 더 낮은 금리로 조달하는 것이 가능하다.

② 전환사채가 주식으로 전환되면 부채가 자본으로 대체되기 때문에 재무구조가 건전해지고 영구자본화된다.

전환사채는 일반사채와 전환권의 두 가지 요소로 구성되는 복합적 성격을 지닌 증권이다. 하지만 한국채택국제회계기준에서 회계 처리는 모두 "부채"로 분류한다.

> **※참고**
>
> 일반기업회계기준에서는 전환사채를 발행한 경우에 일반사채에 해당하는 부채 부분을 "전환사채"의 과목으로 부채로, 전환권에 해당하는 자본 부분을 '전환권대가'의 과목으로 하여 기타자본잉여금으로 인식한다.
> 한국채택국제회계기준과 차이가 발생하는 부분이다.

2) 전환사채의 회계 처리(상환할증금이 있는 경우)_한국채택국제회계기준 적용

가. 12월 결산인 A회사는 20×1년 1월 1일 다음과 같은 조건으로 전환사채 발행

액면가액	10,000백만 원	발행가액	10,000백만 원
표시이자율	연 7%	일반사채 시장수익률	15%
이자 지급방법	매 연도 말 후급	상환일	20×3.12.31
전환조건	전환으로 인하여 발행되는 주식 1주(액면금액: 5,000원)에 대하여 요구되는 사채 발행가액은 20,000원으로 한다.		
전환청구기간	사채 발행일 이후 1개월 경과일부터 상환기일 30일 전까지		
원금상환방법	상환기일에 액면가액의 116.87%을 일시상환		
기타사항	20×3.1.1. 액면 5,000백만 원의 전환청구		

(※ 이하 모든 금액은 백만 원 단위로 표시)

나. 전환권대가 계산

① 발행가액	10,000
② 일반사채의 가치 = 700×2.2832 + 11,687×0.6575 =	9,282
③ 전환권대가 = 10,000 − 9,282 =	718

(※ 예제의 편의를 위하여 put option, call option의 공정가치 평가는 없는 것으로 가정하며 전환권대가는 부채로 회계 처리)

다. 만기 상환을 가정한 전환권조정 상각표

구 분	기초장부가액 (A)	실질이자 (B=A×15%)	현금이자 (C=A×7%)	전환권조정 상각액(D=B−C)	기말장부가액 (E=A+D)
20×1년	9,282	1,392	700	692	9,974
20×2년	9,974	1,496	700	796	10,770
20×3년	10,770	1,616	700	916	11,686
계		4,504	2,100	2,404	

라. 회계 처리

① 20×1년 1월 1일

차> 현금	10,000	대> 전환사채	10,000
전환권조정	2,404	사채상환할증금	1,686
		전환권대가	718

재무상태표	
부채	
전환사채	10,000
사채상환할증금	1,686
전환권대가	718
전환권조정	(2,404)
	10,000

② 20×1년 12월 31일

차> 이자비용	1,392	대> 현금	700
		전환권조정	692

재무상태표	
부채	
전환사채	10,000
사채상환할증금	1,686
전환권대가	718
전환권조정	(1,712)
	10,692

③ 20×2년 12월 31일

차> 이자비용	1,496	대> 현금	700
		전환권조정	796

재무상태표	
부채	
전환사채	10,000
사채상환할증금	1,686
전환권대가	718
전환권조정	(916)
	11,488

④ 20×3년 1월 1일(전환일)

차> 전환사채	5,000	대> 전환권조정	458
사채상환할증금	843	자본금	1,250
전환권대가	359	주식발행초과금	4,494

재무상태표
───────────────────────────
부채
전환사채	5,000	
사채상환할증금	843	
전환권대가	359	
전환권조정	(458)	5,744

* 전환권대가 감소액: 718×5,000/10,000=359
* 사채상환할증금을 주식발행초과금으로 대체: 1,686×5,000/10,000=843
* 발행주식 수: 5,000백만 원÷20,000원=250,000주
 자본금: 250,000주×5,000원=1,250
 전환권조정 상각: 916×5,000/10,000=458

⑤ 20×3년 12월 31일_만기상환 전

차> 이자비용	808	대> 현금	350
		전환권조정	458

재무상태표_만기상환 전
───────────────────────────
부채
전환사채	5,000	
사채상환할증금	843	
전환권대가	359	6,202

⑥ 20×3년 12월 31일_만기상환

차> 전환사채	5,000	대> 현금	5,843
사채상환할증금	843	사채상환이익	359
전환권대가	359		

4. 부채비율

부채비율(Debt ratio)은 부채를 자기자본으로 나누어 계산하는데 낮을수록 양호한 것으로 평가되며 기업의 재무적 안정성을 측정하는 대표적인 재무비율이다.

$$부채비율 = \frac{부채}{자기자본} \times 100$$

기업에 부채는 상환을 해야 하는 대상이므로 부담이 될 수밖에 없다. 하지만 부채가 기업에 부담이 되는 정도는 기업의 규모에 따라 다르므로 자기자본에 대한 크기를 측정함으로써 부채의 상대적 부담 정도를 평가하는 것이다.

최근 제조업 전체의 부채비율은 다음과 같다.

구 분	2017	2018	2019	2020	2021	2022	2023
부채비율	77.0%	73.6%	73.5%	76.3%	78.6%	76.9%	75.9%

2020년대 이후 제조업 중 재무적으로 우량한 기업들의 경우에는 20~30% 수준의 부채비율을 보이고 있다. 다만, 실무적으로는 부채비율이 낮다 하더라도 부재 중 유동부채와 비유동부채의 비중, 차입금과 비차입금의 비중 등은 중요한 체크 사항이라 할 수 있다.

제10장

퇴직급여 부채

1. 퇴직급여 부채의 의의

확정급여부채에 대해 살펴보기 전에 충당부채의 기본 개념부터 살펴보도록 한다.

만약 기업이 매 기말 퇴직금에 대하여 아무런 회계 처리를 하지 않고 직원이 퇴직 시 "퇴직급여"의 과목으로 하여 이를 비용처리한다면 다음과 같다.

매 기말	차> —	— 대> —	—
N년차 퇴직	차> 퇴직급여	××× 대> 현금	×××

만약 이런 식으로 한다면 매기 비용의 발생은 "0"이고 퇴직 시 거액의 비용이 발생하게 된다. 또한, 직원이 근속 시 창출한 수익과 직원의 퇴직으로 인한 퇴직급여라는 비용이 전혀 다른 회계 연도에 인식되므로 "수익비용 대응의 원칙"에 위배된다.

기업의 임직원은 1, 2, 3 n차 연도 등에 근무를 한다. 근무 기간의 진행에 따라 기업은 임직원에게 퇴직금을 지급할 의무가 생기게 된다. 그리고 n차 연도에 임직원은 퇴직을 하게 되며 기업은 퇴직금을 지급하게 된다.

그렇다면 기업은 퇴직금의 지급이라는 비용을 언제 인식하여야 할까?

회계적으로 비용은 발생주의에 입각하여 인식한다. 즉 n차 연도에 퇴직금을 지급할 때 인식하는 것이 아니라 임직원의 근속에 따라 퇴직금을 지급할 의무가 발생하므로 임직원의 근속 기간 중 향후 지급할 퇴직금을 추정하여 비용을 인식하고 동시에 부채를 인식하는 것이다.

매 기말 기업은 추정을 통하여 미래에 지급하여야 퇴직금을 "퇴직급여 부채"(일반기업회계기준에서는 "퇴직급여충당부채")라는 부채로 인식하고 직원이 퇴직할 때 해당 부채를 감소시키는 것이다.

(1) 퇴직급여 회계 처리 및 표시

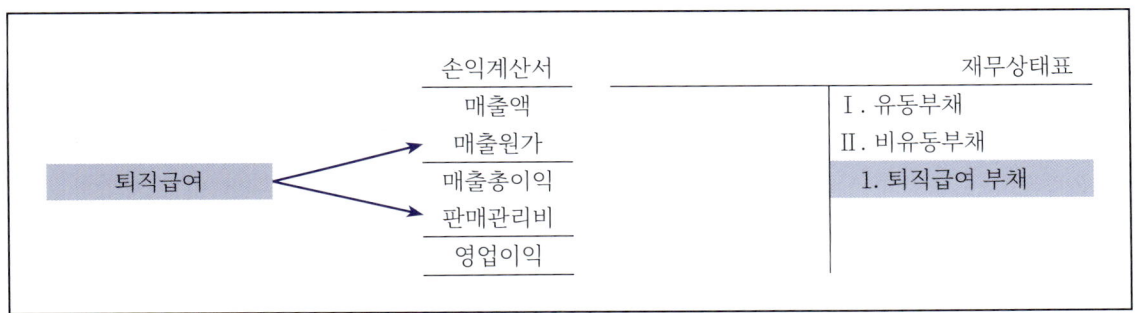

【예제 1. 퇴직급여 부채의 회계 처리】

* 20×1년 말 퇴직금추계액은 ₩2,000,000으로 추정된다.

| 20×1년 기말 | 차> 퇴직급여 | 2,000,000 | 대> 퇴직급여 부채 | 2,000,000 |

* 20×2년 말 퇴직금추계액은 ₩5,000,000으로 추정된다.

| 20×2년 기말 | 차> 퇴직급여 | 3,000,000 | 대> 퇴직급여 부채 | 3,000,000 |

※ 퇴직급여 부채는 재무상태표 부채계정의 특성상 이월되므로 20×2년말 퇴직급여 부채 잔액은 20×1년 설정분 ₩2,000,000과 20×2년 설정분 ₩3,000,000이 합산되어 ₩5,000,000이 된다.

* 20×3년 중 직원의 퇴직으로 현금 ₩800,000을 지급하다.

| 20×3년 퇴직 시 | 차> 퇴직급여 부채 | 800,000 | 대> 현 금 | 800,000 |

(2) 기본 용어

1) 퇴직급여제도
기업이 한 명 이상의 종업원에게 퇴직급여를 지급하는 근거가 되는 공식 약정이나 비공식 약정을 말하며 확정기여제도와 확정급여제도로 구분된다.

2) 확정기여제도
확정기여제도(Defined contribution plans) 기업이 별개의 실체(기금)에 고정 기여금을 납부하고, 기여금을 납부할 법적의무나 의제의무가 더는 없는 퇴직급여제도이다. 즉 그 기금에서 당기와 과거 기간에 제공된 종업원 근무 용역과 관련된 모든 종업원 급여를 지급할 수 있을 정도로 자산을 충분히 보유하지 못하더라도 기업에는 추가로 기여금을 납부할 의무가 없다.

확정기여제도에서는 기업이 출연하는 기여금과 기여금의 운용에 따른 운용수익만으로 퇴직임직원에게 지급된다. 따라서 기업은 협약에 따른 기여의무액만을 출연하고 이를 비용 처리하는 것으로 기업의 채무는 종료된다.

3) 확정급여제도
확정급여제도(Defined benefit plans)는 확정기여제도 외의 모든 퇴직급여제도를 말한다.

확정급여제도는 우선 노사 간의 협약에 따라 퇴직임직원에게 지급할 퇴직급여의 규모를 결정하고, 이를 위하여 충족하기 위한 금액을 산정하여 부채를 인식한다. 따라서 기금의 운용 성과에 따라 기업이 부담할 퇴직급여채무가 변동하며 이에 따라 퇴직급여비용과 퇴직급여채무가 결정된다.

확정기여제도가 부담금 개념이라면 확정급여제도는 적립금의 개념으로 볼 수 있다.

4) 사외적립자산
다음으로 구성된다.
① 장기종업원급여기금에서 보유하고 있는 자산
② 적격보험계약

5) 확정급여채무의 현재 가치
종업원이 제공한 근무 용역에 대한 퇴직금채무를 지급하기 위한 미래예상지급액의 현재 가치

6) 이자원가
기간 경과에 따른 확정급여채무 현재 가치의 증가액

7) 당기근무원가
당기에 임직원이 근무 용역을 제공함에 따라 발생하는 확정급여부채 현재 가치의 증가액

8) 보험수리적손익(재측정 요소)
보험수리적 가정과 실제 발생한 결과의 차이에서 발생하는 손익, 혹은 보험수리적 가정의 변경에서 발생하는 손익으로 인한 확정급여채무 현재 가치의 변동액

(3) 회계 처리

1) 확정기여제도
기업은 협약에 따른 기여의무액만을 출연하고 이를 비용 처리하는 것으로 기업의 채무는 종료되므로 회계 처리는 다음과 같다.

<기여금 납부 시>
차> 퇴직급여　　　　　×××　　대> 현금　　　　　×××

2) 확정급여제도
임직원이 퇴직 후 근무의 대가로 받기로 약정되어 있는 퇴직금, 즉 기업이 부담해야 하는 미래지급의무액을 퇴직급여채무라고 하며 한국채택국제회계기준에서는 미래지급의무액을 추정하여 이를 현재 가치로 계산 후 표시한다.

당기에 인식할 퇴직급여는 기본적으로 당기 말 퇴직급여채무와 전기 말 퇴직급여채무의 차이로 계산된다.

또한, 기업은 미래지급의무액인 퇴직급여채무에 사용하기 위하여 외부 금융기관에 퇴직연금운용을 맡기게 되는데 이를 사외적립자산이라고 한다.

재무상태표에는 퇴직급여채무에서 사외적립자산을 차감하여 표시한다. 이때 퇴직급여채무에서 사외적립자산을 차감한 금액이 (+)이면, 즉 퇴직급여채무 금액이 사외적립금액보다 크면 "퇴직급여 부채"가 되며 비유동부채로 분류한다.

퇴직급여채무에서 사외적립자산을 차감한 금액이 (-)이면, 즉 퇴직급여채무금액보다 사외적립금액이 크면 "순확정급여자산"등의 과목으로 하여 비유동자산으로 분류한다.

당기에 인식할 퇴직급여채무의 증가>
차> 퇴직급여　　　　　　　　　　×××　　대> 퇴직급여 부채　　　　　　　×××

사외적립자산 납부 시>
차> 사외적립자산　　　　　　　×××　　대> 현금　　　　　　　　　　　×××

퇴직급 납부 시>
차> 퇴직급여 부채　　　　　　　×××　　대> 사외적립자산　　　　　　　×××

【예제 2. 확정급여부채】

태백산업의 퇴직급여채무 관련 정보는 다음과 같다.

전기 말 퇴직급여 부채	당기 근무원가	퇴직급여지급	당기 말 퇴직급여 부채
10,000,000	3,500,000	(1,500,000)	12,000,000

* 퇴직급여 부채는 현재 가치로 계산된 금액
* 당기 이자원가와 확정급여부채의 재측정 요소(보험수리적손익)은 없는 것으로 가정

사외적립자산의 증감은 다음과 같다.

전기 말	납입액	이자수익	퇴직금지급	당기 말
8,000,000	2,000,000	400,000	(1,500,000)	8,900,000

* 당기에 지급한 퇴직금은 전액 사외적립자산으로 지급한 것으로 가정
* 사외적립자산의 재측정 요소는 없는 것으로 가정

▶ 요구 사항

위의 사항에 대하여 회계 처리를 하고 당기 말과 전기 말 부분 재무상태표를 작성하시오.

▶ 해설

- 당기근무원가>
  차> 퇴직급여　　　　　　　　　　3,500,000　　　대> 퇴직급여 부채　　　　　3,500,000

- 사외적립자산 납부>
  차> 사외적립자산　　　　　　　　2,000,000　　　대> 현금　　　　　　　　　2,000,000

- 사외적립자산 이자수익>
  차> 사외적립자산　　　　　　　　　400,000　　　대> 이자수익　　　　　　　　 400,000

- 퇴직급 납부 시>
  차> 퇴직급여 부채　　　　　　　　1,500,000　　　대> 사외적립자산　　　　　1,500,000

<부분 재무상태표>	전기 말	당기 말
비유동부채		
퇴직급여채무	10,000,000	12,000,000
사외적립자산	(8,000,000)	(8,900,000)
확정급여부채	2,000,000	3,100,000

* 한국채택국제회계기준이 적용된 재무상태표에는 위와 같이 차감하는 방식으로 표시하지 않고 확정급여부채 금액을 순액으로 표시한다. 예제는 이해를 돕기 위하여 차감하는 방식으로 표시한 것이다.
일반기업회계기준에서는 위와 같이 차감 형식으로 표시한다.

※ 참고

한국채택국제회계기준에서 "퇴직급여 부채"는 일반기업회계기준에서는 "퇴직급여충당부채"라고 한다.

한국채택국제회계기준에서 퇴직급여 부채는 미래에 임직원의 퇴사 시 지급하여야 할 퇴직금의 현재 가치로 계산하며, 이를 위하여 기업 특유의 가정으로 퇴직률, 미래임금상승율 등, 일반가정으로 사망률, 할인율 등을 전제로 계산한다.

한편, 일반기업회계기준에서 퇴직급여충당부채는 기말 현재 근무 중인 임직원의 퇴직금추계액으로 계산하며 현재 가치는 반영하지 않는다.

일반기업회계기준을 적용하는 비상장 회사들의 경우에도 외부 금융기관에 퇴직연금에 적립하므로 퇴직급여충당부채에서 퇴직연금자산을 차감하는 방식으로 표시한다.

제11장

자본

자본(equity)이란 기업의 자산에서 부채를 차감한 금액을 말하며 순자산(Net asset), 소유자지분(Owner's equity) 또는 주주지분(Stockholder's equity)라고도 한다. 경영분석에서는 부채를 타인자본(他人資本), 자본을 자기자본(自己資本)이라고도 한다.

자본은 이와 같이 자산에서 부채를 차감한 순자산의 성격을 갖지만, 주주가 출자한 금액과 자본거래 및 손익거래에서 발생한 잉여금의 합계라고 이해하여도 무방할 것이다. 자본은 다음과 같이 분류된다.

재무상태표

자산	부채
	자본
	Ⅰ. 자본금
	Ⅱ. 자본잉여금
	Ⅲ. 자본조정
	Ⅳ. 기타포괄손익누계액
	Ⅴ. 이익잉여금(결손금)

Ⅰ. 자본금		
▷ 보통주자본금	▷ 우선주자본금	
Ⅱ. 자본잉여금		
▷ 주식발행초과금	▷ 감자차익	▷ 기타자본잉여금(자기주식처분이익 등)
Ⅲ. 자본조정		
▷ 주식할인 발행차금	▷ 자기주식	▷ 자기주식처분손실
▷ 주식선택권	▷ 감자차손	
Ⅳ. 기타포괄손익누계액		
▷ 매도가능증권평가손익	▷ 현금위험회피 파생상품평가손익	▷ 재평가잉여금
▷ 해외사업환산손익	▷ 지분법자본변동	▷ 확정급여채무 재측정 요소
Ⅴ. 이익잉여금(결손금)		
▷ 이익준비금	▷ 임의적립금	▷ 미처분이익잉여금

1. 자본금

(1) 자본금

자본금(Capital stock)이란 주주가 출자한 주식의 액면금액을 말한다. 주식을 할증 발행하는 경우 액면을 초과하는 금액은 후술하는 주식발행초과금으로 기록되므로 주식의 할증 발행 혹은 할인 발행은 자본금에는 영향을 미치지 않는다.

주식은 보통주(Common stock)와 우선주(Preferred stock)로 구분된다. 우선주는 보통주에 비하여 특정 사항 등에 대하여 우선적 지위를 인정받는 주식을 말하는데, 보통주에 비하여 배당액이 일정 비율 이상 추가로 지급되는 이익배당우선주가 대표적이다. 다만, 우선주의 경우에는 배당 등에서 우선적 지위를 인정받는 대신 주주총회에서의 의결권이 제한되는 것이 일반적이다.

자본금은 발행주식의 액면총액이므로 다음과 같이 계산될 수 있다.

> 자본금 = 주식 발행 총수 × 1주당 액면가액

1) 주식의 발행

주식 발행은 사채의 발행과 마찬가지로 발행가액이 액면가액을 초과하는가의 여부에 따라 액면 발행, 할인 발행, 할증 발행 등으로 나누어진다.

가. 액면 발행

발행가액이 액면가액과 동일한 경우를 말한다.

- 액면 ₩5,000 주식 1,000주를 주당 ₩5,000에 발행하다.
  차> 현금   5,000,000   대> 자본금   5,000,000

나. 할증 발행

발행가액이 액면가액보다 높은 경우를 말한다.

- 액면 ₩5,000 주식 1,000주를 주당 ₩12,000에 발행하다.
  차> 현금   12,000,000   대> 자본금   5,000,000
                                              주식발행초과금   7,000,000

다. 할인 발행

발행가액이 액면가액보다 낮은 경우를 말한다. 상법 제417조의 규정에 의하여 주식회사는 성립한 날로부터 2년을 경과한 후에 주식을 발행할 경우에는 주주총회의 결의와 법원의 인가를 얻어 주식을 액면 미달로 발행할 수 있다. 하지만 실무적으로 할인 발행을 하는 경우는 거의 없으며, 실질적으로 할인 발행의 효과가 나타나는 것은 주식 발행과정에서 발생하는 비용 등으로 인하여 나타나게 된다. 주식 발행 관련 전문가수수료, 등기수수료 등은 비용으로 처리하는 것이 아니라 주식할인 발행차금으로 회계 처리한다.

- 액면 ₩5,000 주식 1,000주를 주당 ₩5,000에 발행하였으며 금융기관수수료 등이 ₩300,000 발생하다.

  차> 현금   4,700,000   대> 자본금   5,000,000
      주식할인 발행차금   300,000

2) 증자

증자(增資)는 설립 이후에 자본금을 증가시키는 것으로 수권자본금의 범위 내에서 일어난다. 증자는 자본금 증가로 회사의 자산이 증가하는가의 여부에 따라 실질적 증자와 형식적 증자로 나누어진다.

가. 실질적 증자

실질적 증자란 자본금 증가로 인하여 회사의 자산이 증가하는 것을 말한다. 엄밀한 의미에서는 차이가 있지만 일반적으로 유상증자(有償增資)라고도 한다. 일반 공모에 의한 증자 혹은 제3자 배정에 의한 증자 등에서 나타나게 된다.

액면이 ₩5,000인 주식 1,000주를 액면 발행하는 경우 다음과 같이 자본금이 증가하면서 현금이라는 자산이 증가하게 된다.

  차> 현금   5,000,000   대> 자본금   5,000,000

나. 형식적 증자

형식적 증자란 자본금이 증가하지만 자산이 증가하지 않는 것을 말한다. 무상증자, 주식배당 등이 여기에 속하는데 자산의 유입이 없지만 자본계정의 상호 대체를 통하여 자본금을 증가시키는 경우에 나타난다.

이익준비금 ₩5,000,000을 자본 전입하여 무상증자하는 경우의 회계 처리는 다음과 같다.

  차> 이익준비금   5,000,000   대> 자본금   5,000,000

3) 감자

감자(減資)는 설립 이후에 자본금을 감소시키는 것으로 자본금의 감소로 자산이 감소하는가의 여부에 따라 실질적 감자와 형식적 감자로 나누어진다.

가. 실질적 감자

실질적 감자란 자본금 감소로 인하여 회사의 자산이 감소하는 것을 말하며 엄밀하게 말하면 약간의 차이가 있지만 일반적으로 유상감자(有償減資)라고도 한다. 실질적 감자는 주가를 확보하기 위한 경우에 일반적으로 나타나며 기업 규모를 축소하는 경우, 합병에서 당사 회사의 재산 상태를 조정하는 경우 또는 기업 구조조정을 위한 경우 등에 행하여지기도 한다. 실질적 감자는 '주식금액의 환급' 또는 '주식의 매입소각' 등의 방법에 의하여 이루어진다.

단, 감자의 경우에 감자를 통하여 감소하는 자본금과 감자 대가와의 차이에 따라 다음과 같이 감자차익 혹은 감자차손이 발생하기도 한다.

- 자본금을 ₩5,000,000 감소시키면서 감자 대가로 ₩4,000,000을 지급하다.
  (감자에 대한 자세한 회계 처리는 '자기주식'에서 살펴본다)

  차> 자본금　　　　　　　　　　5,000,000　　대> 현금　　　　　　　　　4,000,000
  　　　　　　　　　　　　　　　　　　　　　　　　감자차익　　　　　　　1,000,000

- 자본금을 ₩5,000,000 감소시키면서 감자 대가로 ₩7,000,000을 지급하다.

  차> 자본금　　　　　　　　　　5,000,000　　대> 현금　　　　　　　　　7,000,000
  　　감자차손　　　　　　　　　2,000,000

나. 형식적 감자

형식적 감자란 자본금이 감소하지만 자산이 감소하지 않는 것을 말하는데 일반적으로 무상감자(無償減資)라고도 한다. 무상감자는 거액의 결손금이 있는 경우 기업의 구조조정을 위하여 대주주지분을 소멸시키고 'clean company'로 새로이 출발시키는 경우에 많이 발생한다. 형식적 감자는 주식의 액면금액을 줄이는 '주식금액의 절사' 혹은 2주 이상의 주식을 1주로 묶는 '주식의 병합' 등의 방법에 의하여 이루어진다.

- 액면 ₩5,000인 주식 1,000주에 대하여 2대 1의 주식병합을 하다.

  차> 자본금　　　　　　　　　　2,500,000　　대> 감자차익　　　　　　　2,500,000
  　　(* 자본금 감소액: 500주×₩5,000＝₩2,500,000)

2. 자본잉여금

자본잉여금(Capital surplus)은 증자 혹은 감자와 같은 자본거래에서 발생한 잉여금을 말하며 다음과 같이 구분된다.

(1) 주식발행초과금

주식발행초과금(Paid-in capital in excess of par value)은 발행가액이 액면금액을 초과하는 경우에 그 초과하는 금액을 말한다. 예를 들어, 액면이 ₩5,000인 주식 10,000주를 주당 ₩9,000에 발행하는 경우의 회계 처리는 다음과 같다.

차> 현금	90,000,000	대>	자본금		50,000,000
			주식발행초과금		40,000,000

(2) 감자차익

감자에 대한 회계 처리에서 살펴보았듯이 감소하는 자본금보다 감자 대가가 적은 경우에 발생한다. 감자차익은 일반적으로 이월결손금 등을 보전하는 데 사용된다. 한편, 감소하는 자본금보다 감자 대가가 많은 경우에 발생하는 감자차손은 자본조정으로 분류한다.

(3) 기타자본잉여금

기타자본잉여금으로는 자기주식처분이익 등이 있다. 한국채택국제회계기준에서 전환권대가, 신주인수권대가는 부채로 분류되지만 일반기업회계기준에서는 기타자본잉여금으로 분류된다.

3. 자본조정

자본조정(Capital adjustments)이란 주주와의 거래에서 발생하지만 자본금이나 자본잉여금에 해당하지 않는 항목으로 주식선택권, 자기주식, 주식할인 발행차금, 감자차손, 자기주식처분손실, 해외사업환산(차)대 등이 있다. 다만, 자본조정항목은 (+) 혹은 (-)으로 표시되는데 주식선택권과 해외사업환산대는 (+)로 표시되며, 자기주식·주식할인 발행차금·감자차손·자기주식처분손실·해외사업환산차 등은 (-)로 표시된다.

(1) 주식할인 발행차금

액면에 미달하여 주식을 발행한 때에 그 액면에 미달한 금액을 말하며 차감 항목의 성격을 갖는다. 현행 기업회계기준상 주식발행비(주식발행과 관련된 비용)는 주식의 발행가액에서 차감하도록 되어 있으므로 액면 발행을 하는 경우에도 주식발행비로 인하여 주식할인 발행차금이 발생하는 경우가 있다.

주식할인 발행차금은 주식발행초과금의 범위 내에서 상계처리하고, 미상계된 잔액이 있는 경우에는 자본조정의 주식할인 발행차금으로 회계 처리한다. 이익잉여금(결손금) 처분(처리)으로 상각되지 않은 주식할인 발행차금은 향후 발생하는 주식발행초과금과 우선적으로 상계한다.

(2) 자기주식(Treasury stock)

회사가 이미 발행한 주식을 주주로부터 취득한 경우 그 취득가액을 말하며 차감 항목의 성격을 갖는다. 재무상태표에는 원가법에 의하여 취득원가로 (−)표시한다.

자기주식을 처분하는 경우 처분대가가 취득원가보다 높은 경우에는 자기주식처분이익을 인식하며 자본잉여금으로 분류하고, 처분대가가 취득원가보다 낮은 경우에는 자기주식처분손실을 인식하며 자본조정에서 (−)차감 표시한다.

이익잉여금(결손금) 처분(처리)으로 상각되지 않은 자기주식처분손실은 향후 발생하는 자기주식처분이익과 우선적으로 상계한다.

- 액면 ₩5,000인 자기주식 1,000주를 주당 7,000에 취득하다.
  차> 자기주식   7,000,000 대> 현금   7,000,000

- 위의 자기주식을 500주를 주당 ₩9,000에 매각하다.
  차> 현금   4,500,000 대> 자기주식   3,500,000
                     자기주식처분이익 1,000,000

- 나머지 자기주식 500주를 주당 ₩4,000에 매각하다.
  차> 현금   2,000,000 대> 자기주식   3,500,000
    자기주식처분이익 1,000,000
    자기주식처분손실   500,000

(3) 주식선택권(Stock option)

법인에 기여하였거나 기여할 능력을 갖춘 법인의 임직원 등에게 일정한 가격(행사가격)으로 당해 법인의 신주를 매입할 수 있도록 부여한 권리를 말한다.

주식선택권은 주식결제형과 현금결제형으로 구분된다.

주식결제형은 부여일 현재의 공정가치로 평가한 금액을 가득 기간 동안 안분하여 비용과 자본으로 회계 처리한다.

차> 주식보상비용　　　　×××　　대> 주식선택권(자본조정)　　×××

현금결제형은 부여일 현재의 공정가치로 평가한 금액을 비용과 부채로 회계 처리한다.

차> 주식보상비용　　　　×××　　대> 장기미지급금(부채)　　×××

- 백두산업(주)은 20×1년 초 임직원에게 주식선택권 1,000주를 부여하고 용역제공기간조건을 3년 부과하였다. 부여일 현재 주식의 주당 공정가치는 ₩15,000이다. 20×3년 말 모든 주식선택권은 행사되었다. 주식선택권의 행사가격은 ₩7,000이며 주당 액면가액은 ₩5,000이다.

20×1. 12. 31
　차> 주식보상비용　　　　5,000,000　　대> 주식선택권[1]　　　*5,000,000
　　*1) 1,000주×₩15,000×1/3 = ₩5,000,000

20×2. 12. 31
　차> 주식보상비용　　　　5,000,000　　대> 주식선택권[1]　　　5,000,000

20×3. 12. 31
　차> 주식보상비용　　　　5,000,000　　대> 주식선택권[1]　　　5,000,000
　차> 현금　　　　　　　　7,000,000　　대> 자본금　　　　　　5,000,000
　　　주식선택권　　　　15,000,000　　　　주식발행초과금　17,000,000

4. 기타포괄손익누계액

기타포괄손익누계액(Other accumulated comprehensive income)이란 자산이나 부채를 평가하는 과정에서 발생하는 미실현손익으로서 기타포괄손익-공정가치 금융자산 평가손익, 해외사업 환산손익, 지분법자본 변동, 현금흐름회피 파생상품 평가손익 등이 있다.

(1) 기타포괄손익-공정가치 금융자산 평가이익(손실)

기타포괄손익-공정가치 금융자산에 대하여 공정가치의 변동분을 말한다. (제7장 금융자산 참조)

(2) 해외사업 환산이익(손실)

해외지점, 해외사업소 등의 재무제표를 원화로 환산하는 경우 자산과 부채는 재무상태표일 현재의 환율을, 자본은 발생 당시의 환율을 적용하며, 손익 항목은 거래 발생 당시의 환율이나 당해 회계연도의 평균환율을 적용하여 일괄 환산할 수 있는데 이 경우 발생하는 환산손익은 이를 상계하여 그 차액을 해외사업 환산손실 또는 해외사업 환산이익의 과목으로 처리한다.

이러한 해외사업 환산손실 또는 해외사업 환산이익은 차기 이후에 발생하는 해외사업 환산이익 또는 해외사업 환산손실과 상계하여 표시하고 관련 지점, 사업소 등이 청산, 폐쇄 또는 매각되는 회계연도의 손익으로 처리한다.

(3) 지분법자본 변동

지분법피투자회사의 순자산가액의 변동이 당기순손익이나 전기이월이익잉여금 외의 자본증감에 의하여 발생하는 경우 지분변동액은 지분법자본변동의 과목으로 하여 기타포괄손익누계액으로 처리한다. (제8장 관계 기업투자 참조)

(4) 현금흐름 위험회피 파생상품 평가손익

파생상품이 현금흐름위험회피회계에 적용되는 경우 파생상품의 공정가치 변동분을 말한다.

(5) 재평가잉여금

유형자산 등의 장부금액이 재평가로 인하여 증가된 경우에 그 증가액은 기타포괄손익으로 인식하고 재평가잉여금의 과목으로 자본에 가산한다. (제4장 유형자산 참조)

(6) 확정급여부채의 재측정 요소

보험수리적 가정과 실제 발생한 결과의 차이에서 발생하는 손익, 혹은 보험수리적 가정의 변경에서 발생하는 손익으로 인한 확정급여채무 현재 가치의 변동액을 말한다. (제10장 확정급여부채 참조)

5. 이익잉여금

이익잉여금(Retained earnings)이란 회사가 설립 이후 벌어들인 이익 중 주주들에게 배당하지 않고 회사 내에 유보된 누적 이익을 말한다.

(1) 이익준비금
주식회사의 이익준비금은 자본의 2분의 1에 달할 때까지 매 결산기에 금전에 의한 이익배당액의 10분의 1 이상의 금액을 계속적으로 적립해야 한다. 이익준비금은 상법 제458조에 따라 적립되는 법정적립금으로서 상법 제460조에 의하면 이익준비금은 자본의 결손보전에 충당하는 경우 외에는 처분하지 못하도록 하고 있다. 다만, 주식배당의 경우에는 그러하지 아니하다.

(2) 임의적립금
임의적립금은 회사가 정관의 규정 또는 주주총회의 결의 등에 의하여 임의적으로 적립하는 적립금으로서 사업확장적립금·감채적립금·배당평균적립금·결손보전적립금 등이 있다.

(3) 미처분이익잉여금
미처분이익잉여금이란 주주총회에서 처분되기 전의 이익잉여금을 말하는데, 전기이월이익잉여금과 당기순이익 등의 합계금액으로 계산된다. 이를 이익잉여금처분계산서와 연결하여 살펴보면 다음과 같다.

재무상태표		손익계산서
자본		수익
이익잉여금		−비용
미처분이익잉여금	⇔ 이익잉여금처분계산서 ⇔	이익

이익잉여금처분계산서

제 × 기 처분 예정일	20×2년 1월 1일부터 20×2년 12월 31일까지 20×3년 ×월 ×일	제 × 기 처분확정일	20×1년 1월 1일부터 20×1년 12월 31일까지 20×2년 ×월 ×일

회 사 명 (단위:원)

구 분	당 기		전 기	
Ⅰ. 미처분이익잉여금		×××		×××
전기이월미처분이익잉여금	×××		×××	
(또는 전기이월미처리결손금)				
중간배당액	×××		×××	
당기순이익(또는 당기순손실)	×××		×××	
Ⅱ. 임의적립금등의이입액		×××		×××
×××적립금	×××		×××	
합　계		×××		×××
Ⅲ. 이익잉여금처분액		×××		×××
이익준비금	×××		×××	
기타법정적립금	×××		×××	
주식할인 발행차금상각액	×××		×××	
배당금	×××		×××	
현금배당	×××		×××	
주식배당	×××		×××	
…	×××		×××	
Ⅳ. 차기이월미처분이익잉여금		×××		×××

(※ 제3부 제2장 이익잉여금처분계산서 참조)

6. 자기주식

앞서 자기수익의 취득과 처분에 대하여 간략하게 살펴보았다. 이번 절에서는 좀 더 자세히 자기주식의 취득, 소각, 재매각 및 재무제표 표시에 대하여 살펴보도록 한다.

자기주식(Treasury stock)은 회사가 이미 발행한 주식을 주주로부터 취득한 경우 그 취득가액을 말하며 자본조정에서 차감 항목으로 표시한다. 기업은 일반적으로 주가 확보를 위하여 또는 권리행사 등의 과정에서 자기주식을 취득하는데 자본금 감소를 목적으로 하지 않는다면 자기주식은 매각(재발행)의 과정을 거치게 되며, 자본금을 감소시킬 목적이라면 자기주식은 소각의 절차를 거치게 된다.

(1) 자기주식의 취득

자기주식을 취득하면 취득원가로 재무상태표의 자본조정에 차감 항목으로 기재하는데 이는 현행 기업회계기준이 자기주식을 미발행주식으로 보기 때문이다. 자기주식에 대하여는 의결권이나 이익배당청구권이 제한된다.

회사의 자본금은 ₩500,000,000이며 자기주식 10,000주(액면가액 @500)를 주당 ₩900에 취득하였다면

차> 자기주식　　　　　　9,000,000　　대> 현금　　　　　　9,000,000

과　목	금　액	
자본금		500,000,000
1. 보통주자본금	500,000,000	
자본조정		(9,000,000)
1. 자기주식	(9,000,000)	
자본총계		491,000,000

(2) 자기주식의 소각

자기주식을 소각하는 경우에는 자기주식과 자본금을 상계하는데 자기주식의 취득원가와 감소하는 자본금을 비교하여 '감자차익' 혹은 '감자차손'을 계산한다.

자기주식의 취득원가가 감소되는 자본금보다 적다면 그 차액은 '감자차익'의 과목으로 하여 자본잉여금으로 분류한다. 그러나 자기주식의 취득원가가 감소되는 자본금보다 많다면 그 차액은 '감자차손'의 과목으로 하여 자본조정으로 분류한다.

이익잉여금(결손금) 처분(처리)으로 상각되지 않은 감자차손은 향후 발생하는 감자차익과 우선적으로 상계한다.

앞의 사례에서 취득한 자기주식 10,000주 중 5,000주를 소각하였다면 회계 처리와 재무상태표의 표시는 다음과 같다.

차> 자본금　　　　　　2,500,000　　대> 자기주식　　　　　　4,500,000
　　감자차손　　　　　　2,000,000

* 자본금 감소액=@500×5,000주=₩2,500,000
　자기주식 감소액=@900×5,000주=₩4,500,000

과 목	금 액	
자본금		497,500,000
1. 보통주자본금	497,500,000	
자본조정		(6,500,000)
1. 자기주식	(4,500,000)	
2. 감자차손	(2,000,000)	
자본총계		491,000,000

(3) 자기주식의 매각

자기주식을 매각하는 경우에는 자기주식의 취득원가와 매각가액을 비교하여 '자기주식처분이익' 혹은 '자기주식처분손실'을 계산한다.

매각금액이 자기주식의 취득원가를 초과하면 그 차액을 '자기주식처분이익'의 과목으로 하여 자본잉여금으로 분류하고, 매각금액이 자기주식의 취득원가에 미달하면 그 차액은 자기주식처분이익이 있는 경우 이를 먼저 감소시키고 나머지 금액은 '자기주식처분손실'의 과목으로 하여 자본조정으로 분류한다.

앞의 사례에서 자기주식 3,000주를 주당 ₩1,200에 매각하고 얼마 후 나머지 자기주식 2,000주를 주당 ₩700에 매각하였다면 회계 처리와 재무상태표는 다음과 같다.

차>	현금	3,600,000	대>	자기주식	2,700,000
				자기주식처분이익	900,000

* 자기주식 감소액 = @900×3,000주 = ₩2,700,000

차>	현금	1,400,000	대>	자기주식	1,800,000
	자기주식처분이익	400,000			

* 자기주식 감소액 = @900×2,000주 = ₩1,800,000

과 목	금 액	
자본금		497,500,000
1. 보통주자본금	497,500,000	
자본잉여금		500,000
1. 자기주식처분이익	500,000	
자본조정		(2,000,000)
1. 자기주식	—	
2. 감자차손	(2,000,000)	
자본총계		496,000,000

7. 주식배당, 무상증자, 주식분할

(1) 주식배당

주식배당(株式配當, Stock dividend)이란 회사가 주주에게 현금 대신 주식으로 배당하는 것으로 각 주주의 보유 주식 수에 따라 비례적으로 주식을 배분한다. 이익배당의 특수한 형태로서 무상증자의 한 형태라고 볼 수는 있으나 배당재원이 미처분이익잉여금이라는 면에서 일반적 무상증자와 차이가 있다.

기업은 주식배당을 통하여 이익배당을 하지만 현금을 지급하지 않으므로 그만큼 자금을 기업 운영에 사용할 수 있으며 주식 수가 증가하여 주식의 시장성이 높아진다. 반면, 주식배당으로 자금유출은 없지만 주식 수가 늘어남으로써 장래 배당 압력이 높아질 수 있다.

(2) 주식분할

주식분할(株式, Stock split-up)은 '액면분할'이라고도 하는 것으로 총자본금의 증감 없이 주식의 액면을 분할하여 유통 주식의 숫자를 늘리는 방법을 말한다. 예를 들어, 액면 ₩5,000인 주식 1주를 액면 ₩500인 주식 10주로 분할하는 경우를 말한다. 주식분할은 회사의 주가가 너무 높게 형성되어 있어 주식의 시장성을 저해하는 경우 강제로 주가를 내려서 주식의 시장성을 높이려는 경우 등에 사용된다.

(3) 무상증자

무상증자(無償增資, Free issue of new shares)는 자본잉여금이나 이익잉여금 중 이익준비금 등의 자본대체를 통하여 자본금을 증가시키는 것으로, 자본총액에는 영향이 없고 자본 내의 과목 간의 대체만 이루어지며 발행주식 수가 증가한다.

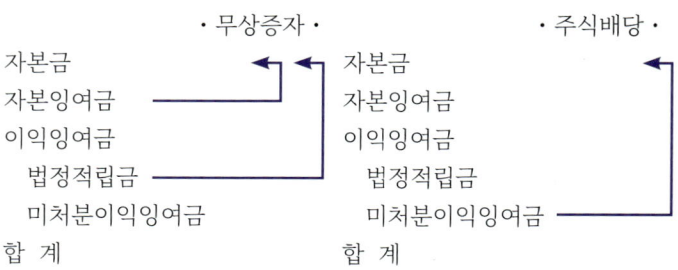

구 분	무상증자	주식배당	주식분할
자본금	증가	증가	불변
자본잉여금 혹은 이익잉여금	감소	감소	불변
자본총계	불변	불변	불변
발행주식 수	증가	증가	증가
주 가	하락	하락	하락
주당 순자산가액	감소	감소	감소

8. 자본과 관련된 재무비율

(1) 자기자본순이익률(Net income to stockholders' equity)

ROE(Return on Equity)로 알려진 지표로서 자기자본에 대한 당기순이익의 비율을 나타낸다. 주주가 경영자에게 위탁한 자기자본을 운영하여 주주에게 얼마만큼의 순이익을 돌려주었는가를 측정하기 때문에 경영자의 성과평가지표로서 많이 사용되기도 한다.

그러나 자본조달 구조의 특성에 따라 동일한 규모의 자산에서도 서로 상이한 결과를 나타내므로 타인자본과 자기자본의 자본조달 구조를 함께 고려해야 한다.

$$자기자본순이익률 = \frac{순이익}{(기초자기자본 + 기말자기자본)/2} \times 100$$

자기자본순이익률은 당기순이익뿐 아니라 당기순이익에 영향을 받는 자기자본에 의해서도 영향을 받으므로 비교적 단기적 상황에 영향을 받는 경향이 있다. 특히 순이익과 순손실이 반복되는 경우 자기자본순이익률은 기복이 매우 심하게 나타나기도 한다. 따라서 자기자본순이익률이 전년도보다 급격히 증가하였거나 감소한 경우에는 그 원인을 주의 깊게 검토하여야 한다.

최근 제조업 전체 자기자본순이익률은 다음과 같다.

구분	2017	2018	2019	2020	2021	2022	2023
자기자본순이익률	10.41%	8.79%	4.77%	5.06%	9.46%	7.57%	6.71%

(2) 자기자본비율(Stockholders' equity to total assets)

자기자본비율은 총자본(총자산) 중에서 자기자본이 차지하는 비중을 나타내는 대표적인 안정성 지표이다. 일반적으로 자기자본비율이 높을수록 기업의 안정성이 높다고 할 수 있다.

$$자기자본비율 = \frac{자기자본}{총자본} \times 100$$

자기자본비율은 자기자본을 총자본(총자산)으로 나누어 계산하는데 부채비율은 타인자본을 자기자본으로 나누어 계산한다. 만약 자기자본비율이 50%라면 총자본(총자산) 중 자기자본이 차지하는 비율이 50%이므로 타인자본이 총자본에 대하여 차지하는 비율도 50%로 동일할 것이다. 따라서 이는 부채비율이 100%라는 것을 의미한다.

최근 제조업 전체 자기자본비율은 다음과 같다.

구분	2017	2018	2019	2020	2021	2022	2023
자기자본비율	56.50%	57.62%	57.64%	56.73%	56.01%	56.51%	56.86%

제12장

수익

기업회계에서 제품 판매 등과 관련하여 수익을 언제 어떻게 인식할 것인가를 수익인식기준이라고 한다. 일반적인 제품 판매 등의 경우에는 "인도기준(판매기준)"이 가장 널리 쓰이는 수익인식기준이다.

하지만 기업마다 생산·판매 등의 영업 형태가 다를 수 있으므로 수익인식기준도 일률적으로 인도기준만 적용되는 것은 아니다. 이번 장에서는 수익인식기준 중 건설, 조선, 플랜트, 용역제공 업종의 경우 많이 쓰이는 건설계약에 대하여 살펴보도록 한다.

1. 건설계약 혹은 건설형 공사계약

건설, 조선 등의 경우와 용역제공 등의 경우에는 생산·제조 및 용역 제공이 여러 회계 기간에 걸쳐 이루어지는 경우가 많다. 이렇게 여러 회계 기간에 걸쳐 수익이 발생하는 경우 국제회계기준에서는 "건설계약", 일반기업회계기준에서는 "건설형 공사계약"이라고 하고 이에 대한 회계 처리 방법을 정의하고 있다. 일반적으로는 "진행 기준"에 의한 수익인식이라고도 한다.

(1) 계약수익과 계약원가

1) 계약수익
계약수익은 다음 항목으로 구성된다.

가. 최초에 합의한 계약금액
나. 공사 변경, 보상금 및 장려금에 따라 추가되는 금액으로서 다음을 모두 충족하는 것
  ① 수익으로 귀결될 가능성이 높다.
  ② 금액을 신뢰성 있게 측정할 수 있다.

2) 계약원가

계약원가는 다음의 항목으로 구성된다.

① 특정계약에 직접 관련된 원가
② 계약활동 전반에 귀속될 수 있는 공통 원가로서 특정 계약에 배분할 수 있는 원가
③ 계약조건에 따라 발주자에게 청구할 수 있는 기타 원가

하지만 계약활동에 귀속될 수 없거나 특정 계약에 배분할 수 없는 원가는 건설계약의 원가에서 제외한다. 이러한 원가에는 다음이 포함된다.

① 계약에 보상이 명시되어 있지 않은 일반관리원가
② 판매원가
③ 계약에 보상이 명시되어 있지 않은 연구개발원가
④ 특정 계약에 사용하지 않는 유휴 생산설비나 건설장비의 감가상각비

(2) 계약수익과 비용의 인식

건설계약의 결과를 신뢰성 있게 추정할 수 있는 경우, 건설계약과 관련한 계약수익과 계약원가는 보고 기간 말 현재 계약활동의 진행률을 기준으로 각각 수익과 비용으로 인식한다. 건설계약에 손실이 예상되는 경우에는 관련 손실을 즉시 비용으로 인식한다.

1) 계약수익의 인식

계약수익의 인식은 당기까지의 누적계약수익에서 전기까지의 누적계약수익을 차감하여 인식하고 이를 손익계산서의 매출로 인식한다.

> 당기 계약수익＝당기 말 누적수익－전기 말 누적수익
> ＝총계약금액×당기 말 누적진행률－총계약금액×전기 말 누적진행률

2) 계약원가의 인식

위의 계약수익에 대응하는 계약원가는 당기까지의 누적계약원가에서 전기까지의 누적계약원가를 차감하여 인식하고 이를 손익계산서의 매출원가로 인식한다.

$$\begin{aligned}
\text{당기 계약원가} &= \text{당기 말 누적원가} - \text{전기 말 누적원가} \\
&= \text{당기 말 총예정원가} \times \text{당기 말 누적진행률} \\
&\quad - \text{전기 말 총예정원가} \times \text{전기 말 누적진행률}
\end{aligned}$$

(3) 진행률

계약의 진행률은 다양한 방식으로 결정될 수 있지만 일반적으로 가장 많이 사용되는 방법은 수행한 공사에 대하여 발생한 누적계약원가를 추정총계약원가로 나눈 비율이다.

$$\begin{aligned}
\text{누적진행률} &= \frac{\text{당기까지 누적발생원가}}{\text{추정총계약원가}} \\
&= \frac{\text{전기까지 누적원가} + \text{당기원가}}{\text{당기까지 누적원가} + \text{추가예정원가}}
\end{aligned}$$

건설계약의 결과를 신뢰성 있게 추정할 수 없는 경우에는 다음과 같이 회계 처리한다.

  가. 수익은 회수 가능성이 높은 발생원가의 범위 내에서만 인식한다.

  나. 계약원가는 발생한 기간의 비용으로 인식한다.

계약의 결과를 신뢰성 있게 추정할 수 없게 한 불확실성이 해소되는 경우, 당해 건설계약과 관련된 수익과 비용은 진행 기준에 따라 인식한다.

(4) 건설계약 회계 처리

발생한 건설원가는 미성공사의 과목으로 하여 자산으로 인식하며, 결산 기말에 미성공사는 계약원가로 대체된다. 또한, 공사진행율에 따라 계약수익(공사수익)을 인식하며 공사미수금을 인식하고 미청구(혹은 과다청구)된 금액은 계약자산(혹은 계약부채)으로 인식한다.

한편, 계약자산과 계약부채는 각각 자산과 부채로 재무상태표에 인식된다.

건설계약에 대한 회계 처리는 각 기업의 특성에 따라 상이한 방법을 적용하기도 하는데 본서에서는 실무적인 측면을 고려하여 회계 기간 중 공사대금 청구시 공사수익을 인식하고, 결산기 말에 진행률에 따라 공사수익을 조정하는 하는 방법으로 회계 처리를 설명하기로 한다.

* 원가발생	(차) 미성공사	×××	(대) 현금	×××
* 대금청구	(차) 공사미수금	×××	(대) 계약수익	×××
* 대금수령	(차) 현금	×××	(대) 공사미수금	×××
* 기말결산 ─계약원가	(차) 공사원가	×××	(대) 미성공사	×××
─계약수익	계약자산[주1]	×××	계약수익(공사수익)	×××

주1) 계약수익보다 청구액이 적은 경우에는 계약자산으로 인식되나, 계약수익보다 청구액이 많은 경우에는 계약수익을 감소시키며 계약부채로 처리한다.

【예제 1. 진행률 수익인식】

건설사업자인 ㈜백두산업은 20×1년 초 건물의 건설계약을 체결한바 발주처와 계약한 공사계약액은 ₩100,000,000이고 20×3년 말 공사가 종료될 예정이다. 건설계약금액과 관련된 후속 변경은 없으나 매기 말 추정공사예정원가는 원자재 가격 상승 등으로 인하여 계속 변경되었다.

계약과 관련 자료는 다음과 같다.

구 분	20×1년	20×2년	20×3년
당기발생원가	₩20,000,000	₩41,500,000	₩23,500,000
추가예정원가	60,000,000	20,500,000	─
공사대금청구액	22,000,000	58,000,000	20,000,000
공사대금수령액	19,000,000	55,000,000	26,000,000

▶ 요구 사항

1. 각 연도별 누적진행률을 계산하시오.

2. 각 연도별 진행 기준에 의한 공사수익, 공사원가, 공사이익을 구하시오.

3. 위와 관련된 매 회계 기간별 회계 처리를 하고 재무상태표에 표시되는 공사미수금, 계약자산(미청구공사), 계약부채(초과청구공사)를 구하시오.

▶ 해설

1. 누적진행률

구 분	20×1년	20×2년	20×3년
당기발생원가	₩20,000,000	₩41,500,000	₩23,500,000
누적계약원가(A)	20,000,000	61,500,000	85,000,000
추가예정원가	60,000,000	20,500,000	—
추정총계약원가(B)	80,000,000	82,000,000	85,000,000
누적진행률(A/B)	25%	75%	100%

2. 공사수익(계약수익), 공사원가(계약원가), 공사이익(계약이익)

구분	20×1년	20×2년	20×3년
공사수익	₩25,000,000	50,000,000	25,000,000
공사원가	20,000,000	41,500,000	23,500,000
공사이익	5,000,000	8,500,000	1,500,000

1차 연도 공사수익 = ₩100,000,000×25%
2차 연도 공사수익 = ₩100,000,000×75%−25,000,000
3차 연도 공사수익 = ₩100,000,000×100%−75,000,000

3. 회계 처리 및 재무상태표 표시

1) 20×1년

* 원가발생	(차) 미성공사	20,000,000	(대) 현금	20,000,000
* 대금청구	(차) 공사미수금	22,000,000	(대) 공사수익	22,000,000
* 대금수령	(차) 현금	19,000,000	(대) 공사미수금	19,000,000
* 기말결산	(차) 계약자산	3,000,000	(대) 공사수익	3,000,000
	공사원가	20,000,000	미성공사	20,000,000

재무상태표

공사미수금	3,000,000		
계약자산	3,000,000		

※ 공사수익 ₩25,000,000에서 진행청구액 ₩22,000,000을 차감하면 ₩3,000,000이므로 이를 계약자산으로 표시한다.(즉 ₩3,000,000은 수익인식하였으나 세금계산서 발행이 되지 않은 금액을 말한다.)

이는 당기에 인식한 ₩25,000,000 중 ₩22,000,000이 청구되었으므로 잔액 ₩3,000,000이 미청구되었고, 청구된 금액 ₩22,000,000 중 ₩19,000,000을 회수하여 ₩3,000,000이 미회수되었다는 의미이다. 즉 계약수익으로 인식한 ₩25,000,000에서 현금으로 회수한 ₩19,000,000을 차감한 금액 ₩6,000,000이 위와 같이 구분 표시되는 것이다.

2) 20×2년

* 원가발생	(차)	미성공사	41,500,000	(대)	현금	41,500,000
* 대금청구	(차)	공사미수금	58,000,000	(대)	공사수익	58,000,000
* 대금수령	(차)	현금	55,000,000	(대)	공사미수금	55,000,000
* 기말결산	(차)	공사수익	8,000,000	(대)	계약자산	3,000,000
					계약부채	5,000,000
		공사원가	41,500,000		미성공사	41,500,000

재무상태표

공사미수금	6,000,000	계약부채	5,000,000

※ 누적공사수익=₩25,000,000+50,000,000=₩75,000,000
누적청구액=₩22,000,000+58,000,000=₩80,000,000
누적공사수익 ₩75,000,000에서 누적청구액 ₩80,000,000을 차감하면 (−)₩5,000,000이므로 이를 계약부채로 표시한다.
이는 당기까지 인식한 공사수익 ₩75,000,000에 대하여 ₩80,000,000이 청구되었으므로 잔액 (−)₩5,000,000이 초과 청구되었다는 의미이다.
한편 누적청구된 금액 ₩80,000,000 중 총 ₩74,000,000을 회수하여 ₩6,000,000이 미회수되었다는 의미이다.
즉 누적공사수익으로 인식한 ₩75,000,000에서 현금으로 누적회수한 ₩74,000,000을 차감한 금액 ₩1,000,000이 위와 같이 구분표시되는 것이다.

3) 20×3년

* 원가발생	(차)	미성공사	23,500,000	(대)	현금	23,500,000
* 대금청구	(차)	공사미수금	20,000,000	(대)	공사수익	20,000,000
* 대금수령	(차)	현금	26,000,000	(대)	공사미수금	26,000,000
* 기말결산	(차)	계약부채	5,000,000	(대)	공사수익	5,000,000
		공사원가	23,500,000		미성공사	23,500,000

재무상태표

※ 누적공사수익=₩25,000,000+50,000,000+25,000,000=₩100,000,000
누적진행청구액=₩22,000,000+58,000,000+20,000,000=₩100,000,000

누적공사수익 ₩100,000,000에서 누적청구액 ₩100,000,000을 차감하면 0이므로 재무상태표에는 표시될 계약자산이나 계약부채가 없다.
한편 누적청구된 금액 ₩100,000,000 중 총 ₩100,000,000을 회수하여 공사미수금도 잔액이 없다.

제13장
판매관리비 및 영업외손익

1. 판매비와 관리비

판매비와 관리비(Selling and administrative expenses)는 재화 및 용역의 판매 활동 또는 기업의 전반적인 관리유지를 위하여 발생하는 다음의 비용을 말한다.

▷ 급여	▷ 퇴직급여	▷ 복리후생비
▷ 임차료	▷ 접대비	▷ 감가상각비
▷ 무형자산상각비	▷ 세금과공과	▷ 광고선전비
▷ 연구비	▷ 경상개발비	▷ 대손상각비
▷ 여비교통비	▷ 운반비	▷ 판매수수료
▷ 통신비	▷ 수도광열비	▷ 소모품비
▷ 수선비	▷ 보험료	▷ 보관료
▷ 지급수수료	▷ 잡비 등	

판매비와 관리비는 기업의 종류와 규모에 따라 당해 비용을 표시하는 적절한 과목으로 구분하여 기재할 수 있으므로 위의 예와 개별 기업의 사정을 고려하여 적절히 구분·표시하면 될 것이다.

또한, 판매비와 관리비는 판매부문이나 관리부문에서 발생하는 비용을 말하므로 제조부문에서 발생하는 원가는 동일한 계정 과목이라 할지라도 제조원가 중 경비의 과목으로 분류된다는 점을 잊지 말아야 할 것이다.

(1) 급여(Payroll)

임원급여, 급료, 임금, 제수당 및 잡급을 "급여"라는 과목으로 통합하여 표시하도록 하고 있으나 기업 내부적으로는 각각을 구분·관리하는 것이 업무상 효율적일 것이다.

(2) 퇴직급여(Severance benefits)

퇴직급여(충당)부채에서 살펴보았던 것처럼 회사는 결산일 현재 임직원의 퇴직금추계액을 퇴직급여 부채로 계상하여야 한다. 이러한 퇴직금추계액은 인원수의 증가, 평균급여의 상승, 근속 기간의 증가 등으로 인하여 증가하는 것이 일반적이므로 해당 증가액을 매 회계연도 말 퇴직급여의 과목으로 하여 비용으로 인식하며 성격에 따라 '제조원가', '판매비와관리비' 또는 '무형자산' 등으로 분류한다.

(3) 복리후생비(Welfare expenses, Fringe benefits)

복리후생비는 근로자에게 직접 지급되지는 않으나 근로환경의 개선이나 근로복지 향상 등을 위하여 지출되는 것을 말한다. 기업 생산성 분석에서 부가가치를 계산하는 경우에도 복리후생비는 이러한 이유로 인하여 인건비에 포함된다. 복리후생비에는 건강보험료, 고용보험료, 직장체육비, 직장연예비, 사업주 부담 국민연금부담액, 경조비, 우리사주조합의 운영비, 직장보육시설의 운영비 등이 포함된다.

(4) 임차료(Rent)

토지, 건물, 기계장치 등을 임차하는 경우 해당 임차료를 말한다.

(5) 접대비(Entertainment expenses, 업무추진비)

사업상의 목적을 위하여 지출한 식대, 주대, 선물비용 등 접대비용을 말한다. 접대비는 특정인을 전제로 한다는 점에서 불특정 다수를 대상으로 하는 광고선전비와 다르며, 사업상의 목적을 위한 지출이라는 점에서 사업과 관련이 없는 기부금과 다르다.

회사의 영업과 관련하여 불특정 다수의 고객 혹은 거래처를 대상으로 사은품, 경품을 제공하기 위하여 지출로서 건전한 사회 통념과 상관행에 비추어 정상적인 거래라고 인정될 수 있는 범위 안의 금액은 판매부대비용으로 보나 특정 고객이나 특정 거래처를 위한 지출은 접대비로 본다.

접대비는 법인세법상 일정 한도까지만 손금산입이 되기 때문에 광고선전비나 판매부대비용과 정확하게 구분하여 회계 처리되어야 한다. 최근 업무추진비라는 용어로 사용되고 있다.

(6) 세금과공과(Taxes and dues)

세금과공과는 국가나 지방자치단체가 부과하는 국세·지방세, 조합이나 협회 등의 공과금, 벌금·과태료 등을 말한다. 일반적으로 재산세, 자동차세, 매입부가가치세 중 불공제분, 사업소분 주민세 등과 조합비·협회비 등이 포함된다.

그러나 법인세와 지방소득세는 법인세비용으로 처리하여야 하며 유형자산 등을 취득하는 경우의 취득세·등록세 등은 해당 자산의 취득원가로 처리한다.

(7) 연구비(Research expenses)

연구활동은 새로운 과학적 또는 기술적 지식을 얻기 위하여 수행하는 독창적이고 계획적인 탐구활동을 말하는데 프로젝트의 연구 단계에서는 미래 경제적 효익을 창출할 무형자산이 존재한다는 것을 입증할 수 없기 때문에 연구 단계에서 발생한 지출은 무형자산으로 인식할 수 없고 발생한 기간의 비용으로 인식한다.

(8) 경상개발비(Ordinary development costs)

개발활동은 상업적인 생산 또는 사용 전에 연구 결과나 관련 지식을 새롭거나 현저히 개량된 재료, 장치, 제품, 공정, 시스템 및 용역의 생산을 위한 계획이나 설계에 적용하는 활동을 말하는데 개발활동과 관련하여 지출된 금액 중 무형자산의 '개발비'로 인정되는 금액을 제외한 금액은 경상개발비의 과목으로 하여 발생한 기간의 비용으로 인식한다. 위의 연구비와 묶어서 "경상연구개발비"라는 과목으로 표시하기도 한다.

무형자산에서 설명한 것처럼 개발활동과 관련된 지출은 '개발비' 혹은 '경상개발비'로 처리되는가에 따라 기간 손익에 미치는 효과가 현저히 다르기 때문에 회계 처리의 정확성이 요구된다고 할 수 있다.

(9) 대손상각비(Bad debt expenses)

결산기 말 현재 회수가 불확실한 채권은 합리적이고 객관적인 기준에 따라 산출한 대손추산액을 대손충당금으로 설정한다. 대손상각비는 기말에 이러한 대손추산액에서 대손충당금 잔액을 차감한 금액을 대손상각비로 계상한다. 이 경우 일반적인 상거래에서 발생한 매출채권(외상매출금, 받을어음)에 대한 대손상각비는 판매비와 관리비로 처리하고 기타채권(대여금, 미수금 등)에 대한 대손상각비는 '기타의 대손상각비'의 과목으로 하여 영업외비용으로 처리한다.

(10) 여비교통비(Travel and transportation expenses)

회사의 임직원이 업무와 관련하여 출장을 가는 경우 지급되는 실비 성격의 숙박료, 일당, 식사대, 교통비 등을 말한다.

세무상 여비교통비는 사회 통념상 인정되는 범위를 초과하는 경우에는 근로소득으로 간주되므로 여비교통비는 회사의 업무와 관련하여 출장자, 출장 목적, 출장지, 출장 기간 등을 분명하게 하여야 하며 관련 증빙등도 입증할 수 있어야 한다.

(11) 통신비(Communication charges)

전화료·우편요금 등의 사용료와 관련 장치의 유지비용을 말한다. 우표 등의 경우에는 통신비에 해당하나 대량으로 구입한 후 조금씩 사용하는 경우라면 미사용분은 선급비용 등으로 처리하는 것이 적절할 것이다.

(12) 수도광열비(Utilities expenses)

수도료, 전기료, 가스대 및 기타 연료대 등을 말하며 판매부문이나 관리부문에서 사용한 금액을 말한다.

(13) 수선비(Repair expenses)

유형자산을 취득한 이후에 해당 자산의 성능을 유지·보수 및 관리하기 위하여 지출하는 금액을 말한다. 다만, 유형자산의 사용 가능 기간 중 정기적으로 이루어지는 종합검사, 분해수리와 관련된 지출로서 이를 별개의 감가상각대상자산으로 인식할 수 있으며 다음의 요건을 충족하는 경우에는 자본적지출로 처리한다.

① 자산으로부터 발생하는 미래 경제적 효익이 기업에 유입될 가능성이 매우 높다.
② 자산의 취득원가를 신뢰성 있게 측정할 수 있다.

이익을 과대계상하고자 하는 기업의 일반적인 특성상 자산의 유지·보수·관리를 위한 수익적지출인 수선비를 기업들이 의도적으로 자본적지출로 회계 처리하는 경우가 있다. 이러한 회계 처리는 회계분식의 대표적인 수단으로서 재무제표를 분석하는 입장에서는 매우 주의해서 살펴보아야 한다. 즉 뚜렷한 이유 없이 전년보다도 수선비가 대폭 줄어드는 경우, 설비 증설 등의 계획이 없는데도 유형자산이 전년보다 크게 증가하는 경우 등이 이러한 예에 해당한다고 볼 수 있을 것이다.

한편, 기업에 따라서는 실제보다도 이익을 줄이고자 하는 역분식(逆粉飾)을 하는 경우도 있는데 이러한 경우에는 자본적지출을 수익적지출로 처리하여 수선비가 대폭 증가하는 경우가 있다. 자본적지출을 수익적지출로 처리하는 경우에는 이익이 감소되어 표시될 뿐 아니라 자산의 종류에 따라서는 취득세 탈루의 문제가 발생하기 때문에 기업회계기준과 법인세법의 규정에 따라 정확하게 처리하는 것이 중요하다고 할 수 있다.

(14) 보험료(Insurance expenses)

회사가 보유하고 있는 건축물이나 재고자산 등에 대한 화재보험료, 자동차보험료, 제품 등의 책임보험료 등을 말한다. 종업원에 대한 건강보험료, 산재보험료 등은 복리후생비로 처리하며 자산을 취득하는 경우에 발생하는 보험료는 해당 자산의 취득원가로 처리한다.

(15) 포장비(Wrapping and packing expenses)

상품 등을 판매하는 과정에서 발생하는 포장비를 말하는데 제품을 공장에서 출하하기 전에 발생하는 포장비는 제조원가로 분류하여야 한다.

(16) 견본비(Samples expenses)

회사의 제품 등을 널리 알릴 목적으로 불특정 다수의 거래처나 고객에게 제품의 일부를 제공하는 것을 말한다. 광고선전비와 성격이 비슷하므로 광고선전비와 통합하여 표시할 수도 있다. 그러나 신제품 등의 제공이 불특정 다수의 거래처나 고객이 아니라 일부 거래처 등에 국한된다면 견본비나 광고선전비로 보기는 곤란하며 접대비로 보아야 할 것이다.

(17) 판매수수료(Sales commission)

수탁판매회사나 대리점 등 기업의 외부인에게 사전 약정에 의하여 판매량이나 판매금액에 따라 지급하는 것을 말한다. 판매장려금에 해당하는 경우에는 매출에서 차감하여야 하므로 주의하여야 한다.

(18) 소모품비(Supplies expenses)

사무용 용지, 문방구류, 소모공구·기구·비품, 기타 사무용 소모품 등을 구입하기 위해서 지출한 비용을 말한다. 소모품을 대량으로 구입한 경우에는 미사용분을 선급비용 등으로 회계 처리할 수도 있다.

(19) 지급수수료(Commission)

회사의 업무와 관련하여 외부 전문가인 변호사, 회계사, 세무사 등에게 지급한 금액 등을 말한다.

(20) 잡비(Miscellaneous expenses)

판매부문이나 관리부분에서 발생하는 기타의 비용들을 말한다. 다만, 영업외비용으로 분류되는 잡손실과는 구분하여 회계 처리하여야 한다.

2. 매출액영업이익률

매출액영업이익률(Operating income to sales)은 매출액에 대한 영업이익의 비율을 말하는데 기업의 영업활동에 의한 성과와 효율성을 측정하기 위하여 사용된다. 높을수록 양호한 것으로 평가된다.

매출액영업이익률은 영업외수익·비용과 같은 투자 및 재무활동으로 인한 손익이 반영되지 않으므로 기업의 기본적이고 본질적 영업 구조의 효율성을 측정한다.

$$매출액영업이익률 = \frac{영업이익}{매출액} \times 100$$

최근 제조업 전체 자기자본비율은 다음과 같다.

구 분	2017	2018	2019	2020	2021	2022	2023
매출액영업이익률	7.59%	7.28%	4.43%	4.62%	6.79%	5.72%	3.28%

3. 영업외수익·비용

영업외손익은 일반기업회계기준에서는 영업외수익과 영업외비용으로 구분되지만 한국채택국제회계기준에서는 영업외수익은 "금융수익"과 "기타수익"으로, 영업외비용은 "금융비용"과 "기타 비용"으로 구분된다.

일반기업회계기준		한국채택국제회계기준	
영업이익	×××	영업이익	×××
영업외수익	×××	금융수익	×××
		금융비용	(×××)
영업외비용	(×××)	기타수익	×××
		기타 비용	(×××)
법인세비용차감전순이익	×××	법인세비용차감전순이익	×××

한국채택국제회계기준을 적용하는 경우 금융항목과 기타항목을 구분하는 것이 명시되어 있지 않아 기업마다 분류체계가 다르지만 일반적으로 금융적 성격의 항목이 금융수익이나 금융비용에 포함된다. 즉 이자수익·이자비용, 외환차익·외환차손, 외화환산이익·외화환산손실 등이 금융항목으로 포함된다.

실무에서 자주 실수하는 경우가 손익계산서의 금융비용을 이자비용으로 오해하는 경우가 많은데 위에서 언급한 것처럼 금융비용은 이자비용, 외환차손, 외화환산손실 등이 포함되므로 주의해서 해석하여야 한다.

기타수익이나 기타 비용에는 위에서 언급한 항목 이외의 항목들이 분류되며, 관계 기업투자와 관련된 지분법손익은 금융항목 혹은 기타항목으로 분류하지 않고 별도 표시하는 경우도 있다.

이번 장에서는 영업외수익과 비용으로 구분되는 과목을 금융항목과 기타항목으로 구분하지 않고 설명하도록 한다.

(1) 영업외수익

```
▷ 이자수익                           ▷ 배당금수익
▷ 임대료                             ▷ 지분법이익
▷ 당기손익-공정가치 금융자산평가이익      ▷ 외환차익
▷ 외화환산이익                       ▷ 투자자산처분이익
▷ 유형자산손상차손환입                 ▷ 사채상환이익
▷ 유형자산처분이익                    ▷ 채무면제이익
▷ 보험차익                           ▷ 잡이익 등
▷ 자산수증이익
```

1) 이자수익(Interest Revenues)

이자수익은 기업이 은행에 예치한 각종 예금·금융상품 등의 이자수익이나 국공채·사채 등 채무증권의 이자수익을 말한다. 금융기관의 경우에는 이자수익이 영업수익이 되나 금융기관이 아닌 경우 이자수익은 영업외수익의 한 과목이 된다.

이자수익의 인식은 발생주의에 따라 인식하므로 은행예금 등의 경우 이자는 만기에 받기로 약정되었다 하더라도 기간 경과에 따라 약정이자율을 감안하여 미수수익을 인식한다. 다만, 이자수익은 후술하는 배당금수익과 함께 이자수익금액을 신뢰성 있게 측정할 수 있고 경제적 효익의 유입가능성이 매우 높은 경우에만 인식하므로 회수가 불분명한 경우에는 이자수익을 인식할 수 없다.

한편, 국공채·사채 등 채무증권을 액면가액 이하로 취득한 경우에는 액면가액과 취득가액과의 차액을 상환기간에 걸쳐 유효이자율법에 의하여 상각한 후 이자수익으로 인식한다(금융상품 참조).

금융기관에서 수취하는 이자수익은 원천징수액을 차감한 후의 금액이므로 실제 수취한 금액만 이자수익으로 인식하는 것이 아니라 원천징수액까지 포함하여 이자수익으로 인식하고 원천징수당한 금액은 선급법인세로 처리한다.

제품의 판매대가가 판매 이후 장기간에 걸쳐 유입되는 경우에는 제품의 공정가액은 미래에 받을 금액의 합계액(명목가액)의 현재 가치로 측정하고 이를 매출액으로 인식하며, 명목가액이 공정가액보다 큰 경우에는 명목가액과 공정가액의 차액을 현금 회수기간에 걸쳐 이자수익으로 인식한다. 현재 가치의 측정에 사용되는 할인율은 신용도가 비슷한 기업이 발행한 유사한 금융상품(예:회사채)에 적용되는 시장이자율과 명목가액의 현재 가치와 제공되는 재화나 용역의 현금판매가액을 일치시키는 유효이자율 중 보다 명확히 결정될 수 있는 것으로 한다.

2) 배당금수익(Dividends income)

주식, 출자금 등으로부터 이익을 분배받는 것을 배당금수익이라고 한다. 배당금수익은 수익금액을 신뢰성 있게 측정할 수 있고 경제적 효익의 유입 가능성이 매우 높은 경우에만 인식하며 배당금을 받을 권리와 금액이 확정되는 시점(주주총회 등에서 배당금을 결의하는 시점)에 인식한다.

따라서 주식을 발행한 회사에서 배당금의 지급결의를 하고 실제 배당금을 지급할 때까지 주식을 보유한 회사는 미수수익을 인식하여야 한다. 다만, 배당금수익은 이자수익과 같이 기간 경과에 따라 수익을 인식하는 것은 아니므로 기간 계산을 할 필요는 없다.

주식배당이나 잉여금 등의 자본 전입으로 인한 무상주를 받은 경우에는 일체의 수익으로 인식하지 않는다. 따라서 해당 주식의 장부가액은 일정한데 주식 수만 증가하므로 주당 단가만 조정된다.

3) 임대료(Rent income)

부동산 등을 임대하고 일정 기간마다 사용 대가를 받는 경우에 이를 임대료라고 한다. 그러나 회사가 임대를 사업 목적으로 제시한 경우 임대료는 영업수익이 되므로 매출에 포함시켜 회계 처리하며, 임대가 사업 목적이 아닌 경우에 영업외수익으로 분류한다.

4) 외환차익 및 외화환산이익

외환차익(Gains on foreign exchange transaction)은 환율 변동으로 인하여 외화자산을 회수할 때에 회수금액이 장부금액보다 큰 경우이거나, 외화부채를 상환할 때에 상환금액이 장부금액보다 적은 경우 그 차액을 말한다. 따라서 외환차익은 거래가 실현될 때에 인식되는 과목이다.

한편, 외화환산이익(Gains on foreign currency translation)은 결산기 말에 인식하는 과목으로 환율 변동으로 인하여 기업이 보유하고 있는 화폐성 외화자산의 외환평가액이 장부금액보다 커지거나, 화폐성 외화부채의 외환평가액이 장부금액보다 적어지는 경우에 그 차액을 말한다. 따라서 외화환산이익은 미실현 거래에 대하여 인식되는 과목이다.

5) 대손충당금환입(Reversal of allowance for doubtful accounts)

회수 불능 채권에 대한 대손추산액보다 대손충당금 잔액이 많은 경우 해당 차액을 대손충당금환입의 과목으로 하여 영업외수익으로 분류한다.

단, 상거래에서 발생하는 매출채권은 판매관리비의 (−)대손상각비로 인식하므로 영업외수익으로 분류되는 대손충당금환입액은 미수금 등의 비매출채권에서 발생하는 환입액을 말한다.

6) 전기오류 수정이익(Gain on prior period adjustment)

당기에 발견한 전기 또는 그 이전 기간의 오류는 당기 손익계산서에 영업외손익 중 전기오류 수정이익 혹은 전기오류 수정손실로 표시한다.

다만, 중대한 오류에 대해서는 전기이월이익잉여금을 수정한다. 중대한 오류는 재무제표의 신뢰성을 심각하게 손상할 수 있는 매우 중요한 오류를 말한다. 비교재무제표를 작성하는 경우 중대한 오류의 영향을 받는 회계 기간의 재무제표 항목은 수정하여 재작성한다.

7) 자산수증이익(Gain on assets contributed)

회사가 재무적으로 어려움에 처해 있을 때 주주나 회사의 임원이 회사에 자산을 증여하는 경우가 있는데 이렇게 회사가 무상으로 자산을 증여받음으로써 발생하는 이익을 자산수증이익으로 처리한다. 금전 이외의 자산을 증여받은 경우에는 공정가액으로 인식한다.

8) 채무면제이익(Gain on exemption of debts)

회사의 채권자들로부터 채무의 일부 또는 전부를 면제받는 경우 면제받은 금액을 채무면제이익이라고 한다. 또한, 회사정리절차의 개시, 화의절차의 개시 또는 거래 당사자 간의 합의 등으로 인하여 채권·채무의 원리금, 이자율 또는 만기 등 계약조건이 채무자의 부담이 경감되도록 변경된 경우에는 조정대상 채권·채무의 장부가액과 현재 가치의 차이를 채무조정이익으로 인식한다.

9) 보험차익(Gains on insurance settlements)

화재 등으로 인하여 보험에 가입된 건물과 재고자산이 소실된 경우에 건물이나 재고자산의 장부가액보다 많은 금액을 보험회사로부터 보상받게 되면 그 차액을 보험차익이라고 한다.

(2) 영업외비용

> ▷ 이자비용
> ▷ 외환차손
> ▷ 외화환산손실
> ▷ 당기손익-공정가치 금융자산평가손실
> ▷ 유형자산손상차손
> ▷ 투자자산처분손실
> ▷ 재고자산감모손실(비정상분)
> ▷ 재해손실
> ▷ 기타의 대손상각비
> ▷ 매출채권처분손실
> ▷ 유형자산처분손실
> ▷ 지분법손실
> ▷ 사채상환손실
> ▷ 기부금
> ▷ 잡손실 등

1) 이자비용(Interest expenses)

장·단기차입금, 사채 등에 대한 이자비용과 수입 Banker's Usance에서 발생하는 이자 등을 말한다. 사채를 액면가액보다 적은 금액으로 발행하는 경우에 나타나는 사채할인발행차금은 상환기간에 걸쳐 유효이자율법에 의하여 매기 상각하고 상각액은 이자비용으로 처리한다.

기업회계기준상 이자비용은 기간비용으로 처리함을 원칙으로 한다. 다만, 자본화대상자산의 취득을 위한 자금에 차입금이 포함된다면 이러한 차입금에 대한 이자비용은 자본화대상자산의 취득에 소요되는 비용으로 보아 해당 자산의 취득 원가에 가산처리한다. 이러한 이자비용을 자본화하는 회계 처리 방법은 일단 선택하면 계속하여 적용하고, 정당한 사유 없이 변경하지 아니한다. 자본화대상자산은 유형자산, 무형자산 및 투자자산과 제조, 매입, 건설, 또는 개발이 개시된 날로부터 의도된 용도로 사용하거나 판매할 수 있는 상태가 될 때까지 1년 이상의 기간이 소요되는 재고자산을 말한다.

2) 외환차손 및 외화환산손실

외환차손(Losses on foreign exchange transaction)은 환율 변동으로 인하여 외화자산을 회수할 때에 회수금액이 장부금액보다 적은 경우이거나, 외화부채를 상환할 때에 상환금액이 장부금액보다 많은 경우 그 차액을 말한다. 따라서 외환차손은 거래가 실현될 때에 인식되는 과목이다.

한편, 외화환산손실(Losses on foreign currency translation)은 결산기 말에 인식하는 과목으로 환율 변동으로 인하여 기업이 보유하고 있는 화폐성 외화자산의 외환평가액이 장부금액보다 적어지거나, 화폐성 외화부채의 외환평가액이 장부금액보다 많아지는 경우에 그 차액을 말한다. 따라서 외화환산손실은 미실현 거래에 대하여 인식되는 과목이다.

3) 재고감모손실(Losses from inventory obsolescence)

재고자산은 취득원가를 장부가액으로 한다. 다만, 시가가 취득원가보다 낮은 경우에는 시가를 장부가액으로 한다. 이를 저가법(低價法)에 의한 평가라 하는데, 저가법으로 평가하는 경우 발생하는 재고자산평가손실은 재고자산의 차감계정으로 표시하고 매출원가에 가산한다.

한편, 재고자산의 장부상 수량과 실제 수량과의 차이에서 발생하는 재고자산감모손실의 경우 정상적으로 발생한 감모손실은 매출원가에 가산하고 비정상적으로 발생한 감모손실은 영업외비용으로 분류한다.

정상적으로 발생하는 감모손실은 영업활동의 과정에서 발생하는 것으로서 기업의 입장에서는 회피할 수 없는 성격이어야 하며, 경상적이고 금액적으로도 정상적인 감모손실을 말한다.

비정상적으로 발생하는 감모손실은 화재, 분실, 도난 등 비경상적이고 발생금액도 큰 경우의 감모손실을 의미한다.

4) 조업도손실(Loss on volume, loss on capacity)

원가계산에서 고정제조간접비는 생산설비의 정상조업도에 기초하여 제품에 배부하며, 실제 생산 수준이 정상조업도와 유사한 경우에는 실제조업도를 사용할 수 있다. 단위당 고정제조간접비 배부액은 비정상적으로 낮은 조업도나 유휴설비로 인하여 증가하여서는 아니 된다. 그러나 실제조업도가 정상조업도보다 높은 경우에는 실제조업도에 기초하여 고정제조간접비를 배부함으로써 재고자산이 실제 원가를 반영하도록 한다.

조업 수준이 비정상적으로 낮은 경우 고정제조간접비를 실제조업도가 아닌 정상조업도에 의하여 배부하는 것은 조업 수준이 비정상적으로 낮은 경우 제품단위당 고정제조간접비배부액이 현저히 높아져서 결국은 재무상태표에 표시되는 제품의 장부가액이 높아지기 때문에 정상조업도에 의하여 고정제조간접비를 배부함으로써 재고자산이 적정하게 표시되도록 하는 것이다.

이는 비정상적으로 낮은 조업 수준으로 인하여 발생하는 고정제조간접비의 과다배부액은 제품의 제조원가로 볼 수 없음에도 불구하고 재고자산의 제조원가에 포함된다면 자산이 과대표시되는 회계분식(會計粉飾)의 효과가 나타날 수도 있기 때문이다.

이렇게 정상적으로 낮은 조업 수준으로 인하여 재고자산에 배부되지 아니한 고정제조간접비는 "조업도손실" 등의 과목으로 하여 발생한 기간의 비용으로 처리하는데 일반적으로 영업외비용으로 분류한다.

5) 기부금(Donations)

사회복지단체나 종교단체 등에게 회사의 영업활동과 관계없이 무상으로 증여하는 금전 또는 기타 자산가액을 말한다.

6) 전기오류 수정손실(Loss on prior period adjustment)

당기에 발견한 전기 또는 그 이전 기간의 오류는 당기 손익계산서에 영업외손익 중 전기오류 수정이익 혹은 전기오류 수정손실로 표시한다. 다만, 중대한 오류에 대해서는 전기이월이익잉여금을 수정한다. 중대한 오류는 재무제표의 신뢰성을 심각하게 손상할 수 있는 매우 중요한 오류를 말한다. 비교재무제표를 작성하는 경우 중대한 오류의 영향을 받는 회계 기간의 재무제표 항목은 수정하여 재작성한다.

7) 재해손실(Casualty loss)

화재, 지진 등의 천재지변이나 도난 등으로 인하여 발생하는 거액의 손실을 말한다.

4. 외화 관련 손익계정

(1) 외환차익·외환차손

외환차익·외환차손(Gains·Losses on foreign exchange transaction)은 환율 변동으로 인하여 외화자산을 회수할 때에 회수금액이 장부금액과 차이가 발생하거나, 외화부채를 상환할 때에 상환금액이 장부금액과 차이가 발생할 때 그 차액을 말한다. 따라서 외환차익·차손은 거래가 실현될 때에 인식되는 과목이다. 일반적으로 현금흐름을 수반하는 거래에서 발생한다. 일반적으로 영업외수익·비용 중 금융항목으로 분류된다.

(2) 외화환산이익·외화환산손실

외화환산이익·손실(Gains·Losses on foreign currency translation)은 결산기 말에 인식하는 과목으로 환율 변동으로 인하여 기업이 보유하고 있는 화폐성 외화자산·부채의 외환평가액이 장부금액과 달라지는 경우 그 차액을 말한다. 따라서 외화환산이익·손실은 미실현 거래에 대하여 인식되는 과목이다. 즉 현금흐름을 수반하지 않는 평가 과정에서 발생하는 항목이다. 일반적으로 영업외수익·비용 중 금융항목으로 분류된다.

【예제 1. 외환차익 및 외화환산이익】

발해산업은 20×1년 9월 15일 은행에서 US $1,000을 외화차입하였다. 차입일의 환율은 ₩1,000/$이다. 차입금은 12월 말 현재 미상환 상태이며, 12월 31일 결산일 현재의 환율은 ₩900/$이다. 한편, 회사는 20×2년 1월 31일 회사는 차입금 전액을 상환하였는데 상환 시점의 환율은 ₩850/$이다. 일자별 회계 처리는?

▶ 해설

9/15	차>	현금	1,000,000	대>	외화차입금	1,000,000
12/31	차>	외화차입금	100,000	대>	외화환산이익[*1)]	100,000
1/31	차>	외화차입금	900,000	대>	현금	850,000
					외환차익[*2)]	50,000

*1) 외화환산이익 = @900 × $1,000 − 1,000,000
*2) 외환차익 = @850 × $1,000 − 900,000

【예제 2. 외환차손 및 외화환산손실】

발해산업은 20×1년 9월 15일 해외에 US$1,000의 수출을 하였다. 회사의 선적 시점의 환율은 ₩1,000/$이다. 외화외상매출금은 12월 말 현재 미회수 상태이며, 12월 31일 결산일 현재의 환율은 ₩940/$이다. 한편, 20×2년 1월 31일 회사는 외화외상매출금 전액을 회수하였는데 회수 시점의 환율은 ₩900/$이다. 회계 처리는?

▶ 해설

9/15	차>	매출채권	1,000,000	대>	매출액	1,000,000
12/31	차>	외화환산손실[*1)]	60,000	대>	매출채권	60,000
1/31	차>	현금	900,000	대>	매출채권	940,000
		외환차손[*2)]	40,000			

*1) 외화환산손실 = @940 × $1,000 − 1,000,000
*2) 외환차손 = @900 × $1,000 − 940,000

제14장
연결 재무제표와 별도 재무제표

최근 기업의 규모가 커지고 다양한 성장 전략을 선택하면서 사업 결합(Business combination)이 빈번하게 나타나기 시작하였다.

사업 결합은 합병, 영업양수도처럼 법적으로 동일한 실체가 되는 경우가 있는 반면 주식 취득을 통하여 지배력을 행사하여 지배·종속관계를 형성하되 법적으로는 별도의 실체를 이루고 경제적으로 단일의 실체를 구성하는 경우도 있다.

연결 재무제표(Consolidated financial statements)는 법적으로는 독립된 회사들이 지배·종속관계를 형성하여 단일의 경제적 실체(연결실체라 한다)가 되었을 때 이러한 단일의 경제적 실체에 대한 재무 상태와 경영성과 등을 표시하는 재무제표를 말한다. 국제회계기준은 종속회사가 있는 경우 연결 재무제표를 기본재무제표로 한다.

연결 재무제표는 회계 원리 수준을 넘어서므로 이번 장에서는 간략하게 개념만 이해하도록 한다.

연결 재무제표는 지배회사와 종속회사의 자산, 부채, 자본, 수익, 비용 등 동일한 계정을 합산하며 연결 실체의 재무 상태와 경영성과를 올바르게 표시하기 위하여 다음의 절차에 따라 작성한다.

① 지배회사의 투자계정과 종속회사의 자본계정을 상계하며
② 지배회사와 종속회사 간의 채권, 채무를 상계하고
③ 지배회사와 종속회사 간의 내부거래를 제거한다.

다만, 우리나라 기업의 경우 관련 법령에 의하여 별도 재무제표도 작성하여야 하는데 별도 재무제표(Separate financial statements)는 종속회사가 있는 기업이 종속기업, 공동기업 및 관계 기업에 대한 투자를 원가법 등에 의하여 표시한 재무제표를 말한다.

다만, 종속기업이 없는 기업은 재무제표(Financial statements: 실무적으로는 개별재무제표라고도 한다)를 작성한다. 만약 종속기업이 없는 기업이 유의적 영향력을 행사할 수 있는 관계 기업에 대한 투자가 있는 경우에는 재무제표상 관계 기업 투자에 대해서는 지분법을 적용한 재무제표를 작성한다. 지분법은 앞에서 설명한 바와 같이 투자자산을 최초에 원가로 인식하고, 취득 시점 이후 발생한 관계 기업의 순자산 변동액 중 투자기업의 지분을 해당 투자자산에 가감하여 보고하는 회계 처리 방법을 말한다.

A회사는 지배회사, B회사는 종속회사인 경우 각각의 기업이 작성해야 하는 재무제표는 다음과 같다.

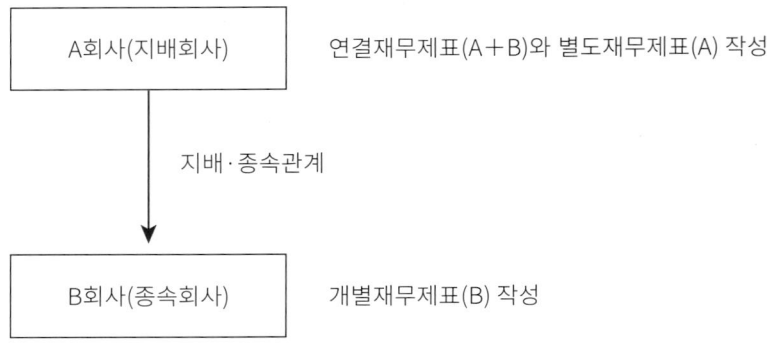

(1) 지배력의 정의

1) 한국채택국제회계기준

투자자는 피투자자에 관여하는 성격과 관계없이, 피투자자를 지배하는지 평가하여 자신이 지배기업인지를 결정하는데 투자자는 피투자자에 관여함에 따라 변동이익에 노출되거나 변동이익에 대한 권리가 있고, 피투자자에 대한 자신의 힘으로 변동이익에 영향을 미치는 능력이 있을 때 피투자자를 지배한다.

따라서 투자자는 다음 모두에 해당하는 경우에만 피투자자를 지배한다.
① 피투자자에 대한 힘이 있다.
② 피투자자에 관여함에 따라 변동이익에 노출되거나 변동이익에 대한 권리가 있다.
③ 투자자의 이익금액에 영향을 미치기 위하여 피투자자에 대한 자신의 힘을 사용하는 능력이 있다.

2) 일반기업회계기준

지배력이란 일반적으로 경제활동에서 효익을 얻기 위하여 재무정책과 영업정책을 결정할 수 있는 능력을 말한다.

지배기업이 직접으로 또는 종속기업을 통하여 간접으로 기업 의결권의 과반수를 소유하는 경우에는 지배기업이 그 기업을 지배한다고 본다. 다만, 그러한 소유권이 지배력을 의미하지 않는다는 것을 명확하게 제시할 수 있는 예외적인 경우는 제외한다.

다음의 경우에는 지배기업이 다른 기업 의결권의 절반 또는 그 미만을 소유하더라도 지배한다고 본다.

① 다른 투자자와의 약정으로 과반수의 의결권을 행사할 수 있는 능력이 있는 경우

② 법규나 약정에 따라 기업의 재무정책과 영업정책을 결정할 수 있는 능력이 있는 경우

③ 이사회나 이에 준하는 의사결정기구가 기업을 지배한다면, 그 이사회나 이에 준하는 의사결정기구 구성원의 과반수를 임명하거나 해임할 수 있는 능력이 있는 경우

④ 이사회나 이에 준하는 의사결정기구가 기업을 지배한다면, 그 이사회나 이에 준하는 의사결정기구의 의사결정에서 과반수의 의결권을 행사할 수 있는 능력이 있는 경우

연결 재무제표 양식 예시(일반기업회계기준)

연 결 재 무 상 태 표
제×기 20××년×월×일 현재
제×기 20××년×월×일 현재

기업명 (단위:원)

과 목	당 기	전 기
자 산		
유동자산	×××	×××
당좌자산	×××	×××
현금및현금성자산	×××	×××
단기투자자산	×××	×××
매출채권	×××	×××
선급비용	×××	×××
이연법인세자산	×××	×××
……	×××	×××
재고자산	×××	×××
제품	×××	×××
재공품	×××	×××
원재료	×××	×××
……	×××	×××
비유동자산	×××	×××
투자자산	×××	×××
투자부동산	×××	×××
장기투자증권	×××	×××
관계기업투자주식	×××	×××
……	×××	×××
유형자산	×××	×××
토지	×××	×××
설비자산	×××	×××
(−)감가상각누계액	(×××)	(×××)
건설중인자산	×××	×××
……	×××	×××
무형자산	×××	×××
영업권	×××	×××
산업재산권	×××	×××
개발비	×××	×××
……	×××	×××
기타비유동자산	×××	×××
이연법인세자산	×××	×××
……	×××	×××
자 산 총 계	×××	×××

과 목	당 기	전 기
부 채		
유동부채	×××	×××
단기차입금	×××	×××
매입채무	×××	×××
당기법인세부채	×××	×××
미지급비용	×××	×××
이연법인세부채	×××	×××
……	×××	×××
비유동부채	×××	×××
사채	×××	×××
신주인수권부사채	×××	×××
전환사채	×××	×××
장기차입금	×××	×××
퇴직급여충당부채	×××	×××
장기제품보증충당부채	×××	×××
이연법인세부채	×××	×××
……	×××	×××
부 채 총 계	×××	×××
자 본		
지배기업지분	×××	×××
자본금	×××	×××
보통주자본금	×××	×××
우선주자본금	×××	×××
연결자본잉여금	×××	×××
주식발행초과금	×××	×××
……	×××	×××
연결자본조정	×××	×××
자기주식	×××	×××
……	×××	×××
연결기타포괄손익누계액	×××	×××
매도가능증권평가손익	×××	×××
해외사업환산손익	×××	×××
현금흐름위험회피 파생상품평가손익	×××	×××
……	×××	×××
연결이익잉여금(또는 결손금)	×××	×××
법정적립금	×××	×××
임의적립금	×××	×××
미처분연결이익잉여금(또는 미처리결손금)	×××	×××
비지배지분	×××	×××
자 본 총 계	×××	×××
부채 및 자본 총계	×××	×××

연결손익계산서

제×기 20××년×월×일부터　20××년×월×일까지
제×기 20××년×월×일부터　20××년×월×일까지

기업명　　　　　　　　　　　　　　　　　　　　　　　　　　　　(단위:원)

과　　목	당　기		전　기	
매출액		×××		×××
매출원가		×××		×××
기초제품(또는 상품)재고액	×××		×××	
당기제품제조원가(또는 당기상품매입액)	×××		×××	
기말제품(또는 상품)재고액	(×××)		(×××)	
매출총이익(매출총손실)		×××		×××
판매비와관리비		×××		×××
급여	×××		×××	
퇴직급여	×××		×××	
복리후생비	×××		×××	
임차료	×××		×××	
접대비	×××		×××	
감가상각비	×××		×××	
무형자산상각비	×××		×××	
세금과공과	×××		×××	
광고선전비	×××		×××	
연구비	×××		×××	
경상개발비	×××		×××	
대손상각비	×××		×××	
……	×××		×××	
영업이익(영업손실)		×××		×××
영업외수익		×××		×××
이자수익	×××		×××	
배당금수익	×××		×××	
임대료	×××		×××	
단기투자자산처분이익	×××		×××	
단기투자자산평가이익	×××		×××	
외환차익	×××		×××	
외화환산이익	×××		×××	
지분법이익	×××		×××	
장기투자증권손상차손환입	×××		×××	
유형자산처분이익	×××		×××	
사채상환이익	×××		×××	
전기오류 수정이익	×××		×××	
……	×××		×××	

과　　　목	당 기	전 기
영업외비용	×× ×	×× ×
이자비용	×× ×	×× ×
기타의대손상각비	×× ×	×× ×
단기투자자산처분손실	×× ×	×× ×
단기투자자산평가손실	×× ×	×× ×
재고자산감모손실	×× ×	×× ×
외환차손	×× ×	×× ×
외화환산손실	×× ×	×× ×
기부금	×× ×	×× ×
지분법손실	×× ×	×× ×
장기투자증권손상차손	×× ×	×× ×
유형자산처분손실	×× ×	×× ×
사채상환손실	×× ×	×× ×
전기오류 수정손실	×× ×	×× ×
……	×× ×	×× ×
법인세비용차감전순손익	×× ×	×× ×
법인세비용	×× ×	×× ×
당기순이익(당기순손실)	×× ×	×× ×
지배기업지분순이익(순손실)	×× ×	×× ×
비지배지분순이익(순손실)	×× ×	×× ×
	×× ×	×× ×

제15장
원가회계 기초

1. 원가의 분류

원가의 분류체계를 살펴보기 전에 짚고 넘어가야 할 것은 원가(原價)에 대한 기본적인 정의이다. 이론적인 원가에 대한 정의와 달리 실무적으로 총원가(總原價)는 제조원가와 판매관리비로 구성된다고 정의된다. 물론 원가를 협의로 해석해서 제조원가만을 지칭하는 경우도 있기는 하지만, 일반적으로는 재료비·노무비·경비 등으로 구성된 제조원가와 판매관리비를 지칭한다.

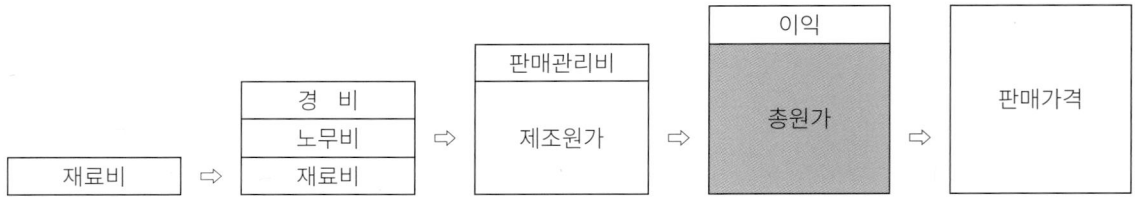

이를 통합하여 그리면 판매가격을 구성하는 5가지 요소는 다음과 같이 설명된다.

가격	총원가			영업이익
				판매관리비
		제조원가	경비	
			노무비	
			재료비	

한국은행에서 발표한 "기업경영분석"에 의하면 2023년 말 기준 제조업의 판매가격의 구성 요소비율은 다음과 같이 구성된다.

가 격 100%	총원가 96.72%	영업이익 3.28%		
		판매관리비 13.00%		
		제조원가 83.72%	경 비	21.28%
			노무비	6.50%
			재료비	55.94%

또한, 앞에서 살펴본 총원가를 손익계산서와 연결하여 생각해 볼 수도 있는데 손익계산서에서 수익과 비용은 기본적으로 영업활동과의 관련성에 따라 구분하여 각각 영업항목과 영업외항목으로 구분된다.

	수 익	비 용
영업성 ⇨	영업수익	영업비용(=총원가)
	영업외수익	영업외비용

비용과 원가를 엄격하게 달리 설명하는 회계 이론과 달리 총원가의 정의를 지극히 실무적인 측면에서 살펴본다면 위의 비용의 구분체계에서 영업비용을 지칭하는 의미로 사용된다. 따라서 앞으로 총원가에 대하여 살펴볼 때에는 영업외비용(제조업 등을 전제로 이자비용, 외환차손, 외화환산손실 등)은 포함되지 않는다.

이제 총원가의 분류체계와 흐름에 대하여 살펴보도록 한다.

(1) 기능에 따른 분류

원가의 가장 기본적인 분류로 원가의 기능에 따라 다음과 같이 구분한다.

1) 제조원가(Manufacturing cost)

제품의 제조 및 생산을 위하여 발생한 원가로 제품의 생산을 위하여 공장에서 발생한 재료비, 노무비, 경비 등으로 구성된다. 제조원가는 제품의 원가를 구성하여 재고로 남아 있다가 판매될 때 비용화되어 '매출원가'로 인식된다.

2) 비제조원가(Non-manufacturing cost)

제조원가 이외의 원가로 주로 판매 및 관리활동과 관련한 원가들이다. 이는 제품의 제조와는 직접적인 관련이 없으나 수익 창출과는 관련이 있으므로 기간수익과 대응되는 기간비용으로 인식된다. 일반적으로 판매비와 관리비가 여기에 속한다.

제조원가와 판매관리비의 구분	
제조원가	판매비와 관리비
생산직 사원의 노무비	관리부서·판매부서 사원의 급여
기계장치의 감가상각비	본사건물 혹은 비품의 감가상각비
공장건물보험료, 수도광열비	본사건물의 보험료, 수도광열비
생산부서의 복리후생비	판매부서의 복리후생비
공장의 세금과공과	본사건물의 세금과공과

(2) 제조원가의 요소별 분류

제품 생산을 위한 제조원가는 생산 요소의 종류에 따라 다음과 같이 나누어진다.

1) 재료비

제품의 생산에 필수적인 원재료 등의 원가를 말한다.

2) 노무비

제품을 생산하는 작업자의 근로에 대한 대가로 지출되는 원가로서 기본급, 수당, 상여, 잡급, 퇴직급여 등을 포함한다.

3) 경비

재료비와 노무비를 제외한 기타의 원가로서 복리후생비, 전력비, 가스수도비, 운반비, 지급수수료, 감가상각비, 임차료, 보험료 등을 말한다.

(3) 추적 가능성에 따른 분류

제조원가는 요소별 구분 외에 개별 제품이나 작업에 대한 추적 가능성에 따라 다음과 같이 나누어진다.

1) 직접원가(Direct cost)

특정 제품 혹은 특정 부문에 직접 관련시킬 수 있는 원가로 재료비 중에서 직접재료비, 노무비 중에서 직접노무비 등이 있다. 즉 개별 작업이나 제품별로 추적할 수 있는 원가로, 자동차의 경우 엔진이나, 컴퓨터의 경우 CPU나 하드디스크 등이 직접원가의 사례라 할 수 있다.

2) 간접원가(Indirect cost)

제조 및 생산 과정상 발생하기는 하였지만 특정 제품 혹은 특정 부문에 직접 추적할 수 없는 원가로 간접재료비, 간접노무비, 간접경비 등으로 구성된다. 예를 들어, 공장에서 발생하는 전력비, 기계식당비, 감가상각비, 보험료 등은 제품의 생산과는 관련이 있지만 개별 제품과의 관련성을 추적하는 것은 일반적으로 곤란하므로 간접원가로 분류된다.

원가의 구분은 원가의 집적대상(Cost object: 제품, 작업, 사업부 등)에 따라 달라지므로 특정 원가가 직접원가인가 혹은 간접원가인가는 항상 고정되어 있는 것은 아니다. 예를 들어, 건설부문, 섬유부문, 가구부문의 3개 사업부로 구성되어 있는 회사의 경우 회사 전체의 인지도를 높이기 위한 광고비는 각각의 사업부에 간접원가가 되지만, 건설부문에서 건설하는 아파트를 선전하기 위한 광고비는 건설부문의 직접원가가 된다.

원가를 추적 가능성에 따라 분류하는 경우 직접원가는 각 원가집적대상에 직접 부과하고, 간접원가는 별도의 부과 방법에 따라 원가집적대상에 부과하는데, 이렇게 간접원가를 원가집적대상에 부과하는 절차를 원가배부(Cost application)라 한다.

(4) 원가 행태에 따른 분류

원가는 원가 행태(Cost behavior)에 따라 다음과 같이 구분되는데, 원가 행태란 조업도가 변함에 따라 총원가가 일정한 양상으로 변화하는 형태를 말한다.

1) 변동비(Variable cost)

조업도의 증감에 따라 총원가가 증감하는 원가이며 단위당 변동비는 조업도에 관계없이 일정하다. 직접재료비가 대표적인 변동비의 사례라고 할 수 있다.

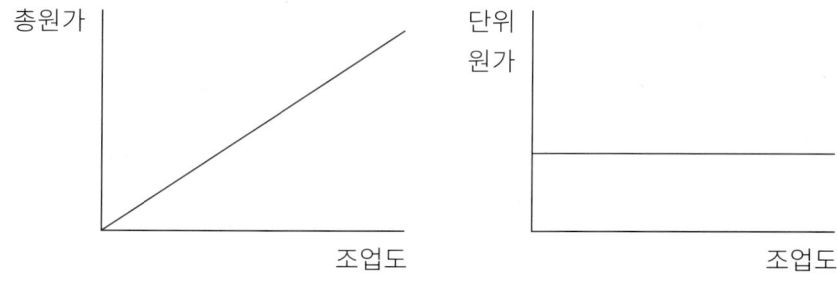

2) 고정비(Fixed cost)

조업도의 증감에 관계없이 항상 일정한 금액이 발생하는 원가로, 단위당 고정비는 조업도와 반비례하게 된다. 제조간접비 중 감가상각비, 임차료, 보험료 등이 여기에 해당한다.

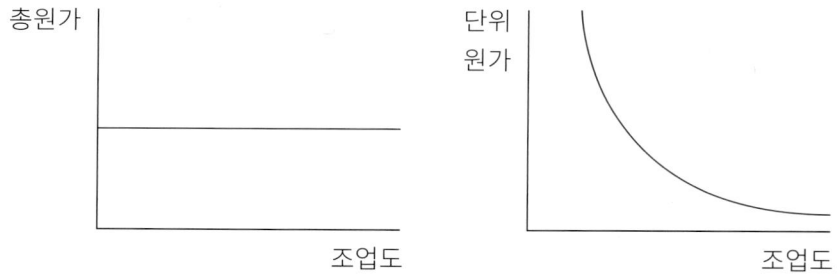

3) 혼합원가(Mixed cost)

조업도의 증감과 관계없이 일정하게 발생하는 고정비와 조업도의 증감에 따라 비례하여 발생하는 변동비를 모두 가지고 있는 원가로, 준변동비(Semi-variable cost)라고도 한다. 제조경비 중 전력비, 가스수도비 등이 여기에 해당한다.

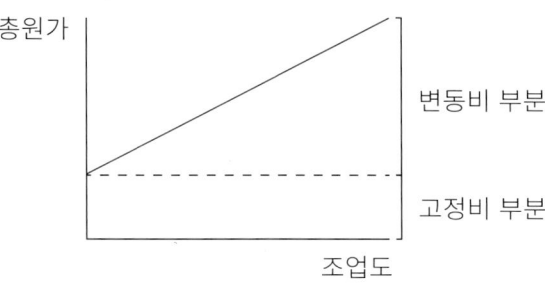

이를 수식으로 표현하면

y = ax + b로서

a: 그래프상 기울기로서 단위당 변동비를 의미하고

b: 그래프상 y 절편으로 고정비를 의미한다.

4) 단계원가(Step cost)

일정 관련 범위 내에서는 고정비처럼 발생하지만 관련 범위를 벗어나면 총원가가 증가 또는 감소하는 원가로서 준고정비(Semi-fixed cost)라고도 한다. 준고정비는 원가 발생의 불가분성(Indivisibility) 때문에 발생하는 것으로 감독자 급료 등이 여기에 해당한다. 즉 감독 1명이 생산직 사원 50명을 통제할 수 있는 경우 공장에 생산직 사원의 수가 50명 이내인 경우에는 감독이 1명 필요하지만, 생산직 사원이 70명인 경우에는 감독을 1.4명 고용할 수는 없으므로 2명 고용하게 된다. 결국 생산직 사원의 수가 51명에서 100명인 경우에는 인원수와 관계없이 2명의 감독을 고용하게 되므로 감독의 급료는 그림과 같이 준고정비가 된다.

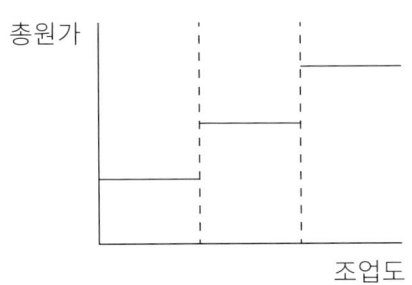

3. 원가의 흐름

앞에서 살펴본 바와 같이 원가의 분류는 그 기준에 따라 여러 가지로 나누어지는데 이를 전체적 흐름으로 손익계산서와 연결하여 보자. 우선 원가는 제조·생산 활동과 관련된 '제조원가'와 판매·관리활동과 관련된 '비제조원가'로 나누어진다. 한편, 제조원가는 요소별 구분에 따라 재료비·노무비·경비로 나누어진다.

원가 분류 시스템이 정교하지 않은 기업의 경우에는 제조원가를 재료비·노무비·경비로만 구분하는 정도가 일반적이다. 따라서 이러한 경우 제조원가의 흐름은 다음과 같다.

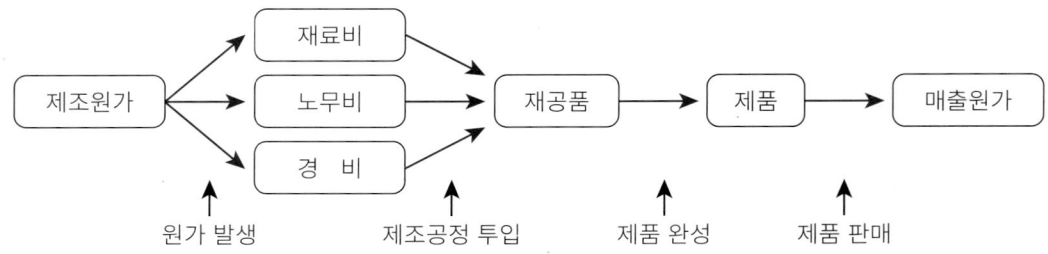

한편, 비제조원가는 판매 및 관리활동과 관련한 원가로 손익계산서상 판매비와 관리비로 인식된다.

위의 내용을 종합하면 다음과 같다.

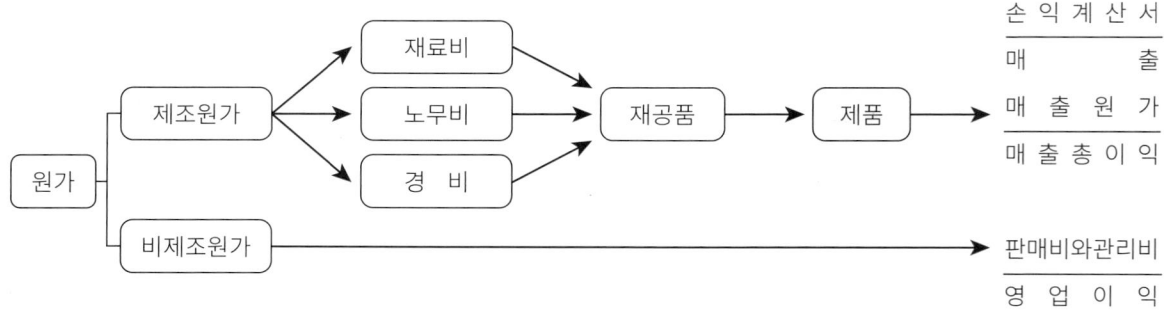

4. 원가 요소별 계산 및 제조원가명세서

(1) 재료비

재료계정은 다음과 같이 차변에 기초재료재고액과 당기구입액이 기록되고 대변에 재료사용액(소비액)과 기말재료재고액이 기록된다.

재 료	
기초재료재고액	재료비 (재료사용액)
당기구입액	기말재료재고액

⇨ 재료비발생액

재료비발생액은 당기 중 사용한 재료소비액을 말하므로 기초재료재고액에 당기구입액을 합산하고 기말재료재고액을 차감하여 계산된다.

> 재료비＝기초재료재고액＋당기구입액－기말재료재고액

위의 재료비발생액 중 개별 제품이나 작업으로 추적 가능한 원가는 직접재료비로 분류되고, 추적 불가능한 원가는 간접재료비가 되어 제조간접비로 분류된다. 실무적으로 재료비는 대부분 직접비에 해당하므로 간접재료비는 발생하지 않을 수 있으며, 간접재료비의 계산이 번거로운 경우에는 처음부터 재료비로 취급하지 않고 경비항목 중 '소모품비' 등의 과목으로 처리하는 경우도 있다.

【예제 1. 재료비 계산】

재료비 관련 원가계산자료는 다음과 같다.

기초 재료재고액	￦100,000
당기 구입액	1,000,000
기말 재료재고액	300,000

▶요구 사항

당기에 발생한 재료비를 계산하시오.

▶해 설

재료비＝￦100,000 ＋ 1,000,000 － 300,000 ＝ ￦800,000

(2) 노무비

비용의 인식은 발생주의에 따라 인식하므로 미지급노무비가 있는 경우에는 발생주의에 따라 노무비발생액을 계산하여야 한다. 즉 기말 미지급노무비는 당기 중 발생하였으나 지급하지 못한 노무비이므로 당기발생액으로 인식한다. 기초 미지급노무비는 전기 이전에 발생한 노무비이므로 당기 발생액을 계산하는 과정에서는 차감하여 계산한다. 따라서 노무비발생액은 당기지급액에 기말 미지급노무비를 가산하고 기초(전기 말) 미지급노무비는 차감하여 계산한다.

> 노무비 = 당기지급액 + 당기 말 미지급노무비 − 전기 말 미지급노무비

위의 노무비발생액 중 개별 제품이나 작업으로 추적 가능한 원가는 직접노무비로, 추적 불가능한 원가는 간접노무비가 되어 제조간접비로 분류된다.

(3) 경비

경비는 재료비와 노무비를 제외한 나머지 제조원가로 전력비, 수도광열비, 식당비, 보험료, 임차료, 감가상각비 등으로 구성된다. 경비도 노무비와 마찬가지로 발생주의에 따라 발생액을 계산하며 경비의 특성상 많은 계정 과목이 있어 계정 과목마다 선급 또는 미지급이 발생할 수 있다. 미지급비용의 경우는 노무비에서 살펴보았으므로 여기에서는 선급비용에 관하여 살펴보도록 하자.

기말선급경비는 차기 이후에 발생할 비용을 당기에 미리 지급한 것이므로 당기 발생비용은 아니다. 따라서 기말 선급경비는 당기지급액에서 차감하여 계산한다. 기초(전기 말)선급경비는 당기에 발생할 비용을 전기 이전에 미리 지급한 것이므로 당기발생액으로 인식한다. 따라서 전기 말 선급경비는 당기지급액에 가산하여 계산한다.

> 경비 = 당기지급액 + 당기 말 미지급경비 − 전기 말 미지급경비
> − 당기 말 선급경비 + 전기 말 선급경비

앞에서 설명한 바와 같이 경비 발생액은 직접비인 경우도 있으나 대부분 간접비이므로 제조간접비로 분류된다.

(4) 당기총제조원가

직접재료비, 직접노무비와 제조간접비는 재공품계정으로 대체되어 원가계산의 절차를 거치는데, 여기에서 재공품계정에 집계된 직접재료비, 직접노무비와 제조간접비의 합계는 당기에 발생하여 제조 과정에 투입된 제조원가를 의미하므로 당기총제조원가(Current manufacturing cost)라고 한다.

$$당기총제조원가 = 직접재료비 + 직접노무비 + 제조간접비$$
$$= 재료비 + 노무비 + 경비$$

(5) 당기제품제조원가

당기제품제조원가(Cost of goods manufactured)는 당기에 완성된 제품의 제조원가를 의미하는 것으로 기초재공품재고액에 당기총제조원가를 가산하고 기말재공품재고액을 차감하여 계산한다. 재공품계정은 공정을 의미하므로 재공품계정의 차변합계금액, 즉 기초재공품재고액과 당기총제조원가의 합계는 전기에 완성하지 못하고 이월된 미완성품과 당기에 투입된 원가의 합계를 의미한다. 여기에서 당기에 완성하지 못하고 기말에 남아 있는 기말재공품재고액을 차감하면 당기에 완성된 제품의 원가, 즉 당기제품제조원가가 계산된다.

$$당기제품제조원가 = 기초재공품재고액 + 당기총제조원가 - 기말재공품재고액$$

재 공 품

기초재공품	당기제품제조원가 (완성품원가)
당기총제조원가 (직접재료비 재료비 직접노무비 또는 노무비 제조간접비 경 비)	
	기말재공품

⇨ 제품

한편, 당기에 제품 제조를 위하여 제조공정에 투입된 생산 요소와 재공품계정의 증감을 일목요연하게 파악할 수 있도록 제조원가명세서를 다음과 같이 작성한다.

제조원가명세서

과　　　목	금　　액	
Ⅰ. 재　　　료　　　비		×××
1. 기초재료재고액	×××	
2. 당기재료매입액	×××	
계	×××	
3. 기말재료재고액	(−)×××	
Ⅱ. 노　　　무　　　비		×××
1. 기　　본　　급	×××	
2. 수　　　　　당	×××	
3. 상　　　　　여	×××	
4. 퇴 직 급 여	×××	
Ⅲ. 경　　　　　　　비		×××
1. 전　　력　　비	×××	
2. 가 스 수 도 비	×××	
3. 운　　반　　비	×××	
4. 감 가 상 각 비	×××	
5. 수　　선　　비	×××	
6. 세 금 과 공 과	×××	
7. 임　　차　　료	×××	
8. 보　　험　　료	×××	
9. 여 비 교 통 비	×××	
10. 통　　신　　비	×××	
11. 소 모 품 비	×××	
12. 잡　　　　　비	×××	
Ⅳ. 당 기 총 제 조 원 가		×××
Ⅴ. 기 초 재 공 품 원 가		×××
계		×××
Ⅵ. 기 말 재 공 품 원 가		(−)×××
Ⅶ. 당 기 제 품 제 조 원 가		×××

제조원가명세서에서 직접재료비는 앞에서 살펴본 바와 같이 기초재료재고액에 당기구입액을 가산하고 기말재료재고액을 차감하여 계산하며, 직접노무비와 제조간접비는 발생주의에 따라 인식한 금액을 제조원가명세서에 기록한다.

Ⅳ에서 직접재료비, 직접노무비, 제조간접비를 합하여 당기총제조원가를 계산하며, 이에 기초재공품재고액을 합산하고 기말재공품재고액을 차감하여 Ⅶ에서 당기제품제조원가, 즉 당기완성품원가를 계산한다.

결국 제조원가명세서는 기업의 제조활동에 따른 완성품의 원가가 계산되는 과정을 작성한 부속명세서이다. 또한, 제조원가명세서에서 계산된 당기제품제조원가는 손익계산서에서 매출원가를 계산하는 과정에 포함되므로 부속명세서와 재무제표가 연결되어 기업의 제조활동과 판매 활동을 표시하게 된다.

【예제 2. 제조원가명세서 작성】

예제 1에서 당기재료비는 모두 제품에 대하여 추적 가능하며 직접노무비는 ₩1,000,000이고 경비내역은 다음과 같다.

전 력 비	400,000
수 도 광 열 비	300,000
임 차 비	320,000
보 험 료	380,000
감 가 상 각 비	300,000
계	1,700,000

▶ 요구 사항

기초재공품재고액이 ₩150,000이고 기말재공품재고액이 ₩200,000일 때 다음의 사항에 답하시오.

   1. 당기총제조원가

   2. 당기제품제조원가

   3. 제조원가명세서

▶ 해설

1. 당기총제조원가 = 직접재료비+직접노무비+제조간접비
   = ₩800,000+1,000,000+1,700,000 = ₩3,500,000
2. 당기제품제조원가 = 기초재공품재고액+당기총제조원가−기말재공품재고액
   = ₩150,000+3,500,000−200,000 = ₩3,450,000
3. 제조원가명세서

Ⅰ. 직 접 재 료 비				₩800,000
	1. 기초재료재고액		100,000	
	2. 당기재료매입액		1,000,000	
	계		1,100,000	
	3. 기말재료재고액		300,000	
Ⅱ. 직 접 노 무 비				1,000,000
Ⅲ. 제 조 간 접 비				1,700,000
	1. 전 력 비		400,000	
	2. 수 도 광 열 비		300,000	
	3. 임 차 비		320,000	
	4. 보 험 료		380,000	
	5. 감 가 상 각 비		300,000	
Ⅳ. 당 기 총 제 조 원 가				3,500,000
Ⅴ. 기 초 재 공 품 원 가				150,000
	합 계			3,650,000
Ⅵ. 기 말 재 공 품 원 가				200,000
Ⅶ. 당 기 제 품 제 조 원 가				₩3,450,000

(6) 매출원가

재공품계정에서 대체된 당기제품제조원가는 제품계정 차변에 기록되며 기초제품재고액에 당기제품제조원가를 가산하고 기말제품재고액을 차감하여 매출원가(Cost of goods sold)를 계산한다. 즉 매출원가는 당기 중 판매된 제품의 원가를 의미한다. 참고로 제품계정 차변 합계금액을 판매가능제품재고액이라고도 한다.

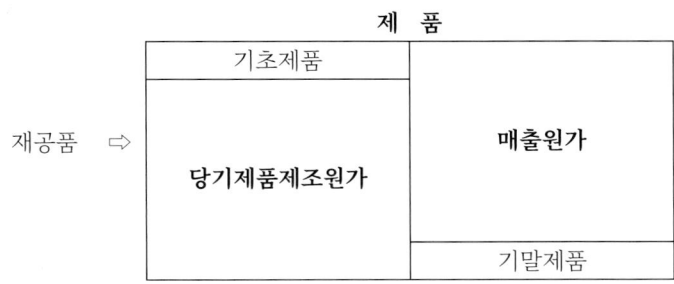

매출원가＝기초제품재고액＋당기제품제조원가－기말제품재고액

제조업의 매출원가는 유통업의 매출원가와 같은 의미이다. 다만, 제조업은 제품을 판매하는 데 비하여 유통업은 상품을 판매한다는 점만 차이가 날 뿐이다. 유통업에서는 상품을 구매하여 판매하므로 재무회계에서 다루는 상기업의 매출원가는 다음과 계산된다.

매출원가＝기초상품재고액＋상품순매입액－기말상품재고액

【예제 3. 매출원가와 손익계산서】

매출 및 원가 관련 자료는 다음과 같다.

매출액	₩5,000,000	판매부 사원급여	60,000
기초제품재고액	250,000	관리부 소모품비	50,000
기말제품재고액	400,000	영업부 여비교통비	100,000
		본사 세금과공과	90,000

▶요구 사항

예제 2와 위의 자료를 이용하여 매출원가를 계산하고 손익계산서를 작성하시오.

▶ 해설

1. 매출원가 = 기초제품재고액＋당기제품제조원가－기말제품재고액
   = ₩250,000 ＋ 3,450,000 － 400,000 ＝ ₩3,300,000

2. 손익계산서

Ⅰ. 매　　출　　액		₩5,000,000
Ⅱ. 매　출　원　가		3,300,000
1. 기 초 제 품 재 고 액	250,000	
2. 당기제품제조원가	3,450,000	
계	3,700,000	
3. 기 말 제 품 재 고 액	400,000	
Ⅲ. 매　출　총　이　익		1,700,000
Ⅳ. 판　매　관　리　비		300,000
1. 급　　　　　여	60,000	
2. 소　모　품　비	50,000	
3. 여 비 교 통 비	100,000	
4. 세 금 과 공 과	90,000	
Ⅴ. 영　업　이　익		₩1,400,000

앞에서 살펴본 원가의 흐름을 종합적으로 살펴보면 다음과 같다.

재료비, 노무비, 경비 발생액 중에서 각 제품이나 작업 등에 추적 가능한 원가는 직접비로 분류, 재공품계정으로 대체하고 추적 곤란한 원가는 간접재료비, 간접노무비, 간접경비의 과목으로 하여 제조간접비계정으로 대체한 후 일정한 배부기준에 의하여 재공품계정에 대체한다.

재공품계정에서는 당기에 투입된 직접재료비, 직접노무비, 제조간접비의 합계, 즉 당기총제조원가와 기초재공품원가를 합산하고 기말재공품원가를 차감하여 당기에 완성된 제품의 원가인 당기제품제조원가를 계산하며 이는 제품계정으로 대체된다.

제품계정에서는 기초제품재고액과 재공품계정에서 대체된 당기제품제조원가를 합하여 판매가능제품재고액을 구성하고 기말제품재고액을 차감하여 매출원가를 계산한다.

이러한 계산의 과정 중 원재료 등 생산 요소의 발생액에서 당기 완성품원가계산까지의 과정(재공품계정)은 제조원가명세서에 표시되며, 제품계정에서 계산되는 매출원가는 손익계산서에 표시된다.

7. 제조원가의 구성

앞서 설명한 바와 같이 제조원가는 재료비, 노무비, 경비 등으로 구성되는데 제조업 전체의 최근 몇 년간 제조원가 구성 비중을 살펴보면 다음과 같다.

(단위: %)

구분	2014	2015	2016	2017	2018	2019	2020	2021	2022	2023
재료비	68.55	65.51	65.09	67.02	66.47	65.39	64.00	66.27	68.11	66.82
노무비	7.30	8.14	8.67	8.48	8.26	8.54	9.00	8.15	7.50	7.76
경 비	24.15	26.35	26.24	24.50	25.27	26.07	27.00	25.58	24.39	25.42
계	100.00	100.00	100.00	100.00	100.00	100.00	100.00	100.00	100.00	100.00

최근 일부 업종의 제조원가의 구성은 다음과 같다.

<2023년>   (단위: %)

구분	전자	자동차	조선	식료품	자동차부품	화학	제약	플라스틱
재료비	44.36	84.19	53.42	75.48	71.89	72.42	50.33	73.32
노무비	8.61	7.71	9.72	7.76	8.23	4.56	13.74	5.70
경 비	47.03	8.10	36.86	16.76	19.88	23.02	35.93	20.98
계	100.00	100.00	100.00	100.00	100.00	100.00	100.00	100.00

주) 전자업은 총제조원가 중 감가상각비가 15.63%
    조선업은 총제조원가 중 외주가공비가 22.14%
    제약업은 총제조원가 중 외주가공비가 10.49%

제3부

자본변동표와 현금흐름표

제1장 자본변동표

자본변동표는 자본의 크기와 그 변동에 관한 정보를 제공하는 재무보고서로서 자본을 구성하고 있는 자본금, 자본잉여금, 자본조정(기타자본), 기타포괄손익누계액, 이익잉여금(또는 결손금)의 변동에 대한 포괄적인 정보를 제공한다. 자본변동표에는 자본금, 자본잉여금, 자본조정, 기타포괄손익누계액, 이익잉여금(또는 결손금)의 각 항목별로 기초잔액, 변동사항, 기말잔액을 표시한다.

1. 자본의 변동 요인

(1) 자본금의 변동
자본금의 변동은 유상증자(감자), 무상증자(감자)와 주식배당 등에 의하여 발생하며, 자본금은 보통주자본금과 우선주자본금으로 구분하여 표시한다.

① 유상증자(감자)　　② 무상증자(감자)　　③ 주식배당 등

(2) 자본잉여금의 변동
자본잉여금은 주식발행초과금, 감자차익 및 기타자본잉여금 등으로 구성되는데 자본잉여금의 변동은 유상증자(감자), 무상증자(감자), 결손금처리, 전환사채 및 신주인수권부사채의 발행 등에 의하여 발생하며, 주식발행초과금과 기타자본잉여금으로 구분하여 표시한다.

① 유상증자(감자)　　② 무상증자(감자)　　③ 자기주식처분이익
④ 결손금의 처리　　⑤ 전환사채의 전환　　⑥ 신주인수권부사채의 신주발행 등

(3) 자본조정(기타자본)의 변동

자본조정은 자기주식, 감자차손, 주식할인 발행차금, 자기주식처분손실 등으로 구성되는데 자본조정의 변동은 자기주식은 구분하여 표시하고 기타자본조정은 통합하여 표시할 수 있다.

① 자기주식　　　　　　② 감자차손
③ 주식할인 발행차금　　④ 자기주식처분손실 등

(4) 기타포괄손익누계액의 변동

기타포괄손익누계액은 매도가능금융자산평가손익, 재평가차익, 해외사업환산손익 등으로 구성되는데 기타포괄손익누계액의 변동은 매도가능증권평가손익, 해외사업환산손익 및 현금흐름위험회피 파생상품평가손익은 구분하여 표시하고 그밖의 항목은 그 금액이 중요할 경우에는 적절히 구분하여 표시할 수 있다.

① 매도가능증권평가손익　　② 재평가차익
③ 해외사업환산손익　　　　④ 지분법자본변동 등

(5) 이익잉여금의 변동

이익잉여금의 변동은 다음과 같은 항목으로 구분하여 표시한다.

① 회계정책의 변경으로 인한 누적 효과
② 중대한 전기오류 수정손익
③ 연차배당(당기 중에 주주총회에서 승인된 배당금액으로 하되 현금배당과 주식배당으로 구분하여 기재)과 기타 전기 말 미처분이익잉여금의 처분
④ 중간배당(당기 중에 이사회에서 승인된 배당금액)
⑤ 당기순손익
⑥ 기타: '①' 내지 '⑤' 외의 원인으로 당기에 발생한 이익잉여금의 변동으로 하되, 그 금액이 중요한 경우에는 적절히 구분하여 표시한다.

2. 자본변동표의 예시_일반기업회계기준

자 본 변 동 표

제×기 20××년 ×월 ×일부터 20××년 ×월 ×일까지
제×기 20××년 ×월 ×일부터 20××년 ×월 ×일까지

회사명 (단위: 원)

구 분	자본금	자본잉여금	자본조정	기타포괄손익누계액	이익잉여금	총 계
20××.×.×(보고금액)	×××	×××	×××	×××	×××	×××
회계정책변경누적 효과					(×××)	(×××)
전기오류 수정					(×××)	(×××)
수정후 이익잉여금					×××	×××
연차배당					(×××)	(×××)
처분 후 이익잉여금					×××	×××
중간배당					(×××)	(×××)
유상증자(감자)	×××	×××				×××
당기순이익(손실)					×××	×××
자기주식 취득			(×××)			(×××)
해외사업환산손익				(×××)		(×××)
20××.×.×	×××	×××	×××	×××	×××	×××
20××.×.×(보고금액)	×××	×××	×××	×××	×××	×××
회계정책변경누적 효과					(×××)	(×××)
전기오류 수정					(×××)	(×××)
수정 후 이익잉여금					×××	×××
연차배당					(×××)	(×××)
처분 후 이익잉여금					×××	×××
중간배당					(×××)	(×××)
유상증자(감자)	×××	×××				×××
당기순이익(손실)					×××	×××
자기주식 취득			(×××)			(×××)
매도가능증권평가손익				×××		×××
20××.×.×	×××	×××	×××	×××	×××	×××

주) 자본변동표에서 전기에 이미 보고된 이익잉여금(또는 결손금)의 금액이 당기에 발생한 회계정책의 변경이나 중대한 전기오류 수정으로 인하여 변동된 경우에는 전기에 이미 보고된 금액을 별도로 표시하고 회계정책 변경이나 오류 수정이 매 회계연도에 미치는 영향을 가감한 수정 후 기초이익잉여금을 표시한다.

3. 자본변동표의 예시_한국채택국제회계기준

자 본 변 동 표
제×기 20××년 ×월 ×일부터 20××년 ×월 ×일까지
제×기 20××년 ×월 ×일부터 20××년 ×월 ×일까지

회사명 (단위:원)

구 분	자본금	자본잉여금	기타자본	기타포괄손익누계액	이익잉여금	총 계
20××.×.×(전기초)	×××	×××	×××	×××	×××	×××
당기순이익					×××	×××
기타포괄손익						
......				×××		×××
......				(×××)		(×××)
소유주와의 거래 등						
연차배당					(×××)	(×××)
중간배당					(×××)	(×××)
자본잉여금변동		×××				×××
기타자본변동			×××			×××
20××.×.×(전기 말)	×××	×××	×××	×××	×××	×××
20××.×.×(당기 초)	×××	×××	×××	×××	×××	×××
당기순이익					×××	×××
기타포괄손익						
......				×××		×××
......				(×××)		(×××)
소유주와의 거래 등						
연차배당					(×××)	(×××)
중간배당					(×××)	(×××)
자본잉여금변동		×××				×××
기타자본변동			×××			×××
20××.×.×(당기 말)	×××	×××	×××	×××	×××	×××

제2장
이익잉여금처분계산서

1. 이익잉여금처분계산서의 의의와 구성

이익잉여금처분계산서(Statement of appropriation of retained earnings)는 손익계산서에서 발생한 이익이 사내에 유보되어 재무상태표(대차대조표)의 자본으로 전입되거나 배당금 등으로 사외 유출되는 과정을 보여 주는 재무제표로서 중소기업회계기준에서는 재무제표의 종류로 정하고 있으나 한국채택국제회계기준과 일반기업회계기준에서는 주석 사항으로 정하고 있다.

이익잉여금처분계산서는 다음과 같이 미처분이익잉여금, 임의적립금 등의 이입액, 이익잉여금처분액, 차기이월이익잉여금으로 구성된다. 이익잉여금처분계산서에서 다루어지는 이익잉여금의 변동 내용은 주주총회에서 이익잉여금에 대하여 의결된 사항이 반영되는 것이다.

이익잉여금처분계산서

구 분	금액	설명
Ⅰ. 미처분이익잉여금	×××	⇒ 당기 말 재무상태표 자본 중 "미처분이익잉여금"과 일치
Ⅱ. 임의적립금등의 이입액	×××	⎫
합 계	×××	⎬ 차기초 주주총회에서 결정
Ⅲ. 이익잉여금 처분액	×××	⎭
Ⅳ. 차기이월미처분이익잉여금	×××	Ⅰ + Ⅱ − Ⅲ

※ 이익잉여금처분계산서와 재무상태표

위의 "Ⅰ. 미처분이익잉여금"은 당기 말, 즉 12월 31일 현재 재무상태표의 자본 중 마지막 계정인 미처분이익잉여금과 일치한다.

"Ⅱ. 임의적립금 이입액", "Ⅲ. 이익잉여금 처분액"은 당기 경영실적에 대한 주주총회(차 연도 3월경)에서 결정되며 실행된다.

(1) 미처분이익잉여금의 구성
미처분이익잉여금은 다음의 항목들로 구성된다.
　① **전기이월미처분이익잉여금**(전기이월미처리결손금)
　전기이월미처분이익잉여금은 전기 회계연도에 대한 당기 초 주주총회의 결의사항이 반영된 금액으로서 주로 배당 등이 중요한 사항이다.
　② **중간배당액**
　중간배당액은 당년도 중 실시된 반기배당 등을 말한다.
　③ **당기순이익**(당기순손실)
　당기순이익은 당기에 발생한 손익계산서 상의 당기순이익을 말한다.

(2) 임의적립금 이입액
임의적립금 이입액은 기설정되어 있는 회사의 임의적립금을 다른 용도로 처분하기 위하여 전입하는 금액을 말한다.

미처분이익잉여금과 합하여 회사가 처분할 수 있는 잉여금 대상금액이 된다.

(3) 이익잉여금처분액
이익잉여금은 상법에서 정하고 있는 이익준비금을 적립하여 사내에 유보할 수도 있고 배당금 등을 통하여 사외로 유출될 수도 있다.

임의적립금이입액과 이익잉여금처분액은 차 연도 초 실시되는 주주총회의 의결을 거쳐 결정되며 회계 처리도 주주총회 이후에 기록된다.

(4) 차기이월이익잉여금
미처분이익잉여금에 임의적립금이입액을 가산하고 이익잉여금처분액을 차감하여 산출된다.

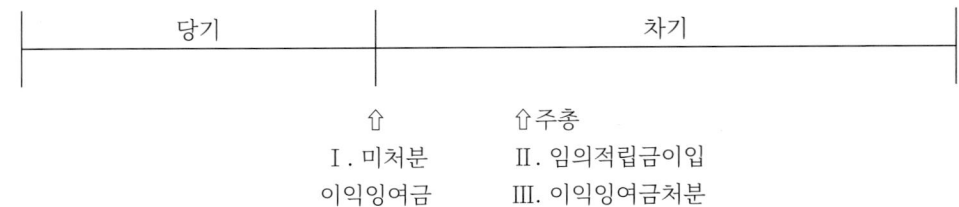

2. 이익잉여금처분계산서 예시

이익잉여금처분계산서

제 × 기	20×2년 1월 1일부터 20×2년 12월 31일까지	제 × 기	20×1년 1월 1일부터 20×1년 12월 31일까지
처분 예정일	20×3년 ×월 ×일	처분확정일	20×2년 ×월 ×일

회사명 (단위: 원)

구 분	당 기		전 기	
Ⅰ. 미처분이익잉여금		×××		×××
전기이월미처분이익잉여금 (또는 전기이월미처리결손금)	×××			
중간배당액	×××			
당기순이익(또는 당기순손실)	×××			
Ⅱ. 임의적립금등의이입액		×××		×××
×××적립금	×××		×××	
합 계		×××		×××
Ⅲ. 이익잉여금처분액		×××		×××
이익준비금	×××		×××	
기타법정적립금	×××		×××	
주식할인 발행차금상각액	×××		×××	
배당금	×××		×××	
현금배당	×××		×××	
주식배당	×××		×××	
…	×××		×××	
Ⅳ. 차기이월미처분이익잉여금		×××		×××

3. 결손금처리계산서

한편, 앞서 살펴본 이익잉여금처분계산서에서 "Ⅰ.미처분이익잉여금"이 (−)가 되는 경우 "미처리결손금"으로 명칭이 변경되며 이익잉여금처분계산서도 <결손금처리계산서>로 변경된다.

결손금이 발생하는 경우에는 결손금처리계산서(Statement of disposition of deficit)를 작성하는데, 이는 미처리결손금, 결손금처리액, 차기이월결손금으로 구성된다.

결손금처리계산서

제 × 기	20×2년 1월 1일부터 20×2년 12월 31일까지	제 × 기	20×1년 1월 1일부터 20×1년 12월 31일까지
처리예정일	20×3년 ×월 ×일	처리확정일	20×2년 ×월 ×일

회 사 명   (단위: 원)

구 분	당 기	전 기
Ⅰ. 미처리결손금	×××	×××
전기이월미처분이익잉여금 (또는 전기이월미처리결손금)	×××	×××
중간배당액	×××	×××
당기순이익(또는 당기순손실)	×××	×××
Ⅱ. 결손금처리액	×××	×××
임의적립금 이입액	×××	×××
법정적립금 이입액	×××	×××
자본잉여금 이입액	×××	×××
Ⅲ. 차기이월미처리결손금	×××	×××

제3장

현금흐름표

1. 현금흐름과 이익흐름

앞서 재무상태표와 손익계산서에 대하여 살펴보았다. 하지만 재무제표를 이해하는 과정에서 재무상태표와 손익계산서 못지않게 중요한 재무제표가 있는데 바로 현금흐름표라 할 수 있다.

손익계산서는 수익과 비용을 대응하여 이익을 산출한다. 이러한 손익계산서를 통하여 기업의 경영성과를 측정할 수 있다는 기능이 있으나 다른 한편으로 궁금한 것은 "과연 기업이 현금흐름은 얼마만큼 창출하였는가?"이다.

이러한 과정에서 정확하게 이해하여야 하는 것은 수익, 비용에 의한 이익과 현금유입, 유출에 의한 현금흐름의 차이점이다.

손익계산서	Cash flow
수 익	유 입
－ 비 용	－ 유 출
이 익	현금흐름

만약 모든 수익이 현금유입을 수반하고, 모든 비용이 현금유출을 수반한다면 이익과 현금흐름은 동일할 것이다.

수 익	=	유 입
－ 비 용	=	－ 유 출
이 익	=	현금흐름

하지만 수익 중 일부가 현금유입이 없거나 비용 중 일부가 현금유출이 없다면 당연히 이익과 현금흐름은 달라지게 된다.

$$
\begin{array}{rcl}
수\ 익 & \neq & 유\ 입 \\
-비\ 용 & \neq & -유\ 출 \\
\hline
이\ 익 & \neq & 현금흐름
\end{array}
$$

사례 1. 수익항목으로 매출액 1,000원과 비용항목으로 급여 700원을 인식하였으며 매출과 급여는 모두 당기 중 현금의 유입과 유출을 수반하였다.

매 출	1,000	유 입 액	1,000
(-) 급 여	700	(-) 유 출 액	700
이 익	300	현금흐름	300

⇒ 이익 300원은 현금흐름 300원과 일치한다.

사례 2. 위의 사례1에서 나머지는 동일하나 비용은 전액 감가상각비이다.

매 출	1,000	유 입 액	1,000
(-) 감가상각비	700	(-) 유 출 액	-
이 익	300	현금흐름	1,000

⇒ 이익은 300원이지만 현금흐름은 감가상각비로 인한 유출이 없으므로 1,000원이 되어 이익과 현금흐름은 차이를 보이게 된다.

사례 3. 수익항목으로 매출액 1,000원과 비용항목으로 급여 700원을 인식하였는데, 매출 1,000원 중 700원만 회수되고 나머지 금액은 기말까지 회수가 되지 않았으며, 급여는 모두 당기 중 현금으로 유출되었다.

매 출	1,000	유 입 액	700
(-) 급 여	700	(-) 유 출 액	700
이 익	300	현금흐름	-

⇒ 이익은 300원이나, 현금흐름은 매출 중 회수되지 않은 금액으로 인하여 0원이 되어 이익과 현금흐름은 차이를 보이게 된다.

현금흐름은 이렇게 이익과는 달리 여러 가지의 요소에 의하여 영향을 받게 된다. 일반적인 재무제표분석은 재무상태표와 손익계산서를 중심으로 이루어지는데 재무상태표를 통하여 기업의 재무상태를, 손익계산서를 통하여 기업의 경영성과를 파악한다. 그러나 재무상태표와 손익계산서를 분석한다 하더라도 기업의 현금흐름을 명확하게 파악하기는 매우 힘들다고 할 수 있다. 현금흐름은 동적(動的) 개념임에 비하여 재무상태표는 일정 시점의 재무상태를 표현하는 정적(靜的) 재무제표이고, 손익계산서는 동적(動的) 재무제표이기는 하나 발생주의 회계에 입각한 수익과 비용을 대응하여 이익을 계산하기 때문이다.

현금흐름표(Statement of cash flows)는 일정 기간 동안 기업의 현금흐름을 보여 주는 재무제표로서 재무상태표나 손익계산서에서는 보여 주지 못하는 현금흐름이라는 매우 중요한 재무정보를 제공하는 재무제표라고 할 수 있다. 따라서 재무제표의 분석은 재무상태표와 손익계산서에 이어 현금흐름표까지 분석하여야 기업에 대한 종합적인 평가를 할 수 있을 것이다.

현금흐름표에서 사용되는 현금의 범위는 재무상태표에서 "현금및현금성자산[4]"을 지칭한다.

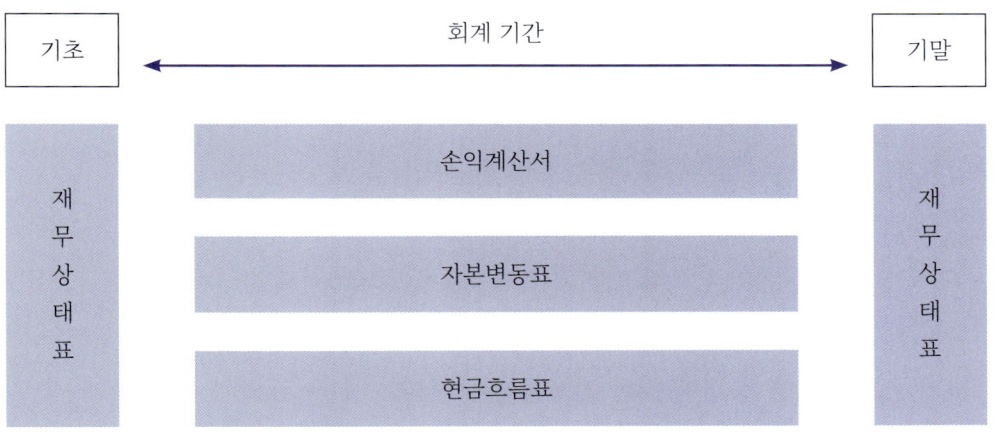

---
4) 통화 및 타인발행수표 등과 당좌예금, 보통예금 등 요구불예금을 포함한다.

2. 현금흐름표의 의의

현금흐름표는 일정 기간 동안의 현금흐름(Cash flows)을 나타내는 재무제표로 현금의 원천(유입)과 운용(유출)을 영업활동·투자활동·재무활동으로 나누어 표시한다. 손익계산서에서 파악할 수 없는 자금의 흐름을 보여 준다는 측면에서 매우 유용한 재무제표라 할 수 있다.

- **손익계산서에서 산출된 이익의 질을 평가할 수 있다.**

손익계산서에 표시되는 수익과 비용은 발생주의와 수익·비용 대응의 원칙에 따라 인식되는데 이러한 수익과 비용은 현금의 흐름을 정확하게 반영하지 못한다. 예를 들어, 감가상각비의 경우 실제의 현금흐름은 기계장치 등을 취득하는 시점에서 대부분 지출되지만, 취득원가를 기간별로 배분하는 감가상각비는 내용연수에 걸쳐 수년간 조금씩 인식된다. 이는 이익흐름과 현금흐름이 일치하지 않게 되는 중요한 원인으로 작용하게 되며, 손익계산서에 의하여 기업의 경영성과를 파악하는 경우 이익흐름은 파악할 수 있지만 현금흐름은 파악할 수 없게 된다. 따라서 현금흐름표를 통하여 현금흐름을 파악함으로써 손익계산서의 이익흐름이 얼마나 많은 현금흐름을 동반하였는지 이익의 질(Quality of income)을 평가할 수 있는 것이다.

- **영업활동, 투자활동, 재무활동 등 경로별 현금흐름을 보여 준다.**

기업의 현금흐름은 손익계산서에 나타나는 영업활동뿐 아니라 자산의 취득 및 처분과 같은 투자활동, 사채 발행 및 상환이나 유상증자 등의 재무활동에 의해서도 발생하는데 현금흐름표는 이러한 기업의 활동별 현금흐름을 보여 줌으로써 현금흐름에 대한 보다 양질의 정보를 제공한다.

- **미래 현금흐름 창출 능력에 대한 정보를 제공한다.**

영업활동으로 인한 현금흐름을 파악하면 기업이 경상적인 영업활동으로부터 얼마나 많은 현금흐름을 창출하는지 평가할 수 있으며, 이는 기업이 미래에 영업활동으로부터 창출할 수 있는 현금흐름의 크기와 영향 요소 등을 예측하는 데 도움이 된다.

- **기업의 현금지급 능력에 대한 정보를 제공한다.**

기업은 거래업체에는 매입대금을, 주주에게는 배당금을, 채권자에게는 부채를 지급하거나 상환하여야 한다. 따라서 기업의 이해관계자들은 각각의 이해관계에 따라 기업이 지급할 수 있는 현금지급 능력을 파악하고 싶어 하며 이러한 정보는 현금흐름표를 통하여 얻을 수 있다.

3. 일반기업회계기준에 의한 현금흐름표

(1) 활동별 현금흐름의 의미

1) 영업활동(Operating activities)

영업활동은 주로 기업의 주요 수익 창출 활동에서 발생하는데 통상 상품 및 제품 등의 매입·매출, 급여지급, 이자수익, 배당금수익, 이자비용, 법인세지급 등 기업이 정상적인 영업활동을 영위하기 위한 일체의 활동과 투자활동이나 재무활동에 속하지 않는 기타의 활동을 말한다. 영업활동에서 발생하는 현금흐름의 금액은 기업이 외부의 재무자원에 의존하지 않고 영업을 통하여 차입금 상환, 영업 능력의 유지, 배당금 지급 및 신규 투자 등에 필요한 현금흐름을 창출하는 정도에 대한 중요한 지표가 된다.

2) 투자활동(Investing activities)

투자활동이란 일반적으로 자산 관련 취득 및 처분 활동을 말한다. 현금의 대여와 회수 활동, 유가증권, 투자자산 및 유·무형자산의 취득과 처분 활동 등을 말한다. 그러나 매출채권이나 재고자산 등 영업활동과 관련성이 있는 항목들은 투자활동에 포함되지 않고 영업활동으로 분류한다.

3) 재무활동(Financing activities)

재무활동이란 일반적으로 부채 및 자본항목과 관련하여 나타난다. 현금의 차입 및 상환 활동, 신주발행이나 배당금의 지급 활동 등과 같이 부채 및 자본계정에 영향을 미치는 거래를 말한다. 그러나 매입채무 등 영업활동과 관련성이 있는 항목들은 투자활동에 포함되지 않고 영업활동으로 분류한다.

(2) 현금흐름표 기본예시

현 금 흐 름 표

과 목	금 액
Ⅰ. 영업활동으로 인한 현금흐름	×××
Ⅱ. 투자활동으로 인한 현금흐름	×××
Ⅲ. 재무활동으로 인한 현금흐름	×××
Ⅳ. 현금의 증가(감소)(Ⅰ+Ⅱ+Ⅲ)	×××
Ⅴ. 기초의 현금	×××
Ⅵ. 기말의 현금	×××

(3) 재무제표의 연결 관계

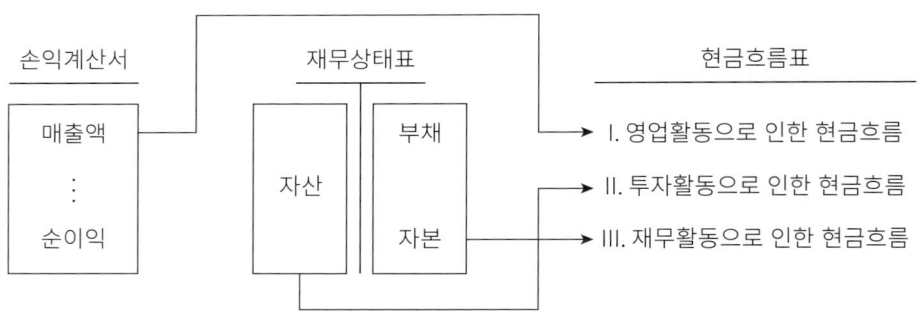

앞에서 살펴본 현금흐름표를 좀 더 자세히 살펴보면 다음과 같다.

현 금 흐 름 표
20×1년 1월 1일부터 20×1년 12월 31일까지

과 목	제×(당)기		제×(전)기	
Ⅰ. 영업활동으로 인한 현금흐름		×××		×××
1. 당기순이익	×××		×××	
2. 현금유출이 없는 비용 등의 가산	×××		×××	
가. 감가상각비	×××		×××	
3. 현금유입이 없는 수익 등의 차감	(×××)		(×××)	
가. 지분법이익	×××		×××	
4. 영업활동으로 인한 자산부채의 변동	×××		×××	
가. 매출채권의 감소(증가)	×××		×××	
나. 매입채무의 증가(감소)	×××		×××	
Ⅱ. 투자활동으로 인한 현금흐름		×××		×××
1. 투자활동으로 인한 현금유입액	×××		×××	
가. 단기금융상품의 감소	×××		×××	
나. 단기대여금의 회수	×××		×××	
다. 유형자산의 처분	×××		×××	
2. 투자활동으로 인한 현금유출액	(×××)		(×××)	
가. 단기금융상품의 증가	×××		×××	
나. 단기대여금의 대여	×××		×××	
다. 유형자산의 취득	×××		×××	
Ⅲ. 재무활동으로 인한 현금흐름		×××		×××
1. 재무활동으로 인한 현금유입액	×××		×××	
가. 장기차입금의 증가	×××		×××	
나. 사채의 발행	×××		×××	
다. 유상증자	×××		×××	
2. 재무활동으로 인한 현금유출액	(×××)		(×××)	
가. 유동성장기부채의 상환	×××		×××	
나. 사채의 상환	×××		×××	
다. 배당금의 지급	×××		×××	
Ⅳ. 현금의 증가(감소)		×××		×××
Ⅴ. 기초의 현금		×××		×××
Ⅶ. 기말의 현금		×××		×××

4. 영업활동으로 인한 현금흐름

영업활동이란 상품 및 제품 등의 매입·매출, 급여지급, 이자수익, 배당금수익, 이자비용, 법인세지급 등 기업이 정상적인 영업활동을 영위하기 위한 일체의 활동과 투자활동이나 재무활동에 속하지 않는 모든 활동을 말한다. 영업활동은 상품 등의 매입·매출과 같은 구매 및 판매 활동과 관리활동을 의미하는 기업의 가장 기본적인 활동이므로 영업활동으로 인한 현금흐름은 기업의 현금창출 능력을 측정하는 중요한 요소라고 할 수 있다.

영업활동은 다음과 같이 직접법에 의한 표시 방법과 간접법에 의한 표시 방법이 있는데, 실무적으로는 간접법에 의한 표시 방법이 절대적으로 많이 쓰인다.

(1) 직접법

직접법은 현금을 수반하여 발생한 수익 또는 비용항목을 총액으로 표시하되, 현금유입액은 원천별로 현금유출액은 용도별로 분류하여 표시하는 방법을 말한다. 이 경우 현금을 수반하여 발생하는 수익·비용항목을 원천별로 구분하여 직접 계산하는 방법 또는 매출과 매출원가에 현금의 유출·유입이 없는 항목과 재고자산·매출채권·매입채무의 증감을 가감하여 계산하는 방법으로 한다.

과 목	금 액
Ⅰ. 영업활동으로 인한 현금흐름	×××
가. 매출 등 수익활동으로부터의 유입액	×××
나. 매입 및 종업원에 대한 유출액	×××
다. 이자수익 유입액	×××
라. 배당금수익 유입액	×××
마. 이자비용 유출액	×××
바. 법인세의 지급	×××
사. 기타	×××

직접법은 손익계산서에서 거래 유형별로 유사한 성격을 갖는 수익과 비용을 모아 현금주의로 전환하여 현금흐름을 표시하는 방법이다.

직접법에 의하여 영업활동으로 인한 현금흐름을 표시하면 정보 제공자인 기업의 입장에서는 수익과 비용을 모두 현금주의로 전환하여야 하기 때문에 작성 과정이 매우 번거롭고 시간도 많이 소요되는 단점이 있다. 이러한 이유로 실무에서 선호하는 방법은 아니다. 하지만 정보의 수요자인 이해관계자 입장에서는 영업활동을 유형별로 구분하여 각 유형의 거래에서 현금흐름이 얼마만큼 창출되었는지 확인할 수 있으므로 해석적 측면에서는 매우 유용한 방법이라 할 수 있다. 직접법에서 표시하는 거래 유형별로 내용을 살펴보면 다음과 같다.

1) 매출 등 수익활동으로부터의 현금유입액

매출 등 수익활동으로부터의 현금유입액은 매출거래에서 기업이 획득한 현금흐름을 계산하는데 현금매출액, 매출채권의 회수액 및 선수금의 현금유입액 등을 말한다. 발생주의 회계를 현금주의회계로 전환하는 것이므로 매출채권을 예로 든다면 다음과 같이 계산한다.

$$\text{매출로부터의 현금유입액} = \text{매출액} - \text{기말매출채권} + \text{기초매출채권}$$

매출액과 관련된 선수금이 있다면 다음과 같이 계산된다.

$$\text{선수금으로부터의 현금유입액} = \text{선수금의 매출대체액} + \text{기말선수금} - \text{기초선수금}$$

2) 기타 수익활동으로부터의 현금유입액

매출 외에 임대료, 배당금수익, 이자수익 등으로부터의 현금흐름을 말하는데 중요성에 따라 이들은 구분하여 표시할 수도 있다. 수익항목과 관련하여 발생주의에서는 미수수익과 선수수익을 인식하므로 다음과 같이 발생주의 수익항목을 현금주의 수익항목으로 전환하여 계산한다.

$$\text{기타수익으로부터의 현금유입액} = \text{수익금액} - \text{기말미수수익} + \text{기초미수수익} \\ + \text{기말선수수익} - \text{기초선수수익}$$

3) 매입처에 대한 현금유출액

매입처에 대한 유출액은 매입거래로 인하여 기업이 지불한 현금흐름을 말하는데 현금매입액, 매입채무의 지급액 및 선급금의 현금지불액 등을 말한다. 매입채무를 예로 든다면 다음과 같이 계산한다.

> 매입처에 대한 현금유출액 = 매입액 − 기말매입채무 + 기초매입채무

4) 기타 비용으로 인한 현금유출액

기타 비용으로 인한 현금유출액은 종업원에 대한 현금유출, 보험료, 이자비용, 법인세 등으로 현금유출을 말한다. 비용항목과 관련하여 발생주의에서는 미지급비용과 선급비용이 발생하므로 다음과 같이 계산하여 현금유출액을 계산한다.

> 기타 비용으로 인한 현금유출액 = 비용금액 − 기말미지급비용 + 기초미지급비용
> + 기말선급비용 − 기초선급비용

(2) 간접법

간접법은 손익계산서상의 당기순이익에 현금의 유출이 없는 비용항목, 현금의 유입이 없는 수익항목을 가감하고 영업활동으로 인한 자산·부채의 변동을 가감하여 영업활동으로 인한 현금흐름을 계산하는 방법이다.

간접법은 이렇게 손익계산서상의 당기순이익에서 출발하여 여러 가지 항목을 조정하는 방식으로 표시하여 현금흐름을 계산함으로써 손익계산서와의 연계성을 높여 재무제표 이용자에게 익숙한 당기순이익을 보여 주고, 어떤 항목에서 이익흐름과 현금흐름에 차이가 발생하는지를 명확하게 보여 줄 수 있는 장점이 있다.

간접법에 의한 영업활동의 표시는 정보 제공자인 기업의 입장에서 직접법보다 작성 측면에서 훨씬 용이하기 때문에 실무적으로 많이 쓰이고 있다. 또한, 발생주의 회계와 현금흐름 간의 차이를 이해할 수 있는 정보 이용자라면 간접법은 현금흐름에 대하여 매우 유용한 정보를 제공한다고 할 수 있다. 그러나 회계에 대한 전반적인 지식이 없는 정보 이용자에게는 간접법에 의한 표시는 이해하기 어려운 방법이라는 비판이 제기되기도 한다.

과 목	금 액	
I. 영업활동으로 인한 현금흐름		×××
1. 당기순이익	×××	
2. 현금의 유출이 없는 비용 등의 가산	×××	
가. 감가상각비	×××	
나. 퇴직급여	×××	
다. 대손상각비	×××	
3. 현금의 유입이 없는 수익 등의 차감	(×××)	
가. 외화환산이익	×××	
나. 지분법이익	×××	
다. 유형자산처분이익	×××	
라. 단기매매증권평가이익	×××	
4. 영업활동으로 인한 자산·부채의 변동	×××	
가. 매출채권의 감소(증가)	×××	
나. 재고자산의 감소(증가)	×××	
다. 매입채무의 증가(감소)	×××	
라. 선수금의 증가(감소)	×××	

(3) 현금의 유출이 없는 비용

현금의 유출이 없는 비용이란 발생주의 회계에서 비용으로 인식되지만 현금유출이 없기 때문에 현금흐름을 계산하는 과정에서는 당기순이익에 가산하는 항목과 투자활동 및 재무활동 등으로 인한 비용항목 등을 말한다. 예를 들어, 어느 회사의 약식손익계산서가 다음과 같다고 가정한다.

손익계산서	
매 출 액	₩10,000
급 여	4,000
전 력 비	3,000
감가상각비	2,000
순 이 익	₩1,000

분석의 편의를 위하여 감가상각비를 제외한 모든 수익·비용항목은 현금흐름과 일치한다고 가정하면 위의 기업이 1년간 창출한 현금흐름은 다음과 같다.

	손익계산서		현금흐름
매출액	₩10,000	⇨	₩10,000
급여	4,000	⇨	(−)4,000
전력비	3,000	⇨	(−)3,000
감가상각비	2,000	⇨	−
순이익	₩1,000		₩3,000

그림으로 살펴본 이익흐름과 현금흐름은 다음과 같다.

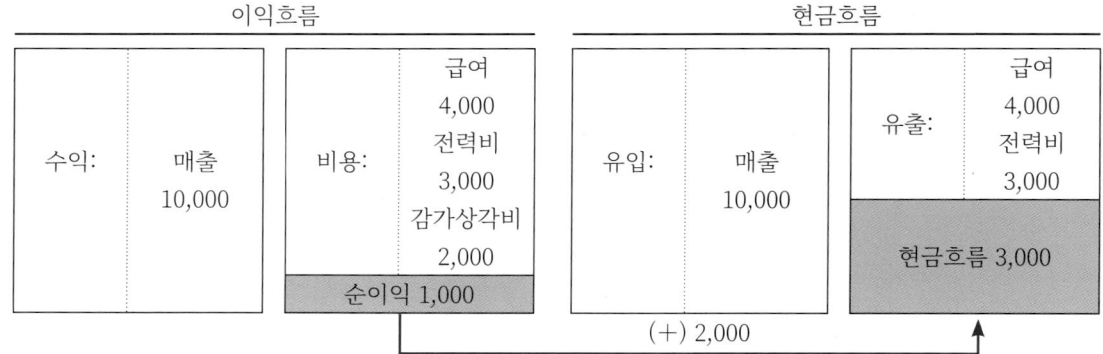

순이익 ₩1,000과 현금흐름 ₩3,000의 차이는 무엇일까? 양자의 차이는 ₩2,000으로서 감가상각비와 일치한다. 따라서 이익흐름 ₩1,000에 감가상각비 ₩2,000을 더하면 현금흐름 ₩3,000을 계산할 수 있다.

$$현금흐름 = 순이익 + 감가상각비$$
$$₩3,000 = ₩1,000 + 2,000$$
$$CF = NI + D$$

이를 현금흐름표에 약식으로 표시하면 다음과 같다.

과 목	금	액
Ⅰ. 영업활동으로 인한 현금흐름		3,000
1. 당기순이익	1,000	
2. 현금의 유출이 없는 비용 등의 가산		
가. 감가상각비	2,000	

감가상각비와 같이 현금의 유출이 없는 비용항목으로 무형자산상각비, 대손상각비, 외화환산손실(현금 이외에서 발생한 부분), 퇴직급여, 지분법손실, 이자비용(사채할인발행차금상각액), 단기매매증권평가손실, 단기매매증권처분손실, 매도가능증권손상차손, 유형자산처분손실, 투자자산처분손실, 사채상환손실, 유형자산손상차손 등이 있다.

(4) 현금의 유입이 없는 수익

현금의 유입이 없는 수익은 손익계산서에서는 수익으로 인식되지만 현금의 유입이 없어서 현금흐름을 계산하는 과정에서는 당기순이익에서 차감하는 항목과 투자활동 및 재무활동 등으로 인한 수익항목 등을 말한다. 예를 들어, 어느 회사의 약식손익계산서가 다음과 같다고 가정한다.

수익	매출액	₩10,000
	외화환산이익	1,500
비용	급여	(5,000)
	전력비	(3,000)
이익		₩3,500

(※ 외화환산이익은 모두 매출채권에서 발생)

분석의 편의를 위하여 외화환산이익을 제외한 모든 수익·비용항목은 현금흐름과 일치한다고 가정하면 위의 기업이 1년간 창출한 현금흐름은 다음과 같다.

손익계산서		현금흐름
매출액	₩10,000 ⇨	₩10,000
외화환산이익	1,500 ⇨	–
급여	5,000 ⇨	(-)5,000
전력비	3,000 ⇨	(-)3,000
순이익	₩3,500	₩2,000

위의 이익흐름과 현금흐름의 관계를 그림으로 살펴보면 다음과 같다.

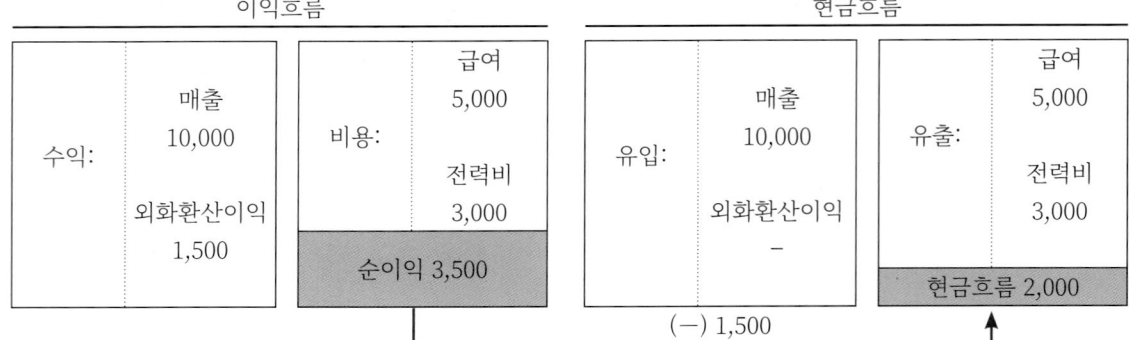

순이익 ₩3,500과 현금흐름 ₩2,000의 차이는 무엇일까? 양자의 차이는 ₩1,500으로 외화환산이익과 일치한다. 따라서 이익흐름 ₩3,500에서 외화환산이익 ₩1,500을 차감하면 현금흐름 ₩2,000을 계산할 수 있다.

이를 현금흐름표에 약식으로 표시하면 다음과 같다.

과 목	금	액
Ⅰ. 영업활동으로 인한 현금흐름		2,000
1. 당기순이익	3,500	
2. 현금의 유출이 없는 비용 등의 가산		
3. 현금의 유입이 없는 수익 등의 차감		
가. 외화환산이익	(1,500)	

비현금수익항목으로는 외화환산이익(현금 이외에서 발생한 부분), 지분법이익, 이자수익(사채할증발행차금상각액), 단기매매증권평가이익, 단기매매증권처분이익, 매도가능증권손상차손환입, 유형자산처분이익, 투자자산처분이익, 사채상환이익, 유형자산손상차손환입, 채무면제이익 등이 있다.

(5) 영업활동으로 인한 자산·부채의 변동

영업활동으로 인한 자산·부채의 변동은 손익 항목으로 인한 현금효과 외에 영업활동과 관련하여 발생하는 자산·부채의 변동으로 인한 현금 효과를 계산하는 것으로서 매출채권, 매입채무, 선급금, 선수금, 선급비용, 선수수익, 미지급비용, 미수수익 등의 증감으로 인한 현금의 유입·유출을 말한다.

앞서 살펴본 손익계산서를 예로 들어 살펴보면 다음과 같다.

손익계산서	
매 출 액	₩10,000
급 여	4,000
전 력 비	3,000
감가상각비	2,000
순 이 익	₩ 1,000

분석의 편의를 위하여 위의 손익계산서에서 감가상각비를 제외한 모든 수익·비용항목은 현금흐름과 일치한다고 가정하면 1년간 창출된 현금흐름은 다음과 같다.

손익계산서			현금흐름
매출액	₩10,000	⇨	₩10,000
급 여	4,000	⇨	(−)4,000
전력비	3,000	⇨	(−)3,000
감가상각비	2,000	⇨	−
순이익	₩ 1,000		₩ 3,000

따라서 이익흐름과 현금흐름의 차이를 발생시키는 항목은 감가상각비뿐이다. 이 경우 이미 살펴본 바와 같이 현금흐름 ₩3,000은 이익흐름 ₩1,000에 감가상각비 ₩2,000을 더하여 계산할 수 있다.

하지만 이는 감가상각비를 제외한 모든 수익과 비용항목들이 현름흐름과 일치한다는 가정이 적용되었기 때문에 가능한 설명이다. 만약 회사의 매출액 ₩10,000 중 실제로 현금으로 회수된 금액이 ₩9,500이라면 현금흐름은 다음과 같이 ₩2,500이 된다.

	손익계산서		현금흐름
매출액	₩10,000	⇨	₩9,500
급 여	4,000	⇨	(−)4,000
전력비	3,000	⇨	(−)3,000
감가상각비	2,000	⇨	−
순이익	₩1,000		₩2,500

이 경우에는 앞서 살펴본 바와 같이 이익흐름과 현금흐름의 차이를 감가상각비만으로 설명할 수 없게 된다. 이익흐름으로부터 현금흐름을 계산하기 위해서는 감가상각비 외에 '손익계산서상 매출액'과 '매출액으로 인한 현금유입액'의 차이 금액을 추가로 조정해 주어야 한다.

즉 현금흐름 ₩2,500은 이익흐름 ₩1,000에 감가상각비 ₩2,000을 더하고 ₩500을 차감하여야 한다.

$$₩2,500 = ₩1,000 + 2,000 - 500$$

그렇다면 ₩500의 계산은 어떤 방식으로 이루어질까?

위에서 매출 ₩10,000으로부터 현금 회수가 된 부분은 ₩9,500이라고 가정했는데 수없이 많은 거래로 이루어진 연간 매출액으로부터 연간 현금유입액을 계산하는 것은 기업의 매출이 거의 현금성 매출인 일부 기업을 제외하고는 현실적으로 매우 어려운 문제라고 할 수 있다. 따라서 이 경우에는 매출채권의 변화로써 그 금액을 간접적으로 계산할 수 있다.

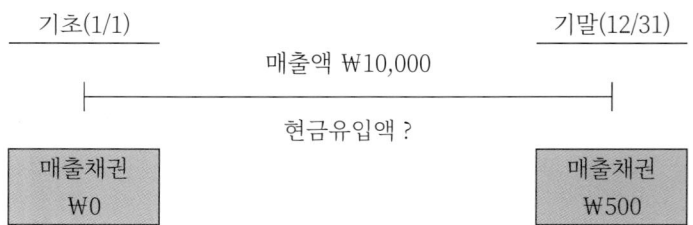

연간 매출액이 ₩10,000인데 매출액으로부터 연간 현금유입액을 계산할 수 없는 경우 매출채권의 증감액을 통하여 유추할 수 있다. 즉 기초 매출채권이 ₩0인데 기말 매출채권이 ₩500이라면 이는 다른 특별한 사항이 없다면 매출액 ₩10,000 중 ₩500이 회수되지 않고 기말에 매출채권으로 ₩500이 남아 있으므로 ₩10,000의 매출액 중 ₩9,500은 회수되고 ₩500은 회수되지 않았다는 의미이다. 결국 매출채권의 증가 ₩500은 손익계산서의 매출액보다 현금유입액이 해당 금액만큼 적다는 의미가 되므로 다음과 같이 현금흐름표에 표시된다.

과 목	금 액	
Ⅰ. 영업활동으로 인한 현금흐름		2,500
1. 당기순이익	1,500	
2. 현금의 유출이 없는 비용 등의 가산		
가. 감가상각비	2,000	
3. 현금의 유입이 없는 수익 등의 차감		
4. 영업활동으로 인한 자산·부채의 변동		
가. 매출채권의 감소(증가)	(500)	

손익계산서의 수익항목은 현금유입과 비용항목은 현금유출과 일치하지 않는 경우가 많을 것이다. 예를 들어, 매출은 외상매출금 등의 증감으로 인하여 매출액과 현금유입액이 다를 것이며, 매입은 외상매입금 등의 증감으로 인하여 매입액과 현금유출액이 다를 것이다. 또한, 이자수익의 경우에도 미수이자 등으로 인하여 손익계산서에 표시되는 이자수익과 현금유입액은 다를 것이다.

따라서 영업활동으로 인한 현금흐름을 간접법으로 표시하기 위해서는 이와 같은 영업활동으로 인한 자산·부채의 변동을 감안하여 현금흐름을 계산하여야 한다.

1) 매출채권의 증감

매출채권이 기초에 ₩1,000,000이고 기말에 ₩800,000이라고 가정하자. 매출액은 이미 순이익을 계산하는 과정에 반영되었으나 추가로 매출채권의 증감 효과를 계산하여야 하는데 매출채권이 ₩200,000 감소하였다는 것은 회수 활동을 통하여 그만큼 현금의 유입이 있었다는 것을 의미한다. 따라서 영업활동으로 인한 자산·부채의 변동에 현금유입액(+)으로 표시한다. 반대로 매출채권이 기초에 비하여 증가하였다면 영업활동으로 인한 자산·부채의 변동에 현금유출액(-)으로 표시한다. 다만, 매출채권의 증감은 매출채권에서 발생하는 외화환산손익, 대손처리, 매출채권처분손실 등을 감안하여 계산하여야 한다.

2) 선급금의 증감

선급금이 기초에 ₩500,000이고 기말에 ₩750,000이라고 가정하자. 선급금의 변화는 손익계산서에는 반영되지 않는다. 하지만 선급금이 증가했다는 것은 그만큼 원자재 등을 매입하기 위하여 미리 지급한 금액이 ₩250,000 지출되었다는 의미이며, 이는 자산의 증감 사항이라 할지라도 영업활동으로 분류하여 영업활동으로 인한 자산·부채의 변동에 현금유출액(-)으로 표시한다.

3) 매입채무의 증감

매입채무가 기초에 ₩2,000,000이고 기말에 ₩1,500,000이라고 가정하자. 매입액은 이미 손익계산서에서 매출원가를 계산하는 과정에 포함되어 순이익에 반영되었으나 추가로 매입채무의 증감 효과를 계산하여야 하는데 매입채무가 ₩500,000 감소하였다는 것은 거래처에 대한 현금지급으로 인하여 그만큼 현금의 유출이 있었다는 것을 의미한다. 따라서 영업활동으로 인한 자산·부채의 변동에 현금유출액(−)으로 표시한다. 반대로 매입채무가 기초에 비하여 증가하였다면 영업활동으로 인한 자산·부채의 변동에 현금유입액(+)으로 표시한다.

4) 선수금의 증감

선수금이 기초에 ₩300,000이고 기말에 ₩650,000이라고 가정하자. 선수금의 변화는 손익계산서에는 반영되지 않는다. 하지만 선수금이 증가했다는 것은 매출활동 외에 판매대금으로 미리 수취한 금액이 ₩350,000이 있다는 의미이며, 이는 부채의 증감 사항이라 할지라도 영업활동으로 분류하여 영업활동으로 인한 자산·부채의 변동에 현금유출액(+)으로 표시한다.

이를 현금흐름표에 표시하면 다음과 같다.

현금흐름표		재무상태표		
Ⅰ. 영업활동으로 인한 현금흐름				
1. 당기순이익				
2. 현금의 유출이 없는 비용 등의 가산				
3. 현금의 유입이 없는 수익 등의 차감				
4. 영업활동으로 인한 자산부채의 변동		과목	기초	기말
가. 매출채권의 감소	(+)200,000 ⇔	매출채권	1,000,000	800,000
나. 선급금의 증가	(−)250,000 ⇔	선 급 금	500,000	750,000
다. 매입채무의 감소	(−)500,000 ⇔	매입채무	2,000,000	1,500,000
라. 선수금의 증가	(+)350,000 ⇔	선 수 금	300,000	650,000

결국 영업활동과 관련된 자산·부채의 증감은 다음과 같이 현금흐름에 영향을 미치게 된다.

구분	내용	현금흐름	현금흐름표 표시	
영업활동 관련 자산	증가	유출	○○자산의 증가	(−)×××
〃	감소	유입	○○자산의 감소	×××
영업활동 관련 부채	증가	유입	○○부채의 증가	×××
〃	감소	유출	○○부채의 감소	(−)×××

(6) 영업활동으로 인한 현금흐름의 실무적인 작성 사례

과 목	금 액	
Ⅰ. 영업활동으로 인한 현금흐름		×××
1. 당기순이익	×××	
2. 현금의 유출이 없는 비용 등의 가산	×××	
가. 감가상각비	×××	
나. 퇴직급여	×××	
다. 대손상각비	×××	
라. 무형자산상각비	×××	
마. 매출채권처분손실	×××	
바. 외화환산손실	×××	
사. 지분법손실	×××	
아. 유형자산처분손실	×××	
자. 매도가능증권처분손실	×××	
차. 재고자산감모손실	×××	
카. 단기매매증권평가손실	×××	
타. 무형자산손상차손	×××	
3. 현금의 유입이 없는 수익 등의 차감	(×××)	
가. 지분법이익	×××	
나. 외화환산이익	×××	
다. 유형자산처분이익	×××	
라. 매도가능증권처분이익	×××	
마. 단기매매증권평가이익	×××	
바. 매도가능증권손상차손환입	×××	
사. 이자수익(매도가능증권 증가)	×××	
아. 사채상환이익	×××	
자. 채무면제이익	×××	
4. 영업활동으로 인한 자산·부채의 변동	×××	
가. 매출채권의 감소(증가)	×××	
나. 재고자산의 감소(증가)	×××	
다. 미수금의 감소(증가)	×××	
라. 선급금의 감소(증가)	×××	
마. 선급비용의 감소(증가)	×××	
바. 매입채무의 증가(감소)	×××	
사. 미지급금의 증가(감소)	×××	
아. 선수금의 증가(감소)	×××	
자. 예수금의 증가(감소)	×××	
차. 미지급비용의 증가(감소)	×××	
카. 미지급법인세의 증가(감소)	×××	
타. 선수수익의 증가(감소)	×××	
파. 퇴직금의 지급	×××	
하. 퇴직보험예치금의 증가	×××	

5. 투자활동 및 재무활동 현금흐름

(1) 투자활동으로 인한 현금흐름

1) 투자활동의 의미와 표시

투자활동은 현금의 대여와 회수 활동, 유가증권·투자자산·유형자산 및 무형자산의 취득과 처분 활동을 말한다.

과 목	금	액
Ⅱ. 투자활동으로 인한 현금흐름		×××
1. 투자활동으로 인한 현금유입액	×××	
가. 단기금융상품의 감소	×××	
나. 단기대여금의 회수	×××	
다. 매도가능증권의 처분	×××	
라. 토지의 처분	×××	
마. 기계장치의 처분	×××	
2. 투자활동으로 인한 현금유출액	(×××)	
가. 단기매매증권의 취득	×××	
나. 단기금융상품의 증가	×××	
다. 만기 보유증권의 취득	×××	
라. 토지의 취득	×××	
마. 건물의 취득	×××	
바. 기계장치의 취득	×××	

투자활동으로 인한 현금유입에는 대여금의 회수, 단기금융상품·유가증권·투자자산·유형자산 및 무형자산의 처분 등이 포함된다. 투자활동으로 인한 현금유출에는 현금의 대여, 단기금융상품·유가증권·투자자산·유형자산 및 무형자산의 취득 등이 포함된다.

투자활동으로 인한 현금의 유입과 유출의 내용을 자산의 분류별로 살펴보면 다음과 같다.

구분	현금유입	현금유출
당좌자산	• 단기대여금의 회수 • 단기금융상품의 감소 • 단기매매증권의 처분	• 현금의 대여 • 단기금융상품의 증가 • 단기매매증권의 취득
투자자산	처분	취득
유형자산	처분(감가상각은 영업활동)	취득
무형자산	처분(상각은 영업활동)	취득 또는 지출
기타비유동자산	처분	취득

※ 당좌자산 중 위의 단기대여금, 단기금융상품, 단기매매증권 등을 제외한 나머지 자산들의 증감으로 인한 현금흐름은 영업활동으로 분류된다.
※ 재고자산의 증감으로 인한 현금흐름도 영업활동으로 분류된다.

2) 투자활동 및 영업활동으로 인한 현금흐름의 관계

앞서 영업활동으로 인한 현금흐름을 설명할 때 '현금의 유입이 없는 수익 등의 차감'에 대하여 설명한 바 있다. '현금의 유입이 없는 수익 등의 차감'은 손익계산서에서는 수익으로 인식되지만 현금의 유입이 없어서 현금흐름을 계산하는 과정에서는 당기순이익에서 차감하는 항목과 투자활동 및 재무활동 등으로 인한 수익항목 등을 말한다.

투자 및 재무활동에서 발생하는 수익을 영업활동으로 인한 현금흐름을 계산하는 과정에서 차감하는 이유는 무엇일까? 이는 영업활동으로 인한 현금흐름을 계산하는 과정이 손익계산서의 당기순이익으로부터 출발하는데 당기순이익에 투자·재무활동의 수익항목에 포함되어 있기 때문에 실질적으로 투자·재무활동의 현금흐름임에도 불구하고 영업활동에 포함되는 논리적 모순점을 해결하기 위함이다.

다음의 예를 통하여 살펴보도록 한다.

예를 들어, 매출 ₩200,000과 매출원가 ₩170,000이 발생하였는데 모두 현금거래이고, 매출과 매출원가 외에 유일한 거래는 장부가액 ₩100,000인 토지를 ₩120,000에 처분하였다고 가정하면 손익계산서와 현금흐름의 내용은 다음과 같다.

손익계산서		현금흐름	
매출액	₩200,000 ⇨	₩200,000	} 영업활동현금 30,000
매출원가	170,000 ⇨	(170,000)	
유형자산처분이익	20,000 ⇨	20,000	투자활동현금 20,000
순이익	₩50,000 ⇨	₩50,000	

영업활동으로 인한 현금흐름을 계산할 때 순이익 ₩50,000을 반영하고 다른 항목을 조정하지 않는다면 영업활동으로 인한 현금흐름은 그대로 ₩50,000으로 표시될 것이다. 하지만 위의 분석처럼 손익계산서에 나타난 현금흐름 중 ₩30,000만이 영업활동으로 인한 현금흐름이고 ₩20,000의 현금흐름은 투자활동의 결과이므로 영업활동으로 인한 현금흐름을 표시할 때 ₩20,000의 현금흐름은 계산 과정에서 제외시켜야 한다. 또한, 투자활동으로 인한 현금흐름을 계산할 때 토지의 처분으로 ₩120,000을 표시할 것이므로 총 ₩150,000의 현금흐름을 영업활동 ₩30,000과 투자활동 ₩120,000으로 적정하게 표시하게 되는 것이다.

결국 당기 중 현금흐름의 증가는 매출액에서 매출원가를 차감한 영업활동 현금흐름 ₩30,000과 토지매각에 따른 투자활동 현금흐름 ₩120,000으로 구성되는 것이다. 따라서 총 현금흐름 증가액은 ₩150,000이다. 이를 현금흐름표에 표시하면 다음과 같다.

현 금 흐 름 표

과 목	금	액
Ⅰ. 영업활동으로 인한 현금흐름		30,000
1. 당기순이익	50,000	
2. 현금유출이 없는 비용 등의 가산	―	
3. 현금유입이 없는 수익 등의 차감		
가. 유형자산처분이익	(20,000)	
Ⅱ. 투자활동으로 인한 현금흐름		120,000
1. 투자활동으로 인한 현금유입액		
가. 유형자산의 처분	120,000	
2. 투자활동으로 인한 현금유출액	―	
Ⅲ. 현금의 증가(감소)		150,000

(2) 재무활동으로 인한 현금흐름

1) 재무활동의 의미와 표시

재무활동은 현금의 차입 및 상환 활동, 신주 발행이나 배당금의 지급 활동 등과 같이 부채 및 자본계정에 영향을 미치는 거래를 말한다.

과 목	금 액	
Ⅲ. 재무활동으로 인한 현금흐름		×××
1. 재무활동으로 인한 현금유입액	×××	
가. 단기차입금의 증가	×××	
나. 장기차입금의 증가	×××	
다. 사채의 발행	×××	
라. 유상증자	×××	
2. 재무활동으로 인한 현금유출액	(×××)	
가. 단기차입금의 상환	×××	
나. 유동성장기부채의 상환	×××	
다. 사채의 상환	×××	
라. 배당금의 지급	×××	

재무활동으로 인한 현금의 유입에는 장·단기차입금의 차입, 사채의 발행, 주식의 발행, 자기주식의 처분 등이 포함되며, 재무활동으로 인한 현금의 유출에는 차입금의 상환, 사채의 상환, 유상감자, 배당금의 지급, 자기주식의 취득 등이 포함된다.

재무활동으로 인한 현금의 유입과 유출의 내용을 부채의 분류별로 살펴보면 다음과 같다.

구분	현금유입	현금유출
유동부채	· 단기차입금의 차입	· 단기차입금의 상환 · 유동성장기부채의 상환
비유동부채	· 장기차입금의 차입 · 사채의 발행	· 장기차입금의 상환 · 사채의 상환
자본	· 유상증자 · 자기주식 처분	· 유상감자 · 배당금 지급 · 자기주식 취득

2) 재무활동 및 영업활동으로 인한 현금흐름의 관계

앞서 영업활동으로 인한 현금흐름을 설명할 때 '현금의 유출이 없는 비용 등의 가산'에 대하여 설명한 바 있다. '현금의 유출이 없는 비용 등의 가산'은 손익계산서에서는 비용으로 인식되지만 현금의 유출이 없어서 현금흐름을 계산하는 과정에서는 당기순이익에서 가산하는 항목과 투자활동 및 재무활동 등으로 인한 비용항목 등을 말한다.

투자 및 재무활동에서 발생하는 비용을 영업활동으로 인한 현금흐름을 계산하는 과정에서 가산하는 이유는 무엇일까? 이는 영업활동으로 인한 현금흐름을 계산하는 과정이 손익계산서의 당기순이익으로부터 출발하는데 당기순이익에 투자·재무활동의 비용항목에 포함되어 있기 때문에 실질적으로 투자·재무활동의 현금흐름임에도 불구하고 영업활동에 포함되는 논리적 모순점을 해결하기 위함이다.

다음의 예를 통하여 살펴보도록 한다.

예를 들어, 매출 ₩200,000과 매출원가 ₩170,000이 발생하였는데 모두 현금거래이고, 매출과 매출원가 외에 유일한 거래는 장부가액 ₩100,000인 사채를 ₩110,000에 상환하였다고 가정하면 손익계산서와 현금흐름의 내용은 다음과 같다.

손익계산서			현금흐름	
매출액	₩200,000	⇨	₩200,000	⎫ 영업활동 현금 30,000
매출원가	170,000	⇨	(170,000)	⎭
사채상환손실	10,000	⇨	(10,000)	재무활동 현금 (10,000)
순이익	₩20,000	⇨	₩20,000	

영업활동으로 인한 현금흐름을 계산할 때 순이익 ₩20,000을 반영하고 다른 항목을 조정하지 않는다면 영업활동으로 인한 현금흐름은 그대로 ₩20,000으로 표시될 것이다. 하지만 위의 분석처럼 손익계산서에 나타난 현금흐름 중 ₩30,000이 영업활동으로 인한 현금흐름이고 (-)₩10,000의 현금흐름은 재무활동의 결과이므로 영업활동으로 인한 현금흐름을 표시할 때 (-)₩10,000의 현금흐름은 계산 과정에서 제외시켜야 한다. 또한, 재무활동으로 인한 현금흐름을 계산할 때 사채의 상환으로 (-)₩110,000을 표시할 것이므로 총 (-)₩80,000의 현금흐름을 영업활동 ₩30,000과 재무활동 (-)₩110,000으로 적정하게 표시하게 되는 것이다.

결국 당기 중 현금흐름의 증감은 매출액에서 매출원가를 차감한 영업활동 현금흐름 ₩30,000과 사채 상환에 따른 재무활동 현금흐름 (-)₩110,000으로 구성되는 것이다. 따라서 총현금흐름 증가액은 (-)₩80,000이다. 이를 현금흐름표에 표시하면 다음과 같다.

현 금 흐 름 표

과 목	제×(당)기	
Ⅰ. 영업활동으로 인한 현금흐름		30,000
1. 당기순이익	20,000	
2. 현금유출이 없는 비용 등의 가산		
가. 사채상환손실	10,000	
3. 현금유입이 없는 수익 등의 차감		
Ⅱ. 재무활동으로 인한 현금흐름		(110,000)
1. 재무활동으로 인한 현금유입액	—	
2. 재무활동으로 인한 현금유출액		
가. 사채의 상환	(110,000)	
Ⅲ. 현금의 증가(감소)		(80,000)

6. 현금흐름표의 주석 사항

다음과 같이 현금의 유입과 유출이 없는 주요 거래는 현금흐름표에는 반영되지 않지만 주석으로 기재한다.

    ① 현물출자로 인한 유형자산의 취득

    ② 유형자산의 연불 구입

    ③ 무상증자

    ④ 무상감자

    ⑤ 주식배당

    ⑥ 전환사채의 전환 등

7. 한국채택국제회계기준에 의한 현금흐름표

한국채택국제회계기준에서 정하고 있는 현금흐름표는 일반기업회계기준에서 정하고 있는 현금흐름표와 거의 유사하다. 현금에 대한 정의, 영업활동·투자활동·재무활동으로 구분되는 현금흐름, 영업활동으로 인한 현금흐름 작성에서 직접법과 간접법 선택 등 대부분은 앞서 살펴본 일반기업회계기준과 동일하다.

한국채택국제회계기준에서 정하고 있는 현금흐름표의 특징에 대하여 살펴보면 다음과 같다.

(1) 활동별 현금흐름의 예시

1) 영업활동

영업활동에서 발생하는 현금흐름의 금액은 기업이 외부의 재무자원에 의존하지 않고 영업을 통하여 차입금 상환, 영업 능력의 유지, 배당금 지급 및 신규 투자 등에 필요한 현금흐름을 창출하는 정도에 대한 중요한 지표가 된다. 역사적 영업 현금흐름의 특정 구성 요소에 대한 정보를 다른 정보와 함께 사용하면 미래 영업 현금흐름을 예측하는 데 유용하다.

영업활동 현금흐름은 주로 기업의 주요 수익 창출 활동에서 발생한다. 따라서 영업활동 현금흐름은 일반적으로 당기순손익의 결정에 영향을 미치는 거래나 그밖의 사건의 결과로 발생한다. 영업활동 현금흐름의 예는 다음과 같다.

① 재화의 판매와 용역 제공에 따른 현금유입
② 로열티, 수수료, 중개료 및 기타수익에 따른 현금유입
③ 재화와 용역의 구입에 따른 현금유출
④ 종업원과 관련하여 직·간접으로 발생하는 현금유출
⑤ 보험회사의 경우 수입보험료, 보험금, 연금 및 기타 급부금과 관련된 현금유입과 현금유출
⑥ 법인세의 납부 또는 환급. 다만, 재무활동과 투자활동에 명백히 관련되는 것은 제외한다.
⑦ 단기매매 목적으로 보유하는 계약에서 발생하는 현금유입과 현금유출

기업은 단기매매 목적으로 유가증권이나 대출채권을 보유할 수 있으며, 이때 유가증권이나 대출채권은 판매를 목적으로 취득한 재고자산과 유사하다. 따라서 단기매매 목적으로 보유하는 유가증권의 취득과 판매에 따른 현금흐름은 영업활동으로 분류한다.

2) 투자활동

투자활동 현금흐름은 미래 수익과 미래 현금흐름을 창출할 자원의 확보를 위하여 지출된 정도를 나타내기 때문에 현금흐름을 별도로 구분 공시하는 것이 중요하다. 재무상태표에 자산으로 인식되는 지출만이 투자활동으로 분류하기에 적합하다. 투자활동 현금흐름의 예는 다음과 같다.

① 유형자산, 무형자산 및 기타 장기성 자산의 취득에 따른 현금유출. 이 경우 현금유출에는 자본화된 개발원가와 자가건설 유형자산에 관련된 지출이 포함된다.
② 유형자산, 무형자산 및 기타 장기성자산의 처분에 따른 현금유입
③ 다른 기업의 지분상품이나 채무상품 및 조인트벤처 투자지분의 취득에 따른 현금유출(현금성자산으로 간주되는 상품이나 단기매매 목적으로 보유하는 상품의 취득에 따른 유출액은 제외)
④ 다른 기업의 지분상품이나 채무상품 및 조인트벤처 투자지분의 처분에 따른 현금유입(현금성자산으로 간주되는 상품이나 단기매매 목적으로 보유하는 상품의 처분에 따른 유입액은 제외)
⑤ 제3자에 대한 선급금 및 대여금(금융회사의 현금 선지급과 대출채권은 제외)
⑥ 제3자에 대한 선급금 및 대여금의 회수에 따른 현금유입(금융회사의 현금 선지급과 대출채권은 제외)
⑦ 선물계약, 선도계약, 옵션계약 및 스왑계약에 따른 현금유출. 단기매매 목적으로 계약을 보유하거나 현금유출이 재무활동으로 분류되는 경우는 제외한다.
⑧ 선물계약, 선도계약, 옵션계약 및 스왑계약에 따른 현금유입. 단기매매 목적으로 계약을 보유하거나 현금유입이 재무활동으로 분류되는 경우는 제외한다.

3) 재무활동

재무활동 현금흐름은 미래 현금흐름에 대한 자본제공자의 청구권을 예측하는 데 유용하기 때문에 현금흐름을 별도로 구분 공시하는 것이 중요하다. 재무활동 현금흐름의 예는 다음과 같다.

① 주식이나 기타 지분상품의 발행에 따른 현금유입
② 주식의 취득이나 상환에 따른 소유주에 대한 현금유출
③ 담보·무담보부사채 및 어음의 발행과 기타 장·단기차입에 따른 현금유입
④ 차입금의 상환에 따른 현금유출
⑤ 리스 이용자의 금융리스부채 상환에 따른 현금유출

(2) 영업활동으로 인한 현금흐름의 표시

한국채택국제회계기준에서는 영업활동으로 인한 현금흐름은 직접법과 간접법 중 하나의 방법의 방법을 선택하여 적용하도록 하고 있으나 직접법을 사용할 것을 권장하고 있다. 이는 직접법을 적용하여 표시한 현금흐름은 간접법에 의한 현금흐름에서는 파악할 수 없는 정보를 제공하며, 미래 현금흐름을 추정하는 데 보다 유용한 정보를 제공하기 때문이다.

1) 직접법

직접법에 의하여 작성한 영업 현금흐름의 예시는 다음과 같다.

현 금 흐 름 표

과 목	제×(당)기	제×(전)기
Ⅰ. 영업활동으로 인한 현금흐름		
1. 매출등 수익활동으로부터의 유입액	×××	×××
2. 매입 및 제품생산과 관련된 유출액	(×××)	(×××)
3. 판매관리비 유출액	(×××)	(×××)
4. 이자수익 유입액	×××	×××
5. 배당금수익 유입액	×××	×××
6. 이자비용 유출액	(×××)	(×××)
7. 법인세비용 유출액	(×××)	(×××)

2) 간접법

간접법은 당기순손익에 다음의 항목을 조정하여 결정하는 방법을 말한다.

  ① 현금을 수반하지 않는 거래

  ② 과거 또는 미래의 영업활동 현금유입이나 현금유출의 이연 또는 발생

  ③ 투자활동 현금흐름이나 재무활동 현금흐름과 관련된 손익 항목

한국채택국제회계기준에서는 영업활동으로 인한 현금흐름을 간접법으로 표시하는 경우 일반기업회계기준과 달리 다음과 같이 이자수익, 배당금수익, 이자비용, 법인세비용으로 인한 현금흐름을 별도로 고려하여 표시한다.

현 금 흐 름 표

일반기업회계기준	
I. 영업활동으로 인한 현금흐름	×××
1. 당기순이익	×××
2. 현금유출이 없는 비용 등의 가산	×××
3. 현금유입이 없는 수익 등의 차감	(×××)
4. 영업활동으로 인한 자산부채의 변동	×××

한국채택국제회계기준	
I. 영업활동으로 인한 현금흐름	×××
1. 당기순이익	×××
2. 현금유출이 없는 비용 등의 가산	×××
3. 현금유입이 없는 수익 등의 차감	(×××)
4. 영업활동으로 인한 자산부채의 변동	×××
5. 이자수익 유입액	×××
6. 배당금수익 유입액	×××
7. 이자비용 유출액	(×××)
8. 법인세비용 유출액	(×××)

3) 이자와 배당금, 법인세의 표시

이자와 배당금의 수취 및 지급에 따른 현금흐름은 각각 별도로 공시한다. 각 현금흐름은 매 기간 일관성 있게 영업활동, 투자활동 또는 재무활동으로 분류한다.

통상 실무적으로 이자의 지급과 수취는 영업활동으로 분류하고, 배당금의 수취는 영업활동으로, 배당금의 지급은 재무활동으로 분류하고 있다. 다만, 이자비용을 현금흐름표에 표시하기 위해서는 선급이자 혹은 미지급이자를 조정하여 현금주의로 환산한 금액을 표시하며, 이자수익은 미수이자 혹은 선수이자 등을 조정하여야 한다.

법인세로 인한 현금흐름은 별도로 공시하며, 재무활동과 투자활동에 명백히 관련되지 않는 한 영업활동 현금흐름으로 분류한다. 법인세의 경우에도 현금흐름표에 표시하기 위해서는 기초·기말의 미지급법인세와 이연법인세자산·부채를 조정하여 현금주의로 환산한 금액을 표시하여야 한다.

4) 영업활동의 요약 표시

실무적으로 국제회계기준을 적용하는 상장기업들의 경우에도 대부분 간접법을 통하여 현금흐름표를 작성하고 있다. 하지만 영업활동으로 인한 현금흐름의 구성 항목을 열거하는 방식의 일반기업회계기준과는 달리 기업들에게 재무제표 양식 작성의 재량권을 어느 정도 부여한 국제회계기준의 특성상 앞서 살펴본 영업활동으로 인한 현금흐름의 표시는 다음과 같이 요약되어 보고되기도 한다.

상세 표시	요약 표시
Ⅰ. 영업활동으로 인한 현금흐름 　1. 당기순이익 　2. 현금유출이 없는 비용 등의 가산 　3. 현금유입이 없는 수익 등의 차감 　4. 영업활동으로 인한 자산부채의 변동 　5. 이자수익 유입액 　6. 배당금수익 유입액 　7. 이자비용 유출액 　8. 법인세비용 유출액	Ⅰ. 영업활동으로 인한 현금흐름 　1. 영업에서 창출된 현금흐름 　　가. 당기순이익 　　나. 조정항목 　　다. 영업활동으로 인한 자산부채의 변동 　2. 이자수익 유입액 　3. 배당금수익 유입액 　4. 이자비용 유출액 　5. 법인세비용 유출액

위의 표 오른쪽에서 조정항목은 표 왼쪽의 "현금유출이 없는 비용 등의 가산항목"과 "현금유입이 없는 수익 등의 차감 항목"을 묶어서 표시하며 상세한 내용은 주석으로 기재하기도 한다. 또한, 영업활동으로 인한 자산부채의 변동 내용도 주석으로 기재하기도 한다.

참고로 이자와 배당금의 수취 및 지급에 따른 현금흐름을 별도로 공시하는 이유는 손익계산서에 표시된 이자수익, 이자비용, 배당금수익, 법인세비용이 현금흐름에 의한 금액이 아니라 발생주의 등에 따라 인식한 금액이기 때문이다.

예를 들어, 다음과 같이 손익계산서에 매출 1,000원, 이자수익 500원이 있다. 매출은 모두 현금이 유입되었지만 이자수익 500원 중 300원은 실제로 현금을 수령하여 현금유입된 금액이고, 나머지 200원은 기말에 미수수익으로 인식한 금액이라고 가정한다. 그렇다면 실제 현금유입액은 1,300원일 것이다.

손 익 계 산 서		현 금 흐 름	
매　　출	1,000	매출 관련 유입액	1,000
이 자 수 익	500	이자수익 관련 유입액	300
이　　익	1,500	현 금 흐 름	1,300

이를 현금흐름표에 표시하면 다음과 같다.

과　목	금　액	
Ⅰ. 영업활동으로 인한 현금흐름		1,300
1. 영업에서 창출된 현금흐름	1,000	
가. 당기순이익	1,500	
나. 조정		
① 이자수익	(500)	
다. 현금의 유입이 없는 수익 등의 차감	－	
2. 이자수익 유입액	300	

(3) 투자활동과 재무활동 현금흐름의 보고

현금흐름을 순증감액으로 보고하는 일부의 경우를 제외하고는 투자활동과 재무활동에서 발생하는 총현금유입과 총현금유출은 주요 항목별로 구분하여 총액으로 표시한다.

순증감액으로 표시할 수 있는 현금흐름은 현금흐름이 기업의 활동이 아닌 고객의 활동을 반영하는 경우로서 고객을 대리함에 따라 발생하는 현금유출입, 회전율이 높고 금액이 크며 만기가 짧은 항목과 관련된 현금유출입 등이 있다.

주요 항목별로 구분하여 표시하는 투자활동과 재무활동 현금흐름의 보고의 예는 다음과 같다.

1) 투자활동 현금흐름

과 목	금 액			
	제×(당)기		제×(전)기	
Ⅱ. 투자활동으로 인한 현금흐름		×××		×××
1. 단기금융상품의 감소	×××		×××	
2. 단기금융상품의 증가	(×××)		(×××)	
3. 단기대여금의 감소	×××		×××	
4. 단기대여금의 증가	(×××)		(×××)	
5. 토지의 처분	×××		×××	
6. 토지의 취득	(×××)		(×××)	

2) 재무활동 현금흐름

과 목	금 액			
	제×(당)기		제×(전)기	
Ⅲ. 재무활동으로 인한 현금흐름		×××		×××
1. 단기차입금의 증가	×××		×××	
2. 단기차입금의 상환	(×××)		(×××)	
3. 장기차입금의 증가	×××		×××	
4. 장기차입금의 상환	(×××)		(×××)	
5. 사채의 발행	×××		×××	
6. 사채의 상환	(×××)		(×××)	
7. 유상증자	×××		×××	
8. 배당금의 지급	(×××)		(×××)	

(4) 현금흐름표의 예시

1) 직접법에 의한 현금흐름표

현 금 흐 름 표

과 목	제×(당)기		제×(전)기	
Ⅰ. 영업활동으로 인한 현금흐름		×××		×××
1. 매출 등 수익활동으로부터의 유입액	×××		×××	
2. 매입 및 제품생산과 관련된 유출액	(×××)		(×××)	
3. 판매관리비 유출액	(×××)		(×××)	
4. 이자수익 유입액	×××		×××	
5. 배당금수익 유입액	×××		×××	
6. 이자비용 유출액	(×××)		(×××)	
7. 법인세비용 유출액	(×××)		(×××)	
Ⅱ. 투자활동으로 인한 현금흐름		×××		×××
1. 단기금융상품의 감소	×××		×××	
2. 단기금융상품의 증가	(×××)		(×××)	
3. 단기대여금의 감소	×××		×××	
4. 단기대여금의 증가	(×××)		(×××)	
5. 토지의 처분	×××		×××	
6. 토지의 취득	(×××)		(×××)	
7. 무형자산의 취득	(×××)		(×××)	
Ⅲ. 재무활동으로 인한 현금흐름		×××		×××
1. 단기차입금의 증가	×××		×××	
2. 단기차입금의 상환	(×××)		(×××)	
3. 장기차입금의 증가	×××		×××	
4. 사채의 발행	×××		×××	
5. 사채의 상환	(×××)		(×××)	
6. 유상증자	×××		×××	
7. 배당금의 지급	(×××)		(×××)	
Ⅳ. 현금의 증가(감소)		×××		×××
Ⅴ. 기초의 현금		×××		×××
Ⅶ. 기말의 현금		×××		×××

2) 간접법에 의한 현금흐름표

현 금 흐 름 표

과 목	제×(당)기		제×(전)기	
Ⅰ. 영업활동으로 인한 현금흐름		×××		×××
1. 영업활동에서 창출된 현금흐름	×××		×××	
가. 당기순이익	×××		×××	
나. 조정항목	(×××)		(×××)	
다. 영업활동으로 인한 자산부채의 변동	×××		×××	
2. 이자수익 유입액	×××		×××	
3. 배당금수익 유입액	×××		×××	
4. 이자비용 유출액	(×××)		(×××)	
5. 법인세비용 유출액	(×××)		(×××)	
Ⅱ. 투자활동으로 인한 현금흐름		×××		×××
1. 단기금융상품의 감소	×××		×××	
2. 단기금융상품의 증가	(×××)		(×××)	
3. 단기대여금의 감소	×××		×××	
4. 단기대여금의 증가	(×××)		(×××)	
5. 토지의 처분	×××		×××	
6. 토지의 취득	(×××)		(×××)	
7. 무형자산의 취득	(×××)		(×××)	
Ⅲ. 재무활동으로 인한 현금흐름		×××		×××
1. 단기차입금의 증가	×××		×××	
2. 단기차입금의 상환	(×××)		(×××)	
3. 장기차입금의 증가	×××		×××	
4. 사채의 발행	×××		×××	
5. 사채의 상환	(×××)		(×××)	
6. 유상증자	×××		×××	
7. 배당금의 지급	(×××)		(×××)	
Ⅳ. 현금의 증가(감소)		×××		×××
Ⅴ. 기초의 현금		×××		×××
Ⅶ. 기말의 현금		×××		×××

2편 회계 시스템

제1장
회계 시스템 개요

1. ERP와 회계 시스템

ERP란?

요즘은 컴퓨터 없이 사무를 본다는 것은 상상하기 어려울 정도로 업무 시스템 사용이 일반화되었다. 특히 회계 처리의 경우 수기전표를 작성 후 장부에 옮겨 적으면서 주판으로 계산하던 것이 불과 수십 년 전의 일인데, 지금은 소규모 사업자라 할지라도 회계 시스템 없이는 업무 처리가 불가능한 시대가 되었다.

이러한 회계 시스템을 'ERP'라고 부르는 사람도 많아졌는데, ERP(Enterprise Resources Planning)란 기업 내 자원을 효과적으로 관리하기 위한 시스템으로, 우리말로 '전사적 자원관리'라고 지칭된다. 과거 인사, 회계 등 경영관리 업무를 위한 시스템을 MIS(Management Information System)라고 불렀지만 1990년대 이후 소프트웨어 업체들이 ERP 솔루션을 본격적으로 출시하고 이를 적용한 기업들이 많아지면서 ERP라는 용어가 그를 대체한 것이다.

ERP는 MRP라는 시스템 명칭으로부터 비롯되었다. MRP(Material Requirements Planning)는 기업이 생산의 효율을 높이기 위해 자재 소요량 계획을 시스템으로 관리한 것으로 1970년대부터 본격 보급되었는데, 이후 생산 전반의 자원을 관리하는 시스템으로 발전하여 MRPⅡ(Manufacturing Resources Planning)라는 솔루션이 등장하였다. ERP는 이러한 시스템을 생산 부문에 머무르지 않고 기업의 전체 업무에 적용할 수 있는 솔루션으로 확대한 것이다.

ERP 시스템의 구성

기업 내 자원(Resource)에는 인적자원(Man), 금전자원(Money), 물적자원(Material)이 가장 중요한 부분을 차지한다. 인적자원을 주로 관리하는 시스템이 인사 시스템이고, 금전 자원을 관리하는 시스템이 회계 시스템이며, 물적자원을 관리하는 대표적인 시스템이 재고 및 생산관리 시스템이라고 할 수 있다.

다음 [그림 Ⅱ-1-1]은 ERP 시스템의 구성도이다. 시스템 또는 솔루션마다 차이가 있지만 회계 시스템 중심으로 계획-실행-분석의 시각에서 보면 이렇게 표현할 수 있다.

먼저 계획 부분에 해당하는 대표적인 시스템이 '경영계획'이다. 여기에도 여러 종류의 시스템이 있지만, ERP의 효시가 되는 MRP와 같이 생산계획, 자재소요계획 등이 있으며, 기업 전체의 사업계획을 지원하는 시스템이 있다. 그림에서 '예산관리'라고 표시한 부분은 회계 시스템의 일부로서 표현한 것이다.

다음 실행 부분은 업무에 따라 크게 인사, 회계, 구매, 영업, 생산, 사업관리 등으로 구분된다. 인사 영역은 인사관리, 급여관리, 복리후생, 교육 및 총무관리 등을 묶어 HRMS(Human Resources Management System) 또는 HCM(Human Capital Management)라는 용어를 사용하기도 한다.

구매는 그 기능이 확장되어 SCM(Supply Chain Management)이라는 솔루션으로 발전되었고, 영업 역시 CRM(Customer Relationship Management)이라는 솔루션으로 확대 발전되었다. 큰 공장의 경우 설비자산관리도 매우 복잡하여 EAM(Enterprise Asset Management)이라는 솔루션으로 발전되는 등 업종에 따른 특화 솔루션도 매우 다양해졌다. 이들을 'Extended ERP(확장 ERP)'라고 부르기도 한다.

그리고 분석 부분에 해당하는 시스템은 '경영정보'가 대표적인데, 이도 재무분석, 성과관리, 경영자 정보 시스템(EIS, Executive Information System) 등의 하위 시스템으로 구분할 수 있다.

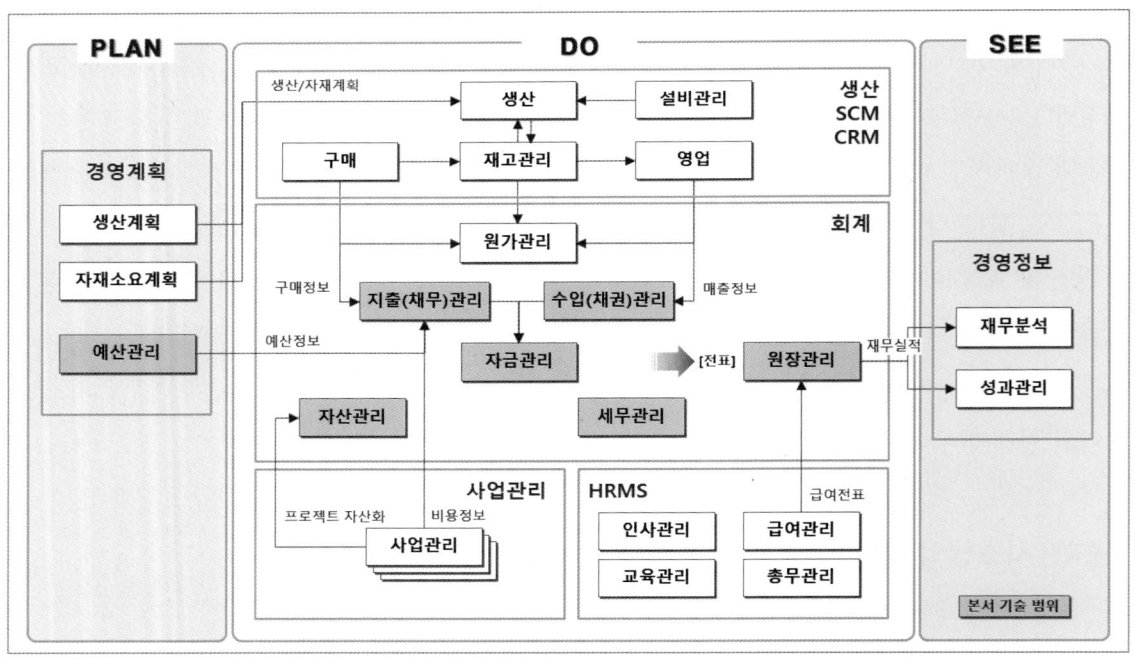

[그림 Ⅱ-1-1] ERP 구성 및 시스템 흐름도

회계 시스템

회계 시스템은 ERP의 하위 시스템으로 FCM(Financial Consolidation and Management, 재무 결합 및 관리), AIM(Accounting Information System, 회계 정보 시스템), FMS(Financial Management System, 재무관리 시스템), Financials(재무 시스템) 등 다양한 용어로 불린다. ERP 솔루션 제공 업체마다 사용하는 용어는 약간씩 다르지만 내용은 거의 유사하다.

회계 시스템은 기업과 같은 경제적 실체가 관련 이해관계자에게 경제적 의사결정에 필요한 정보를 제공하기 위해 '회계 원리'에 따라 회계적 거래를 기록, 집계 및 보고하는 시스템이다.

회계 시스템은 재무회계 시스템과 관리회계 시스템으로 구분할 수 있다. 재무회계 시스템은 기업의 외부 이해관계자에게 경제적 의사결정에 필요한 재무 정보를 제공하기 위한 시스템으로, 현금의 수입과 지출이 발생하는 '거래'를 관리하는 수입관리 및 지출관리 시스템, 일반 상거래 외 자금의 유·출입을 관리하는 자금관리 시스템, 그리고 각종 거래를 전표의 형식으로 기록 후 요약 정리하여 재무 정보를 제공하는 원장관리 시스템 등으로 구성되어 있다. 이외에도 유·무형자산을 관리하는 자산관리 시스템과 각종 세무 신고를 지원하는 세무관리 시스템 등도 크게는 재무회계 시스템 범주에 포함된다.

관리회계 시스템은 기업 내부 이해관계자에게 경영 의사결정에 필요한 회계 정보를 제공하기 위한 것으로, 원가관리 시스템, 재무분석 시스템, 성과관리 시스템, 경영정보 시스템 등을 말한다. 본서에서는 재무회계 시스템 내용을 중심으로 다루는데, 하위 시스템 용어 관련하여 솔루션마다 약간 차이가 있어 본서의 입장을 정리해 본다.

- **지출(채무) 관리**는 재화(財貨, Goods)나 용역(用役, Service)을 구매하고 그 대가를 지급하는 업무를 지원하는 시스템으로 외산 솔루션에서는 AP(Accounts Payable)라는 용어를 주로 사용한다. AP는 매입채무 또는 외상매입금/미지급금 계정이란 의미로, 시스템 명칭으로는 채무관리라고 보통 표현한다. 그러나 공공 부문과 같은 비영리조직의 경우 채무를 관리하는 의미보다는 예산을 집행하는 의미가 강하므로 '지출관리'라는 용어를 많이 사용한다. 본서에서는 포괄적으로 사용될 수 있는 지출관리라는 용어를 사용하기로 한다.
- **수입(채권) 관리**는 재화나 용역을 제공하고 그 대가를 받는 업무를 지원하는 시스템으로 외산 솔루션에서는 AR(Accounts Receivable)이라는 용어를 주로 사용한다. AR은 매출채권 또는 외상매출금/미수금 계정이란 의미로, 시스템 명칭으로는 채권관리라고 표현한다. 그러나 공공 부문과 같

은 비영리 조직의 경우 채권을 관리하는 의미보다는 상거래 외적인 수입을 관리하는 의미가 강하므로 '수입관리'라는 용어를 많이 사용한다. 본서에서는 포괄적으로 사용될 수 있는 수입관리라는 용어를 사용하기로 한다.

· 그리고 **원장관리**는 전표 및 결산 과정을 관리하고 재무제표 등 재무 보고를 지원하는 시스템으로 결산관리라는 용어도 많이 사용한다. 외산 솔루션에서는 대부분 총계정원장을 의미하는 G/L (General Ledger)이라는 용어를 사용한다. 본서에서는 원장관리로 표현한다.

· **자산관리, 자금관리, 세무관리**는 대부분 동일한 용어로 통용된다.

참고로 IT 업체에서는 고객에 최적화된 시스템을 개별적으로 구축하기도 하지만 일반적으로 사용할 수 있는 완성된 제품을 공급하기도 하는데 이를 솔루션(Solution) 또는 패키지(Package)라고 한다. ERP의 경우 패키지라는 용어를 많이 사용하는데, 위에서 살펴보았듯이 ERP는 인사 시스템, 회계 시스템, 구매 시스템, 영업 시스템, 생산 시스템 등 여러 하위 시스템으로 구성되어 있다. 회계 시스템도 다시 지출관리, 수입관리, 원장관리 등 여러 하위 시스템으로 구성되어 있는데, 이들을 모듈(Module)이라고 표현한다. 모듈이라는 용어는 다양한 의미로 사용되지만, 이 책에서 모듈은 동종 업무를 수행하는 여러 프로그램(Program)의 집합인 하위 시스템을 의미한다. 프로그램은 화면, 보고서, 그리고 사용자 눈에 보이지는 않지만 시스템 내부에서 돌아가는 배치(Batch) 프로세스 등을 구현하는 소스 코드(Source code)를 의미한다. 2차전지 제조 과정을 셀(Cell) → 모듈(Module) → 팩(Pack)의 단계로 설명하듯, 회계 시스템도 프로그램 → 모듈 → 패키지 단계로 구성된다고 이해하면 된다. 예를 들어, 지출결의 화면(프로그램) → 지출관리 시스템(모듈) → 회계 시스템(모듈) → ERP(패키지) 순으로 구성된다.

2. 회계의 순환 과정과 회계 시스템의 흐름

회계의 순환 과정

회계는 회계장부를 수기(手記)로 작성하던 시대를 기준으로 그 과정을 살펴보면 다음과 같다.
1) 회계적 거래를 식별하게 되면, 2) 그 거래 내용에 대해 전표를 작성하거나 분개장에 기록하고, 3) 매일 마감 시 또는 일정 시점에 그들을 총계정원장에 전기(轉記, 옮겨 적음)한 후, 4) 결산 시 시산표(試算表, Trial Balance) 등을 작성하고 결산 조정 및 장부 마감 등의 작업을 거쳐, 5) 최종적으로

재무제표를 작성하여 그 기업의 이해관계자에게 보고한다.

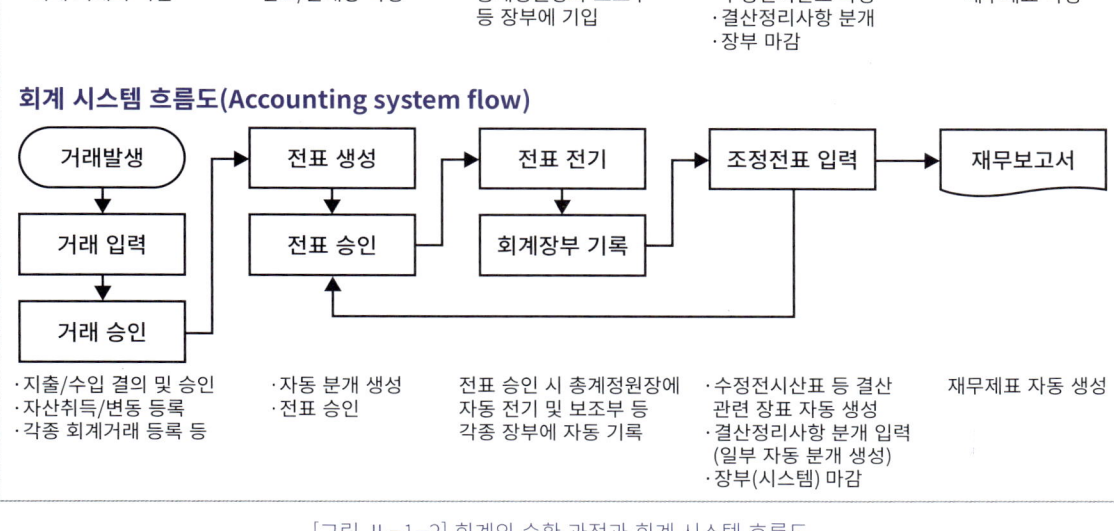

[그림 Ⅱ-1-2] 회계의 순환 과정과 회계 시스템 흐름도

회계 시스템의 흐름

위 회계의 순환 과정을 시스템을 통해 처리하는 것으로 바꿔 보면 다음과 같다.

1) 회계적 거래가 발생하면 그 거래 내용을 관련 시스템에 입력하고 승인받는다. 2) 이때 전표는 자동 생성되며, 필요 시 전표에 대한 승인 절차를 밟는다. 3) 전표가 승인(확정)되면 총계정원장 및 관련 장부에 자동으로 기록(전기)된다. 4) 결산 시 회계담당자가 결산 조정 전표를 입력하거나 또는 자동으로 해당 전표를 생성한다. 5) 재무제표는 별도로 작성할 필요 없이 전표 승인과 동시에 사전에 정의한 재무제표 양식에 따라 자동으로 집계, 생성된다.

여기서 수작업으로 하는 것은 1) 거래 입력 부분과 4) 결산 조정 사항 입력 일부분, 그리고 각 단계별 승인 버튼 누르는 것이며, 나머지는 시스템에서 자동으로 처리하게 된다. 과거 수기로 전표를 작성하던 때에는 차변과 대변, 그리고 기록할 계정 과목을 알아야 하는 등 회계 지식이 필요했지만 회계 시스템을 사용하면서부터는 회계 지식 없이 거래 내용 입력만으로 모든 것이 자동으로 회계 처리되는 것이다. 그래서 회계 시스템을 사용하는 사용자 중에 회계 담당자가 아니라면 회계를 모르는 경우가 대부분이다. 그래서 회계 시스템 개발 시 이를 항상 염두에 두고 회계 처리 관련 사용자의 데이터 입력 실수를 방지하도록 체크 로직을 반영해 두어야 한다.

3. 거래 유형별 회계 시스템과 분개(전표)

거래와 회계 시스템

회계상의 거래는 기업의 가치에 변동을 주는 모든 사건을 의미한다. 회계 시스템에서는 이를 트랜잭션(Transaction)이라고 하며, 업무 처리의 기본 단위가 된다. 트랜잭션을 설명할 때 돈을 주고 받는 상황을 예로 들기도 하는데, 돈을 주는 행위와 받는 행위는 동시에 존재하고 서로 뗄 수 없는 관계로 이를 하나의 트랜잭션이라고 하는 것이다. 즉 돈을 주었으나 상대는 받지 못했다면 거래(트랜잭션)는 성립하지 않는다.

이를 회계 개념으로 해석하면 대차평균의 원리와 유사하다. 예를 들어, 사무용 비품을 100원에 현금으로 구입하면 회계상 분개는 차변에 비품(자산의 증가 또는 비용의 발생) 100원, 대변에 현금(자산의 감소) 100원으로 기록한다. 즉 차변과 대변의 각 합계가 항상 일치하는 것을 대차평균의 원리라고 하는데, 어느 하나라도 누락되면 회계상 거래가 성립하지 않는 것이다. 회계 시스템은 이러한 거래에 대해 회계적인 해석을 거쳐 자동으로 분개(전표)를 생성하는 기능을 제공한다.

다음 [그림 Ⅱ-1-3]은 거래 유형별로 구분 관리하는 회계 하위 시스템과 그 시스템에서 처리하는 거래 및 분개의 예시를 나타낸 것이다.

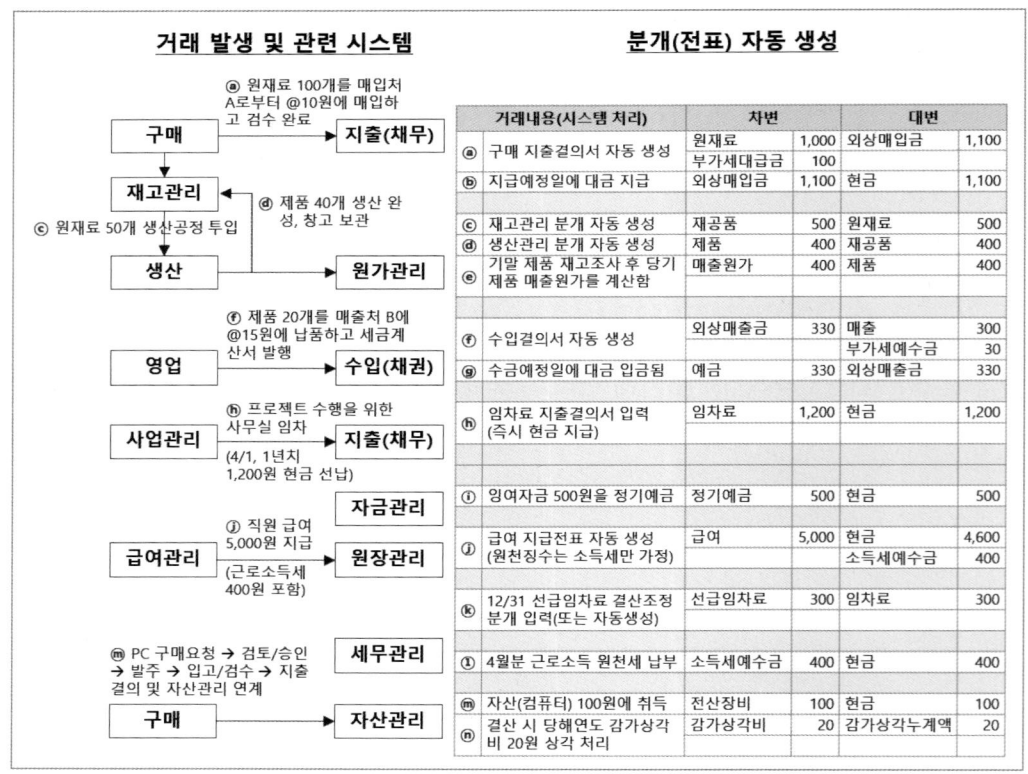

[그림 Ⅱ-1-3] 회계 시스템 흐름과 분개 예시

ⓐ 먼저 원재료 100개를 단가 10원에 외상으로 매입하고 검수를 마친 경우, 해당 거래를 구매 시스템에 입력하면 회계 시스템의 지출관리 시스템으로 자동 연계되어 지출결의가 생성된다. 이 지출결의를 승인하면 차변에 원재료(자산의 증가) 1,000원, 부가세대급금(자산의 증가) 100원, 대변에 외상매입금(부채의 증가) 1,100원이라는 분개(전표)가 자동 생성된다. 하나의 거래가 완성된 것이다.

여기서 '분개(전표)'라고 표시한 이유에 대해 설명한다.

회계 시스템에서 거래는 전표 형태로 기록한다. 물론 각 업무 시스템에서는 업무별 필요에 따라 거래 상세 데이터를 관리하지만, 재무회계 측면에서는 전표 형식으로 관리하는 것이다. [공기업·준정부기관 회계기준] 제11조(거래의 처리)에서도 "모든 거래는 전표에 따라 처리하여야 한다."라고 하고 있다. 여기서 전표의 핵심은 '분개'이다.

분개(分介, Journalizing)란 거래의 8요소 조합에 따라 계정 과목과 금액을 정하여 기록하는 것을 말한다. 분개장은 이러한 분개를 서식이 있는 장부에 순서대로 기록한 것이며, 전표는 분개를 거래 건별로 한 장의 서식에 기록한 것을 말한다. 회계 시스템에서는 거래 내역을 해당 거래 관리용 테이블에도 기록하지만 그 거래에 대한 분개를 전표 테이블에도 기록하는데, 종이와 디지털화된 기록의 차이가 있을 뿐 일정한 형식으로 기록한다는 것은 동일하다. 따라서 회계 시스템에서는 이 분개 데이터를 '전표'라고 표현한다. 위에서 '분개(전표)'라고 한 이유는 분개의 의미를 강조한 전표를 나타내기 위한 것이다. 즉 이 책에서 분개, 전표, 분개(전표)는 모두 같은 의미로 이해하면 된다.

ⓑ 다음으로 외상매입금을 지급예정일에 현금으로 지급하는 경우, 해당 거래를 지출관리 시스템의 지급 처리 기능을 통해 입력하면 차변에 외상매입금(부채의 감소) 1,100원, 대변에 현금(자산의 감소) 1,100원이라는 분개가 자동 생성된다. 위 거래에 이은 또 하나의 거래가 완성된 것이다.

이와 같이 각 업무별로 거래를 입력하면 자동으로 분개가 생성되어 회계 시스템의 원장관리에 집적되고, 이를 바탕으로 분류 및 집계를 통해 각종 재무보고서를 작성하게 된다. 즉 회계 시스템에서 분개는 핏줄과도 같은 기능을 하는 것이다. 이 분개는 거래 건마다 수작업으로 입력할 수도 있겠지만 그 수많은 건에 대해 회계를 모르는 일반 사용자가 직접 회계 처리한다는 것은 불가능에 가깝다. 따라서 시스템에서는 '자동분개' 기능을 통해 이 업무를 지원하는데, 다음 장에서는 그 원리를 설명한다.

계속해서 예시 거래를 설명한다.

ⓒ 원재료 50개를 생산 공정에 투입한 경우, 해당 거래에 대한 분개는 차변에 재공품(자산의 증가)

500원, 대변에 원재료(자산의 감소) 500원이라는 형태로 재고관리 시스템에서 자동 생성된다. 그러나 이는 이해를 돕기 위한 예시이며, 실제로는 구입 단가가 수시로 변하기에 언제 구입한 것을 투입했는지 알기 어려우므로, 이러한 분개는 원가관리 측면에서 선입선출법, 후입선출법, 이동평균법 등의 규칙에 따라 월 결산 시 생성하기도 한다.

ⓓ 제품 40개가 완성되어 제품 창고에 입고된 경우, 차변에 제품(자산의 증가) 400원, 대변에 재공품(자산의 감소) 400원이라는 분개가 생성된다.

ⓔ 결산 시 이 제품의 재고를 조사한 후 당해 기간 판매분을 산출하여 매출원가 계정으로 대체하는 분개를 생성한다. 판매분을 계산하는 것은 판매한 제품의 원가가 수시로 변동되어 얼마인지 모르기 때문으로, 이는 원가관리 시스템에서 관리한다.

ⓕ 제품 20개를 단가 15원에 부가세를 포함하여 330원에 외상으로 납품하고 세금계산서를 발행한 경우 수입관리 시스템에서 수입결의를 작성하며, 차변에 외상매출금(자산의 증가) 330원, 대변에 매출(수익의 발생) 300원, 부가세예수금(부채의 증가) 30원이라는 분개를 생성한다. 이러한 거래의 원천은 영업관리 시스템이지만, '세금계산서' 및 '수금' 관리를 위해 회계 시스템의 하위 시스템인 수입관리 시스템에 '수입결의' 형태로 자동 연계 처리하게 된다.

ⓖ 위 매출에 대해 그 대금을 받은 경우 수입관리 시스템의 '입금' 및 '반제' 기능에서 처리하며, 차변에 예금(자산의 증가) 330원, 대변에 외상매출금(자산의 감소) 330원의 분개를 생성한다. 여기서 반제(返濟)란 사전적 의미로는 '빌렸던 돈을 갚음(Payment)'이라는 의미지만 회계 시스템에서는 외상매입금/외상매출금, 미지급금/미수금, 가지급금/가수금, 선급금/선수금과 같은 미결계정을 정산(Clearing)하는 것을 의미한다. 즉 위의 경우 수입결의에서 생성된 매출채권 계정인 '외상매출금'을 입금 처리 시 정산함으로써 완결되지 못했던 회계적 거래를 정리하는 개념이다.

ⓗ 프로젝트 수행을 위해 사무실을 임차하고 1년치 임차료 1,200원을 현금으로 선납한 경우, 지출관리 시스템에 해당 거래를 입력하면 차변에 임차료(비용의 발생) 1,200원, 대변에 현금(자산의 감소) 1,200원의 분개를 생성한다. 별도의 부동산 관리 또는 총무 관리 시스템이 있는 경우 해당 시스템에 거래를 입력하면 지출관리 시스템과 연계하여 지출결의 및 전표를 자동으로 생성할 수도 있다.

ⓘ 자금에 여유가 생겨 500원을 정기예금에 가입한 경우 자금관리 시스템의 '예금관리' 기능에 반영하면, 차변에 정기예금(자산의 증가) 500원, 대변에 현금 또는 보통예금(자산의 감소) 500원이라는 분개가 생성된다.

ⓙ 급여일에 급여 시스템에서 직원의 급여 5,000원에 대해 소득세 등 각종 공제금액 400원을 제하고 지급하는 경우, 원장관리 시스템과 연계하여 차변에 급여(비용의 발생) 5,000원, 대변에 현금(자산의 감소) 4,600원, 소득세예수금(부채의 증가) 400원이라는 분개를 생성한다. 여기서 '소득세예수금'은 직원을 대신하여 세무서에 납부하기 위해 잠시 맡아 두는 돈으로 일종의 부채 성격의 계정과목이다.

ⓚ 결산 시기가 되어 앞서 지급했던 임차료 중 일부(3개월분)가 당기에 속하는 비용이 아니므로 잠시 자산으로 기록해 두었다가 차 연도에 다시 비용으로 처리하려는 경우, 원장관리 시스템에서 차변에 선급임차료(자산의 증가) 300원, 대변에 임차료(비용 발생 제거) 300원이라는 결산조정 분개를 입력한다. 이러한 처리를 비용의 이연이라고 하는데, 보통은 수작업으로 전표를 입력하나 별도의 부동산 관리 시스템을 운영하는 경우 이러한 결산조정 처리를 자동으로 할 수 있다.

ⓛ 앞의 급여 지급 시 원천징수했던 소득세를 세무서에 납부하는 경우 차변에 소득세예수금(부채의 감소) 400원, 대변에 현금(자산의 감소) 400원이라는 분개를 생성한다. 납부 전표는 세무관리 시스템의 '원천세 납부' 기능을 이용하거나 지출관리 시스템에서 지출결의를 작성, 또는 원장관리 시스템에서 직접 전표를 입력할 수도 있다.

ⓜ 사무용 컴퓨터를 100원에 구입한 경우 기본적인 분개는 차변에 전산장비(자산의 증가) 100원, 대변에 현금(자산의 감소) 100원이 된다. 그러나 고정자산의 경우 보통은 구매관리 시스템에서 구매 및 검수 절차를 거친 후 지출관리 시스템에서 지출결의를 작성하고, 자산관리 시스템에서 고정자산으로 등록하는 과정을 밟게 된다. 이때 지출 및 자산 취득 분개를 구분하여 연계 처리하는 경우 '자산취득가계정(필자가 임의로 명명)'과 같은 중간 계정을 사용할 수 있다. 즉 지출결의 작성 시에는 구매 요청자가 구입하는 고정자산의 구체적인 유형(분류)을 잘 모르므로 일단 차변에 '자산취득가계정' 100원, 대변에 현금 100원이라는 분개를 생성하고, 고정자산을 관리하는 자산관리 담당자가 자산관리 시스템에 해당 자산을 등록할 때 자산 유형을 명확히 지정하여 차변에 전산장비 100

원, 대변에 '자산취득가계정' 100원이라는 분개를 생성하는 것이다. 자세한 사항은 제6장 자산관리 부분에서 설명한다.

ⓝ 결산 시 자산관리 시스템에서 보유한 자산에 대한 감가상각을 처리하여 차변에 감가상각비(비용의 발생) 20원, 대변에 감가상각누계액(자산의 차감계정) 20원이라는 분개를 생성한다.

4. 자동분개

대부분의 회계 시스템은 거래 입력 시 자동으로 분개를 생성한다. 이를 '자동분개'라고 하는데, 처리 방식은 시스템에 따라 다르다. 자체 개발한 시스템의 경우 상당 부분 하드 코딩(Hard Coding, 각종 코드 값이 프로그램에 직접 기술되어 업무 변경 시 프로그램을 수정해야 함)되어 있으나, 회계 솔루션/패키지와 같이 다양한 기업에 적용을 고려하여 개발한 시스템은 자동분개 로직을 별도로 구성하여 업무 변화에 유연하게 대응할 수 있도록 하고 있다.

본서에서는 거래 유형별로 분개 형태를 사전에 정의해 두고, 거래 발생 시 이를 참조하여 분개(전표)를 자동으로 발생시키는 사례를 기술한다.

① 먼저 ERP에서 발생할 수 있는 각 거래 유형별 분개 형태를 사전에 정의해 둔다. 시스템 사용자는 거래 유형별로 사용할 계정 과목을 설정해 두면 된다.
② 각 하위 시스템에서 회계 거래 발생 시 회계 거래 정보 테이블에 그 내역을 저장한다. 이때 별도의 테이블에 기록하지 않고 관련 거래 테이블을 모두 엮어 뷰(View) 형태로 구성할 수도 있다. 본서의 예시 시스템에서는 이 방식을 적용하였다.
③ 업무 성격에 따라 [저장], [승인], 또는 [전표 생성] 버튼 클릭 시 분개(전표)를 생성한다. 여기서 분개를 생성하는 프로그램은 공통으로 사용한다.
④ 전표는 '확정'(Posting, 전기)되어야 총계정원장에 반영되는데, 일부 거래 유형은 전표 생성과 동시에 자동 확정 처리할 수 있어야 한다. 이는 현업에서 이미 승인된 건에 대해 회계 담당자가 다시 검토할 필요가 없는 업무에 한한다.

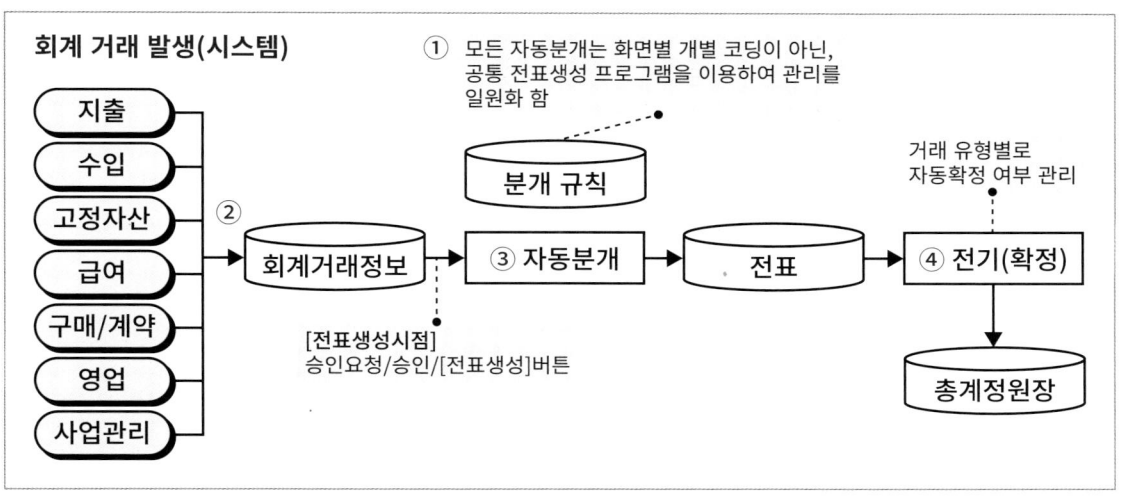

[그림 II-1-4] 자동분개 처리 흐름도

자동분개 규칙 설정 화면

자동분개 기능의 이해를 돕기 위해 자동분개 규칙 설정 화면을 예시로 든다.

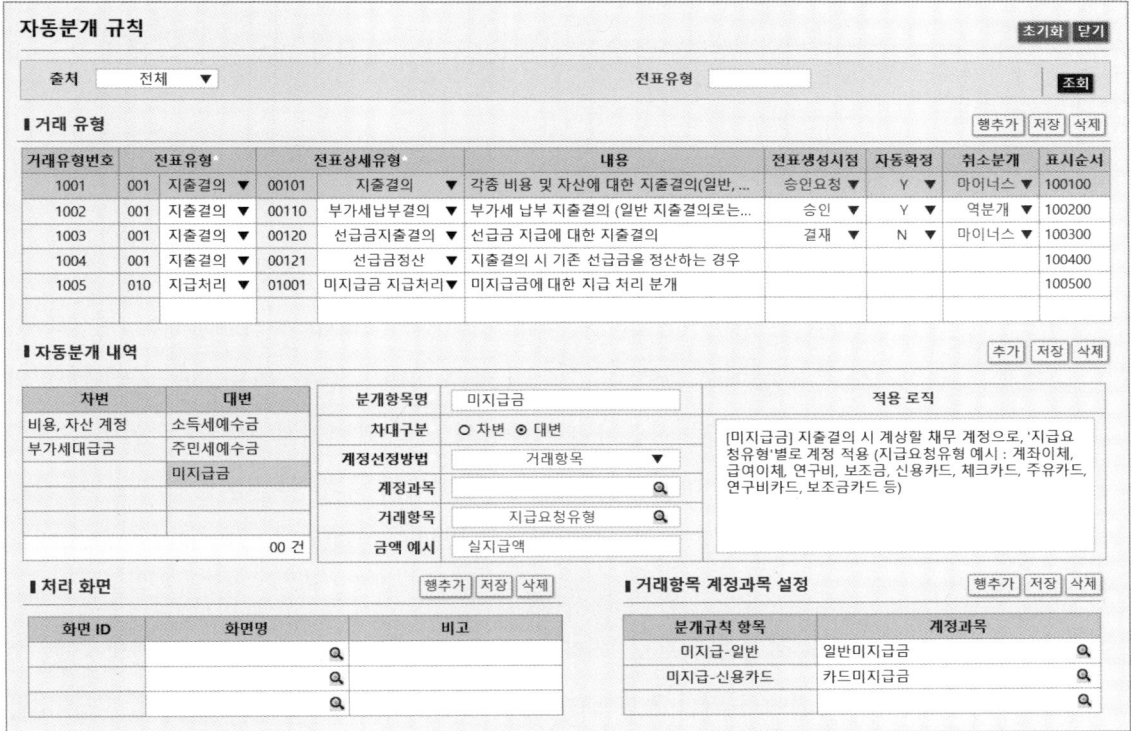

[그림 II-1-5] 자동분개 규칙 설정 화면

[화면 설명]

이 화면은 거래 유형별로 분개 항목과 그 계정 과목 결정 방법 등을 설정하기 위한 것이다. 여기서 분개 항목은 분개를 구성하는 계정 과목 및 금액 부분을 말한다.

'전표 생성 시점'은 거래 입력 화면에서 [저장], [승인 요청], [승인] 또는 [전표 생성] 등 어떤 버튼을 눌렀을 때 자동 전표를 생성할 지를 설정하는 것이다.

'자동 확정' 여부가 'Y'이면 전표 승인과 동시에 확정되어 총계정원장에 반영하는 것을 말한다.

이미 확정된 전표를 취소하는 경우 ERP에서는 기존 전표를 삭제 또는 수정하지 않고 추가적인 전표를 생성하게 되는데, '취소 분개'는 새로운 분개를 어떻게 할 것인지를 정하는 것이다. 차변과 대변 내용을 서로 바꾸는 '역 분개'를 생성하거나 기존 분개 형태를 그대로 유지하면서 금액만 '마이너스'로 표기할 수 있다.

'자동분개 내역'은 해당 전표 유형의 분개 형태를 보여 주는 것으로 위 예시 화면의 경우 차변에 비용 또는 자산계정이 나타나고, 부가세가 있는 경우 부가세대급금(매입부가세) 계정이 나타난다. 그리고 대변에는 기본적으로 미지급금 계정이 나타나고, 급여 지급 시와 같이 소득세와 주민세를 원천징수하는 경우 소득세예수금과 주민세예수금 계정이 나타난다.

자동분개 내역의 (분개)항목을 선택(클릭)하면 우측에 해당 상세 속성이 표시된다. 다음은 그 속성에 대한 설명이다.

- 분개 항목명: 차/대변 각 항목의 명칭을 입력한다.
- 차대 구분: 해당 항목이 전표의 차변 또는 대변 어디에 위치하는지 설정한다.
- 계정 선정 방법: 계정을 선정하는 방법으로 거래 항목(거래 입력 화면의 특정 정보를 이용), 예산과목, 금융계좌, 고정자산 분류 등에서 선택한다. 즉 위 예시 화면의 경우 '비용 또는 자산 계정'의 계정 선정 방법으로 '예산과목'을 지정하면 지출결의 입력 화면에서 예산과목 선택에 따라 차변의 계정 과목이 결정되고, '미지급금'(채무 계정)에 해당하는 계정 선정 방법으로 '거래 항목'을 선택하면, 바로 아래 '거래 항목' 난에 지정한 방법으로 대변의 계정 과목이 결정되는 방식이다.
- 거래 항목: 위에서 계정 선정 방법으로 '거래 항목'을 선택한 경우 거래 입력 화면의 어떤 속성을 적용할 것인지 사전에 정의한 공통 코드 중에서 선택하는 것이다. 예를 들어, 지급 요청 유형, 4대 보험급여 항목, 수입 유형, 지급 유형, 차입금 종류, 신용 체크 구분 등이 있다. 위 예시 화면의 경우 지출결의 입력 화면의 '지급 요청 유형'에 따라 채무 계정을 결정하겠다면

(화면 우측 하단) '거래 항목 계정 과목 설정'의 지급 요청 유형에 따른 계정 과목 설정에 따라 결정되는 방식이다. 즉 지급 요청 유형으로 '미지급-일반'을 선택하면 '일반미지급금' 계정 과목이 자동 반영되는 것이다.

- 특정 계정을 사용하는 경우 '계정 과목'을 직접 지정하면 된다.
- 적용 로직: 해당 계정 과목 및 금액 결정 로직에 대한 설명을 기술한다. 참고용이다.
- 금액 예시: 화면의 어떤 항목을 금액으로 반영할지, 또는 산정 로직을 입력한다. 금액도 자동 추출 및 계산하도록 구성할 수 있겠지만, 여기서는 단지 참고용이며 자동분개 생성 시 로직에 반영되지는 않는다.
- 처리 화면: 해당 거래 유형의 전표가 발생하는 화면을 기록한다. 나중에 문제가 있는 경우 해당 화면의 로직을 점검하기 위함이다.
- 거래 항목 계정 과목 설정: 위 '자동분개 내역' 영역의 '거래 항목'에 대한 상세 값 목록이다. '분개 규칙 항목' 칼럼에는 해당 공통 코드 목록이 나타나고, 해당 항목별 계정 과목을 지정하면 된다.

[개발 참고 사항]

전표 유형 및 전표 상세 유형은 해당 기업에서 발생할 수 있는 거래 유형을 분석하여 먼저 설정해 둔다. 재무회계의 경우 대부분의 기업에서 발생하는 거래 형태는 상당 부분 공통된다.

각 분개(전표)가 발생한 위치를 알기 위해, 해당 분개가 발생하는 원천 프로그램 ID를 전표 테이블에 한 속성으로 기록한다. 분개가 이상한 경우 원천 데이터가 어디서 발생했는지 추적하여 해결하기 위함이다.

위 그림에서 '▼' 표시는 코드 값 목록을 나타내는 콤보박스(Drop-Down 목록)를 의미하며, 돋보기 아이콘(🔍)은 찾기 팝업창 열기를 의미한다.

위 자동분개 설정 화면은 하나의 예시이므로 참고하여 각 시스템 상황에 맞게 개발하도록 한다.

5. 회계 시스템 내 승인 및 전표 상태 변화

회계 거래 프로세스와 승인/결재 상태

응용 시스템 개발 시 거래(트랜잭션)의 입력(작성)부터 최종 승인까지의 상태 관리는 항상 유의해야 하는 사항이다. 거래의 상태에 따라 해당 건에 대해 처리할 수 있는 내용이 달라지기 때문이다. 예를 들어, 아직 완성이 안 된 '작성' 중인 건을 '승인'한다거나, 승인이 완료된 건을 다시 '승인 요청' 하면 안 된다. 이를 시스템적으로 방지하기 위해 거래 레코드(Record)의 상태를 체크하여 화면의 버튼을 잘못 클릭하면 오류 또는 안내 메시지를 나타내 주거나 원천적으로 해당 버튼을 비활성화 해야 한다.

이는 초급 개발자가 놓치기 쉬운 부분인데, 비단 회계 시스템뿐 아니라 모든 업무 시스템에 공통된 사항이므로 기본적인 원리를 이해하고 레코드의 상태 변화를 발생시키는 모든 화면에 빠짐없이 반영되도록 한다.

다음 그림은 지출 프로세스 단계별 승인 상태의 변화 예시이다.

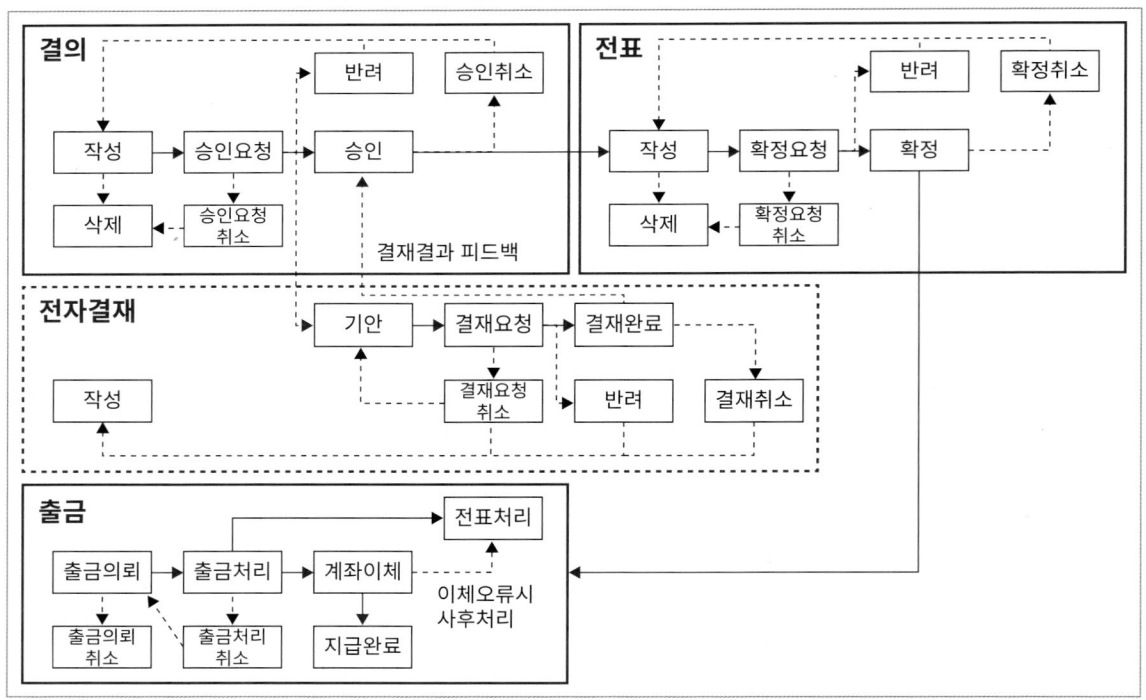

[그림 Ⅱ-1-6] 회계 시스템 내 승인/결재 및 전표 상태 변화

위 그림에서 지출결의를 입력하면 해당 레코드는 작성 상태가 되고, 승인을 요청하면 승인 요

청 상태가 된다. 회계 시스템이 전자결재 시스템과 연동이 된 경우에는 전자결재에서 전결 규정에 따른 결재 절차가 진행되고, 최종 결재가 되면 그 결과가 회계 시스템에 전달된다. 회계 시스템과 전자결재의 상태 코드는 혼동을 방지하기 위해 숫자나 알파벳 등으로 구분하여 부여할 수 있다.

전자결재 시스템에서 결재가 완료되면 회계 시스템에서는 자동으로 승인(완료) 상태가 되고, 동시에 전표가 생성된다. 전표 생성 시점은 업무에 따라 달리 정의할 수 있으나, 보통 '승인 요청' 시점에 많이 생성하고, 승인이 완료된 시점에 생성하기도 한다.

전표의 승인 상태 변화는 지출결의와는 약간 다른데, '작성' 이후 '승인 요청'이 아닌 '확정 요청'이라는 용어를 주로 사용한다. 확정은 전표를 총계정원장에 전기(轉記, Posting)하는 것을 의미한다. 물론 전표 중심의 회계 시스템에서는 승인 프로세스를 두기도 하니 참고한다.

제2장
회계기준 정보

1. 회계기준 정보 개요

응용 시스템의 데이터 종류

ERP와 같은 응용 시스템에서 사용되는 데이터(Data)는 기준(Master) 데이터, 거래(Transaction) 데이터, 분석 데이터, 로그(Log) 데이터 등으로 분류할 수 있다.(Data는 우리말로 '자료'라고 번역되나 실무에서는 대부분 '데이터'라는 용어로 사용하고 있으므로 본서에서도 그에 따른다.)

회계 시스템에서 마스터 데이터는 계정 과목, 회계단위, 거래처 등이 있으며, 트랜잭션 데이터는 수입 및 지출의 거래 내역, 전표 등이 대표적이다. 보통 '데이터'는 재료이고 '정보'는 이 재료를 가치 있는 것으로 가공한 것을 뜻한다면, 계정 과목과 같은 마스터 데이터는 우리말로 '기준 자료'로 칭하는 것이 적합할 듯하지만, 실무에서는 대부분 '기준 정보'라는 용어를 사용한다. 따라서 본서에서도 회계 시스템의 각 하위 시스템에서 관련 마스터 데이터를 '○○ 기준 정보'라는 명칭으로 기술한다.

참고로 업무용 응용 시스템 구축 프로젝트에서는 기존 시스템의 데이터를 신 시스템으로 이관해야 하는데, 데이터 이관 범위에 따라 난이도와 투입 공수에 있어 큰 차이가 발생한다. 이관 대상 데이터의 유형을 크게 기준 데이터와 거래 데이터로 구분할 때, 기준 데이터는 필수로 이관해야 하지만, 거래 데이터는 기존 시스템의 테이블 구조와 완전히 다른 ERP 프로젝트의 경우 데이터를 모두 옮기는 것은 불가능에 가까울 수 있다. 따라서 미결 데이터(예: 수입/지출 거래 데이터 중 아직 정산이 되지 않은 미수/미지급 데이터)는 수작업으로라도 이관해야 할 대상이지만 수입/지출 데이터와 같은 거래의 상세 이력은 이관 대상에서 제외하는 경우가 많다.

회계기준 정보

회계 시스템의 주요 기준 정보는 최종 산출물인 재무제표와 같은 장부의 구성을 보면 알 수 있다. 즉 아래 [그림 Ⅱ-2-1]과 같이 일반적인 재무제표를 구성하는 주요 항목은 1) 보고 주체인 기업(조직), 2) 회계 기간, 3) 화폐단위, 4) 계정 과목이다.

재무상태표			
제X2기 202X년 12월 31일 현재			
사업자등록번호		법인등록번호	
기업(법인)명			(단위 : 원)
계정과목		제X2기(당기)	제X1기(전기)
		금액	금액
I. 유동자산		0	0
(1) 당좌자산		0	0
1. 현금 및 현금성자산		0	0
2. 단기예금		0	0

손익계산서			
제X2기 202X년 1월 1일부터 202X년 12월 31일까지			
사업자등록번호		법인등록번호	
기업(법인)명			(단위 : 원)
계정과목		제X2기(당기)	제X1기(전기)
		금액	금액
I. 매출액		0	0
1. 상품매출		0	0
가. 국내상품매출		0	0
나. 수출상품매출		0	0

[그림 Ⅱ-2-1] 재무제표 양식과 회계기준 정보

따라서 회계 시스템에서 핵심이 되는 기준 정보는 회계 조직, 회계 기간, 통화, 계정 과목이다.

회계 조직의 경우 재무회계 관점에서는 기업 전체가 하나의 보고 단위이지만 실제로는 사업 조직별로 실적을 관리하기 때문에 보통 '부서'가 회계 시스템의 최소 관리 단위가 된다.

회계 기간의 경우 우리나라에서는 1년을 회계 기간으로 하고 있어 별도의 회계 기간을 기준 정보로 관리하지는 않지만 월 마감을 시행하는 조직에서는 월별 마감관리를 구현하여 적용하고 있다.

화폐단위의 경우 기준 통화는 원화이지만 외화 거래가 있는 경우 해당 외화와 환율을 등록하여 사용하며, 각종 회계장부에는 원화의 단위(예: 원, 천 원, 백만 원, 억 원 등)를 반드시 표기해야 한다.

계정 과목은 실제 회계 시스템 구현 시 광범위하게 사용되는 기준 정보로, 거래처, 계좌번호와 같은 관리 항목, 예산과목과의 연계, 자동분개 규칙 설정, 재무제표 양식 설정 등에 활용되며, 각종 회계 거래 시 전표 생성에 필수적인 기준 정보이다.

그리고 지출(매입/채무)관리, 수입(매출/채권)관리, 자금관리, 자산관리 등 회계 시스템의 하위 시스템에서 각각 사용하는 기준 정보들이 있는데, 회계 시스템 전반에 걸쳐 사용되는 기준 정보에는 거래처와 금융기관 등이 있다.

이들 회계기준 정보를 관리하는 시스템의 흐름도를 표현하면 다음 [그림 Ⅱ-2-2]와 같다.

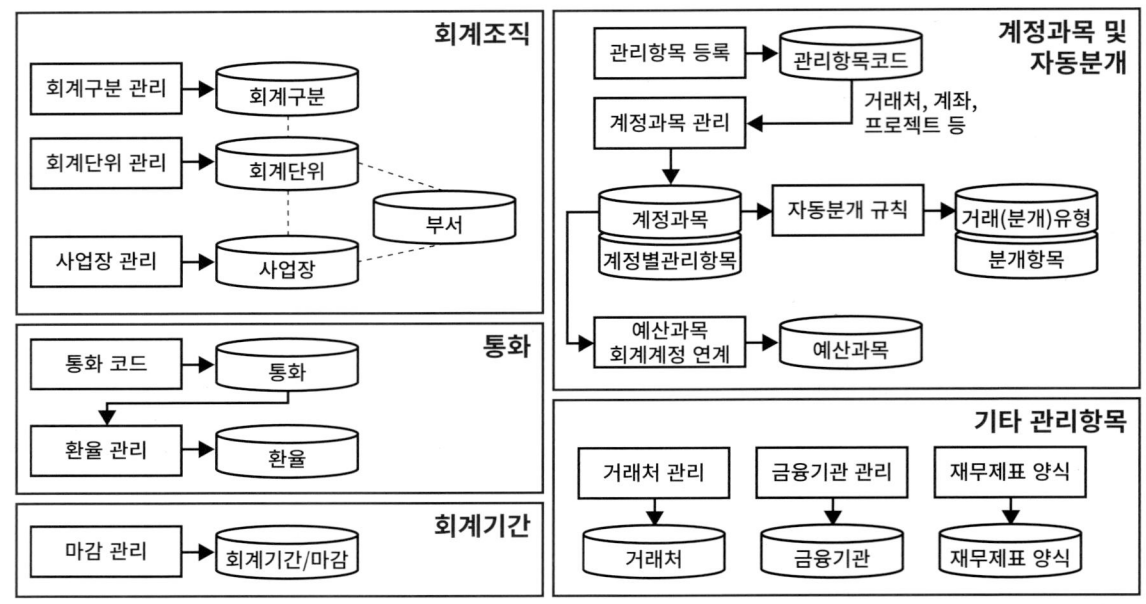

[그림 II-2-2] 회계기준 정보 관리 시스템 흐름도

2. 회계단위

회계 거래를 기록하는 조직 단위, 회계단위

회계상 거래는 "누가(보고 주체/조직), 언제(회계 기간), 무엇을(계정 과목), 얼마만큼(금액), 증감 또는 발생(차/대변)시켰다."와 같이 표현할 수 있다. 여기서 '누가'는 기업 내 조직을 말하는데, 이에는 귀속 부서, 발생 부서, 작성 부서, 담당 부서, 결의부서, 처리부서, 사용 부서, 사업장, 본점과 지점, 손익 단위, P/C(Profit Center), C/C(Cost Center) 등 다양한 용어가 사용된다. 각각 의미가 있지만 회계 시스템에서는 일관성 있게 회계 정보를 기록 및 관리하는 기본 조직 단위가 필요한데, 이를 본서에서는 회계단위라고 한다.

회계단위는 전사, 사업장, 부서 등 다양한 레벨로 정의하여 사용할 수 있다. 재무회계의 경우 공식적으로는 기업 전체(전사, 全社)가 하나의 회계단위이지만 실무에서는 각 세부 조직 단위별로 회계 정보를 관리한다. 가장 많이 사용하는 것이 인사 시스템상의 '부서'이다. 그러나 규모가 작거나 비영리법인인 경우 '본사' 단일 회계단위만을 사용하는 곳도 있으며, 사업장 또는 부서와는 다른 별도의 손익 단위를 회계단위로 사용하기도 하며, '조직'이 아닌 '재원(자금의 원천)'을 회계단위로 사용하는 곳도 있다. 따라서 회계 시스템 구축 시 용어에 대한 합의가 우선되어야 한다.

회계단위 관리 화면

'회계단위'에 대한 이해를 돕기 위해 관련 예시 화면을 설명한다.

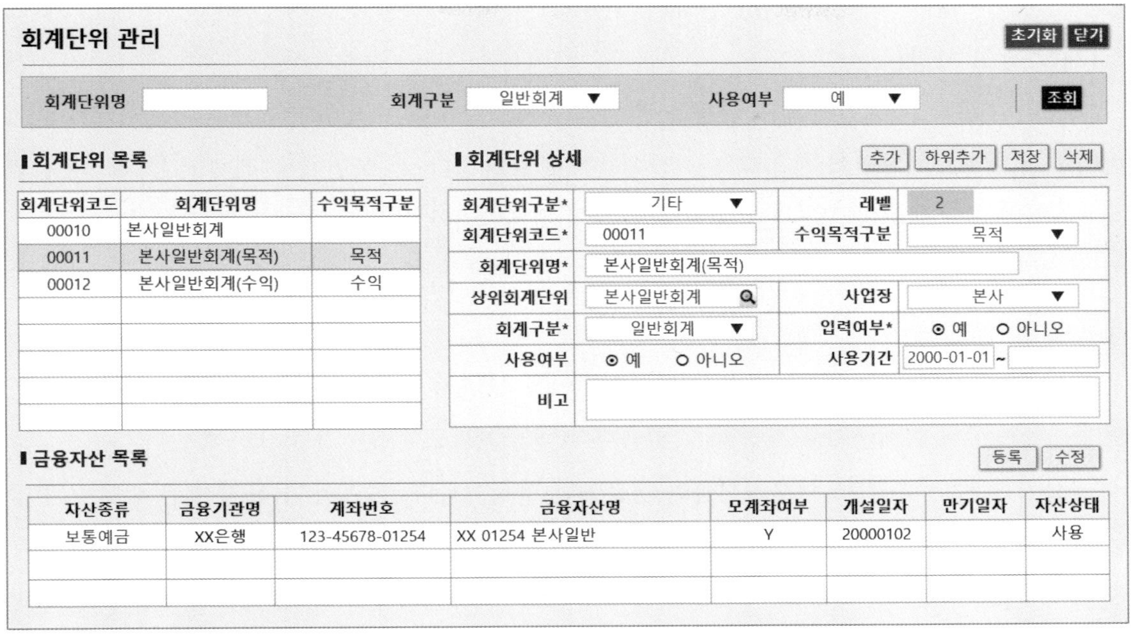

[그림 Ⅱ-2-3] 회계단위 관리 화면

[화면 설명]

이 화면은 회계단위를 설정하는 화면이다. 회계단위는 조직도처럼 계층 구조를 가질 수 있다.

'회계단위 구분'은 회계단위의 성격(특히 레벨)을 나타내는 것으로 전사/사업장/부서/기타 등 다양하게 설정할 수 있다. '기타'로 설정할 경우 업무 성격에 따라 사업별 계좌(재원)나 프로젝트 등 다양하게 지정하여 사용할 수 있다.

'회계 구분'은 재무제표를 구분 작성하는 단위로 보통 구분 회계를 위한 일반회계/특별회계/기금회계 등으로 구분하나, 이는 각 기업의 사업 특성에 맞게 설정하여 사용하면 된다.

사업부제를 운영하는 기업의 경우, 특히 사업부(문)별로 영위하는 업종이 다른 경우 사업부(문)별 재무제표를 작성하기도 하는데, 이때 회계 구분 기능을 활용하면 용이하게 처리할 수 있다. 즉 위 사례의 경우 '회계 구분'을 '회계단위'의 상위 집계 단위로 보아 입력된 거래에 대해 회계단위와 회계 구분별로 자동 집계되도록 구성하였는데, 각 사업부에서 발생한 전표의 자동 집계를 통해 회계 구분별 재무제표를 비교적 쉽게 작성할 수 있는 것이다. 다만 재무상태표의 경우 전사적으로 공통된 자산과 부채 및 자본을 배분해야 하는 과정이 필요하다.

그리고 공공기관의 경우 비영리조직 특성상 회계단위를 '수익'과 '비수익'(목적)으로 구분하기도 하는데, 위 예시 화면에서 '수익 목적 구분'은 이를 반영한 것이다.

[개발 참고 사항]

'회계단위 목록'은 레벨에 따라 명칭을 한 칸씩 들여쓰기(Indentation)하거나 트리(Tree) 형태로 표현하여 사용자가 회계단위의 계층 구조를 인식하기 쉽도록 한다. 본 화면에서 '레벨'은 [저장] 시 상위 회계단위의 레벨에 따라 자동으로 지정하며, 상위 회계단위가 없는 경우 '1'로 자동 설정한다.

'회계단위 구분'(예; 전사, 사업장, 부서, 기타), 회계 구분, 사업장은 사전에 등록한 코드를 사용하여 콤보박스로 구현한다.

'입력 여부'가 '예'인 회계단위를 상위 회계단위로 선택한 경우, [저장] 시 "입력 여부가 '예'인 회계단위는 상위 회계단위로 지정할 수 없습니다."와 같은 오류 메시지를 표시해 준다.

'금융자산 목록'은 입력 여부가 '예'인 경우에만 활성화한다. 여기서 '금융자산'은 주로 입출금용 예금계좌를 말하는 것으로 해당 회계단위에서 사용할 수 있는 계좌를 미리 설정해 두어 사용자가 거래 입력 시 다른 부서의 계좌를 사용하지 않도록 하는 기능을 한다. 일종의 사용자 편의 및 데이터 보안을 위한 것이다.

시스템마다 다른 조직 코드

시스템별로 조직을 칭하는 용어나 코드는 각기 다를 수 있다. 일반적으로 조직은 인사상 개념이지만 대부분의 시스템에서 조직 정보를 기준 정보로 사용하고 있으며, 인사 시스템과는 다른 관점에서 별도의 조직 체계를 관리하는 경우도 있다. 예를 들어, 회계 시스템의 경우 원가관리가 중요한 기업에서는 C/C(Cost Center)나 P/C(Profit Center), 또는 손익부서, 귀속 부서 등의 용어를 사용하면서 인사상 부서와는 다른 시스템 조직 체계를 운용하기도 한다. 그리고 인사 시스템과 회계 시스템이 서로 다른 솔루션에 기반을 두거나 독립적으로 구축된 경우, 또는 동일 조직 체계를 적용하더라도 코드 체계가 상이할 수 있다. 따라서 시스템적으로는 이러한 상황을 수용하기 위해 공통 시스템에 부서 관리 기능을 두고 시스템 간 연계를 통해 데이터의 정합성을 관리하기도 한다.

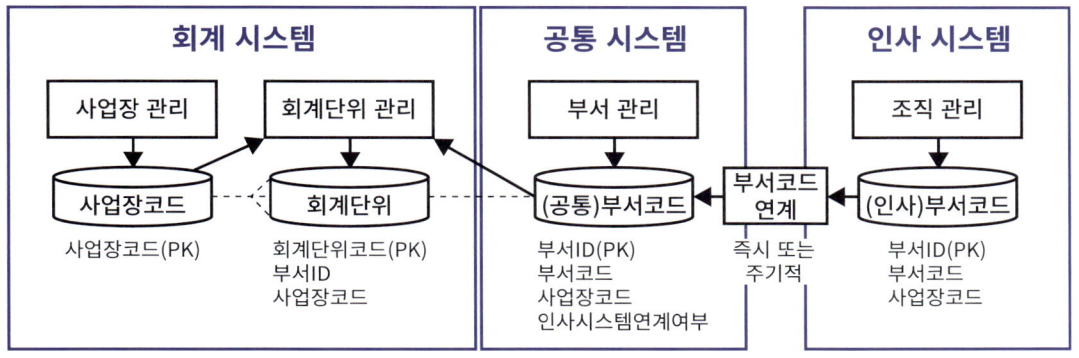

[그림 Ⅱ-2-4] 조직 관련 시스템 관계도

시스템상 조직관리의 출발점은 인사 시스템이다. 인사 시스템에서 '조직 발령' 등 조직관리 기능을 통해 생성 및 변경되는 조직(부서) 정보를 공통 시스템에 즉시 또는 주기적으로 담아 두고, 회계 시스템을 비롯하여 타 시스템에서는 이 정보를 기초로 그대로 또는 변형하여 사용하게 된다. 시스템에 로그인할 때는 보통 인사 정보를 기초로 권한을 관리한다.

앞서 기술한 '회계단위'를 인사 시스템의 '부서'와 동일하게 관리하는 경우 시스템의 권한 관리 등이 매우 간편해진다. 그러나 달리 구성하는 경우 인사와 회계의 매핑(Mapping) 정보를 별도로 관리해야 한다. 이때 부서와 회계단위 관계가 N:N인 경우는 너무 복잡해지므로 피하고, 가급적 1:N 또는 N:1 관계가 되도록 코드를 부여하는 것이 좋다.

사업장

'사업장'이란 인적, 물적 설비를 갖추고 사업을 행하는 고정된 장소를 말하는 것으로, 본서에서는 세무 신고, 특히 부가가치세 신고의 기초가 되는 조직 단위를 의미한다. 인사 시스템의 부서, 회계 시스템의 회계단위와는 구분되는 것으로, 세무서에서 발급한 사업자등록증의 '사업자등록번호'별로 관리한다.

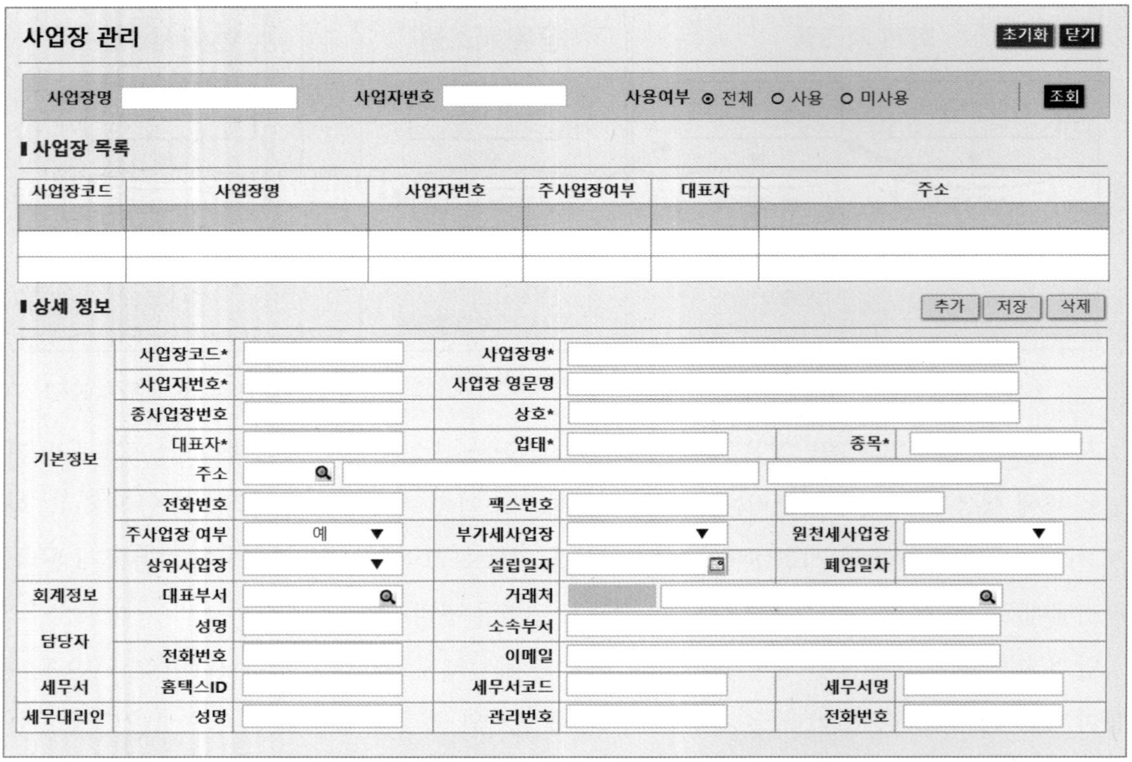

[그림 Ⅱ-2-5] 사업장 관리 화면

[화면 설명]

'사업자(등록)번호'는 세무서에서 사업자에게 부여하는 고유번호이며, '사업장 코드'는 기업 내부적으로 사용하는 코드(식별자)이다. 사업장 코드는 임의로 부여할 수 있고 자동으로 부여할 수도 있는데 사업장이 많지 않은 경우 보통 수기로 등록한다. 등록 후 해당 사업장으로 거래가 한 건이라도 발생하면 [삭제]할 수 없다.

'사업장명'은 기업 내부에서 사용하는 약어를 사용해도 되나, '상호'는 사업자등록증에 기재된 명칭을 입력한다. 이는 세금계산서 발행 및 세무 신고 등 대외에 공식적으로 사용하는 명칭이다.

[개발 참고 사항]

사업자(등록)번호는 10자리로 구성되어 있으며 끝자리는 검증 번호(Check Digit)이다. 사용자의 입력 오류를 방지하기 위해 시스템에 해당 검증 로직을 반영하거나, 국세청에서 제공하는 '사업자 등록 정보 진위 확인 및 상태 조회' API(Application Programming Interface) 서비스를 통해 체크할 수 있다.

조회 조건에서 '사용 여부'는 사업장 테이블의 한 속성으로 관리할 수도 있으나, 사업장의 설립 일자와 폐업 일자를 체크하여 조회일 현재 기준으로 유효한 사업장인지 판단할 수도 있다.

사업장 목록은 직접 편집은 불가하며, 실제 입력/수정은 상세 정보 영역에서 하도록 한다.

상위 사업장 필드에는 사업장 테이블의 사업장명을 표시해 주는 콤보박스를 적용하거나 [[사업장 찾기]] 팝업 창을 사용한다.

주사업장 여부가 '예'이면 부가세 및 원천세사업장에 자신의 사업장 코드를 자동 표시해 주고, 주사업장이 아닌 곳에서 부가세사업장, 원천세사업장을 선택하려는 경우 사업장 테이블에서 주사업장 여부가 '예'로 등록된 사업장만을 표시해 준다.

3. 계정 과목

회계상 거래를 "누가, 언제, 무엇을, 얼마만큼, 증감 또는 발생시켰다."와 같이 표현할 때, '무엇'에 해당하는 것이 계정 과목이다. 이는 회계상 거래를 장부에 기록하기 위한 항목을 말하며, 회계 시스템에서 가장 핵심이 되는 기준 정보이다. 영어로 COA(Chart of Account)라는 표현이 통용된다.

계정 과목 관리 화면

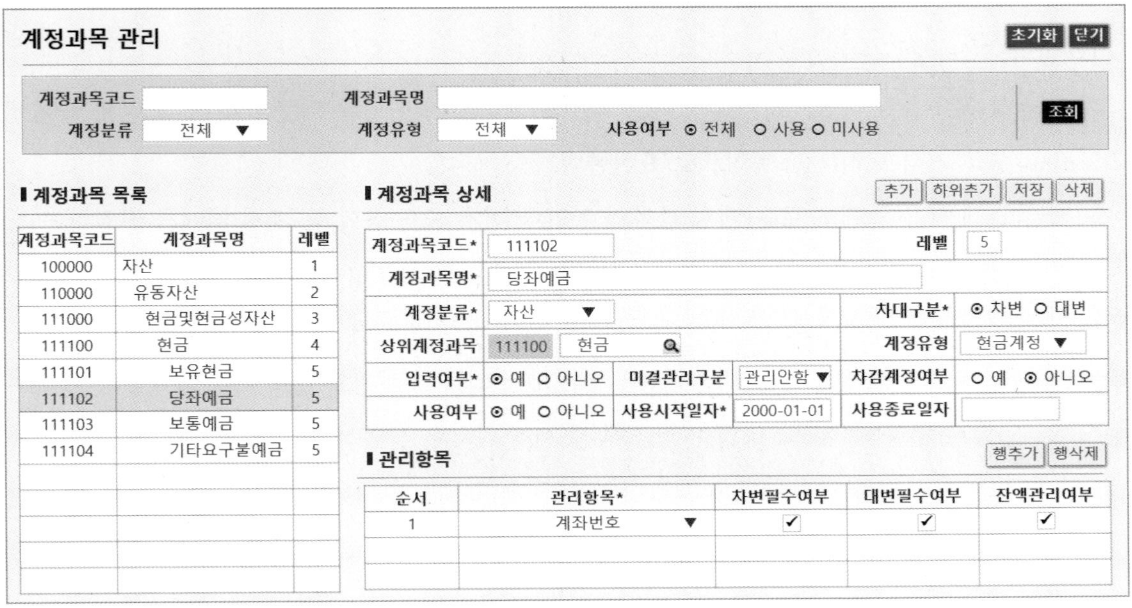

[그림 Ⅱ-2-6] 계정 과목 관리 화면

[화면 설명]

계정 과목 코드는 기업에 따라 달리 정의할 수 있으나, 첫 자리를 '1. 자산, 2. 부채, 3. 자본, 4. 수익, 5. 비용'과 같이 의미를 두어 인식이 용이하도록 부여하는 경우가 많다. 코드 체계는 업무의 변화에 따라 변동될 수 있으므로 실무에서는 가급적 코드 자체에 의미를 부여하지 않는 것을 원칙으로 하나, 거의 변하지 않고 자주 사용하는 코드의 경우에는 사용상 편의를 위해 사용자가 원하는 문자나 숫자의 조합으로 정의할 수 있다.

계정 과목의 속성 중 '레벨'은 계층구조(Hierarchy)를 구분하기 위한 것이다. 예를 들어, '자산'이 1레벨이면, '유동자산'은 2레벨, '현금 및 현금성자산'은 3레벨, '현금 및 현금등가물'은 4레벨, '현금'은 5레벨과 같이 구분하는 것이다. 보통 4~5레벨 수준에서 사용하나 특별한 제한은 없다.

계정 과목 목록에서 특정 계정을 클릭하면 우측에 계정 과목 상세 내역이 표시된다. '입력 여부' 속성은 모든 계정 과목이 전표 입력에 사용되는 것이 아니라 집계 계정 과목도 포함되어 있기 때문에 필요하다. 입력 여부가 '예'인 계정 과목만 전표 작성 또는 생성이 가능하며, 이러한 전표 발생 계정 과목은 '상위 계정 과목'(집계 계정 과목)으로 지정될 수 없다.

계정 과목의 '관리 항목'은 총계정원장에서 해당 관리 항목별 잔액을 관리하기 위한 것으로, 대표적인 것이 채권/채무 계정에 대한 '거래처'와 금융자산/부채 관련 '계좌번호'이다. 예를 들어, 미수금 계정 과목에 '거래처'를 관리 항목으로 설정하면 전표 확정 시 총계정원장에 거래처별 미수금 잔액이 관리되어 채권관리가 용이하게 된다.

[개발 참고 사항]

계정 과목 목록을 보여 줄 때 계정의 계층 구조를 알아보기 쉽도록 레벨에 따라 한 칸씩 들여쓰기(Indentation)하거나 트리(Tree) 형식으로 표현한다.

회계 시스템 사용 중에 새로운 계정 과목의 추가나 폐지 또는 통합 등 계정 체계를 변경하는 경우가 있다. 이때 전표가 발생한 계정 과목 아래 하위 계정 과목을 설정하거나 기존의 집계 계정을 입력 가능한 계정으로 변경하려는 경우가 있는데, 이렇게 하면 회계 실적 집계 시 이중 집계나 누락 등 데이터 오류가 발생할 수 있다. 따라서 상위 계정 과목으로 전표 입력 가능 계정을 선택하려는 경우 "입력 여부가 '예'로 되어 있는 전표 발생 계정 과목은 상위 계정 과목으로 지정할 수 없습니다."와 같은 메시지가 나타나도록 체크하여 사전에 오류를 방지해야 한다. 또한, 이미 발생한 데이터의 집계에도 오류가 발생하지 않도록 한번 저장된 계정은 '입력 여부' 속성을 변경할 수 없도록 하는 것이 좋다.

계정 과목의 '사용 기간'(사용 시작 일자와 종료 일자)을 관리하여 폐지된 계정 과목으로 전표가 발생되는 일이 없도록 한다. '사용 여부' 속성과 다른 점은 '사용 여부'의 경우 회계 거래 입력 시점 기준으로 현재의 계정 과목 상태만 반영할 수 있으나, '사용 기간'의 경우 입력하려는 전표의 회계 일자가 해당 사용 기간 내에 있는지(유효한 계정 과목인지) 여부를 판단할 수 있다는 것이다. 이는 회계 시스템뿐 아니라 모든 응용 시스템에 적용할 수 있는 유용한 방식이다.

계정 과목에 관리 항목을 지정한 경우에는 해당 계정의 각 관리 항목별로 기초잔액 데이터를 이관해 두어야 정확한 잔액 관리가 가능하다. 또한, 해당 거래 입력 화면 및 전표 입력 화면에 해당 관리 항목을 입력받도록 필수로 지정해야 하며, 전표 자동 생성 로직에도 반영해야 한다.

4. 회계 기간 및 마감

회계 기간은 기업의 경영 성과를 산정하기 위한 기간 단위로, 일반적으로 1월 1일부터 12월 31일까지 1년간을 기본으로 한다. 그러나 6개월 등을 회계 기간으로 할 수는 있으며, 일부 업종이나 기업의 경우 회계 기간 말일을 12월 31일이 아닌 3월 31일 또는 6월 30일 등 달리 정하기도 한다. 기업의 공시자료에서 '결산일'이라고 표시된 것이 바로 그것이다.

[국가재정법] 제2조(회계연도) 국가의 회계연도는 매년 1월 1일에 시작하여 12월 31일에 종료한다.

회계 기간은 회계연도(Fiscal Year)라는 용어로도 통용되는데, 우리가 일상에서 사용하는 달력의 연도(Calendar Year)와는 구분된다. 예를 들어, 2024년 7월 1일은 일반 달력으로는 2024년 3분기이지만, '6월 결산법인'의 경우 회계상으로 '2025회계연도 1분기'에 해당하며 영문으로는 'FY2025 Q1' 또는 'Q1 FY25' 등과 같이 표기하기도 한다.

회계 기간 마감 체크

일정 규모 이상의 법인은 회계연도가 끝나면 외부감사를 받고 그 결과를 외부에 공시(보고)해야 한다. 외부 공시가 끝나면 더 이상 해당 회계 자료는 수정하면 안 되는데, 시스템적으로 이를 방지하기 위한 장치가 '마감'이다. 즉 해당 기간을 마감하면 그 기간에 속한 회계 데이터를 입력 또는 수정할 수 없도록 하는 것이다.

따라서 회계 기간 마감을 관리하고, 모든 회계 거래의 입력/수정/삭제 화면에서는 반드시 해당 업무의 마감 여부를 체크하도록 해야 한다. 이는 대부분의 업무 시스템에 반영해야 할 공통 사항으로, 마감관리가 필요하지 않은 하위 시스템에 대해서는 시스템 설정(Set-up)을 통해 해당 체크 사항을 통과하도록 한다.

일반적인 마감 체크 관련 프로세스는 아래와 같다. 즉 전표가 발생되는 화면에서는 해당 회계 일자로 거래를 기록해도 되는지 체크해야 하는데, 필요 정보를 전달하면 그 조건에 해당하는 회계 기간이 개설 또는 마감되어 있는지 피드백 주는 것이다. 이는 공통 기능으로 개발한다.

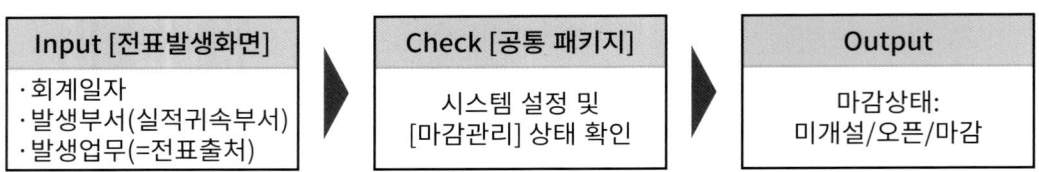

[그림 Ⅱ-2-7] 회계 기간 마감 관련 체크 절차

마감관리 화면

다음은 마감을 관리하는 화면이다.

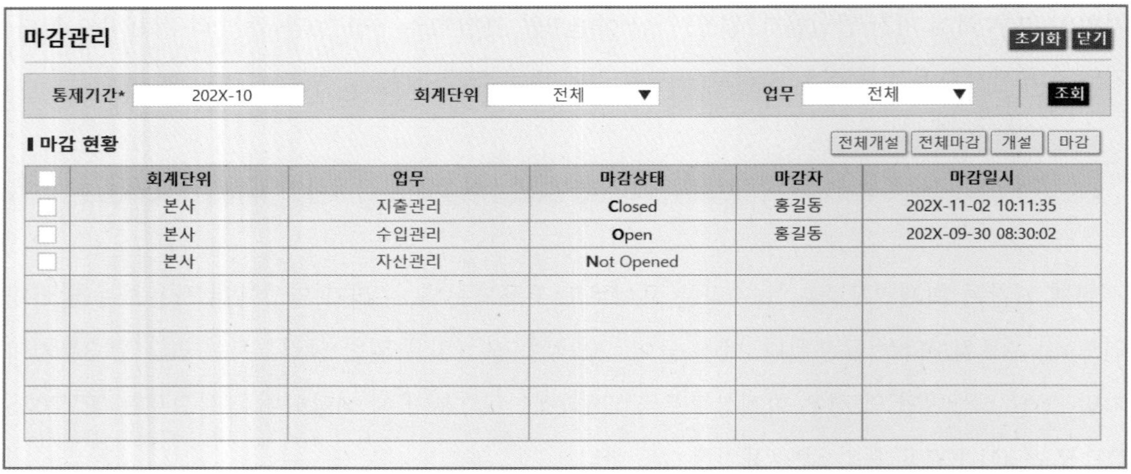

[그림 Ⅱ-2-8] 마감관리 화면

[화면 설명]

마감관리는 기간, 조직, 업무의 조합으로 통제될 수 있다. 위 예시 화면은 그 세 가지를 모두 반영한 것인데, 실제로는 조직 및 업무별로 마감을 관리하기에는 너무 복잡하고 실익도 크지 않아 전사 및 전체 업무에 대해 통제 기간만 관리하는 경우가 많다.

회계 기간은 1년이지만 마감 통제 기간은 일, 월, 년 등으로 할 수 있다. 일 마감이 중요한 금융기관의 경우 일반 상거래 업무에 대해서는 '일'을 통제 기간으로 할 수 있으며, 대부분의 민간 기업의 경우 월 마감 체제를 운영하므로 '월'을 통제 기간으로 하고 있다.

마감 상태는 개설(Open), 마감(Closed), 미개설(Not Opened) 등으로 정의할 수 있다.

[개발 참고 사항]

[전체 개설] 버튼 클릭 시 등록된 전체 회계단위 및 업무에 대해 상태를 개설(Open)로 업데이트하고 그 결과를 화면에 표시한다. [전체 마감]의 경우도 마찬가지로 일괄 업데이트 후 그 결과를 화면에 보여 준다.

특정 라인의 체크박스에 체크하고 [개설] 또는 [마감] 버튼을 누르면 해당 건만 개설 또는 마감 처리하도록 하고, 그 작업 일시를 '마감 일시'에 표시해 준다.

위 예시 화면은 월 마감을 하는 곳에서 사용하는 것으로, 일 마감을 하는 경우에는 사용자의 편의를 위해 달력 형태의 마감관리 화면을 개발할 수도 있다.

5. 통화(환율)

통화(通貨, Currency)란 '유통되는 화폐'의 약어로 우리나라의 통화는 '원'화다. 국제표준기호로는 'KRW'(Korean Won, ₩)로 표기된다.

우리나라 기업의 회계장부에 기록되는 금액의 통화는 기본적으로 원화다. 이를 기준통화(Base Currency 또는 Functional Currency)라고 한다. 대부분 거래는 원화로 거래되지만, 일부 또는 업종에 따라 상당 거래가 외화(Foreign Currency)로 이루어질 수 있다. 따라서 회계 시스템에서는 외화 거래를 반영할 수 있어야 한다.

외화는 나라마다 고유의 기호를 가지고 있는데, 미국 달러의 경우 'USD'(US Dollar, $), 일본 엔화의 경우 'JPY'(Japanese Yen, ¥), 중국 위안화의 경우 'CNY'(Chinese Yuan, ¥), 유로화의 경우 'EUR'(Euro, €) 등으로 표기한다. 회계 시스템에서도 이 기호를 그대로 사용한다.

거래하는 외화의 일별 환율을 관리해야 외화 거래가 발생했을 때 자동으로 원화로 환산하여 전표에 기록할 수 있다.

환율 관리 화면

아래는 환율을 관리하는 화면이다.

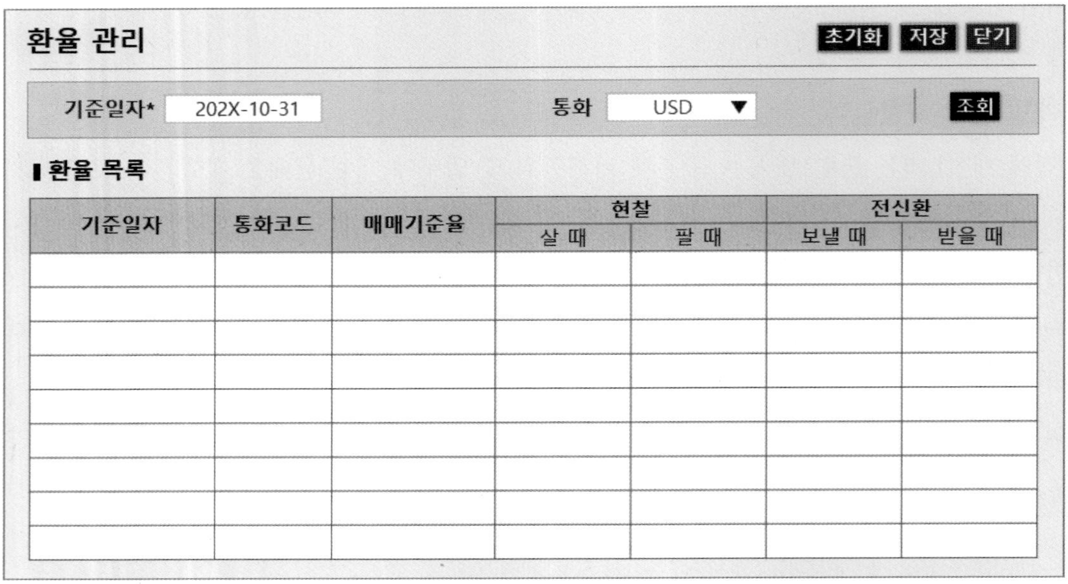

[그림 Ⅱ-2-9] 환율 관리 화면

환율은 매일 수시로 변동되기 때문에 수작업으로 관리하기가 불편하다. 매일 반복되는 단순 업무이므로 CMS(Cash Management Service) 등을 통해 금융기관으로부터 받은 데이터를 기초로 자동 연계 처리하는 것이 보통이다.

외화 거래 시 시스템 기록

외화 관련하여 회계 처리 시 구분해야 할 개념이 있다. 외화환산손익과 외환차손익이다. 외화환산손익은 결산일에 외화 자산 또는 부채를 결산일 환율 기준으로 가치를 평가(환산)할 때 해당 자산/부채 거래 발생 시 환율과 차이로 인해 발생한 손실 또는 이익을 말하는 것이고, 외환차손익은 실제 외화 자산/부채를 원화로 전환하거나 정산(외화 채권 회수, 외화 부채 상환)했을 때 정산일과 발생일의 환율 차이로 인한 손실 또는 이익을 말하는 것이다. 아래 예시를 들어본다.

일자	거래내용	외화	환율	외화금액	차변		대변	
2024-11-01	외화 매출 발생	USD	1,350	1,000	외화외상매출금	1,350,000	외화매출	1,350,000
2024-12-31	결산	USD	1,400	1,000	외화외상매출금	50,000	외화환산이익	50,000
2025-01-31	외화매출채권 수금	USD	1,430	1,000	보통예금	1,410,000	외화외상매출금	1,400,000
					외환수수료	20,000	외환차익	30,000

[표 Ⅱ-2-1] 외화 거래 예시

11월 1일 미화 1,000달러 상당의 외상매출이 발생하면 차변에 외화외상매출금(자산의 증가), 대변에 외화매출(수익의 발생) 계정으로 전표를 생성한다. 전표의 금액은 기준통화(원화)로 기록함이 원칙이다.

12월 31일 결산일에 외화 자산에 대한 평가를 한다. 결산일 기준 미화 환율이 1,400원으로 올랐으므로 '외화환산이익'(수익)이 발생하여 대변에 기록하고, 차변에는 외화외상매출금(자산) 증가를 기록한다. 환율이 거래 당시보다 떨어지면 차변에 '외화환산손실'(비용) 발생으로 기록하고 대변에는 외화외상매출금(자산)의 감소로 처리한다.

다음 해 1월 31일 해당 매출채권이 회수되어 원화 예금계좌로 입금되었는데 당일 환율이 다시 1,430원으로 올랐다면, 차변에 보통예금(자산) 증가와 외환수수료(비용) 발생을 기록하고, 대변에 외화외상매출금(자산) 감소 및 '외환차익'(수익) 발생을 기록한다. 환율이 떨어졌다면 그 반대가 되어 차변에 '외환차손'(비용) 발생으로 처리한다.

따라서 외화 거래가 있는 경우 시스템에는 해당 화폐의 기호와 해당 일자의 환율, 외화 금액, 그리고 환산된 원화 금액 정보를 함께 보관해야 한다. 이는 외화 거래를 관리하는 모든 테이블에 적용함이 원칙이다. 그리고 정산 시 원 거래를 알 수 있도록 '꼬리표'(원 거래번호)를 관리하는 것이 좋다.

6. 거래처

회계 시스템에서 거래처는 수입과 지출의 상대가 되는 곳으로, 법인사업자뿐 아니라 일반사업자, 개인 및 넓은 의미에서 직원까지 포함한다. 보통 거래처라 함은 계속적으로 거래를 하는 곳을 말하는데, 경우에 따라서는 일회성 거래처를 관리하기도 한다.

수입이 발생하는 상대를 매출거래처 또는 고객(Customer)이라 하고, 지출이 발생하는 상대를 매입거래처 또는 공급자(Supplier)라고 한다. 외산 ERP에서는 매출거래처를 AR(Accounts Receivable) 모듈에서, 매입거래처를 AP(Accounts Payable) 모듈에서 별도의 테이블로 관리하는데, 국내 시스템에서는 통합하여 관리하는 경우가 많다.

거래처 관리 화면

[그림 Ⅱ-2-10] 거래처 관리 화면

[화면 설명]

거래처 목록을 조회 후 목록의 거래처(라인)를 선택(클릭)하면 해당 거래처 상세 내용이 기본 정보, 계좌 정보, 담당자 탭으로 구분하여 표시된다.

'거래처 코드'는 직접 입력하거나 자동으로 부여되도록 할 수 있으며, '거래처 구분'은 사용 기업에 따라 달리 정할 수 있다. 예를 들어, 일반/공공기관/개인/직원 등으로 구분할 수 있다.

'매입매출 구분'은 해당 거래처가 '매입' 거래처인지 '매출' 거래처인지 관리하는 것이다. 모두 발생하는 경우라면 '공통'이라는 구분을 적용한다.

[개발 참고 사항]

목록에서는 직접 편집이 불가하며, [추가] 버튼을 누르면 하단의 탭 내용을 지우고 입력 가능한 상태로 해 준다.

거래처 구분, 거래처 분류, 매입매출 구분 등은 공통 코드를 사용하며, 주소는 직접 입력받거나 또는 인터넷 상거래에서 많이 사용하는 형태로 도로명 주소 API를 사용하는 팝업창을 제공해 준다.

거래처가 개인인 경우 기본 정보 영역 상단의 '개인'에 체크하면 입력 항목에 변화를 준다. 예를 들어, 법인번호 대신 주민등록번호로 자동 표시하거나, 특히 직원인 경우 직원번호를 입력받도록 한다. 이때 주민번호는 개인정보 보호 차원에서 조회 시 일부를 별표(*)로 마스킹(Masking) 처리하거나 DB 저장 시 암호화 처리한다. 개인과 직원 거래처인 경우 담당자 탭은 안 보이도록 한다.

계좌정보는 입력 후 [계좌 검증] 버튼을 눌러 유효성 여부를 체크하고, 그 결과를 '검증'과 '검증일'에 반영한다. 이는 금융기관과 통신을 통해 반영한다. 그리고 파일 첨부 기능을 통해 통장 사본 등을 업로드할 수 있도록 한다.

거래처 담당자는 복수로 등록 관리할 수 있도록 하며, 세금계산서 이메일 송신 대상자를 구분할 수 있도록 속성을 관리한다. 담당자는 변경될 수 있으므로 담당 기간을 관리한다.

제3장
지출관리

1. 지출관리 개요

지출관리 시스템

회계 시스템의 하위 시스템인 지출관리 시스템은 거래처로부터 재화나 용역을 공급받고(매입하고) 그 대가를 지급하는 업무를 관리하는 시스템이다. 일반 상거래 기업에서는 채무관리 시스템이라 하고, 영어로는 AP(Accounts Payable)라는 용어를 사용한다.

지출관리 프로세스

지출관리 프로세스는 각 기업마다 약간의 차이는 있으나 아래 [그림 Ⅱ-3-1]과 같이 지출결의 작성 후 이에 대한 지급 처리와 거래처별 미지급 잔액(채무) 관리를 기본으로 하고 있다.

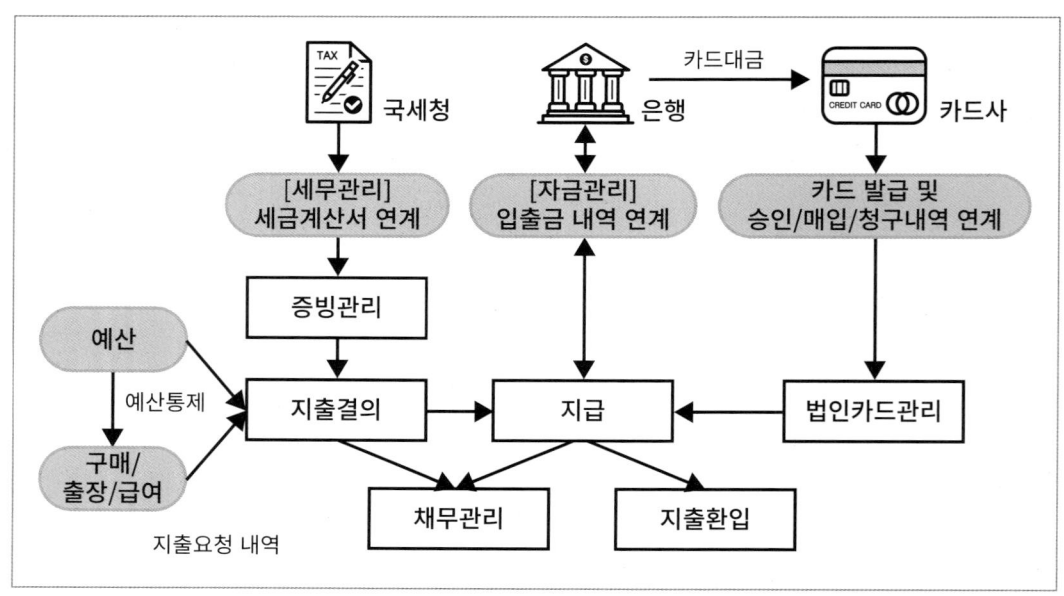

[그림 Ⅱ-3-1] 지출관리 시스템 흐름도

지출결의는 비용 집행 또는 자산 구매와 같이 현금 유출이 발생하는 행위에 대해 승인을 구하는 절차로, 외산 회계 시스템에서는 'Payment Invoice(지급송장)', 'Supplier Invoices(공급자 청구)', 'Vendor Invoice Entry(공급자 전표 입력)' 등의 용어로 표현하며, 국내 일부 회계 시스템의 경우 전표관리 기능 중 하나로 '출금전표', '미결전표' 등의 용어를 사용하기도 한다.

지출결의는 대부분의 경우 (세금)계산서, 영수증, 명세서 등과 같은 증빙 첨부를 요구한다. 여기서 '(세금)계산서'의 '세금'을 괄호로 표현한 것은 부가가치세가 과세되는 거래의 경우 '세금계산서'를, 면세의 경우 '계산서'를 주고받아야 하는데, 이 둘을 엮어 한 번에 표시하는 관행이 있기 때문이다. (세금)계산서의 경우 국세청에 신고된 내용이 매우 중요한데, 부가세 신고 시 국세청이 보유하고 있는 정보와 다르면 가산세 부담 등 문제가 되기 때문이다. 따라서 국세청과 연계하여 전자세금계산서 데이터를 제공하는 서비스를 이용하면 이러한 문제 없이, 그리고 해당 증빙 내역을 수작업으로 입력하지 않아도 편리하게 지출결의를 작성할 수 있다.

지급(Payment)은 지출결의에 대해 현금을 지급하는 행위로, 금융기관과의 펌뱅킹(Firm-Banking) 또는 CMS(Cash Management Service)를 통해 기업 내부 시스템에서 자동으로 지급 처리할 수 있다. 소규모 사업장의 경우 회계 시스템의 지급 데이터를 기초로 인터넷 뱅킹을 통해 직접 처리하기도 한다.

최근에는 소액 지출의 경우 대부분 법인카드를 사용하므로 카드사와 법인카드 사용 내역 연계 및 관리가 필요하다. 법인카드 발급 및 사용 내역 관리 관련해서는 후술한다.

위 그림에서 세금계산서, 금융기관 입출금 내역, 법인카드 내역 등의 송·수신은 해당 기관 시스템과 사내 회계 시스템이 직접 연결되는 것은 아니고 중간에 관련 서비스를 제공해 주는 업체와 연계를 통해 이루어진다.

지급을 완료한 건 중 전부 또는 일부가 다시 입금되는 경우가 있다. 계획했던 지출 전부가 취소되거나 출장에서 사용하고 남은 금액을 반납하는 경우 등인데 이를 지출 환입이라고 한다. 매출한 상품이 반품되는 경우 발생하는 '매출 환입'과 유사한 용어이다.

지출결의는 회계 시스템 내 하위 시스템인 지출관리 시스템에서 작성하나, 그 원천이 되는 거래 상당 부분은 구매/계약, 출장, 급여, 사업관리 등 다양한 관련 시스템에서 발생한다. 해당 세부 내역은 원천 시스템에서 대부분 가지고 있으므로 회계 시스템에서 다시 입력하지 않아도 되도록 시스템 연계를 통해 전달받는다.

현금 지출을 결정한 지출결의는 지급할 의무가 있는 것이므로 시기가 문제될 뿐 언젠가 지급해야 한다. 따라서 지급해야 할 의무를 다하기 위해 수시로 거래처별로 얼마를 지급해야 하는지 체크하고 관리하는데, 이를 회계 시스템에서 채무관리 또는 미결관리라고 한다.

2. 지출결의

지출결의 개요

기업에서 자금을 사용(지출)하기 위해서는 그 사유를 명확히 하고 오남용을 방지하기 위해 일정한 절차를 반드시 준수하도록 하고 있다. 신청하는 형식과 관련 증빙 첨부, 그리고 승인 단계 등이 그것이다. 이러한 지출결의는 회계 시스템에서 가장 복잡하고 중요한 부분인데, 회계 시스템에서 사용되는 거의 모든 기능이 함축되어 있고 사용자도 가장 많기 때문이다.

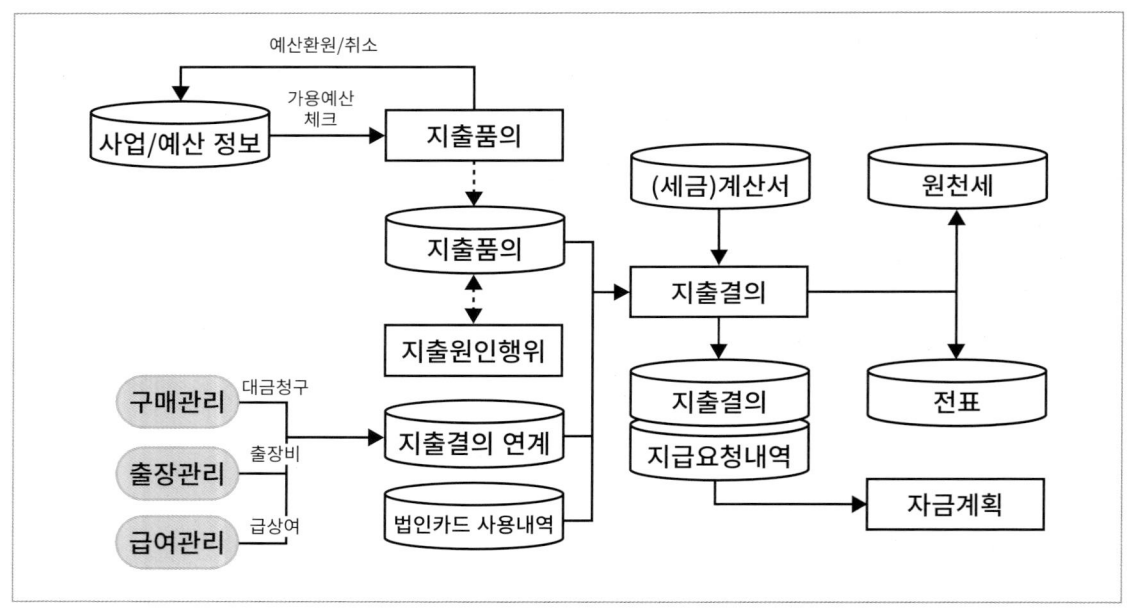

[그림 Ⅱ-3-2] 지출결의 흐름도

지출결의를 작성하는 원천 거래는 구매/계약, 출장, 급여, 사업관리 등 다양하다. 이러한 거래는 일반적으로 별도의 시스템을 구성하여 관리한다. 지출결의가 필요한 사항은 회계 시스템과 연계를 통해 자동으로 생성한다. 연계 방식은 회계 시스템의 지출결의 테이블에 데이터를 직접 생성하거나 시스템 사이에 별도의 연계 테이블을 두고 이를 통해 데이터를 주고받을 수 있다. 전사 시스템이 단일 시스템이 아닌 경우 업무별로 다른 솔루션을 도입하거나 별도 구축하는 경우가 많은

데, 이때 시스템 간 구조의 차이나 보안상의 이유로 회계 시스템의 데이터베이스에 직접 접근하는 것을 막기 위해 이런 연계 테이블 방식을 적용하기도 한다.

공공 부문의 경우 예산을 초과한 자금 집행은 원칙적으로 불허하므로 예산 통제가 필수적인데, 민간부문과는 달리 지출결의 전에 예산 집행을 위한 사전 승인(지출품의 또는 예산집행품의) 및 지출원인행위라는 절차를 두고 있다. '지출품의(支出稟議)'란 예산의 목적을 달성하기 위해 집행의사를 결정하는 행위이다. '지출원인행위(支出原因行爲, Encumbrance)'란 지출을 확정하는 행위로 계약이 대표적이며, 당연히 예산 범위 내에서 이루어진다. 공기업 회계기준에서는 지출원인행위가 있는 경우 '지출원인행위결의서'를 작성하도록 되어 있다. 그러나 민간부문에서는 예산의 통제가 강하지 않고 실적에 따른 비용 사용을 허용하는 곳이 많으므로 업무 성격상 지출품의나 지출원인행위와 같은 절차는 생략된다.

간단히 정리하면 지출품의는 예산 사용을 사전에 구하는 행위이고, 원인행위는 구매계약 체결과 같이 지출 의무가 발생한 행위이며, 지출결의는 세금계산서 수취와 같이 구체적인 자금 집행을 요청하는 행위이다.

증빙

재화나 용역을 공급받고 그 대가를 지급하는 과정에서 꼭 챙겨야 하는 것이 세금계산서나 영수증과 같은 증빙이다. 증빙 없이는 내부적으로 지출을 승인받을 수 없는 것이 원칙이며, 세무적으로도 부가가치세 매입세액 공제를 받거나 법인세 산정 시 비용으로 인정받기 위해서는 반드시 증빙을 관리해야 한다. 보통 5년간은 사업과 관련된 모든 거래에 대해 증빙자료를 보관해야 한다.

부가가치세법 등에서는 거래 시 영수증을 발급/수취하도록 규정하고 있는데, 이러한 영수증을 '적격(지출)증빙', '법정증빙' 또는 '정규증빙'이라고 한다. 적격증빙에는 세금계산서 및 계산서, 신용카드매출전표, 현금영수증, 세금계산서 대용 지로영수증 및 청구서 등이 해당한다.

1. 세금계산서
- 사업자가 거래 상대방으로부터 부가가치세를 징수한 사실을 증명하기 위해 발급하는 계산서로 부가가치세가 있는 과세 물품에 대해 발행하며, 수출하는 재화의 경우 0(영)% 세율을 적용하는데 이때 발급하는 세금계산서를 영세율 세금계산서라고 한다.

> **[부가가치세법]**
>
> 제32조(세금계산서 등) ① 사업자가 재화 또는 용역을 공급(부가가치세가 면제되는 재화 또는 용역의 공급은 제외한다)하는 경우에는 다음 각 호의 사항을 적은 계산서(이하 "세금계산서"라 한다)를 그 공급을 받는 자에게 발급하여야 한다.
>
>   1. 공급하는 사업자의 등록번호와 성명 또는 명칭
>   2. 공급받는 자의 등록번호. 다만, 공급받는 자가 사업자가 아니거나 등록한 사업자가 아닌 경우에는 대통령령으로 정하는 고유번호 또는 공급받는 자의 주민등록번호
>   3. 공급가액과 부가가치세액
>   4. 작성 연월일
>   5. 그 밖에 대통령령으로 정하는 사항
>
> ② 법인사업자와 대통령령으로 정하는 개인사업자는 제1항에 따라 세금계산서를 발급하려면 대통령령으로 정하는 전자적 방법으로 세금계산서(이하 "전자세금계산서"라 한다)를 발급하여야 한다.
>
> ③ 제2항에 따라 전자세금계산서를 발급하였을 때에는 대통령령으로 정하는 기한까지 대통령령으로 정하는 전자세금계산서 발급명세를 국세청장에게 전송하여야 한다.

- 위 필요적 기재 사항의 일부가 누락되거나 사실과 다르면 매입세액을 공제받지 못하거나 가산세를 부담하게 된다. 다만, 착오로 사실과 다르게 제출되었으나 다른 필요적 기재 사항 등으로 거래 사실이 확인되는 경우는 매입세액을 인정받을 수 있다.
- 간이과세자 및 면세사업자는 세금계산서를 발행하지 못한다.

2. 계산서

- 세금계산서와 다르게 면세 물품에 대해 발행되는 증빙이며, 공급가액만 표기되고 부가가치세는 표기하지 않는다.
- 계산서는 보통 면세사업자가 발행하며, 과세사업자라도 면세사업을 겸업하는 경우 계산서를 발급할 수 있다.

3. 신용카드 매출전표 (직불카드 포함)

- 재화 및 용역을 공급받은 사업자가 신용카드로 결제하고 받는 전표(영수증)이다.
- 부가가치세 매입세액 공제를 받기 위해서는 카드사로부터 부가가치세액이 별도로 구분되는 전표를 발급받고 '신용카드매출전표 등 수령명세서'와 같은 자료를 제출하는 등 법에 정한 바를 준수해야 한다.

- 직원의 개인 신용카드로 업무에 필요한 지출을 했다면 이도 증빙으로 인정받을 수 있으나 일정 요건을 갖추어야 하고, 직원의 연말정산 처리 시 공제 대상에서 제외하는 등의 고려 사항이 있다.

4. 현금영수증
- '현금'으로 거래한 경우 발행하는 영수증으로, 사업자가 매입세액 공제를 받고자 하는 경우 '사업자 지출증빙' 용도로 발급받아야 한다. 개인이 '근로자 소득공제용'으로 받는 것과 구분된다.
- 현금영수증 의무 발행 업종에 해당하면 건당 거래금액이 10만 원 이상인 경우 거래 상대가 요청하지 않아도 현금영수증을 발급해야 한다.

5. 지로 영수증 및 각종 청구서
- 세금계산서 대용으로 지로 영수증 또는 청구서가 있다. 전기요금, 수도요금, 가스요금, 통신요금 등 각종 공과금 청구서가 그것이다. 이들을 세금계산서와 같이 적격지출증빙으로 인정받기 위해서는 위 부가가치세법 제32조 제1항의 필수적 기재 사항이 기재되어 있어야 한다.

6. 기타 비정규 지출증빙
- **간이영수증**: '영수증'이라고 쓰인 용지에 작성하거나 금전등록기를 통해 발행하는 증빙으로, 세금계산서의 필요적 기재 사항 중 공급받는 자와 부가가치세 등이 제외된 약식 계산서를 말한다. 필요경비로는 제한적으로 인정이 되나, 부가가치세법상 매입세액 공제는 불가하다. 간이영수증은 국세청 홈택스(hometax.go.kr)에서 조회되지 않으므로 자료를 꼭 수집해야 한다.
- **거래명세서**: 거래 대상 재화의 품목, 수량, 단가, 금액 및 거래일자 등을 기록한 전표로 판매자와 구매자가 정확한 거래 내용을 확인하기 위한 것이나, 적격증빙 요건에는 충족되지 않는다.

증빙 관리 프로세스

회계 시스템에서 증빙 관리는 두 방향으로 이루어진다. 먼저 매출의 경우 수입결의(매출전표) 작성 시 매출(세금)계산서를 발행하는데, 이를 증빙 테이블에 저장 후 '(세금)계산서 연계'를 통해 국세청에 보내게 된다. 이 연계는 보통 외부 서비스를 이용하며, 시스템이 연결되어 있지 않은 경우 국세청 홈택스에 직접 등록해야 한다.

그리고 매입의 경우 상대 거래처가 국세청에 (세금)계산서를 등록하고 구매 담당자에게 이메일로

그 내용을 보내 준다. 국세청 연계 서비스를 이용하는 경우 자동으로 증빙 테이블에 반영되지만 그렇지 않은 경우 직접 [[증빙 등록]] 화면을 통해 입력해야 한다. 이를 그림으로 나타내면 다음과 같다.

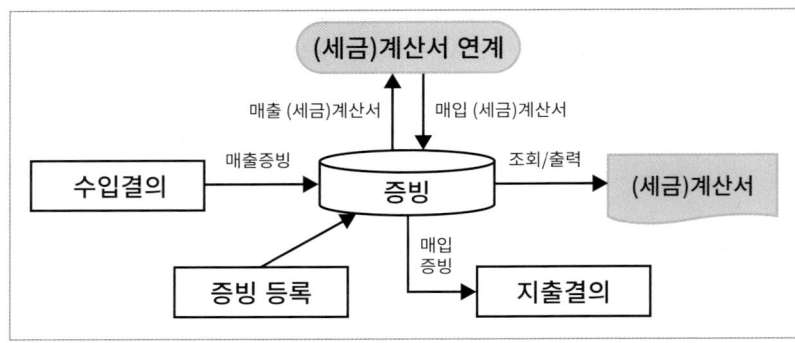

[그림 Ⅱ-3-3] 증빙 관리 흐름도

지출결의 화면

지출결의는 업종, 기업 및 업무 용도에 따라 화면 구성이 매우 다양하다. 또한, 용어도 지급송장(Payment Invoice), AP(Accounts Payable) 전표, 출금전표 등 다양하게 사용한다.

화면 구성은 결의서와 전표 중 어떤 형식을 따를 것인지에 따라 크게 달라진다. 다음 [그림 Ⅱ-3-4]는 일반 결의서 형식의 지출결의 화면 예시이고, [그림 Ⅱ-3-5]는 전표 형식의 지출결의 화면 예시이다. 규모가 큰 시스템의 경우 업무의 복잡성으로 인해 기능이 세분화되어 있어 용도별로 지출결의 화면을 구성하고 그 종류도 다양하지만, 소규모 사업장을 대상으로 하는 시스템의 경우 전표 형식을 통해 대부분의 거래 유형을 처리한다.

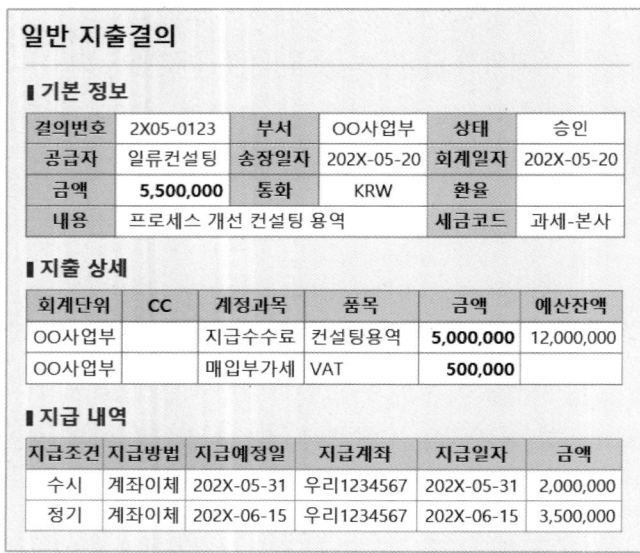

[그림 Ⅱ-3-4] 결의서 형식의 지출결의 화면 예시

지출결의 전표

▪ 기본 정보

결의번호	2X05-0123	회계단위	OO사업부	결의부서	OO사업부
유형	일반	결의일자	202X-05-20	상태	승인
내용	프로세스 개선 컨설팅 용역				

▪ 전표 정보

구분	계정과목	거래처	금액	적요	증빙
대변	지급수수료	일류컨설팅	5,000,000	컨설팅 용역대	
대변	매입부가세	일류컨설팅	500,000	VAT	
차변	미지급금	일류컨설팅	5,500,000	미지급금	

▪ 부가 정보

사업장	본사	세무구분	과세	증빙일자	202X-05-20
공급가액	5,000,000	세액	500,000	합계	5,500,000
관리번호	12345678	프로젝트	업무개선	전자여부	Y

[그림 Ⅱ-3-5] 전표 형식의 지출결의 화면 예시

　지출결의 화면 구성에 있어 또 다른 차이점은 한 지출결의에 거래처와 증빙을 복수로 입력할 수 있느냐이다. 위 [그림 Ⅱ-3-4]의 경우 기본 정보 영역에 '공급자'와 세무 정보를 배치하여 한 결의에 1 거래처와 1 증빙만 처리할 수 있도록 되어 있으며, [그림 Ⅱ-3-5]의 경우 전표 정보의 라인에 거래처를 포함하고 있어 한 (지출결의)전표에 복수의 거래처 및 증빙을 입력할 수 있도록 되어 있다. 또한, 다음 [그림 Ⅱ-3-6]은 일반 지출결의 형식이지만 복수의 거래처와 증빙을 입력할 수 있도록 구성하였다. 실무에서는 사용자가 한 결의에 여러 건의 거래를 처리할 수 있기를 원하는 것이 보통이다. 왜냐하면 지출결의는 승인을 받아야 하는데 승인을 요청하는 사용자 입장에서 거래 건별로 승인받는 것보다 유사한 거래를 묶어 한 번에 처리하기를 선호하기 때문이다.

　지출결의 화면은 지출결의 유형에 따라 관리하는 속성에 차이가 있어 몇 가지 화면으로 별도 구성하기도 한다. 예를 들어, 일반 지출결의, 법인카드 지출결의, 계약 지출결의, 가지급 지출결의 등이다. 이렇게 하는 이유는 사용자 입장에서 거래 유형별로 입력해야 하는 항목이 다른데 한 화면에서 처리하기에는 혼란스러울 수 있고, 또 많은 속성을 한 화면에 구현하기에는 화면 구성과 프로그램 로직이 너무 복잡해지기 때문이다.

　유사한 기능을 단일 화면으로 개발하는 것과 유형별로 별도 개발하는 것은 사용자 요구와 시스템 개발 및 관리의 용이성 등을 고려하여 결정한다. 각 용도별 화면 구성은 사용자의 혼동을 피할 수 있고, 프로그램 로직이 비교적 단순해져 구현이 용이하다는 장점이 있으나 업무나 요구 사항 변화 시 관련 프로그램의 해당 부분을 모두 일일이 반복 수정해야 하는 불편이 있다. 한 화면에서 모두 처리하는 방식의 경우, 기본 사항 영역에서 결의 유형을 선택함에 따라 이후에 표시되는 항목을 자동 변경하여 표시하는 방법은 사용자 입장에서 메뉴 변경 없이 계속 업무 처리할 수 있다는 점과 프로그램 본 수를 늘리지 않아 공수가 절감되는 측면이 있으나, 프로그램이 복잡해져서 구현 및 관리의 난이도가 증가한다는 단점이 있다.

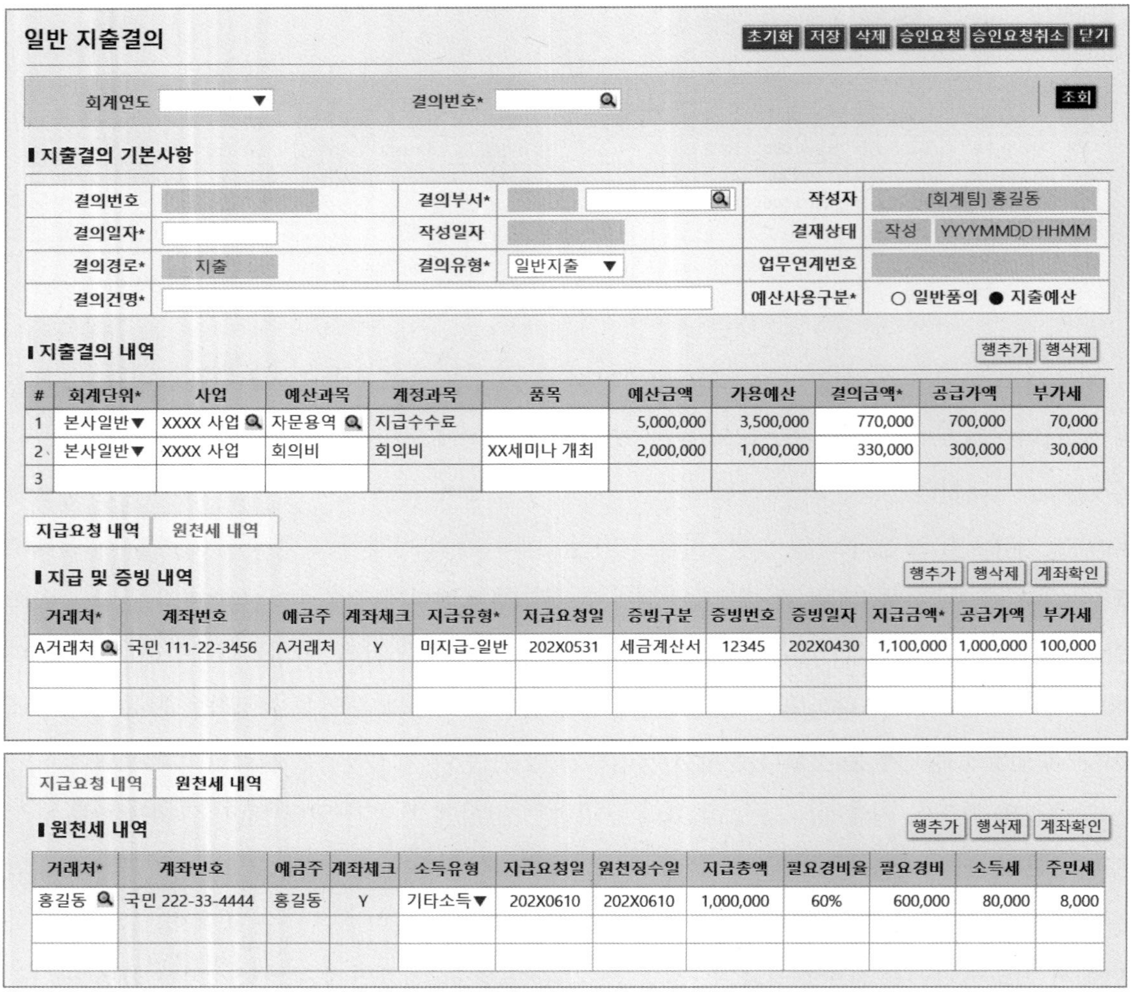

[그림 II-3-6] 복수 거래처 입력 지출결의 화면 예시

위 지출결의 화면은 기본 사항과 지출결의 내역, 그리고 지급요청 내역으로 구성되어 있다. 기본 사항에는 결의부서, 작성자, 결의일자, 결의 유형, 결의 건명 등의 사항을 기록한다. 이렇게 각종 거래의 개요 부분을 '헤더(Header)'라고 표현하기도 한다. '지출결의 내역'에는 실제 비용을 집행하거나 자산을 구매한 세부 내역을 기록한다. 이 부분을 '상세' 또는 '디테일(Detail)'이라고 한다. 이러한 용어는 IT 업계에서 관습적으로 사용하는 것일 뿐 정확한 용어는 아닐 수 있다. '지급요청 내역'은 거래처에 지급할 금액과 계좌 정보를 기록하는 곳으로 세금계산서와 같은 거래 증빙 단위로 기록한다.

'결의번호'는 지출결의 거래 정보를 식별하는 키(Key)이다. 직접 입력하거나 자동으로 부여할 수 있다. 수기 입력은 불편하고 실익이 크지 않아 대부분 자동 부여 방식을 적용한다. 형식으로는 결의일자(YYYYMMDD)에 일련번호(SEQ)를 붙이는 방식이 많이 사용된다. 예를 들어, '20250301-001'과 같은 것이다. 자릿수를 줄이기 위해 연도 앞 두 자와 '-'(Dash)를 생략하기도 한다.

'결의부서'는 해당 거래를 관리하고 책임지는 부서이다. 회계 시스템에 기록하는 조직 단위로 사업장, 본사 및 지사, 부서 등을 사용하는데, 일반적으로 인사 시스템에서 정의한 '부서'를 기본으로 사용한다. 그러나 인사 업무에서 바라보는 조직에 대한 관점과 회계 업무에서 관리하는 조직의 관점이 서로 다르므로 회계 시스템에서는 별도의 단위를 사용하기도 한다. 귀속 부서, 손익단위, Cost Center/Profit Center 등의 용어가 사용되지만 업종 관계없이 공통적으로 사용할 수 있는 용어는 '회계단위'이다. 위 사례 화면에서 지출결의 세부 내역에 회계단위를 입력받지 않는다면 결의부서가 회계단위가 된다. 결의부서는 실제 입력하는 자의 소속 부서와는 다를 수 있다. 작성자 정보는 로그인한 사용자의 직원 정보를 사용하여 자동으로 표시해 주고 수정할 수 없도록 한다.

'결의일자'는 지출결의를 작성한 일자가 아닌 실제 거래가 발생한 일자를 기록한다. 이 결의일자가 전표 생성 시 전표일자 및 회계일자로 사용된다. 작성일자는 별도로 구분하여 표시해 준다.

'결의 경로'는 지출, 출장, 급여, 구매 등 지출결의를 생성하는 원천 시스템을 나타낸다. '지출'은 본 예시 화면에서 직접 입력하는 경우이다.

'결의 유형'은 일반, 법인카드, 가지급, 지출환입 등 지출결의에서 관리하는 속성에 차이가 있거나 전표의 대변 계정 과목이 다른 경우 구분하기 위한 것이다. 결의 유형 선택에 따라 지출결의 내역 및 지급요청 내역의 화면 구성이 달라질 수 있다. 예를 들어, 법인카드의 경우 지급 대상이 일반 거래처가 아닌 카드사이고 대변 계정 과목도 '일반미지급금'이 아닌 '카드미지급금'이 된다. 가지급의 경우는 지급 대상이 일반 거래처가 아닌 직원이고, 가지급 정산 지출결의는 원 가지급 결의를 선택하는 기능이 포함되어야 한다. 지출환입도 마찬가지로 원 지출결의를 선택하는 기능이 있어야 한다. 이 모두 화면을 구성하는 항목에 차이가 있고, 이를 한 화면에 구현하기 복잡하여 각각 별도의 화면을 구성하는 경우가 많다.

'업무연계번호'는 구매/계약 또는 출장 등과 같이 별도의 원천거래 처리 시스템이 있는 경우 해당 거래번호(구매/계약번호, 출장번호 등)를 표시해 준다.

'결의 건명'은 지출결의 내용을 요약하여 기술하는 것으로, 이는 전표의 적요로도 사용된다.

지출 시 예산 통제를 하는 경우 사용할 사업 및 예산과목을 선택해야 한다. 공공기관의 경우 사전에 '지출품의'를 통해 예산 사용을 승인받았다면 해당 품의를 선택한다(위 사례 화면에서 예산 사용 구분으로 '일반품의' 선택). 사업예산제도를 운영하지 않는 경우 '예산 사용 구분'과 지출결의 내역에서의 사업 및 예산과목 선택 기능은 불필요하다.

　'지출결의 내역'은 전표의 차변을 구성하는 사항으로 거래명세표 또는 사용할 예산의 세부 내역을 입력한다. 계정 과목은 사전에 설정한 예산과목과 매핑한 값을 자동 표시해 준다. 가용예산은 예산금액에서 그동안 집행한 실적을 집계하여 차감한 금액이다. 가용예산의 경우 업무별로 산정 기준이 달라 계산식이 복잡한 경우가 있으므로 보통 별도의 자바 서비스 또는 DB 패키지로 개발하여 공통 모듈로 사용한다.

　공급가액과 부가세 항목은 '지출결의 내역'과 '지급요청 내역'에 모두 나타나 있는데, 지출결의 내역에는 세금계산서 또는 거래명세서의 항목별 공급가액 및 부가세를 기록하고, 지급요청 내역에는 세금계산서의 공급가액 및 부가세 합계를 입력한다. 즉 지급요청 내역에는 거래처에 지급할 금액을 세금계산서(증빙) 단위로 입력하는 것이다.

　'지급요청 내역'은 전표의 대변을 구성한다. 계정 과목으로는 보통 외상매입금, 미지급금과 같은 매입채무(AP, Accounts Payable) 계정이 나타난다. 위 예시 화면에서는 계좌 정보를 입력할 수 없도록 비활성화되어 있는데(회색으로 표시), 그 이유는 기업에서 자금 사고 방지를 위해 지출결의 시 임의로 계좌번호를 입력하지 못하게 막고 사전에 승인된 계좌로만 지급하도록 하기 때문이다. 따라서 거래처를 선택하면 사전에 승인된 거래처 계좌 정보가 자동 표시되도록 한다. 그리고 [계좌확인] 버튼을 통해 실제 지급할 계좌의 예금주가 거래처와 동일한지 다시 한번 체크하는 기능도 구현한다. 이는 금융결제원의 '계좌실명조회 API'를 활용하면 된다.

　지출 거래가 거래처로부터 세금계산서를 받는 거래가 아닌, 강사료나 수수료와 같이 개인에게 지급하는 경우, 기업에서는 소득세와 주민세를 원천징수하고 차액을 지급한다. 이때 필요경비 등을 고려하여 세액을 판단하는데, 이는 사전에 등록된 세율 정보를 기초로 자동 계산한다. 또한, 원천징수 내역에 대해 원천징수영수증을 발급할 수 있도록 구현한다.

지출결의 분개

　지출결의를 작성한 후 [승인 요청] 또는 [승인]을 하면 전표를 생성한다. 전표 생성 시점은 기업과 업무에 따라 다를 수 있으므로 그에 따른다.

　지출결의 분개(전표)의 전형적인 형태는 차변에 비용 또는 자산 계정이, 대변에는 미지급금과 같은 채무 계정이 나타나는 것이다. 그러나 지출결의 유형에 따라 일부 계정 과목이 달라지므로 다음 표를 참고하여 사용자 요구 사항에 대응한다.

거래 유형	분개유형		내용	차변	대변
지출결의	지출결의 (부가세)	A01	각종 비용 사용 및 자산 구입에 대한 지출결의(부가세 '공제'이면 부가세대급금 계정을, '불공제'이면 비용 계정을 차변에 적용)	비용 또는 자산	채무계정 (외상매입금 또는 미지급금)
				(부가세대급금)	
	지출결의 (원천세)	A02	원천세를 공제하는 비용 집행 지출결의	비용	미지급금
					소득세예수금
					주민세예수금
	선급금 지출결의	A03	선급금 지급에 대한 지출결의(세금계산서 발행 시 부가가치세 발생)	선급금	미지급금
				(부가세대급금)	
	선급금 정산	A04	기존 선급금을 정산하는 지출결의	비용 또는 자산	선급금
				(부가세대급금)	(미지급금)
	가지급 지출결의	A05	용도와 금액이 확정되지 않은 가지급 지출결의	가지급금	미지급금
	가지급 정산	A06	가지급금을 정산하는 지출결의 (가지급금 미사용 또는 잔여분 반납 시 차변에 가수금, 부족 시 대변에 미지급금 처리)	비용 또는 자산	가지급금
				(부가세대급금)	(미지급금)
				(가수금)	

[표 Ⅱ-3-1] 지출결의 분개

　분개유형 'A01'(분개유형 코드는 이 책에서 임의로 부여한 것임)은 일반적인 과세 물품을 구입하거나 비용을 사용하는 경우이다. 차변에 자산 또는 비용 계정 외에 매입부가세 계정이 나타나는데, 이 계정과목은 '부가세대급금'이라는 명칭을 가장 많이 사용하나 '매입부가세' 또는 '부가세선급금'이라는 용어를 사용하기도 한다. 대변의 채무 계정도 '외상매입금', '미지급금' 등의 계정이 나타나는데, '외상매입금' 계정은 일반 상거래에 사용할 재화를 구입하는 경우에 사용하고, '미지급금' 계정은 본래의 영업활동 이외의 자체 소비용 재화를 구입하는 경우 사용한다. 미지급금 계정이라도 지급 유형에 따라 다양하게 정의하여 사용하는데, 예를 들어, 직원에 대한 급여는 '급여미지급금', 법인카드 사용 금액은 '카드미지급금'과 같이 사용하는 것이다. 그리고 차변에 나타나는 계정이 자산이냐 비용이냐에 따라 '미지급금', '미지급비용'을 구분하여 사용하기도 한다.

　분개유형 'A02'는 원천세가 발생하는 경우이다. 강사료, 수수료 등 지급하는 소득(사업소득, 기타소득 등)에 대해 소득세와 지방소득세를 공제하고 차액을 지급하는데, 세금을 원천징수한다고 해서 '원천(징수)세'라고 한다. 원천세 관련 계정 과목으로는 '소득세예수금'과 '주민세예수금'이 대표적이다. 계정의 명칭은 '예수금(소득세)'와 같이 달리 정의할 수 있으므로 해당 기업의 관행에 따른다. 소득세는 국세이므로 국세청에, 주민세(지방소득세)는 지방세이므로 지방자치단체에 납부하게 된다.

　위 분개유형 A01, A02의 분개(전표)는 일반지출결의 화면에서 생성된다.

　분개유형 'A03'은 제품이나 용역 대금 일부를 먼저 지급하는 경우로, 차변에 선급금(Prepayment)

계정을 사용한다. 이 또한 지출의 성격이 자산이냐 비용이냐에 따라 '선급금'과 '선급비용'으로 구분하기도 하며, 선급의 유형에 따라 '○○선급금'과 같이 계정 과목명을 세분해서 사용하기도 한다.

분개유형 'A04'는 위 선급금을 정산하는 분개이다. 차변에 있던 선급금 계정을 본래 목적의 자산 구입 또는 비용 집행 등과 반제하는 것이다. 물론 차액은 미지급금 계정으로 대변에 계상한다. 여기서 '계상(計上, Counting in)'이란 글자 그대로의 의미는 '계산하여 올림'이지만 회계에서는 장부에 기록하는 것을 뜻하는 것으로 오랫동안 관습적으로 사용해온 용어이다. 혹시 현업과 협의할 때 이런 용어가 나오면 무슨 말인지 몰라 당황하지 말기 바란다.

위 분개유형 A03, A04의 분개(전표)는 선급금 지출결의 및 선급금 정산 화면을 별도로 구성하여 생성하거나, 또는 일반지출결의 화면에서 함께 처리할 수도 있다.

분개유형 'A05'는 임직원에게 용도나 금액이 확정되지 않은 지급을 할 경우의 분개이다. 주로 '가지급금' 계정을 사용하며, 역시 유형에 따라 '○○가지급금'과 같이 세분하여 사용할 수 있다.

분개유형 'A06'은 위 가지급을 목적한 바대로 집행한 후 원 자산 또는 비용 계정과 대체(반제)하는 경우이다. 부족한 부분에 대해서는 미지급금으로 계상하고, 사용하지 않거나 남은 부분에 대해 돌려받는 경우에는 차변에 '가수금' 계정을 사용한다. 이 가수금 계정은 수입관리 시스템에서 입금 시 차변에 가수금, 대변에 보통예금으로 분개가 발생하는 것을 전제로 한 것이다. 따라서 가수금이 아닌 다른 계정 과목을 사용할 수 있으며, 입금 시의 차변 계정을 그대로 사용하면 된다.

위 분개유형 A05, A06의 분개(전표) 역시 별도의 화면을 구성하여 생성하는 것이 보통이다. 물론 일반지출결의 화면에서 함께 처리할 수도 있겠으나 화면과 프로그램 로직이 그만큼 복잡해질 것이다.

부가가치세 공제와 불공제

재화나 용역을 공급받고 그 대가를 지불하는 경우, 보통은 부가가치세를 포함하여 지급하게 된다. 부가가치세란 재화나 용역의 제공 과정에서 증가하는 가치에 대해 부과하는 세금으로, 실제로는 최종 소비자가 부담하는 것이다. 즉 최초 생산자부터 중간의 사업자는 최종 소비자를 대신해서 거래금액의 일정액을 부가가치세로 징수해서 납부하는 것으로, 사업자는 매출세액에서 매입세액을 차감(공제)하여 부가세를 납부한다. 이때 차액이 마이너스(음수)가 되면, 즉 이전 사업자에게 우선 지급한 (매입)부가세가 다음 사업자 또는 소비자로부터 받은 (매출)부가세보다 많으면 국세청으로부터 부가세를 환급받게 된다. 왜냐하면 그 부가세는 사업자가 부담하는 것이 아니라 최종 소비자가 부담해야 하는데 대신 지급한 것이기 때문이다.

그런데 매입부가세를 모두 공제받을 수 있는 것은 아니다. 사업과 관련된 매입인 경우에만 공제받고, 사업자가 최종 소비자로서 자체 소비하는 경우는 공제를 받을 수 없는데, 이를 불공제라고 표현한다. 그래서 증빙의 속성으로 '공제' 또는 '불공제'를 구분하는 '공제 구분'을 반드시 관리해야 한다. 이는 부가세 신고뿐만 아니라 회계 처리에도 영향을 미치기 때문이다. 물론 모든 거래를 '불공제' 처리하는 경우는 예외다.

지출결의 시 부가세를 공제받느냐 아니냐에 따라 분개가 달라진다. 예를 들어, 사업과 관련하여 1,000원 상당액의 재료를 구입한 경우 부가가치세 100원을 포함하여 실제 거래처에 지급하는 금액은 1,100원이 된다. 이를 분개로 표현하면 아래 [표 Ⅱ-3-2]의 '공제' 구분에 해당한다.

구분	차변		대변	
공제	자산(또는 비용)	1,000	미지급금	1,100
	부가세대급금	100		
불공제	자산(또는 비용)	1,000	미지급금	1,100
	자산(또는 비용)	100		

[표 Ⅱ-3-2] 부가세 공제와 불공제 계정 처리

그러나 내부 소비용으로 사무용 비품을 1,000원에 구입한 경우 부가세 100원을 포함하여 1,100원을 지급하는 것은 동일하지만, 분개는 차변에 부가세대급금 계정이 아닌 비용(또는 자산) 계정을 사용해야 한다. 여기서 비용(또는 자산) 계정을 1,100원 하나로 묶어 처리해도 되나, 시스템 구현의 편의상 분리하여 생성해도 무방하다. 이 부분은 지출결의 분개 생성 시 유의해야 한다.

3. 지급관리

지급 개요

자금을 집행하기 위해서는 몇 단계 절차가 필요하다. 먼저 지급요청 내역을 취합하여 지급요청일 순으로 정리하고 기업의 일별 자금 상황에 따라 지급할 대상을 선별한다(지급 계획 화면). 일부 지급요청의 경우 자금 상황에 따라 지급요청 금액의 일부만을 지급할 수도 있다. 최종 지급하기로 결정한 건에 대해서는 내부 승인을 거쳐 지급 내역 테이블에 기록한다(지급 처리 화면). 이를 근거로 실제 자금을 이체하게 되는데, CMS(Cash Management Service)나 Firm-Banking 시스템이 구축되어 있는 경우에는 실시간 또는 사전에 정의된 시간에 자금이 자동 이체된다. 그러나 이러한 시스템을 갖추지 못한 소규모 사업장에서는 인터넷 뱅킹을 통해 직접 이체하기도 한다.

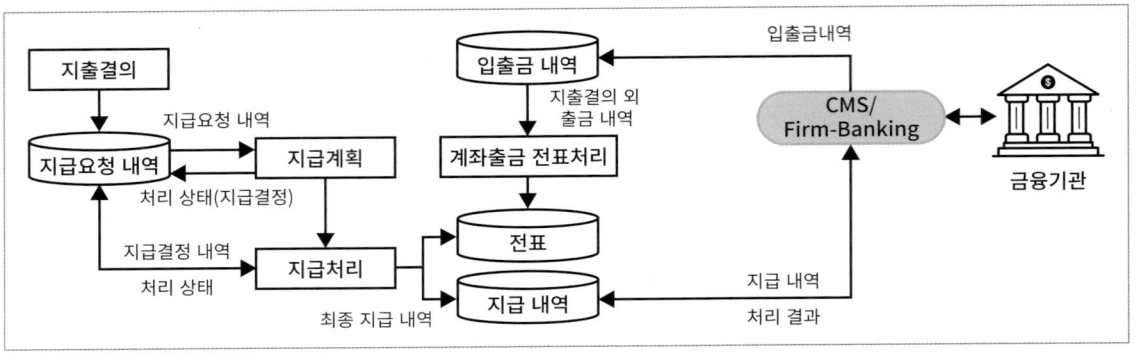

[그림 Ⅱ-3-7] 지급 시스템 흐름도

지출결의를 통하지 않고 내부 계좌에서 자금이 인출되는 경우가 있다. 법인카드 대금 자동출금과 자금관리 목적으로 내부 계좌 간 이체하는 경우 등이 그것이다. 자금관리 시스템을 통해 거래를 입력하면 자동으로 출금 및 입금 전표를 생성할 수 있으나, 그렇지 않은 경우에는 수작업으로 전표를 작성하거나 위 그림과 같이 입출금 내역을 연계 받아 지출결의 외 출금 내역에 대한 전표를 생성해야 한다(계좌출금 전표 처리 화면).

이러한 지급 거래에서 사용하는 계정은 업무 정의에 따라 달라지는데, 대변의 경우 대부분 '보통예금'이라는 계정 과목을 사용하지만, 차변의 경우 원 거래와의 정합성 유지를 위해 서로 반제되는 계정을 사용해야 한다. 예를 들어, 법인카드 지출결의 시 차변에 비용 계정을, 대변에 '카드미지급금' 계정을 사용했다면, 법인카드 대금 인출 시 차변 계정을 '카드미지급금' 계정으로 사용해야 서로 반제되어 미결관리가 가능하기 때문이다.

지급 화면

지급(Payment)은 '지급계획 수립'과 최종 CMS 연계 전 '지급 확정'하는 단계로 나누어 처리할 수도 있고, 통합하여 단일 화면으로 처리할 수도 있다. 아래 [그림 Ⅱ-3-8]은 지급 계획을 수립하는 예시 화면으로, 지출결의 작성 시 입력한 '지급요청일'을 '지출예정일'의 기초 값으로 표시하고 자금 담당자가 자금 상황에 맞게 수정할 수 있도록 하였다. 지급하지 못한 금액은 다음 지급 계획 수립 시 다시 나타나야 한다.

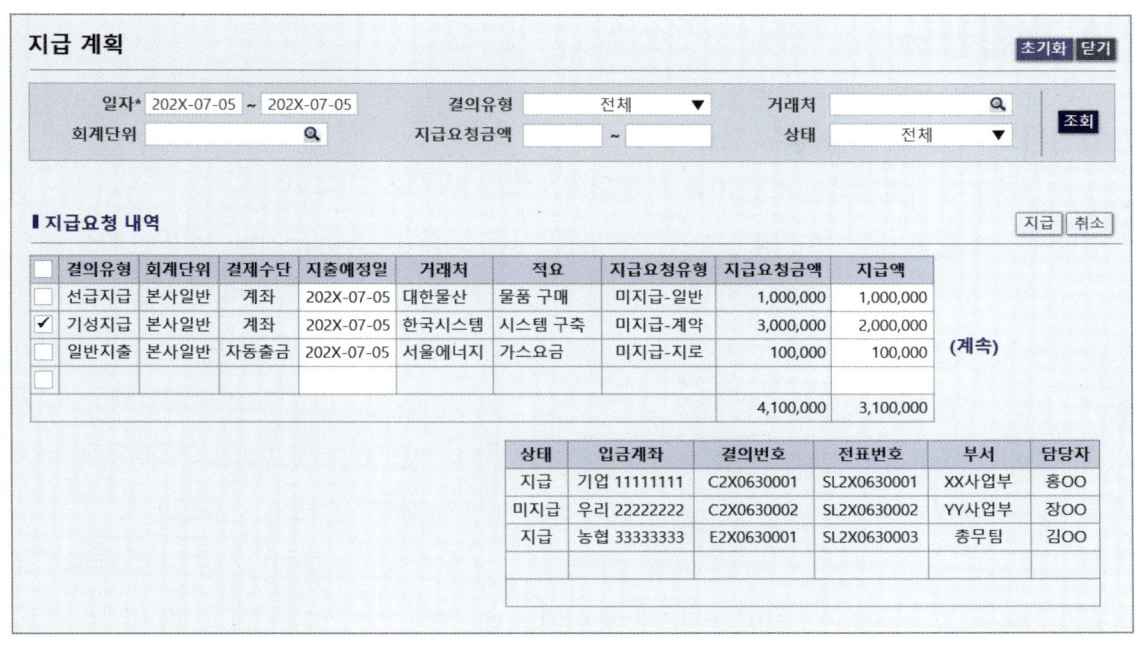

[그림 Ⅱ-3-8] 지급 계획 화면

지급 분개

	거래 유형	분개유형	내용	차변	대변
지급	매입채무 지급	A07	매입채무(외상매입금, 미지급금 등) 지급 처리	채무계정	보통예금
	법인카드대금 자동출금	A08	법인카드 사용금액에 대한 자동 인출 (신용카드는 월 1회 인출, 체크카드는 거래승인 시 즉시 인출)	카드미지급금	보통예금

[표 Ⅱ-3-3] 지급 분개

지급 분개는 기본적으로 차변에 외상매입금, 미지급금과 같은 채무 계정을, 대변에 현금 또는 (보통/당좌)예금 계정을 사용한다(분개유형 A07). 법인카드를 사용한 경우에는 지출결의 전표의 대변에 미지급금 대신 '카드미지급금'이라는 계정 과목을 구분 사용하기도 하는데, 카드대금 지급 시에는 차변에 그와 같은 계정이 나타나도록 해야 한다(분개유형 A08).

4. 법인카드

법인카드 사용 및 대금 청구 프로세스

요즘 대부분의 기업에서는 소액 지출 시 법인카드를 사용한다.

법인카드 사용 및 대금 청구 절차를 정리해 보면 아래 [그림 Ⅱ-3-9]와 같다. 먼저 1) 카드 회원이 가맹점에서 상품 구매 또는 서비스 이용 후 결제하면, 2) 가맹점의 카드단말기를 통해 VAN(Value Added Network, 카드사와 가맹점을 연결해 주는 부가가치통신망)사에 카드 정보가 전달되고, 3) VAN사는 카드사로 해당 카드가 정상인지, 결제 금액이 신용 범위 내에 있는지 등을 확인 요청하며, 4) 카드사는 해당 거래의 승인 결과를 VAN사에 통보하고, 5) 다시 VAN사는 그 결과를 가맹점의 단말기에 회신한다. 우리가 카드를 긁는 그 짧은 순간에 이런 정보 교환이 이루어지는 것이다.

6) 상품 또는 서비스에 대한 거래가 정상적으로 이루어진 후, 7) 가맹점은 승인 처리된 매출 내역을 집계하여 그 대금을 카드사에 청구하는데 이때의 데이터를 매입 데이터라고 한다. 가맹점 입장에서는 '매출'이지만 신용카드 프로세스는 카드사 중심으로 정의되었기에 승인전표(가맹점 입장에서는 매출채권)를 '매입'하는 것으로 보는 것이다. 요즘은 거의 모든 처리가 전산화되었지만 예전에는 먹지를 대고 기계 또는 볼펜 같은 것으로 카드를 긁은 후, 그 종이전표를 카드사가 가맹점으로부터 매입하는 형태였다. 8) 가맹점이 청구한 금액은 카드수수료를 공제한 후 약정한 일정에 입금해 주며, 9) 이후 정기 대금 결제일이 되면 카드사는 회원에게 청구하고, 10) 그 대금은 회원 통장에서 자동으로 인출해 간다. 11) VAN사는 자신들이 서비스한 거래에 대해 가맹점의 매출전표를 대신 수거하여 카드사에 제출하고, 12) 카드사는 VAN사에게 상응하는 수수료(매입청구대행료, 종이전표수거료, 전표비용 등)를 지급하는 것으로 한 사이클이 종료된다.

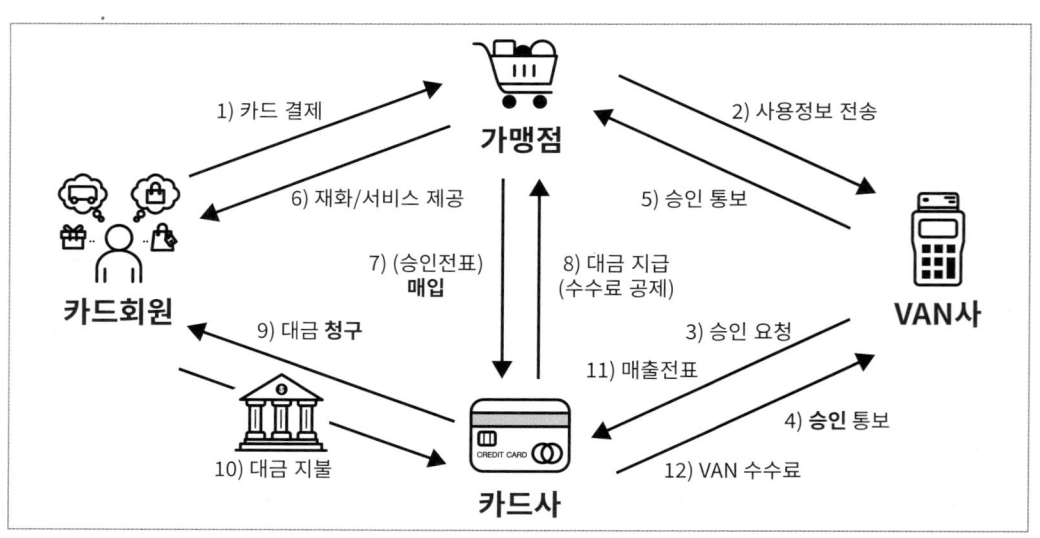

[그림 Ⅱ-3-9] 신용카드 업무 프로세스

카드사는 회원인 기업에게 법인카드 관련 데이터를 보내 주는데 승인, 매입, 청구 세 가지가 그것이다(위 그림에서 굵은 글자). 승인과 매입 데이터는 일치하지 않을 수 있는데, 승인 데이터는 실제 법인카드를 사용한 모든 내역이 포함되어 있지만 매입 데이터는 가맹점이 카드사에 청구(카드사 입장에서는 매입)한 데이터만 있기 때문이다. 요즘은 전산화되어 자동으로 청구되어 거의 차이가 없지만 예전에는 종이로 된 전표를 취합하여 청구하였기에 누락되는 일이 종종 있었다. 카드사는 승인과 매입 데이터를 매일 일정 시간에 보내 주는데, 우리가 지출결의에서 사용하는 데이터는 주로 매입 데이터이다. 이는 기업마다 다르므로 현업과 확인 후 처리한다.

정기 대금 결제일 전에는 카드사에서 청구 데이터를 보내 준다. 이 청구 데이터가 실제 법인카드 사용 내역과 일치하는지 체크하는데 이를 '대사(對査, Reconciliation, 회계 업무에서의 데이터 간 대조 작업)'라고 한다. 이와 관련하여 승인과 매입 데이터, 그리고 매입과 청구 데이터 대사 화면을 제공한다.

법인카드 불출 관리 및 대사

법인카드 발급 내역과 사용 및 청구 내역은 카드사로부터 시스템 연계를 통해 전달받을 수 있다. 카드사와의 연계는 보통 관련 서비스 업체를 통해 구축한다.

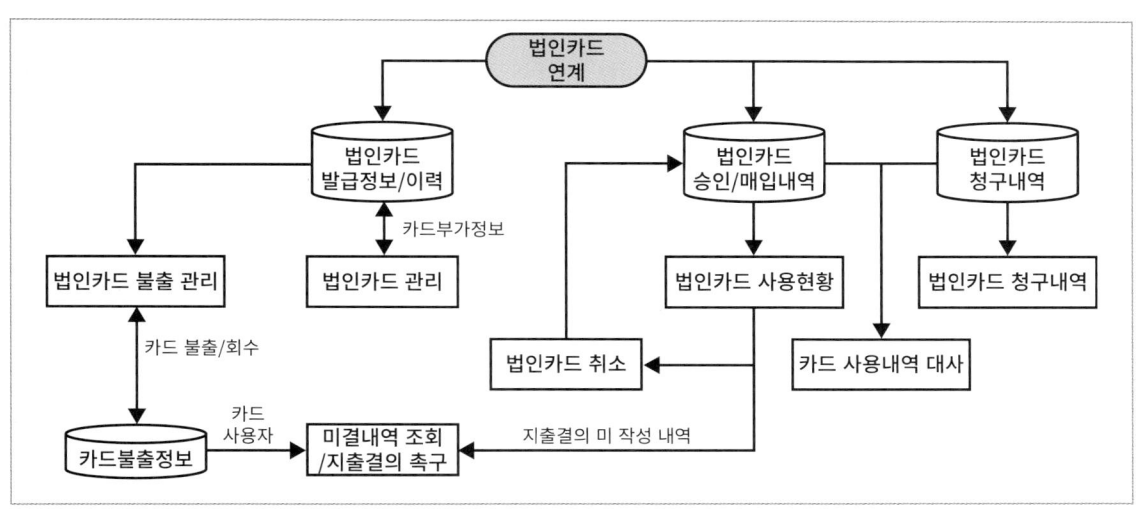

[그림 Ⅱ-3-10] 법인카드 불출 관리 및 대사 흐름도

법인카드는 카드 명의자가 누구냐에 따라 무기명, 기명식, 개인형 카드로 구분된다. 무기명 법인카드는 기업 명의로 발급받고 임직원이 공동으로 사용하는 유형이고, 기명식 법인카드는 임직원 명의로 발급받고(기업명 병기) 대금은 회사가 지급하는 유형이며, 개인형 법인카드는 임직원 명의로 발급받고(기업명 병기) 법인이 대금 지급을 보증하는 형태이다.

무기명 법인카드를 발급받는 경우 필요에 따라 본사 법인카드 담당자로부터 불출하여 사용하는데, 이때 어느 부서에서 누가 사용했는지 장부에 기록하거나 시스템으로 관리한다. (법인카드 불출관리 화면)

법인카드 사용 내역을 기초로 지출결의를 작성하고, 결산 시기가 되면 카드미지급금 같은 미결 계정 정산을 위해 아직 지출결의 처리하지 않은 건을 파악하여 해당 직원에게 결의 처리를 촉구하기도 한다. (미결 내역 조회 화면)

법인카드를 구분하는 또 다른 종류로는 신용카드, 체크카드, 그리고 신용과 체크를 혼합한 하이브리드 카드 등이 있다. 용도별로 주유카드, 연구비카드 등을 구분하기도 하지만, 회계적으로는 신용/체크/하이브리드로 구분한다. 왜냐하면 신용카드 사용 시 대금 지급은 나중에 하므로 비용 사용 전표 기록 시 대변에 미지급금(부채 증가) 계정을 사용한다. 반면에 체크카드는 사용 즉시 현금이 빠져나가므로 대변에 보통예금(자산 감소) 계정을 사용한다. 하이브리드 카드는 일정 금액(예: 50만 원) 이하이면 체크카드 기능을 하고, 그 금액을 초과하면 자동으로 신용카드 기능을 하기 때문에 전표 처리도 사용 금액을 기준으로 처리한다.

예를 들어, 부서 내 회식을 하는 경우 신용카드를 사용하면 수일 내 지출결의를 통해 승인을 요청하는데, 이때 분개는 대변에 '카드미지급금'(부채)으로 기재한다. 카드대금 정기결제일이 되어 자동 출금이 되면 차변에 카드미지급금, 대변에 보통예금 계정으로 출금 분개 전표를 생성한다.

그런데 체크카드를 사용하는 경우에는 회식 당일 바로 현금(예금)이 출금되므로 일일 시재 관리상 대변에 보통예금으로 전표를 즉시 작성해야 한다. 이때 차변은 자금 담당자가 명확한 용도를 모르므로 일단 가지급금으로 기록한다. 물론 일반적으로 법인카드 전용 통장을 구분하여 관리하므로 처음부터 카드미지급금 계정을 사용할 수도 있다. 이후 직원이 지출결의를 통해 일종의 사후 승인을 받으면 전표를 생성해야 하는데, 이때 대변 계정은 체크카드 대금 인출 분개의 차변 계정을 적용하면 된다. 만일 카드 사용 내역을 대사를 통해 건별로 반제 관리하는 경우, 아래 표와 같이 정산 분개를 생성할 수 있다.

신용카드			체크카드		
업무 순서	차변	대변	업무 순서	차변	대변
1) 카드 사용 지출결의	비용	카드미지급금	1) 대금 인출	가지급금	보통예금
2) 대금 지불	카드미지급금	보통예금	2) 카드 사용 지출결의	비용	카드미지급금
			3) 대사(정산)	카드미지급금	가지급금

[표 II-3-4] 법인카드 지출결의 및 대사 분개

위 분개는 참고용이므로 실제 처리 방법은 현업과 협의하여 결정한다. 정산 과정을 생략하거나 가지급금 계정을 사용하지 않는 사용자(기업)도 있기 때문이다.

법인카드 관리 및 대사 화면

법인카드 발급 내역은 카드사로부터 시스템 연계를 통해 자동으로 전달받을 수 있으며, 수작업으로도 등록할 수 있다. 법인카드 정보는 카드사로부터 받은 항목 외에 자체 관리하는 속성들이 있는데, 카드의 용도와 사용 부서 및 사용자 등이다. 그리고 공용 카드인 경우 불출 상황을 관리하는데 과거에는 카드 담당자가 수기장부 또는 엑셀로 관리하는 경우가 있었으나 요즘은 시스템으로 관리하는 경우도 많다.

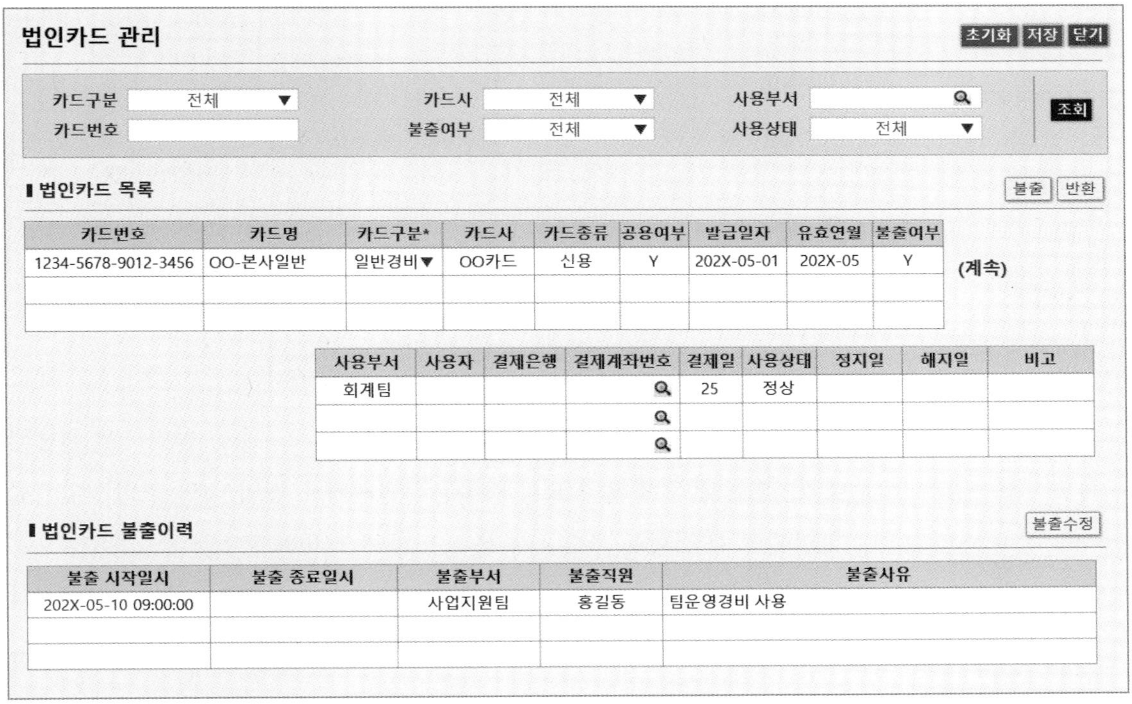

[그림 Ⅱ-3-11] 법인카드 관리 화면

위 [그림 Ⅱ-3-11]은 법인카드 발급 내역을 시스템 연계를 통해 수신한 후 카드 구분 및 결제계좌를 업데이트하고 카드 불출 내역도 관리하는 화면 예시이다. '법인카드 목록'에서 특정 건을 선택(클릭)하면 하단에 '법인카드 불출 이력'이 조회되는 구조이다. [불출] 버튼은 해당 카드가 미사용 또는 미불출 상태에서만 가능하며, [반환]은 불출 상태에서만 작동되도록 해야 한다. 이 외에 더 많은 속성이 관리될 수 있으므로 위 예시는 단순 참고한다.

그리고 법인카드 사용 내역을 청구 내역과 대사하여 정확한 미결관리가 되도록 한다. 다음 [그림 Ⅱ-3-12]는 법인카드 사용(매입) 내역과 청구 내역을 대사하는 화면인데, 지면의 제약으로 일부 항목만 표시하였다.

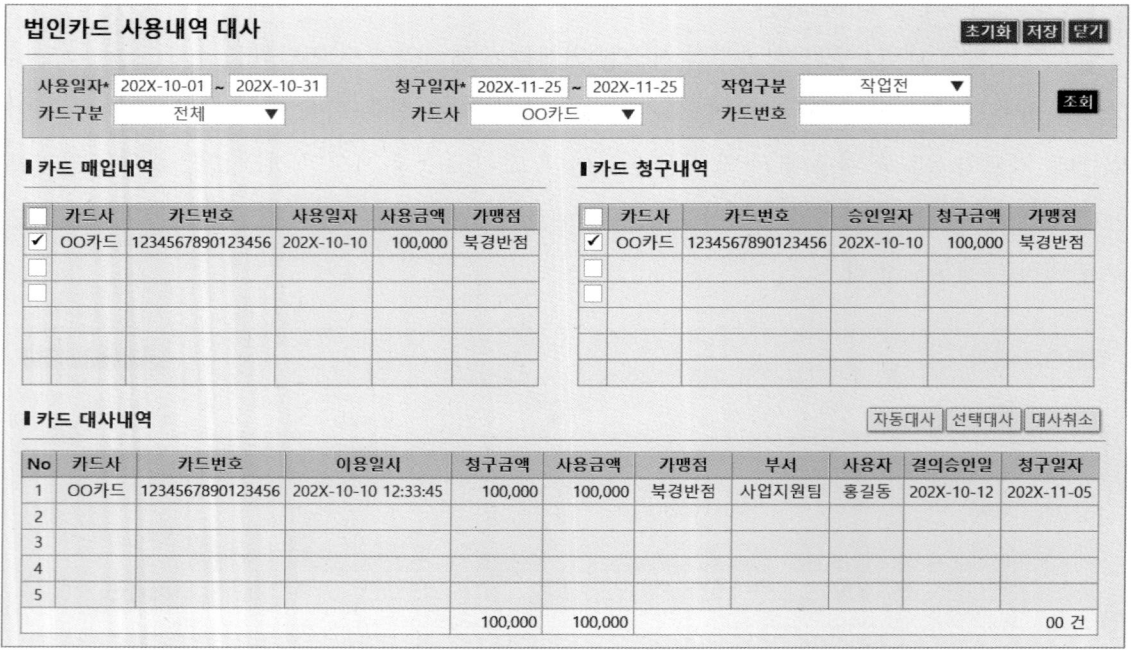

[그림 Ⅱ-3-12] 법인카드 사용 내역 대사 화면

화면 상단에 매입(또는 승인) 내역과 청구 내역을 나란히 배치하고, 조회 조건은 동일하게 적용되도록 한 경우이다. 매입 내역, 청구 내역 목록의 표시 항목은 [[법인카드 매입 내역 조회]] 및 [[법인카드 청구 내역 조회]] 화면에 표시된 항목 주요 부분을 동일하게 적용한다. (좌우 스크롤 처리)

매입, 청구 내역의 라인 선택 후 하단의 [선택대사] 버튼을 누르면 기본적인 체크 사항을 체크 후 '카드 대사 내역' 목록에 표시하고 [저장] 버튼을 누르면 실제 대사 테이블에 업데이트한다. [자동대사] 버튼을 누르면 화면에 조회된 매입, 청구 내역 중에 일치되는 건에 한하여 자동으로 대사 처리한다. 대사 기준은 카드사, 카드번호, 카드승인번호, 사용/청구금액 등이 일치하면 동일한 건으로 인식할 수 있는데, 이는 현업과 상의하여 결정한다.

대사 내역 조회 시 기존에 대사 내역이 있으면 화면 하단에 표시하고, [대사취소] 시 해당 대사 내역을 삭제하고 매입 및 청구 내역의 대사 관련 항목을 원상 회복한다.

작업 구분으로 '전체/작업 전/완료'가 있으며 '작업 전'으로 조회할 경우만 카드 승인 내역과 청구 내역의 체크박스를 활성화하여 대사 처리를 가능하게 한다. '완료' 상태인 경우에는 정산 전표 생성 전까지는 대사를 취소할 수 있다.

5. 채무관리

채무관리 개요

채무관리는 외상매입금, 미지급금 등 매입채무에 대한 지급 상황을 파악 관리하는 것으로, 거래처별로 미지급 잔액(Supplier balance)을 파악하는 것이 핵심이다. 이는 지출결의와 지급 처리 내역의 반제 상황을 통해 알 수 있다. 이를 외산 ERP에서는 'Pending Payables Analysis(지급 예정 금액 분석)', 'Vendor Balances(지급 잔액 관리)' 등의 기능을 통해 제공한다.

시스템적으로 채무를 관리하는 방법에는 여러 가지가 있다. 각 시스템별로, 그리고 설계자/개발자별로 다양한 방식으로 관리하는데, 각 계정별 미결 키(Key)를 설정하고 거래 건별로 별도의 미결 테이블에 해당 데이터를 기록하여 관리하거나, 미결 뷰(View)를 생성하여 미결 관련 전체 데이터를 통합하여 조회할 수 있도록 하는 방법 등이 있다. 아래 [그림 Ⅱ-3-13]은 지출결의 및 지급 테이블의 관계도이다.

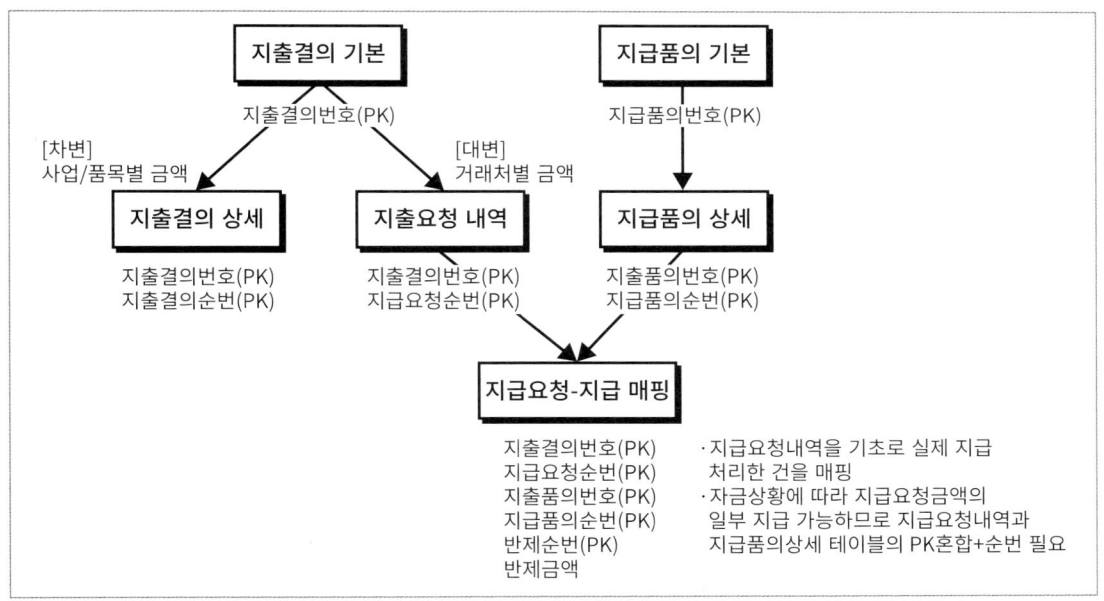

[그림 Ⅱ-3-13] 미지급금 관리 테이블 관계도

채무관리 화면

매입채무를 관리하는 화면은 관리 관점에 따라 다양한 형태로 개발한다. 대표적인 것이 [[거래처별 채무 현황]]같은 화면이다. 다음 [그림 Ⅱ-3-14]는 거래처별로 미지급금 현황을 조회할 수 있는 화면 예시이다.

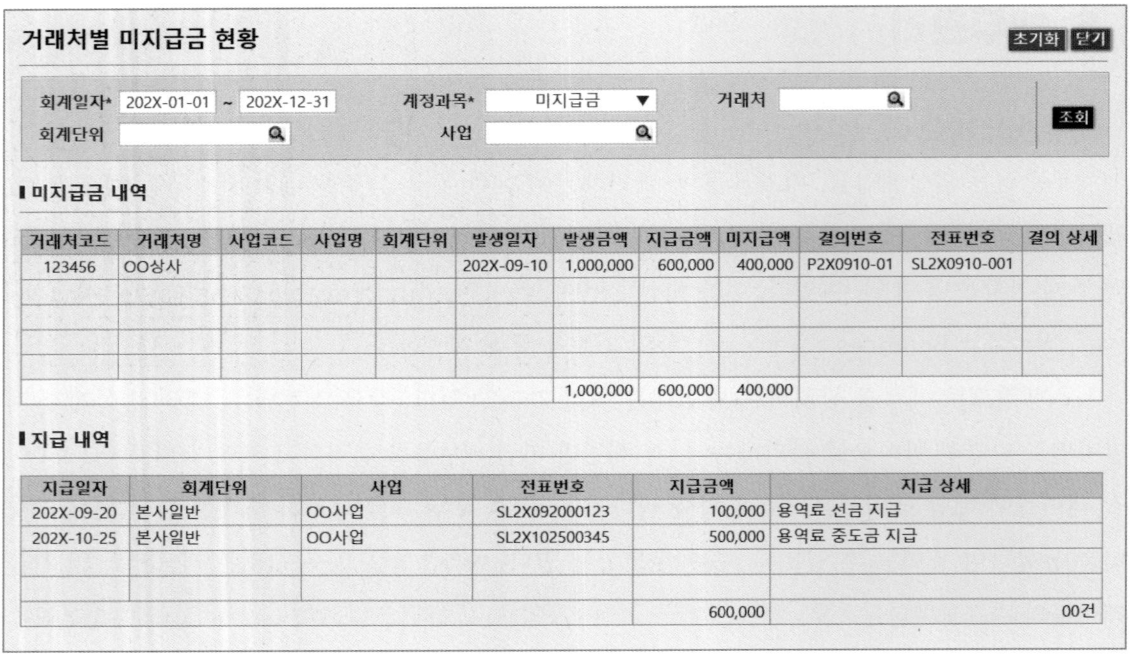

거래처별 미지급금 현황

회계일자*	202X-01-01 ~ 202X-12-31	계정과목*	미지급금 ▼	거래처	🔍	조회
회계단위	🔍	사업	🔍			

■ 미지급금 내역

거래처코드	거래처명	사업코드	사업명	회계단위	발생일자	발생금액	지급금액	미지급액	결의번호	전표번호	결의 상세
123456	OO상사				202X-09-10	1,000,000	600,000	400,000	P2X0910-01	SL2X0910-001	
						1,000,000	600,000	400,000			

■ 지급 내역

지급일자	회계단위	사업	전표번호	지급금액	지급 상세
202X-09-20	본사일반	OO사업	SL2X092000123	100,000	용역료 선금 지급
202X-10-25	본사일반	OO사업	SL2X102500345	500,000	용역료 중도금 지급
				600,000	00건

[그림 Ⅱ-3-14] 거래처별 미지급금 현황 화면

회계일자는 미결 거래가 발생한 회계일자이며, 정산일 기준은 아니다.

계정 과목은 [[계정 과목 관리]] 화면에서 미결관리 구분을 '건별반제'로 설정한 계정만 표시하는데 외상매입금, 미지급금 등이 대표적이다.

거래처의 경우 복수 거래처를 선택할 수 있는 기능을 제공하면 편리하다.

공공 부문의 경우 사업이 중요한 변수인데, 민간기업의 경우 프로젝트 등 다른 관리 항목을 적용하거나 생략할 수 있다.

'미지급금 내역'은 미결(미지급금) 테이블과 전표 테이블에서 조회 조건에 해당하는 데이터를 가져와 보여 준다. 미지급금 내역의 라인을 클릭할 때마다 '지급 내역' 영역에 해당 건에 대한 정산(지급) 상세를 보여 준다.

각 내역의 라인을 더블클릭하면 [[전표 조회]] 화면으로 이동하여 해당 거래의 전표 상세 내역을 보여 준다. 또한, 전표 화면에서 원 거래번호를 더블클릭하면 원천 거래 내역을 확인할 수 있도록 한다. 일종의 추적 조회(Drill-Down) 기능이다.

제4장
수입관리

1. 수입관리 개요

수입관리 시스템

회계 시스템의 하위 시스템인 수입관리 시스템은 재화나 용역을 제공하고 그 대가를 받는 업무를 관리하는 시스템으로, 채권관리 시스템, 매출관리 시스템 또는 AR(Accounts Receivable) 모듈이라고도 한다. 이는 회계적 관점에서의 용어로, 상행위를 중심으로 표현하는 용어로는 '판매관리' 또는 '영업관리'가 있다. 이는 관리하는 정보에도 차이가 크므로 보통 별도의 시스템으로 구분한다. 여기서 '수입(收入, Revenue)'은 다른 나라의 상품을 구매하는 '수입(輸入, Import)'과는 다른 용어이다.

수입관리 프로세스

수입관리 프로세스는 기본적으로 매출(Sales, 공공기관의 경우 '수입'이라는 용어를 주로 사용)과 같은 수익(收益, Revenue)의 발생과 그 대가인 현금의 입금, 그리고 그 둘 간의 연결(Mapping)을 통한 정산, 즉 채권관리로 이루어져 있다. 정산이 필요한 이유는 수익의 인식과 입금 행위가 서로 다른 시점에 발생하는 경우가 대부분인데, 보통은 각 시점에 해당 입금 또는 수익이 무엇인지 알 수 없기에 일단 기록 후 추후 정리를 해야 하기 때문이다. 그 행위를 반제(返濟)라고도 한다. 참고로 '반제'라는 용어는 회계 시스템에서 관습적으로 쓰여 온 용어인데, 기존의 특정 회계적 거래에 대해 금액의 전부 또는 일부를 상계 처리하거나 청산하는 것을 의미한다. 영어로는 Settlement(거래의 정리, 청산), Clearing(계정 간 잔액 정리), Offset(두 금액의 상계 처리), Reconciliation(계정이나 기록의 대사 및 조정) 등의 용어가 유사한데, 한 외산 ERP에서는 AR 모듈에서 Application(Receipt –입금 건과 Transaction–수입결의 건의 상호 적용)이라는 용어를 사용한다.

다음은 수입관리 시스템의 개략적인 흐름도이다.

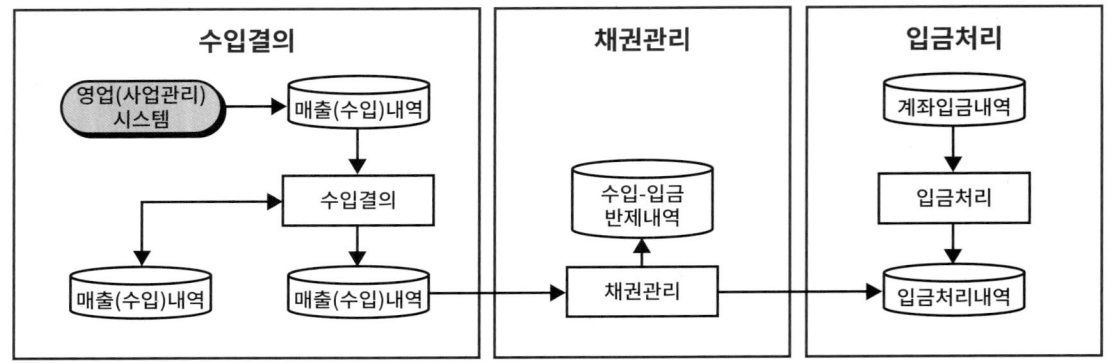

[그림 Ⅱ-4-1] 수입관리 시스템 흐름도

2. 수입결의

수입결의 프로세스

　기업에서 제품이나 상품 또는 용역을 공급하고 그 대가를 청구하는 것이 수익을 창출하는 가장 전형적인 상행위이다. 여기서 제품은 제조업체에서 제조 공정을 거쳐 생산된 재화를 말하고, 상품은 그 제품이나 농산물 등을 사서 되파는 경우에 해당한다. 용역(用役)은 재화 이외에 가치를 제공하고 그 대가를 받는 모든 행위를 말하는데, 영어로는 '서비스(Service)'로 번역된다. 우리가 일상생활에서 사용하는, 공짜 또는 덤으로 주는 의미의 서비스와는 구분된다.

　수입결의는 '지출결의'와는 상대되는 개념으로 제품, 상품 또는 용역을 제공하고 그 대가를 청구하거나 수익을 인식하기 위해 내부적으로 승인을 받는 행위를 말한다.

　수입결의의 유형은 업종에 따라 다양하게 정의할 수 있으나 본서에서는 계정 과목을 중심으로 크게 일반 수입결의와 가수금 수입결의, 선수금 수입결의 등으로 구분한다.

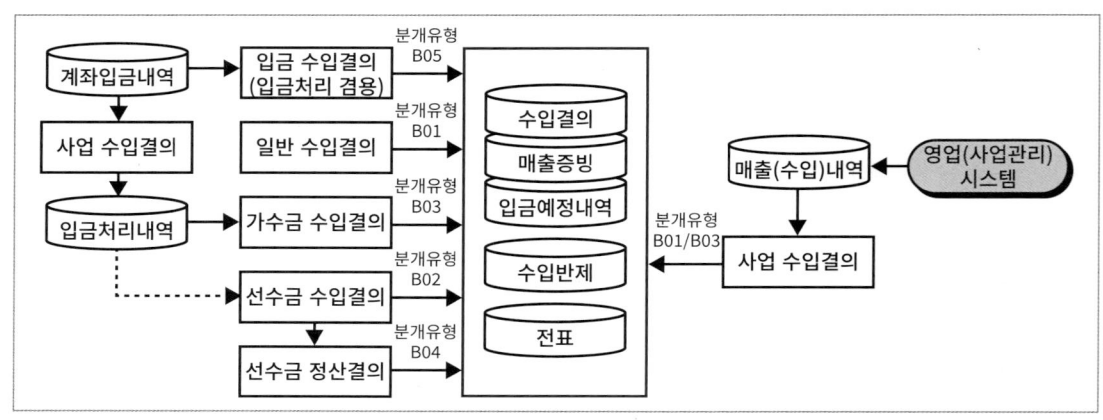

[그림 Ⅱ-4-2] 수입결의 시스템 흐름도

가장 일반적인 수입결의는 '일반 수입결의'이다. 이 명칭은 필자가 이해를 돕기 위해 붙인 것으로 실무에서는 단순하게 '수입결의' 또는 '미수금 수입결의'와 같이 다른 이름으로 사용될 수 있다. 보통 외상으로 매출이 발생하는 경우이며, 분개(전표)의 차변에 외상매출금 또는 미수금 계정이 나타난다. 수입결의를 작성하면 (세금)계산서도 발행하게 되며, 동시에 입금 예정 내역 테이블에도 업데이트한다. 이는 자금관리의 현금흐름 예측에 사용된다.

'가수금 수입결의'는 입금 처리된 건에 대해 수입결의를 작성하는 것으로, 입금전표의 대변에 '가수금' 계정을 사용한 경우에 해당한다. 화면상 처리 방법은 입금 내역을 먼저 선택하고 수입결의 작성 화면을 오픈하거나, 수입결의 화면에서 입금 내역을 불러오거나 한다. 수입결의와 입금 내역이 바로 연결되므로 수입결의 작성 즉시 수입-입금 반제 데이터를 생성한다.

'선수금 수입결의'는 재화나 용역을 제공하기 전에 대가 중 일부를 선금으로 받았을 때 처리하는 경우다. 이후 약속한 거래를 이행한 후 본 수입결의를 작성하는데, 이때 먼저 받은 선수금을 제하고 남은 금액 또는 진척도(관행상 '기성'이란 용어를 사용)에 따른 중도금을 청구한다. 이를 선수금 정산결의라 한다.

그리고 영업 또는 사업관리 시스템이 있는 경우 대부분의 매출(수익) 데이터는 그 시스템에서 발생하는데, 본연의 사업에서 발생한 수익(Revenue) 내역을 회계 시스템으로 인터페이스 받아 사업 수입결의를 자동으로 생성하게 된다. 작업은 매일 또는 매월 일정 주기로 행해지며, 이는 업무의 성격에 따라 다르다.

이상의 수입결의는 공통적으로 사전에 정의된 시점에 전표를 자동 생성한다. 그리고 (세금)계산서를 발행하는 경우 그 내역을 증빙 테이블에 반영 후 외부 연계 서비스를 통해 국세청에 신고하게 된다.

수입결의 화면

'수입결의'는 수익을 인식하여 기록하는 것으로 시스템/솔루션에 따라 매출전표, 고객(청구)송장(Customer Invoice), 트랜잭션(Transaction) 등 다양한 용어가 사용된다.

수입결의 화면 역시 결의서와 전표 중 어떤 형식을 따를 것인지에 따라 달라진다. 다음 [그림 Ⅱ-4-3]은 일반 결의서 형식의 수입결의 화면 예시이고, [그림 Ⅱ-4-4]는 전표 형식의 수입결의 화면 예시이다. 규모가 큰 시스템의 경우 기능을 세분화하여 각각 별도의 수입결의 화면을 구성하며, 소규모 사업장을 대상으로 하는 시스템의 경우 전표 형식을 통해 작성하는 경우가 많다.

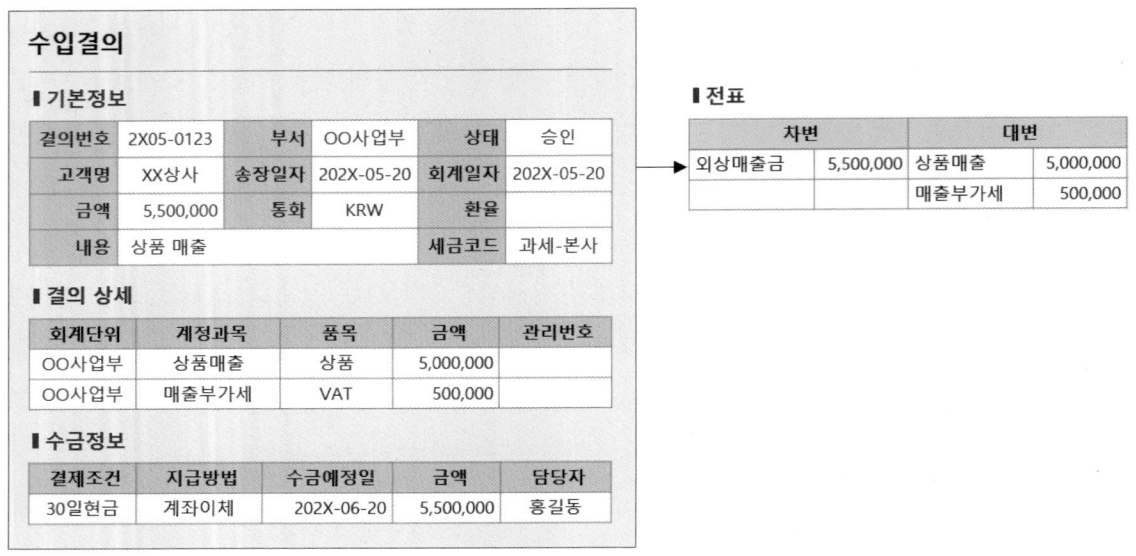

[그림 Ⅱ-4-3] 결의서 형식의 수입결의 화면 예시

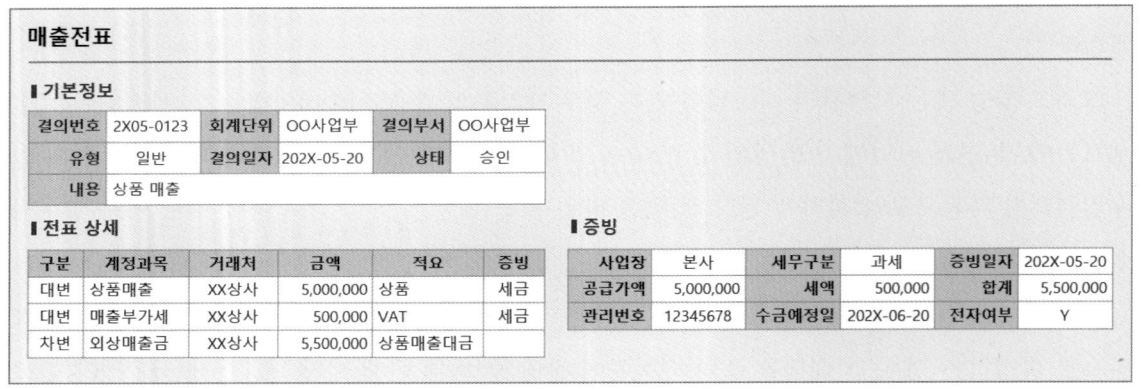

[그림 Ⅱ-4-4] 전표 형식의 수입결의 화면 예시

    수입결의 화면 구성에 있어 또 다른 차이점은 한 수입결의에 거래처와 증빙을 복수로 입력할 수 있느냐이다. 위 [그림 Ⅱ-4-3]의 경우 '기본 정보' 영역에 거래처(고객)와 세무 정보를 배치하여 한 건의 결의에 1 거래처와 1 증빙만 처리할 수 있도록 하였으며, [그림 Ⅱ-4-4]의 경우 '전표 상세'의 라인에 거래처를 포함하고 있어 한 (수입결의) 전표에 복수의 거래처 및 증빙을 입력할 수 있도록 하였다. 보통 실무에서는 많은 사용자가 한 건의 결의에 여러 건의 거래를 처리할 수 있기를 원한다. 다음 [그림 Ⅱ-4-5]는 일반 수입결의 형식이지만 복수의 거래처와 증빙을 입력할 수 있도록 구성한 예시 화면이다.

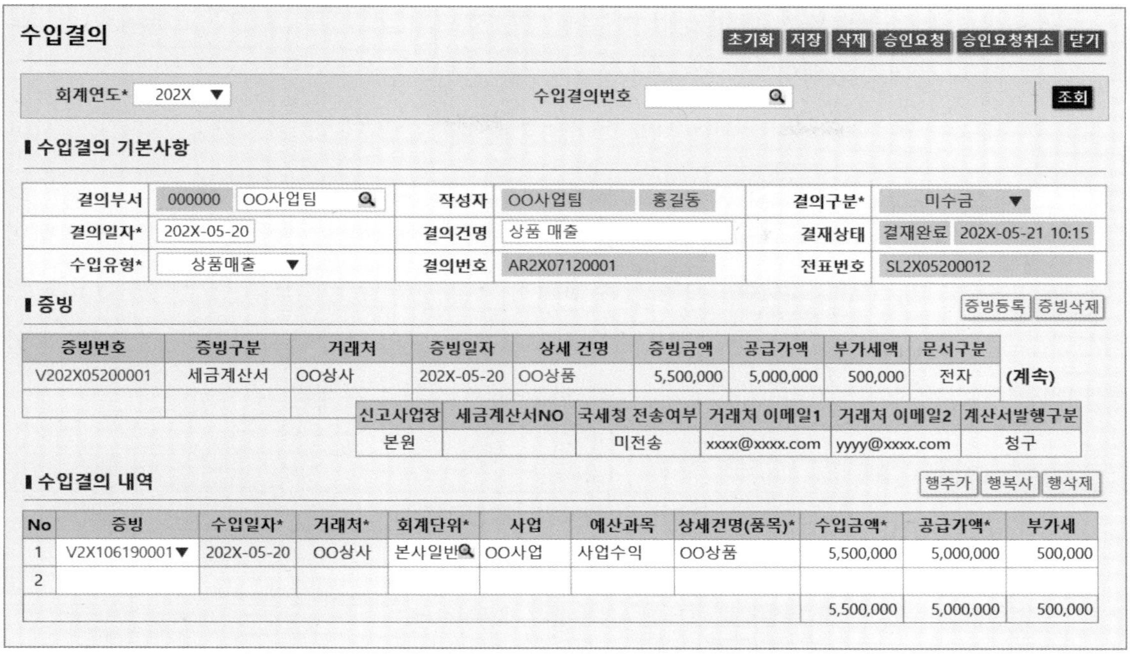

수입결의

| | | | | | | | | 초기화 | 저장 | 삭제 | 승인요청 | 승인요청취소 | 닫기 |

회계연도* 202X ▼   수입결의번호 [   ] 🔍   [조회]

■ 수입결의 기본사항

결의부서	000000 OO사업팀 🔍	작성자	OO사업팀 홍길동	결의구분*	미수금 ▼
결의일자*	202X-05-20	결의건명	상품 매출	결재상태	결재완료 202X-05-21 10:15
수입유형*	상품매출 ▼	결의번호	AR2X07120001	전표번호	SL2X05200012

■ 증빙

[증빙등록] [증빙삭제]

증빙번호	증빙구분	거래처	증빙일자	상세 건명	증빙금액	공급가액	부가세액	문서구분	
V202X05200001	세금계산서	OO상사	202X-05-20	OO상품	5,500,000	5,000,000	500,000	전자	(계속)
	신고사업장	세금계산서NO	국세청 전송여부	거래처 이메일1	거래처 이메일2	계산서발행구분			
	본원		미전송	xxxx@xxxx.com	yyyy@xxxx.com	청구			

■ 수입결의 내역

[행추가] [행복사] [행삭제]

No	증빙	수입일자*	거래처*	회계단위*	사업	예산과목	상세건명(품목)*	수입금액	공급가액	부가세
1	V2X106190001 ▼	202X-05-20	OO상사	본사일반 🔍	OO사업	사업수익	OO상품	5,500,000	5,000,000	500,000
2										
								5,500,000	5,000,000	500,000

[그림 Ⅱ-4-5] 복수 거래처 입력 수입결의 화면 예시

위 수입결의 화면은 세 영역으로 구분된다. 수입결의 기본 사항과 (세금)계산서와 같은 증빙, 그리고 수입결의 상세 내역이다.

수입결의 테이블은 개요(Master 또는 Header)와 상세(Detail) 테이블로 구성되어 있고, 개요 한 건에 상세 여러 건이 매달려 있는 형태이다. 둘 간의 데이터 정합성을 DBMS 본연의 기능을 통해 보장받기 위해 참조키(Foreign Key)로 엮기도 하나 실제 프로그램 개발이나 데이터 이관 등의 작업 시에는 불편할 수도 있다.

일반적인 매출 거래에는 관련 증빙이 따르게 되는데, (세금)계산서와 영수증이 대표적이다. '세금계산서'는 과세 거래인 경우, '계산서'는 면세 거래인 경우 발행한다.

거래 유형에 따라 '(세금)계산서'를 의무적으로 발행해야 하는데, 위 화면의 기본 사항 영역에서 '수입 유형'을 선택하면 그 속성에 따라 아래 '증빙' 영역이 자동으로 보이거나 사라지게 한다. 즉 위 예시의 경우 '상품매출'은 부가세가 포함되는 거래이므로 세금계산서를 발행해야 하고, 그 상세 내역을 입력받아야 하기 때문에 증빙 영역을 표시한다. 증빙은 [증빙등록] 버튼 클릭 시 팝업창을 통해 입력받거나 아니면 본 화면에서 직접 입력하도록 한다. 세금계산서는 국세청 홈택스와 연계해 주는 서비스를 통해 자동으로 신고할 수 있다.

수입결의 내역을 입력한 후 [승인 요청]을 하면 해당 테이블에 기록하고 전표를 생성한다. 이때 전표의 승인 상태는 '확정요청' 상태로 한다. 업무 정의에 따라 수입결의가 승인 완료되면 전표도 자동으로 '확정' 상태로 업데이트할 수 있다.

수입결의 분개

일반적인 수입관리 프로세스는 외상매출금 또는 미수금이 발생하는 수입결의로부터 시작하여(아래 표의 분개유형 B01), 나중에 입금이 되면 자금 담당자가 그 내용을 모르므로 일단 가수금으로 처리하고([표 Ⅱ-4-2]의 분개유형 B06), 이후 해당 내용을 알고 있는 영업 담당이 수입결의(청구) 내역과 입금 내역을 서로 반제(정산) 처리([표 Ⅱ-4-3]의 분개유형 B09)하는 절차로 진행된다.

거래 유형(분개유형)			내용	차변	대변
수입결의	일반 수입결의	B01	재화나 용역을 공급하고 대금을 청구하는 수입결의	외상매출금/미수금	수익(매출)
					부가세예수금
	선수금 수입결의	B02	재화나 용역을 공급하기로 하고 대금 일부를 먼저 청구하는 경우(세금계산서 발행 가능)	미수금	선수금
					(부가세예수금)
	가수금 수입결의	B03	이미 입금되어 가수금으로 처리한 건에 대한 수익 처리	가수금	수익(매출)
					부가세예수금
	선수금 정산결의	B04	기존 선수금을 정산하고 차액을 청구하는 수입결의	선수금	수익(매출)
				외상매출금/미수금	부가세예수금
	입금 수입결의 (입금처리 겸용)	B05	아직 입금(가수금) 처리하지 않은 건에 대해 입금처리와 동시에 수익 처리하는 수입결의	보통예금	수익(매출)
					부가세예수금

[표 Ⅱ-4-1] 수입결의 유형 및 분개

위 표의 분개유형 B01은 매출(수익, Revenue) 발생에 대해 대금을 청구하는 분개로, 차변의 채권(AR) 계정으로는 일반 상거래에 의한 경우 '외상매출금' 계정을, 그 외에는 '미수금' 계정을 사용한다. 부가세가 발생한 경우 대변에 '부가세예수금' 계정을 사용한다. 다른 명칭으로 '매출부가세' 또는 '부가세선수금' 등의 용어를 사용하기도 한다.

분개유형 B02는 선수금을 청구하는 경우의 분개이다. 선수금 청구 시 (세금)계산서를 발행하는 경우가 있는데, 이때 전표의 대변에는 부가세예수금 계정이 나타나야 한다. 선수금 전표는 업무 처리 방식에 따라 차변에 사용하는 계정이 다른데, 위 예시는 청구 내역을 '미수금'으로 처리하고 추후 입금 내역과 반제 처리하는 것을 전제로 한 경우이다. 그러나 입금 내역을 확인함과 동시에 바로 선수금 수입결의를 작성할 수도 있는데, 이때는 차변에 '보통예금' 계정을 사용한다. 또는 '가수금'으로 먼저 입금 처리한 건을 지정하여 선수금 수입결의를 작성하는 경우, 차변에 '가수금'

계정을 사용할 수도 있다. 세부적인 처리 방식은 현업의 업무 정의에 따른다.

일부 공공기관의 경우 선수금이 아님에도 입금 처리를 먼저 한 후에 해당 입금 건에 대해 수입결의를 작성하거나(분개유형 B03), 입금 확인과 동시에 수입결의를 즉시 처리하는 경우(분개유형 B05)가 있다. 이는 매출을 먼저 인식하고 나중에 수금하는 민간부문의 관행과는 차이가 있는 부분이다.

분개유형 B04는 수입결의 시 선수금을 정산하는 경우로 본 거래 관련하여 선수금 건을 선택하는 기능이 필요한데, 이를 위해 별도의 화면을 구성하거나 아니면 일반 수입결의 화면에서 해당 기능을 추가하는 방식으로 구현한다.

3. 입금 처리

입금 처리 프로세스

현금을 받거나 통장에 입금된 모든 내역은 시재(時在, Cash on Hand) 관리를 위해 매일 회계 처리를 해야 한다. 시재 관리란 기업 회계장부의 현금 및 예금 잔고와 실제 현금 및 은행의 계좌 내역을 비교하여 서로 일치시키는 절차로 자금관리에 있어 필수적인 업무이다. 통장 입금 내역에 대해 회계 처리(전표 작성)하는 것을 본서에서는 '입금 처리'라고 한다.

입금 내역을 시스템에 반영하는 방법에는 펌뱅킹(Firm-Banking) 또는 CMS(Cash Management Service)를 통해 자동으로 인터페이스 받거나, 인터넷 뱅킹을 통해 엑셀로 다운받아 업로드 처리하는 방법 등이 있다. 건수가 적은 경우 직접 통장을 확인하여 수작업으로 입력할 수도 있다.

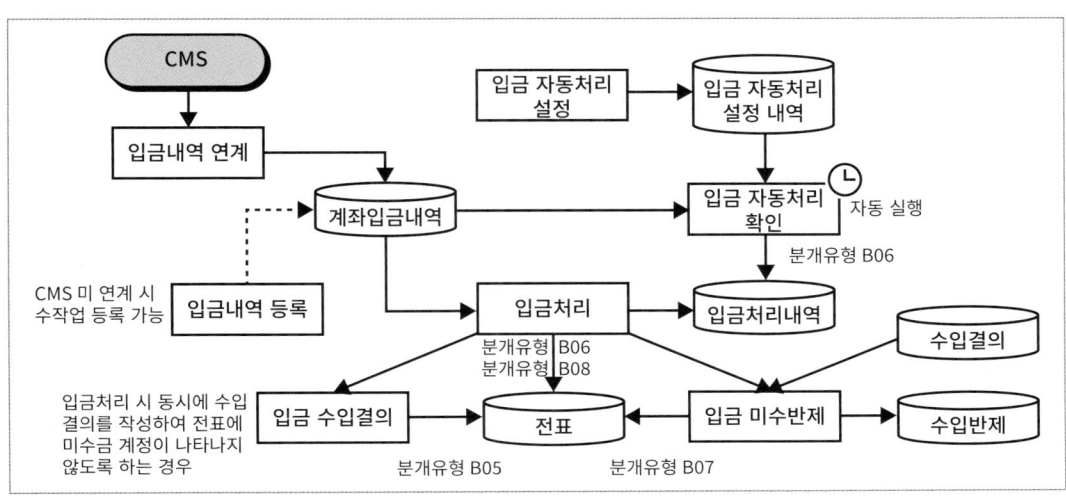

[그림 Ⅱ-4-6] 입금 처리 시스템 흐름도

'입금 처리'는 통장의 입금 내역을 확인하고 어떤 입금 건인지 분류 및 회계 처리하는 것이다. 입금 내역은 어느 정도 판단이 필요한데 받을 금액 중 일부만 입금하는 경우도 있고, 입금자가 거래처명 또는 대표자명이 아닌 송금 업무를 하는 직원 자신의 이름이나 기타 다른 명칭으로 기재하여 송금하는 경우도 발생하기 때문에 쉽게 파악하기 어렵다. 따라서 당장 당일의 시재 관리를 해야 하므로 일단 '가수금' 계정을 사용하여 회계 처리하고 나중에 관련 영업 사원의 확인을 받아 최종 정리하게 된다.

이때 입금자를 명확히 알 수 있는 가상계좌를 통한 입금이나 지로(Giro) 입금의 경우 '입금 자동 처리 설정'을 통해 자동으로 입금 처리할 수 있다. 매일 일정 시각 또는 몇 시간 주기로 시스템이 자동 처리하도록 설정 가능하다.

입금 처리 시 수입결의를 즉시 작성할 수 있고, 기 작성한 일반(미수) 수입결의와 반제 처리할 수도 있다. 이때는 대변에 '가수금' 계정이 아닌 수익(Revenue) 계정이나 매출채권(AR) 계정이 나타나게 된다.

입금 처리 화면

다음은 입금 처리 화면의 예시이다.

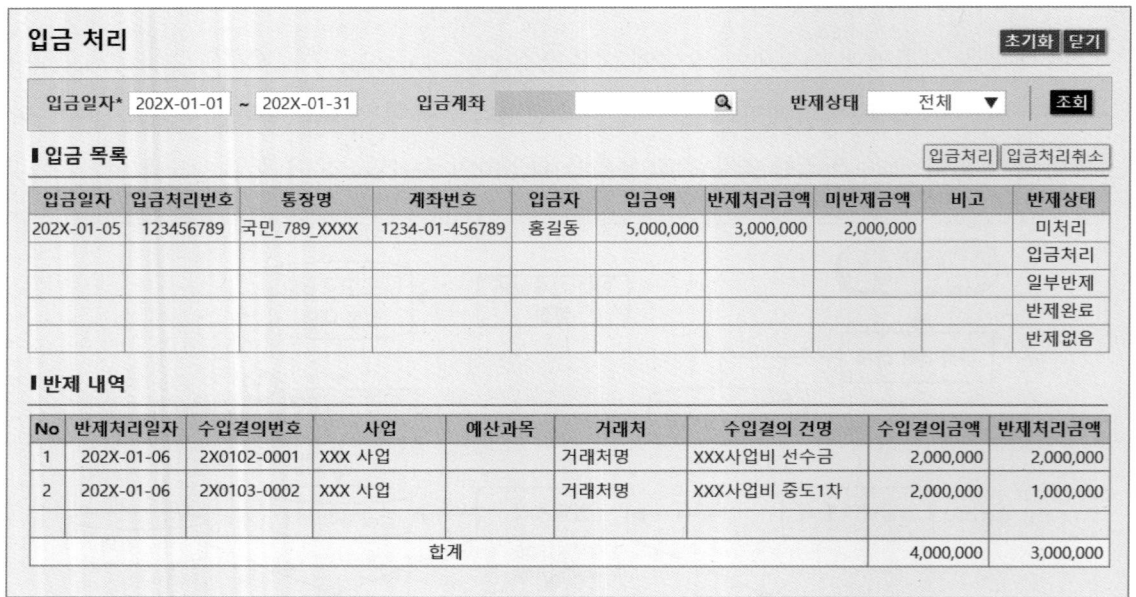

[그림 II-4-7] 입금 처리 화면

입금 내역을 조회하고 입금 처리할 건을 선택 후 [입금 처리] 버튼을 누르면 해당 입금 건의 상태를 변경하고 전표를 생성한다. 데이터를 선택하는 방법은 포커스가 위치한 한 건만 처리하는 방법과 그리드에 체크박스 칼럼을 두어 다중으로 선택한 건에 대해 일괄 처리하는 방법이 있다.

그리고 입금결의서나 전표를 만들기 위해서는 기본적인 정보가 필요한데 회계단위, 처리일자, 처리건명, 사업/예산과목, 계정 과목, 거래처 등이 그것이다. 이러한 정보는 위 입금 처리 화면에 함께 구현하거나 [입금 처리] 버튼을 누르면 별도의 팝업창을 띄워 처리할 수도 있다.

회계단위는 부서를 그대로 적용해도 되고 별도로 정의하여 사용할 수도 있다. 예산과 관련된 사업 및 예산과목은 주로 공공기관에서 사용하는데, 민간기업에서는 수입(입금)의 경우 대체로 사용하지 않는다. 공공기관에서 이를 관리하는 이유는 예산 대비 실적 보고(공시)를 위해 모든 거래에 대해 상세하게 그 원천을 파악하고 집계해야 하기 때문이다.

입금 처리 번호는 직접 입력하거나 저장 시 자동으로 부여한다. 여기서 번호를 부여하는 행위를 채번(採番, Sequencing/Numbering)이라고 하는데, 이는 IT 업계의 관용어이다.

반제 상태는 단순 저장 시 '미처리', 입금 처리하면 '입금 처리', 입금액 중 일부를 반제한 상태인 경우 '일부 반제', 전액 반제 완료한 경우 '반제 완료', 입출금용 보통예금 계좌의 이자 수입과 같이 반제할 대상(수입결의)이 없는 경우 '반제 없음'으로 기록한다. (물론 이자 수입도 별도의 수입결의를 작성할 수 있다.) 이는 사용자가 입력하는 것이 아니라 프로세스에 따라 프로그램에서 자동으로 처리해야 한다. 다음 [그림 Ⅱ-4-8]은 입금 처리 및 수입결의와 반제하는 동안의 반제 상태 변화를 나타낸 것이다.

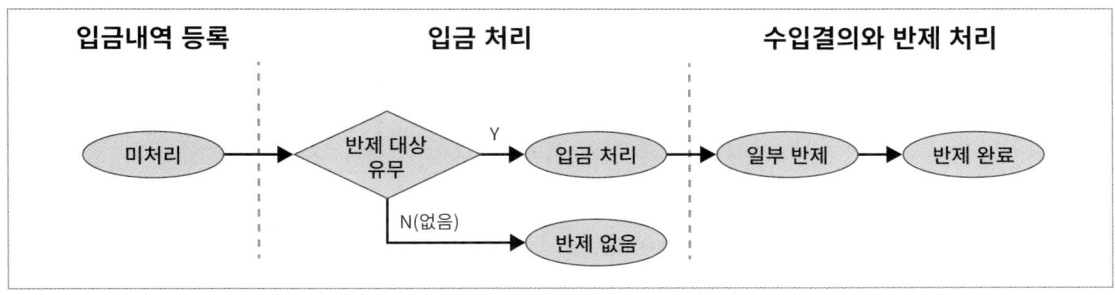

[그림 Ⅱ-4-8] 입금 처리 및 반제 상태 변화

여기서 '반제'란 입금 전표 대변의 가수금과 수입결의 전표 차변의 미수금을 서로 연결시켜 정산함으로써 완결되지 못했던 회계적 거래를 정리하는 개념이다.

다시 위 예시 화면에서, 입금 목록의 라인을 클릭할 때마다 해당 입금 건과 반제 처리된 내역을 하단에 표시해 준다. 수차례에 걸쳐 나누어 반제한 경우 여러 라인이 표시된다.

본 화면의 부가 기능으로 [즉시 입금 반제], [미수 반제 처리] 등의 버튼을 배치하고 즉시 수입결의를 작성하거나 이미 작성한 수입결의와 반제할 수 있다. 여기서 버튼의 용어는 사용자마다 다를 수 있으니 그에 따른다.

입금 처리 분개

입금 내역에 대한 회계 처리는 가급적 매일 해야 한다. 분개는 예금이라는 자산이 증가하였으므로 차변에 '보통예금' 계정을 사용하면 되는데, 문제는 대변 계정이다. 자금 담당자는 입금액과 입금자명만으로는 입금 내용을 정확히 판단할 수 없어 보통은 일단 '가수금' 계정으로 처리하게 된다(분개유형 B06).

그런데 입금 내역을 명확히 알고 있는 경우에는 기 작성한 수입결의를 찾아 반제함으로써 대변에 '가수금'이 아닌 '외상매출금' 또는 '미수금' 계정이 오도록 하여 매출채권을 정산할 수 있다(분개유형 B07).

그리고 수입결의 같은 절차 없이 즉시 입금 처리만으로 거래를 완료시키는 경우가 있다. 예를 들어, 예금에 대한 이자가 입금된 경우인데, 이는 명확하게 통장에 기록되어 있으므로 누가 보아도 알 수 있는 내용이다. 이 경우 자금 담당자는 대변 계정으로 '수입이자' 또는 '이자수익' 등으로 처리한다. 이때 이자소득에 대한 세금이 있는 경우 차변에 선급법인세 및 지방세 등의 계정으로 반영하여야 한다. 여기서 '선급법인세'라고 한 것은 법인세는 법인의 회계연도 전체 이익에 대해 부과하는 것이므로 아직 최종 세액을 알 수 없으나 일단 원천징수된 세금에 대한 회계 처리를 해야 하므로 '선급'이라는 표현을 사용하고 나중에 정산하는 것이다. 계정 명칭은 '선납세금(법인세)'과 같이 표현하기도 한다.

거래 유형(분개유형)			내용	차변	대변
입금처리	입금 가수금 처리	B06	입금 내역이 무엇인지 알 수 없으나 당일 현금시재 관리를 위해 일단 가수금으로 처리	보통 예금	가수금
	입금 미수 반제	B07	입금 처리 시 가수금으로 처리하지 않고 기 발생한 미수금 수입결의와 반제하는 경우	보통예금	외상매출금/미수금
	기타 입금	B08	수입결의와 반제할 필요가 없는 입금 건 처리 (예: 통장내역을 보면 즉시 알 수 있는 수입이자에 대해 소득세 원천징수를 포함하여 처리)	보통예금	수입이자/기타
				선급법인세	
				선급지방세	

[표 Ⅱ-4-2] 입금 처리 유형 및 분개

4. 채권관리

매출채권관리 프로세스

일반 상행위를 하는 기업에서 가장 중요하게 여기는 것 중에 하나가 채권관리이다. 일반 기업 간 상거래에서는 대부분의 거래가 외상으로 이루어지는데, 고객에게 재화나 용역을 공급하고도 그 대가를 제때 받지 못한다면 장부상으로는 흑자여도 현금흐름에 문제가 발생하여 부도가 날 수 있기 때문이다.

채권관리는 외상매출금, 미수금 등 채권에 대한 수금 상황을 파악 관리하는 것으로, 고객별로 미수 잔액(Customer balance)을 파악하는 것이 핵심이다. 이는 수입결의와 입금 처리 내역의 반제 상황을 통해 알 수 있다. 여기서 채권(債權, Credit)은 돈을 받을 권리를 의미하며, 자금을 조달하기 위해 발행하는 채권(債券, Bond)과는 구분된다.

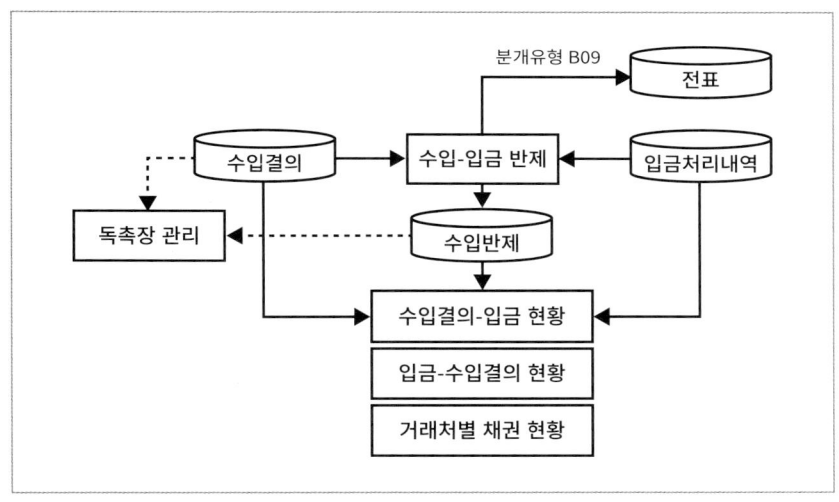

[그림 Ⅱ-4-9] 채권관리 시스템 흐름도

채권관리 활동 중에 연령(Aging) 분석(또는 월령 분석)이라는 것이 있다. 거래처별로 매출채권 발생 후 수금하지 못한 기간이 얼마나 되었는지, 그리고 수금을 완료하는 데 얼마나 걸리는지(회전 개월 수) 등을 파악하는 것이다. 수금하는 기간이 길어지면 현금흐름에 문제가 발생하므로, 채권을 회수하는 데 얼마나 걸리는지 분석을 통해 자금 유입을 예측하고, 어느 시점에 자금 부족이 예상되는 경우 차입 등 그 대책을 준비해야 한다. 이 정보는 대손상각비 계상의 기초 자료로 사용되기도 한다.

그리고 약속한 기일에 수금이 안 되면 일정 기간 경과 후 독촉 절차에 들어가게 되는데, 독촉장 관리 같은 기능을 시스템에 구현하기도 한다.

채권(외상매출금/미수금) 현황

채권관리를 위해 제공되는 화면과 보고서는 매우 다양하다. 용도와 보는 시각에 따라 형식이 상이하기 때문이다. 그러나 기본적인 사항은 받아야 할 돈 중 아직 못 받은 것이 얼마이고 그 내용이 무엇인지 파악하는 것이다. 이러한 활동을 채권 분석/관리(Outstanding receivables analysis/management)라고 한다.

채권관리에서 가장 많이 보는 화면이 거래처별 채권 현황이다. 현재 기준으로 거래처별로 채권이 얼마나 되는지 파악하는 것이다.

다음 예시 화면은 '거래처별 미수금 현황'이다. 미수금 대신 외상매출금 또는 매출채권 등 용도별로 명명하면 된다.

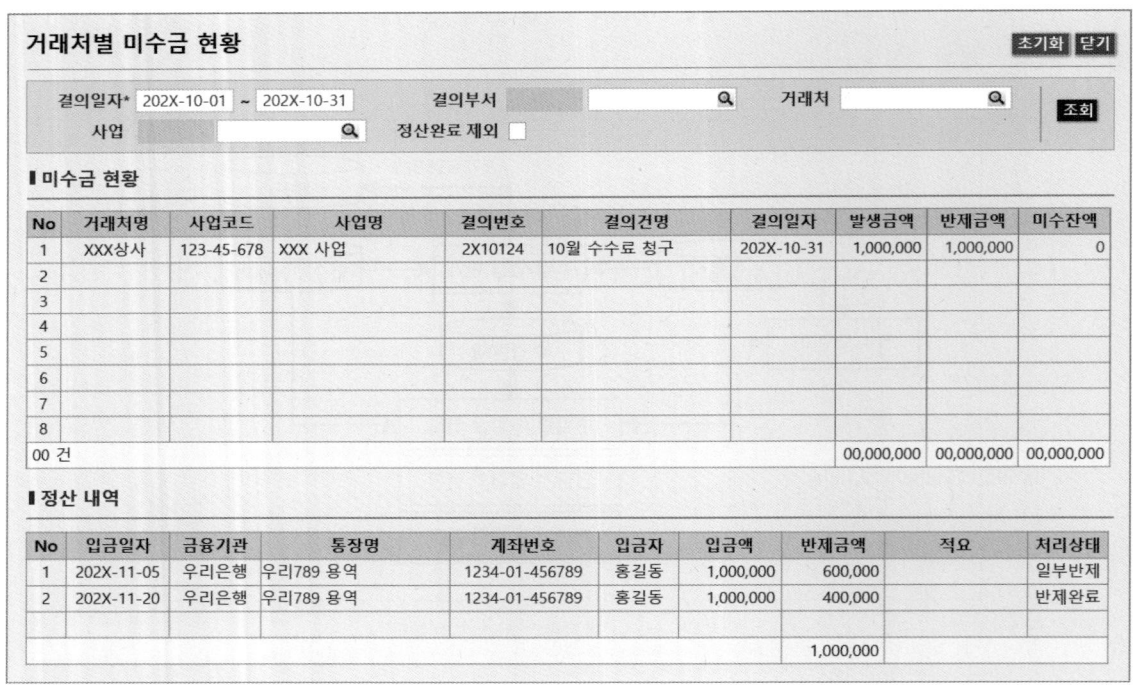

[그림 II-4-10] 거래처별 미수금 현황 화면

이 화면은 거래 건별로 수금 여부를 관리하는 것으로, 결의일자는 채권(외상매출금, 미수금 등)이 발생 또는 인식된 일자이다. '정산 완료 제외' 체크박스는 이미 회수한 채권은 제외하고 미수 건만 보겠다는 기능이다. '정산 내역'에는 해당 수입결의와 반제(정산) 처리된 입금 내역을 표시한다.

채권 반제 및 기타 분개

수입결의를 통해 생성된 '매출채권' 계정은 입금 처리 결과 발생한 '가수금' 계정과 반제 처리를 통해 정산(Clearing)된다(분개유형 B09). 이 분개는 주로 수입-입금 반제 화면을 통해 발생한다.

거래 유형(분개유형)			내용	차변	대변
미수금관리	미수금 가수금 반제	B09	가수금으로 처리했던 입금 건과 미수금 수입결의 건을 서로 반제(정산) 처리	가수금	외상매출금/미수금
환입/환급	지출 환입	B10	이미 지급한 비용이 환입된 경우 처리 (입금전표의 가수금을 정산)	가수금	비용/자산
	수입 환급	B11	이미 수입결의와 반제한 상태인 입금 건을 전부 또는 일부 환급 처리	수익(매출)	미지급금
				부가세예수금	
	가수금 환급	B12	아직 수입결의와 반제하지 않은 가수금 상태인 입금 건을 환급 처리	가수금	미지급금

[표 II-4-3] 미수금 관리 및 기타 거래 분개

그런데 이미 지급한 비용이 다시 입금되는 경우가 있다. 예를 들어, 출장비를 선지급하였으나 출장이 취소되었거나 어떤 계약을 위해 가지급금을 지급하였는데 거래가 성사되지 않은 경우 등이다. 이를 처리하기 위한 결의를 '지출환입'이라고 한다. 이때는 입금된 건에 대해 원 거래 건을 찾아 매핑해 주어야 한다. 여기서 발생하는 분개는 차변에는 입금 건을 반제하기 위한 '가수금' 계정이, 대변에는 원 거래를 취소하는 의미의 '비용 또는 자산' 계정이 나타난다(분개유형 B10).

그리고 입금되어 수입결의와 반제까지 하였으나 다시 환급해 주는 경우가 있다. 제품/상품의 불량이나 사후 에누리 등의 사유로 환급해 주는 경우가 있는데, 이를 기록하고 승인받기 위한 행위를 '수입환급' 결의라고 한다(분개유형 B11). 이때 분개는 차변에는 원 거래에서 사용한 수익 계정을 그대로 표시하고, 대변에는 돌려줄 금액에 해당하는 미지급금 계정을 사용한다. 수입환급결의 작성 시 (별도의 지출결의를 작성하지 않으므로) 지출관리에서 관리하는 '지급 요청 내역' 테이블에도 기록해야 해당 거래처에 지급할 수 있다.

또한, 입금 건 중에 잘못 입금되어 돌려주어야 하는 경우도 있다. 이때는 아직 반제 전이므로 차변에 '가수금' 계정을 사용하여 입금 처리 분개를 정산(Clearing)하도록 한다(분개유형 B12). 이 역시 지출이 발생하는 건이므로 지출관리에서 관리하는 '지급 요청 내역' 테이블에도 기록한다.

제5장

자금관리

1. 자금관리 개요

자금관리 프로세스

자금관리 시스템은 기업의 자금 상황을 실시간으로 파악하여 현금흐름에 문제가 없도록 지원하는 시스템이다. 회계장부상으로는 흑자이지만, 당장 지불할 현금이 부족하여 부도가 날 수도 있다. 이는 영업상의 문제이기도 하지만 자금관리의 실패이다. 영업을 잘해 이익을 극대화하는 것이 사업의 핵심 과제이나 그에 못지않게 자금을 효율적으로 관리하는 것도 기업 존속을 위해 매우 중요하다.

자금관리 시스템은 현금 입출금 정보를 기초로 매일의 시재 관리를 하는 자금수지 부분과, 미래 일정 시점의 자금 과부족(현금이 많거나 부족함)을 예측하여 자금 부족이 예상될 경우 자금 조달 행위를 지원하는 자금 조달 부분, 그리고 자금이 남는 경우 이를 운용하여 수익을 얻는 활동을 지원하는 자금 운용 부분으로 구성된다. 물론 이들 하위 시스템에서 사용하는 각종 기준 정보 관리 부분도 포함된다.

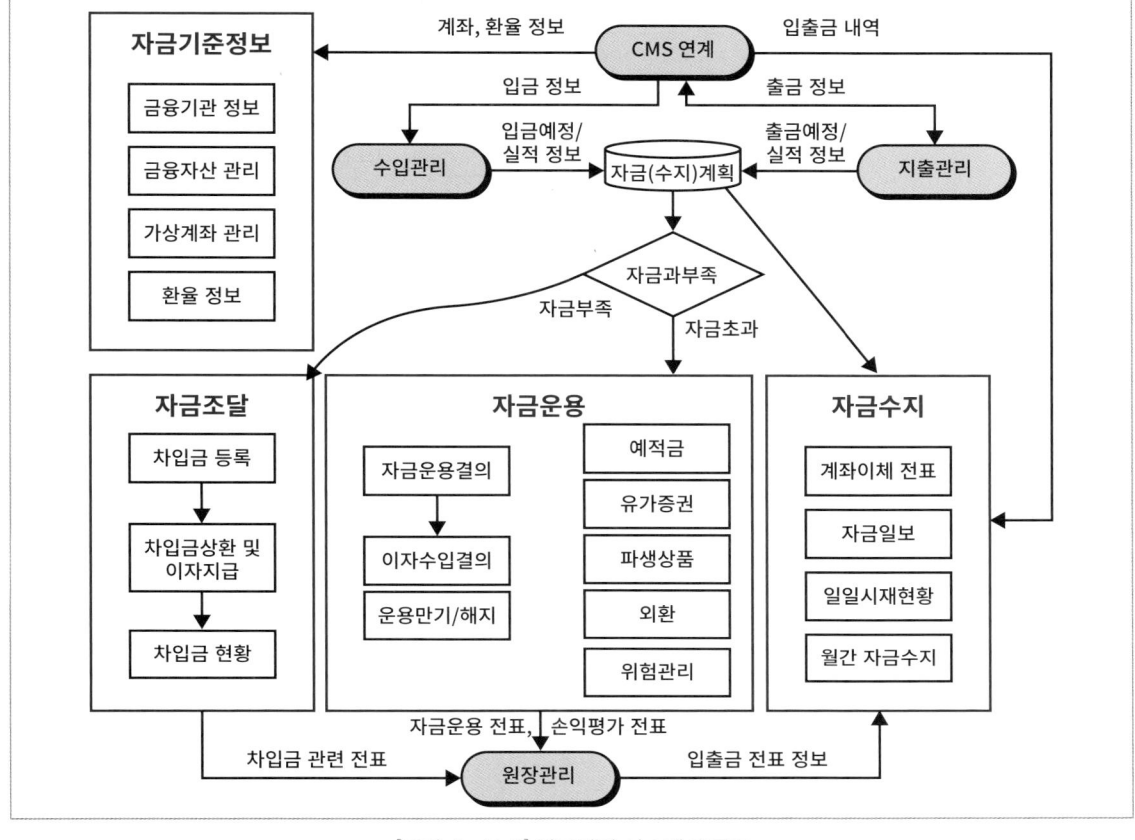

[그림 Ⅱ-5-1] 자금관리 시스템 흐름도

자금 기준 정보에는 금융기관, 가상계좌를 포함한 금융계좌 및 금융자산, 환율 정보 등이 있다. 자금수지는 자금일보, 일일시재현황 등의 시재 관련 화면/보고서 외에 내부 계좌 간 자금 이체를 관리하는 부분을 포함한다. 자금 운용에는 예적금, 유가증권, 외환 등 금융상품 관련 거래를 처리하고 그에 따른 위험을 관리하는 부분으로 구성되어 있다. 자금 조달은 차입금 관리가 대표적이다.

2. 자금 기준 정보

자금 기준 정보 관리 프로세스

자금 기준 정보 대부분은 외부 금융기관과 밀접하게 관련되어 있다. 각종 계좌 정보와 환율 정보 등인데, 가능하다면 CMS 시스템과 연계하여 이들 데이터를 주기적으로 받아 자동으로 처리하는 것이 효율적이다.

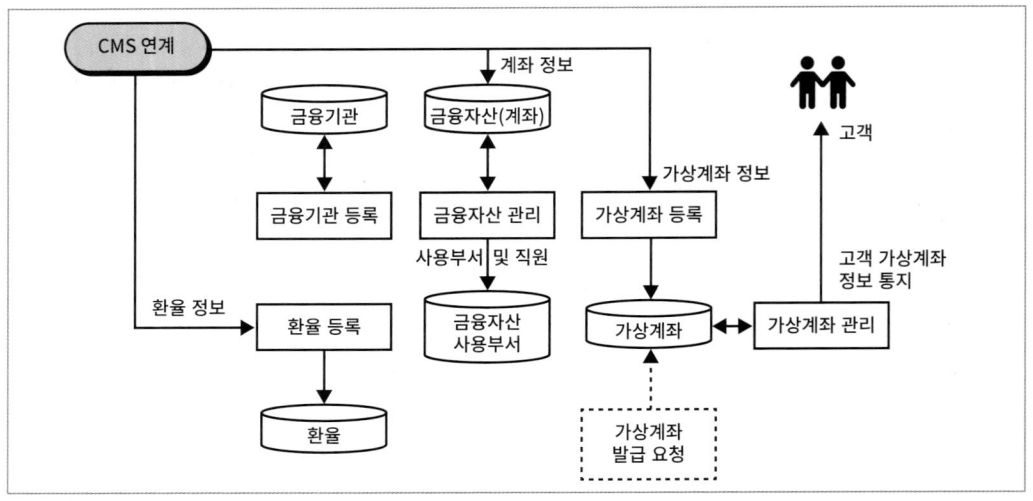

[그림 Ⅱ-5-2] 자금 기준 정보 시스템 흐름도

금융기관

금융기관은 금융을 취급하는 기업을 말하는데, 보통 공공기관을 지칭할 때 쓰이는 '기관'이 붙은 이유는 특별법에 의해 설립된 국책은행들을 포함하고 있고, 또 은행들이 공적(公的)인 성격이 강하기 때문인 것으로 보인다. 본서에서 기술하는 금융기관은 은행을 비롯하여 증권사, 보험사, 카드사 등을 통칭한다. 실제 등록 관리하는 금융기관은 주로 입출금이 발생하는 은행이 대부분이며, 법인카드 관련한 카드사도 관리 대상이다

관리하는 정보로는 이용 금융기관의 계좌, 담당자, 거래 한도 및 담보 현황 등이 있다. 금융 위험을 방지하기 위해 내부 회계(자금) 담당자별 처리 한도 등의 금융 정책을 기준 정보로 등록하여 관리할 수도 있다.

금융기관 코드는 자체 부여하여 사용할 수 있으나 보통 금융결제원이 운영하는 금융공동망에서 사용하는 코드 3자리를 그대로 사용하기도 한다. 우리나라에 개설되어 있는 은행은 제한되어 있고 또 자금 결제 시스템이 대부분 금융공동망을 통하기 때문이다. 한 은행의 여러 지점과 거래할 때는 금융기관 코드에 더해 지점 코드까지 관리할 수 있다.

국세청도 별도의 금융기관 코드를 운영하는데 이러한 정보도 하나의 속성으로 관리할 수 있다.

금융자산

금융자산(Financial asset)은 보통 예금, 채권, 신탁, 주식 등을 말하는데, 본서의 자금관리 시스템에서 기준 정보로서의 금융자산은 주로 입출금용 계좌로 사용되며, 자금 운용 측면의 예적금, 유

가증권 등의 금융자산은 '자금 운용' 영역에서 별도의 화면으로 관리한다. 그러나 본 금융자산 화면을 공통으로 사용하고, 각 금융자산 특성별로 별도의 화면을 연계하여 구현해도 무방하다.

금융자산관리 화면

아래 그림은 자금 기준 정보로 관리하는 금융자산의 등록 화면 예시이다. 각종 입출금 거래 시 여기에 등록된 계좌가 표시된다.

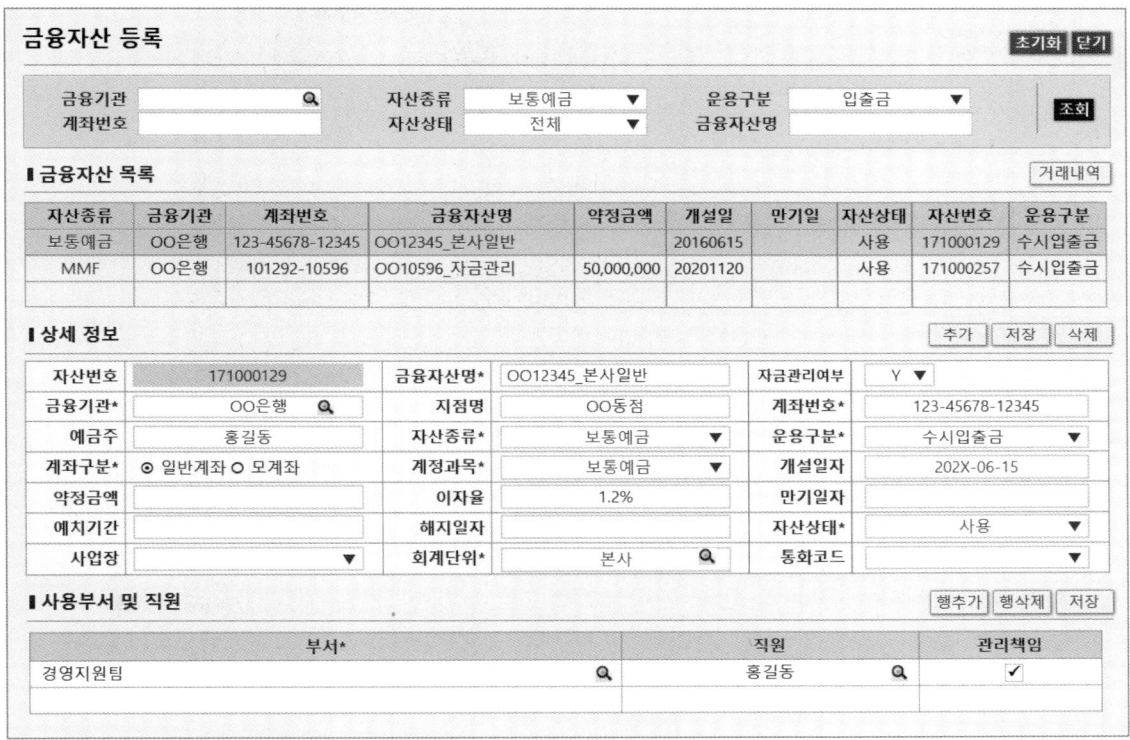

[그림 Ⅱ-5-3] 금융자산 등록 화면

위 화면에서 '금융자산 목록'은 편집 불가한 영역이며, 신규 입력 및 수정/삭제는 '상세 정보' 영역에서 처리한다. '상세 정보'는 상단의 금융자산 선택에 따라 변동 표시한다.

입력 항목 중 자산 종류, 운용 구분, 자산 상태(사용, 해지, 만기 등) 등은 사전에 등록한 공통 코드를 사용한다. 자산번호는 신규 저장 시 자동으로 부여하며, 생성 규칙은 시스템 공통에서 'ID 생성 기준 관리' 기능을 통해 설정한다.

'사용 부서 및 직원'은 해당 금융자산(계좌)을 사용할 수 있는 부서나 직원을 지정하는 기능이다. 보통 은행계좌는 용도에 따라 사용하는 부서가 다른 경우가 많은데, 업무 처리 시 다른 부서가 사용하는 실수를 방지하거나 부정을 방지하기 위한 목적으로 제한을 둔다. 한 금융자산에 대해 부서나 직원은 복수로 등록할 수 있다.

목록 영역의 [거래 내역] 버튼을 클릭하면 해당 금융자산(계좌)의 거래 내역 조회 화면으로 이동하여 상세 내역을 보여 준다.

가상계좌

가상계좌는 입금자가 매우 많고 다양한 경우 입금 내역을 신속 정확하게 파악하기 위해 고객별로 발급하는 입금용 임시 계좌이다. 주로 수많은 소비자를 대상으로 하는 기업이나 교육기관, 그리고 매출거래처를 대상으로 입금 처리를 자동화하려는 경우 사용한다.

가상계좌 관리 프로세스는 다음과 같다.
1) 모계좌에 연결된 가상계좌번호 구간(예: 110001~119999)을 은행으로부터 받는다.
2) 이 가상계좌번호를 각 거래처(고객, 학생 등 포함)에게 순차적으로 하나씩 부여하고 통보한다. 가상계좌번호는 회계(자금) 담당 부서에서 부여하는데, 현업으로부터 가상계좌 발급 요청을 받아 처리하는 절차를 적용하기도 한다.
3) 거래처는 통보받은 가상계좌로 거래 대금, 수업료 등을 입금한다.
4) 은행으로부터 가상계좌번호가 포함된 입금 정보를 받는다.
5) 회계 시스템에서 입금 처리 시 이 가상계좌번호로 누가 입금했는지 자동으로 인식하여 해당 거래처의 미수채권과 반제 처리한다.

환율, 금리 등 시장 정보

통화별 환율, 금리 등의 정보를 외부 정보 제공자로부터 연계받아 관리한다. 환율은 자금관리뿐 아니라 수입 및 지출 등 일반 상거래에서 외화 결제가 동반된 경우 필요한 정보이다.

3. 자금수지

자금수지 프로세스

자금수지는 '자금(현금)의 수입과 지출' 약어로 자금관리의 가장 중요하고 기본이 되는 기능이며, 현금 및 예금의 입출금 관리뿐 아니라 미래 일정 시점 기준으로 자금의 과부족 상태를 예측하는 기능도 포함한다.

아래 그림은 금융기관과의 입출금 거래 내역 연계와 자금수지 시스템의 기본적인 흐름을 나타낸 것이다.

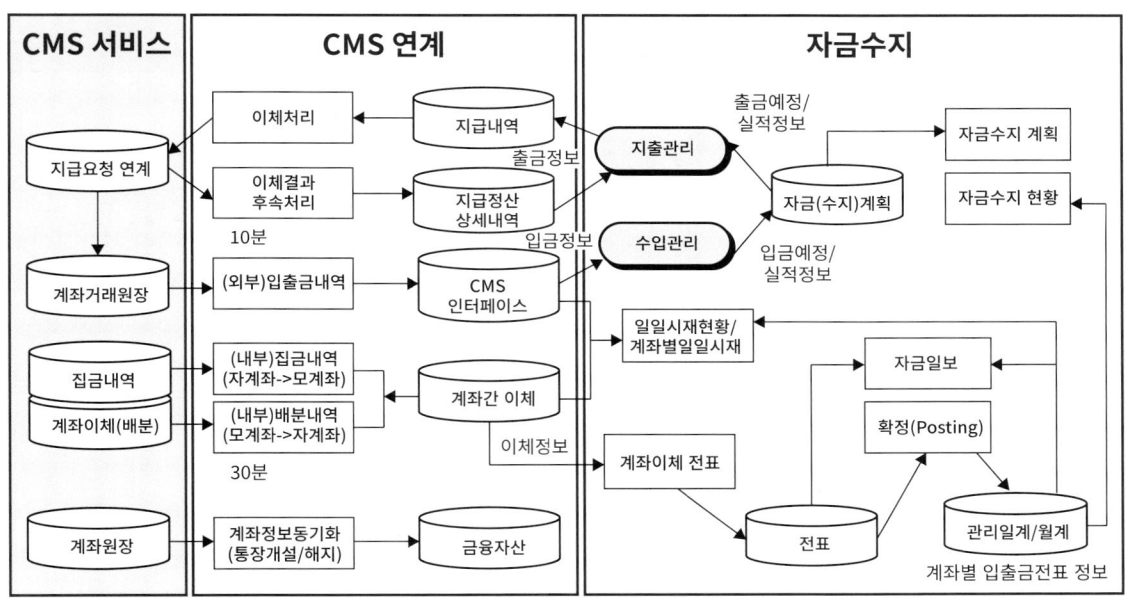

[그림 Ⅱ-5-4] 자금수지 시스템 흐름도

시재 관리

'시재 관리'는 회계장부 내 현금 및 예금의 수입/지출 금액과 실제 예금계좌의 입출금 및 잔고 내역을 일별 및 계좌별로 비교하여 일치시키는 작업이다. 이러한 비교 작업을 대사(Reconciliation)라고도 하는데, 자금관리의 가장 기본이 되는 업무이다.

상호 차이 나는 경우는 실 입출금 내역에 대해 회계 처리(결의서 등록 및 전표 확정)를 하지 않은 건이 대표적이며, 이 차이 내역을 쉽게 파악할 수 있도록 하는 것이 자금수지 시스템의 관건이다. 자금관리는 매일 시재를 관리하고 마감을 해야 하기 때문에 실 계좌와의 차이를 신속하게 규명하여 실제에 맞게 처리하여야 한다.

다음은 일일 시재 현황을 조회하는 화면 예시이다.

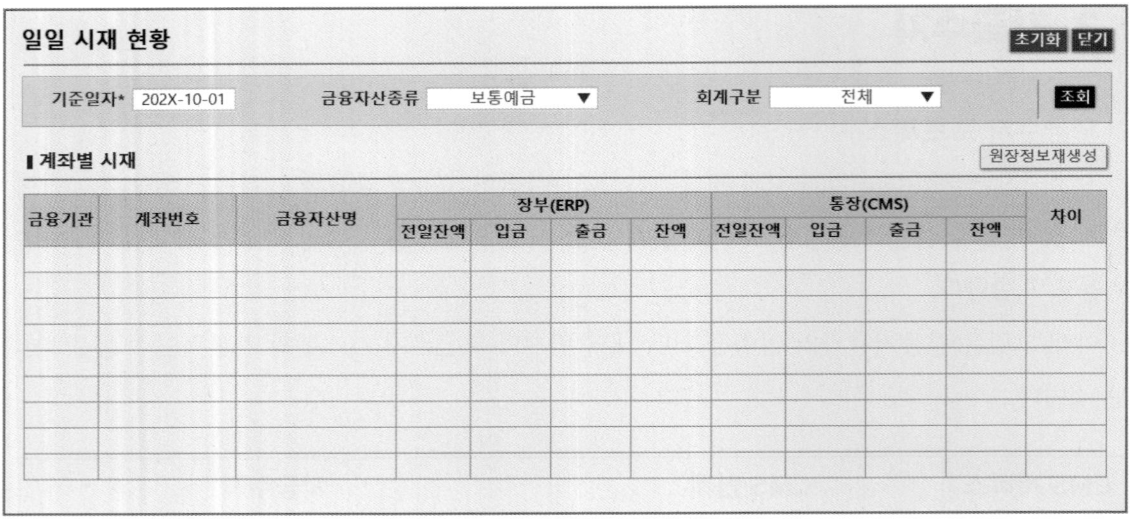

[그림 Ⅱ-5-5] 일일 시재 현황 화면

특정일의 금융자산별 입출금 합계 및 잔액을 보여 주는 화면으로, 장부와 통장의 내역을 각각 표시하여 서로 비교(대사)할 수 있도록 한다.

장부금액은 회계 시스템에서 입금 및 지급 처리되어 전표가 생성된 건 중 확정(전기)이 완료된 건을 계좌별로 집계한 것이며, 통장금액은 은행으로부터 수신한 통장 거래 내역을 집계한 것이다. 장부금액은 결의 작성 상태, 전표 생성 상태, 전표 확정 상태 등을 기준으로 추출할 수 있으나 보통은 전표 확정 상태인 건만을 대상으로 한다. '차이' 금액은 장부 잔액에서 통장 잔액을 차감한 금액이다.

[원장 정보 재생성] 버튼은 전표를 기초로 집계되는 각종 테이블(일계/월계, 관리일계/월계, 금융원장 등)이 정상 업데이트되지 않았거나 현 화면을 조회하는 사이 변경이 일어난 경우 다시 재처리하는 기능이다. 회계장부에서 계좌별 잔액을 가져오기 위해서는 일반 총계정원장을 사용하지 않고 관리 일계/월계 또는 별도의 금융원장 테이블을 사용한다. 보통 총계정원장에는 계좌 정보를 관리하지 않기 때문이다.

자금 계획

정확한 자금 계획을 위해서는 시스템적으로 수입결의 및 지출결의 작성 시 입출금 계획 일자가 빠짐없이 반영되어야 한다. 즉 수입결의 시 입금 예정일을, 지출결의 시 지급 예정일을 입력하여 자금 계획에 반영되도록 한다. 수입결의나 지출결의 기능 없이 전표 형식으로 입출금 거래를 기록하는 시스템의 경우, 계정 과목 관리에서 자금 계획 여부를 체크하여 전표 입력 시 입출금 예정일을 입력받도록 할 수도 있다. 그러나 현실적으로 결의 작성이 지연되거나 예측하지 못하는 일정에 입출금이 발생하는 경우, 또는 급여 지급과 같이 예상되는 일이지만 지출 데이터가 지급일 임박해서 처리되는 경우 등도 많다. 따라서 자금 관리자는 경험을 기반으로 자금수지 계획 데이터를 수작업으로 관리하고 있는 것이 현실이다.

자금 계획은 보통 일별, 월별 계획이 기본이지만 주 또는 순(10일) 단위로도 수립한다. 잘 갖춰진 자금 시스템의 경우 시스템에 반영된 수입 및 지출 계획 데이터를 자동으로 취합하고, (일정한 날에 급여를 지급하지만 아직 작업이 되지 않는 경우와 같이) 아직 시스템에 반영되지 않은 데이터를 계획에 추가 입력하는 방식으로 자금수지 계획을 관리한다.

그러나 자금수지 데이터의 시스템 반영 시점이 실행과 크게 다르지 않으면 예측의 효과가 떨어지고 또 자칫 입력한 계획 데이터와 중복이 발생하기 쉬워 관리가 어려우므로, 실무적으로는 자금 담당자가 경험에 의거하여 계획을 입력하고 실적과 계속 비교하면서 정교화하는 것이 보통이다. 그래서 계획 대비 실적의 정확도 관리가 자금 담당자의 KPI(핵심성과지표)가 되기도 한다.

향후 자금관리에 인공지능 기능을 적용한다면 기존의 입출금 이력을 분석, 참조하여 대략적인 자금 계획을 제시할 수도 있을 것이다.

아래 [그림 Ⅱ-5-6]은 월간 자금수지 계획을 (자동)취합 및 입력하는 화면이다.

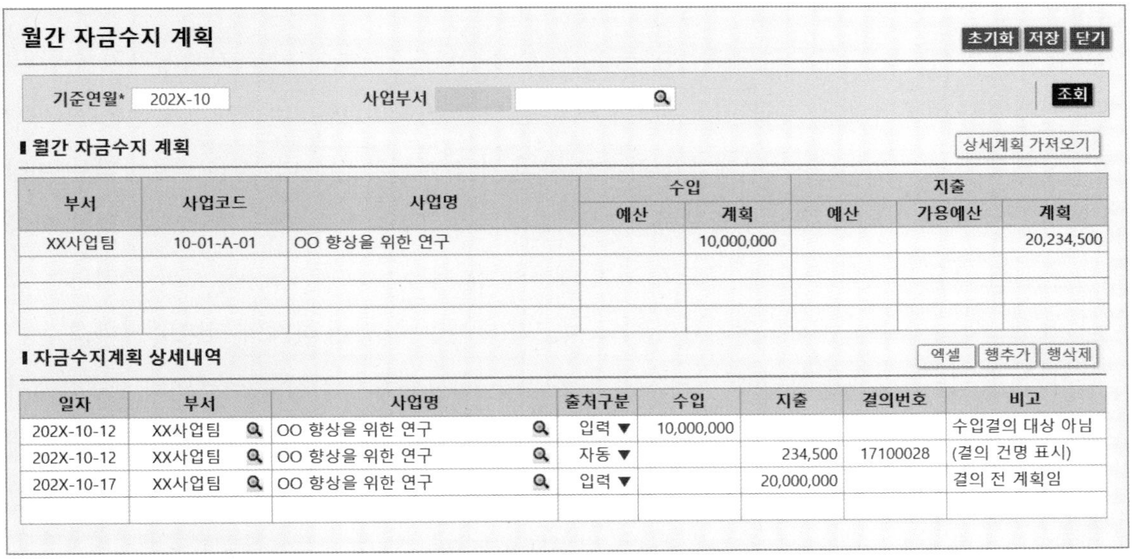

[그림 Ⅱ-5-6] 자금수지 계획 화면

이 화면은 사업(프로젝트)별 수입 및 지출의 계획 정보와 그 세부 내용을 함께 보여 준다.

[상세 계획 가져오기] 버튼은 수입/지출결의 내역에서 자금수지 계획 테이블로 수지 계획 데이

터를 가져오는 기능이며, 이를 수행할 때는 기존에 자동 생성된 데이터는 삭제하고 새롭게 생성해야 한다. 여기서 '예산'은 배정예산을, '가용예산'은 예산금액에서 결의 프로세스를 밟은 금액을 뺀 것을 말하며, '계획'은 화면 하단 상세 내역의 수입/지출 구분별 합계이다.

'자금수지 계획 상세 내역'은 위 그리드에서 선택한 특정 부서/사업에 대한 해당 월의 수지 계획 상세 내역이며, 거래 건별로 나타낸다. 출처 구분은 '입력'(본 화면에서 입력)과 '자동' 두 가지다.

자금수지 계획 상세 내역은 자금수지 계획 테이블에 저장하며, [상세 계획 가져오기]를 통해 수입 및 지출결의 내역을 자동으로 반영하고, 아직 미 반영된 건에 대해서는 수기로 입력하여 관리한다.

자금수지 계획 화면의 구성은 위 예시 외에 일자별 목록이나 달력 형식의 화면 등으로 구현할 수 있으므로 사용자 환경에 맞게 구성하도록 한다. 또한, 자금 계획을 월별로 보여 주고 실적과 비교할 수 있게 하는 경우도 있다.

참고로 외산 솔루션에서는 자금 계획 기능을 '현금 포지션(Cash positioning)'이라는 용어로도 사용하는데, 각 통화 및 출처별로 현금흐름 정보를 보여 준다. 각 금액 정보마다 상세 정보를 연계(Link)하여 원천 거래를 추적 조회할 수 있도록 구현하기도 한다.

내부 계좌 간 이체

기업에서 발생하는 대부분의 계좌 입출금은 사업 및 운영 관련하여 외부 거래처와의 수입 및 지출 거래에서 비롯되지만, 자금관리 목적상 내부 계좌 간 자금 이체도 빈번하게 발생한다. 특히 여러 사업장을 둔 기업의 경우 모계좌와 자계좌 간의 자금 이체가 많은데, 자금(현금)이 갖는 특성 때문이다. 즉 예금은 매일 이자가 발생하기 때문에 낮은 이자율이라도 자금 규모가 큰 경우 이자가 누적되면 그도 무시할 수 없는 규모가 되기 때문에 한 계좌(모계좌)로 자금을 모아 관리하는 것이다. 또한, 각 사업장에 현금을 방치하면 자금 사고가 발생할 수 있어 통제의 의미도 크다.

계좌의 잔고를 관리하는 방법에는 여러 가지가 있다. 1) 사용자가 직접 수작업으로 자계좌에서 모계좌로 이체 처리하는 방법, 2) 은행에서 일정 주기로 자계좌의 잔액을 모계좌로 자동 집금해 주는 서비스 이용, 3) 계좌이체를 하지 않고 전체 계좌의 잔고를 모니터링하면서 관리하는 방법 등이 있다. 일부 외산 자금관리 솔루션에서는 이를 'Cash Pool' 관리라고 한다.

계좌 간 이체의 경우에도 시재 관리를 위해서는 전표를 생성해야 한다. 전표 생성 방법은 자금관리 시스템의 계좌이체 화면에서 전표를 생성하거나, 은행으로부터 받은 계좌 거래 데이터를 기초로 자동 전표 처리하는 방법 등이 있다.

아래 표는 계좌이체 전표의 분개 형태이다.

거래 유형	분개유형		내용	차변	대변
자금대체	계좌이체	C01	내부 계좌 간 이체 건에 대한 분개 처리	보통예금	보통예금
				이체 수수료	

[표 II-5-1] 계좌이체 분개

입금 계좌는 차변에, 출금계좌는 대변에 기록한다. 위 표에는 계정 과목만 표시되어 있으나 관리 항목 속성으로 '계좌번호'를 필수로 반영한다. 그렇게 해야 회계장부(관리원장)에서 계좌별 잔액을 관리할 수 있기 때문이다. 이체 수수료가 있는 경우 차변에 비용 처리한다.

4. 자금 운용

자금 운용 프로세스

자금 운용이란 자금 계획에 따라 여유자금을 파악하여 운용 계획을 수립하고 실행하는 행위를 말하는 것으로, 예금과 적금을 비롯하여 유가증권 및 각종 금융상품, 외환거래 등에 자금을 사용하는 것이다. 여유 있는 기간은 한정되어 있고 수시로 변화하기 때문에 자금 위험을 관리하면서 운용하여야 하며, 기간 및 규모에 따라 운용 방법도 달라진다.

아래는 자금 운용 시스템의 흐름도이다.

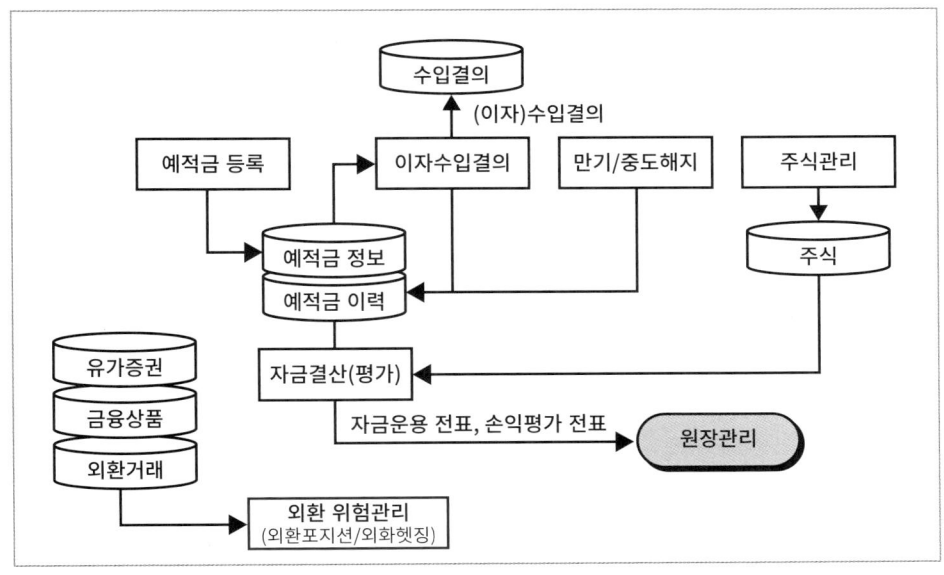

[그림 II-5-7] 자금 운용 시스템 흐름도

자금 운용 대상 상품

자금 운용의 대표적인 상품은 '예적금'(예금과 적금)이다. 여기서 예금은 수시입출금을 위한 보통예금이 아니고 일정 기간 예치하는 정기예금을 말한다. 안정적으로 자금을 운용하거나 대출 등 자금 조달 과정에서 예적금에 가입하는 경우가 있는데, 이를 시스템에 등록하고 이자 스케줄에 따라 이자 수입결의를 작성한다. 또한, 중도 또는 만기 해지 기능도 구현한다.

유가증권은 광의의 개념으로는 재산적 권리를 나타내는 증서로 상품증권(창고증권 등), 화폐증권(어음·수표 등) 및 자본증권(주식·사채 등)을 모두 포함하나, 일반적으로 협의의 개념으로 자본증권에 한정하는 경우가 많다. 위 [그림 Ⅱ-5-7]에 표현한 유가증권은 자본증권을 염두에 두고 표현한 것이다.

채권(Bond)은 정부 및 공공기관, 금융기관, 일반 기업(법인) 등이 자금을 조달하기 위해 정해진 기한 후에 투자자에게 원금과 함께 이자를 상환하는 조건으로 발행하는 증서이다. 정부 및 공공기관에서 발행하면 국공채(國公債), 일반 사기업에서 발행하면 회사채(會社債)라고 부른다. 채권 관련한 속성으로 공정가치, 기간, 만기일, 표면금리(Coupon rate), 이자 지급 빈도, 만기수익률(yield to maturity), 발생 이자, BPV(Basis Point Value, 수익률이 1bp(0.01%)만큼 변할 때 해당 채권의 가격이 변동하는 크기) 등의 포지션(Position) 정보를 관리한다.

금융상품은 금융업종에 따라 정의가 다를 수 있으나, 금융위원회의 분류에 따르면 예금성 상품(예금, 예탁금 등), 대출성 상품(대출, 신용카드, 대부, 연계대출 등), 투자성 상품(금융투자상품, 연계투자, 신탁계약, 투자일임계약, 투자성 있는 금융상품), 보장성 상품(보험상품, 공제 등)으로 구분한다. 위 [그림 Ⅱ-5-7]에 표현한 금융상품은 주로 투자성 상품에 해당하며, 주식과 채권을 제외한 상품을 관리하는 것으로 테이블(DB)을 표시하였다.

외환거래도 자금 운용 기능 중의 하나이다. 외국과 거래 시 소요되는 자금의 관리 목적으로 외환을 보유하고 운용할 수 있지만 투자상품으로서의 외환 거래도 있다. 자금관리 시스템에서 외환 관련 주요 기능은 일별 환율 및 보유 외화 가치 등의 포지션 정보와 외화 헷징(Hedging) 관리 등이다.

위 그림에서 외환 위험관리를 구분 표시한 것은 전문성이 요구되는 부분이어서 별도의 하위 시스템(솔루션)으로 구분할 수 있기 때문이다. 거래 상품에 대한 통화별, 만기일별 포지션, 만기 및 자금 유출입에 따른 갭(Gap) 분석 자료를 제공하여 발생 가능한 위험을 방지할 수 있도록 정보를 제공한다. 또한, 환 위험, 유동성 위험, 운용 위험 등을 피하기 위해서는 국가, 통화, 거래 상대방, 딜러 등 유형별로 한도를 설정하는 것이 좋다.

그리고 자금 운용 전반에 걸쳐 기간(1, 2, 3, 6, 12개월 등)별 잉여/부족 금액을 보여 주는 갭 분석, 일자별 만기 금액을 보여 주는 만기 관리 등의 기능을 제공하기도 한다.

자금 운용 회계 처리

예금은 주기적으로 이자 수입이 발생하는데 이를 회계 처리하는 방법은, 자금 시스템의 예적금 관리 화면에서 이자 수입관리 기능을 구현하되 1) 해당 거래 내역을 자동으로 수입관리 시스템의 수입결의/입금 등록과 연계하여 전표 처리하거나, 2) 수입관리 시스템을 통하지 않고 자금관리 시스템에서 직접 전표를 생성하는 방법, 3) 수입관리 시스템에서 입금 처리 시 즉시 미수반제 대상이 없는 수입이자 전표 처리하는 방법 등이 있다(분개유형 C02).

거래 유형		분개유형	내용	차변	대변
자금운용	수입이자	C02	예금 계좌에 수입이자 발생	○○예금	수입이자
	금융상품 매입	C03	보통예금에서 인출하여 금융상품 매입/납입	금융상품 계정	보통예금

[표 Ⅱ-5-2] 자금 운용 분개

정기예금 또는 적금 납입의 경우나 금융상품을 매입하는 경우의 회계 처리도 자금관리 시스템의 해당 기능 화면에서 직접 전표 처리할 수 있고, 보통예금에서 돈이 빠져나가는 것이기 때문에 지출관리 시스템을 통하게 할 수도 있다(분개유형 C03). 보통 자금관리의 경우 입출금을 책임지는 부서이기 때문에 지출관리 시스템을 통하지 않고 직접 자금관리 시스템에서 전표를 발생시키도록 하기도 하나, 이런 방식의 경우 시재 관리용 데이터 추출 시 수입과 지출관리 시스템뿐 아니라 자금관리 및 원장관리 시스템 등도 반영하여 구현해야 한다.

자금 결산

금융자산과 부채는 결산 시점에 그 가치를 적정하게 평가하고 기간 손익 등을 반영하여야 한다. 즉 외화평가, 사채할인/할증차금의 상각, 유가증권 및 파생금융상품 등의 시장가격 평가, 미지급이자 및 미수이자의 인식 등의 회계 처리를 함으로써 보다 정확한 재무 상태를 이해관계자가 알 수 있도록 하는 것이다.

예를 들어, 외화 표시 자산 및 부채는 장부상의 가치와 결산 시 환율로 환산한 가치에 차이가 있는 경우 그 손익을 계산해서 회계 처리해야 한다. 환율 변동으로 이익이 발생한 경우 '외화환산이익'으로, 손실이 발생한 경우 '외화환산손실'로 기록한다. 여기서 '발생'은 실제 실현된 것은 아니고 평가하여 인식한 것을 기록하는 것이다.

5. 자금 조달

자금 조달 프로세스

자금이 부족하거나 부족이 예상되는 경우에는 외부로부터 자금을 조달해야 한다. 자금을 조달하는 방법에는 투자를 받는 것과 차입을 하는 것이 대표적이다.

직접 투자를 받는 것은 주식을 발행하는 것과 같이 기업의 주인(지분)을 늘리는 행위로, 이 자금은 갚지 않아도 되는 '자기자본'이므로 가장 안정적인 자금 확보 수단이 된다. 그러나 기업의 주인이 늘어남에 따라 기업 경영에 간섭이 증가하는 등의 부작용도 감수해야 한다.

다음으로 차입을 통한 자금 조달 방법에는 은행으로부터 대출을 받거나 투자자들에게 채권(회사채)을 발행하는 것이 있다. 이는 이자를 부담해야 하는 반면 외부 간섭 없이 기업을 운영할 수 있는 장점이 있다.

아래 [그림 II-5-8]은 차입금 관리 최소 기능으로 차입금 등록, 상환 및 이자 지급, 차입 현황 등을 구현한 시스템 흐름도이다.

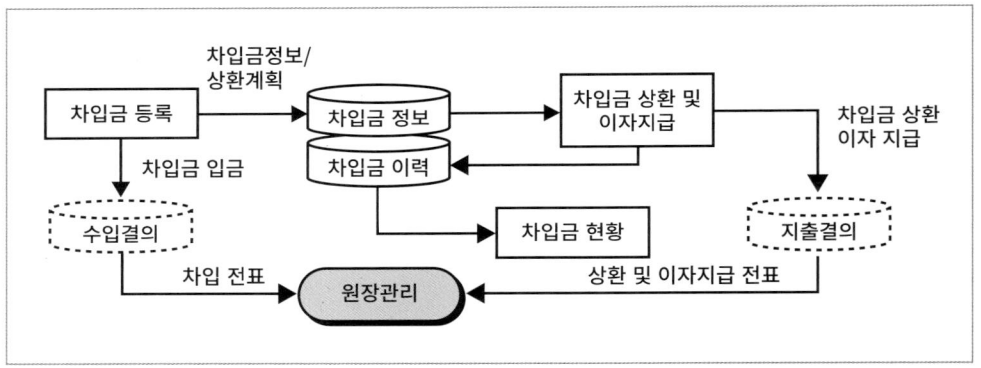

[그림 II-5-8] 차입금 시스템 흐름도

자금 차입 시에는 해당 전표를 생성해야 하는데, 자금관리 시스템에서 직접 전표를 생성하거나 수입관리 시스템과 연계하여 수입결의를 통해 생성시킬 수 있다(수입결의 테이블 점선 표시). 차입이 빈번하지 않은 기업의 경우 차입금 관리 시스템을 개발하지 않고 필요 시 직접 수기전표를 작성하기도 한다.

차입금을 상환하거나 이자를 지급하는 경우에도 차입금 관리 시스템에서 직접 전표를 생성하거나 지출관리 시스템과 연계하여 지출결의를 생성(지출결의 테이블 점선 표시), 또는 수기 전표를 작성한다.

시스템을 모듈화하는 추세에 따라 자금관리 시스템에서 직접 전표를 생성하거나 수기전표를 입력하는 경우가 더 많은데, 수입결의나 지출결의를 통해 처리하는 것은 자금 계획 및 실적 데이터 취합을 단일화할 수 있어 간편한 장점이 있으므로 고려할 만하다. 현금흐름이 발생하는 원천이 여러 곳에 분산되어 있으면 자금관리 로직 구성이 그만큼 복잡해지기 때문이다.

차입금 관리 화면

아래 [그림 Ⅱ-5-9]는 차입금을 등록하는 화면 예시이다.

차입금 등록 [초기화] [차입결의] [닫기]

| 회계구분 | 전체 ▼ | 금융기관 | OO은행 ▼ | 차입금명 | | [조회] |
| 차입금종류 | 전체 ▼ | 차입기간* | 202X-01-01 ~ 202X-12-31 | | | |

■ 차입금 목록

No	차입번호	차입금명	차입금종류	차입금액	차입일자	만기일자	이자율	상환누계액	이자지급액
1	2X10001	XXX 시설자금 차입			202X-01-01	202X-12-31	3%		
2									
3									
4									

[기본정보] [상환계획]　　　　　　　　　　　　　　　　　　　　　　　　　　　[추가] [저장] [삭제]

* 차입금명	XXX 시설자금 차입	* 차입금종류	▼	* 회계구분	▼
* 금융기관	OO은행 ▼	* 관련사업	🔍	* 계정과목	🔍
* 차입금액	300,000,000	* 차입일자	202X-01-01	* 만기일자	202X-12-31
* 이자율	3.5 %	이자구분	▼	이자지급주기	3 월 ▼
이자거치기간	월 ▼	이자지급회수	12 회	상환상태	차입
이자지급일	30 일	* 최초지급일자	202X-03-31	이자지급누계	
원금거치기간	1 년 ▼	원금상환회수	3 회	원금상환주기	1 년 ▼
원금상환일	30 일	* 최초상환일자	202X-12-31	상환누계액	
재원구분	▼			차입결의번호	

[기본정보] [상환계획]　　　　　　　　　　　　　　　　　　　　　　[상환계획생성] [저장]

■ 원금상환계획　　　　[행추가] [행삭제]　　■ 이자지급계획　　　　　[행추가] [행삭제]

상환순번	상환계획일	상환계획금액	비고
P001		100,000,000	
P002		100,000,000	
P004		100,000,000	

지급순번	지급계획일	이자율	지급계획금액	비고
I001		3.5%	1,000,000	
I002		3.5%	1,000,000	
I003		3.5%	1,000,000	
I004		3.5%	1,000,000	
I005		3.5%	1,000,000	
I006		3.5%	1,000,000	

[그림 Ⅱ-5-9] 차입금 등록 화면

차입금 종류는 장/단기, 재원 등의 특성을 반영하여 기업 상황에 따라 정의하여 사용한다. 조회 조건의 '차입 기간'은 해당 기간 내에 차입 중인 건을 보고자 하는 것으로, 그 기간 범위에 차입일과 만기일이 걸치는 건은 모두 표시되어야 한다.

　차입금 목록의 라인을 클릭하면 아래 영역에 기본 정보와 상환 계획을 보여 준다. [추가] 버튼을 눌러 새로운 데이터를 입력하고 [저장]하면 화면을 새로 고침하면서 차입금 목록에 해당 내역을 보여 주도록 한다. 참고로 이자 구분은 변동/고정을, 주기는 일/월/분기/반기/년을, 상환 상태는 차입/종료를 나타낸다.

　차입금을 입력하고 저장한 후 [상환 계획 생성] 버튼을 누르면 입력한 조건에 따라 원금 상환 및 이자 지급 계획을 생성하고 화면에 표시해 준다. 상환 순번과 지급 순번은 원금 상환, 이자 지급 각각 순번을 자동 부여한다. 순번(스케줄 번호)은 차입 번호와 결합하여 유일한 값이 된다.

　화면 상단의 [차입결의] 버튼은 본 차입금 정보를 기초로 차입결의 또는 차입금 입금용 수입결의를 자동 생성하는 기능이다. 물론 직접 전표를 생성하는 경우 [전표 생성]과 같은 기능으로 대체할 수 있다.

자금 조달 분개

거래 유형		분개유형	내용	차변	대변
자금조달	당좌차월	C04	결제(지급) 시 당좌예금 잔액 부족	미지급금	당좌차월
	차입금 발생	C05	자금 차입 시 분개	보통예금	차입금
				지급수수료	
	차입금 이자 지급	C06	차입금 이자 지급 시 이자소득세 원천공제	지급이자	보통예금
					이자소득예수금
	차입금 상환	C07	차입금 원리금 상환 지출결의	차입금	미지급금
				지급이자	

[표 II-5-3] 자금 조달 분개

　외상매입금 또는 미지급금을 결제(지급)하는데 당좌예금 잔액이 부족한 경우가 발생한다. 이때는 은행과의 약정에 따라 일정 금액까지 마이너스 잔액을 허용하는 당좌차월로 처리한다(분개유형 C04). 그러나 잔액을 체크하여 마이너스 금액만큼 매번 당좌차월로 분개하는 것이 번거로울 수 있다. 그래서 평상시는 자금 지출 시 대변에 당좌예금 계정을 계속 사용하고 결산 시 당좌예금 계정의 마이너스 잔액을 '단기차입금' 계정으로 대체하기도 한다(차변에 당좌예금, 대변에 단기차입금).

　그리고 일반 차입금이 발생한 경우 보통예금 통장에 입금이 되면 차변에 '보통예금'과 차입에 따른 '지급수수료'를 비용으로 계상하고, 차입금 전체 금액을 대변에 '차입금' 계정으로 계상한다(분개유형 C05). 이자 지급과 상환에 따른 분개는 위 표를 참조한다.

제6장
자산관리

1. 자산관리 개요

자산관리 프로세스

자산관리 시스템은 자산의 취득부터 이동 및 변경, 감가상각 처리, 그리고 재물조사를 통한 실물 관리와 처분에 이르기까지 자산의 라이프사이클 전반을 관리한다.

여기서 자산은 기업 운영 또는 사업을 위해 장기(1년 이상) 보유하면서 계속적으로 사용하는 고정자산(Fixed asset)을 말하는 것으로, 토지, 건물, 기계장치, 비품 등과 같은 유형자산과 영업권, 산업재산권, 특허권, 개발비 등의 무형자산이 해당된다.

자산의 취득과 변동, 감가상각 등 회계적 거래에 대해서는 각각 전표를 생성하여 자산의 가치변화를 회계장부에 기록 관리한다. (다음 그림 참조)

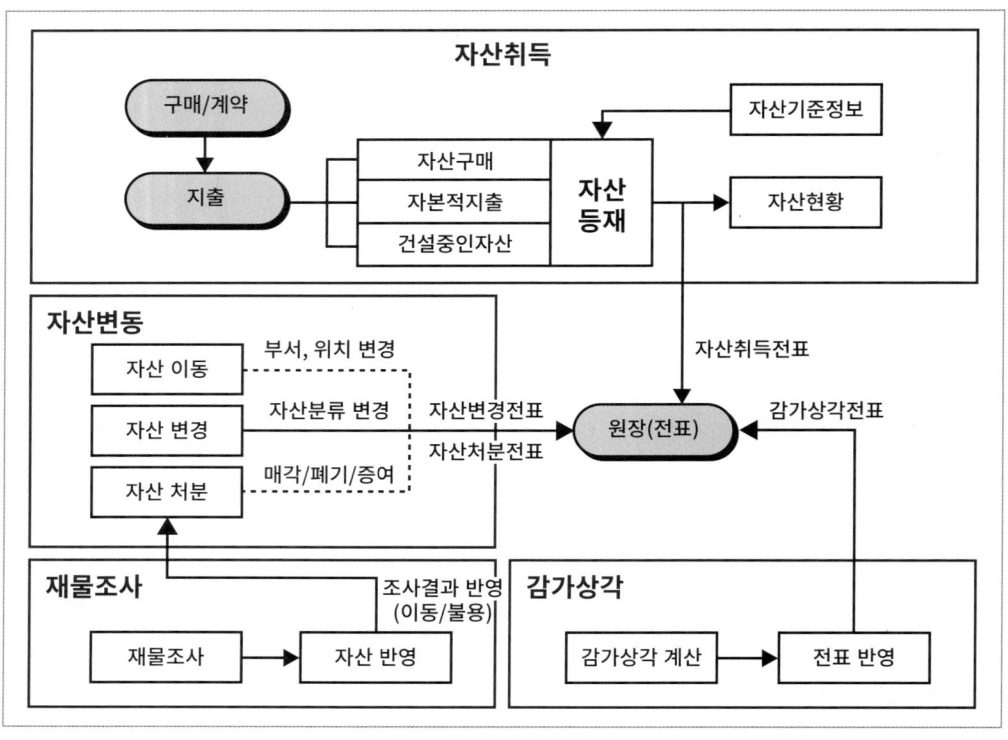

[그림 Ⅱ-6-1] 자산관리 시스템 흐름도

　고정자산 취득은 보통 구매 시스템이나 지출관리 시스템을 통해 처음 인식된다. 따라서 자산 취득 내용을 자산 시스템에 직접 등록할 수도 있지만, 일반적으로 구매 또는 지출관리 시스템과 연계를 통해 자동으로 데이터를 가져오는 방식을 취한다.

　자산 취득 이후에는 자산의 위치나 관리부서의 변경, 자산의 중요한 속성 변경, 그리고 매각이나 폐기와 같은 처분 등 다양한 자산 변동이 발생한다. 이를 각각의 용도별로 화면을 구성하여 지원하고, 해당 전표도 자동으로 생성한다.

　그리고 주기적으로 자산 실사를 통해 실물과 장부를 일치시키는 작업을 하는데 이를 재물조사라고 한다. 판매를 위해 보유하고 있는 제품 또는 상품 등의 재고(在庫, Inventory)를 조사하는 재고조사와는 구분된다. 재물조사는 보통 1년마다 실시하지만 필요시 수시로 실시하기도 한다. 실사 결과는 자산 변동 프로세스에 반영한다.

　자산은 사용 기간이 지남에 따라 점차 그 가치가 감소하는데, 이를 회계적으로 처리하는 것이 바로 감가상각(減價償却, Depreciation)이다. 감가상각 방법은 업종과 기업의 정책에 따라 다르고, 자산의 종류에 따라 내용연수(효용이 지속되는 기간, Service life)도 각각 다르다.

2. 자산 기준 정보

자산관리를 효율적으로 하기 위해 동일 속성을 가진 자산을 묶어 '자산 분류'로 관리하고, 실물 자산관리를 위해 '사용 장소'를 코드화하여 관리한다. 이러한 것들을 자산의 기준 정보라고 한다.

자산 분류 관리

자산 분류는 자산관리의 편의를 위해 감가상각 방법, 내용연수, 관련 계정 과목 등의 속성이 동일한 자산을 그룹화한 것이다.

아래는 자산 분류를 관리하는 화면 예시이다.

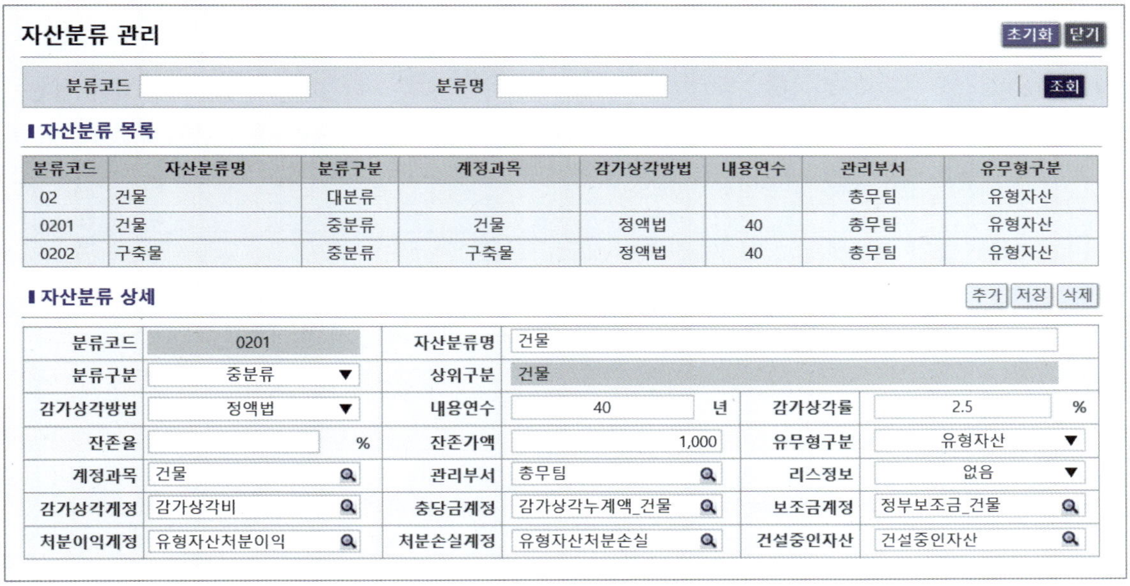

자산분류 관리

분류코드	자산분류명	분류구분	계정과목	감가상각방법	내용연수	관리부서	유무형구분
02	건물	대분류				총무팀	유형자산
0201	건물	중분류	건물	정액법	40	총무팀	유형자산
0202	구축물	중분류	구축물	정액법	40	총무팀	유형자산

자산분류 상세

분류코드	0201	자산분류명	건물		
분류구분	중분류	상위구분	건물		
감가상각방법	정액법	내용연수	40 년	감가상각률	2.5 %
잔존율	%	잔존가액	1,000	유무형구분	유형자산
계정과목	건물	관리부서	총무팀	리스정보	없음
감가상각계정	감가상각비	충당금계정	감가상각누계액_건물	보조금계정	정부보조금_건물
처분이익계정	유형자산처분이익	처분손실계정	유형자산처분손실	건설중인자산	건설중인자산

[그림 Ⅱ-6-2] 자산 분류 관리 화면

자산의 '분류구분'은 자산 분류의 레벨(Level)을 말하는 것으로, 단계의 제한은 없으나 보통 2~3단계로 관리한다. 위 예시에서는 대분류와 중분류만으로 구분하였다.

'분류 코드'는 자동 부여하지 않고 사용자 업무 환경에 맞게 정의하여 입력할 수도 있다. 보통 하위 단계의 코드는 상위 단계의 코드를 포함하여 생성한다. 예를 들어, 상위 코드가 '01'이면 하위 코드는 '0101'과 같이 표현한다. 쉽게 인식하기 위함이다.

자산 분류가 같은 자산은 감가상각 방법, 내용연수, 감가상각률, 잔존율, 유무형 구분 및 관련 계정 과목이 모두 동일함을 원칙으로 한다. 이 중 하나라도 다르면 별도의 분류를 구분하여 지정한다. 이는 필수가 아니라 하나의 가이드이므로 상황에 맞게 판단하여 적용하면 된다.

자산 분류별 관리부서는 자산 취득/변동 처리 시 최종 승인부서로 작동될 수 있다.

사용 장소 관리

자산관리 시스템에서는 자산의 실물 관리를 효과적으로 하기 위해 사용 장소를 코드화하여 각 개별 자산에 지정한다. 장소(위치) 코드는 사업장과 건물이 많은 경우 지역-건물-층-사무실 구획 등의 단계로 계층화하여 부여할 수 있고, 규모가 크지 않은 곳은 부서 코드와 부서명을 바로 사용 장소 코드와 사용 장소 명으로 사용하기도 한다. 아래는 사용 장소 코드를 관리하는 화면 예시이다.

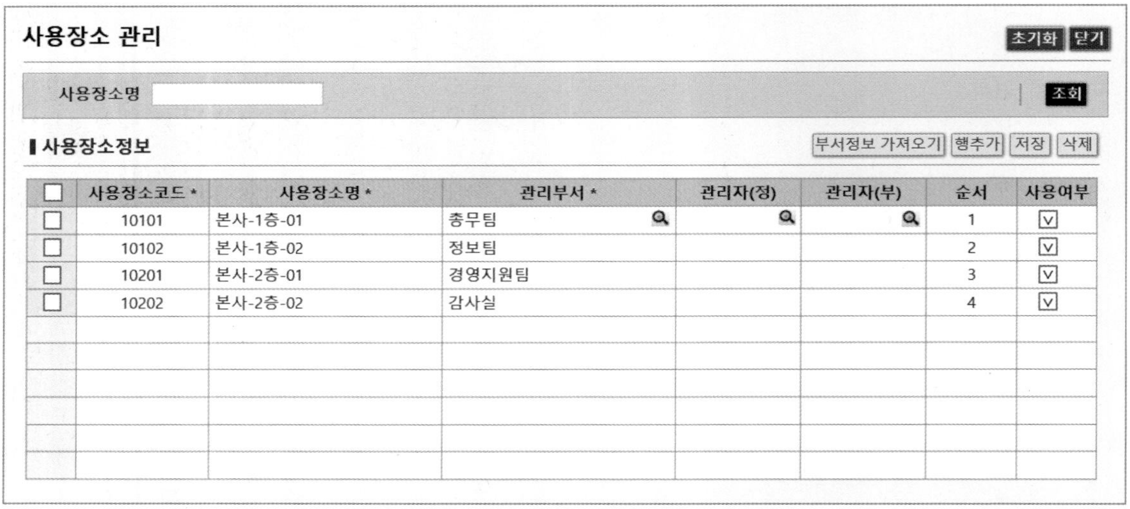

사용장소코드	사용장소명	관리부서	관리자(정)	관리자(부)	순서	사용여부
10101	본사-1층-01	총무팀			1	✓
10102	본사-1층-02	정보팀			2	✓
10201	본사-2층-01	경영지원팀			3	✓
10202	본사-2층-02	감사실			4	✓

[그림 Ⅱ-6-3] 사용 장소 관리 화면

사용 장소 코드는 자동으로 채번해도 되지만, 지역-건물-층-구획 순으로 사용자가 직관적으로 인식할 수 있는 코드 또는 번호를 직접 입력해도 된다.

관리부서, 관리자는 찾기 창을 통해 선택하며, 순서는 사용 장소 검색창(화면)에 표시되는 순서로 직접 입력한다.

[부서정보 가져오기] 버튼은 부서 테이블의 내용을 그대로 가져와 부서 코드를 사용 장소 코드로, 부서명을 사용 장소 명으로 자동 일괄 지정하는 기능이다.

3. 자산 취득 및 등록

자산 취득 프로세스

자산을 취득하는 가장 일반적인 방법은 신규 구매일 것이다. 그러나 자산을 무상으로 증여받거나 기존 자산의 가치를 증대시키는 자본적 지출의 경우도 발생한다. 이들은 자산 취득 프로세스에서 관리한다. 완성에 장기간 소요되는 '건설중인자산'도 마찬가지다.

고정자산은 등재(登載, Registration)를 통해 자산관리 시스템에서의 취득이 완성된다. 여기서 '등재'는 장부나 대장에 적는 것을 말하는데, 시스템의 데이터베이스에 기록한다는 의미의 '등록'이라는 용어를 사용할 수도 있으나 본서에서는 자산관리 업무에 관습적으로 사용해 온 '등재'라는 용어를 사용한다. 정부에서도 어려운 한자어나 일본식 표현을 피하기 위해 '등재'를 '적다'로 쓰기로 했다는데, 시스템 업무 관습에도 그러한 변화를 기대해 본다.

고정자산은 구매(계약) 시스템이 있는 경우 검수 과정을 통해 자산으로 등재한다. 구매 시스템에서 검수를 마친 자산 등재 대상 건을 추출하여 자산 분류 등 세부 정보를 입력 후 최종 확정하는 것이다. 이때 모든 건을 자산으로 관리하는 것은 아니다. 기업마다 자산으로 관리하는 기준이 다를 수 있는데, 예를 들어, 단위당 취득금액이 50만 원 이상인 경우에 자산으로 관리하고 그 금액 미만인 경우 당기 비용으로 처리하는 것이다. 따라서 자산 등재 대상을 추출할 때 이러한 조건을 반영해야 한다.

'건설중인자산'의 경우에는 사업(프로젝트) 관리 시스템을 통해 데이터가 생성될 수 있다. 이때는 해당 시스템과 자산관리 시스템을 연계하여 건설중인자산 데이터를 축적 후 완성 시 본 자산으로 대체 처리한다.

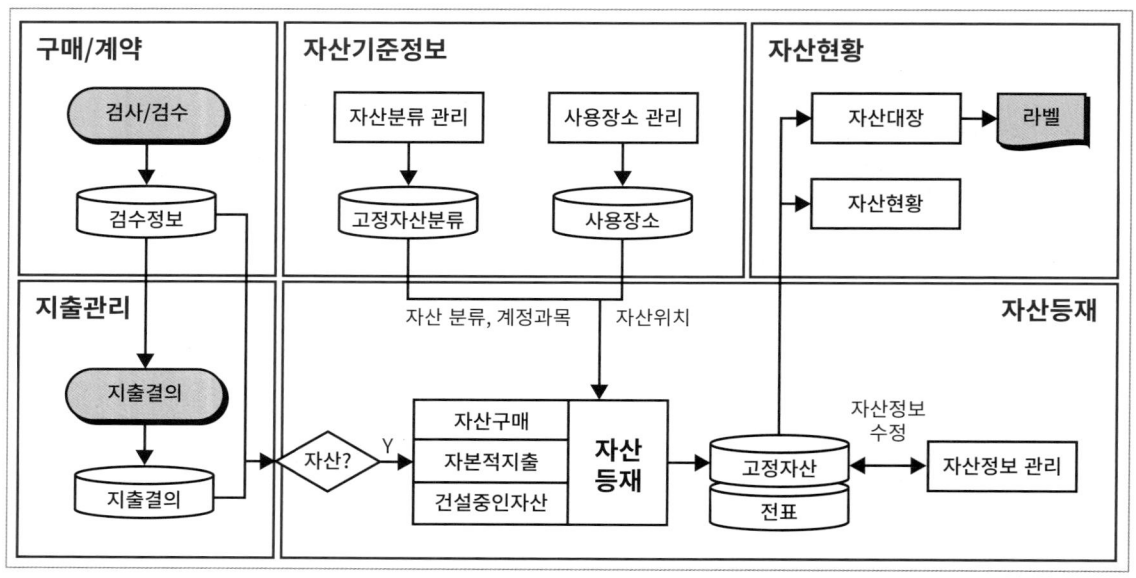

[그림 Ⅱ-6-4] 자산 취득 흐름도

구매(계약) 시스템을 사용하지 않는 경우 자산관리 시스템에서는 자산을 구입한 지출결의 내용을 기초로 자산을 등재하게 되는데, 이 경우 지출결의 상세 내역에 해당 건이 자산 취득 건임을 체크해 주어야 자동 인식이 가능하다.

구매 또는 지출 시스템과 연계하지 않고 자산관리 시스템에 직접 수기 입력할 수도 있는데, 이때 지출결의번호 등을 입력하여 원천 거래 정보를 관리하기도 한다.

자산 등재 과정에서 병합 또는 분할이 필요한 경우가 있다. 병합이란 구매 시 여러 건으로 진행했지만 자산은 하나로 통합하여 등재하는 것이다. 예를 들어, 전산용 서버는 본체 외에 메모리, 저장용 디스크 및 주변 장치를 별도로 구매하기도 한다. 이를 '○○ 서버 SET'라는 단일 자산으로 관리하고자 하는 경우 자산 등재 시 병합 과정을 거쳐 하나의 자산번호를 부여한다. 분할은 동종 자산을 하나의 지출결의로 여러 개 구입했지만, 자산번호는 각각 부여하여 실물자산을 세부적으로 관리하고자 하는 경우이다. 책상이나 의자 등 각종 사무용 집기비품이 이에 해당한다.

각기 다른 시점에 취득한 자산을 나중에 병합하거나 분할하는 것은 이미 발생한 감가상각, 서로 다른 귀속 부서 또는 위치 등 고려해야 할 사항이 많아 매우 복잡해서 보통은 자산 등재 시 처리한다.

그리고 감가상각을 수행하는 고정자산은 아니지만 고정자산 대장에 기록하여 관리하는 경우가 있다. 이를 부외자산(簿外資産, Asset out of books)이라고 하는데 감가상각이 완료된 자산, 무상으로 취득한 자산, 임차한 건물이나 장비 등이 그것이다. 원래 부외자산은 '장부'에 고정자산으로 반영되지 않지만 실제 사용하고 있으면서 처분 시 그 가치를 인정받을 수 있는 것을 의미하는데, 여기서 장부는 재무상태표를 의미한다. 기본적인 자산의 속성은 유사하므로 자산관리 시스템에서 함께 관리하지만 감가상각 대상에서는 제외된다.

자산으로 등재된 후에 일부 정보의 수정이 필요한 경우 [[자산정보 관리]] 화면을 통해 수정할 수 있다. 이 화면에서는 회계적으로 전표를 생성해야 하는 사항을 제외한 정보만을 관리하는데, 보통 자산의 이동, 변경, 처분과 같은 내용은 별도의 화면을 통해 처리하기 때문이다.

자산의 실물을 관리하기 위해 자산에 '라벨'(Label, 태그라는 용어도 사용됨)을 부착하는데, 여기에는 바코드, QR 코드 또는 RFID 등을 많이 사용한다. 바코드나 QR 코드를 라벨로 출력하기 위해서는 자체 개발하거나 관련 솔루션을 적용한다. RFID를 적용하기 위해서는 보통 해당 전문업체와 협력한다.

자산 등재 화면

자산이 정식으로 장부에 기록되기 위해서는 자산관리 시스템의 [[자산 등재]] 화면에서 최종 '등재' 처리되어야 한다.

아래는 구매(계약) 시스템을 통해 구매 및 검수를 마친 자산에 대해 고정자산 장부에 등재하는 화면 예시이다.

[그림 II-6-5] 자산 등재 화면

취득 기간을 지정 후 [조회]하면 해당 기간에 검수를 완료한, 자산 등재 대상 구매 건을 표시해 준다. 등록 자산 제외 체크박스는 이미 등재한 건을 제외하고 보려는 경우에 체크한다.

'자산 등재 대상' 목록에서 등재할 대상을 선택 후 [자산 등록] 버튼을 클릭하면 해당 내역을 아래 '자산 취득 정보'에 표시한다. 본 예시 화면에서 [자산 등록]과 [등재] 버튼의 차이점은 [자산 등록]은 구매 시스템의 데이터를 자산 시스템에 기록하는 것을 의미하고, [등재]는 고정자산 대장에 자산으로 확정하는 것을 의미한다. 이는 일반적으로 구분되는 용어는 아니며, 본서의 사례에서 사용하는 용어이므로 각 상황에 맞게 적용하면 된다.

자산 등재 대상 건에 대해 '자산명' 등 필수 항목을 입력한다. '취득일자'는 세금계산서 일자나 검수일자를 적용한다. 취득 수량과 단가를 입력하면 취득금액은 그 둘을 곱하여 즉시 표시해 준다.

'대분류'를 선택하면 '분류 코드'는 해당 대분류의 하위 분류만 선택 가능하며, 콤보박스 또는 별도의 찾기 창을 통해 선택할 수 있도록 한다. '분류 코드'를 선택하면 계정 과목, 상각 방법, 내용연수, 상각률 등을 자산 기준 정보 테이블에서 가져와 즉시 표시해 준다.

'결의번호'는 구매/계약 시스템에서 전달한 데이터를 그대로 적용하거나 자산을 구매한 지출결의번호를 직접 입력할 수 있다. 위 예시에서 등재 구분이 '구매'로 되어 있는 것은 구매 시스템을 통해 취득한 것임을 표시한다. 시스템 연계 없이 직접 등록한 경우 '수기'로 표시하면 된다.

자산 상세 내역을 입력하고 [저장] 버튼을 누르면 자산번호를 채번하고 고정자산 마스터 및 변동 이력을 생성한다. 저장만으로는 정식 자산으로 인식하지 않는 경우, 등재 상태를 '작성'으로 기록하고, 최종적으로 [등재] 버튼을 누르면 해당 건의 상태를 '등재'로 변경해 준다.

자산 등재 과정에 승인 프로세스를 적용할 경우에는 [승인 요청] 및 [승인] 버튼을 추가하여 내부 전결 규정에 따른 승인 절차를 밟도록 한다.

자산 취득 분개

자산 취득 분개는 자산 취득을 위한 지출결의부터 시작하여 자산 시스템에서의 [[자산 등재]] 화면에서 완성된다. 그 이유는 자산을 사용할 현업 부서에서 지출결의 작성 시 해당 자산의 유형을 정확히 모르거나 잘못 처리할 수 있기 때문에 보통은 자산 담당자가 자산 등재 시 결정하게 된다. 따라서 지출결의의 분개는 차변에 자산 본계정을 사용하지 않고 '자산취득가계정'과 같은 가계정으로 처리하고, 자산 등재 시 '자산취득가계정'을 대변에 두어 제거하면서 차변에 자산 유형별 본계정이 오도록 할 수 있다(분개유형 A01, D01). 이 방식은 본서에서 제시하는 예시일 뿐이므로 실제 현장에서는 현업의 관행에 따르도록 구성한다. 그리고 정부보조금을 받아 자산을 취득하는 경우에는 '정부보조금' 계정을 사용하여 이후 감가상각 등 자산 가치 변동 관련 회계 처리 시 반영(차감)해야 한다.

거래 유형		분개유형	내용	차변	대변
자산취득	자산취득 지출결의	A01	자산 구입을 위한 지출결의	자산취득가계정	미지급금
	자산 등록	D01	지출결의와 연계한 유형자산 취득 대체 분개	유형자산	자산취득가계정
			정부보조금 받은 경우 해당 금액 계상	정부보조금	(정부보조금차감)
	자본적지출	D02	자산 가치를 상승시키는 지출의 자산 대체	유형자산	자산취득가계정
	건설중인자산 계상	D03	건설중인자산에 대한 사용 금액 누적	건설중인자산	자산취득가계정
	건설중인자산 대체	D04	건설 완료 시 본 자산으로 대체	유형자산	건설중인자산

[표 Ⅱ-6-1] 자산 취득 분개

최초 자산 등록 이후 해당 자산의 가치가 증대되는 '자본적 지출'이 발생한 경우에는 이를 원 자산에 귀속시키는 처리를 한다(분개유형 D02).

그리고 신축 건물과 같이 취득에 오랜 기간 소요되는 자산의 경우 건설중인자산 계정을 통해 누적 후(분개유형 D03), 완공 시 본자산 계정에 대체하는 분개를 발생시킨다(분개유형 D04).

자산 취득 분개(전표)가 테이블에 어떻게 기록되는지 예를 들어, 본다.

다음 예시는 취득원가 10,000원의 서버를 정부보조금 40% 지원받아 구입한 경우의 전표 테이블 내용이다(내용연수 4년). 지출결의와 연계됨을 전제로 대변에 '자산취득가계정'을 사용하여 정산하고, 차변에 자산 본계정인 '전산장비' 계정을 사용하였다. 전표 순번 3, 4는 정부보조금을 받은 경우 추가되는 분개인데, 대상이 아닌 경우 이 부분은 무시한다.

[전표 헤더]

전표번호	회계일자	발생경로	전표유형	거래번호	작성 부서	귀속 부서	작성자	적요	전표상태	확정일시
SL2X01010001	202X-01-01	자산	자산등재	A2X0101001	총무팀	총무팀	홍길동	전산장비 자산등재	작성	

[전표 상세]

전표번호	전표순번	회계단위	사업 코드	예산과목	계정 과목	차대구분	전표금액	상세적요	거래처	금융자산	거래순번
SL2X01010001	1	총무팀			전산장비	차	10,000	서버 자산등재			1
SL2X01010001	2	총무팀			자산취득 가계정	대	10,000	지출결의 연계			2
SL2X01010001	3	총무팀			정부보조금	차	4,000	정부보조금			3
SL2X01010001	4	총무팀			(정부보조금-차감)	대	4,000	보조금 차감 설정			4

[표 Ⅱ-6-2] 자산 취득 전표 테이블 예시

위 테이블의 데이터 중 적요를 제외하면 실제로는 모두 코드, 번호 또는 ID로 기록되는 것들로, 위 예시는 이해의 편의를 돕기 위해 한글로 적은 것이다.

'발생 경로'는 전표 데이터가 생성되게 된 원천 시스템을 말하며, '전표 유형'은 거래 유형과 유사하나 전표를 분류하는 기준이 다를 수 있으므로 별도의 칼럼으로 구분한 것이다.

거래번호와 거래순번은 자동분개를 생성하기 위해 원천 거래의 회계적 데이터를 모아 놓은 테이블의 키(Key)에 해당한다.

사업 코드와 예산과목은 공공 부문의 경우 필수 항목이지만 일반 기업의 경우 생략할 수 있다.

거래처와 금융자산(계좌번호)은 계정 과목에 종속된 관리 항목으로 채권채무 계정이나 금융자산 관련 계정의 경우 기록한다.

위 항목들은 주요한 것들만 나열하였으므로 실제 구축 시 사용자 업무 및 요구에 따라 추가하도록 한다.

4. 자산 변경 및 처분

자산 변경 및 처분 프로세스

자산은 취득 이후 위치나 귀속 부서의 변경, 그리고 처분까지 다양한 변동이 발생한다. 이를 본서에서는 그 성격에 따라 자산 이동, 자산 변경, 자산 처분으로 구분하였다.

자산 이동은 자산의 사용 부서, 위치, 담당자 등이 변경되는 것을 말한다. 보통은 회계적 거래로 보지 않아 전표를 생성하지 않고 자산의 속성만을 변경 관리한다. 그러나 자산을 부서별로 회계 처리하는 경우 귀속 부서가 변경되면 전표도 생성해야 한다. 이때는 '이동'이 아닌 '귀속 부서의 변경'이 된다.

자산 변경은 자산의 분류나 귀속 사업 등이 변경되는 것으로, 자산의 분류는 계정 과목과 연결되어 있어 자산의 분류가 변경되면 계정 과목도 바뀌어야 하므로 전표를 생성해야 한다. 그러나 자산 분류의 변경은 내용연수 변경 등이 뒤따를 수 있어 감가상각 금액과 법인세 산정에 영향을 주므로 제약이 있다. 공공 부문의 경우 귀속 사업 변경 시 사업별 결산으로 인해 전표를 생성해야 한다.

자산 처분은 자산의 매각, 폐기, 손·망실 처리, 증여 등을 말하는 것으로 회계적으로 기업의 자산가치에 변동이 발생하므로 반드시 전표 처리해야 한다.

자산의 변동 관련 전체 흐름도는 다음 그림과 같다.

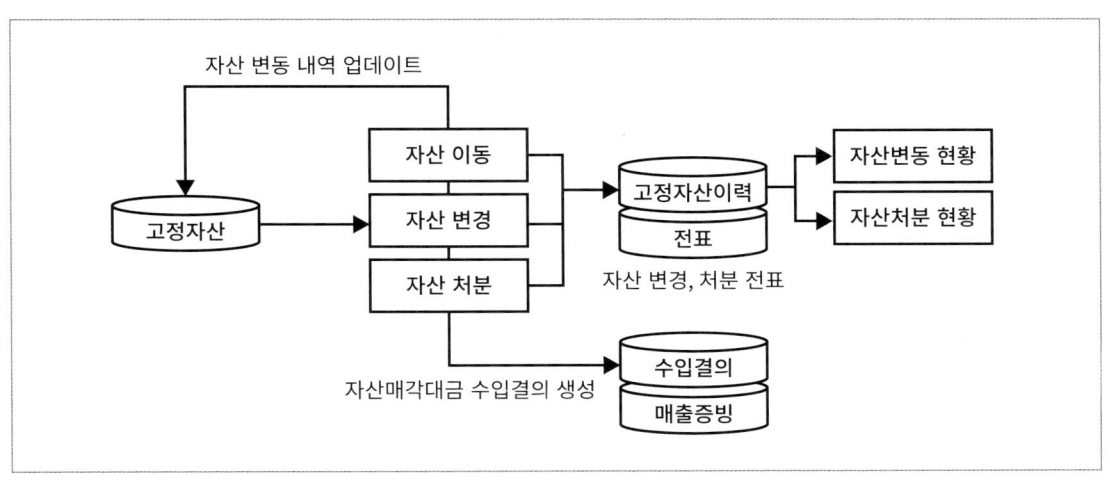

[그림 II-6-6] 자산 변동 흐름도

자산 변동 현황 화면

다음 그림은 자산 변동 현황을 조회하는 화면으로 이동, 변경, 불용, 처분 등을 종합적으로 볼 수 있다.

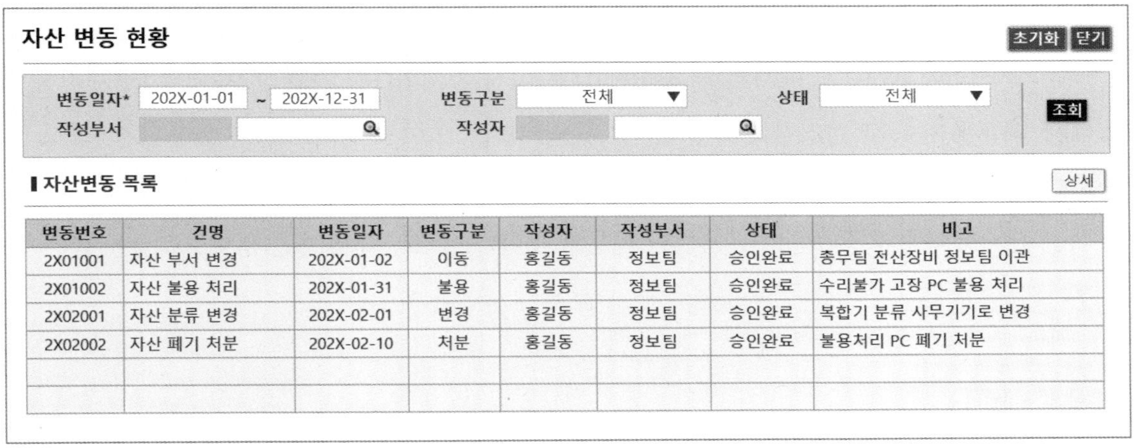

변동번호	건명	변동일자	변동구분	작성자	작성부서	상태	비고
2X01001	자산 부서 변경	202X-01-02	이동	홍길동	정보팀	승인완료	총무팀 전산장비 정보팀 이관
2X01002	자산 불용 처리	202X-01-31	불용	홍길동	정보팀	승인완료	수리불가 고장 PC 불용 처리
2X02001	자산 분류 변경	202X-02-01	변경	홍길동	정보팀	승인완료	복합기 분류 사무기기로 변경
2X02002	자산 폐기 처분	202X-02-10	처분	홍길동	정보팀	승인완료	불용처리 PC 폐기 처분

[그림 II-6-7] 자산 변동 현황 화면

자산 변동 목록에서 라인을 더블클릭하거나 선택 후 [상세] 버튼을 누르면 해당 이동, 변경, 처분 화면을 오픈하여 상세 내역을 보여 준다.

자산 이동 및 변경은 단일 자산 외에 속성이 같은 자산을 일괄로 이동 또는 변경하는 경우가 있다. 조직이 변경되거나 사무실 이전의 경우가 대표적이다. 이때는 자산의 귀속 부서나 위치를 일괄 변경해야 한다. 따라서 자산 이동 및 변경 화면에 [일괄 변경] 기능을 제공하는 것이 좋다.

자산 변경 분개

자산 이동은 보통 분개(전표) 생성 대상이 아니지만 자산을 부서별로 회계 처리(감가상각비를 포함한 손익 관리)하는 경우 분개를 생성한다. 자산의 분류 변경도 마찬가지로 계정 과목의 변화가 있는 경우 분개를 생성한다.

이동과 변경의 분개 구성은 유사하다. 이관 또는 변경되는 부서 및 계정으로 유형자산과 감가상각누계액을 교차하여 증감 처리하는 것이다. 정부보조금이 포함된 자산의 경우 감가상각누계액과 같이 자산의 차감계정처럼 함께 움직인다.

거래 유형	분개유형		내용	차변	대변
자산이동	부서 이동	D05	회계단위 A에서 B로 자산 이관	유형자산/부서B	유형자산/부서A
				감가상각누계액/부서A	감가상각누계액/부서B
			정부보조금 받은 경우 해당 금액도 이관	(정부보조금차감)/부서A	(정부보조금차감)/부서B
자산변경	분류 변경	D06	자산이 분류 A에서 B로 변경됨(계정 과목 변경)	유형자산B	유형자산A
				감가상각누계액A	감가상각누계액B
			정부보조금 받은 경우 해당 금액도 이관	(정부보조금-차감)A	(정부보조금-차감)B

[표 Ⅱ-6-3] 자산 변동 분개

앞서 자산 취득 분개에서 예시로 든 서버에 대해 자산 등재 6개월 경과 후 자산 분류를 '전산장비'에서 '사무용기기'로 변경한다면 그 분개는 아래와 같다. 이 자산의 내용연수가 4년이라고 한다면 6개월분에 해당하는 감가상각누계액 1,250원을 다른 계정 과목으로 이관하는 분개이다. 이는 매월 감가상각을 수행했다는 전제에서 작성한 것이다. 전표순번 5, 6은 정부보조금을 받은 경우 추가되는 분개인데, 대상이 아닌 경우 이 부분은 무시한다.

[전표 헤더]

전표번호	회계일자	발생경로	전표유형	거래번호	작성 부서	귀속 부서	작성자	적요	전표상태	확정일시
SL2X07010001	202X-07-01	자산	자산변경	A2X0701001	총무팀	총무팀	홍길동	자산분류 변경	작성	

[전표 상세]

전표번호	전표순번	회계단위	사업 코드	예산과목	계정 과목	차대구분	전표금액	상세적요	거래처	금융자산	거래순번
SL2X07010001	1	총무팀			사무용기기	차	10,000	자산분류 변경			1
SL2X07010001	2	총무팀			전산장비	대	10,000	자산분류 변경			2
SL2X07010001	3	총무팀			감가상각누계액 _전산장비	차	1,250	감가누계액 계정변경			3

SL2X07010001	4	총무팀		감가상각누계액_사무기기	대	1,250	감가누계액 계정변경			4
SL2X07010001	5	총무팀		(정부보조금-차감)_전산장비	차	500	보조금 계정변경			5
SL2X07010001	6	총무팀		(정부보조금-차감)_사무기기	대	500	보조금 계정변경			6

[표 Ⅱ-6-4] 자산 변동 분개 예시

자산 처분 화면

자산 처분은 매각을 비롯하여 증여, 손·망실 또는 폐기 처리 등을 포함한다. 매각도 자산 단일 건을 매각하는 것뿐 아니라 일괄로 매각하거나, 수량이 여러 개인 한 자산의 일부를 매각하거나 한 자산의 지분 일부를 매각하는 경우도 있다. 그리고 업무 절차 측면에서 자산 처분 전에 불용 처리를 먼저 하도록 하는 곳도 있다.

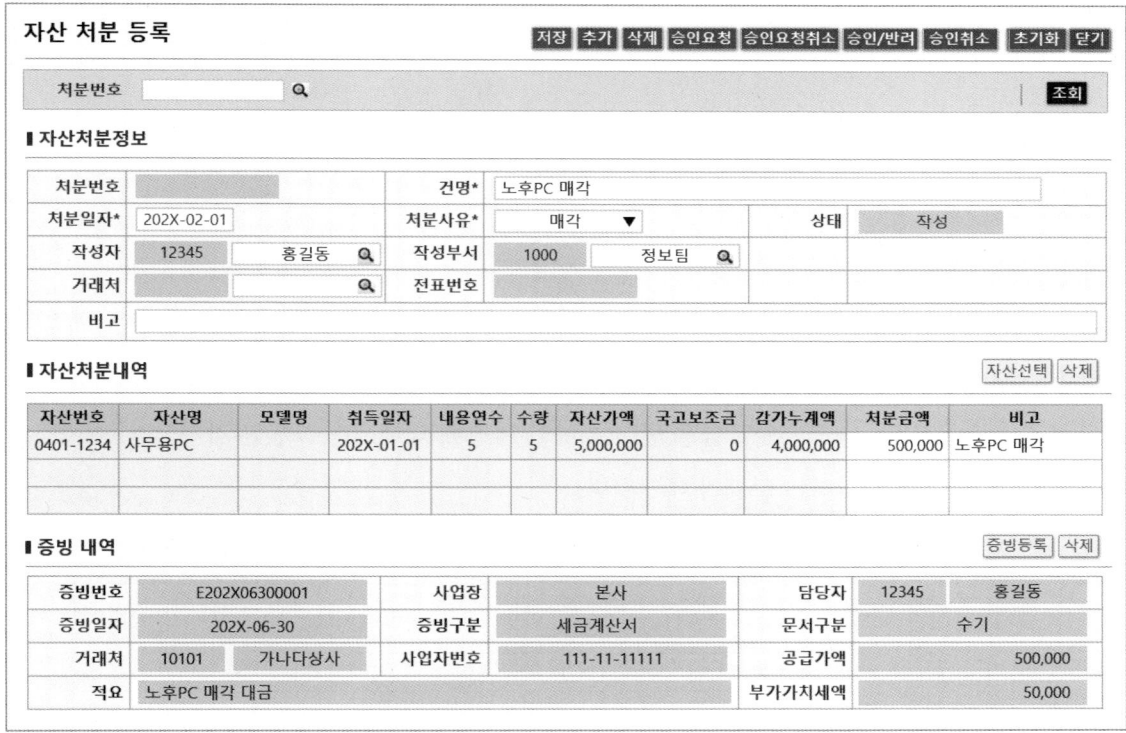

[그림 Ⅱ-6-8] 자산 처분 화면

위 그림은 자산을 처분하는 화면 예시이다. 기본적인 자산 처분 정보를 입력하고 [저장]하면 처분번호를 자동으로 부여하도록 한다. 수기 입력할 수도 있으나 이러한 유형의 번호는 보통 자동 부여한다.

처분 사유는 매각, 증여, 폐기, 망실 등이다. 이는 사용자 환경에 맞게 정의하여 사용한다. 매각의 경우 매각대금 수금용 수입결의와 연계하기 위해서는 거래처가 등록되어 있어야 하나, 자산 매각과 같은 일회성 거래처의 경우 정식 등록하지 않고 수입결의 없이 즉시 입금 처리만으로 종결할 수도 있다.

자산 매각 시 세금계산서를 발행하는 경우에는 증빙 등록이 필요하다. 위 화면에서 [증빙 등록] 버튼을 클릭 후 해당 화면을 띄워 등록하도록 한다. 본 화면처럼 자산을 여러 건 매각하더라도 증빙은 하나만 관리하는 것이 구현에 용이하다. 처분 자산 건별로 별도의 증빙을 관리한다면 자산 처분 내역에 증빙번호 칼럼을 추가해야 서로 연결시킬 수 있다.

자산 처분 내역의 [자산선택] 버튼을 통해 자산 찾기 창을 열어 처분할 자산을 선택하도록 한다. 선택한 자산에 대해 기본적인 정보를 표시하고 처분 금액을 입력받는다. 자산 매각 시 처분 금액은 필수 입력 항목이다. 증여나 폐기 등의 경우 처분 금액은 제로(0)가 된다.

저장하면 고정자산 이력 테이블에 해당 처분 내역을 생성하고, 상태는 '작성' 상태로 한다. 그리고 전표는 보통 [승인 요청] 시점에 생성하고 [승인 취소]하면 삭제한다.

각 버튼의 활성화 여부는 레코드 건별 상태에 따라 다르므로 상황에 맞게 개발한다.

자산 처분 분개

자산 처분 분개는 1) 전년도 말 이후 매각 시점인 현재까지의 감가상각 계산과 2) 처분에 따른 자산 및 감가상각누계액의 제거, 4) 매각대금의 수입결의 연계, 그리고 5) 처분 손익에 대한 처리 등으로 구성되어 있다. 3) 정부보조금을 받아 취득한 자산에 대해서는 그동안 감가상각 시 차감하고 남은 금액에 대해 정리하는 분개가 추가된다.

거래 유형		분개유형	내용	차변	대변
자산처분	자산매각	D07	1) 매각 시점까지 당해 연도 감가상각비 계산	감가상각비	감가상각누계액
			2) 유형자산 및 감가상각누계액 정리	감가상각누계액	유형자산
			3) 정부보조금 받은 자산의 경우 잔여 금액 정리	(정부보조금-차감)	
			4) 자산매각대금 청구 수입결의 연계	자산매각대금가계정	
			5) 처분손익(손실은 차변, 이익은 대변)	(유형자산처분손실)	(유형자산처분이익)
	매각대금 수입결의	D08	자산매각대금에 대한 청구 수입결의	미수금	자산매각대금가계정

[표 Ⅱ-6-5] 자산 처분 분개

앞의 예를 계속 활용하면, 취득해서 2년 6개월 경과 후 프로젝트가 종료되어 필요 없게 된 서버를 1,500원에 매각 처리하는 예를 든다. 내용연수가 4년이므로 전년도 말 기준 감가상각누계액은 5,000원이고 정부보조금은 2,000원 차감 후 2,000원이 남은 상태이다.

우선 당년도 6개월분 감가상각비 1,250원(=취득가 10,000원/내용연수 4년*당해 감가상각 0.5년)을 선 반영한다. 만약 당해 연도 중간에 감가상각을 실행했다면 그 시점 이후 매각 시점까지의 감가상각비를 계산한다.

그리고 매각에 따라 사라지게 되는 자산 10,000원과 감가상각누계액 6,250원을 제거(정리)하는 분개를 생성한다. 업무 정의에 따라 감가상각누계액 계정은 위 1,250원과 통합하여 차변에 5,000원 한 번만 나타나도록 해도 된다.

정부보조금을 받아 자산을 취득한 경우 '(정부보조금-차감)' 계정의 잔액을 차변에 계상하여 정리해 준다. 본 사례의 경우 2,000원에 해당한다. 매각대금인 1,500원은 수입결의와 연계해야 하므로 중간 계정인 '자산매각대금가계정'(가칭)을 사용하여 기록한다. 수입결의 연계는 필수는 아니나 사용자의 편의를 위해 자동으로 처리해 주면 좋다.

자산 처분 시 자산의 처분가액이 장부가액(=취득가액-감가상각누계액-정부보조금 잔액)보다 크면 그 차액은 '유형자산처분이익'이 되고, 작으면 '유형자산처분손실'이 된다. 이익은 대변에, 손실은 차변에 기재한다.

위 내용을 전표 테이블에 기록하면 아래와 같다. 아래 예시는 자산 매각에 따른 부가세가 생략되어 있으며, 이는 세금계산서 발행 기능이 있는 수입결의에서 반영하도록 한다.

[전표 헤더]

전표번호	회계일자	발생경로	전표유형	거래번호	작성 부서	귀속 부서	작성자	적요	전표상태	확정일시
SL2X06300001	202X-06-30	자산	자산처분	A2X0630001	총무팀	총무팀	홍길동	서버매각	작성	

[전표 상세]

전표번호	전표순번	회계단위	사업 코드	예산과목	계정 과목	차대구분	전표금액	상세적요	거래순번
SL2X06300001	1	총무팀			감가상각비	차	1,250	6개월 분 감가상각	1
SL2X06300001	2	총무팀			감가상각누계액_사무기기	대	1,250	6개월 분 감가상각	2
SL2X06300001	3	총무팀			감가상각누계액_사무기기	차	6,250	매각으로 상각누계액 제거	3
SL2X06300001	4	총무팀			사무용기기	대	10,000	매각으로 자산 제거	4
SL2X06300001	5	총무팀			(정부보조금-차감)_사무기기	차	2,000	정부보조금 잔액 정산	5
SL2X06300001	6	총무팀			자산매각대금가계정	차	1,500	매각대금 수입결의 연계	6
SL2X06300001	7	총무팀			유형자산처분손실	차	250	처분 손실	7

[표 II-6-6] 자산 처분 분개 예시

자산 재평가

　자산 재평가란 기업 자산의 실제 가치가 장부가액과 차이가 큰 경우 장부가액을 실제 가치에 맞게 조정하는 행위이다. 보통은 자산의 장부가액을 현실에 맞는 가액으로 증액하는 것을 말하는데, 토지와 같은 부동산의 가치가 변동이 크므로 주로 해당한다. 이는 「자산재평가법」에 근거를 두고 있다.

　자산 재평가는 보통 외부 전문가의 작업에 의해 이루어지며 그 결과는 자산 시스템에도 반영되어야 한다. 이때 재평가로 인한 가치의 변동분은 경우에 따라 회계 처리가 다르므로 별도 항목으로 관리하여야 한다. 즉 재평가로 인한 이익은 당기순이익이 아닌 미실현손익(자본 계정)으로 반영하고, 손실 부분은 자산 손상으로 당기손익에 반영한다.

　자산 재평가는 일반 재무회계 시스템보다는 별도의 IFRS 시스템을 통해 진행되는 경우가 많은데, 고정자산 관련 사항은 해당 테이블에 기록 관리되어야 하므로 이를 반영하여 설계 및 개발하여야 한다.

5. 재물조사

재물조사 프로세스

　재물조사는 장부에 기록된 내용과 실제 자산의 상태가 일치하는지 확인하는 절차로 그 조사 결과는 조사 기준일 현재 전체 자산의 가치가 얼마이지 판단하는 데 기초적인 자료가 된다.

　재물조사는 보통 매년 결산 시기에 수행하는데 기업에 따라 반기 또는 필요에 따라 수시 실행하기도 한다. 참고로 국가기관의 경우 「물품 관리법」에 의해 매년 말일 기준으로 정기재물조사를 실시하도록 되어 있으며, 지방자치단체 및 교육기관의 경우 「공유재산 및 물품 관리법」에 의해 2년마다 6월 30일 또는 12월 31일 기준으로 재물조사를 하게 되어 있다.

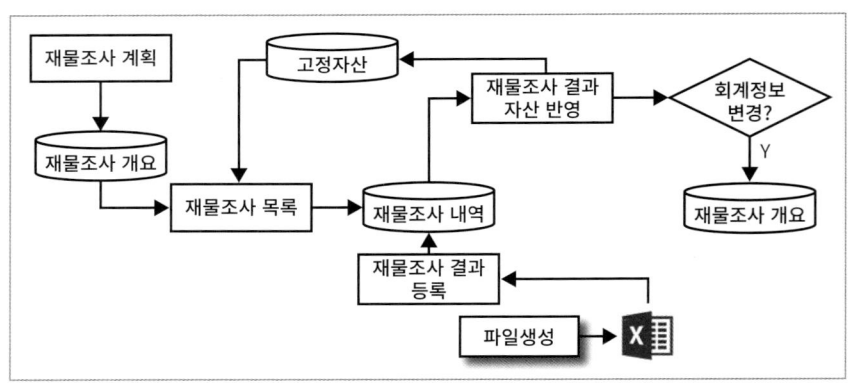

[그림 II-6-9] 재물조사 시스템 흐름도

기본적인 절차는 먼저 재물조사 계획(개요)을 등록하고, 조사 대상이 되는 고정자산의 정보를 추출하여 목록을 작성한다. 이를 엑셀로 다운로드(Download)하여 조사 결과를 수기로 작성하거나, 바코드 스캐너 등 시스템 연계를 통해 조사 후 업로드(Upload)할 수도 있다. 요즘은 자산에 RFID(Radio-Frequency Identification, 전자태그)를 부착하여 관리하는 경우도 많다.

재물조사 화면

재물조사 관련 화면에는 재물조사 목록 생성, 조사결과 등록, 조사결과 자산 반영 등이 있다. 다음은 [재물조사 목록] 생성 화면의 예시이다.

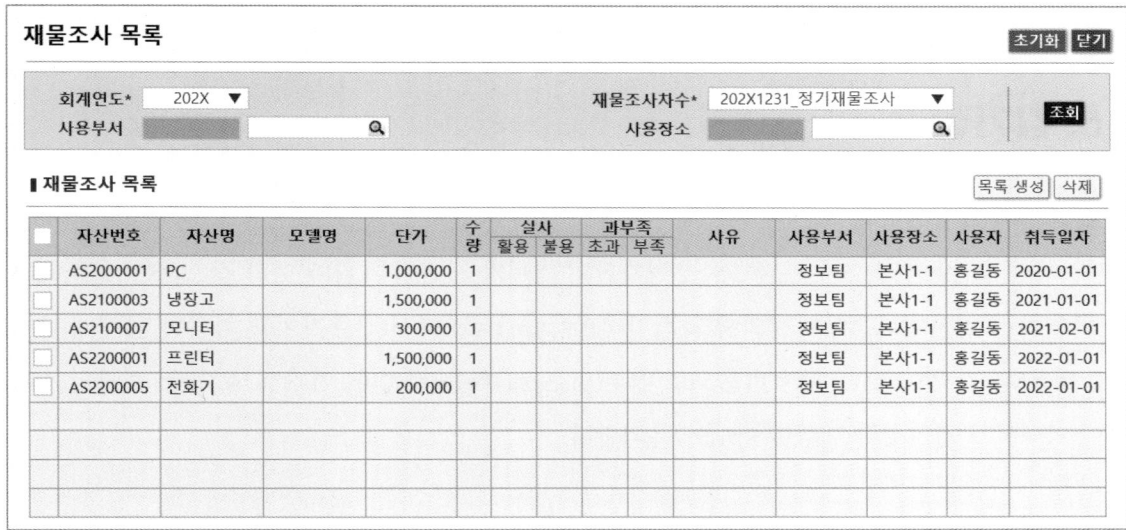

[그림 II-6-10] 재물조사 목록 화면

[목록 생성] 버튼을 누르면 조회 조건에 해당하는 데이터를 추출하여 목록에 표시한다. 목록은 재물조사 계획에서 지정한 범위로 생성한다. 예를 들어, 회사 전체, 특정 회계단위 또는 사용 부서 등이다. 해당 데이터가 이미 생성되어 있다면 다시 생성할 것인가를 묻는 메시지를 표시해 준다.

[삭제] 버튼을 누르면 라인의 체크박스에 체크한 건을 삭제한다. 그러나 이미 재물조사가 진행 중인 상태에서는 목록을 삭제할 수 없다. 재물조사의 상태 코드가 '목록 생성' 상태에서만 가능하다.

실사 부분의 '활용'은 실제 사용하는 수량이고, '불용'은 존재하지만 사용하지 않는 물품(현재 용도가 없는 물품, 불량 등으로 정비가 필요한 물품, 폐품 등)의 수량이다. 과부족 부분의 '초과'는 장부에 기록된 수량보다 많은 경우 그 초과된 수량을 기록하고, '부족'은 장부와 차이 나는 부족분을 기록한다. 사유는 장부와 차이 나는 부분에 대해 그 사유 등을 기록하며, 사용 부서 및 장소 등은 실제 내용을 기록한다.

재물조사 결과는 자산 건별로 그 상황을 시스템에 반영해야 하는데 대표적인 항목은 존재 유무, 수량, 자산 상태, 위치 등이다. 장부에는 있으나 실제로는 없는 경우, 또는 수량이 부족한 경우에는 해당 자산에 대해 손·망실(손실 또는 망실/분실) 처리를 해야 한다. 이는 [[재물조사 결과 자산 반영]] 화면보다는 [[자산 처분]] 화면을 통해 처리하는 것이 좋다. 왜냐하면 [[재물조사 결과 자산 반영]] 화면에서 모든 사항을 처리하기에는 내부 로직이 너무 복잡하고 [[자산 처분]] 화면과 기능이 중복되기 때문이다. 또한, 자산의 위치나 사용 부서가 다른 경우 [[자산 이동]] 화면을 통해 처리하도록 한다. 따라서 [[재물조사 결과 자산 반영]] 화면을 통해 자산 관련 테이블에 업데이트할 수 있는 내용은 매우 한정적이다.

6. 감가상각

감가상각의 의미

감가상각(減價償却, Depreciation)은 유·무형자산의 가치가 시간의 흐름에 따라 감소하는 것을 회계에 반영하는 절차이다. 즉 자산의 취득원가(자본적 지출액 포함)에서 잔존가치를 차감한 금액에 대해 자산의 사용 기간(내용연수) 동안 비용으로 배분(Allocation)하는 것이다. 여기서 '토지'는 소모되는 자산이 아니므로 감가상각 대상이 아님에 유의한다.

[용어 정의]

- 유형자산: 영업활동에 1년 이상 사용 가능한, 물리적 형태를 가진 자산(예; 토지, 건물, 구축물, 기계장치, 선박, 차량운반구 등)
- 무형자산: 장기간 경제적 효익을 제공하는 무형의 권리(예; 영업권, 산업재산권, 광업권, 어업권, 차지권, 창업비 및 개발비, 기타 이에 준하는 자산)
- 취득원가: 자산의 취득가액에 부대비용을 합한 금액
- 자산가액: 자산의 취득원가 및 자본적 지출에 의해 증가된 자산 가치
- 잔존가치(잔존가액) : 고정자산의 사용 가능 기간이 경과한 후에도 자산을 처분해 얻을 수 있는 가치로 감가상각 계산 시 이 금액은 제외하고 처리(취득원가의 일정 부분, 예를 들어, 10%를 설정할 수 있으나 실무에서는 보통 0으로 설정함)
- 감가상각대상금액: 취득원가에서 잔존가치를 뺀 금액

- 내용연수(耐用年數, Useful life): 고정자산이 경제적으로 사용될 수 있는 기간으로, 실제 물리적인 사용 가능 기간보다 법으로 규정된 연수를 주로 적용함.
- 감가상각누계액: 취득부터 처분 시점까지 감가상각된 누적 금액
- 장부가액: 자산가액에서 감가상각누계액을 차감한 상각 후 잔액(자산의 순가치)
- 상각 기준액: 감가상각률을 적용하는 기준 금액

감가상각 프로세스

감가상각은 매년 회계결산 시 반드시 실행해야 하며, 기업에 따라 회계 월 마감 체제를 운영하는 곳은 매월 실시하기도 한다. 대상은 토지를 제외한 고정자산 전체이다.

시스템적으로는 1) 해당 기간의 고정자산 마감 상태를 체크하고, 2) 고정자산 테이블에서 감가상각대상자산을 추출 후 3) 자산 건별로 감가상각비 [계산]을 실행하며, 4) 그 결과를 확인 후 최종적으로 고정자산 마스터에 [반영]한다. 이때 5) 감가상각 전표도 자동 생성해 준다. 전체적인 작업 결과는 고정자산집계표와 고정자산명세서 등을 통해 확인한다. (다음 [그림 Ⅱ-6-11] 참조)

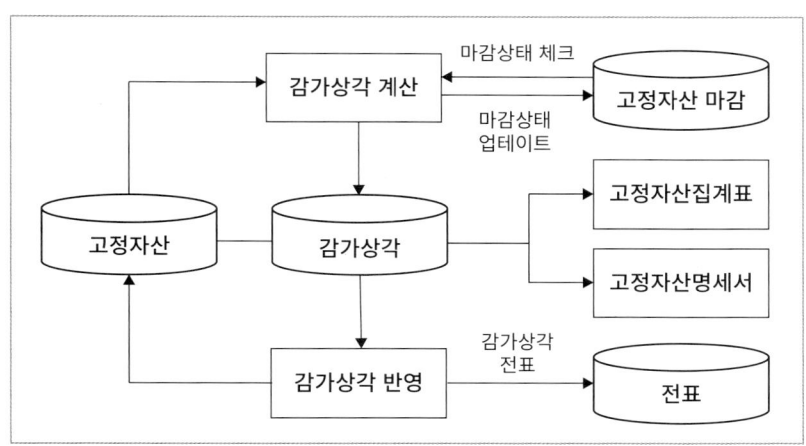

[그림 Ⅱ-6-11] 감가상각 흐름도

감가상각의 계산

감가상각액을 계산하는 데 사용하는 주요 요소는 취득원가, 잔존가치 그리고 내용연수이다. 그러나 감가상각 방법에 따라 약간 차이가 있다.

정액법(Straight-line method, 직선법)은 감가상각대상금액(취득원가-잔존가치)을 내용연수에 걸쳐 균등하게 배분하는 방법이다. 계산이 간단하여 실무에서 가장 많이 사용된다.

정률법(Fixed percentage method)은 가속상각법이라고도 하는데 취득원가에서 감가상각누계액을 차감한 미상각 잔액(장부가액)에 매년 일정한 상각률을 곱하여 계산한다.

감가상각 방법은 자산관리 시스템에서 매우 중요한 설정 사항 중의 하나로 기업 전체에 하나의 방법을 적용하기도 하나, 자산 분류에 따라 달리 적용할 수도 있다. 예를 들어, 건물이나 무형자산은 정액법을 적용하고, 차량이나 기계장치는 정률법을 사용하는 것이다. 이는 [[자산분류 관리]] 화면에서 설정한다.

감가상각 결과는 해당 테이블에 기록한다. 예를 들어, 취득원가가 1,000,000원이고 내용연수가 4년인 자산에 대해 취득 3년 차 3월의 감가상각 결과는 아래와 같다.

[감가상각 테이블]

상각년월 (PK)	자산번호 (PK)	자산가액	기초상각 누계액	상각 기준액	당기 상각액	감가상각 누계액	기초보조금	당기보조금 상계	국고보조금 잔액
202X03	10101	1,000,000	500,000	1,000,000	62,500	562,500	200,000	25,000	175,000

[표 Ⅱ-6-7] 감가상각 테이블

기초상각 누계액은 당해 연도 1월 1일(전년도 말일) 기준 감가상각누계액이며, 당기 상각액은 당해 연도 1월 1일부터 3월 말까지의 감가상각 금액이다. 따라서 3월 말 현재 감가상각누계액은 562,000원이다.

만일 정부보조금을 40% 받은 경우 기초보조금은 4년 중 2년이 경과하였으므로 400,000원의 절반인 200,000원이며, 당기 보조금 상계는 3개월분인 25,000원이 된다(=100,000/12*3). 따라서 3월 말 현재 국고보조금 잔액은 175,000원이다. 위 항목은 예시이므로 실무에서는 업무상 필요에 따라, 그리고 로직 구성의 편의에 따라 더 많은 항목을 추가할 수 있다.

감가상각 내용의 자산 마스터 반영

감가상각 결과는 고정자산 마스터에도 반영해야 각종 자산 현황을 조회하는 데 최신 정보를 제공할 수 있다. 다음은 위 감가상각 결과를 반영한 자산 마스터 테이블의 예시이다.

[고정자산 테이블]

자산번호(PK)	자산명	분류 코드	취득부서	취득일자	상각 방법	내용연수	최종상각 년월	상각완료 여부	자산상태	처분일자
10101	본사서버	전산장비	총무팀	202X0101	정액법	4	202X03	N	정상	

회계단위	사용 부서	사용장소	바코드	취득원가	자산가액	잔존가치	감가상각 누계액	국고보조금	국고보조금 상계
총무팀	총무팀	본사1층		1,000,000	1,000,000	0	562,500	400,000	225,000

[표 Ⅱ-6-8] 고정자산 테이블

감가상각의 회계 처리

고정자산 건별 감가상각비를 계산한 후 그 금액을 자산 분류(유형)별로 집계한다. 보통 자산 분류별로 계정 과목을 달리하므로 분개도 그에 따라 처리하는데, 재무상태표에 감가상각누계액을 해당 유형자산에서 차감하는 형식으로 표시하는 것이 일반적이므로 대변의 감가상각누계액은 재무제표 표시 유형자산 종류별로 구분 계상한다. 즉 감가상각누계액(건물), 감가상각누계액(기계장치), 감가상각누계액(차량운반구) 등과 같은 계정 과목으로 구분하여 집계한다. 반면에 차변의 감가상각비는 보통 자산 분류 관계 없이 전체를 합산하여 기록한다.

정부보조금을 받아 취득한 경우 정부보조금 총액을 내용연수로 나누어 해당 금액을 '(정부보조금-차감)' 계정 과목으로 계상한다. 이 계정의 성격은 '감가상각누계액'처럼 해당 유형자산의 차감 계정이며, 괄호로 묶은 것은 차감 계정을 표시하는 한 방법이다. 여기에 표시한 계정 과목 명칭은 하나의 예시이므로, 계정 과목명은 각 기업에서 정의한 바에 따른다.

거래 유형	분개유형		내용	차변	대변
감가상각	감가상각	D09	자산 유형별로 정기적 감가상각 계산 및 반영	감가상각비	감가상각누계액
			정부보조금 받은 자산에 대해 해당 금액 차감	(정부보조금-차감)	

[표 Ⅱ-6-9] 자산 감가상각 분개

이를 전표 테이블 형태로 표시하면 아래와 같다. 아래 예시는 내용연수가 4년인 서버를 10,000원에 구입하고 1년 경과 시점에서 감가상각비 2,500원을 계상해야 하나, 정부보조금 40% 받아 구입하였으므로 1년분에 해당하는 1,000원을 차감하고 1,500원을 계상하는 경우이다.

[전표 헤더]

전표번호	회계일자	발생경로	전표유형	거래번호	작성 부서	귀속 부서	작성자	적요	전표상태	확정일시
SL2X12310001	202X-12-31	자산	감가상각	A2X1231001	총무팀	총무팀	홍길동	2X년도 감가상각	작성	

[전표 상세]

전표번호	전표순번	회계단위	사업 코드	예산과목	계정 과목	차대구분	전표금액	상세적요	거래순번
SL2X12310001	1	총무팀	본사일반	감가상각비	감가상각비	차	1,500	전산장비 감가상각	1
SL2X12310001	2	총무팀	본사일반	감가상각비	감가누계액_전산장비	대	2,500	전산장비 감가상각	2
SL2X12310001	3	총무팀	본사일반	감가상각비	(정부보조금-차감)_전산장비	차	1,000	보조금 차감	3

[표 Ⅱ-6-10] 감가상각 전표 테이블]

감가상각 화면

감가상각을 수행하면 그 결과를 확인한 후 회계결산에 반영해야 한다. 각 화면을 별도로 구분하여 구현할 수 있으나, 본서에서는 이를 통합하여 수행하는 화면으로 구성하였다.

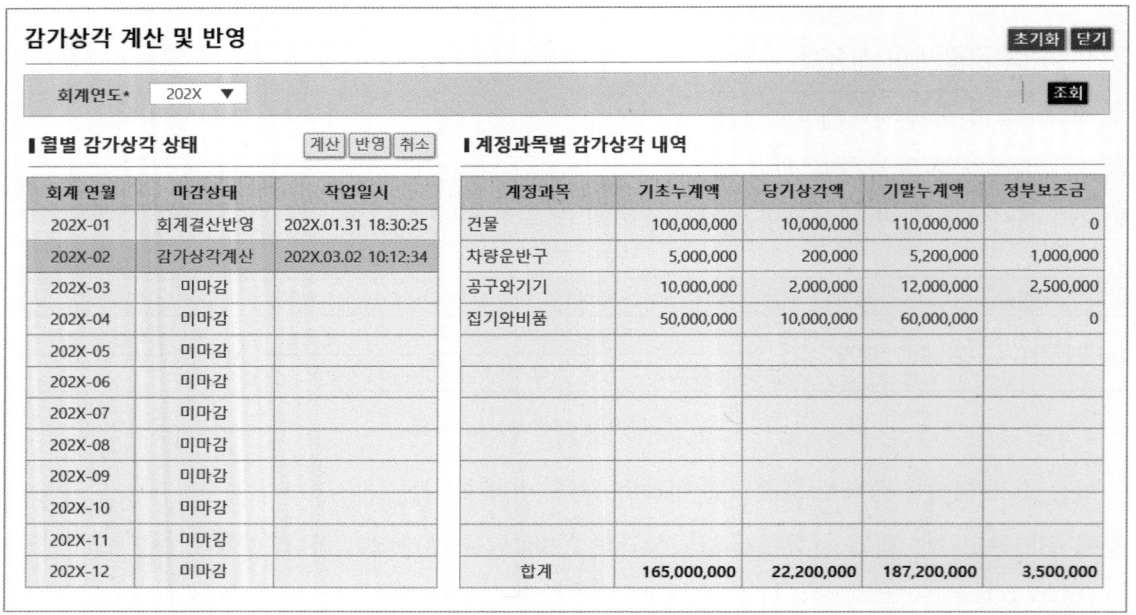

[그림 Ⅱ-6-12] 감가상각 계산 및 반영 화면

'마감 상태'는 '미마감', '감가상각계산', '회계결산반영' 등으로 구분할 수 있다.

감가상각 계산을 할 회계 연월을 선택하고 [계산] 버튼을 누르면 해당 월의 감가상각비를 계산하고, 그 결과를 우측 '계정 과목별 감가상각 내역'에 표시한다. '감가상각 계산' 상태의 건은 [취소] 버튼을 눌러 감가상각 계산을 취소할 수 있다.

선택하는 레코드의 마감 상태에 따라서 버튼의 활성화 여부가 달라지도록 하는데, 미마감 상태의 건은 [계산] 버튼만 활성화하고, 감가상각 계산 상태의 건은 [반영] 버튼과 [취소] 버튼을 활성화한다. 그리고 회계결산 반영 상태의 건은 [취소] 버튼만 활성화하되, 해당 연월 이후에 감가상각이 진행된 건이 있다면 비활성화한다. 왜냐하면 이후 월에 감가상각이 진행되었는데 이전 월에 대해 재작업을 하면 데이터 정합성에 문제가 발생할 수 있고 또 전체를 자동으로 재계산 및 반영하기 위해서는 로직이 너무 복잡해지기 때문이다.

감가상각 계산은 월 단위로 수행하되 최종 작업한 달에서 수개월을 건너뛰고 계산할 수 있도록 한다. 매월 마감을 하기로 정의한 경우 최종 감가상각 계산한 월을 건너뛰고 [계산] 버튼을 누르면 "이전 회계 월의 감가상각을 먼저 수행하십시오."라는 메시지를 표시해 준다.

[반영] 버튼을 누르면 계산 결과를 회계 전표로 생성하고 고정자산 마스터에도 각 자산 건별로 감가상각 내역을 업데이트한다. 자산 변동 이력은 이미 감가상각 [계산] 시 생성하였으나, 각종 자산 관련 장표 조회 및 출력 시 마감 상태에 따라 이 내용을 포함하여 표시할 것인지를 판단해야 한다. 회계결산에 반영된 건은 취소할 수 있으나 세부 처리 내역은 각 업무 정의에 따른다.

고정자산 마감

감가상각 결과가 회계결산에 반영되면 해당 기간은 고정자산 업무에 있어 자동으로 마감 상태가 되도록 한다.

감가상각 추정 및 시뮬레이션

감가상각비가 향후 3~5년간 어떻게 되는지, 신규 자산 투자를 하면 각 조건에 따른 감가상각비의 변화가 어떻게 되는지 등 중장기 경영계획에서 비용을 정교하게 예측하고자 하는 경우 감가상각 추정을 하게 된다. 이는 필수 기능은 아니나 일부 기업에서는 시스템으로 구현하기도 한다.

그리고 고정자산의 감가상각 방법 변경과 같은 회계정책 변경 시 그 영향을 파악하고자 시뮬레이션하는 기능을 요구하는 경우도 있다. 이는 상황에 따라 다를 수 있으므로 각 현업의 요구 사항을 파악하여 대응한다.

제7장

원장관리

1. 원장관리 개요

원장관리 프로세스

원장(元帳, Ledger)이란 회계적 거래를 계정 중심으로 기록한 장부로, 계정별 원장을 모두 모아 놓은 것이 총계정원장(General ledger)이다. 외산 ERP에서는 G/L이라는 용어로 통용되는데 국내에서는 시스템 모듈 명칭으로 원장관리, 일반회계 또는 결산관리라고도 한다.

원장관리 프로세스는 회계적 거래가 발생한 모든 시스템에서 전표의 형태로 데이터를 기록하는 것으로 시작된다. 그 출처는 지출관리, 수입관리, 자산관리, 자금관리와 같은 회계 시스템뿐만 아니라 구매 시스템, 급여 시스템, 사업관리/영업 시스템 등 경영관리 전반의 응용 시스템이 해당된다.

전표는 확정 또는 전기(轉記, Posting)라는 행위를 통해 총계정원장에 기록되는데, 회계적 보고서는 대부분 이 총계정원장을 기초로 작성한다.

결산관리 기능에서는 회계 기간 및 마감을 관리하고, 결산용 조정 전표를 작성 또는 자동 생성하는 기능을 주로 수행한다.

결산이 끝나면 각종 보고서를 작성하는데 대표적인 것이 재무제표이다. 이는 해당 장에서 상세히 소개한다.

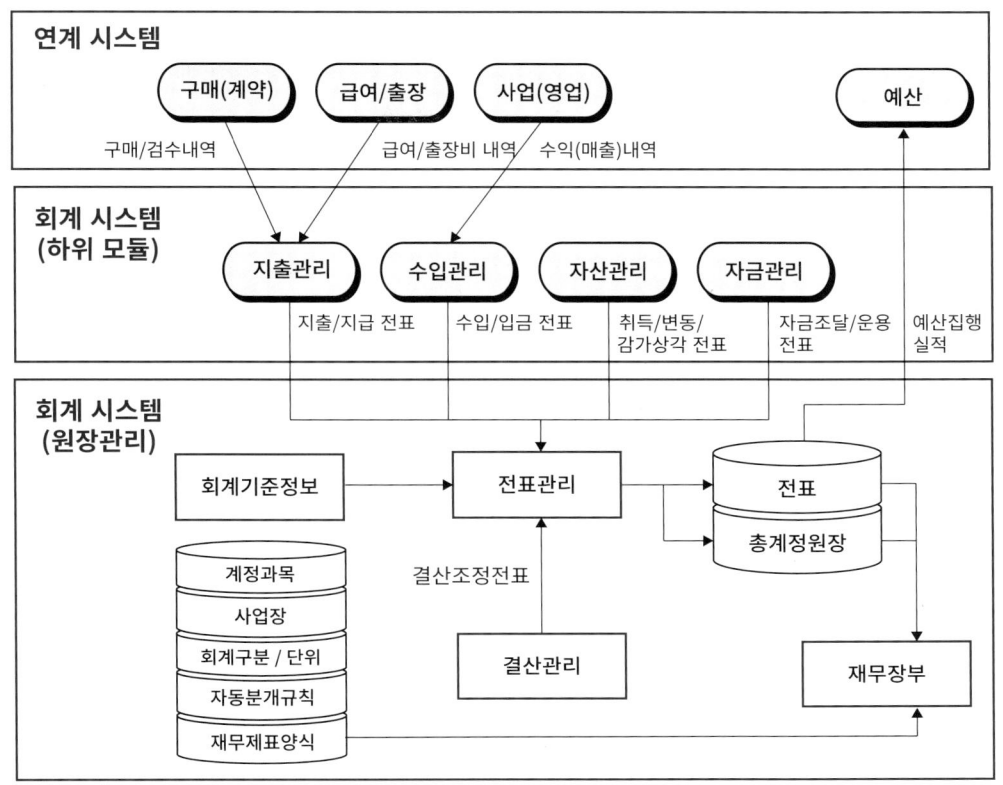

[그림 Ⅱ-7-1] 원장관리 시스템 흐름도

2. 전표 관리

전표 관리 프로세스

전표(傳票)란 거래 내역을 기록한 일정 양식의 문서로, 회계에서 전표는 일자, 계정 과목, 적요, 차변과 대변 구분, 금액 등의 항목으로 구성되어 있다. 전표는 수기로 작성하던 시기에 현금의 입출금을 기준으로 입금전표, 출금전표, 대체전표로 구분하였는데, 쉽게 구분하기 위해 양식의 색깔도 적색, 청색, 흑색으로 인쇄하여 사용하였다.

회계를 시스템으로 관리하면서부터는 위 전표 구분은 거래의 원천 및 유형에 따라 수입결의 전표(매출전표), 입금전표, 지출결의 전표(매입전표), 지급전표, 자금전표, 급여전표, 대체전표 등으로 더욱 다양하게 구분하여 관리하게 되었다. 현금의 입출금보다는 거래 유형에 따라 구분한 것이다.

회계 시스템에서 전표는 영어로 Journal, Slip, Voucher 등의 용어가 사용된다. Slip은 간단한 영수증이나 거래내역서를 의미하고, Voucher는 보다 공식적인 증빙 서류 의미가 있으며,

Journal은 우리가 잡지나 학술지로 많이 알고 있으나 외산 회계 솔루션에서는 'Journal entry(전표 입력)'라는 용어를 많이 사용하는 것으로 보아 'Journal'이 좀 더 전표 의미에 적합하지 않나 생각된다. 그러나 실무에서는 전표를 의미하는 칼럼 명으로 'Slip'이라는 용어도 많이 사용하고 있다.

회계 시스템에서 모든 회계적 거래는 전표 형태로 작성하여 집계한다. 이러한 전표는 대부분 자동으로 생성된다. 즉 거래를 입력하면 전표는 일정한 규칙에 의거하여 자동으로 생성해 준다는 것이다. 이는 제1장의 자동분개 관련 부분에서 언급하였다. 그러나 전표 중 일부는 직접 입력해야 하는데, 일반적인 거래 전표가 아닌 회계 담당자가 입력하는 대체전표나 결산용 조정전표가 그것이다.

전표는 확정을 해야 총계정원장에 반영된다. 여기서 확정은 전기(轉記, Posting)를 말하는 것으로 전표(분개)를 원장에 옮겨 적는 것을 의미한다. 당연히 시스템에서는 버튼만 누르면 자동으로 처리된다. 다른 말로 하면 개발자가 그렇게 코딩을 해야 한다는 것이다.

원장에는 다양한 종류가 있다. 대표적인 것이 총계정원장인데, 이는 회계 시스템에서 일계(日計), 월계(月計), 관리원장 등으로 세분하여 기록한다. 원천 데이터는 하나이지만 각종 보고서를 효율적으로 생성해 내기 위해서는 목적별 형태로 저장해 두어야 로직 구성이 편리하고 반응 시간도 줄일 수 있기 때문이다.

주로 제공하는 원장의 유형에는 다음의 것들이 있다.

- **총계정원장:** 거래(전표) 내역을 회계단위, 계정 과목 및 일별 또는 월별로 집계하여, 각종 회계 장부의 조회/출력용으로 사용한다. 일별 집계 테이블을 '일계', 월별 집계 테이블을 '월계'라는 용어를 붙여 구분한다. 각 레코드별로 이월 금액 및 잔액 칼럼을 포함하고 있다.
- **관리원장:** 채권/채무 계정과 금융자산/부채 계정에 대해 거래처, 금융 계좌번호 등 주요 관리 항목별로 집계하여 현 시점의 해당 관리 항목별 '잔액'을 관리하는 장부이다. 이 중 금융계좌의 거래를 별도로 취합하여 계좌별 현재 잔액을 관리하는 것을 '금융거래원장'으로 구분하기도 한다.
- **미결 자료:** 회계상의 거래 중 외상매출금/외상매입금뿐 아니라 미수금 및 미지급금, 선급금 및 선수금, 가지급금 및 가수금 등과 같이 해당 거래 또는 계정 잔액이 반드시 정산되어야 하는 경우가 있다. 이러한 계정을 미결계정(未決計定)이라고 하는데, 관련 데이터를 별도로 보관하여 관리하기도 한다. 본서 예시 시스템의 경우 [[계정 과목 등록]] 화면에서 '미결계정'으로 체크한 계정에 대해서는 해당 거래를 별도로 취합하여 미결 잔액을 관리하도록 하였다.

전표 관리 시스템의 흐름은 다음 그림과 같이 표현할 수 있다. 관련 시스템에서 발생한 거래를 바탕으로 자동분개 규칙에 따라 전표가 자동 생성되고, 일부 수작업 전표를 포함하여 확정(전기) 처리하면 총계정원장에 집계되는 흐름이다. 전표를 생성하거나 입력할 때는 마감 여부를 반드시 체크하여 회계 데이터의 정합성을 해치지 않도록 유의해야 한다.

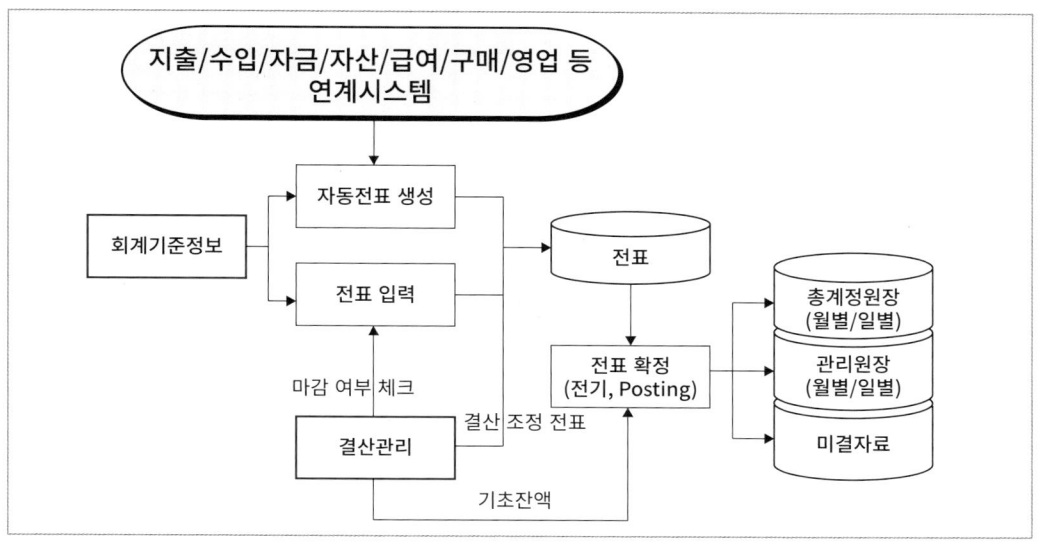

[그림 II-7-2] 전표 관리 시스템 흐름도

잔액 관리

회계 시스템에서 '잔액을 관리한다'는 것은 계정 과목별로 현재 기준 순액(=이월 금액+증가분−감소분)이 얼마인지 파악하는 것뿐 아니라, 거래처별로 주거나 받아야 할 돈이 얼마인지, 또는 금융 계좌별로 현 잔액이 얼마인지 등을 원장관리에서 즉시 확인한다는 의미이다. 잔액을 관리해야 하는 대표적인 경우는 다음과 같다.

1) 외상매출금/외상매입금(미수금/미지급금)과 같은 계정에 대한 거래처별 채권/채무 잔액 관리
2) 보통예금과 같은 금융자산 관련 계정에 대한 계좌번호별 잔액 관리

본서에서의 잔액 관리 기능은 아래와 같은 내용으로 구현함을 전제로 한다.
1) [[계정 과목 관리]] 화면에서 '관리 항목'에 거래처 또는 계좌번호와 같은 관리 항목을 지정한다. (하나의 계정에 복수의 관리 항목 지정 가능)
2) 전표 확정(Posting) 시 총계정원장뿐 아니라 관리원장 테이블에도 업데이트한다.
3) [[거래처 원장]] 조회 시 '계정 과목' 콤보박스에는 거래처를 관리 항목으로 지정한 계정 과목만 나타나게 한다.
4) 각종 원장 조회 시 위 관리원장 데이터를 기초로 계정 과목/관리 항목별 '이월 금액'을 표시한다.

전표 입력 화면

다음은 전표 입력 화면 예시이다.

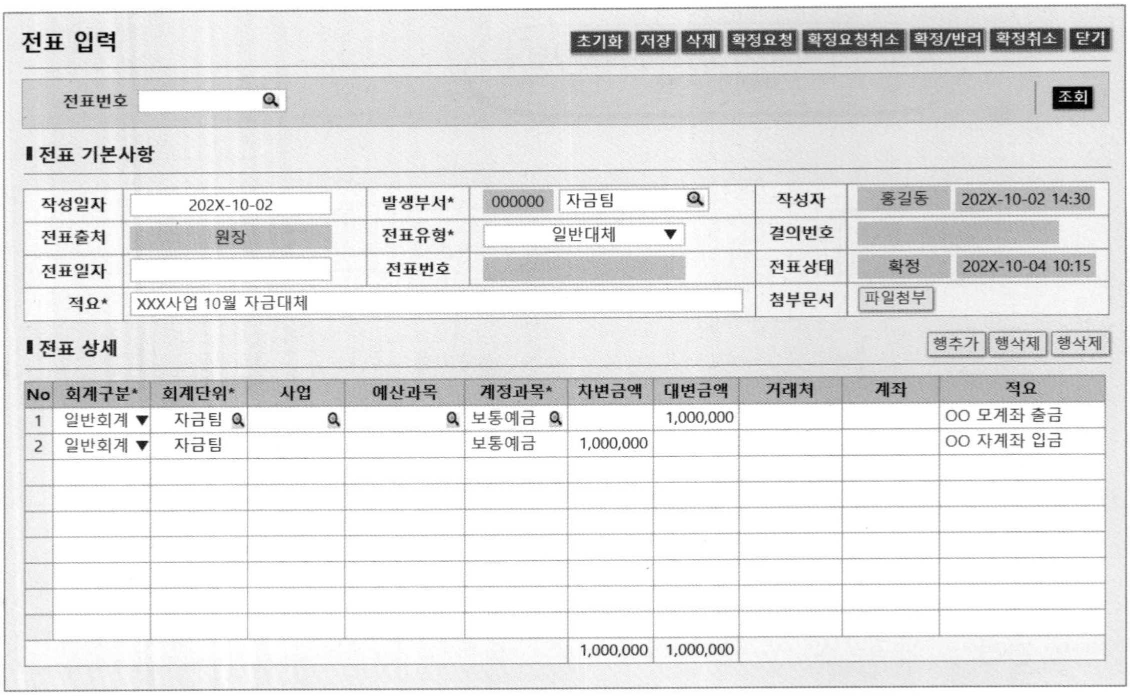

전표 입력					초기화 저장 삭제 확정요청 확정요청취소 확정/반려 확정취소 닫기
전표번호					조회

■ 전표 기본사항

작성일자	202X-10-02	발생부서*	000000 자금팀	작성자	홍길동 202X-10-02 14:30
전표출처	원장	전표유형*	일반대체 ▼	결의번호	
전표일자		전표번호		전표상태	확정 202X-10-04 10:15
적요	XXX사업 10월 자금대체			첨부문서	파일첨부

■ 전표 상세   행추가 행삭제 행삭제

No	회계구분*	회계단위*	사업	예산과목	계정과목*	차변금액	대변금액	거래처	계좌	적요
1	일반회계 ▼	자금팀 🔍	🔍	🔍	보통예금 🔍		1,000,000			OO 모계좌 출금
2	일반회계 ▼	자금팀			보통예금	1,000,000				OO 자계좌 입금
						1,000,000	1,000,000			

[그림 Ⅱ-7-3] 전표 입력 화면

이 전표 입력 화면을 외산 ERP에서는 'General journal entry(일반 전표 입력)'라고도 표현하는데, 대부분의 전표가 자동으로 생성되는 회계 시스템에서는 이러한 수작업 전표 입력 기능은 매우 제한적으로 사용된다. 참고로 위 예시 화면은 자동으로 생성된 모든 전표를 확인하고 확정하는 기능도 겸하고 있다.

위 전표 입력 화면은 전표 기본 사항과 전표 상세로 구성되어 있다. 기본 사항은 전표 헤더(Header) 테이블에, 상세 내역은 전표 상세(Detail) 테이블에 기록한다.

발생 부서는 '귀속 부서' 등 다른 용어로 대체할 수 있는데, 회계 거래를 발생시키거나 귀속되는 조직을 의미한다. 단순히 전표를 입력한 자의 소속 부서(작성 부서)와는 다를 수 있다. 대신 입력해 줄 수 있기 때문이다.

본 화면에서 입력하는 전표의 '출처'는 '원장'으로 고정하고, '전표 유형'은 사전에 등록한 것 중 출처가 원장인 것만 표시한다. 타 모듈(하위 시스템)의 전표를 조회하는 경우 해당 전표 유형을 표시한다. 원장관리에서는 일반대체, 입출금대체, 출금대체 등의 전표 유형이 있을 수 있다.

전표번호는 자동 부여 규칙에 따라 자동으로 생성 표시하되 설정(Set-up)에 따라 수동 입력하는 경우에는 입력 가능 필드로 활성화한다.

'전표 상세' 영역에서 사업과 예산과목은 공공 부문에서는 필수로 관리하는 항목이지만 민간부문에서는 생략할 수 있다. 그러나 예산 대비 실적을 관리하는 경우 전표 화면에도 표시하는 것이 좋다.

대차평균의 원리에 입각하여 한 전표의 차변 금액 합과 대변 금액 합은 같아야 하며, 한 라인에 차변과 대변을 동시에 입력할 수는 없도록 한다. 즉 동일한 계정이 차변과 대변 모두에 나타난다 하더라도 같은 라인에 기록하는 것이 아니라 각각 다른 라인에 기록하는 것이다.

계정 과목에 따라 필수로 관리하는 항목이 있다. 보통 채권채무 관련 계정은 거래처를 필수로 하며, 보통예금 등 금융계좌 관련 계정은 계좌번호 또는 금융자산 번호를 반드시 입력하도록 한다. 이는 계정 과목 관리 화면에서 설정한 바에 따른다.

전표에 대한 승인 또는 확정 프로세스를 반영한다. 전표의 경우 '승인' 대신 '확정'이라는 용어를 많이 사용하는데, 대부분의 거래는 이미 현업 부서의 관리자로부터 승인이 끝나 자동 전표가 생성된 상태이므로 회계 담당자는 최종적으로 회계적인 검토만 하면 되기 때문이다. 일부 거래 유형의 경우 전표 확정도 자동으로 할 수 있다. 정해진 규칙에 따라 자동으로 전표가 생성되었기에 회계 담당자의 검토도 불필요하기 때문이다. 이는 전표 유형별로 설정을 통해 관리하도록 한다. (제1장 자동분개 부분 참조)

전표가 확정되면 총계정원장 등 관련 장부에 해당 거래 내역을 반영한다. 이 부분은 회계 시스템 전반에 영향을 많이 주는 부분이므로 특히 유의해서 구현하여야 한다.

그리고 본 화면의 상단에 나타난 여러 버튼은 권한에 따라 나타나거나 사라지게 한다. 예를 들어, 확정 권한이 있는 사용자에게만 [확정/반려] 및 [확정 취소] 버튼이 보이도록 한다. 또한, 레코드의 상태에 따라서도 관련 버튼을 활성화 또는 비활성화하도록 한다.

급여 분개

지출(매입)이나 수입(매출)의 경우 거래 유형별 분개가 본서의 해당 하위 시스템 부분에서 기술되어 있으나 급여 전표의 경우 회계 시스템 입장에서는 타 시스템이라 누락되어 있다. 따라서 아래에서는 급여 전표에 대한 대략적인 이해를 돕고자 한다.

급여 전표를 생성하는 방법에는 여러 가지가 있다. 급여 관련 거래를 별도의 표준화된 회계적 거래 테이블에 담아 두고 회계 시스템에서 이를 가져다 자동으로 분개를 생성하는 방법이 있고, 급여 시스템에서 회계 시스템에서 요구하는 형식에 맞게 전표를 생성하여 전표 테이블에 직접 반영(Insert)하는 경우 등이 있다. 자동분개의 구현 방법에 따라 다를 수 있으나 가급적 전표 테이블에 직접 반영하는 방법은 피할 것을 권장한다. 혹시 전표 테이블을 잘못 건드리면 회계 시스템 전체에 영향을 줄 수 있고 또 보안상 문제가 될 수도 있기 때문이다.

거래 유형		분개유형	내용	차변	대변
급여	급상여 지급	E01	급여, 상여금 등을 지급하기 위한 지출결의	급여지급항목계정	급여공제항목계정
					미지급급여
	원천세 납부	E02	직원의 급상여에서 원천징수한 세금 납부 결의	급여공제항목계정	미지급금
	법정부담금 납부	E03	직원의 4대 보험료에 대해 본인부담금과 회사부담분(법정부담금)을 납부하기 위한 지출결의	급여공제항목계정	미지급금
				4대 보험항목계정	
	직원대여금 지급	E04	직원대여금, 학자금대출 등에 대한 지출결의	직원대여금	미지급금
퇴직급여	퇴직충당부채 설정	E05	기말 결산 시 퇴직급여추계액이 퇴직급여충당부채 잔액을 초과하는 경우 그 차액을 비용으로 인식	퇴직급여	퇴직급여충당부채
	퇴직금 지출결의	E06	직원 퇴직 시 퇴직금 지급(퇴직금이 퇴직급여충당부채 잔액을 초과하는 경우 그 차액에 대해 '퇴직급여' 비용 처리)	퇴직급여충당부채	급여공제항목계정
				(퇴직급여)	미지급금
퇴직연금	[DC] 퇴직연금 납입	E07	근로자가 운용 주체인 DC(확정기여)형 퇴직연금 납입 시 즉시 비용 처리	퇴직급여	미지급금
	[DB] 퇴직연금 납입	E08	기업이 운용 주체인 DB(확정급여)형 퇴직연금 납입 및 운용수수료 지급	퇴직연금운용자산	미지급금
				지급수수료	
	[DB] 퇴직연금 운용수익	E09	퇴직연금 운용수익 발생 시 수익 처리	퇴직연금운용자산	퇴직연금운용수익
	[DB] 퇴직금 일시금 지급	E10	DB형 퇴직금 일시금 지급 시 퇴직소득세 등 차감(예치금 부족 시 현금 지급)	퇴직급여충당부채	퇴직연금운용자산
				(퇴직급여)	퇴직소득세예수금
					(미지급금)
	[DB] 연금수령 퇴직	E11	퇴직금을 연금으로 지급하는 경우 퇴직 시 분개(충당부채 부족 시 비용 처리)	퇴직급여충당부채	퇴직연금미지급금
				(퇴직급여)	
	[DB] 퇴직연금 지급	E12	퇴직금을 연금으로 지급하는 분개(일부를 연금운용자산이 아닌 현금으로 지급하는 경우)	퇴직연금미지급금	퇴직연금운용자산
					연금소득세예수금
					(미지급금)
	[DB] 미지급연금 현재 가치 평가	E13	기말에 DB형 미지급연금의 현재 가치 증가분을 당기비용 처리	퇴직급여	퇴직연금미지급금

[표 II-7-1] 급여 관련 분개

급여 또는 상여 지급 시 전표의 차변에는 급여, 상여, 각종 지원금 등 지급 항목에 해당하는 계정 과목이 나타나며, 대변에는 근로소득세와 주민세 같은 세금과 4대 보험 직원부담분, 각종 공제회비 등 공제 항목에 해당하는 계정 과목이 나타난다. 그리고 지급할 금액에서 공제할 금액을 차감한 것이 실제 직원에게 지급하는 금액으로 대변에 '미지급급여' 계정으로 처리한다. '미지급금'이 아닌 '미지급급여' 또는 '급여미지급금'으로 표시한 것은 일반 미지급금과 구분하기 위한 예시일 뿐이므로 이는 사용자의 업무에 따르면 된다(분개유형 E01).

직원 급여에서 공제한 원천세(소득세, 주민세)와 4대 보험료를 관련 기관(국세청, 지방자치단체, 4대 보험기관)에 납부하기 위한 전표는 해당 담당자가 보통 수작업으로 작성하나, 시스템에서 자동으로 생성해야 하는 경우에는 차변에 급여공제항목 계정과 4대 보험항목 계정을, 대변에 미지급금 계정을 사용하여 전표를 작성한다(분개유형 E02, E03).

퇴직금 및 퇴직연금 관련한 분개는 퇴직금 제도에 따라 다른데, 상세한 내용은 위 표를 참조한다.

3. 결산관리

결산관리 프로세스

회계 시스템에서 결산은 해당 회계 기간을 마감하는 것으로 시작하여 각종 결산조정 전표 입력, 대내외 보고를 위한 보고서 작성, 최종적으로 이월 처리하는 것으로 마무리한다. 그리고 차기 회계 기간을 개설하는 것도 잊지 말아야 한다.

최초 시스템 구축 시에는 각 계정별 기초잔액을 등록해야 하는데, 대부분 엑셀과 DBMS에서 제공하는 도구를 사용하여 일괄 처리하거나, 좀 더 복잡한 경우 프로그램을 개발하여 처리한다. 다만 소규모 사업장의 경우 [[기초잔액 등록]] 화면을 이용하여 수작업으로 처리할 수 있다. (여기서 수작업이란 직접 화면에 입력 또는 화면을 통해 엑셀로 업로드하는 것을 말한다.)

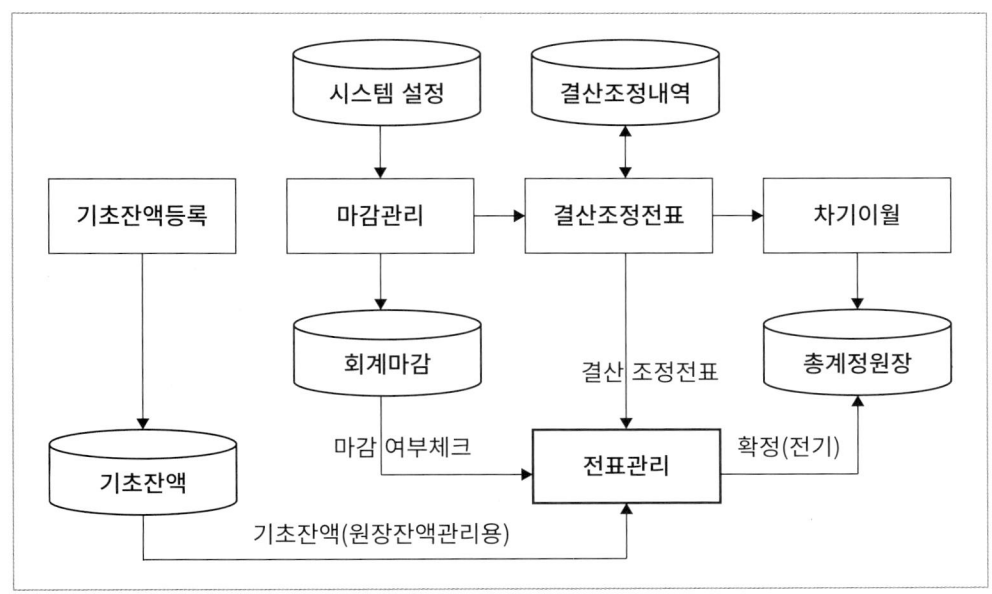

[그림 II-7-4] 결산관리 시스템 흐름도

기초잔액 등록 화면

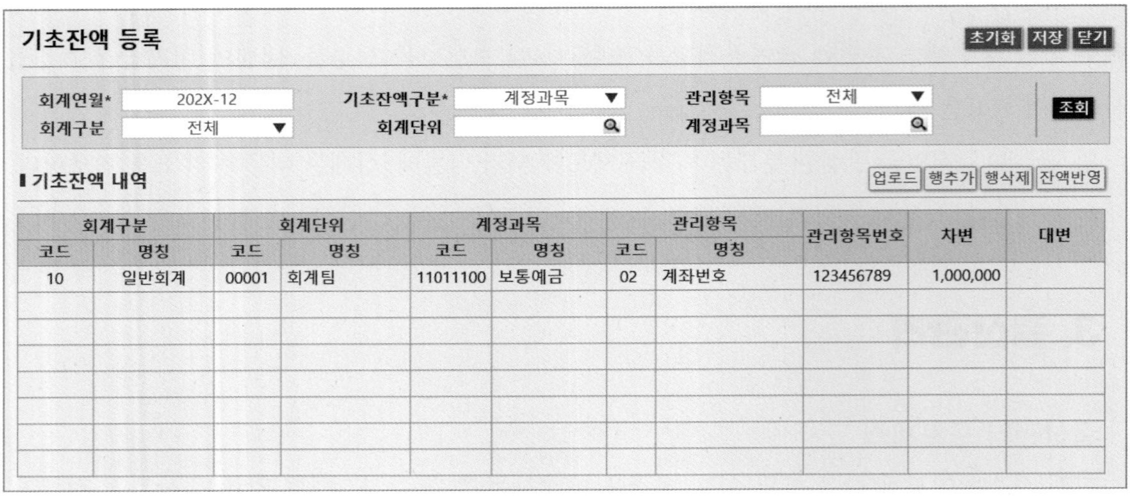
기초잔액 등록
초기화
저장
닫기
회계연월*
202X-12
기초잔액구분*
계정과목
관리항목
전체
조회
회계구분
전체
회계단위
계정과목
기초잔액 내역
업로드
행추가
행삭제
잔액반영
회계구분
회계단위
계정과목
관리항목
관리항목번호
차변
대변
코드
명칭
코드
명칭
코드
명칭
코드
명칭
10
일반회계
00001
회계팀
11011100
보통예금
02
계좌번호
123456789
1,000,000

[그림 II-7-5] 기초잔액 등록 화면

위 그림은 기초잔액을 등록하기 위한 화면 예시이다. 시스템 구축 시 최초 한 번 사용하거나 또는 일반 사용자가 전혀 사용할 일이 없는 화면이긴 하지만 총계정원장 및 관리원장 데이터의 구조에 대한 이해를 돕기 위해 제시한다.

'회계연월'은 기초잔액을 등록하고자 하는 연월로 이전 시스템에서 최종 마감된 연월이다.

'기초잔액구분'은 잔액을 반영할 원장의 유형으로 계정 과목 또는 관리 항목을 선택하도록 한다. 계정 과목을 선택하면 계정 과목별로만 잔액을 등록하며, 관리 항목을 선택하면 계정 과목 및 관리 항목별로 잔액을 등록해야 한다.

등록의 편의를 위해 엑셀 [업로드] 기능을 제공한다. [행 추가], [행 삭제] 버튼은 직접 화면에 입력하는 경우에 해당되나, 업로드 자료 중 일부 조정이 필요한 경우에도 사용할 수 있다.

[저장]은 일종의 임시 저장소에 기록하는 것이고, [잔액 반영]은 최종적으로 총계정원장에 반영하는 기능이다.

결산 조정 전표

회계 기간이 끝나면 재무보고서를 작성해야 하는데, 일상에서 발생한 거래의 기록만으로는 회계 정보를 충분히 전달할 수 없다. 즉 발생주의 회계기준에 따라 수익과 비용의 발생 기간을 정확하게 인식해야 하는데 이를 반영하기 위한 전표가 결산 조정 전표이다. 이는 회계 담당자가 관련 자료를 취합하여 수기로 작성할 수도 있지만 일부 자동으로 처리할 수도 있다. 다음은 자동으로 전표를 생성하는 경우 참조하기 위한 예시 분개이다.

거래 유형		분개유형	내용	차변	대변
결산	차기 수익의 이연	F01	미리 받은 수익을 기간 배분하여 선수수익으로 계상	수익	선수수익
	차기 비용의 이연	F02	미리 지급한 비용을 기간 배분하여 선급비용으로 계상	선급비용	비용
	당기 수익의 인식	F03	아직 받지 못한 수익을 기간을 고려, 미수수익으로 계상	미수수익	수익
	당기 비용의 인식	F04	아직 지급하지 않은 비용을 기간을 고려, 미지급비용으로 계상	비용	미지급비용
	유무형자산 감가상각	D05	자산 유형별로 정기적인 감가상각 계산 반영	감가상각비	감가상각누계액
	대손상각비 추청	F05	매출채권 중 일부를 받지 못하는 위험에 대해 비용으로 인식하여 장부에 기록	대손상각비	대손충당금
	재고자산 평가와 상각	F06	재고자산의 손·망실 부분에 대한 평가 및 기록	재고자산감모손실	재고자산
	유가증권 평가	F07	기말 기준 유가증권의 가치를 평가하여 손실 인식	매도가능증권평가손실	매도가능증권
			기말 기준 유가증권의 가치를 평가하여 이익 인식	매도가능증권	매도가능증권평가이익
	유동성대체	F08	만기 1년 이내의 자산, 부채의 장기/단기 대체	유동자산	비유동자산
				비유동부채	유동부채
	마감 분개 (결산 분개)	F09	수익, 비용, 배당금 계정(임시계정, 명목계정) 잔액을 제로로 만들어줌(집합손익 대체)	각 수익 계정	집합손익
				집합손익	각 비용 계정
			자산, 부채, 자본 계정(영구계정) 잔액 차기이월 처리	각 부채, 자본 계정	각 자산 계정
			자산, 부채, 자본 계정(영구계정) 잔액 전기이월 처리	각 자산 계정	각 부채, 자본 계정
	당기 손익의 자본 대체	F10	당기순이익이 발생한 경우	집합손익	미처분이익잉여금
			당기순손실이 발생한 경우	미처리결손금	집합손익

[표 II-7-2] 결산 조정 분개

보통 수익과 비용의 이연 분개를 자동으로 생성하기 위해서는 관련 정보를 관리하는 화면 또는 하위 시스템을 별도로 개발해야 한다. 정확한 금액 산정을 위해서는 해당 거래의 기간 정보 등이 필수적이기 때문이다(분개유형 F01~F04).

자산에 대한 감가상각은 자산관리 시스템에서 수행하여 원장관리 시스템에 연계 처리한다(분개유형 D05).

대손상각비 추정이나 유가증권 평가, 유동성 대체 등은 보통 회계 담당자가 직접 관리하여 전표를 작성하나 규모가 큰 업체의 경우 별도 시스템을 개발하기도 한다(분개유형 F05~F08).

위 '마감 분개(결산 분개)(F09)'와 '당기 손익의 자본 대체(F10)'는 수작업으로 장부를 마감하는 경우의 예시일 뿐이며, 실제 시스템에서는 잘 생성하지 않는다.

그러나 솔루션 또는 시스템에 따라 미처분이익잉여금 또는 미처리결손금을 자동으로 계산해 주는 기능을 제공하기도 하는데, 전표를 생성하려면 상대 계정을 지정하고 또 이를 정리해야 하는 문제가 있으므로 화면 또는 보고서에 표시하는 정도로 처리하면 될 것이다.

4. 회계장부

회계장부 관리 프로세스

회계장부는 회계상 거래를 기록하고 이를 목적별로 집계 및 관리하는 장부로, 크게 주요부와 보조부로 구분된다. 주요부는 회계적 거래를 모두 기록하고 재무제표 작성의 기초가 되는 장부로 분개장과 총계정원장이 해당되며, 보조부는 주요부에 대해 목적별로 상세 내역을 보여 주는 장부로 보조기입장과 보조원장으로 나뉜다.

분개장은 모든 거래에 대해 발생 순서대로 분개를 기록한 것이며, 총계정원장은 분개장 내역을 각 계정별로 옮겨 적은 것을 말한다.

보조기입장은 현금출납장, 예금출납장, 매입장, 받을어음기입장, 지급어음기입장 등이며, 보조원장은 상품재고장, 매출처원장, 매입처원장 등이다.

회계 시스템에서는 이러한 다양한 회계장부를 전표, 총계정원장, 관리원장 테이블 3종만 있으면 대부분 작성할 수 있다. 다만, 총계정원장의 경우 데이터 처리 성능을 위해 일계 테이블과 월계 테이블로 분리하여 관리한다.

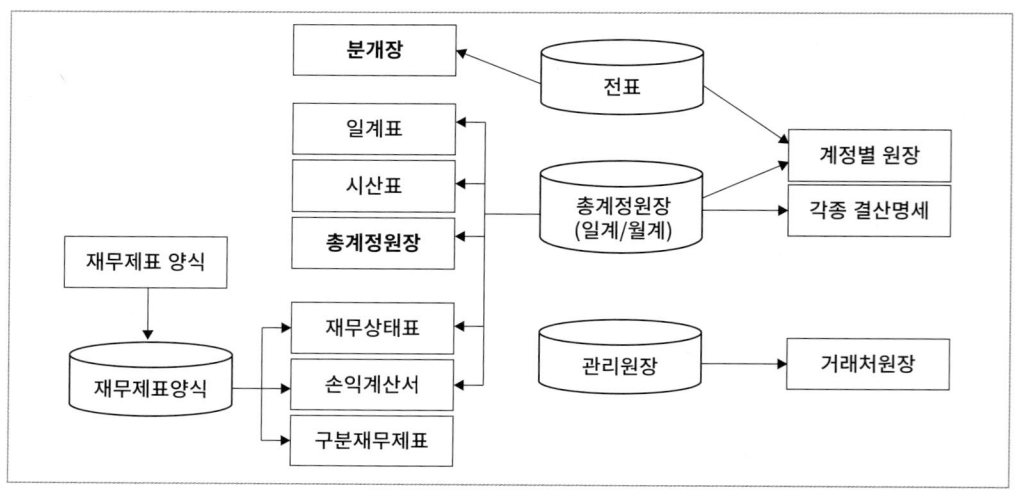

[그림 Ⅱ-7-6] 회계장부 시스템 흐름도

분개장 화면

[[전표 입력]] 화면에서는 전표를 건별로 입력하거나 조회하는데 반해 [[분개장]] 화면은 일정 조건에 해당하는 전표를 일괄해서 조회할 수 있다.

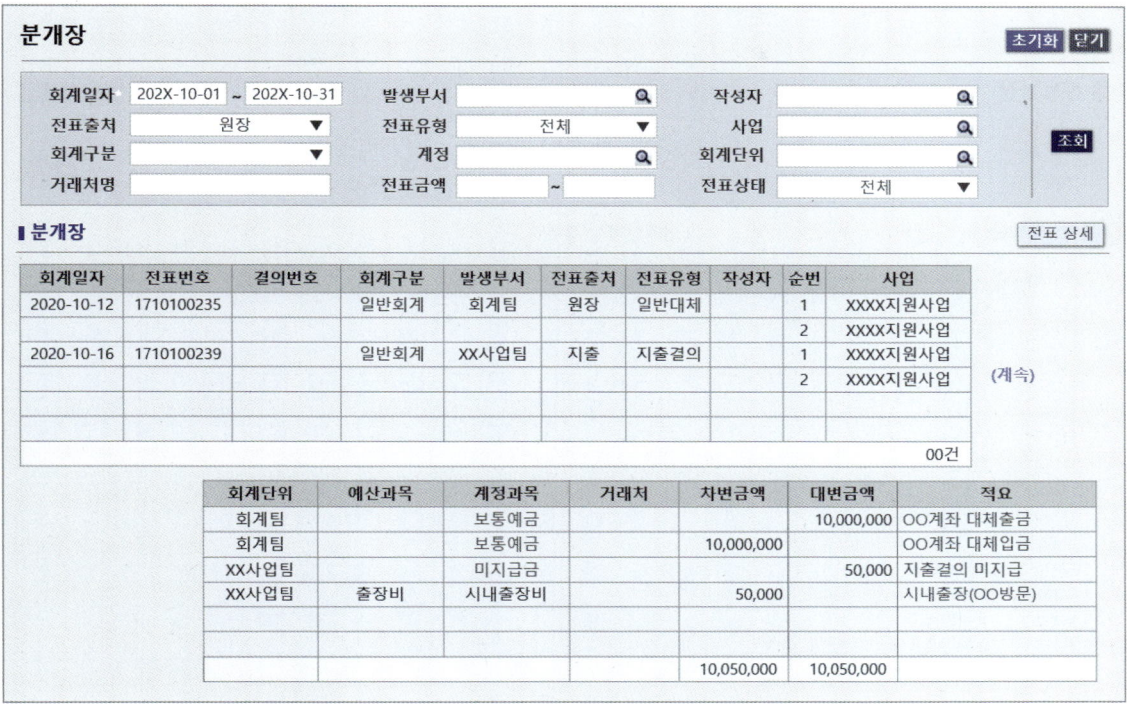

[그림 Ⅱ-7-7] 분개장 화면

[[전표 입력]] 또는 [[전표 조회]] 화면에서는 미확정 전표도 조회할 수 있으나, [[분개장]] 화면은 확정된 전표만을 표시하는 것이 일반적이다.

조회 조건은 매우 다양하게 구성하여 특정 회계 거래를 쉽게 조회할 수 있도록 한다. 특히 '전표 금액' 같은 항목은 테이블 전체를 읽게 되어 시스템 성능에 안 좋은 영향을 미칠 수 있으나 회계 담당자의 업무 편의를 위해 제한적으로 반영하기도 한다.

분개장 표(그리드)에서 전표 헤더에 해당하는 부분은 셀(Cell)을 병합하거나 해당 셀을 빈칸으로 두어 그 라인이 동일한 전표임을 알 수 있도록 한다. 이는 UI 개발 도구의 그리드(Grid) 기능에 따라 다르다.

라인을 더블클릭하거나 선택(클릭) 후 [전표 상세] 버튼을 누르면 해당 전표 조회 화면으로 이동하여 상세 데이터를 보여 준다.

총계정원장 화면

총계정원장은 기본적으로 월계 테이블을 기초로 구현한다. 그러나 조회 기간을 일자로 하는 경우 일계 테이블을 함께 참조한다. 화면의 구성은 사용자 요구 사항에 따라 약간씩 다르지만 기본적인 구조는 다음 [그림 Ⅱ-7-8]과 유사하다.

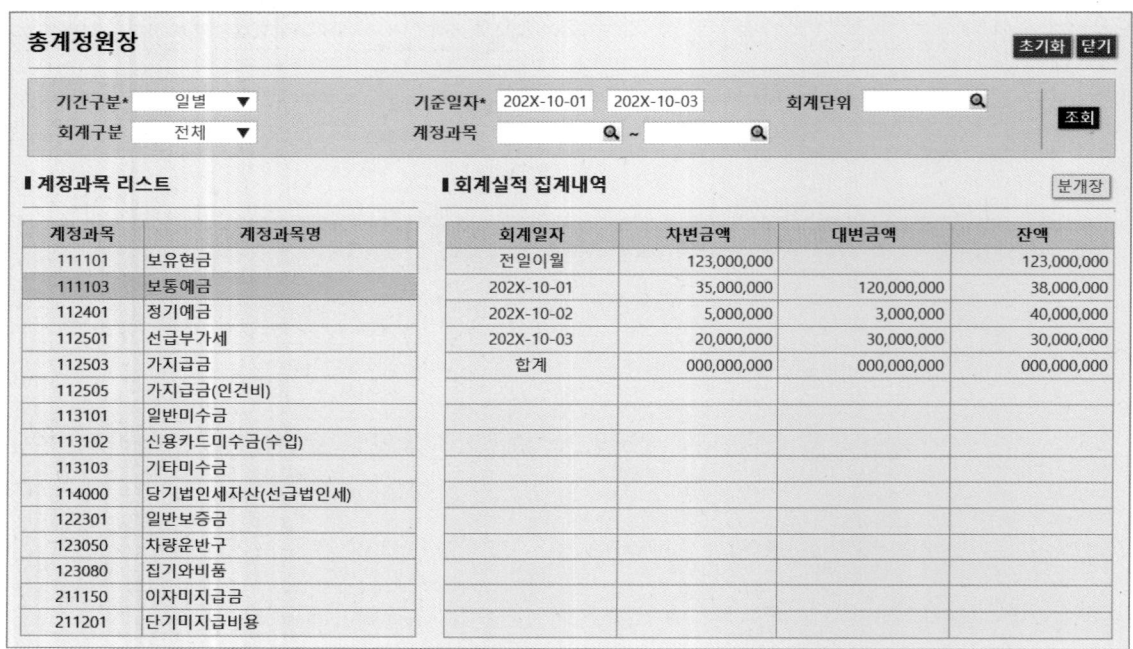

[그림 Ⅱ-7-8] 총계정원장 화면

'기간 구분'은 '일별'과 '월별'이다. 기본적으로 '월별' 기준으로 당년 1월부터 현재 월까지 조회하지만, 연중 특정 기간에 대해 일별로도 조회 가능하다. 따라서 기간 구분 선택에 따라 기준일자 표시 형식을 달리해야 한다. 즉 기간 구분을 '월별'로 선택하면 '기준연월'로 되고, '일별'을 선택하면 '기준일자'로 변경한다.

조회 조건 입력 후 [조회]하면 화면 좌측에 계정 과목 리스트를 보여 주고, 계정 과목을 선택(클릭)함에 따라 우측에 해당 계정의 일별 또는 월별 회계 실적을 보여 준다. 기간 구분이 '일별'인 경우 금액의 첫 번째 라인에 '전일이월'이라고 표시하고 '월별'인 경우 '전월이월'이라고 표시한다. 그리고 잔액 칼럼에 이월 금액을 보여 주되, 차변 잔액 계정(자산)인 경우 차변 금액 칼럼에, 대변 잔액 계정(부채, 자본)인 경우 대변 금액 칼럼에 이월 금액을 동일하게 표시한다.

합계 라인의 잔액은 차변 계정인 경우 "이월+차변−대변=잔액", 대변 계정인 경우 "이월+대변−차변=잔액"이 된다.

금액 라인을 더블클릭하거나 선택 후 [분개장] 버튼을 누르면 [[분개장]] 화면으로 이동하여 해당 상세 내역을 보여 준다.

재무제표 양식 관리 화면

재무제표에는 재무상태표, 손익계산서 등이 있는데, 기본적으로 계정 과목 목록을 중심으로 표현된다. 재무제표 양식은 이 계정 과목 목록과 과목별 집계 및 계산 관계를 사전에 설정하여 각종 재무보고서를 보여 줄 때 사용한다.

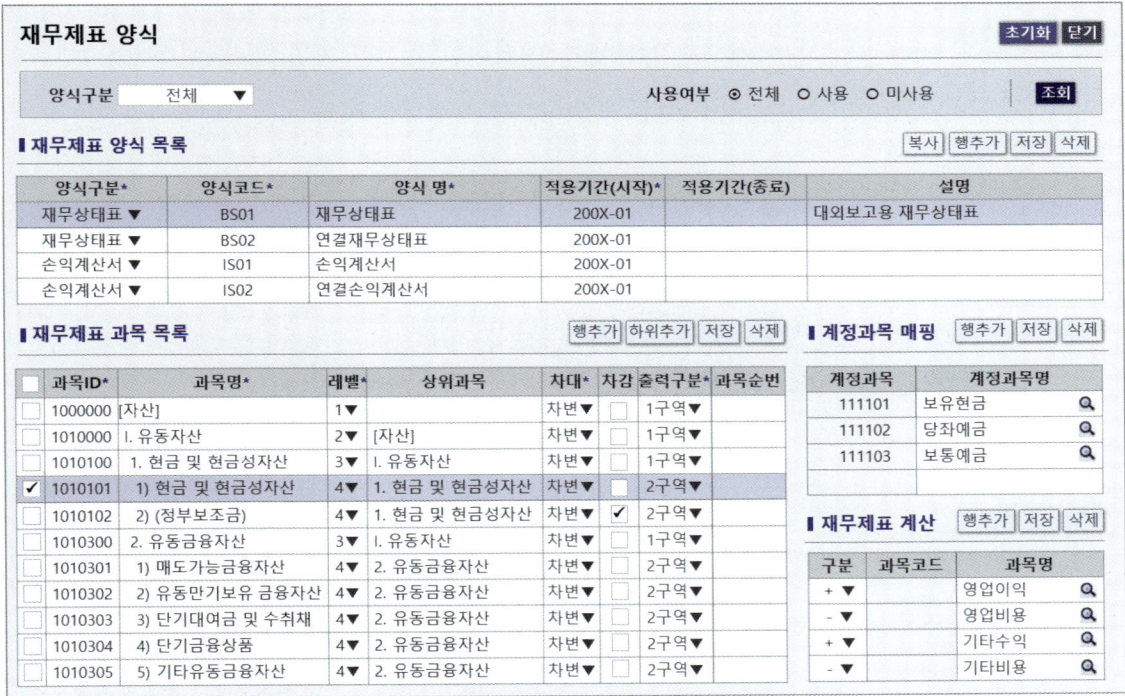

[그림 Ⅱ-7-9] 재무제표 양식 관리 화면

'양식 구분'은 재무상태표, 손익계산서, 구분재무제표 등으로 설정하는데, 계정 과목을 보고서의 한 축으로 사용하는 대부분의 회계장부에 적용된다. 양식 코드는 영문, 숫자 임의로 입력 가능하며 자릿수 제한은 없다.

'재무제표 양식 목록'에서 라인(양식) 선택 시 아래 '재무제표 과목 목록'에 해당 양식의 '과목' 리스트를 보여 준다. 여기서 '과목'은 '계정 과목'과는 달리 계정 과목의 집합 또는 계정 과목 간의 계산 결과 등을 의미한다. (본서에서의 용어이므로 '항목'과 같이 다른 용어로 정의하여 개발해도 된다.)

과목의 '레벨'은 출력 시 들여쓰기 하거나 상위 과목과 결합하여 계층 체계를 표시하는 용도로 활용할 수 있다. '차감'은 해당 과목이 차감 계정을 의미하는지를 표시하는 것으로 과목 간 계산 시 마이너스 작용을 할 수 있다. '출력 구분'을 1, 2구역으로 나눈 것은 재무제표에 금액 표시할 때 상세와 합계를 구분하는 것으로 금액란의 왼쪽 또는 오른쪽을 의미한다. 이 역시 본서에서의 용어이므로 각자 방식에 따르면 된다.

재무제표 '과목'을 선택하고 오른쪽 매핑 영역에 그 과목에 해당하는 계정 과목을 지정한다. 여러 계정 과목을 지정할 수 있는데 해당 값들은 모두 합산되어 표시된다. 계정 과목은 원칙적으로 동일한 양식에서 중복 사용될 수 없다. 재무제표에 표시되는 값에 정합성 문제가 발생할 수 있기 때문이다.

재무제표 표시 '과목' 간의 계산이 필요한 경우 '재무제표 계산' 영역에 해당 산식을 반영한 과목을 지정한다. 예를 들어, 손익계산서 양식에서 '영업이익'은 '재무제표 계산' 영역에 (+)매출총이익, (–)판매비와관리비 과목을 지정한다. 계산 구분은 사칙연산인 +, –, *, /이 있지만 대부분 +, –만 사용된다.

재무제표 과목 계산식의 순환 참조 오류를 방지하기 위해 저장 시 동 양식에서 자신 항목과 교차하여 참조하는 내역이 있는지 반드시 체크해야 한다.

재무제표 화면

아래는 재무제표 중 재무상태표를 조회하는 화면의 예시이다.

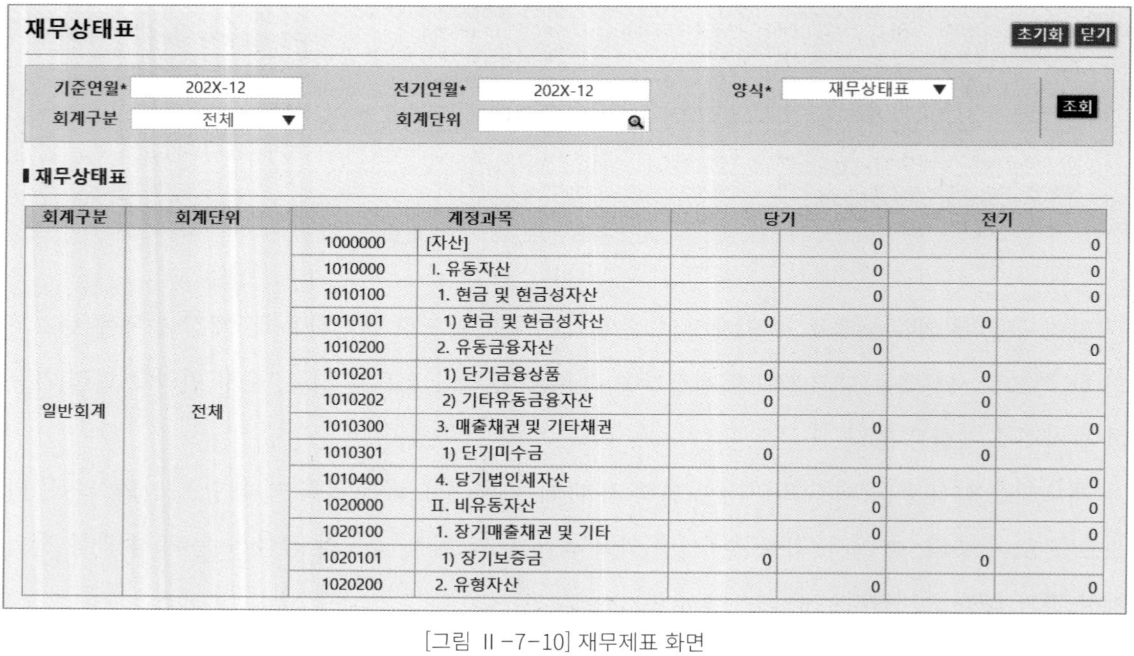

재무상태표 초기화 닫기

기준연월* 202X-12 전기연월* 202X-12 양식* 재무상태표 ▼ 조회

회계구분 전체 ▼ 회계단위

▮ 재무상태표

회계구분	회계단위	계정과목		당기		전기	
일반회계	전체	1000000	[자산]		0		0
		1010000	I. 유동자산		0		0
		1010100	1. 현금 및 현금성자산		0		0
		1010101	1) 현금 및 현금성자산	0		0	
		1010200	2. 유동금융자산		0		0
		1010201	1) 단기금융상품	0		0	
		1010202	2) 기타유동금융자산	0		0	
		1010300	3. 매출채권 및 기타채권		0		0
		1010301	1) 단기미수금	0		0	
		1010400	4. 당기법인세자산		0		0
		1020000	II. 비유동자산		0		0
		1020100	1. 장기매출채권 및 기타		0		0
		1020101	1) 장기보증금	0		0	
		1020200	2. 유형자산		0		0

[그림 II-7-10] 재무제표 화면

'기준연월'은 해당 월 현재의 재무 상태를 보여 주는 것을 의미한다.(손익계산서의 경우 해당 연도 1월부터 기준 월까지의 실적을 보여 준다.) '전기연월'은 전 회계연도 해당 월의 재무 상태를 보고자 하는 것인데, 보통 전기 12월을 기준으로 한다.(손익계산서의 경우 전기 1월부터 기준월까지의 실적을 보여 준다.)

회계 구분 및 회계단위 선택에 따라 해당 값별로 집계하여 표시한다. 총계정원장 테이블에 회계 구분 및 회계단위 값을 포함하고 있으면 SQL 구성만으로도 간단하게 집계할 수 있다.

당기 및 전기의 좌우 칼럼은 [[재무제표 양식]] 화면에서 과목별로 '출력 구분'을 지정한 바에 따라 표시한다. 보통 집계 계정 과목을 구분하기 위해 사용한다.

금액은 기준연월 현재의 과목별 잔액이다.

재무제표 조회 시 단일 SQL만으로는 성능에 문제가 되는 경우가 있다. 즉 조회 속도가 매우 느린 경우이다. 보통 3초가 넘어가면 사용자가 불편을 느낀다고 하는데, 재무제표 조회 시 수십 초 이상이 걸린다면 별도의 조치를 강구해야 한다. 이는 시스템 상황에 따라 다른데, 테이블에 적절한 인덱스(Index) 구성 등을 통해 해결되지 않으면 재무제표 조회용 임시 테이블을 생성하여 처리하는 것을 검토해 본다.

5. 미결관리

미결관리

회계상의 거래 중 자금의 사용처가 불분명하거나 아직 완결되지 않은 건(Open item)에 대해서는 반드시 정산 과정이 필요하다. 이렇게 반제(Clearing, 정산)를 통해 해당 거래 또는 계정 잔액을 정리해야 하는 계정을 미결계정(未決計定)이라고 한다. 이 역시 회계 시스템에서 관습적으로 사용하는 용어이다.

미결계정은 보통 계정 과목명이 '가(假, Temporary)', '미(未, Not)', '선(先, Pre)'으로 시작되는 경우가 많다. 회계 시스템에서 관리하는 정산 대상 계정을 살펴보면 다음과 같은 것들이 있다.

1) 사용처가 확정 또는 확인되지 않은 경우: 가지급금, 가수금
2) 아직 재화나 용역을 공급하지 않았으나 대금 일부를 선 지급한 경우: 선급금, 선수금
3) 상거래에서 발생한 채권/채무: 외상매출금/외상매입금, 미수금/미지급금
4) 위 상거래에서 부가적으로 발생한 부가가치세: 부가세예수금(=매출부가세 또는 부가세선수금), 부가세대급금(=매입부가세 또는 부가세선급금)

5) 지급하는 비용에서 세금 등을 원천징수하여 잠시 맡아 두는 경우: 소득세/주민세/4대 보험/ 노동조합 및 공제회 등 각종 회비에 대한 '예수금'
6) 결산 시 수익/비용을 인식하여 기간 배분하는 경우(Accruals & Deferrals): 선급비용, 선수수익, 미수수익, 미지급비용
7) 기타: 받을어음, 지급어음, 보증금, 차입금 등

미결계정을 회계 시스템에서 관리하는 방법은 먼저 계정 과목 관리에서 미결관리 방법을 설정하고, 각 미결계정이 발생하는 거래에 대해 정산하는 프로세스를 구현하여야 한다. 즉 [[계정 과목 관리]] 화면에서 '미결관리 구분'을 '건별 반제' 또는 '총액 반제'로 선택하고, 지출결의 등의 화면에서 발생한 미지급금과 같은 미결계정에 대해 지급 처리 화면에서 해당 미지급금 건을 정산(반제)하는 방식이다. 관리원장에서는 미결계정의 관리 항목별로 잔액을 관리한다.

회계 시스템에서 관리하는 대표적인 미결 계정의 발생과 정산은 [그림 Ⅱ-7-11]과 같이 정리할 수 있다.

[[지출결의]] 화면에서 발생한 미지급금을 [[지급]] 화면에서 정산하는 것은 회계 시스템에서 가장 전형적인 미결관리 방법이다. 선급금이나 가지급금의 발생 및 정산은 같은 [[지출결의]] 화면에서 처리할 수 있으나 업무를 명확히 구분 처리하기 위해 별도로 화면을 구성하기도 한다.

[[입금 처리]] 화면에서 발생한 가수금은 [[수입결의]] 화면에서 생성된 미수금과 정산 처리해야 하는데 [[미수금 관리]] 화면에서 미수금과 가수금 내역을 조회 후 반제 처리한다. 선수금 역시 [[수입결의]] 화면을 통해 발생하고 또 다른 수입결의를 통해 정산한다.

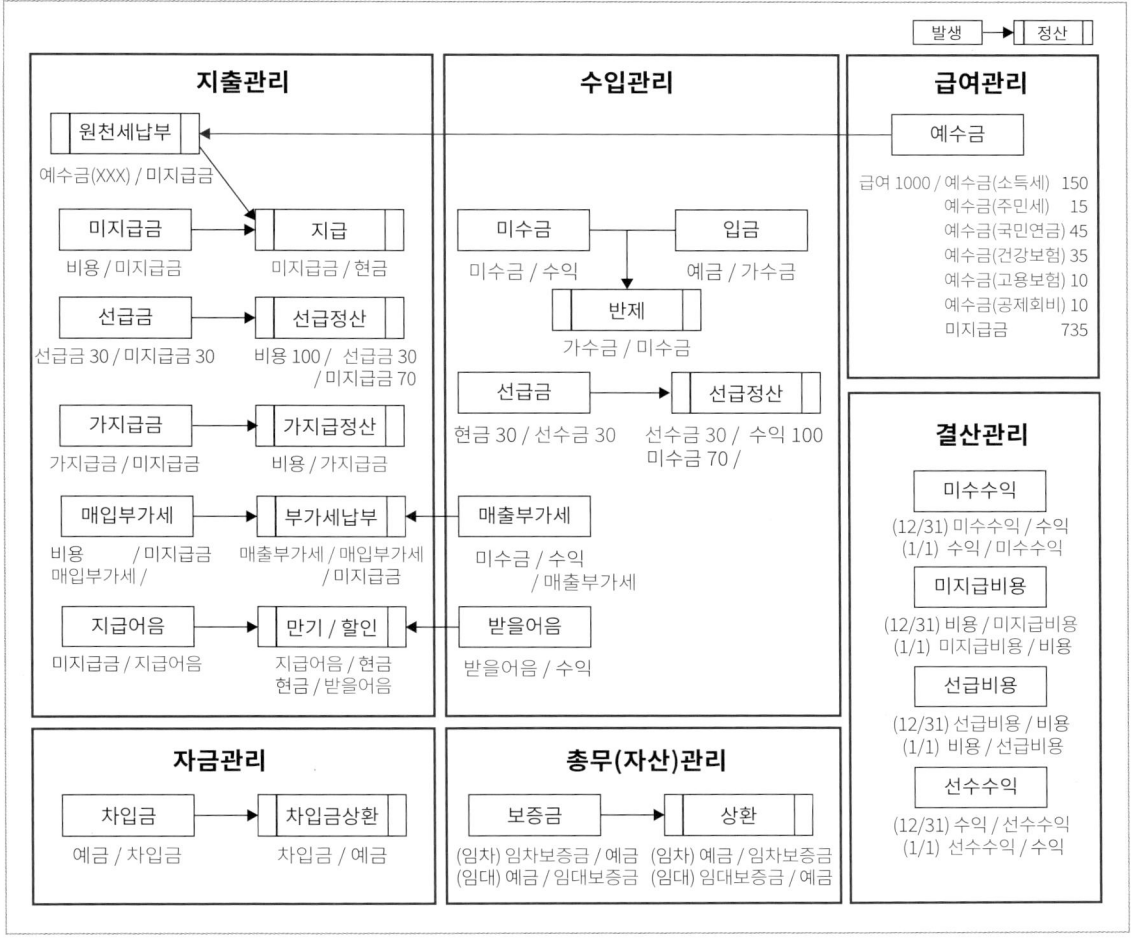

[그림 II-7-11] 미결관리 계정 및 출처

    매입부가세와 매출부가세는 각각 지출결의, 수입결의에서 발생하고, 부가세 신고 시 이들을 집계하여 그 차액을 납부 또는 환급받게 된다. 이들은 보통 건별로 반제하지 않고, 계정별 잔액 기준으로 관리한다.

    예수금은 급여 시스템에서 많이 나타나는데 급여 지급 시 발생하는 각종 세금과 공제금 등이 그것이다. 이들도 보통 건별로 반제하지 않고, 계정별 잔액 기준으로 관리한다.

    그리고 결산 시 결산 조정 사항으로 나타나는 선급비용, 선수수익, 미수수익, 미지급비용 등은 해당 관리 기능이 있는 경우 자동으로 전표를 생성해 주나 그렇지 않은 경우 수작업으로 입력한다. 결산 조정 전표를 자동으로 생성하는 경우 다음 해 1월 1일자로 역 분개를 동시에 발생시켜 업무를 단순하게 해 준다. 이 역시 건별 반제가 필수는 아니다.

    받을어음과 지급어음은 어음 건별로 만기를 관리해야 한다. 어음은 특성상 관리해야 하는 사항이 많아 별도의 관리 시스템을 개발해야 한다.

보증금과 차입금도 발생 건수가 적을 경우에는 수작업으로 관리하나, 빈번한 경우 별도의 하위 시스템을 개발한다. 이들은 액수가 크고 중요하여 건별 관리가 필수적이다.

미결 계정을 관리하는 방법에는 여러 가지가 있다. 업무별 사용자 요구 수준에 따라 다르겠지만 각 시스템별로 다양한 방식으로 관리하는데, 각 계정별 미결 키(Key)를 설정하고 거래 건별로 별도의 미결관리 테이블에 해당 데이터를 기록하여 관리하거나, 뷰(View)를 생성하여 미결 관련 전체 데이터를 통합하여 조회할 수 있도록 하는 방법 등이 있다. 다음 [표 Ⅱ-7-3]은 미결관리를 뷰를 통해 관리하는 시스템의 미결 내역 및 미결 정산 뷰 예시이다.

#	미결 내역(발생)	미결 정산	비고
1	미결번호	미결번호	지출결의번호, 수입결의번호 등
2	미결순번	미결순번	지급요청순번 등
3		정산번호	지급품의번호, 수입반제번호 등
4		정산순번	지급품의순번 등
5	미결전표번호	정산전표번호	지급품의전표번호 등
6	미결전표순번	정산전표순번	
7	계정 과목코드		미결 계정 과목(미수금, 미지급금 등)
8	회계단위	회계단위	
9	거래처	거래처	
10	미결금액	정산금액	
11	발생일자	정산일자	
12	거래건명	거래건명	
13	관련거래번호	관련거래번호	

[표 Ⅱ-7-3] 미결관리 View

미결 현황 화면

다음 그림은 미결 계정 거래의 발생 및 정산 내역을 조회하는 화면이다.

미결계정 현황									초기화 닫기
회계일자* 202X-01-01 ~ 202X-12-31			계정과목* 단기미수금 ▼			거래처 🔍			조회
회계단위 🔍			사업 🔍						

■ 미결 내역

거래처코드	거래처명	사업코드	사업명	회계단위	발생일자	발생금액	정산금액	미결잔액	결의번호	전표번호	결의 상세
123456	XXX상사				202X-09-10	1,000,000	600,000	400,000	P2X0910-01	SL2X0910-001	
						1,000,000	600,000	400,000			

■ 정산 내역

정산일자	회계단위	사업	전표번호	정산금액	결의상세
202X-09-20	일반회계(목적)	XXX사업	SL2X092000123	100,000	용역료 선금 수금
202X-10-25	일반회계(목적)	XXX사업	SL2X102500345	500,000	용역료 중도금 수금
				600,000	00건

[그림 Ⅱ-7-12] 미결 현황 화면

본 화면은 [[계정 과목 관리]] 화면에서 '미결관리 구분'을 '건별 반제'로 설정한 계정 과목만을 대상으로 하므로 '계정 과목' 선택도 해당 계정만 나타나도록 한다. 그리고 거래 건별 관리 화면이므로 계정 과목 및 관리 항목별 '이월 금액' 부분도 없다.

'회계일자'는 미결 거래가 발생한 회계일자이며, 정산일 기준은 아니다.

'미결 내역'은 미결 테이블(또는 뷰)과 전표 테이블에서 조회 조건에 해당하는 데이터를 가져와 보여 준다.

그리고 '미결 내역'의 라인을 클릭할 때마다 '정산 내역'에 해당 미결 건의 정산 상세를 보여 준다. 또한, 각 그리드의 라인을 더블클릭하면 전표 조회 화면이나 원천 거래 입력 화면으로 이동하여 해당 거래의 상세 내역을 보여 주는 것이 좋다.

미결관리 화면의 경우 용도에 따라 형식(Layout)에 약간의 차이가 있으므로 필요시 [[거래처별 채권/채무 현황]] 등 별도의 화면을 개발하기도 한다.

제8장

세무관리

1. 세무관리 개요

우리나라 조세 제도

우리나라 조세 체계는 국세와 지방세로 대별되는데, 세부 구성은 다음 표와 같다. 보통 회계 시스템에서 관리 기능을 지원하는 조세는 부가가치세가 대표적이고, 기업에서 원천징수해서 납부해야 하는 소득세 및 지방소득세, 그리고 법인세 일부 기능을 지원하기도 한다.

분류		세목	관련법
국세	내국세	소득세	소득세법
		법인세	법인세법
		상속세	상속세 및 증여세법
		증여세	
		종합부동산세	종합부동산세법
		부가가치세	부가가치세법
		개별소비세	개별소비세법
		주세	주세법
		인지세	인지세법
		증권거래세	증권거래세법
		교통·에너지·환경세	교통·에너지·환경세법
		교육세	교육세법
		농어촌특별세	농어촌특별세법
	관세	관세	관세법
지방세	시·군세	주민세	지방세법
		지방소득세	
		재산세	
		자동차세	
		담배소비세	

분류		세목	관련법
지방세	도세	취득세	지방세법
		등록면허세	
		레저세	
		지방소비세	
		지역자원시설세	
		지방교육세	

[표 Ⅱ-8-1] 우리나라 조세 제도

부가가치세는 재화나 용역의 생산 및 유통의 각 단계에서 생성되는 부가가치에 대해 부과되는 조세로 분기(또는 반기)마다 신고, 납부한다. 주로 지출(매입), 수입(매출) 시스템에서 원천 데이터가 발생하며, 회계 시스템에서 신고 과정을 지원하는 대표적인 세목이다.

원천세는 정식 세목은 아니나 기업/기관에서 국내 거주자나 비거주자에게 지급하는 근로소득, 이자소득, 배당소득 및 기타소득 등에 대해 소득세 및 지방소득세를 원천징수하여 정부와 지방자치단체에 납부하는 것을 말한다. 주로 급여 시스템 및 지출관리 시스템에서 발생하며, 매월 신고 및 납부하므로 많은 회계 시스템에서 신고 기능을 지원한다.

법인세는 법인이 얻은 소득에 대하여 부과되는 조세로, 신고 자료 및 작업이 복잡하여 시스템으로 전체 기능을 구현하지는 않으며, 보통 기초 자료 제공 정도만을 지원한다.

세무관리 시스템

회계 시스템의 하위 시스템인 세무관리 시스템에서 주로 지원하는 세금은 부가가치세와 원천세이며 그 의미와 업무 처리 내용은 다음과 같다.

구분	부가가치세	원천세
의미	• 재화 또는 용역의 제공 과정에서 가치(Value)가 증가되는(Added) 부분에 대해 징수하는 세금(VAT, Value Added Tax)으로, 생산자나 유통자가 아닌 최종 소비자가 부담하는 소비세임 • 기업은 매출과 매입 과정에서 최종 소비자를 대신해서 부가세를 징수하고 납부	• 급여, 이자 등 소득을 얻은 자(소득귀속자)를 대신해서 그 소득을 지급하는 기업 등(원천징수의무자)이 미리 징수하여 국가(국세청)에 납부하는 세금으로 근로소득, 퇴직소득, 금융소득(이자·배당소득), 사업소득, 기타소득 등이 대상임
관련 사항	• 과세와 면세: 과세의 경우 증빙 명칭이 '세금계산서', 면세의 경우 '계산서'임 • 공제와 불공제 : 사업에 사용되는 재화나 용역을 매입한 경우 부가세는 세금 납부 시 '공제'받을 수 있으나, 최종 소비자로서 자체 사용한 경우는 '불공제'됨	• 지방소득세: 소득세의 10% 징수 • 농어촌특별세: 이자. 배당소득세 감면 시 과세표준의 10% 징수, 주택차입자금 이자세액공제 시 과세표준의 20% 징수 • 사업소세(종업원할, 재산할): 사업장 종업원 수 및 면적에 따른 세금 계산, 납부

구분	부가가치세	원천세
신고 주기	• 분기(익월 25일) • 1기(예정: 1.1~3.31, 확정 : 4.1~6.30) • 2기(예정 : 7.1~9.30, 확정 : 10.1~12.31)	• 매월 소득 발생분 – 익월 10일 신고/납부 • 근로소득 연말정산 – 연 1회 • 지급조서 – 연 1회(다음 연도 2월말)
회계 처리	• 매입 시 부가세를 최종소비자 대신 지급하는 의미에서 '부가세대급금'(자산)으로 처리하고, 매출 시 부가세를 포함하여 대가를 받으면 부가세는 보관 후 납부해야 하므로 '부가세예수금'(부채)으로 처리 • 부가세 신고 시 매출부가세와 매입부가세를 정산	• 기업이 세금을 부담하는 것이 아니고 대신 납부하기 위해 잠시 맡아두는 것이므로 원천징수한 세금은 '예수금'(부채)으로 계상함 • 원천세 납부 시 해당 예수금을 반제(정산) 처리
연관 시스템	• 회계 시스템: 지출(매입), 수입(매출) • 국세청 연계 서비스(TMS): 전자세금계산서 송수신	• 급여 시스템: 근로소득, 퇴직소득 • 회계 시스템(지출): 사업소득, 기타소득 • (금융업)영업 시스템: 금융소득

[표 II-8-2] 부가가치세와 원천세의 시스템 관련 사항

세무관리 시스템 프로세스

세무관리 시스템은 일반적으로 부가세, 원천세, 법인세를 대상으로 구성되어 있으며, 각 세금의 원천 데이터는 회계 거래가 발생하는 거의 모든 시스템에서 발생한다고 할 수 있다.

부가세의 경우 수입 및 지출 시스템에서 대부분의 데이터가 (세금)계산서라는 증빙을 통해 발생하며, 자산 매입 및 부동산 임대 관련 사항도 부가세 신고 시 반영해야 하는 데이터이다. 그리고 각종 거래 처리 과정에서 잘못 입력된 부가세 관련 사항에 대해 확인 및 조정을 하고, 과세와 면세 사업에 공통으로 사용한 매입세액에 대해 안분 계산을 통해 면세 사업에 관련된 금액을 불공제 처리하는 등의 작업이 필요하다.

원천세는 급여 시스템에서 발생하는 근로소득, 지출관리 시스템에서 강의나 각종 용역에 대한 대가로 지급하는 기타소득 및 사업소득, 그리고 금융기관의 경우 영업 시스템에서 지급 처리하는 이자나 배당 등의 소득에 대해 발생하는 것으로 기업에서는 소득세와 지방소득세를 원천징수하여 신고 및 납부해야 한다.

법인세는 원장관리 시스템에서 생성된 재무제표를 기초로 산정 작업이 이루어지는데, 그 계산 과정이 매우 복잡하여 상당 부분 수작업으로 진행된다. 따라서 회계 시스템에서는 법인카드 사용 내역, 고정자산 감가상각 내역 등의 기초 자료를 제공하는 정도로 기능을 구현하는 것이 보통이다.

다음 그림은 부가세, 원천세, 법인세 관련 데이터의 원천과 그 처리 흐름을 보여 주는 시스템 흐름도이다.

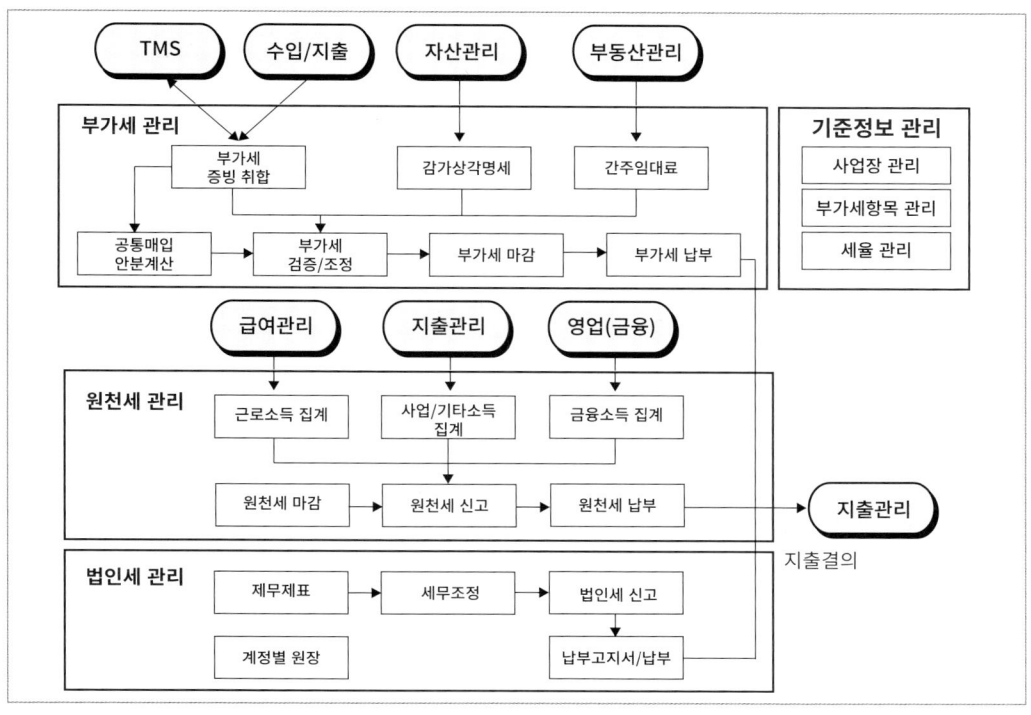

[그림 Ⅱ-8-1] 세무관리 시스템 흐름도

세무 기준 정보

사업장은 인적, 물적 설비를 갖추고 사업을 위한 거래가 이루어지는 고정된 장소를 의미하는데, 보통 회계 시스템에서는 부가세 신고할 때의 '사업자번호'가 부여된 단위로 사용한다. 관리하는 주요 속성은 상호, 대표자명, 사업자등록번호, 주소, 업태, 종목 등이다.

부가세 항목은 부가세 신고를 위한 각종 장표의 항목을 관리하기 위한 것으로, 분류 및 유형, 집계 방식, 신고서상 위치 등의 속성을 관리한다.

세율은 부가세 및 원천세 등 유형별 세율을 관리한다. 세율은 정부 정책에 따라 변경될 수 있으므로 설정값으로 관리한다. 여담이지만 우리나라 부가세의 경우 아주 오랜 기간 10% 세율을 유지하고 있어 많은 자체 개발 회계 시스템에는 이 수치를 프로그램에 하드 코딩(Hard coding)하여 개발한 경우가 많았다. 30여 년 전에 필자가 담당한 회계 시스템도 마찬가지였는데, 당시 부가세율 인상이 논의되었기에 이를 시스템에 반영하기 위해서는 어느 정도 공수가 소요될지 분석한 적이 있었다. 당연히 상당한 공수가 소요되는 것으로 나왔다. 이후로도 가끔씩 세율 인상 의견이 나왔는데, 워낙 국민과 기업에 미치는 영향이 커서 더 진전되지는 않았다. 그러나 언젠가는 변화가 있을 수 있으므로 신규 개발하는 시스템에서는 부가세율을 상수(하드 코딩)가 아닌 변수(설정, Set-up)로 관리하는 것이 좋겠다.

마감관리는 부가세 및 원천세 등의 신고 작업 시 원천 데이터의 변경을 방지하기 위한 것으로 전표 생성을 통제하는 회계 마감과 유사하다. 세금 신고 내용과 다르게 회계 시스템 내 데이터가 변경되면 곤란하기 때문에 관리되어야 한다.

2. 부가가치세 관리

부가가치세 시스템 개요

부가가치세는 사업상 재화와 용역의 공급/매입 시 발생하는 세금으로 일반 상거래에서 필수적으로 발생하고 매우 중요하게 관리해야 하는 대상이다. 따라서 회계 시스템에서는 부가가치세 증빙인 (세금)계산서의 발급 및 수취, 부가세 신고 등 전반에 걸친 관리가 필요하다.

부가세 시스템에서 알아야 할 주요 내용은 다음과 같다.

구분	내용	시스템 처리
부가세 증빙 종류	• 세금계산서: 10% 과세 • 영세율 세금계산서: 과세 대상이지만 세율이 0% • 계산서: 면세	• 수입 및 지출결의 시 부가세 증빙 관련 처리 필수 • 매입세금계산서의 경우 공제 구분(공제, 불공제, 공통) 처리 필요
전자 세금 계산서 발급	• 일정 규모 이상 사업자는 의무적으로 전자세금계산서 발급 • 발급 방법: 국세청 홈택스, 또는 발급대행 시스템(ASP) 사용 • 거래처 송신/수신 방법: 이메일(E-mail)을 통해 전송 • 전송 의무: 발급일 다음날까지 전송(국세청 및 거래처)	• 외부 전자세금계산서 발급대행 서비스를 이용하여 수입/매출/영업 시스템과 연계하거나 국세청 홈택스 및 회계 시스템에 수작업 등록 • 일반적으로 재화/용역을 '공급하는자'가 발급 (정발행) • 지출/구매 시스템에서 '공급받는자'가 발급하는 '역발행'도 가능

납부 부가세 계산	• 부가세 납부세액 = 매출세액 − 매입세액
	• 매입세액 = 세금계산서 수취 매입세액 − 공제받지 못할 매입세액
	• 공제받지 못할 매입세액 = 매입세액 불공제분 + 공통매입세액 면세분
	• 공통매입세액 면세분 = 공통매입세액 발생분 × 안분율
	• 매입세액 불공제분: 사업과 무관한 매입, 접대비 관련 등
	• 공통매입세액: 과세사업과 면세사업에 공통으로 사용된 매입건
		• 사업장별로 매출세액과 매입세액을 합산하는 과정 진행
		• 공통매입세액 '안분율' 계산하여 공통매입세액 면세분 계산
		  − 일반: 해당 과세기간의 면세공급액 ÷ 해당 과세기간의 총공급가액
		  − 임대사업: 면세사업(자가 사용 포함) 사용면적 ÷ 연 사용면적
		• 확정 신고의 경우 과세기간 전체에 대해서 안분율 산정하여 공통매입세액 면세분을 계산하고 예정 신고분을 차감
		• 현업의 공제/불공제 구분 오류에 대해 회계담당자의 확인/조정 필요

구분	내용	시스템 처리
부가세 신고서	• 매출세액과 매입세액 중심으로 추가로 가감되는 항목을 반영하여 최종 신고서 생성	• 시스템에서 부가세 항목(분류)코드를 통해 집계하여 대부분의 신고 데이터를 자동으로 산출
복수 사업장의 부가세 신고	• 일반납부: 사업장(사업자등록번호 기준)별로 신고 및 납부 • 총괄납부: 신고는 각 사업장별로, 납부는 주사업장이 총괄 집행 • 사업자단위 과세: 주사업장에서 신고 및 납부 총괄	• 사업장이 2개 이상일 경우 일반납부, 총괄납부, 사업자단위 선택 필요 • 총괄납부일 경우 총괄납부 사업장 선정 등록 • 회계 시스템 기본 설정사항으로 관리 필요
기타	• 부동산 임대의 경우 간주임대료 매출 반영 • 매입에서 고정자산 취득분은 다른 매입과 구분하여 신고 • 공통매입세액 불공제분에 해당하는 금액은 전표에서 매입부가세가 아닌 비용 또는 자산으로 처리	• 간주임대료 등록하거나 파일 업로드 할 수 있는 기능 구현 • 부가세 증빙 관리에서 고정자산 관련 여부 관리 • 공제 건별 이력을 관리하여 조정작업 진행(고정자산 원본산입 등)

[표 Ⅱ-8-3] 부가세 관련 내용 및 시스템 처리 사항

먼저 부가세가 표시된 증빙은 과세와 면세 여부에 따라 세금계산서와 계산서로 구분되며, 수출 거래의 경우 과세 대상이긴 하지만 수출 장려 등의 이유로 0% 세율을 적용하여 영세율 세금계산서를 발급한다.

(세금)계산서는 재화/용역을 공급하는자가 발급하는 것이 원칙이나 일부 대형 기업의 경우 공급받는자의 지위에 있지만 공급하는 자에게 거꾸로 발급해 주는 경우가 있는데, 이를 역발행이라고 한다. 그리고 일정 규모 이상의 매출을 하는 사업자의 경우 반드시 전자세금계산서를 발급해야 하는데, 그 방법은 국세청의 홈택스 사이트에 직접 등록하거나 외부 전자세금계산서 발급 대행 서비스(ASP)를 이용하거나, 전자세금계산서 발급 시스템을 자체 구축하여 사용한다. ASP 이용 시 수입(매출/영업) 관리 시스템과 연계하여 전자세금계산서를 자동으로 발급 또는 수취할 수 있다. 여기서 '수입(매출/영업)관리 시스템'이라고 표현한 것은 수입(매출)이 발생하는 시스템의 명칭이 기업마다 다를 수 있기 때문이다.

부가가치세는 매출세액에서 매입세액을 공제하고 그 차액을 납부하게 되는데, 여기서 유의해야 할 점은 매입부가세 중에서 공제받지 못하는 부분에 대한 처리이다. 과세사업에 사용된 매입부가세만 공제해 주고, 면세 사업에 사용되거나 기업이 최종 소비자로서 자체 사용한 부분은 공제해 주지 않는다. 이를 불공제라고 한다. 따라서 지출결의 시 매입부가세(증빙)에 대해 공제 구분을 반드시 지정해야 한다.

그런데 이 공제 구분은 현업 사용자가 혼동하기 쉬운 부분이어서 지출결의 시 잘못 입력하는 경우가 많다. 따라서 회계(세무) 담당자는 이 공제 구분을 체크하여 조정해 주어야 한다.

그리고 공제와 불공제 성격이 불분명하거나 혼합된 경우가 있다. 매입한 재화 일부는 과세 사

업에 사용되고 일부는 면세 사업이나 내부 소비에 사용되는 경우이다. 이때의 공제 구분은 공통이 되는데, 이 같은 공통 매입세액은 일정 비율에 해당하는 금액을 불공제 처리해야 한다. 실무에서는 이를 안분계산이라고 한다. 즉 면세공급가액을 총공급가액으로 나눈 것을 안분율이라고 하고, 안분율에 공통 매입 세액을 곱하면 면세 사업에 관련된 매입세액으로 본다. 이 금액은 공제받지 못하는 매입세액이 된다.

부가세 신고는 상당 부분 자동화할 수 있다. 각 거래 처리 시스템에서 발생한 매입, 매출 데이터를 취합하고, 잘못 처리한 부분에 대해 조정 작업을 거친 후 신고서를 작성하는데, 이들 과정을 시스템에서 자동으로 처리하는 것이다.

부가세의 납부는 사업장별로 납부하거나 주사업장이 총괄하여 납부할 수 있다. 회계 시스템의 사업장 관리에서 부가세 신고 및 납부 사업장에 대한 속성을 지정할 수 있어야 한다.

(세금)계산서 관리

(세금)계산서는 국세청의 홈택스 사이트에 직접 등록할 수 있지만, 거래 건수가 많은 경우 전자세금계산서 발급 시스템을 통해 자동으로 처리한다. 이때 외부 전문업체의 서비스를 이용하는 경우 내부 회계 시스템과 연계가 필요한데, 그 기본적인 내용은 다음 [그림 Ⅱ-8-2]와 같다.

먼저 (세금)계산서를 발급하는 경우 수입관리 시스템에서 수입결의 작성 시 매출 증빙 내역을 입력하고 그 거래가 확정되면 (세금)계산서 연계 시스템에 해당 내역을 업데이트(매출 세금계산서 발행 기능)한다. 이를 수신한 연계 시스템은 정해진 규칙에 따라 일정 시간이 되면 외부 서비스 업체(ASP, Application Service Provider)에 해당 내용을 송신하고, 동시에 거래처 담당자에게 이메일로 그 내용을 통지한다. 전자(세금)계산서 발급 대행 서비스 업체는 이 전자(세금)계산서를 국세청 시스템에 반영하고 그 결과를 피드백해 준다.

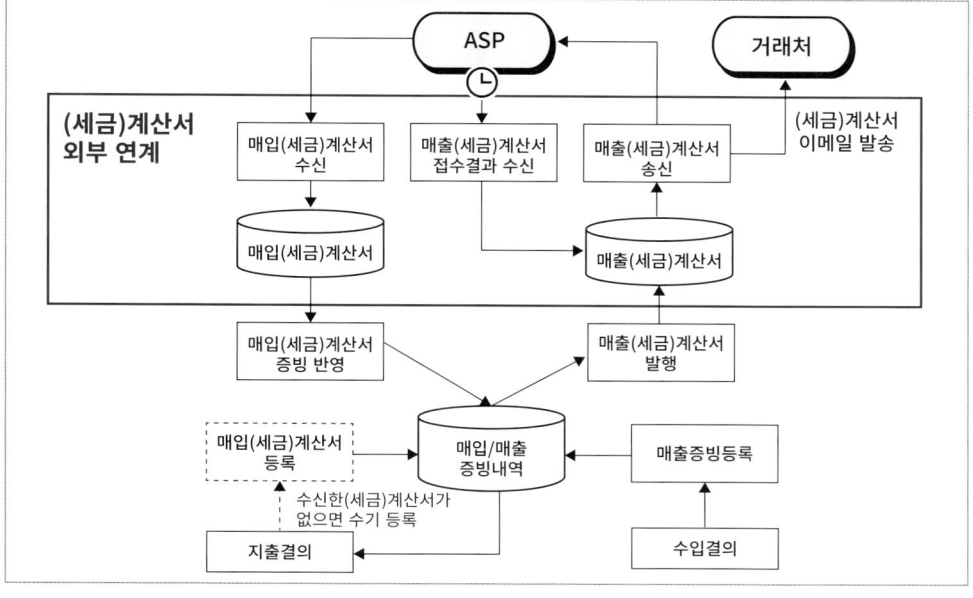

[그림 Ⅱ-8-2] (세금)계산서 관리 흐름도

재화나 용역을 매입하고 받는 전자(세금)계산서의 경우 위 서비스 업체를 통해 주기적으로 수신하여 연계 시스템에 업데이트함과 동시에 거래처(공급하는 자)로부터도 이메일을 통해 그 내용을 받게 된다. 만일 수신한 전자(세금)계산서가 없는 경우 수작업으로 증빙을 등록할 수 있어야 한다. 아래는 (세금)계산서를 조회하는 화면이다. 주로 어떤 항목을 관리하는지 참고할 수 있다.

[그림 Ⅱ-8-3] (세금)계산서 조회 화면

'증빙일자'는 재화나 용역을 공급한 날짜로 (세금)계산서 발급일과 동일함이 원칙이다. '증빙 구분'은 세금계산서, 계산서, 영세율세금계산서 등이며, '증빙번호'는 회계 시스템 내부에서 관리하는 번호로 보통 자동 부여한다. '공제 구분'은 공제, 불공제 또는 공통을 선택할 수 있으며, '전자승인번호'는 국세청에서 부여한 번호이다.

부가가치세 신고 작업

부가세 신고는 관련 자료 취합부터 시작한다. 취합 대상 데이터는 매입/매출 (세금)계산서, 고정자산 매입 내역, 신용카드 매출전표, 부동산 임대 관련 사항, 재활용폐자원 매입 내역, 대손변제 내역 등이다.

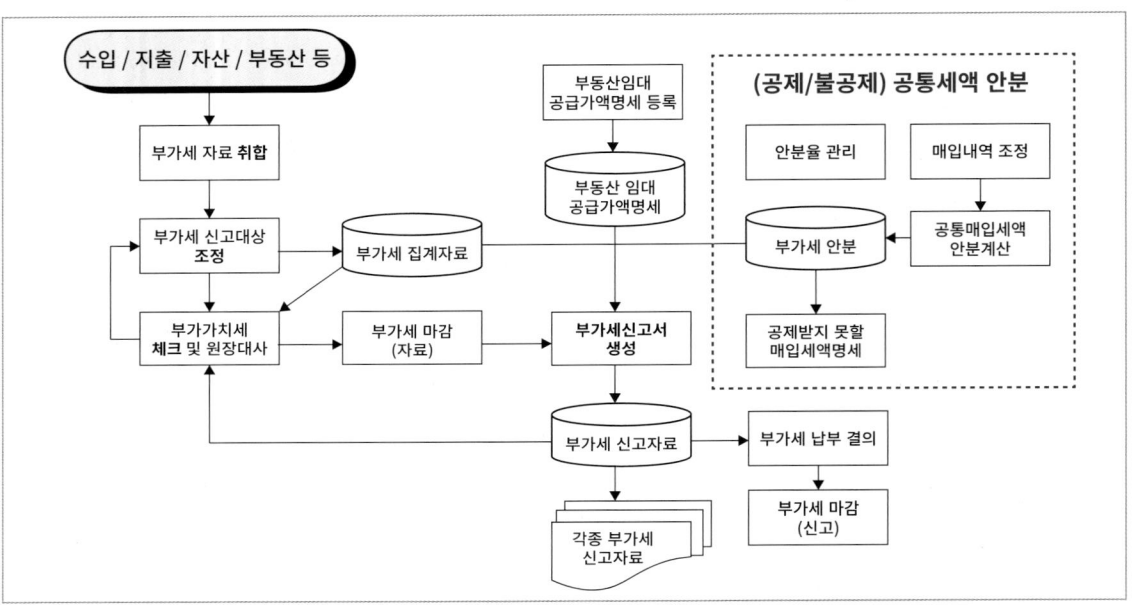

[그림 Ⅱ-8-4] 부가가치세 신고 시스템 흐름도

원천 데이터는 일부 잘못 처리된 경우 확인 후 보정해 주어야 하는데, 이를 시스템에서 처리할 수 있도록 관련 화면을 제공해 주어야 한다. 집계된 부가세 자료는 여러 측면에서 검토 및 체크해야 한다. 주로 증빙 구분, 공제/불공제 구분, 불공제 사유, 감가상각 자산 종류, 예정신고 누락분 반영 등이 많으며, 공공 부문의 경우 사업 관련 사항의 수정도 있다.

그리고 회계 시스템과 국세청에 제출한 (세금)계산서 자료가 일치하는지 체크해야 하며, 결의서 미등록/미승인 건, 승인번호 누락, 전송 오류, 거래처의 발급 승인 여부, 매출 항목 미등록 건 등을 확인해야 한다. 또한, 매입/매출의 부가세액과 총계정원장의 부가세대급금/예수금을 확인하고 필요시 조정한다. 이러한 확인을 위해 체크 유형별로 화면을 구성하여 제공한다.

부가세 신고 관련 체크 사항

부가세 신고 과정에서 체크하고 제출해야 하는 서류는 다음과 같다. (홈택스 게시 내용 참조)

구분	체크 사항	제출 서류
기본	사업자 정보	(사업장정보에 홈택스ID 등록)
	신고서	일반과세자 부가가치세 확정신고서
매출	홈택스 전자세금계산서 공급가액과 일치 여부	매출처별세금계산서합계표
		대손세액공제신고서
		부동산임대공급가액명세서(임대업자)
		기타매출분(정규영수증 외, 영세율)
		과세표준명세
		면세수입금액
	신용카드 발행내역과 일치 여부	신용카드매출전표 등 발행금액 집계표
	홈택스 현금영수증 발행내역과 일치 여부	
	현금매출, 계좌이체, 핀테크 결제 등을 통해 비사업자로부터 받은 현금매출분 신고 여부	전자화폐결제명세서
		현금매출명세서(의사/약사/변호사 등 전문서비스업, 예식장, 부동산중개업 등)
	영세율 매출이 있는 경우 수출통관내역, 내국신용장·구매확인서 전자발급내역 등과 일치 여부 및 부가가치세/조세특례제한법에 따른 영세율 제출서류 첨부 여부	영세율매출명세서, 수출실적명세서 등 수출 관련 자료 다수
매입	• 면세·간이·폐업 사업자로부터 세금계산서 등 관련 매입세액공제 대상에서 제외하였는지 여부 • 사실과 다른 세금계산서 관련 매입세액을 공제대상에서 제외하였는지 여부	매입처별세금계산서합계표
		대손세액공변제신고서
		공제받지 못할 매입세액 명세서 및 근거
		건물 등 감가상각자산취득명세서
		매입자발행 세금계산서합계표
		과세사업전환 감가상각자산신고서
		전자세금계산서 발급세액공제신고서
		기타공제매입세액명세
	• 사업과 관련 없이 개인적으로 사용한 신용카드 수취자료를 매입세액공제대상에서 제외하였는지 여부 • 거래처를 접대하고 지출한 신용카드 결제분을 매입세액공제대상에서 제외하였는지 여부	신용카드매출전표 등 발행금액 수령명세서
	• 과세사업과 면세사업을 겸업하는 경우 공통매입세액을 안분하였는지 여부 • 농·축·임·수산물 의제매입세액 공제 적용 시 공제한도액을 초과하지 않았는지 여부	면세사업수입금액
		계산서발급 및 수취명세
		의제매입세액공제신고서
	• 비영업용 소형승용차 구입·유지·임차비용 관련 매입세액을 공제대상에서 제외하였는지 여부 • 폐원매입세액공제 적용 시 일반과세자로부터 구입한 폐자원을 공제대상에서 제외하였는지 여부	재활용폐자원 및 중고자동차 매입세액 공제신고서

구분	체크 사항		제출 서류
세액 공제 등	• 직전연도 매출액 10억 초과 개인사업자가 신용카드매출전표 발행세액공제를 배제하였는지 여부		
	• 확정신고 시 미환급세액란에 예정신고 시 실제 환급 받은 세액을 중복 기재하지 않았는지 여부		예정신고누락분명세
	기타제출서류		매출처별계산서합계표(면세 매출)
			매입처별계산서합계표(면세 매입)
			건물관리명세서(부동산관리업에 해당)
			사업장현황명세서(음식, 숙박업자 등)
			동물 진료용역 매출명세서
			사업양도신고서
			사업장별 부가가치세 과세표준 및 납부세액(환급세액) 신고명세서(총괄납부 시)
			사업자단위과세의 사업장별 부가가치세 과세표준 및 납부세액 신고명세서
			소규모개인사업자 부가세 감면신청서
			그 밖의 필요한 증빙서류

[표 II-8-4] 부가가치세 관련 제출 서류

가장 기본이 되는 체크 사항은 (세금)계산서 발행 및 수취 내역에 대한 검증이다. 매출처별 (세금)계산서 합계표와 매입처별 (세금)계산서 합계표 등이 그것인데, 국세청에 신고된 내역과 일치해야 하며 기업 내부에서 회계 처리한 내용과도 일치해야 한다.

부동산 임대업을 하는 경우에는 부동산 임대 관련 세부 사항을 관리하고 그 명세를 작성, 제출해야 한다. 부동산 임대 전문업자뿐 아니라 사옥을 소유하고 있는 많은 기업은 건물 일부를 임대하고 있으므로 사업자등록증에 해당 업종(업태와 종목)이 기재되어 있으며, 따라서 '부동산임대공급가액명세' 같은 서류를 작성해야 한다.

신용카드나 현금 매출이 발생한 경우 해당 매출 내역과 신고 금액을 확인해야 하며, 수출 기업의 경우 수출 통관 내역, 신용장 등 영세율 매출과 관련한 많은 서류를 누락 없이 제출해야 한다.

세금계산서 합계표 화면

다음은 세금계산서 합계표 조회 화면이다. 부가세 신고 작업 시 출발점이 되는 화면이므로 예시로 제시한다.

[그림 Ⅱ-8-5] 세금계산서 합계표 화면

세금계산서 사업자 발행분과 개인(주민등록번호) 발행분에 대해 전자세금계산서 및 그 외(수기)로 구분하여 각 유형별 거래처 수와 매수, 공급가액 및 부가세 등을 보여 준다.

거래처별 합계표 영역에는 거래처별로 세금계산서 매수, 공급가액 합계, 세액 합계를 보여 준다. 실제 국세청에 신고된 내역과 일치하는지 확인한다.

부가세 신고서 화면

부가세 작업 결과 최종적으로 산출되는 자료는 '부가세 신고서'이다. 이를 시스템으로 구현한 것이 다음 예시 화면이다.

부가세 신고서

유형	신고구분			신고 내용	금액	세액
	코드	집계	방식			
과세표준 및 매출세액	A01	A09	+	과세 – 세금계산서 발행분	10,000,000	1,000,000
	A02	A09	+	과세 – 매입자발행 세금계산서		
	A03	A09	+	과세 – 신용카드·현금영수증 발행분	100,000	10,000
	A04	A09	+	과세 – 기타		
	...	...	...		...	...
	A09	A00	+	과세표준 및 매출세액 합계	10,100,000	1,010,000
매입세액	B10	B15	+	세금계산서 수취분 – 일반매입	5,000,000	500,000
	B11	B15	+	세금계산서 수취분 – 고정자산 매입	3,000,000	300,000
	B12	B15	+	예정신고 누락분	1,000,000	100,000
	...	...	...		...	...
	B15	B17	+	매입세액 합계	9,000,000	900,000
	B16	B17	-	공제받지 못할 매입세액	1,000,000	100,000
	B17	A00	-	매입세액 차감 계	8,000,000	800,000
납부(환급)세액	A00	D26	+	납부(환급)세액	2,100,000	210,000
경감·공제세액	C18	C20	+	그밖의 경감공제세액		
	C19	C20	+	신용카드 매출전표 등 발행 공제 등		
	C20	D26	-	경감·공제세액 합계		
기타	C21	D26	-	예정신고 미환급세액		
	...	...	...		...	...
차감·가감납부(환급)세액	D26	Z00	+	차감·가감납부(환급)세액		210,000
총괄납부세액	Z00			총괄납부세액		210,000

[그림 Ⅱ-8-6] 부가가치세 신고서 화면

부가세 신고서는 시스템에 등록된 부가세 관련 각종 데이터를 취합, 집계하여 사전에 정의한 항목에 따라 보여 준다. 일부 자동 집계가 어려운 부분은 수기로 등록하여 완성한다.

수기로 등록하는 부분은 부가세 항목을 관리하는 화면에서 수기 여부를 'Y'로 설정한 항목에 해당하는 것으로, 나머지 셀은 편집 불가하도록 비활성화 처리한다.

이 부가세 신고서는 재생성이 가능하도록 버튼을 추가할 수 있다. 이때 차수를 관리하는 경우도 있으므로 해당 테이블 설계 시 반영한다.

부가세 마감 및 납부 결의

부가세 신고 작업 과정에서 두 번의 마감을 관리한다. 첫 번째는 부가세 자료 마감으로 [[부가세 자료 취합]] 후에는 마감을 통해 더 이상 부가세 원천 데이터를 수정할 수 없도록 한다. 다음의 마감은 각종 조정 작업을 거쳐 최종 부가세 신고 및 납부한 후의 마감이다. 이후에는 신고 자료의 변경도 불가하도록 한다.

부가세 납부 결의는 부가세 신고서상 납부 금액에 대해 지출결의를 하는 것으로, 이 납부 금액은 부가세 신고 기간 중에 발생한 모든 부가세대급금과 부가세예수금 계정 금액의 차액과 일치하는 것이 원칙이다. 즉 부가세예수금에서 부가세대급금을 뺀 금액이 양수(+)이면 그 금액을 부가세로 납부하는 지출결의를 생성하고, 음수(-)이면 환급받는 수입결의를 생성한다.

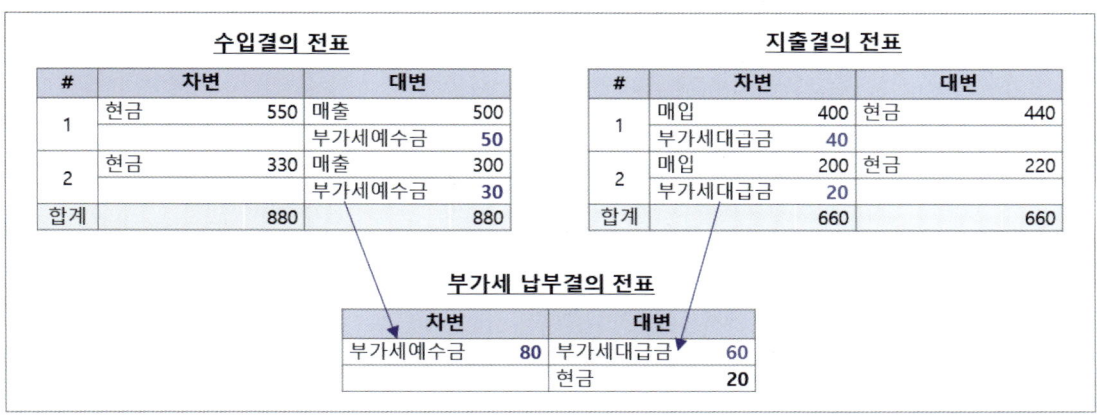

[표 Ⅱ-8-5] 부가가치세 납부 전표 분개

만약 공제 구분을 잘못 기록하여 분개가 잘못 생성된 경우가 있다면, 예를 들어, 지출결의 시 불공제 대상이어서 부가세액을 비용 계정으로 처리해야 하는데 공제인 줄 알고 부가세대급금 계정으로 처리한 경우 등이 있으면, 부가세예수금과 부가세대급금의 차액은 신고 금액과 차이가 발생하게 된다. 따라서 이러한 부분은 신고 금액 조정뿐 아니라 체크 및 조정 과정에서 원천 데이터의 수정이 필요하다. 그러나 이미 승인이 완료된 건을 승인 취소하고 다시 절차를 밟기에는 건수가 너무 많아 곤란하다면 일괄하여 대체전표로 처리하게 된다. 여기서 대체전표는 기 발생한 전표의 분개를 수정하기 위한 전표를 말한다.

3. 원천세 관리

원천징수와 원천세

원천징수란 "소득자가 자신의 세금을 직접 납부하지 아니하고, 원천징수 대상 소득을 지급하는 원천징수의무자(국가, 법인, 개인사업자, 비사업자 포함)가 소득자로부터 세금을 미리 징수하여 국가(국세청)에 납부하는 제도"를 말한다(국세청 홈페이지 참조). 국가 입장에서는 소득 발생 시점에 과세가 가능하고 세금을 쉽게 징수할 수 있는 장점이 있어 법으로 강제하고 있다.

원천세란 위 원천징수 제도에 의해 원천징수하는 세금으로, 회계 시스템 내에서 주로 처리하는 원천세 대상 소득의 종류와 처리 내용은 아래 표와 같다.

종류	내용	시스템 처리
근로소득	• 고용된 기업에 용역을 제공하고 대가를 받는 근로자의 소득 • 근로자 상용 근로소득(급상여, 퇴직급여, 연말정산 등) • 일용근로소득	• 근로소득과 관련된 원천자료는 급여 시스템에서 발생하며 월마감 시점에 일괄적으로 자료를 취합하여 처리 • 외부 급여계산 및 세무 서비스를 이용하는 경우 해당 내역을 파일로 생성하여 제공
퇴직소득	• 퇴직연금제도를 도입한 경우 퇴직금을 퇴직연금계좌로 이체하고 이후 연금 수령 시 해당 금융기관에서 세금을 공제하므로 기업에서는 원천세가 발생하지 않음	• 대체로 급여 시스템에 기존 방식의 퇴직금 계산 및 퇴직소득세 공제 부분이 반영되어 있음 • 필요시 원천세 시스템에 개별 등록 또는 파일 업로드 처리
사업소득	• 부가가치세 면세 대상인 용역 공급에서 발생하는 소득 • 보험 대리인, 프리랜서 등	• 일반적으로 불특정하게 발생하는 건으로 회계 시스템에서 관리 • 회계 시스템에서 원천징수영수증을 직접 발급 제공하기도 함 ※ 면세되는 인적 용역: ① 물적 시설과 고용 없이 ② 독립적으로 법에 열거된 ③ 인적 용역을 제공하는 것
기타소득	• 원작자의 원고료 등 창작에 의한 대가 • 강연료 등 인적 용역을 일시적으로 제공하고 받는 대가	
금융소득	• 이자소득: 예적금, 채권 등의 이자수입 • 배당소득: 보유하고 있는 주식에 대한 배당 소득	• 이자소득, 배당소득(증권), 연금소득의 원천징수는 금융권에서 주로 처리하며, 일반적으로 자체 영업 시스템에서 관리(신고 포함) • 필요한 경우 신고를 위해 집계 금액 업로드 정도 제공
연금소득	• 공적·사적 각종 연금 소득	
지방소득세	• 소득세의 10%를 사업장 소재지 지방자치단체에 납부 • 신고는 관할 세무서에 소득세와 동시 신고	• 기존 '주민세' 명목으로 과세되었고 아직도 급여명세서에 '주민세'로 표기된 곳이 많으나 지방세법 변경으로 과거 소득할 주민세와 종업원할 사업소세가 통합되어 '지방소득세'로 바뀜

[표 Ⅱ-8-6] 원천세 대상 및 시스템 처리 방법

소득세를 원천징수하는 경우에는 보통 지방소득세를 함께 징수하는데, 지방소득세는 소득세의 10%에 해당하는 금액을 사업장 소재지 지방자치단체에 납부하는 지방세이다. 급여명세서를 보면 공제 항목에 '주민세'라고 표기되어 있는 것이 이에 해당한다.

주민세

근로소득세와 함께 급여 시스템을 통해 관리하는 세목에 지방세인 '주민세'가 있다. 주민세는 개인분, 사업소분, 종업원분으로 구분되는데, 기업이 부담하는 부분은 사업소분과 종업원분이다.

구분	개인분	사업소분	종업원분(종업원할)
납세의무자/ 과세기준일	매년 7.1일 현재 해당 지방자치 단체에 주소를 둔 개인	매년 7.1일 현재 해당 지자체 내 개인사업자(직전년도 부가가치세 과세표준액 일정액 이상) 및 사업소를 둔 법인	해당 지자체 내 종업원에게 급여를 지급하는 사업주(최근 1년간 급여 월평균금액이 일정 금액 초과)
세액	1만 원 범위 내 정액 (세액의 25% 지방교육세 부과)	• 기본세율(균등할): 사업주의 유형 및 자본 금액, 출자금액 규모에 따라 5만 원~20만 원 차등 (세액의 25% 지방교육세 부과) • 연면적에 대한 세율(재산할): (330m²초과 사업장) 1m²당 250원	종업원 급여 총액의 0.5%
납세기한	8월 16일~8월 31일 고지 납부	8월 1일 ~ 8월 31일 신고 납부	급여 지급 다음 달 10일까지 신고 납부
시스템 처리		연 1회 처리하고 단순하므로 수기 작업	급여 시스템 자동 계산 또는 수작업

[표 II-8-7] 주민세 유형 및 시스템 처리 방법

사업소분 주민세는 정액을 납부하는 '균등할'과, 사업장 면적에 따라 비례하여 납부하는 '재산할'로 구성된다. 1년에 한 번 신고 납부하므로 대부분 수작업 처리한다.

종업원분 주민세는 종업원 급여 총액의 0.5%를 매월 신고 납부하는데, 급여 시스템에서 원천 데이터가 발생되므로 내역 산출은 시스템으로 자동화하기도 한다.

원천세 시스템 흐름도

원천세 데이터에서 가장 많은 부분을 차지하는 것이 급여 데이터이다. 그래서 회계 시스템 내의 원천세 관리 시스템에서는 급여 시스템의 근로소득세 및 지방소득세 내역을 추출 또는 연계 받아 신고 작업에 반영하게 된다.

회계 시스템 내에서 직접 발생하는 원천세 데이터는 자문료, 강사료 등 각종 수수료 지급 시 발생하는 사업 또는 기타소득에 대한 소득세 및 지방소득세이다. 지출결의 입력 시 관련 내용을 등록한다.

이러한 원천세는 전표 생성 시 대변에 '○○예수금' 계정을 사용하고 납부 시 차변에 동일 계정을 사용하여 반제한다. 예수금 계정은 모두 정산되어야 하는데 실제 납부 내역과 차이가 발생하면 그 원인을 찾아 수정 또는 조정을 해 주어야 한다. 그리고 가산세 등 신고에 필요한 사항을 등록 관리한다. 이를 위해 조정용 화면을 개발할 수 있다.

'원천징수이행상황신고서' 출력과 '지급명세서' 파일 생성 기능은 반복적으로 사용되므로 대부분 개발하여 지원한다. 이 내용은 전자신고 시 관련 사이트에 업로드해야 하는데, 소득세의 경우 국세청 'hometax'에서, 지방세는 'etax(서울)' 또는 'wetax(기타 지자체)'에서 처리한다.

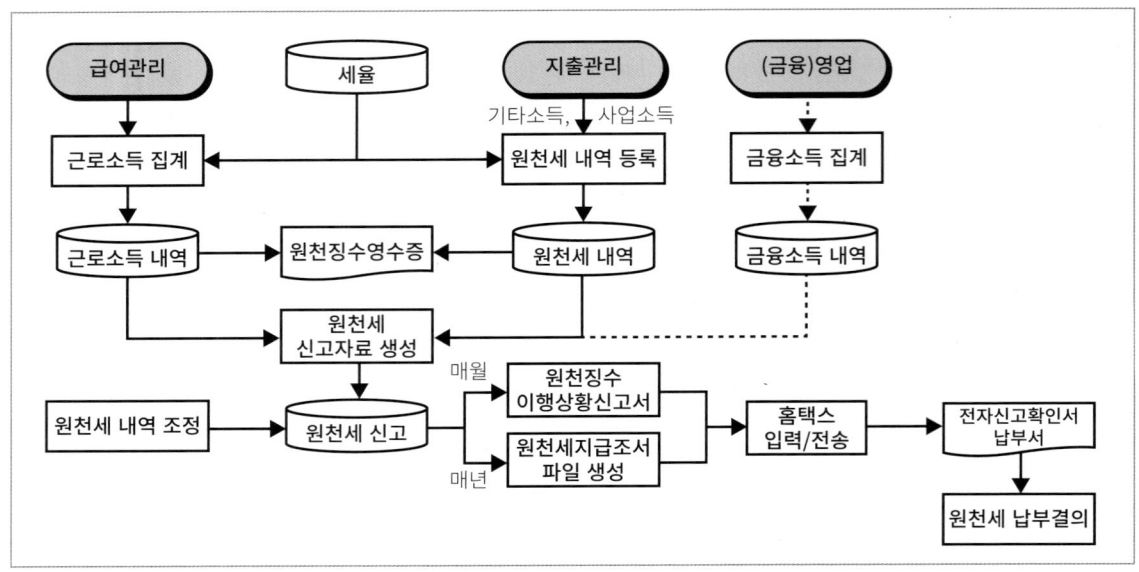

[그림 Ⅱ-8-7] 원천세 신고 시스템 흐름도

원천세 화면

[그림 Ⅱ-8-8] 원천세 내역 조정 화면

위 화면은 원천세 자료 집계 내역에서 소득 구분별로 일부 추가 입력 및 환급세액 관련 사항을 조정하는 화면이다. '원천징수이행상황신고서'와 유사한 형식으로 개발한다.

조회 조건을 입력하고 [조회]하면 신고사업장 지급 연월에 해당하는 원천세 내역을 표시한다. 아직 데이터가 생성되지 않았거나 새롭게 업데이트할 경우 [생성] 버튼을 눌러 원천세 신고 자료를 다시 생성한다. 그리고 수기 등록할 소득 구분에 대해 소득 지급 내역과 소득세, 주민세, 농특세 등을 입력한다.

소득 구분별로 환급 금액이 발생하여 환급 조정이 필요한 경우 '환급세액 조정'에서 당월 발생된 일반환급 외 기타 환급 내역을 등록하면 조정 대상 환급세액을 자동 계산하여 표시해 준다. 그리고 '원천세 내역'에서 '당월 조정 환급세액'을 입력하면 '당월 조정 환급세액계'와 '차월 이월 환급세액'을 계산하여 표시한다. 이후 차월 이월 환급세액 한도 내에서 '환급 신청액'을 등록한다.

이러한 양식은 예시일 뿐이므로 참고하여 시스템 구현 시 현업과 협의, 실제 사용할 형식과 내용을 정의하도록 한다.

제9장

예산관리

1. 예산관리 개요

예산관리 프로세스

예산관리 시스템은 민간부문과 공공 부문의 차이가 큰 시스템이다. 민간부문은 보통 시스템적으로 예산 통제를 엄격하게 하지 않는 편이나 공공 부문의 경우 자체 사업 수입이 없는 경우가 많고 정부의 예산 수립 규모에 따라 관련 하위 기관의 예산에 제약을 받으므로 대부분 엄격하게 예산 위주의 경영이 이루어진다. 본서의 예산 부분은 공공 부문 사례를 중심으로 기술하였는데, 기본적인 원리는 유사하므로 민간부문에서는 그 일부만 적용하면 될 것이다.

예산관리 프로세스는 대체로 예산 편성 및 심의/확정, 예산 배정, 예산 집행, 예산 결산 및 승인 등의 절차로 이루어진다. 아래 [그림 Ⅱ-9-1]은 이를 기초로 구성한 예산관리 시스템 흐름도이다.

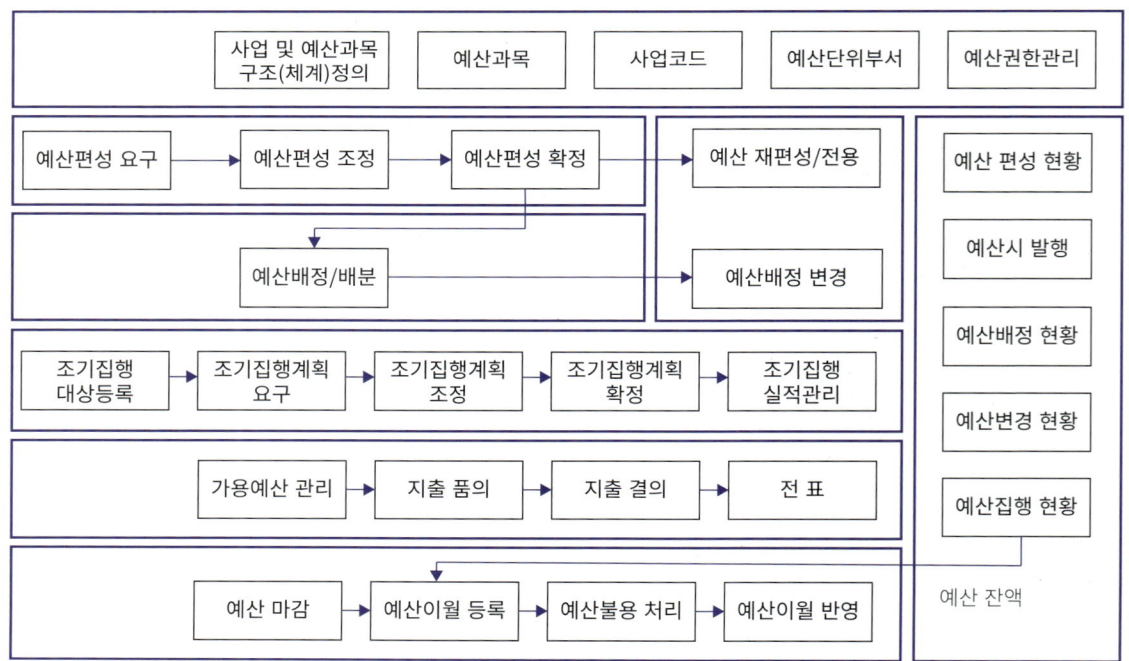

[그림 Ⅱ-9-1] 예산관리 시스템 흐름도

예산 편성은 예산 담당 부서가 (사업)부서의 예산 요구 사항을 취합한 후 경영 상황이나 정부 정책 등을 고려하여 전사적인 조정을 거쳐 최종 확정하는 것이다. 확정된 예산은 배정을 통해 집행할 수 있는데 이는 자금 상황이 때에 따라 달라지므로 예산을 편성했다고 아무 때나 쓸 수 있는 것이 아니기 때문이다. 배정은 월별, 분기별 등 다양한 기간으로 관리할 수 있으며, 연중 제한 없이 허용할 수도 있다. 민간부문에서는 예산을 편성하더라도 배정과 같은 프로세스는 실효성이 적어 대부분 생략하고 사후관리 중심으로 운영하는 곳이 많다. 주어진 예산에 맞게 운영해야 하는 공공 부문과는 달리 민간부문에서는 영업 상황에 따라 유연하게 자금을 집행해야 하기 때문이다.

공공 부문에서 예산의 집행 과정은 좀 복잡하다. 세출(지출) 예산 집행품의를 시작으로 결재권자의 품의 승인을 거쳐 계약과 같은 지출원인행위의 승인 후, 재화를 공급받는 경우 검사/검수 후 지출결의 작성 및 승인, 회계 검증 및 자금 배정, 지급명령 신청 및 승인, 그리고 최종적으로 지급하는 절차로 진행된다. 지출의 상당 부분이 국민의 세금을 사용하는 것이기에 더욱더 철저하게 여러 단계를 거쳐 검토하고 체크하는 것이다.

그리고 경제 상황에 따라 조기에 예산을 집행할 필요가 있는 경우 각 부처/기관마다 조기 집행 계획을 수립하고 실행을 모니터링한다. 회계 기간이 끝나면 사용하고 남은 예산이 있는 경우 불용 처리하고 차기로 이월 처리하거나 국고에 반납한다.

2. 예산 기준 정보

예산 기준 정보에는 사업, 예산과목, 예산단위, 그리고 예산 권한 등이 있다.

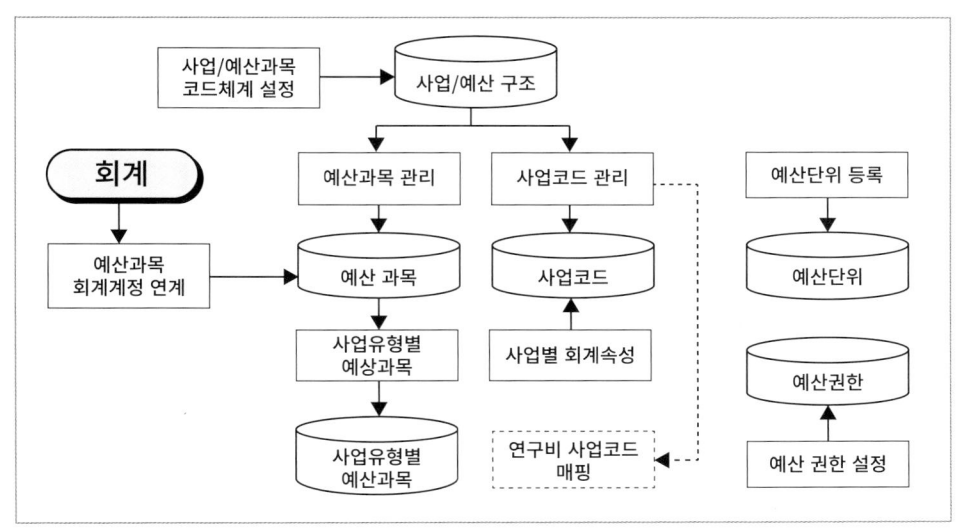

[그림 II-9-2] 예산 기준 정보 관리 시스템 흐름도

사업예산 코드 체계

정부 및 공공기관의 예산제도는 전통적으로 무엇을 어디에 사용할 것인지 계획 및 통제하는 품목별 예산제도에서 최근에는 무엇을 성취하기 위해 예산을 사용할 것인지에 초점을 맞춘 성과주의 예산제도로 변화하고 있다. 그 성과는 주로 사업이라는 구분 단위로 관리하는데 이를 사업별 예산제도라고 하며, 또 다른 말로 '프로그램 예산제도(Program budgeting system)'라고 한다.

사업예산은 재원을 합리적으로 배분할 수 있도록 기능-사업-품목 등의 계층적(Hierarchy) 구조를 가지고 있다. 여기서 기능은 정책을 실행하기 위한 영역으로 정부 정책의 일차 분류에 해당하며, 사업은 그 분류 내 정책을 실행하기 위한 단위로 정책사업, 단위사업, 세부사업 순으로 계층 구조를 가진다. 품목은 재원을 일정 기준에 따라 과목의 형태로 분류한 것으로, 재무회계의 계정과목과 상대되는 개념인 예산과목에 해당한다.

사업과 예산과목 코드는 기관/기업마다 달리 정의하여 사용하며, 환경 변화에 따라 그 구조도 변경될 수 있다. 따라서 예산관리 시스템에서는 이를 유연하게 수용할 수 있도록 코드 체계 설정 기능을 제공하여야 한다. 다음 그림은 사업과 예산과목 코드 체계를 설정하는 화면 예시이다.

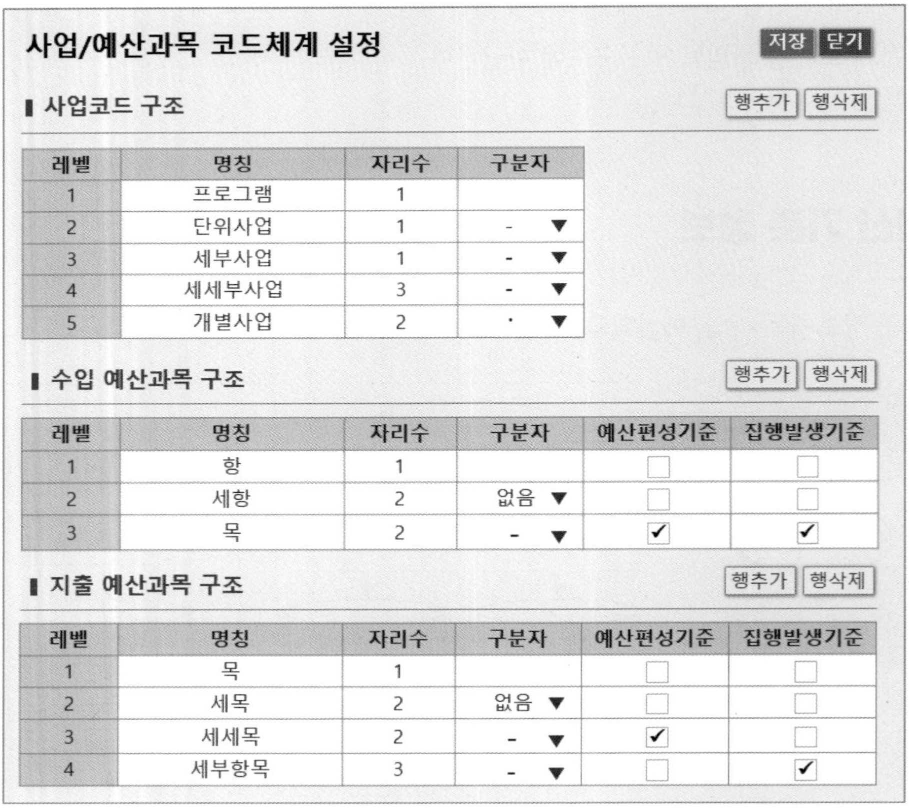
사업/예산과목 코드체계 설정

저장 닫기

사업코드 구조 (행추가 행삭제)

레벨	명칭	자리수	구분자
1	프로그램	1	
2	단위사업	1	- ▼
3	세부사업	1	- ▼
4	세세부사업	3	- ▼
5	개별사업	2	· ▼

수입 예산과목 구조 (행추가 행삭제)

레벨	명칭	자리수	구분자	예산편성기준	집행발생기준
1	항	1		☐	☐
2	세항	2	없음 ▼	☐	☐
3	목	2	- ▼	✔	✔

지출 예산과목 구조 (행추가 행삭제)

레벨	명칭	자리수	구분자	예산편성기준	집행발생기준
1	목	1		☐	☐
2	세목	2	없음 ▼	☐	☐
3	세세목	2	- ▼	✔	☐
4	세부항목	3	- ▼	☐	✔

[그림 II-9-3] 사업/예산과목 코드 체계 설정 화면

사업 및 예산과목 코드 체계는 보통 7레벨 이내에서 정의하여 사용하며, 각 레벨별 코드의 자릿수는 특별한 제한은 없으나 1~3자리가 적절해 보인다. 각 레벨의 값을 구분해 주는 구분자는 코드를 쉽게 인식하기 위한 것으로 종류는 대시('-', Dash), 언더바('_', Under bar), 점('.', Dot) 등을 사용할 수 있으나 구분 없이 통합된 숫자나 문자를 사용해도 무방하다.

예산과목은 수입과 지출을 구분하여 정의할 수 있다. 보통 지출은 상세하게 관리하지만 수입은 크게 분류하여 사용하기 때문이다. 정부와 공공기관은 수입과 지출의 예산과목 코드 체계가 서로 다르다.

예산과목 구조에서 예산 편성 기준과 집행 발생 기준을 구분한 것은 예산은 큰 레벨에서 편성하고 집행은 세밀하게 통제하는 경우가 있기 때문이다. 즉 위 그림의 예시처럼 예산 편성은 '세세목' 레벨에서 편성하고 집행은 '세부 항목' 레벨에서 통제하거나 집계하는 경우이다. 하지만 시스템 구성 및 사용의 단순화를 위해 동일한 레벨에서 관리할 수도 있다.

사업 등록 화면

사업예산제도에서 대부분의 사업은 1년 단위로 관리하므로 사업 코드는 연도별로 관리하는 체계가 되어야 한다. 동일 사업이 수년간 수행되는 경우도 많으나 해가 바뀌면 명칭이나 관리 포인트가 달라지는 경우가 있기 때문이다.

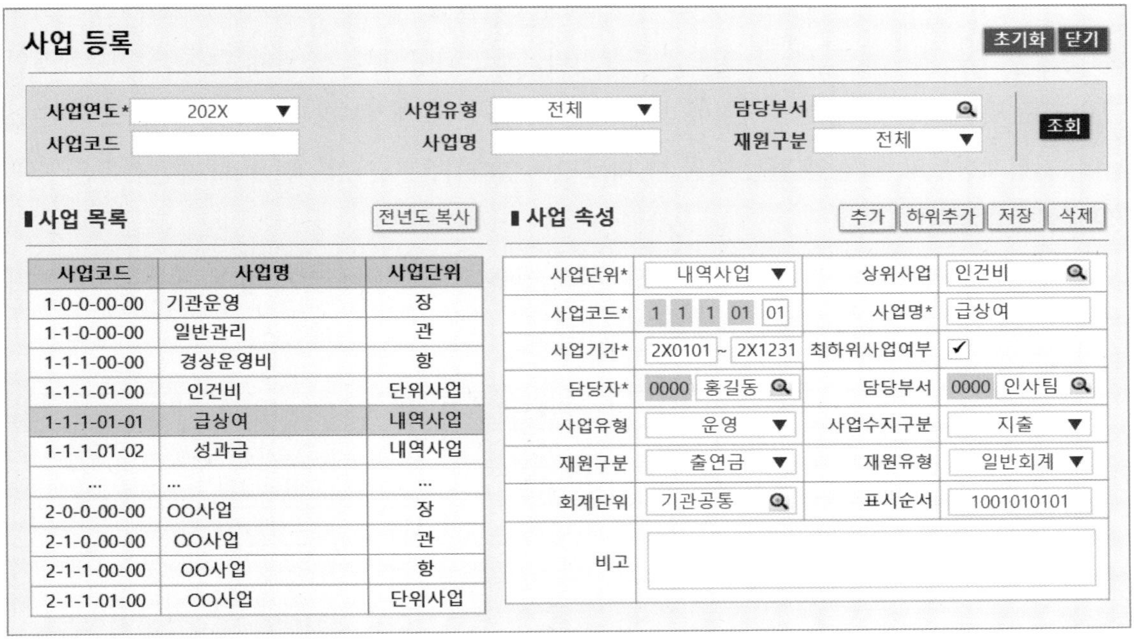

[그림 II-9-4] 사업 등록 화면

위 화면에서 '사업 목록'은 표시 전용이며, 등록 및 수정은 '사업 속성' 영역에서 처리한다. 사업명은 계층 구조를 인식하기 용이하게 트리(Tree) 형태로 표시하거나 사업 레벨만큼 들여쓰기 한다. [추가] 버튼은 사업 목록에서 포커스가 위치한 사업과 동일한 레벨의 사업을 추가하는 경우이고, [하위 추가]는 그 하위 사업을 추가하는 것으로 유사한 속성을 복사하여 표시해 주어 입력을 편리하게 한다.

사업단위(레벨) 선택에 따라 '상위 사업'은 바로 위 레벨의 사업만을 선택할 수 있도록 한다. 참고로 위 예시 화면의 사업단위 명칭이 앞서 사업 코드 구조 설정 예시 화면의 명칭과 다른데, 이는 기관마다 코드 체계가 다른 것을 반영한 예시일 뿐이다. 본서의 예시 화면에서 사업 코드 및 예산과목 코드의 구조는 서로 다를 수 있으니 참고한다.

사업은 매년 설정해야 하는데 이월 사업 또는 다년도 사업이 많으므로 [전년도 복사] 버튼을 통해 입력의 편의를 제공한다.

예산과목의 의미 및 예산과목 코드 관리

예산과목(豫算科目)은 예산의 편성 및 집행에 있어 기준이 되는 수입과 지출의 항목을 말하는 것으로, 비목(費目)이라는 용어도 많이 사용된다. 그러나 비목은 '지출'의 의미가 강하므로 본서에서는 수입과 지출에 함께 통용되는 예산과목이라는 용어를 주로 사용한다.

국가재정법에 따르면 "세입예산은 그 내용을 성질별로 관·항으로 구분하고, 세출예산은 기능별·성질별 또는 기관별로 장·관·항으로 구분한다."라고 되어 있다(제21조 제3항 참조). 또 "구체적인 분류 기준 및 세항과 각 경비의 성질에 따른 목의 구분은 기획재정부장관이 정한다."라고 되어 있는데, 기획재정부의 「예산안 편성 지침」에 따르면 세입과목은 "관·항·목"으로, 세출과목은 "목·세목"으로 구분된다.

위는 참조 사항으로 일반 기업이나 공공기관의 경우 각자 상황에 맞게 정의하여 구현하면 될 것이다. 다음 표는 예산과목 코드 체계의 예시이다.

[수입]

Level	1	2	3	4
명칭	항	세항	목	
자리수	1	1	1	
표시여부	Y	Y	Y	
표시구분	없음	없음	없음	

비목구분	예산과목코드	예산과목명
항	100	○○사업수입
세항	110	용역수입
목	111	연구용역수입
…	…	…

[지출]

Level	1	2	3	4
명칭	목	세목	세세목	세부항목
자리수	1	2	2	3
표시여부	Y	Y	Y	Y
표시구분	없음	없음	-	.

비목구분	예산과목코드	예산과목명
목	100-00.000	○○사업비
세목	101-00.000	여비(○○사업)
세세목	101-01.000	국내출장비(○○사업)
세부항목	101-01.002	국내출장_교통비(○○사업)
…	…	…

[표 Ⅱ-9-1] 예산과목 코드 체계 예시

예산과목 등록 화면

다음 그림은 예산과목 등록 화면 예시이다.

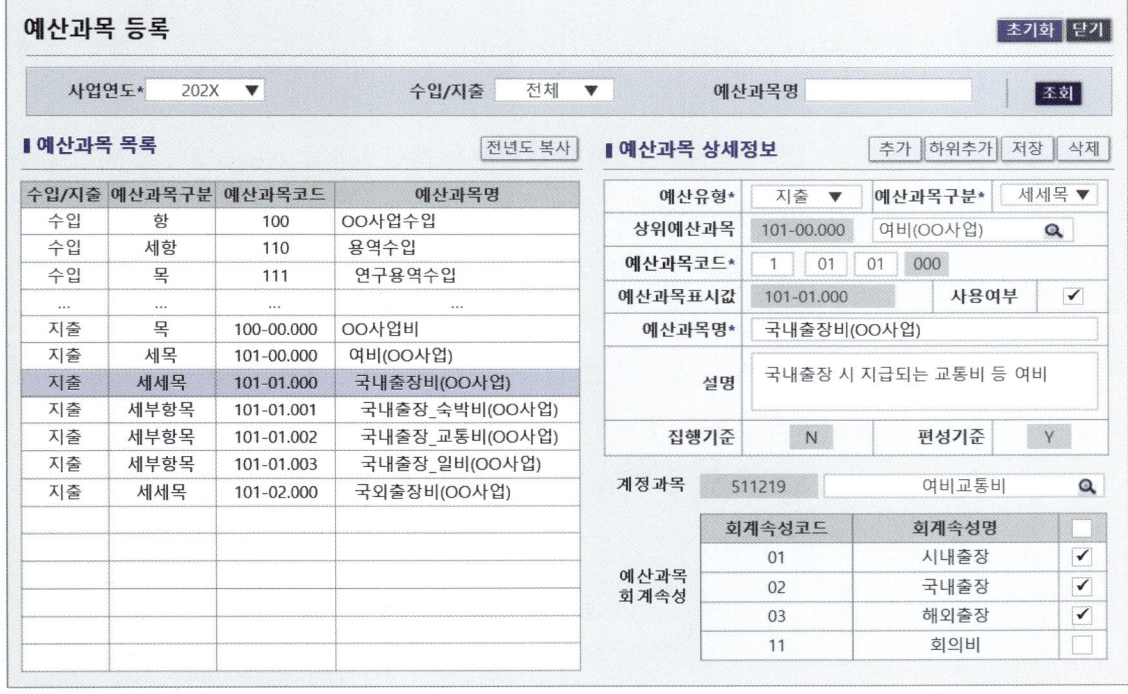

[그림 Ⅱ-9-5] 예산과목 등록 화면

신규 입력 시 예산과목 코드는 '예산과목 구분' 선택에 따라 [[사업/예산과목 코드 체계 설정]] 화면에서 설정한 레벨만큼 입력란이 나타나도록 하며, 그 하위 레벨의 값은 자동으로 '0'으로 채워 표시해 준다.

화면의 예산과목 목록에서 최하위 레벨의 예산과목을 클릭하면 화면 우측 하단에 '계정 과목' 및 '예산과목 회계 속성' 영역을 나타내고, 해당 값을 입력받는다. '계정 과목'은 지출결의 시 선택하는 예산과목에 따라 자동으로 (분개)전표를 발생시키기 위한 것으로, 결의 시 사용하는 예산과목에 대해서는 필수로 등록해야 한다. '예산과목 회계 속성'은 출장비, 회의비 등의 지출결의 시 선택 가능한 예산과목만을 선별하여 표시하기 위한 것으로 일종의 사용자 편의 기능이다.

예산단위

예산단위(Budget unit)는 예산을 편성하고 집행하는 조직 단위를 의미한다. 예산단위로는 보통 인사직제상 '부서'를 많이 사용하나 사업장, 또는 '전사' 단일 단위를 사용하기도 한다. 그러나 시스템 사용 기관/기업에 따라 인사의 조직이나 회계의 손익단위와는 달리 별도의 예산단위를 정의하여 사용하기도 한다.

예산관리 시스템에서 예산단위는 책임부서, 담당 부서, 수행 부서, 예산부서, 예산관리부서, 회계단위, 요청부서, 예산관리단위, 귀속 부서 등 다양한 용어로 사용되나, 크게 보면 성격상 '편성'과 '집행'의 주체 조직으로 정리할 수 있다.

따라서 본서에서는 각 사업의 예산을 편성하고 관리하는 책임부서를 '(예산)담당 부서'라고 하고, 각 사업의 예산을 사용(집행)하는 부서로 '(사업)수행 부서'라는 용어를 사용하기로 한다. 담당 부서와 수행 부서를 구분하는 이유는 한 (담당)부서가 관리하는 사업 예산을 여러 (수행)부서가 집행할 수 있고, 또 어느 사업예산을 어느 부서에서 편성했고 어느 부서에서 집행(사용)했는지 각 건마다 관리할 필요가 있기 때문이다. 참고로 본 시스템에서 사용하는 업무 관련 용어는 절대적인 것이 아니고 사용자에 따라 다르므로 구축하는 대상 기업/기관의 관행에 따르도록 한다.

다음 예시 화면은 예산단위를 등록, 관리하는 화면이다.

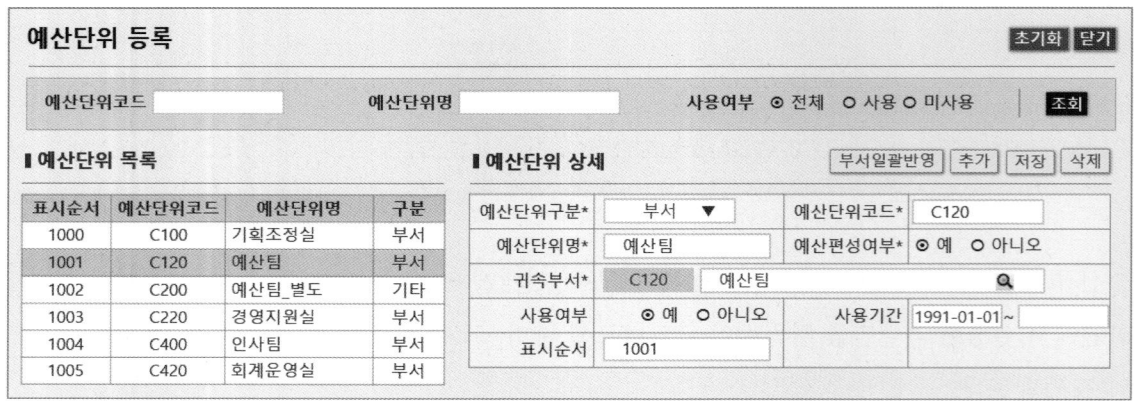

[그림 II-9-6] 예산단위 등록 화면

'예산단위 구분'은 전사, 사업장, 부서, 기타 등이며, 예산단위 구분이 부서인 경우는 [부서 일괄 반영] 버튼을 통해 인사상 부서 정보를 일괄 반영한다.

예산 편성 여부는 예산을 편성할 수 있는 최하위 부서인 경우에만 '예'를 선택한다.

사용 여부가 '예'일 경우 사용 기간 From은 필수, '아니오'일 경우 사용 기간 From, To 모두 필수로 한다.

예산 권한 관리

예산의 권한 관리는 "누가 어느 사업의 어느 예산과목에 대해 편성 또는 집행 권한을 가지고 있는지"를 관리하는 것이다. 어떤 화면에 접속할 수 있는지 등을 통제하는 일반 시스템 권한 관리와는 구분된다.

예산 권한은 사업과 직원을 1:1로 매핑하여 관리하면 가장 명확하지만 개별 직원에 대해 사업을 일일이 매핑해야 하는 불편이 크다. 권한 관리의 편의를 위해 부서별로 매핑하면 또 일부 사용자에 대한 예외 관리가 어려운 측면이 있다. 예를 들어, 어떤 사업에 대해서 어떤 부서는 예산을 사용할 수 없지만 그 부서의 일부 직원에 대해서는 허용해야 하거나, 또 사업은 접근 가능해도 특정 예산과목은 사용할 수 없는 경우 등이다. 따라서 사업과 예산과목, 부서와 직원 간의 권한 관계는 복잡한 구조를 가지게 된다. 특히 부서와 예산단위가 다른 경우에는 매핑이 더욱 어렵게 된다. 즉 일반적인 권한 관리는 로그인한 사용자의 인사상 소속 부서를 통해 통제하지만, 예산의 경우 예산단위라는 별도의 조직 단위로 관리하게 되면 부서와 예산단위의 매핑이 별도로 필요하게 된다.

CASE		사업	예산과목	예산단위	부서	직원
1) 사업에 대해 **부서** 권한만 관리		A			회계팀	
2) 사업에 대해 **직원** 권한만 관리		A				홍길동
3) 사업 및 예산과목에 대해 예산단위 및 직원별 권한 관리	① 예산단위: 부서=1:1	A	사업비	회계팀	회계팀	이순신
	② 예산단위: **부서**=1:N	A	사업비	기획조정실	기획팀	이몽룡
					예산팀	성춘향
	③ **예산단위**: 부서=N:1	A	사업비	기획팀	기획팀	이몽룡
				예산파트		성춘향

[표 Ⅱ-9-2] 사업예산 권한 관리 CASE

간단하게 예산 시스템 권한을 관리하는 경우는 위 표의 1), 2)와 같이 부서 또는 직원 개인에 대해 사업의 권한만을 관리하는 것이다. 그러나 이러한 방식은 예산과목 제한과 같은 세부 통제가 곤란한 문제가 있다.

본서의 예시 시스템은 사업 및 예산과목에 대해 부서 또는 개별 직원의 권한을 세부적으로 관리하는 것을 전제로 하였다. 그런데 위 표 3)-①이나 3)-②와 같이 예산단위: 부서가 1:1 또는

1:N 관계인 경우, 로그인 사용자 및 소속 부서와 매핑된 예산단위로 체크하면 되므로 문제가 없으나 사용자의 소속 부서가 복수의 예산단위와 매핑된 경우(위 표의 3)-③ 경우) 처리가 약간 복잡해진다. 이때는 직원과 예산단위를 별도로 매핑 관리하는 것이 필요하다.

예산 권한 관리 화면

다음 [그림 Ⅱ-9-7]은 사업예산 권한을 관리하는 화면 예시이다. 여기서 '담당 부서'는 사업을 담당하는 부서이고 '수행 부서'는 해당 사업의 예산을 사용할 수 있는 부서이다.

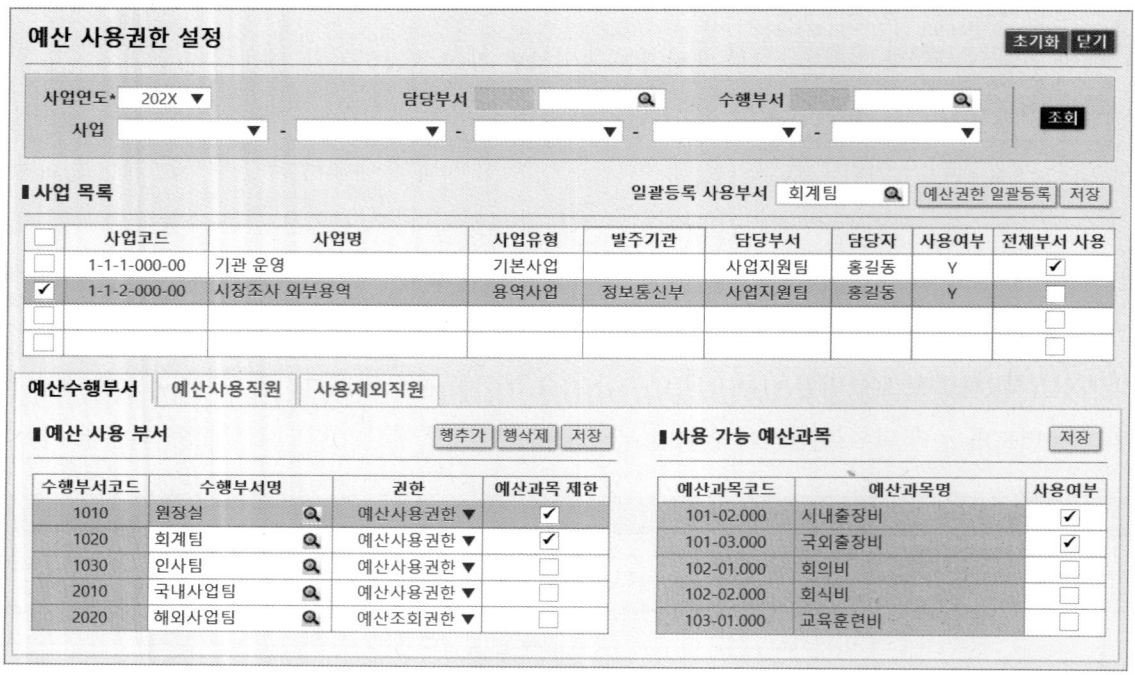

[그림 Ⅱ-9-7] 사업예산 권한 관리 화면

기본적으로 사업의 담당 부서는 해당 사업에 대한 모든 권한을 가지고 있으며, '전체 부서 사용'에 체크된 경우에는 전체 직원이 사용할 수 있다. 다른 부서에 권한을 부여할 경우에는 화면 왼쪽 아래 '예산 사용 부서'에 지정해야 한다. 이때 특정 예산과목에 대해서만 사용을 허용할 경우에는 '예산과목 제한'에 체크하고 우측에 허용 예산과목을 지정한다.

<예산 사용 직원> 탭은 담당 부서 외 직원에 대해 개별적으로 권한을 부여하는 경우 사용하며, <사용 제외 직원> 탭은 담당 부서 소속이거나 권한이 부여된 부서 소속이지만 일부 직원에 대해 경우 권한을 배제하는 경우 사용한다.

예산 권한 체크 로직

위 화면에서 설정한 사업 및 예산과목 권한에 대해 실제 예산 편성 및 집행 시 적용하는 체크 로직은 다음 [그림 Ⅱ-9-8]과 같다.

먼저 로그인 사용자의 직원번호를 통해 소속 부서 정보를 가져온다. 다음은 ① 해당 사업이 전체 사용 가능한지, 또는 로그인 사용자의 소속 부서가 해당 사업의 담당 부서인지 체크한다. 그렇다면 다음의 예산과목 권한 체크 단계로 넘어가고 그렇지 않다면 ② 소속 부서가 예산 사용이 허용된 부서인지를 체크한다. 역시 그렇다면 예산과목 체크 단계로 넘어가고, 그렇지 않다면 마지막으로 ③ 로그인 사용자에게 개별적으로 예산 사용을 허용했는지를 체크한다. 허용한 바가 없다면 바로 사용 불가 피드백을 준다.

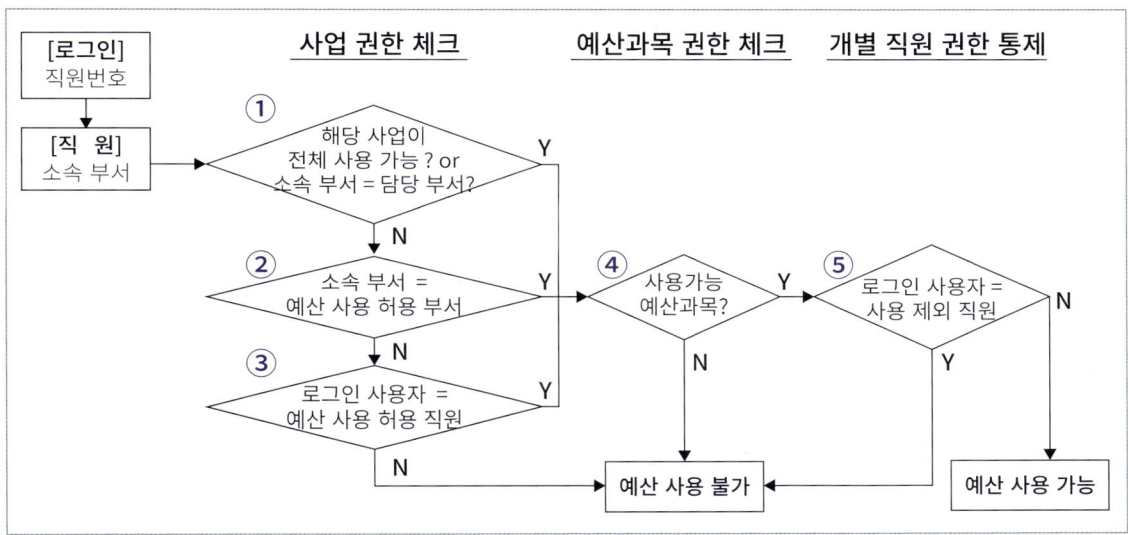

[그림 Ⅱ-9-8] 사업예산 권한 체크 로직

위 단계를 통과했다면 다음 단계로 ④ '예산과목' 권한을 체크한다. 예산과목 제한을 설정한 바 없으면 바로 통과하나, 통제 사항이 있다면 소속 부서 또는 로그인 사용자에게 해당 예산과목을 사용할 수 있도록 허용했는지를 체크한다. 허용하지 않았으면 사용 불가 피드백을, 제한이 없다면 다음 단계로 넘어간다.

마지막으로 체크할 사항은 ⑤ 로그인 '사용자'가 해당 사업 및 예산과목을 사용할 수 없도록 제한이 걸려 있는지를 체크한다. 부서와 특정 사용자에게 권한을 부여했더라도 일부 예산과목에 대해서는 제한을 걸 수 있기 때문이다.

아무 제약이 없다면 해당 사업/예산과목에 대한 권한이 있음을 피드백해 준다.

3. 예산 편성

예산 편성은 차기 사업(회계)연도에 시행될 사업에 필요한 재원과 지출 내역 및 규모를 정하는 작업이다. 본서의 예산 편성 시스템 프로세스를 정리하면 다음과 같다.

예산 편성 프로세스

예산 편성은 기본적으로 요구-조정-확정 프로세스로 구성되어 있다.

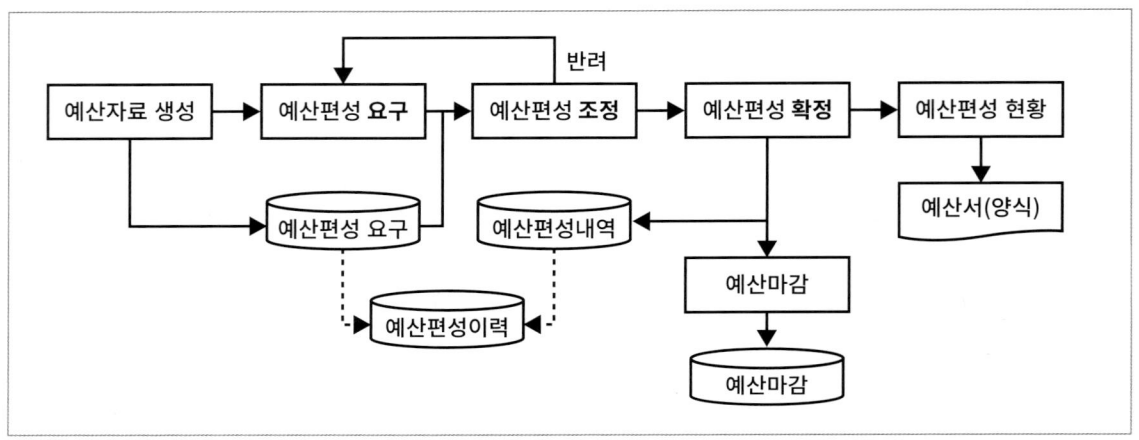

[그림 II-9-9] 예산 편성 시스템 흐름도

예산 편성 요구는 각 부서의 예산 요구 사항을 취합하는 과정으로, 작업의 편의를 위해 엑셀 업로드 기능을 제공하거나 과거(전년도) 예산 편성 또는 실적 자료를 차 연도 예산안으로 복사 후 사용할 수 있도록 한다.

각 부서의 예산 편성 요구가 취합되면 예산관리부서에서 전사적 조정을 한다. 기관/기업의 목표 달성을 위해 재원과 지출 규모 등을 각 부서별로 일부 조정하는 것이다. 이러한 요구-조정 작업을 수 차례 거친 후 최종 예산안을 확정하게 된다.

실제 공공기관 및 기업의 예산관리 시스템에서는 요구와 조정 단계를 생략하고 확정된 예산안만을 업로드하여 사용하는 경우도 많다.

예산안이 확정되면 시스템적으로 자동 마감을 통해 더 이상 예산 편성 데이터가 변경되지 않도록 한다. 여기서 마감은 예산 편성 마감으로, 후술하는 예산 배정 마감 등과는 구분된다.

예산 편성 요구, 조정, 확정 단계마다 모든 변동 사항은 예산 편성 이력 테이블에 기록하도록 한다.

편성 예산과 실행 예산

예산 편성에는 사업과 부서의 관계 측면에서 1) 하나의 사업에는 하나의 부서만 예산을 편성하는 경우, 2) 처음부터 복수의 부서로 편성하는 경우, 3) 하나의 부서로 편성한 후 복수의 부서로 분할하는 경우 등이 있을 수 있다.

위 3)의 경우는 한 사업의 담당 부서는 하나이지만 그 예산을 사용할 부서가 복수인 경우 부서별로 예산 편성 데이터가 관리되어야 한다는 요구를 반영한 것이다. 이때는 예산 편성 과정에서 분할이라는 기능이 필요한데 본서에서는 이를 '예산 변경' 과정에서 관리하는 것으로 정의하였다. 즉 예산 편성 테이블에는 하나의 사업에 복수 부서로 편성하는 것을 수용하되, 예산 편성 단계에서 부서별로 분할하지 않고 예산 편성을 '변경'하거나 배정된 예산을 타 부서에 '이전/배분'하는 기능에 반영한 것이다.

이를 위해 예산 편성 내역 테이블에는 '예산 편성 금액'과 '실행 예산 금액'을 구분하여 관리한다. 최초 편성된 예산은 변경되면 안 되므로 최초 사업 담당 부서에서 편성한 예산은 '예산 편성 금액'에 담아 두고, 각 수행 부서로 배분된 예산은 '실행 예산 금액'에 반영하여 구분 관리하는 것이다.

따라서 예산 편성이 확정되면 사업 및 예산과목별 '예산 편성 금액'은 '실행 예산 금액'으로 자동 복사한다. 이후 최초 예산 편성 금액은 변경하지 못 하며, 실행 예산 금액만 변경하도록 한다.

예산 편성 화면

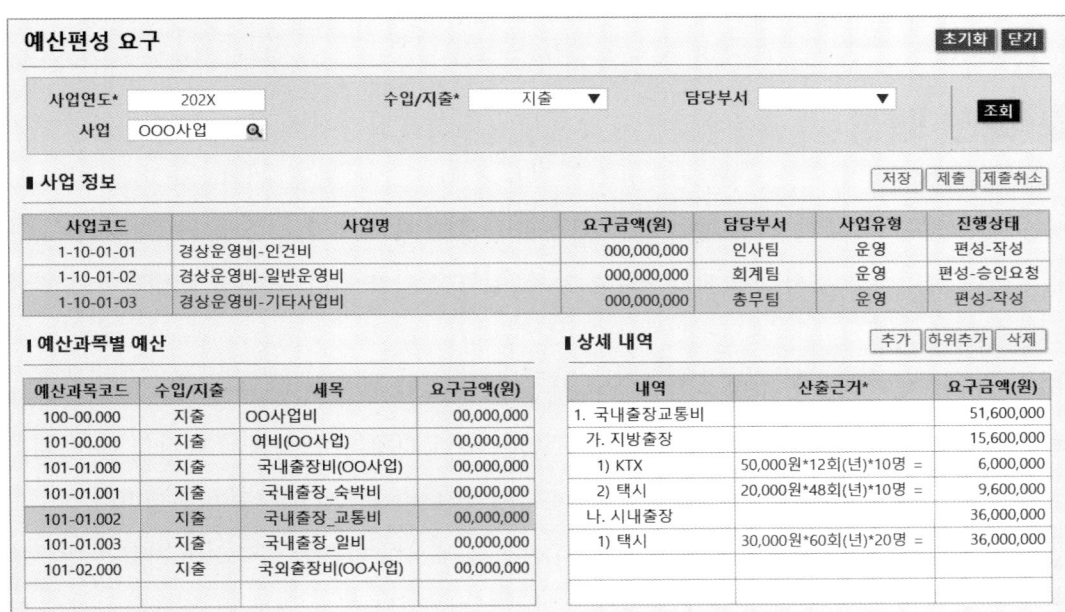

[그림 Ⅱ-9-10] 예산 편성 화면

[그림 Ⅱ-9-10]은 예산 편성 요구 화면 예시이다.

조회 조건에 해당하는 사업 목록을 보여 주고 각 사업을 선택(클릭)할 때마다 화면 하단에 해당 사업의 예산 편성 내역을 표시해 준다. '예산과목별 예산'에는 해당 사업에 지정된 예산과목만 나타나도록 하며, 요구 금액은 우측 '상세 내역'의 1레벨 금액의 합계이므로 상세 내역 변경 시마다 자동으로 변경 표시해 준다.

'상세 내역'의 '내역' 칼럼은 레벨에 따라 자동으로 들여쓰기 하고, 산출근거 내역의 끝에 '=' 입력 후 포커스가 이동되면 요구 금액을 즉시 계산하여 표시해 준다. 또한, 산출근거를 입력한 라인의 상위 집계 라인에도 금액을 자동으로 합산하여 표시해 준다.

상세 내역 입력 규칙은 다음과 같이 정의하여 라인 추가 시 자동으로 부여할 수 있다. 이는 정부 및 공공기관에서 많이 사용하는 형식이다.

▷ 1레벨(대분류) : 숫자 + '.'   예) 1.
▷ 2레벨(중분류) : 한글부호 + '.'   예) 가.
▷ 3레벨(소분류) : 숫자 + ')'   예) 1)

위 예시 화면에 보이지는 않지만 화면상의 라인 순서는 재 조회 시 그대로 유지되어야 하므로 테이블(DB)에 '표시 순서' 값을 보관하도록 한다.

4. 예산 배정

예산 배정은 편성된 예산의 집행을 위해 기간별로 또는 각 부서별로 분배하는 행위이다. 예산을 편성했다 하더라도 부서가 즉시 집행(사용)할 수 있는 것이 아니라, 예산을 배정받아야 지출할 수 있는 것이다.

공공 부문의 경우 예산은 수입(출연금 및 보조금 등 포함)을 초과하여 집행할 수 없으며, 사업 및 예산과목별로 편성된 예산을 초과하여 사용할 수도 없는 것이 원칙이다. 따라서 예산의 운영 계획에 따라 수입 시기 및 지출 수요를 적절히 고려하여 분기별 또는 월별로 배정하여 집행한다.

또한 배정 프로세스가 필요한 이유는 특정 시기에 각 부서의 지출이 집중되면 자금수지에 문제가 발생할 수 있고, 한 부서에서 편성한 예산을 여러 부서가 사용하는 경우 각 부서의 상황에 맞게 적절하게 배분도 해야 하기 때문이다.

그러나 민간 부문은 대체로 이러한 배정 절차를 생략하고 사후 통제 중심으로 운영한다.

예산 배정 프로세스

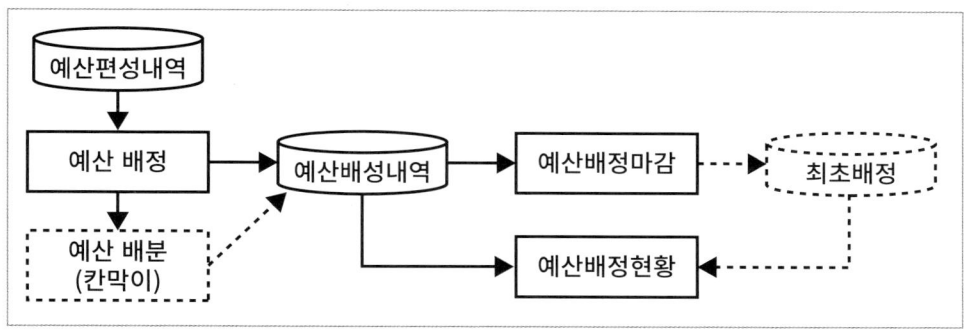

[그림 II-9-11] 예산 배정 시스템 흐름도

예산 배정은 편성된 예산 범위 내에서 예산 담당자가 사업 및 예산과목별로 분기별 또는 월별로 배정하는 것이 기본이다. 사업의 성격에 따라 사업부서의 배정 요청에 대해 전사 예산 담당자가 승인 처리하거나, 사업부서 자체적으로 상황에 맞게 직접 배정하기도 한다.

예산 배정에는 기간 배분만이 아니라 부서별 배분도 포함되어 있다. 각 부서별로 예산을 배분하는 것은 공통 경비와 같이 최초 편성 시 하나의 담당 부서가 편성하지만 해당 예산을 여러 부서가 함께 사용하는 경우에 해당한다. 이때 해당 예산을 부서 간 갈등이 없도록 적절하게 배분해 주어야 하는데 이를 현업 사용자들은 '칸막이(배정)'라고도 부른다. 이 기능을 별도의 화면으로 개발해도 되나 [[예산 배정]] 화면에서도 구성에 따라 모두 처리 가능하다.

예산 편성 및 배정 과정에서 부서별 배분 관련하여 몇 가지 경우로 나누어 볼 수 있다. 1) 예산 편성을 전사 또는 한 부서로만 한 후, 배정 시 여러 부서로 배분하는 경우, 2) 예산 편성을 각 부서로 하고 배정 시 예산을 배분하지 않는 경우, 3) 예산 편성과 배정 각 단계에서 분할 또는 배분 처리하는 경우 등이 있다. 1)의 경우 배정과 배분이 발생하고, 2)의 경우는 기간 배정만 있고 배분은 없다. 3)의 경우는 좀 복잡한데 일반적인 배정 프로세스로 처리할 수 없는 건은 예산 변경 프로세스를 통해 처리해야 한다.

부서별 배정 내역은 일반 기간별 배정 내역과 테이블을 분리하여 구성할 수 있으나 단일 테이블을 사용할 수도 있다. 즉 해당 테이블에 사업 담당 부서와 배정 부서 칼럼을 동시에 두고 배정 부서가 사업 담당 부서와 동일하면 '원 배정 예산'이고, 배정 부서가 사업 담당 부서와 다르면 '배분된 예산'으로 인식하면 되는 것이다.

예산 배정을 승인하거나 마감하는 경우, 최초 배정 내역을 별도로 보관하는 경우가 있다. 이를 '당초예산'이라고도 한다. 이 역시 별도 테이블을 구성하거나 예산 배정 테이블에 별도 칼럼으로 처리할 수도 있다.

예산 배정 화면

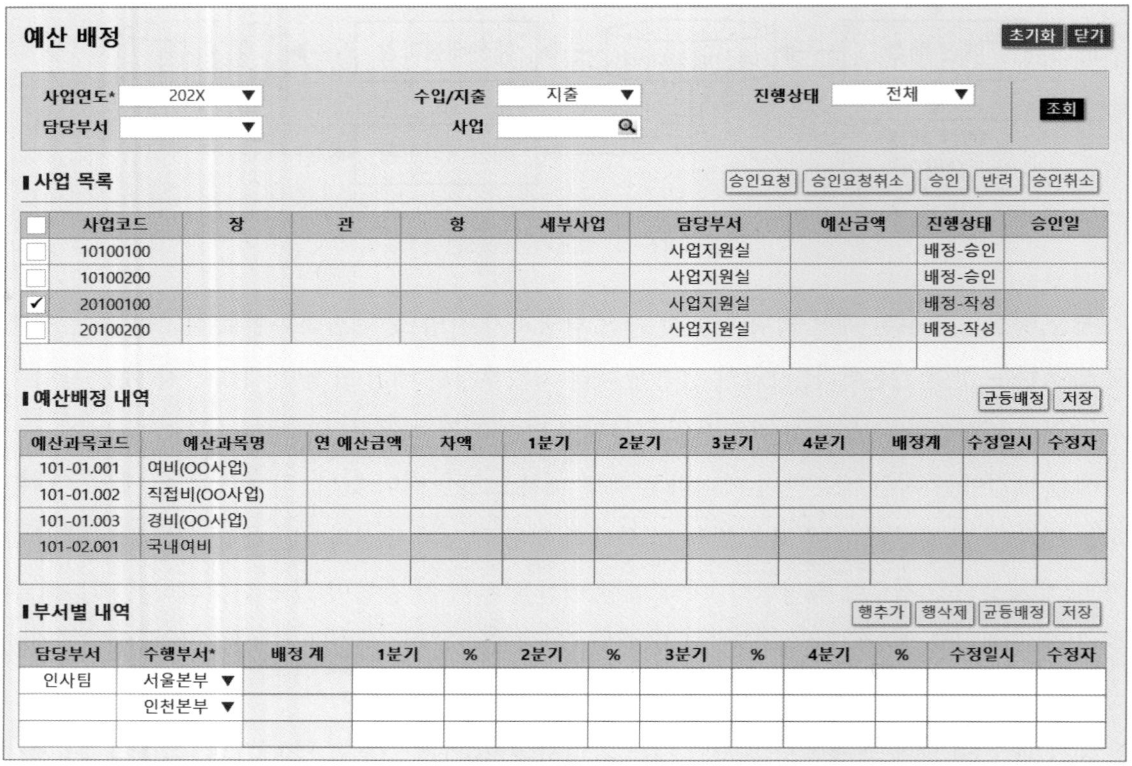

예산 배정										초기화 닫기

사업연도*	202X	수입/지출	지출	진행상태	전체	조회
담당부서		사업				

사업 목록 승인요청 | 승인요청취소 | 승인 | 반려 | 승인취소

	사업코드	장	관	항	세부사업	담당부서	예산금액	진행상태	승인일
☐	10100100					사업지원실		배정-승인	
☐	10100200					사업지원실		배정-승인	
☑	20100100					사업지원실		배정-작성	
☐	20100200					사업지원실		배정-작성	

예산배정 내역 균등배정 | 저장

예산과목코드	예산과목명	연 예산금액	차액	1분기	2분기	3분기	4분기	배정계	수정일시	수정자
101-01.001	여비(OO사업)									
101-01.002	직접비(OO사업)									
101-01.003	경비(OO사업)									
101-02.001	국내여비									

부서별 내역 행추가 | 행삭제 | 균등배정 | 저장

담당부서	수행부서*	배정 계	1분기	%	2분기	%	3분기	%	4분기	%	수정일시	수정자
인사팀	서울본부 ▼											
	인천본부 ▼											

[그림 Ⅱ-9-12] 예산 배정 화면

위 그림은 (분기별)기간 배정 및 부서별 배분을 포함한 예산 배정 예시 화면이다.

사업목록을 조회하면 사업별 예산(편성) 금액이 표시되고, 사업을 선택(클릭)하면 해당 사업으로 편성된 예산과목별 예산 편성 및 배정 금액이 표시되며, 여기서 예산과목을 선택(클릭)하면 아래 '부서별 내역'에 해당 예산과목에 대한 부서별 예산 배정 내역을 입력/조회하는 형태이다.

여기서 담당 부서와 수행 부서가 동일하면 기간 배정에 해당하는 것이고, 다르면 부서 배분에 해당하는 것이 된다. 부서별 내역을 입력하면 '예산 배정 내역'에 자동 집계되어 표시되도록 한다. 이때 부서별 내역의 분기별 합계 금액이 예산 배정 내역의 각 분기별 금액을 초과할 수 없도록 한다.

5. 예산 변경

예산 변경은 예산 편성 내역 또는 예산 배정 내역을 변경하는 행위이다.

아래 [그림 Ⅱ-9-13]에서 '예산 편성 변경'은 추가경정예산과 같이 총예산이 변경되는 경우로 '실행 예산 금액'을 변경시킨다. 확정되어 보고된 '예산 편성 금액'은 수정할 수 없으므로 '실행 예산 금액'이라는 항목을 별도로 관리하는데, 실제 예산의 집행은 이를 기준으로 이루어진다.

그리고 '예산 전용'은 총예산 범위 내에서 사업 또는 비목 간 실행 예산을 변경하는 것이고, '예산 배정 변경(사업)'은 동일 비목에 대해 사업 간 실행 예산 및 배정 금액을 변경시키는 것이다. 여기서 '예산 전용'은 기관장의 승인을 받아야 하는 단위사업 간 변경이고, '예산 배정 변경(사업)'은 부서 내에서 변경 권한을 가진 세부 사업의 배정 변경이다.

마지막으로 '예산 배정 변경(기간)'은 배정 금액의 기간 변경을 말하는 것으로 일명 '당겨 배정'이라고도 한다.

예산 변경 프로세스

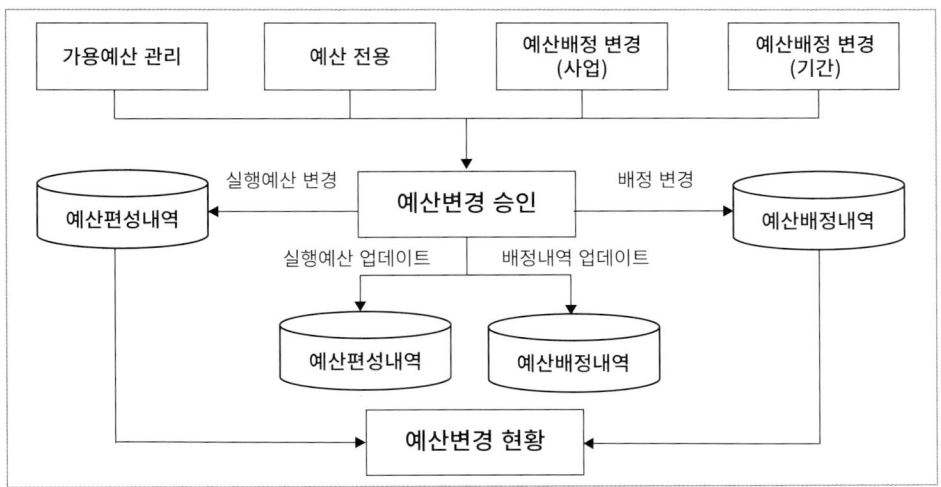

[그림 Ⅱ-9-13] 예산 변경 시스템 흐름도

위 그림에는 없지만, 부득이한 사유로 회계연도 개시 전까지 예산이 확정되지 않은 경우 급여와 같은 필수 지출에 대해 전 회계연도의 예산에 준하여 운용하는 '준예산'을 별도로 관리하기도 한다.

예산 변경에서 주의해야 할 점은 실행 예산 변경 시 이미 배정이 된 건은 해당 배정 내역까지

변경해야 하는데, 이를 시스템에서 자동으로 처리해 주기가 매우 복잡하다는 것이다. 이 부분 관련하여 데이터 정합성 문제가 될 만한 부분은 체크하여 변경을 제한하거나 사용자가 직접 관련 데이터를 수작업으로 보정하도록 하여야 한다. 자동 반영 처리 시 당장은 문제가 없게 개발했다 하더라도 업무가 변경되어 관련 시스템에 수정이 일어난다면 미처 생각하지 못한 경우가 발생할 수 있기 때문이다.

예산 변경 화면

[그림 Ⅱ-9-14] 예산 변경 화면

위 그림은 예산 변경 현황을 조회하고 승인하기 위한 화면으로, 앞서 살펴본 예산 변경의 여러 형태를 일괄 조회할 수 있어 예시로 든다.

'예산 변경 목록'의 라인을 선택(클릭)하면 아래에 해당 예산 변경 요청 '사업 목록'을 표시하고, 다시 여기서 사업을 선택하면 해당 사업의 예산과목별 변경 내역을 보여 준다. 변경 구분과 상세 구분 값을 통해 해당 예산의 변경 유형을 알 수 있다.

'예산 변경 목록'에서 데이터 선택 후 [예산 변경 상세] 버튼을 누르거나 더블클릭하면 해당 예산 변경 화면으로 이동하여 상세 내역을 표시해 준다.

6. 예산 집행

예산 집행은 배정된 예산 범위 내에서 회계 시스템의 지출결의를 통해 실행하는 것을 말한다. 이때 중요한 것은 가용한 예산이 얼마인지 체크하는 것이다. 공공 부문의 경우 예산을 초과하여 지출할 수는 없으므로 시스템에서 사전에 이를 방지해야 하는 것이다.

예산 집행 프로세스

아래 그림은 예산 집행 관련 시스템 프로세스를 표현한 것이다. 예산은 지출의 경우 지출품의 또는 지출결의를 통해 집행되는 것이 일반적이다. 이때 사용할 수 있는 예산의 범위를 체크하기 위한 것이 '가용예산'이며, 지출결의 등(지출품의 포함, 이하 같음)의 처리 결과는 '예산 집행'에 집적되어 가용예산 계산 및 각종 예산 집행 실적 조회 시 활용된다. 여기서 가용예산과 예산 집행 내역은 시스템 구현의 효율 및 편의를 위해 View를 생성하여 활용할 수 있다.

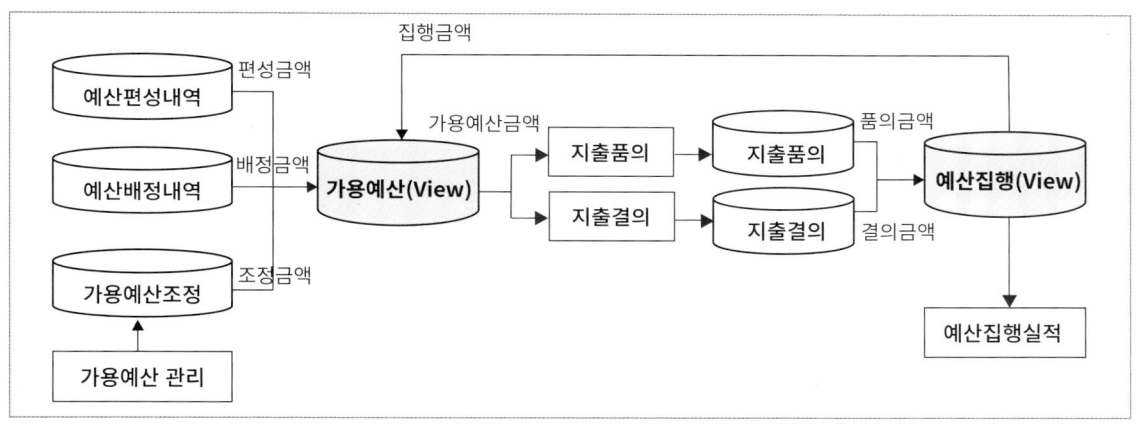

[그림 Ⅱ-9-15] 예산 집행 시스템 흐름도

가용예산 체크

가용예산은 지출을 결정하는 시점에 해당 사업 및 예산과목으로 사용 가능한 예산 금액을 말한다. 이는 예산 배정이 된 상태의 금액이다.

가용예산을 산출하는 방식은 업무별로 다를 수 있다. 예를 들어, 일반 지출 건은 월별 또는 분기별 배정 예산을 기초로 가용예산을 산출하지만, 계약의 경우 회계 기간을 넘기는 장기 집행 건도 있어 연간 편성 예산을 기초로 가용예산을 계산하기도 한다.

다양한 업무 유형에 대응하기 위해 가용예산 산출 식을 설정(Set up) 값으로 관리하면 좋다. 즉 가용예산 체크 기능에 '거래 발생 경로'(예: 지출, 계약 등)와 '가용예산 체크 유형'(예: 품의, 결의 등) 등을 변수로 추가하고, 경로 및 체크 유형에 따라 가용예산 산출 식을 달리하는 것이다.

아래 표는 가용예산을 계산하는 유형의 예이다.

유형	계산식
1	월 배정 누계액 − 지출결의금액
2	월 배정 누계액 − (지출품의금액 + 품의 없이 지출한 금액)
3	연간 배정금액 − 지출결의금액
4	연간 배정금액 − (지출품의금액 + 품의 없이 지출한 금액)

[표 Ⅱ-9-3] 가용예산 계산 유형

'월 배정 누계액'은 1월부터 예산을 사용하려는 월까지 배정된 예산액의 합계이다. '연간 배정 금액'은 1년 전체의 배정 금액으로, 편성 금액과는 다를 수 있다. 회계 시스템의 지출관리에서 지출품의 기능을 사용하지 않는 경우에는 지출결의 금액만을 반영하여 가용예산을 계산하면 된다(유형1). 지출품의를 사용하는 경우에도 모든 지출 건에 대해 지출품의를 작성하는 것이 아니기 때문에 지출품의 금액과 지출품의 없이 직접 지출결의 처리한 금액을 반영하여 계산하는 경우도 있다(유형2). 그리고 월별 배정 금액이 아닌 연간 배정 금액을 기초로 가용예산을 계산할 수도 있다(유형 3, 4).

그러나 위의 규칙에도 불구하고 예외적인 상황이 발생할 수 있다. 시스템의 통제 범위를 벗어난 상황이 발생한 경우나 급히 처리해야 하는데 예산 변경 등의 준비 및 승인 과정에 시간이 소요되는 경우 [[가용예산관리]]라는 화면을 통해 부족한 가용예산을 임시로 조정할 수도 있다. 임시로 조정한 예산은 반드시 정상적인 절차를 통해 변경 반영하여야 한다.

가용예산 화면

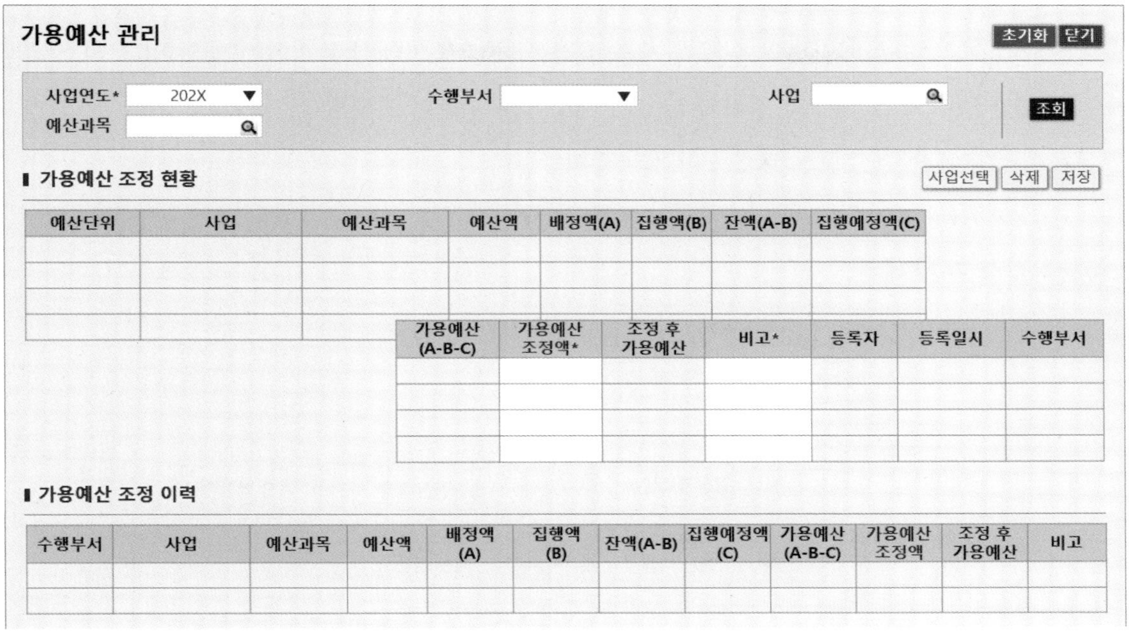

| 가용예산 관리 | | | | | | | | | | 초기화 | 닫기 |

사업연도* 202X ▼　수행부서 ▼　사업 🔍　조회
예산과목 🔍

■ 가용예산 조정 현황　　　　　　　　　　　　　　　　　　　　사업선택 삭제 저장

예산단위	사업	예산과목	예산액	배정액(A)	집행액(B)	잔액(A-B)	집행예정액(C)

			가용예산 (A-B-C)	가용예산 조정액*	조정 후 가용예산	비고*	등록자	등록일시	수행부서

■ 가용예산 조정 이력

수행부서	사업	예산과목	예산액	배정액 (A)	집행액 (B)	잔액(A-B)	집행예정액 (C)	가용예산 (A-B-C)	가용예산 조정액	조정 후 가용예산	비고

[그림 Ⅱ-9-16] 가용예산관리 화면

예산 집행의 핵심은 지출결의이지만 이는 '제3장 지출관리' 부분에서 기술하였으므로 본 장에서는 [[가용예산관리]] 화면을 예로 설명한다. 이 화면은 가용예산을 예외적으로 관리하는 화면이지만 예산 관련 금액의 관계를 이해할 수 있으므로 소개한다.

'가용예산 조정 현황'의 예산액은 예산 편성 금액을 의미한다. 배정액은 현 시점까지 배정한 금액이고, 집행액은 지출이 완료된 금액이다. 잔액은 배정액에서 집행액을 뺀 금액이며, 집행 예정액은 현재 지출결의 등이 진행 중인 금액이다. 가용예산은 잔액에서 집행 예정액을 뺀 금액이다.

사용 방법은 먼저 [사업 선택] 버튼을 눌러 사업 및 예산과목을 선택한다. 그러면 예산액, 배정액, 집행액, 집행 예정액 등이 표시된다. 필수 입력 항목인 가용예산 조정액과 비고를 입력 후 [저장]한다. 물론 여기에 승인 절차를 반영할 수 있다. 예외적으로 사용하는 화면이므로 이러한 조정 기능은 배제해도 무방하다.

7. 예산 결산

예산 결산이란 한 회계연도의 수입과 지출 실적을 예산 측면에서 확정하는 행위이다. 시스템적으로는 회계 결산과 그 내용과 절차가 다르기 때문에 구분하여 표현한다.

본서에서의 예산 결산 프로세스는 다음과 같다.

예산 결산 프로세스

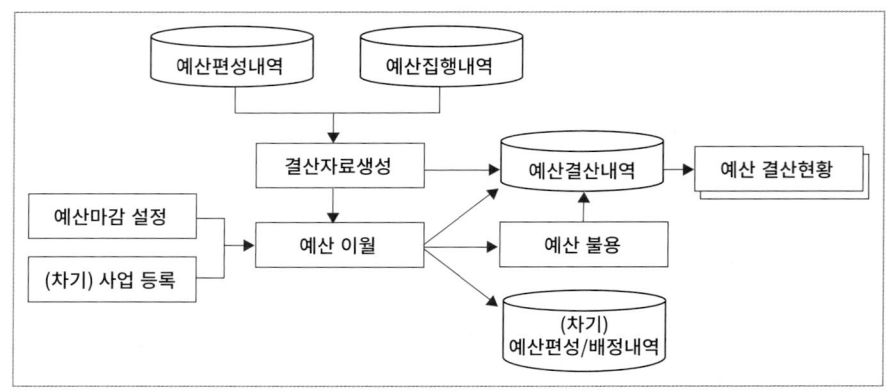

[그림 Ⅱ-9-17] 예산 결산 시스템 흐름도

먼저 다음 회계연도의 사업 및 예산과목을 등록하고, 당해 연도 예산 내역이 작업 중간에 변경되지 않도록 예산 마감을 한다. 그다음에 결산 자료를 생성한 뒤 이월 처리를 진행한다.

각 회계연도의 지출 예산은 원칙적으로 다음 연도에 사용할 수 없다. 단, 일부 예외가 있는데 명시이월, 사고이월, 계속비, 그리고 이미 지출원인행위를 한 경비 등이 그것으로 이들 예산은 차기로 이월 가능하다. 명시이월이란 해당 예산을 연도 내에 지출을 할 수 없을 것으로 예상되는 경우 다음 연도에 이월하여 사용하겠다는 승인을 받은 건을 말하며, 사고이월은 지출원인행위를 하였으나 재해 등 특별한 사유로 연도 내에 지출할 수 없어 다음 연도에 이월하여 사용할 수 있는 제도이다. 보통 이월 예산은 다음 연도의 해당 항목 예산에 배정한 것으로 본다. 위 그림에서 예산 이월 프로세스와 (차기)예산 편성/배정 내역 테이블이 연결되어 있는 것은 이를 표현한 것이다.

공공 부문의 경우 사용하지 않는 예산은 불용 처리 후 국고 반납을 원칙으로 하는데, 이를 차입금 상환에 사용하거나 차 연도 수입으로 처리하기도 한다.

그리고 지출결의 시 사용할 예산이 본예산인지 이월예산인지 구분하는 경우가 있다. 따라서 시스템에서도 그에 대응하여 예산을 구분 관리해야 한다.

예산 이월 화면

예산 결산 관련하여 예산 이월 화면만 예시로 보여 준다.

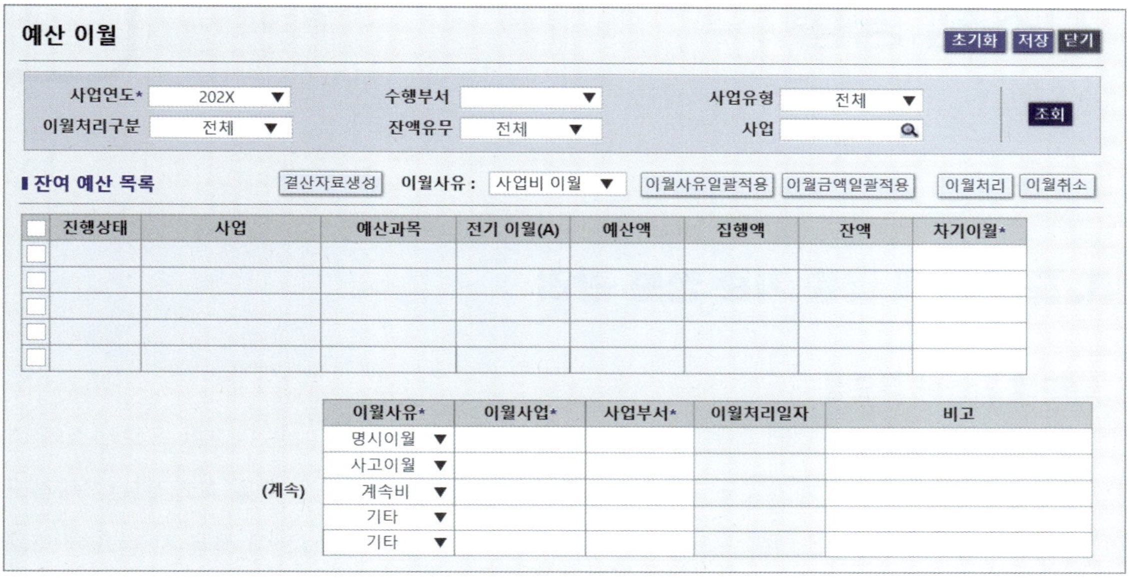

[그림 Ⅱ-9-18] 예산이월 화면

[결산 자료 생성] 버튼을 눌러 사업 및 예산과목별 예산액, 집행액, 잔액 등을 가져와 예산 결산 내역을 생성하여 표시한다.

이월 작업을 하는 경우 잔액이 있는 데이터만을 다시 조회하면 작업이 간편하다. 작업 대상 레코드를 체크한 후, [결산 자료 생성] 버튼 옆의 '이월 사유'를 선택하고 [이월 사유 일괄 적용] 버튼을 누르면 해당 데이터에 대해 이월 사유를 일괄 적용하여 보여 준다. [이월 금액 일괄 적용] 버튼을 누르면 역시 체크한 라인에 대해 '잔액'을 '차기이월' 난에 일괄 표시해 준다.

[이월 처리] 버튼을 누르면 선택(체크)한 데이터에 대해 이월 처리를 하고, 화면상 '이월 처리 일자'에 현재 일자를 반영하여 표시해 준다. 이때 예산 결산 내역 테이블에 해당 내역을 업데이트하고, 예산 편성 내역 테이블의 차 연도 데이터 '이월 금액' 칼럼에도 동시에 업데이트한다.

[이월 취소]는 이월 처리된 데이터에 대해 테이블에서 삭제 및 업데이트하고 미처리 상태로 되돌리는 기능이다.

제10장

시스템 공통

1. 모듈화 및 공통 기준 정보 관리

ERP의 모듈화 필요성

ERP는 전사적인 업무를 처리하는 시스템으로 산업과 업종에 따라 매우 다양한 프로세스와 기능을 지원해야 한다. ERP 패키지를 공급하는 SW 업체에서는 이러한 상황을 효과적으로 해결하기 위해 업종 및 업무별 시스템을 모듈(Module) 방식으로 개발하여, 각 업체에 적용 시 필요한 모듈을 조립하여 공급하는 형태로 대응하여 왔다. 이는 표준화된 레고(LEGO) 조각을 조립하여 다양한 형태의 장난감을 만드는 것과 유사한 방식이다.

우리나라를 포함하여 전 세계적으로 수많은 SW 업체가 ERP 및 업무 솔루션을 공급하고 있는데, 제품별로 특징과 장점이 다르고 해당 분야의 시장점유율에서도 차이가 발생한다. 그래서 사용자(기업)에 따라 한 SW 업체의 제품을 모든 업무에 적용하기보다는 각 업무별로 가장 적합한 솔루션을 선별, 조합하여 사용하는 경우가 많다. 예를 들어, ERP는 글로벌 No.1 제품을 사용하지만 그중 인사 시스템은 해당 분야에서 가장 인정받는 솔루션을 적용하거나, 프로젝트 관리나 경영 분석 등에 있어 해당 분야에 특화된 전문 솔루션을 사용하는 경우 등이다. 이러한 방식을 Best of Breed라고 표현하기도 한다.

이와 같이 사용자의 다양한 요구 사항을 수용하면서 ERP 패키지/솔루션의 수정을 최소화하기 위해서는 타 제품 또는 추가 개발한 시스템과 쉽게 연계할 수 있도록 표준화된 인터페이스 방식을 가진 모듈화가 필요하다.

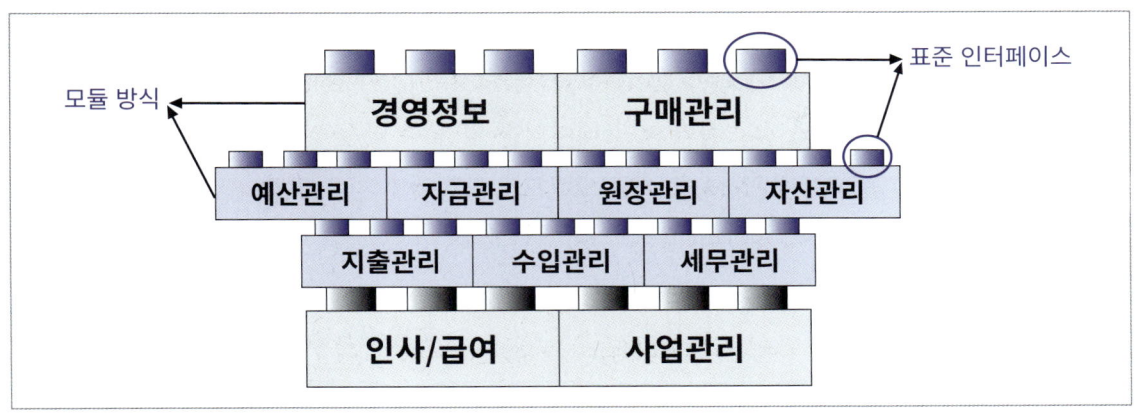

[그림 Ⅱ-10-1] 모듈 방식의 시스템 조합

모듈화에 따른 데이터 인터페이스

시스템을 모듈화하면 타 시스템과의 데이터 연계를 위한 표준 인터페이스(Interface) 구성이 필수적이다.

예를 들어, 회계 시스템과 인사 시스템이 통합되어 있는 경우 인사 시스템에 있는 조직 및 직원 정보를 회계 시스템에서 직접 참조하면 되는데, 만약 서로 다른 제품으로 사용하게 된다면 그러한 공통 정보의 공유를 위해 회계 시스템은 대대적 수정이 불가피하게 된다. 따라서 ERP의 일부 시스템을 다른 종류의 제품/솔루션을 사용하더라도 그 외 다른 시스템 수정을 최소화하도록 업무 시스템 공통으로 사용하는 정보(조직, 직원 등)는 공통 영역에 두어 관리하는 것이 필요하다.

또한, 구매 및 급여 시스템 등에서 회계상 거래가 발생하면 (분개)전표를 생성하여 회계 시스템에 넘겨주어야 한다. 이때 구매나 급여 시스템을 타 제품으로 사용하는 경우 회계 시스템의 전표 테이블에 직접 등록(Insert)하는 것은 보안이나 데이터 정합성 훼손 및 본체 데이터 손상 등의 우려가 있다. 따라서 중간에 인터페이스 테이블을 이용하는 것이 안전하다.

이와 같이 모듈 간 인터페이스 방식을 표준화하여 서로 다른 업체의 제품(패키지/솔루션)을 사용하거나 각각 시스템을 별도 구축하더라도 연계에 문제 없이 대응할 수 있도록 하는 것이 필요하다.

공통 정보로서의 부서 및 직원 정보 관리

회계 시스템과 통합되지 않은 별도의 인사 시스템을 사용하는 경우 부서 및 직원 정보와 같이 공통으로 사용하는 정보에 대해서는 공유하는 방식의 결정이 필요하다. 전 시스템이 공통으로 사용하는 정보를 모아 놓은 곳을 '공통 시스템'이라고 할 때, 이 공통 시스템에 부서 및 직원과 같은 공통 정보를 어떻게 구성하고 관련 시스템과 어떻게 연계하느냐에 대한 결정이 필요한 것이다.

공통 데이터의 연계는 크게 두 가지 방식을 생각해 볼 수 있다. 하나는 부서와 직원 같은 공통 정보를 공통 시스템의 관련 테이블에 직접 업데이트하는 것이고, 다른 하나는 공통 시스템에 인사 데이터를 저장하지 않고 인사 시스템의 해당 데이터를 읽을 수 있는 권한을 공통 시스템에 부여하고 뷰(View)를 통해 공유하는 방식이다. 이를 그림으로 표현하면 다음과 같다.

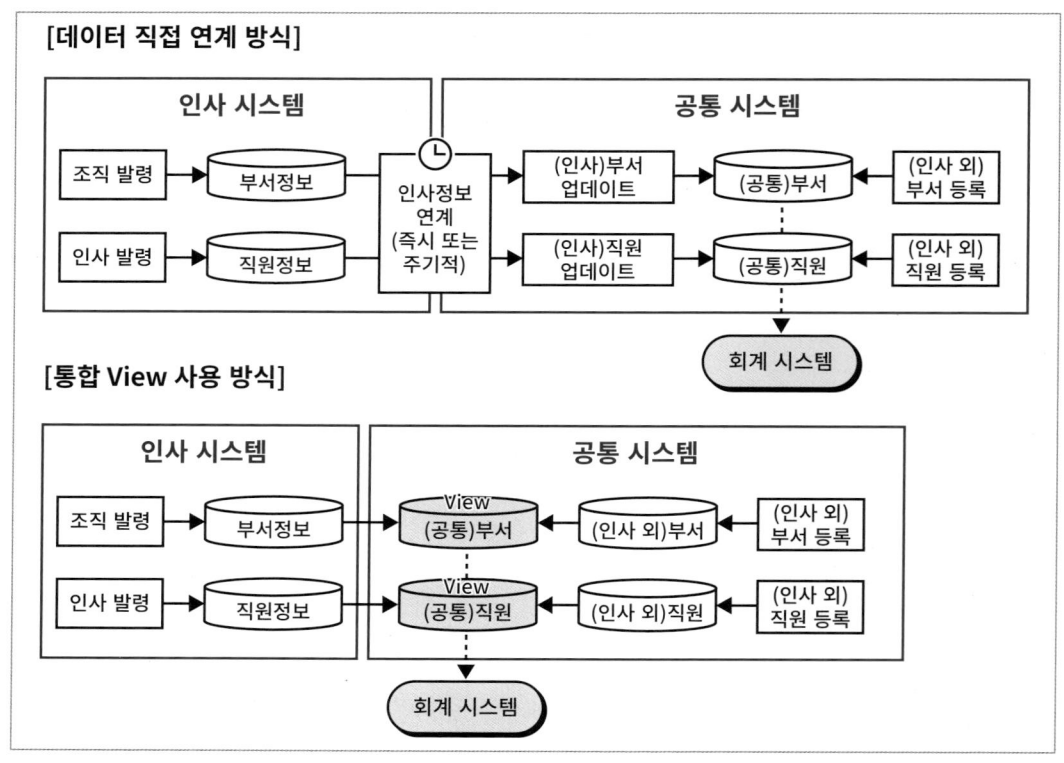

[그림 II-10-2] 공통 정보로서의 부서 및 직원 관리 방식 예

공통 시스템의 부서/직원 정보는 인사 시스템의 부서/직원 정보와 항상 정합성을 유지해야 하므로 원칙적으로 외부의 직접 업데이트가 금지된다. 다만, 인사 시스템과는 별도로 추가로 등록 관리해야 하는 데이터는 예외로 관리한다. 예를 들어, 직원은 아니지만 감사를 위해 외부 감사자에게 시스템 사용 권한을 부여하는 경우나, 회계상 목적으로 인사상 조직이 아닌 가상 관리 조직을 운영하는 경우 등이 그것이다. 그림에서 [[(인사 외)부서 등록]] 또는 [[(인사 외)직원 등록]] 화면으로 표시한 것은 이를 위한 것이다. 따라서 '(공통)부서' 또는 '(공통)직원' 테이블/View에서는 데이터의 원천이 인사 시스템인지 공통 시스템인지 구분하여 관리해야 한다. 이때 부서 ID, 직원 ID는 인사와 공통 영역 모두 동일한 채번 규칙을 사용하여 상호 중복이 발생하지 않도록 주의해야 한다.

2. 공통 코드 관리

공통 코드란?

시스템에서는 업무 처리에 있어 다양한 선택 값을 대부분 코드화하여 보관 및 처리한다. 예를 들어, 인사 시스템의 직위/직급 코드, 발령 유형 코드, 급여 지급/공제 유형 코드 등이나, 회계 시스템의 지출결의 유형 코드, 지급 유형 코드, 증빙 유형 코드 등이 그것이다. 레코드마다 해당 명칭으로 저장하면 저장장치의 용량도 문제지만 프로그램에서 처리하기 불편하거나 오류 가능성이 있기 때문이다. 이러한 코드는 자체 시스템에서만 사용하는 것이 아니고 타 시스템에서도 함께 사용할 수 있기 때문에 공통 시스템에 통합하여 관리하는데, 이를 본서에서는 '공통 코드'라고 한다.

그런데 실무에서는 공통 코드를 단순히 목록과 명칭만을 관리하는 데 그치지 않고 시스템 구현의 편의상 다양한 정보를 함께 관리하는 경우가 있다. 예를 들어, 지출결의 유형의 경우 해당 거래가 발생하는 원천 시스템이 무엇인지, 증빙을 필수로 하는지, 지급 조건을 무엇으로 하는지 등의 정보를 관리하는 것이다. 그래서 지출결의 입력 시 지출결의 유형 선택에 따라 필수로 입력해야 하는 항목과 관련 처리를 어떻게 해야 할지 등을 시스템에서 자동으로 판단하는 것이다. 본서에서 예시로 든 시스템은 이러한 방식을 따랐다.

공통 코드 관리 화면

다음 그림은 공통 코드를 관리하는 화면의 예시이다.

공통코드 관리 [초기화] [닫기]

공통분류코드명 [   ] 공통분류코드 [   ] 시스템여부 [전체 ▼] | [조회]

공통코드 분류 목록 [행추가] [저장] [삭제]

분류코드	분류명	설명	사용칼럼	타입	길이	사용여부	시스템여부	관련코드	관리항목1	관리항목2	관리항목3	...
AP001	지출결의유형			CHAR	3	Y	시스템 ▼		원천구분	증빙여부		
				NUM		N	사용자 ▼					

공통코드 상세 목록 [행추가] [저장] [삭제]

분류코드	공통코드	코드명	설명	사용여부	정렬순서	관리항목1	관리항목2	관리항목3	관리항목4	...
AP001	101	일반지출		Y	1	지출	Y			
AP001	102	법인카드		Y	2	지출	Y			
AP001	103	선급		Y	3	지출	N			
AP001	201	구매계약		Y	4	구매	Y			
AP001	202	출장비		Y	5	인사	Y			

[그림 II-10-3] 공통 코드 관리 화면

공통 코드 분류 목록은 테이블 관계상 공통 코드 마스터(Master)에 해당하고, 공통 코드 상세 목록은 디테일(Detail)에 해당한다. 해당 코드의 공통적인 속성은 마스터에서 설정하고, 상세 목록에 실제 사용할 코드와 명칭, 그리고 시스템 처리에 필요한 정보들을 관리한다.

'시스템 여부'가 '시스템'인 코드는 시스템에서 로직 처리를 위해 하드 코딩(Hard coding) 될 수 있는 시스템 정의 코드(System-defined code)로, 일반 사용자가 수정할 수 없도록 한다. 대표적인 것이 트랜잭션의 승인 상태를 관리하는 코드인데, 이 코드를 잘못 변경하는 경우 시스템에 오류가 발생하거나 잘못된 정보를 생성할 수 있으므로 필요 시 시스템 담당자가 관련 로직을 상세하게 분석 및 파악 후 처리해야 한다. 반면 시스템 여부가 '사용자'인 경우는 시스템 사용 기업마다 임의로 설정하여 사용하는 사용자 정의 코드(User-defined code)로 시스템 로직에는 영향이 없는 참조 정보에 해당한다.

관리 항목은 해당 공통 코드 관련한 업무 처리 시 로직을 구현하기 위한 추가 정보이다. 예를 들어, 위 예시 화면과 같이 '지출결의 유형'에 따라 증빙을 필수로 하는지 여부를 관리한다면 '일반 지출'의 경우 증빙 입력 여부를 필수로 체크하지만 '선급'의 경우 해당 사항을 체크하지 않는 것이다. 이는 해당 프로그램에 코딩을 통해 구현하는 방식이어서 한번 설정하면 그 구조를 변경하는 경우 신중을 기해야 한다.

공통 코드와 모듈별 설정값 관리

자체 개발한 시스템(In-house system)의 경우 위와 같은 방식으로 코드와 코드명을 관리하는 전형적인 코드 관리 기능뿐 아니라 업무 처리 로직 구현의 편의성 및 하드 코딩 방지를 위해 각종 변수를 함께 관리하는 기능을 겸하는 것이 효율적이다. 그러나 관리 항목 설정 개수의 한계나 코드 테이블 참조에 모든 트랜잭션이 집중되는 등의 문제점도 있다.

그래서 다수 업체를 대상으로 하는 솔루션/패키지의 경우 코드 관리 기능과는 별도로 업무 처리 옵션을 모듈별 설정(Set-up)으로 분리하여 관리하는 것이 보통이다. 정답은 없지만 시스템 규모와 사용 대상(자체, 대외)에 따라 정하면 되겠다.

3. 레코드의 식별자

레코드의 키(Key)

시스템에서 데이터는 레코드(Record) 단위로 기록된다. 여기서 레코드는 엑셀의 행(Row)과 유사한, 데이터의 집합을 의미한다. 우리가 가장 많이 사용하는 관계형(Relational) DB의 시각적 구성은 스프레드 시트(Spread sheet, 이하 '엑셀'로 표시)와 비슷하고, 또 대부분의 DBMS 도구에서 엑셀을 통한 데이터의 업로드/다운로드 기능을 제공하고 있다.

이 레코드는 각각의 건을 구별하기 위한 식별자(識別子, identifier)가 필요한데 우리는 이를 키(Key)라고 하며, DBMS에서 기본이 되는 키를 '기본 키(Primary key)'라고 한다. 여기서 식별자란 어떤 객체를 유일하게 구별할 수 있는 기준이 되는 값을 뜻하는데, 정보 처리에 있어 필수적인 개념이다.

앞서 살펴본 바와 같이 데이터의 종류에는 마스터 데이터, 트랜잭션 데이터 등이 있는데, 마스터 데이터의 경우 보통 하나의 항목이 키가 되며, 트랜잭션 데이터의 경우 여러 항목의 조합이 키가 된다.

마스터 데이터의 키는 대부분 코드(Code) 또는 번호(Number)로 되어 있는데, 일부의 경우 ID라는 표현을 사용하기도 한다. 예를 들어, 부서 코드, 계정 과목 코드, 거래처 코드 등과 같이 '코드'라는 용어를 사용하거나, 사원(직원)번호, 계좌번호, 카드번호, 증빙번호 등과 같이 '번호'라는 용어를 사용한다. '코드'는 알파벳을 포함한 값을, '번호'는 주로 숫자로 구성된 값을 의미하는데, 실무에서는 코드도 대부분 숫자만으로 구성하여 사용하는 경우가 많다. 이유는 사용자 입장에서 숫자와 알파벳을 섞어 입력하기가 불편하기 때문이다. 따라서 구분에 큰 의미는 없으며, 단지 관습에 따라 그러한 용어를 사용할 뿐이다.

트랜잭션의 키는 몇 가지 항목의 조합으로 구성되는데, 예를 들어, 전표 상세 내역의 경우 회계 연도, 전표 번호, 전표 일련번호 등을 묶어 기본 키로 한다. 물론 '전표 상세 ID'와 같이 단일한 유일(Unique) 키를 별도로 부여할 수 있겠지만 결국 위 세 항목의 조합을 달리 표현하는 값일 뿐이다.

여기서 우리가 관심을 가져야 할 부분은 마스터 데이터의 키이다.

키 값(Key value) 부여 방식: 코드/번호와 ID

직원, 조직, 계정, 예산과목 등의 마스터 데이터 키 값(Key value)은 사용자가 쉽게 인식할 수 있는 유의미한 코드 또는 번호로 구성하는 것이 보통이었다. 그러나 코드나 번호에 의미를 두어 부여하는 경우 시간이 흐르면서 업무 및 환경이 바뀜에 따라 문제가 발생하기도 한다.

예를 들어, 직원번호를 입사 연도 2자리와 일련번호 3자리를 조합하여 총 5자리로 정의하였는데 사세 확장 또는 직원의 잦은 입/퇴사로 연 1,000명 이상에게 직원번호를 부여하게 될 경우 직원번호의 자릿수가 부족하게 된다. 이때는 전면적으로 코드/번호 체계를 재구성해야 하는데, 이러한 변화를 염두에 두고 구축하지 않은 경우에는 기존 마스터 데이터를 일괄 삭제(Disable)하고 신규 코드를 등록함과 동시에 기존에 발생했던 관련 트랜잭션 데이터도 모두 업데이트해야 하는 문제가 있다. 이렇게 되면 시스템 재구축에 버금가는 비용이 발생하게 된다.

그리고 부서의 경우 매년 조직 변경에 따라 한 조직이 분리되거나 두 개 이상의 조직이 통합되는 경우가 발생하는데 이때 부서 코드를 재부여하게 된다. 문제는 변경 후 부서의 역할은 대체로 기존 부서의 것을 유지하기 때문에 각종 실적과 이력은 기존의 데이터를 함께 보여 주어야 한다는 것이다. 시스템에서는 코드가 다르면 다른 데이터로 인식하기 때문에 이를 같은 데이터로 인식하기 위해서는 상호 연결고리를 관리하고 복잡한 과정을 거쳐 데이터를 추출해야 하는 어려움이 있다.

이에 대한 대안으로 사용자가 인식하는 코드/번호와는 별도로 시스템 내부에서 관리하는 일련번호 형식의 ID를 Key Value로 하고 각 트랜잭션에는 이 ID를 반영함으로써 코드/번호가 변경되더라도 기존 트랜잭션에는 영향이 없도록 하는 방식을 사용한다.

예를 들어, 아래 그림과 같이 부서 '인사팀'이 '인재육성팀'으로 명칭을 변경하면서 새로운 부서 코드를 사용하는 경우, 부서의 속성이 동일하다면 같은 부서 ID를 적용함으로써 그 정체성(Identity)을 유지하는 것이다. 따라서 부서 데이터를 포함하는 모든 트랜잭션 테이블에는 동일한 부서 ID가 기록됨으로써 업무 데이터의 동질성을 유지하는 것이다.

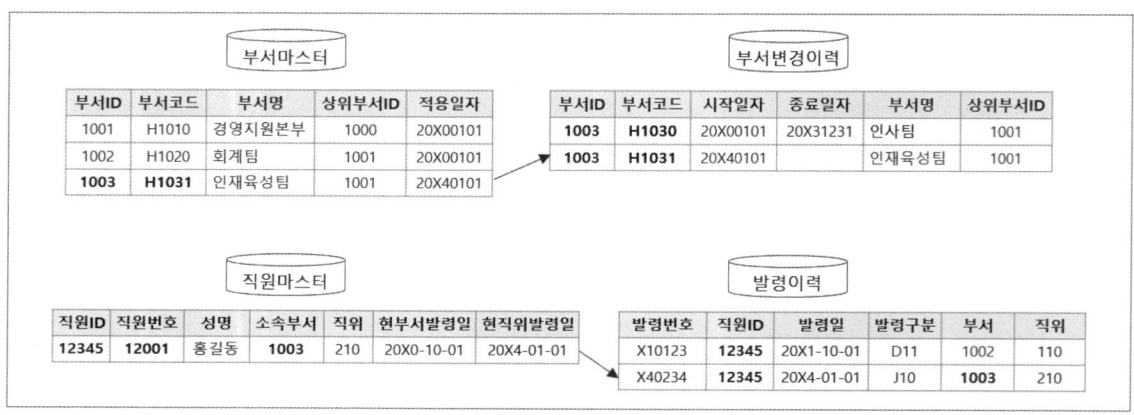

[그림 Ⅱ-10-4] 코드/번호와 ID

만일 트랜잭션 데이터에서 부서 변경 전후 구분이 필요하다면 부서의 유효 기간(시작 일자~종료 일자)을 기준으로 판단할 수 있다.

4. 권한 관리

직원과 사용자

시스템상 트랜잭션을 처리하는 주체를 시스템 사용자(System user)라고 한다. 보통 '사용자'로 통용된다. 이러한 사용자는 대부분 해당 기업의 '직원(Employee)'이지만 경우에 따라 인사 시스템에서 관리하지 않는 '임시직'이거나 회계 감사를 위해 투입된 '외부인'인 경우도 있으며, 시스템을 관리하는 '시스템 관리자'(예: SYSTEM, ADMIN 등)도 있다. 따라서 인사 시스템에서 관리하는 직원 정보와는 별도로 공통 시스템에서 사용자 정보를 관리해야 하며, 각종 거래 기록에도 해당 거래와 관련된 직원 정보뿐만 아니라 그 트랜잭션을 처리한 사용자 정보도 함께 기록하여 누가 언제 그 데이터를 처리했는지 알 수 있어야 한다.

아래 그림은 트랜잭션 처리 화면에서 업무상 거래의 당사자인 직원과 이 트랜잭션을 처리한 시스템 사용자를 구분 표시한 예이다. 사용자는 거래의 당사자인 직원과 동일인일 수 있지만 다른 경우도 많다. 같은 부서의 동료 직원 또는 관리부서의 직원이 대신 처리해 줄 수 있기 때문이다.

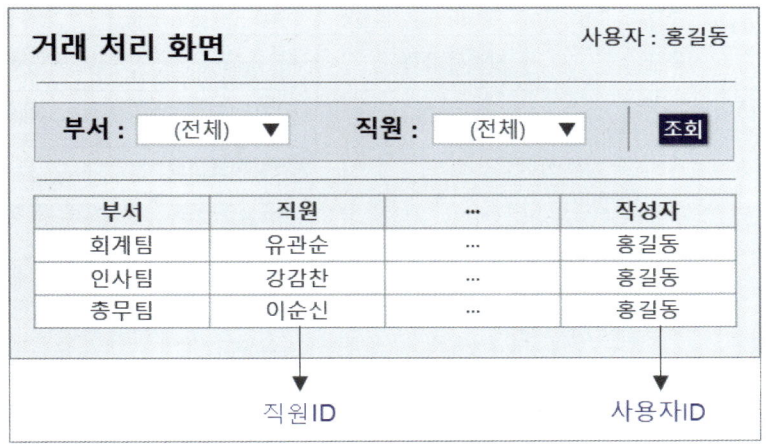

[그림 II-10-5] 거래 처리 화면에서의 직원과 사용자

위 화면에서 작성자를 사용자(User)가 아닌 직원(Employee)으로 적용할 수도 있는데, 이는 현업의 업무 정의에 따라 다르다. 시스템 설계자 및 개발자는 그 차이를 고려하여 설계 및 개발하여야 한다.

사용자에 대한 시스템 사용 권한 관리

사용자는 시스템 접속 시 사용할 수 있는 화면 및 데이터에 제약을 받는다. 예를 들어, 일반 사용자는 각종 업무 시스템에서 자신과 관계없는 업무 화면은 접속 자체가 불가하며, 접속되는 화면에서도 자신이나 소속 부서의 자료 외에는 타인이나 타 부서의 데이터를 볼 수 없어야 한다. 이러한 화면 접속 여부 및 데이터 접근 범위를 관리하는 것이 시스템 권한 관리이다.

권한 관리의 가장 기본적인 구성 요소는 사용자와 프로그램이다. 한 사용자가 어떤 프로그램에 접속할 수 있는지 관리하는 것이 기본이 되는 것이다. 이를 효율적으로 관리하기 위해 담당 업무 및 역할별로 접속 가능한 프로그램을 그룹화 하여 권한을 설정한다. 이 권한과 사용자를 연결하여 사용자 권한을 관리한다.

세부적으로는 프로그램 내에서도 처리 가능한 기능(예: 조회/신청/승인 등)을 구분하여 '프로그램 액션(Action)'을 정의하고 권한별로 이 액션의 사용 가능 여부를 관리함으로써 보다 정밀하게 권한을 관리할 수 있다.

이러한 관계를 테이블 관계도로 표현하면 아래 그림과 같다. 테이블 명과 키 값 위주로 표현하였다.

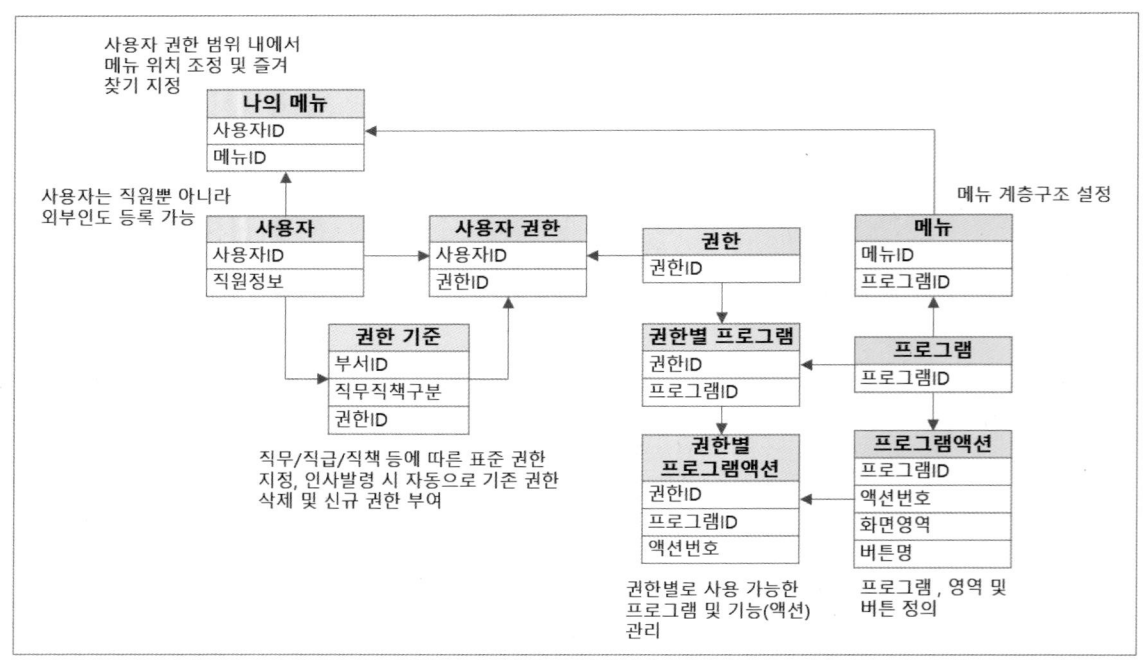

[그림 Ⅱ-10-6] 권한 관련 테이블 관계도

위 그림에서 메뉴는 화면상에 표시되는 프로그램의 목록을 알기 쉽게 트리 구조로 구성한 것으로, 보통 전체 시스템에 대해 설정한다. 실제 사용자는 화면을 열었을 때 '사용자 권한'에 지정된 프로그램만 메뉴에 표시됨으로써 권한이 없는 프로그램은 메뉴 목록에서 볼 수 없어 원천적으로 접근이 불가능하다.

메뉴는 사용자 입장에 따라 자주 사용하는 프로그램의 위치를 변경하거나 그룹화할 수 있는데, 이러한 기능을 보통 '나의 메뉴'라는 이름으로 제공한다. 일종의 개인화(Personalization) 기능이다.

프로그램에 접속했다 하더라도 자신이나 소속 부서의 정보 외에는 접근이 불가해야 한다. 이는 프로그램별로 권한 범위를 관리할 수 있다. 즉 전사, 사업부, 부서, 개인 등으로 데이터 레벨을 구분하고 동일 레벨 또는 하위 레벨을 포함하여 접근할 수 있는지를 '권한별 프로그램' 테이블에 설정해 두면 해당 화면에서 조회 조건 선택 등에서 통제를 하는 것이다.

이러한 권한 관리는 표준 프로그램으로 개발하여 전체 시스템이 공통으로 사용하도록 한다. 세부적으로 관리해야 하는 사항은 개별 프로그램의 몫이다.

권한 관리 자동화

직원들의 업무와 역할은 계속 변동되므로 그 직원의 시스템 사용 권한도 수시로 변경되어야 한다. 그러나 일일이 권한을 회수하고 재부여하는 것은 매우 번거로운 일이다. 따라서 대부분의 사용자(기업)는 이를 자동화해 주기를 원한다. 즉 인사 발령에 따라 자동으로 권한도 관리되기를 원하는 것이다.

앞서 그림에서 '권한 기준'으로 표시한 부분은 권한을 자동으로 관리하기 위한 것이다. 이를 시스템 프로세스 측면에서 자세히 보면 아래 그림과 같다.

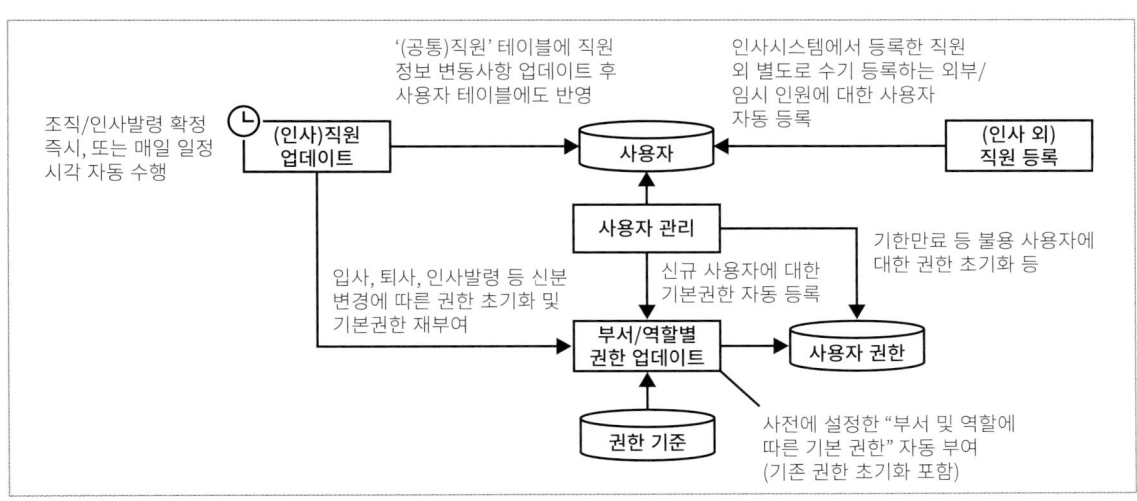

[그림 Ⅱ-10-7] 사용자 및 권한 관리 자동화

사용자의 권한을 자동으로 관리하는 절차는 1) 인사 발령에 기초하여 공통 시스템에 직원 정보를 반영하고, 2) 그에 따른 사용자 정보를 생성 또는 변경하며, 3) 해당 직원의 기존 권한을 회수(클리어)하고 동시에 변경 후 업무/역할/직급에 따라 권한을 새로이 부여하는 것이다.

먼저 변동된 직원 정보를 공통 시스템의 직원 정보에 반영한다. 신입 직원의 경우 새로운 레코드를 생성하고 신상에 변동이 발생한 직원에 대해서는 기존 레코드를 업데이트한다.

그리고 사용자 정보를 생성 또는 변경한다. 사용자는 직원 사용자와 그 외 사용자로 구분할 수 있는데, 별도의 구분자를 사용해도 되지만 직원 ID 유무를 기준으로 판단할 수도 있다.

[[사용자 관리]] 화면에서 권한과 관련된 항목을 수정하는 경우에는 해당 권한을 회수하고 재부여하는 처리를 해야 한다. 권한을 회수하는 경우 가급적 사용자 권한 레코드를 삭제하지 않고 사용 종료 일자를 설정함으로써 데이터 이력을 보관하도록 한다. 예를 들어, 퇴직자의 경우 퇴직 일자가 사용 종료일이 되는 것이다.

위 직원 정보와 사용자 정보는 인사 시스템의 인사 발령 정보와 연계하여 자동으로 처리하는 것이 원칙이며, 그 주기는 기업에 따라 각각 정의하여 적용한다. 보통 하루 1회(Daily) 또는 인사 정보 변경 즉시 해당 서비스를 기동하기도 하나, 필요시 버튼만 누르면 즉시 반영되는 기능도 필요하다. 그러나 이러한 자동화 방식은 사용자 ID를 직원번호 그대로 사용하는 경우에 가능하다. 만약 사용자가 직접 사용자 ID를 지정하는 경우 (인사 시스템에서부터 접수하여 반영해 주지 않으면) [[사용자 관리]] 화면에서 사용자 ID 등록 후 직원 정보와 연결시켜 주어야 한다.

사용자의 시스템 사용 권한은 해당 사용자의 담당 업무, 역할, 직급 등에 따라 변하게 되는데, 이는 기본적으로 인사 발령에 근거하여 부여하게 된다. 따라서 인사 발령 시 소속 부서 또는 직급 등이 변경되면 기본적으로 기존 권한을 클리어하고, 아래 [[부서 및 역할별 기본 권한]] 화면에서 설정한 바에 따라 기본적인 권한을 재부여한다.

권한 관리 자동 설정 화면

다음 [그림 Ⅱ-10-8]은 권한을 자동으로 부여하기 위한 기준 정보를 설정하는 화면 예시이다.

부서, 역할 또는 권한을 선택하여 조회하면 해당 조건을 만족하는 부서/역할별 권한 지정 내역을 보여 준다. 역할은 사용 기업이 정할 수 있으나 보통 관리자, 업무 담당자, 일반 사용자 등으로 구분한다. 역할의 종류가 많으면 관리가 복잡해질 수 있으므로 감안하여 설정한다.

하단의 부서-역할-권한 매핑 화면에서 대상 부서 및 부여 기준 역할을 선택하고 자동 부여할 권한을 선택한 후 [반영] 버튼을 누르면 상단의 부서/역할별 권한 지정 내역에 해당 권한 내역을 추가하는 형태로 반영한다. [전체 제거 후 반영] 버튼은 지정한 '부서'와 '부여 기준 역할'에 해당하는 기존 '권한 지정 내역'을 삭제하고 반영하는 것으로, 역시 상단 그리드에 추가하여 보여 준다. 이때 기존 표시 내용 중 삭제 대상이 있으면 지워야 한다.

이러한 기준을 반영한 권한 자동 부여 프로그램을 개발하고, 인사 발령 프로그램 끝부분에서 이를 호출하도록 한다.

자동으로 권한을 지정(반영)한 후에도 개별적으로 보정 가능하며, 사용자의 데이터 처리 권한 범위(전체, 부서, 개인 등)뿐 아니라 화면과 화면 내 버튼에 대한 사용 가능 여부도 세부적으로 관리할 수 있다.

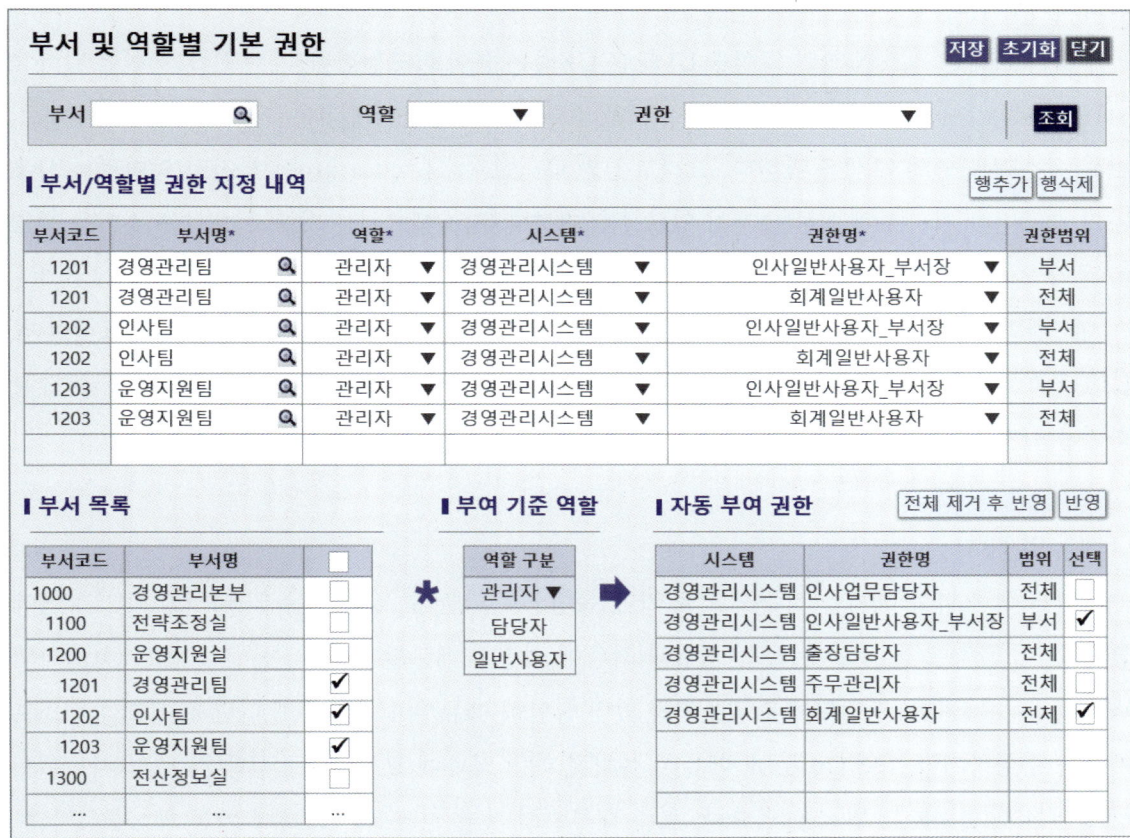

[그림 Ⅱ-10-8] 인사 발령 연계 자동 권한 관리 설정 화면

그러나 각 기업마다 상황이 다르고 요구 사항도 다양하여 현실적으로 위 권한 관리 자동화를 온전히 수행하기는 어렵다. 실무에서는 어느 정도 수작업이 불가피한데, 위 방식을 참조하여 각 기업에 적합한 처리 방법을 찾아야 한다.

5. UI/UX

사용자 화면의 구성

홈페이지나 쇼핑몰과 같은 일반 대중을 상대로 하는 시스템의 경우 고객이나 소비자의 관심을 끌기 위해 디자인에 각별한 신경을 써서 화면이 화려하고 다양하지만 회계 시스템과 같은 업무용 응용 시스템의 경우 데이터 처리가 중심이 되므로 대부분 정형화되어 있어 형식에 크게 차이가 나지 않는다. 그럼에도 불구하고 업종과 기업에 따라 업무 처리 관습에 차이가 있고 또 기술 환경이 변화함에 따라 화면의 구성도 조금씩 달라진다. 심지어 기업별로 주요 담당자의 취향에 따라 달라지기도 한다.

우리는 이러한 시스템 화면 구성을 UI 또는 UX라는 용어로 표현한다.

UI(User Interface, 사용자 인터페이스)는 사용자와 컴퓨터의 소통을 위한 데이터 입출력의 매개체로, 보통 시스템 화면의 구성을 말한다. 그리고 UX(User Experience, 사용자 경험)는 사전적 의미로는 사용자의 제품이나 서비스에 대한 총체적 경험을 의미하나, 시스템에서는 사용자의 사용 경험을 반영하여 각 업무에 최적화된 편리하고 효율적인 디자인을 말하는 것으로 해석된다.

시스템의 화면은 UX를 반영하여 UI를 만드는 것이므로 보통 UI/UX라고 통합하여 표현한다. UI/UX의 핵심은 직관적으로 인식이 용이하고 사용하기 편하며 업무 효율을 최대한 높일 수 있는 화면을 설계 및 개발하는 것이다.

메뉴의 배치

화면 구성은 메뉴 배치를 기준으로 몇 가지 유형으로 나눌 수 있다. 메뉴의 위치를 화면 상단에 둘 것인지, 좌측에 둘 것인지, 또는 상단과 좌측에 적절히 배분할 것인지 등이다. Microsoft사의 Windows 시스템이나 인터넷 쇼핑몰처럼 화면 상단에 메뉴 바(Bar)를 통해 다단계 계층형 텍스트 메뉴를 구성하거나, MS Outlook 메뉴 형식처럼 화면 좌측에 모듈(시스템) 선택 시 해당 시스템의 상세 메뉴가 펼쳐지는 방식도 있으나, 요즘 대부분의 응용 시스템은 좌측에 기본 메뉴를 구성한다. 특히 모니터의 크기가 커지고 가로 사이즈가 더 확대되면서 그러한 경향이 더 강해졌다.

회계 시스템의 경우 일반적으로 ERP 시스템의 한 모듈(Module)로 구성되는데, 이 모듈을 선택하는 기능을 화면 상단에 아이콘 형태로 배치하는 경우가 많다. 그러나 세로 사이즈는 한정되고 가로 사이즈가 늘어나는 모니터의 변화 추세에 따라 본 업무 내용(Contents)을 최대한 보여 주기 위해 모듈 선택 기능도 모두 좌측으로 일괄 배치하는 경우가 증가하고 있다. 또한, 사용자 경험 측면에서 좌에서 우로 마우스나 탭 키(Tab key)를 통해 이동하며 작업하는 행태를 반영하여 손목 사용 최소화를 고려한 측면도 있다. 본서의 예시 시스템도 이에 따랐다.

다음 그림의 좌측은 모듈 선택 기능을 화면 상단에 배치한 예이고, 우측은 화면 좌측에 일괄 배치한 예이다.

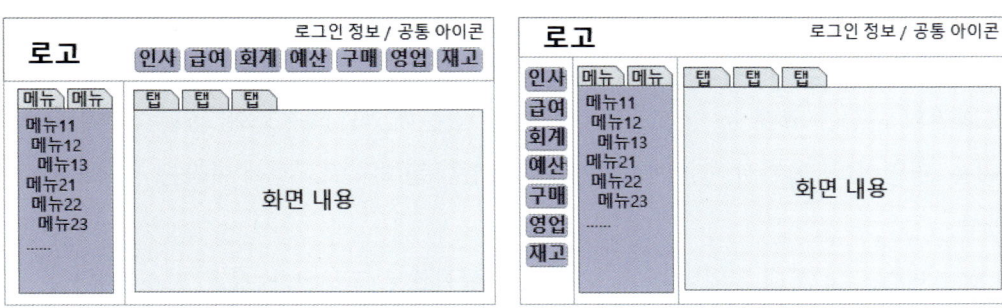

[그림 II-10-9] 메뉴 배치 유형 예시

모듈(시스템) 표시는 텍스트, 아이콘, 또는 이를 결합한 형태로 처리한다.

메뉴의 구성에서 전체 메뉴, 나의 메뉴, 프로세스 메뉴 등을 탭으로 구분하기도 한다. 이 메뉴 영역에 대해 '메뉴 숨기기' 기능을 제공하는 경우가 많은데, 이는 많은 내용을 한 화면에서 보고자 하는 사용자에게 유용하다.

대부분의 메뉴는 트리(Tree) 구조로 펼치기(+), 접기(-) 기능을 지원하며, 하위 메뉴가 있음을 폴더 또는 플러스 기호로 표시하는 것이 보통이다.

그리고 레벨이 많아질수록 최하위 메뉴의 명칭이 일부 가려질 수 있으므로 적당한 레벨로 메뉴를 구성하고, 제공하는 기능(메뉴)이 많은 경우에는 '메뉴 검색(찾기)' 기능을 제공하는 것이 좋다.

툴 바(Tool Bar)와 내용 화면

전체 화면 상단에 툴 바를 배치하여 자주 사용하는 공통 기능을 적용한다. 예를 들어, 로그인 정보, 도움말, 비밀번호 변경, 화면 프린트, 화면 확대(화면을 데이터 처리에 최대한 활용하도록 내용 화면을 전체 보기 모드로 전환), 다국어 선택/변환 등의 기능을 아이콘 형식으로 구현하는 것이다. 텍스트로 표시할 수도 있으나 공간의 제약이 있고 또 직관적으로 알 수 있는 심플한 아이콘으로 표시하면 보기에도 좋아 대부분 그렇게 처리한다.

내용 화면은 기본적으로 모니터 사이즈에 맞게 크기가 자동 조절되는 반응형 디자인 방식을 적용하는 것이 보통이다. 사용자에 따라 모니터의 크기가 다양하기 때문이다.

그리고 MDI(Multiple Document Interface, 다중 문서 인터페이스) 방식을 적용하여 여러 업무를 동시에 처리할 수 있도록 지원하는 것이 대세이다. 이는 내용(Contents) 화면을 탭(Tab)으로 구분하여 여러 화면을 동시 띄워 놓는 기능으로, 다른 화면의 데이터를 참조하며 작업하는 경우에 유용하다. 탭 위치는 내용 영역의 상단이 일반적이나 아래에 배치하는 경우도 있다.

화면 유형별 그리드 및 버튼의 배치

내용 화면의 구성은 크게 두 영역으로 구분할 수 있는데, 하나는 '조회' 조건 영역이고 다른 하나는 '내용' 영역이다. 여기서 '조회'는 데이터를 찾는다는 의미로, '검색'이라는 용어도 많이 사용하고 있다.

내용은 그리드(Grid) 형태나 일반 상세 내역 입력 형식으로 구성된다. 응용 시스템에서는 그리드가 광범위하게 사용되며, 특히 회계 시스템은 대부분의 화면이 그리드 형태이다. 이들의 배치는 거의 정형화되어 있는데 대표적인 형태를 제시하면 다음과 같다.

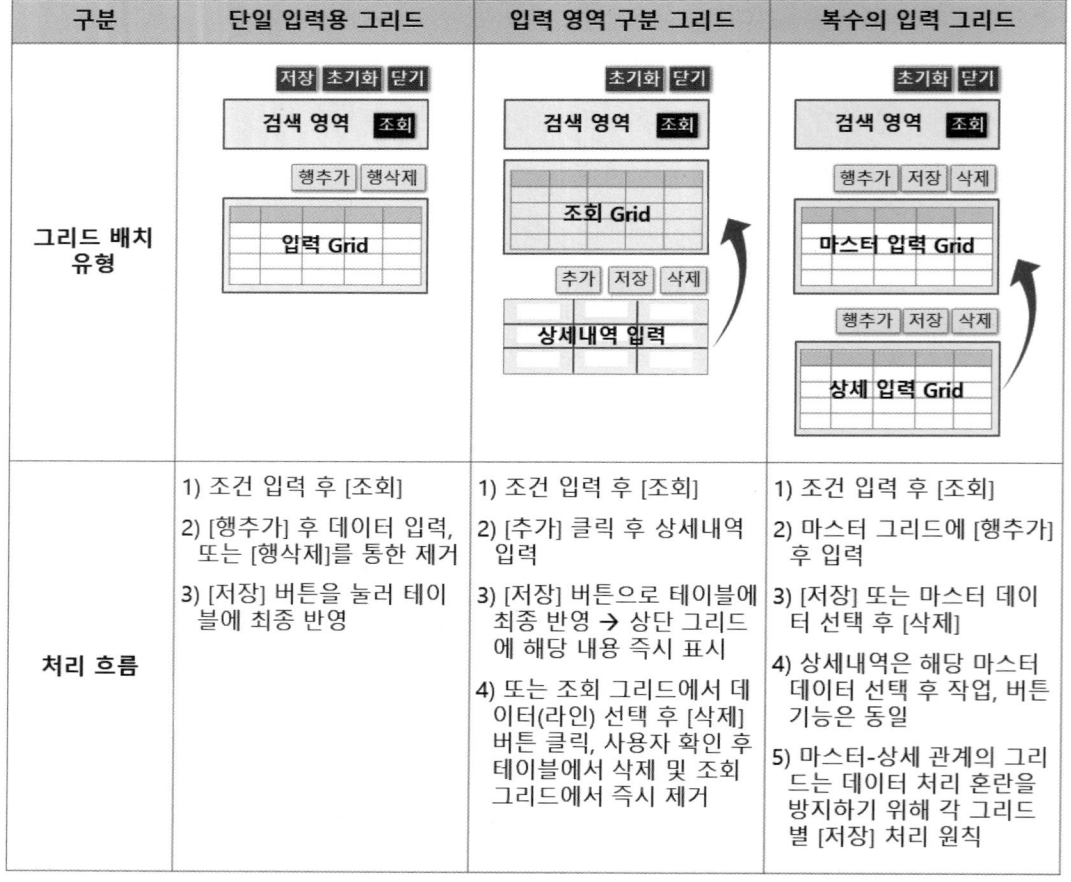

[표 II-10-1] 그리드 구성 예시

위 예시 화면에서 버튼의 배치 원칙은 화면 전체에 적용되는 버튼의 경우 화면 우측 상단에 배치하고, 각 영역에 적용되는 버튼의 경우 해당 영역별 우측 상단에 배치하는 것이다. 그러나 실제 개발하여 사용하다 보면 [초기화]와 [닫기] 버튼 외에는 각 그리드 위에 해당 액션(Action) 버튼을 배치하는 것이 편리했다. 중요한 것은 UI/UX 표준을 수립하고 전체 화면을 통일성 있게 개발하여 사용자가 혼동 없이 일관성 있게 사용할 수 있도록 하는 것이므로 업무 상황에 맞게 정의하여 개발하면 된다.

그리고 그리드의 경우 가급적 좌우 스크롤이 발생하지 않도록 가로 사이즈를 화면에 맞게 구성하는 것이 좋다. 화면 상하 이동은 마우스 휠(Wheel)을 이용하면 간단한데 좌우 이동은 손목을 움직여야 하므로 불편하다. 따라서 입력용 화면의 경우 항목이 많아 한 그리드로 구현하기 곤란한 경우에는 그리드 밑에 데이터 입력 영역을 별도로 두고 위 그리드는 조회용으로 일부 중요 값만 표시하는 것이 작성 및 확인에 편리하다.

다만, 조회 전용 화면의 그리드는 좌우 스크롤이 발생하더라도 가급적 한 그리드로 구현하는 것이 데이터를 엑셀로 다운로드할 때 유리하다.

버튼은 공통 버튼과 각 영역별 버튼을 직관적으로 구분하기 쉽도록 폰트, 색상, 사이즈 등을 달리하는 것이 좋다.

참고로 위 그림에서 행 추가/행 삭제/추가/삭제 버튼의 차이에 대해 기술한다. [행 추가] 버튼은 그리드에 신규 라인이 생기는 것으로 여기에 데이터를 입력하더라도 아직 DB에는 반영이 안 되며, [행 삭제] 버튼도 화면에서만 사라지는 것으로 이 모두 [저장] 버튼을 눌러야 최종적으로 DB에 반영된다. 그리고 [추가] 버튼은 그리드가 아닌 데이터 입력 영역에서 해당 영역을 클리어하고 새로운 데이터를 입력할 수 있는 상태로 만드는 것이며, 역시 [저장] 버튼을 눌러야 최종적으로 DB에 반영된다. [삭제] 버튼은 사용자 확인을 거쳐 즉시 DB에서 삭제하는 기능이다.

위에서 설명한 그리드의 구성과 버튼의 명칭, 배치 및 기능은 본서에서 예시로 든 시스템에 적용된 사항이므로 단지 참고만 하고, 각자 고객과 시스템 환경에 맞게 정의하기 바란다.

버튼의 유형과 명칭

응용 시스템의 화면에 사용되는 버튼(Button)은 트랜잭션(거래)의 등록이나 상태의 변화와 같은 동작을 실행하는 기능을 한다.

가장 많이 사용되는 버튼은 저장(등록)/조회/삭제와 같은 C/R/U/D(Create/Read/Update/Delete) 용도이다. 이 명칭은 거의 동일하게 통용된다.

다음으로 공통적으로 사용하는 버튼은 닫기, 초기화, 출력 등의 버튼이다. [닫기] 버튼은 열린 화면(Window, 창)을 닫는(Closing) 기능으로 대부분 화면 우측 상단에 [X] 표시 아이콘으로 구현한다. [초기화] 버튼은 화면의 모든 데이터를 지우고 새롭게 입력하거나 조회할 경우 사용하는 기능으로 한글 명칭으로 표시하거나 지우개 모양의 아이콘으로 표현한다. [초기화]는 보통 화면 전체를 지우는 경우에 사용하고 일부 영역에 새로운 데이터를 입력하려는 경우에는 [추가] 또는 [작성] 등의 버튼으로 처리한다. [초기화] 버튼 클릭 시 화면에 변경된 데이터가 있는 경우, "변경된 데이터가 있습니다. 초기화하시겠습니까?"라는 확인 메시지를 표시하는 것이 기본이다.

그리고 [출력] 버튼은 현재 표시된 데이터를 일정 양식으로 출력(Print out)하는 기능으로 [인쇄]라는 명칭도 많이 사용한다. 데이터를 화면에 표시하는 것도 일종의 출력(Soft copy)이긴 하지만 버튼 명칭으로 사용하는 출력(Hard copy)은 종이에 프린트하는 것을 의미한다. 보통 텍스트 대신 프린터 모양의 아이콘을 사용하기도 한다. 여기서 구분해야 할 것은 해당 응용 시스템에서 제공하는 출력 기능과 PC의 OS(Operating system, 운영체제)에서 제공하는 출력 기능이다. 회계 시스템의 출력 기능은 자체 개발한 양식을 사용하는 것이 보통이며, OS에서 제공하는 출력 기능은 화면에 표시된 그대로 프린트되는 것이다.

다음으로 많이 사용하는 버튼은 승인 요청 / 승인 요청 취소 / 승인 / 승인 취소 등과 같은 승인 프로세스 관련 버튼이다. 여기서 '승인'은 결재라는 용어로도 대체될 수 있는데, 본서에서 '승인'은 회계 시스템 내부에서의 승인을, '결재'는 전자 결재 시스템에서의 결재를 의미하는 것으로 구분하였다. 하지만 이러한 용어는 사용 기업에 따라 다를 수 있다. 승인에 대한 취소 처리는 좀 까다로운데, 승인을 하면 해당 레코드의 상태만 변경하는 것이 아니라 관련된 다수 정보에 변경을 가하는 경우가 많기 때문이다. 외산 ERP에서는 금지하거나 잘 제공하지 않는, 일련의 프로세스 경과 후의 역 추적 취소를 우리나라 사용자들은 처리할 수 있게 요구하는 경우가 많으므로 참고한다.

회계 시스템에서 특히 많이 사용하는 기능이 엑셀과의 연동인데, 화면에 표시된 데이터를 다운로드하거나 사용자가 작업한 데이터를 업로드할 수 있는 기능을 많이 요구한다. 요즘의 그리드는 엑셀 다운로드 기능이 기본으로 제공되어 우측 마우스를 클릭하여 쉽게 다운로드할 수 있지만, 데이터 업로드의 경우 개별적으로 개발하여 제공해야 한다. 이 경우에도 직접 DB에 업데이트하는 것이 아니라 화면에 표시 후 [저장] 등의 버튼을 통해 처리해야 한다. 해당 프로그램에서 데이터에 대한 검증을 해야 하기 때문이다.

기타 수많은 업무 처리 버튼은 개별 상황에 따라 정의하여 개발한다. 명칭은 사용자가 쉽게 인식할 수 있는 이름으로 간명하게 부여하고, 배열은 업무 처리 순서대로 배치한다. 이러한 사항은 개발 표준 수립 시 반영한다.

버튼은 사용자의 권한 또는 레코드의 상태에 따라 보이지 않게 하거나 비활성화 처리해야 한다. 여기서 비활성화란 다른 활성화 버튼과 구별하여 버튼을 옅은 색으로 처리하거나 버튼을 눌러도 아무 반응이 없도록(작동되지 않도록) 하는 것이다. 예를 들어, 신청 권한만 있는 사용자에게는 [승인] 버튼이 보이지 않도록 하거나, 이미 '승인 완료'된 데이터를 선택하면 즉시 [승인] 버튼을 비활성화하여 작동되지 않도록 하는 것이다. 비활성화 표시는 활성화된 버튼과 명확히 구분되도록 UI를 디자인한다. 특히 버튼의 활성화 및 비활성화는 초급 개발자가 누락하거나 혼동하는 경우가 많으므로 충분한 테스트를 통해 일관되게 기능하도록 주의해서 처리한다. 다시 강조하지만 활성화된 버튼을 눌렀는데 오류 메시지가 표시되는 일이 없도록 한다.

화면상의 내용 표시

화면의 기본적인 UI/UX는 전문 디자이너 및 퍼블리셔(Publisher)가 디자인 및 개발하더라도 세부적인 구현은 개발자의 몫이다. 규모가 작은 프로젝트의 경우에는 모든 것을 업무 설계자와 개발자가 처리해야 하는 경우도 많다. 이때 개발 표준을 준수하지 않거나 기본적인 디자인 규칙을 지키지 않는 경우가 많은데, 대부분 제한된 시간 내에 개발을 완료해야 하는 상황이어서 사소한 부분은 신경 쓸 겨를이 없기 때문이다. 하지만 시스템은 오류도 없어야 하지만 사용자가 접하는 화면의 구성 및 배열 등의 일관성과 미관도 중요하다.

다음에서는 화면 개발 시 표준으로 정해야 하는 부분과 초급 개발자가 놓치기 쉬운 기본적인 처리에 대해 기술한다.

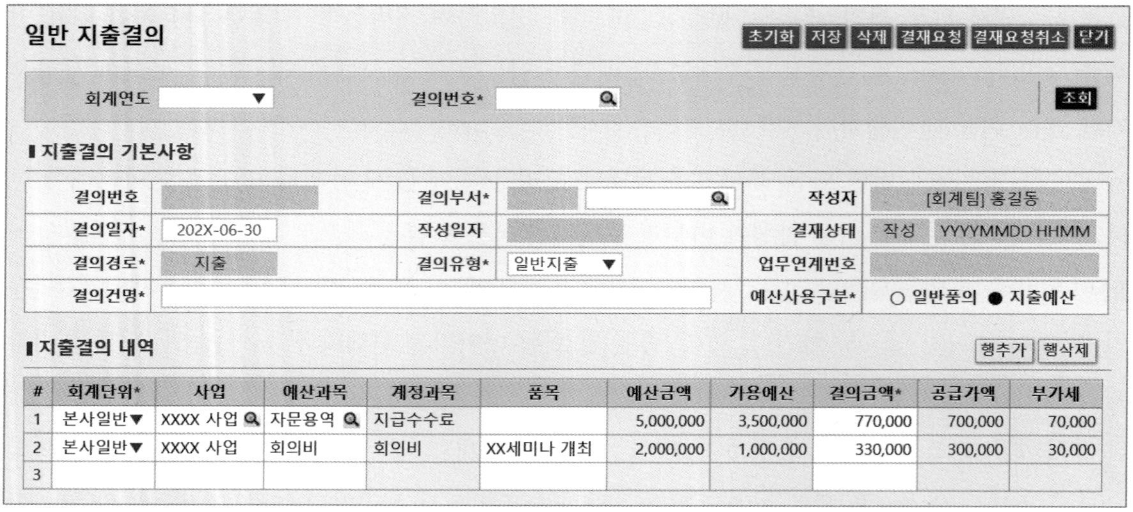

일반 지출결의									초기화 저장 삭제 결재요청 결재요청취소 닫기
회계연도	▼		결의번호*		🔍				조회

■ 지출결의 기본사항

결의번호		결의부서*		🔍	작성자	[회계팀] 홍길동
결의일자*	202X-06-30	작성일자			결재상태	작성 YYYYMMDD HHMM
결의경로	지출	결의유형	일반지출 ▼		업무연계번호	
결의건명*					예산사용구분*	○ 일반품의 ● 지출예산

■ 지출결의 내역　　　　　　　　　　　　　　　　　　　　　　　　　　　　　　　행추가 행삭제

#	회계단위*	사업	예산과목	계정과목	품목	예산금액	가용예산	결의금액*	공급가액	부가세
1	본사일반▼	XXXX 사업	자문용역 🔍	지급수수료		5,000,000	3,500,000	770,000	700,000	70,000
2	본사일반▼	XXXX 사업	회의비	회의비	XX세미나 개최	2,000,000	1,000,000	330,000	300,000	30,000
3										

[그림7 Ⅱ-10-10] 화면상의 내용 표시 예시

　보통 응용 시스템 구축 프로젝트에서는 화면 개발과 관련하여 표준을 수립하고 가능하면 샘플 코드를 제공하여 개발 품질과 효율 제고를 도모한다. 이에 포함하는 내용에는 각 영역별 사이즈, 위치, 색상 및 폰트 등과 버튼의 배치, 각 항목 명칭과 값(Value)의 정렬 기준, 필수 항목 표시 방법 등이 있다. 이러한 외적인 부분은 표준을 지키지 않더라도 업무 처리에는 별 문제가 없지만 시스템의 품질에 신뢰가 가지 않을 수 있으므로 작은 부분이라도 신경 써서 명품을 만든다는 자세로 개발하면 좋을 것이다.

　먼저 영역 사이즈 관련하여 각 영역의 전체 표시 부분은 화면의 가로 영역에 공백이 생기거나 넘치지 않도록 가급적 모니터 사이즈에 따라 자동으로 조절되는 반응형 구조로 개발한다. 그리고 항목별 가로 크기는 정확한 기준은 없으나 표시되는 값의 크기(Length)를 고려하여 적절하게 균형을 이루도록 한다. 실제 UI 관련하여 가장 많이 아쉬운 부분이 이 부분이다. 날짜나 성명, 그리고 이미 정해져 있는 공통 코드의 값들을 표시하는 셀(Cell)의 가로 사이즈는 해당 값의 크기에 맞게 적절히 지정하고, 품목이나 적요와 같이 값의 길이가 큰 경우 어느 정도 크게 배정해야 하는데 로직 구현과 개발 납기 준수에 집중하다 보니 신경 쓸 겨를이 없어 일률적으로 동일하게 적용하는 경우가 많다. 그러나 시스템을 오픈(Open)하고 나면 사용자 입장에서는 계속 거슬리게 보이고 불만이 생기게 된다.

　화면의 영역별 색상과 폰트는 온종일 모니터를 통해 작업하는 사용자가 많으므로 피곤하지 않도록 파스텔 톤의 옅은 바탕색과 적절한 크기와 모양의 폰트를 적용하는 것이 중요하다. 이에 대해서는 프로젝트마다 표준을 정하고 샘플 코드를 제공하기 때문에 실제 개발 시 크게 벗어나지는 않는 것 같다.

상세 내역 입력 영역에서의 항목명 정렬 규칙은 가운데 정렬, 우측 정렬, 좌측 정렬, 양쪽 맞춤 중에 하나를 표준으로 하는데 개인에 따라 선호가 다르므로 프로젝트 표준 수립 시 협의하여 결정한다. 본서의 예시 시스템에서는 우측 정렬을 기본으로 하였다.

값의 정렬은 값의 크기가 정해진 경우 가운데 정렬, 금액이나 수량은 우측 정렬, 일반 텍스트는 좌측 정렬을 기본으로 한다. 이 부분은 그리 중요하지 않게 생각하여 많은 초급 개발자가 놓치는 부분인데, 사소한 것이지만 약간만 신경 쓰면 보기 좋고 우수한 품질의 시스템이 될 것이다.

그리고 일부 계층 체계를 이루는 값의 경우 들여쓰기를 통해 쉽게 그 상하 관계를 인식할 수 있도록 한다. 가능하면 트리 형식으로 표시하면 더욱 좋다.

필수 항목 표시 방법에는 보통 항목명 좌측 또는 우측에 별표를 하거나 나비스코(Nabisco)를 표시하는 경우가 많고 색상을 달리하기도 한다. 아무 표시 없이 데이터 검증(Validation)을 통해 입력을 강제하는 경우도 있다. 어떠한 경우도 표준을 정하면 반드시 준수하도록 한다. 본서의 예시 시스템에서는 우측에 붉은색 별표를 표기하였다.

입력(Input) 또는 표시(Display) 항목은 활성화 또는 비활성화 처리를 통해 구분하는 것이 기본이다. 표시 항목의 경우 셀(Cell) 색상을 회색과 같이 약간 어두운 색으로 구분하여 사용자가 쉽게 인식하여 입력 시도를 하지 않도록 하는 것이 좋다. 위 예시 화면의 결의번호, 작성자, 작성일자와 같은 항목이 그것이다.

그리드의 맨 아래 라인(Footer)에는 공통적으로 합계 또는 건수를 표시하여 표에 나타난 값에 대해 부가적인 정보를 제공한다.

6. 메시지 관리

메시지 관리

응용 시스템 사용 중에는 무수한 메시지가 나타난다. 중요한 것은 개발자가 예상하여 제시하는 메시지가 아닌 시스템(OS, Web browser 등)에서 기본으로 제공하는 '알 수 없는 오류'가 나타나지 않도록 하는 것이다. 이러한 시스템 오류 메시지는 사용자가 이해할 수 없어 시스템 담당자에게 전화로 문의할 수밖에 없는데, 대부분 로직 오류이거나 입력 데이터 체크를 제대로 하지 못한 경우에 발생한다.

개발자가 의도한 메시지라 하더라도 사용자의 동일한 오류나 실수에 대한 피드백(Feedback) 표현이 중구난방이면 사용자는 혼란스러울 수 있다. 그래서 개별 프로그램마다 메시지를 하드 코딩(Hard coding)을 하지 않고 표준화를 통해 코드화하여 적용하는 것이 보통이다.

프로그램 개발 시 메시지의 중복 등록을 피하기 위해 유사한 메시지를 충분히 검색한 후, 가급적 기존에 등록된 것을 사용하도록 한다.

메시지 유형

메시지의 유형은 아래와 같이 구분할 수 있다. 표시 형태는 시스템마다 약간의 차이는 있으나 대체로 타이틀 바(Title bar)에 메시지 유형을 표시하고 본문에 세부 내용을 알려주는 형식을 취한다.

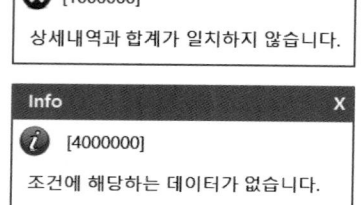 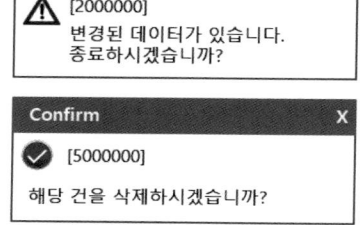 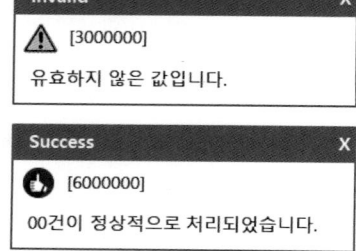

[그림 Ⅱ-10-11] 메시지 유형

메시지는 보통 Error(오류), Caution/Warning(주의/경고), Invalid(유효하지 않음), Info(정보), Confirm(확인), Success(성공) 6가지 유형으로 구분하나, Fatal(치명적 오류, Framework이나 공통 모듈에서 발생), Fail(실패) 등을 추가하기도 한다.

메시지는 사용자가 유형을 쉽게 인식할 수 있도록 메시지 창 좌측 상단에 해당 아이콘을 배치한다. 위 예시 화면에서는 오류인 경우 (X) 표시를, 경고나 주의인 경우 (!) 표시를, 정보는 (I) 표시를 하는 등 직관적으로 알 수 있도록 하였다.

메시지 작성 원칙

메시지 창의 크기는 메시지의 양에 따라 적절한 사이즈로 조정하고, 표시 위치는 화면 중앙에 배치하여 인식하기 쉽도록 한다.

메시지는 의미를 분명히 알 수 있도록 맞춤법에 맞게 기술하되 가급적 겸손하게 표현한다.

그리고 메시지 종류를 알 수 있도록 메시지 번호(ID)를 병기하는 것이 좋다. 이는 표준화 측면에서, 그리고 사용자와 소통 시 오류가 발생한 상황을 명확하게 인식하고 신속하게 대응하기 위해 필요하다.

메시지 창에는 내용 외에 데이터를 처리하기 위한 버튼을 함께 나타내기도 한다. 예를 들어, [예] / [아니오] 또는 [확인] / [취소] 등이 그것이다. 업무 정의에 따라 적절하게 처리한다.

7. 기타 유용한 기능

엑셀 다운로드/업로드

회계 시스템에서 사용자들이 가장 많이 요구하는 기능 중의 하나가 바로 엑셀 연동 기능이다. 즉 화면에 나타난 데이터나 원하는 조건의 데이터를 엑셀로 다운로드하거나 자신이 작업한 결과를 업로드할 수 있어야 한다는 것이다.

예전에는 엑셀 다운로드 기능을 별도로 구현했지만 요즘은 그리드 제품 자체에 해당 기능을 포함하는 경우가 많아 어느 화면에서나 우측 마우스 버튼을 클릭하여 화면상의 데이터를 다운로드할 수 있다. 조회 대상 데이터양이 많아 페이지(Paging) 처리한 경우 보이지 않는 데이터도 다운로드할 수 있도록 하려면 일부 개발이 필요할 수 있다.

업로드 기능의 경우 먼저 양식을 다운로드하는 기능이 필요한데 이는 개별적으로 개발해야 한다. 그리고 테이블에 업데이트하기 위해서는 사전에 데이터에 대한 체크(Validation)를 해야 하므로 데이터를 화면상에 업로드 후 화면의 체크 로직을 적용하도록 한다.

데이터 추적 조회

회계 시스템 구축 관련하여 사용자 요구 사항 중 또 자주 나타나는 것은 데이터를 추적 조회할 수 있어야 한다는 것이다. 회계 담당자는 보통 재무제표와 같은 요약된 재무 정보로부터 점검을 시작하여 평상시와 달리 튀는(차이가 나는) 숫자에 대해 원천 거래를 추적하여 확인하는 경우가 많다. 이를 단계별로 체크할 수 있도록 관련 화면을 연결하여 볼 수 있게 버튼을 배치하거나 레코드 라인을 더블클릭했을 때 관련 화면을 여는(Open) 방식을 제공한다.

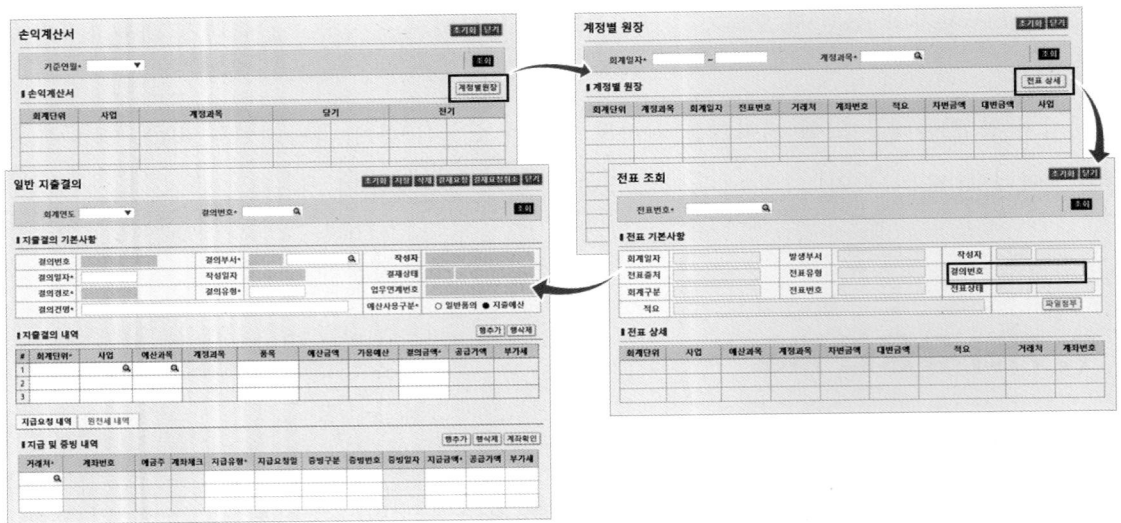

[그림 Ⅱ-10-12] 데이터 추적 조회

위 그림은 손익계산서에서 특정 계정 과목을 선택 후 [계정별 원장] 버튼을 클릭하여 해당 계정의 세부 거래 내역을 조회하는 예시이다. 이때 특정 거래에 대해 전표를 확인하고 싶으면 [전표 상세] 버튼을 클릭하여 [[전표 조회]] 화면을 연다. 그러면 해당 거래의 전표를 확인할 수 있고, 여기서 다시 결의번호 필드를 더블클릭하면 해당 거래를 입력한 화면(위 예시에서는 지출결의)으로 이동하여 상세 내역을 확인할 수 있는 구조이다.

온라인 도움말

시스템 사용 중에 해당 프로세스 또는 화면/필드에 대한 궁금한 사항이 있는 경우 언제든 도움말을 조회할 수 있어야 한다. 또한, 도움말 화면에 검색 기능을 제공하여 연관된 사항에 대해서도 추적하며 그 의미를 파악할 수 있도록 하면 초보 사용자도 쉽게 시스템을 이해할 수 있다. 도움말을 상세하고 알기 쉽게 만드는 것이 시스템 사용법 관련하여 사용자의 문의 전화를 줄일 수 있는 효과적인 방법이다.

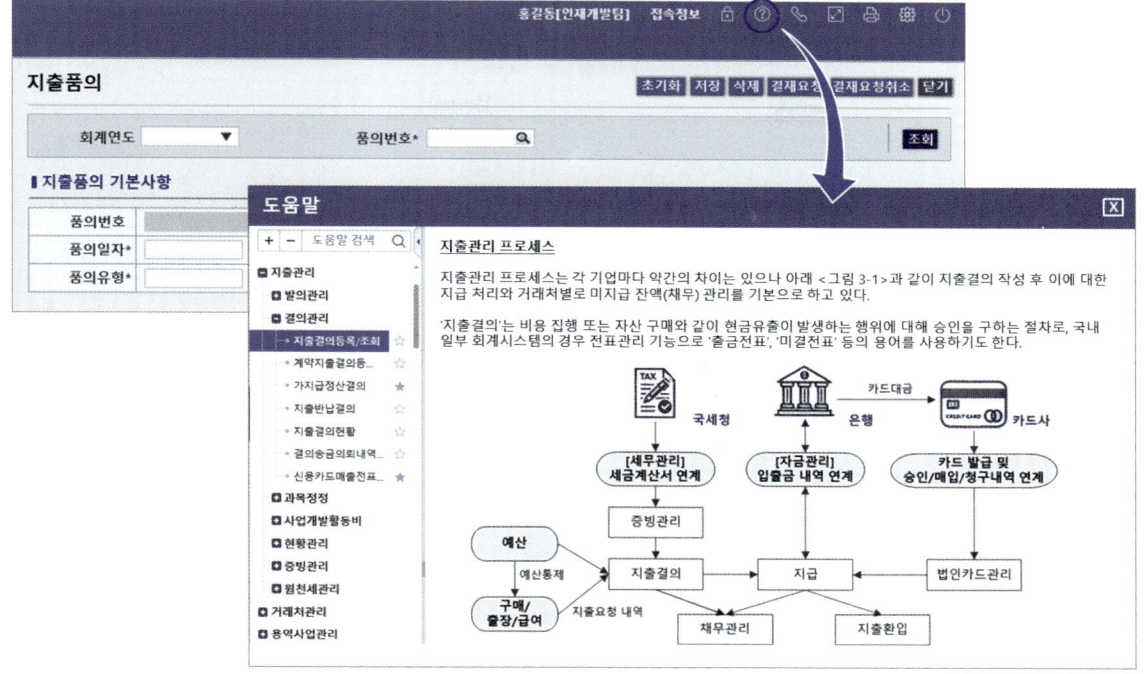

[그림 Ⅱ-10-13] 온라인 도움말

 그리고 해당 화면에 대한 사용법뿐 아니라 각 업무 영역별로 전반적인 시스템 프로세스를 설명하면 더욱 이해하기 쉬울 것이다. 현업의 업무 담당자는 주기적으로 변경되는 것이 보통이므로 도움말은 새로운 업무 담당자에 대한 교육 자료로도 활용 가능하다.

프로세스 메뉴

 사용자(기업) 중에서는 업무 흐름을 도식화하여 직관적으로 쉽게 원하는 작업을 선택할 수 있도록 하고, 자신이 처리(작성 또는 승인)하고 있는 트랜잭션이 어느 상태에 있는지 일목요연하게 표시해 주기를 원하는 경우가 있다. 사용할 메뉴가 많아 일일이 찾아서 처리하기 불편하기 때문이다. 이를 프로세스 메뉴라고 하는데, 시스템 내의 프로세스가 매우 다양하고 구현하기도 쉽지 않아 실무에서 사용하는 곳이 그리 많지는 않다.

 구현 방식에는 ① 업무 흐름도(Flow chart)를 화면에 표시하고 흐름도상의 프로세스 박스를 클릭하면 단순하게 해당 화면을 띄우는 방식과, ② 국세청 연말정산 사이트와 같이 화면 상단에 업무 흐름을 도식화하고 프로세스 단계를 클릭할 때마다 해당 내용이 바로 아래 보이게 하는 방식, 그리고 ③ 업무 흐름도상의 프로세스 박스/아이콘에 해당 트랜잭션 목록이나 건 수를 표시하고 그 링크를 클릭하면 해당 데이터를 입력한 화면으로 이동하는 방식 등이 있다.

프로세스 메뉴를 제공하는 솔루션에서는 보통 단순한 ① 방식을 적용하며, ③ 방식은 난이도가 높고 복잡하여 적용하기에는 구축 비용이 증가할 수 있다.

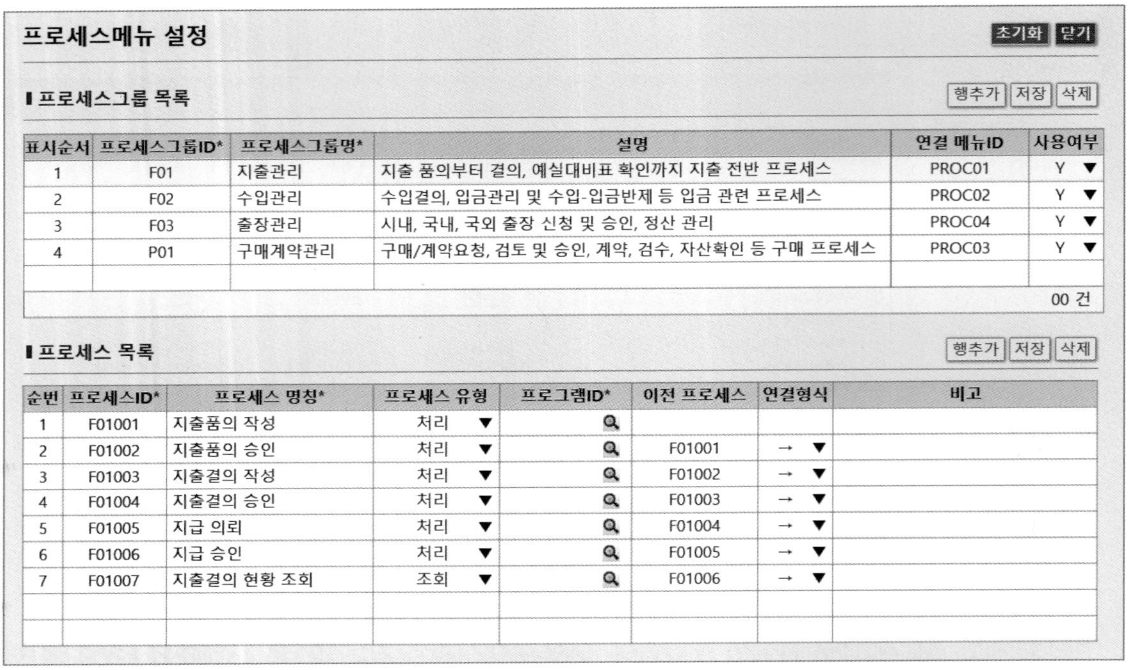

프로세스메뉴 설정 초기화 닫기

▮ 프로세스그룹 목록 행추가 저장 삭제

표시순서	프로세스그룹ID*	프로세스그룹명*	설명	연결 메뉴ID	사용여부
1	F01	지출관리	지출 품의부터 결의, 예실대비표 확인까지 지출 전반 프로세스	PROC01	Y ▼
2	F02	수입관리	수입결의, 입금관리 및 수입-입금반제 등 입금 관련 프로세스	PROC02	Y ▼
3	F03	출장관리	시내, 국내, 국외 출장 신청 및 승인, 정산 관리	PROC04	Y ▼
4	P01	구매계약관리	구매/계약요청, 검토 및 승인, 계약, 검수, 자산확인 등 구매 프로세스	PROC03	Y ▼

00 건

▮ 프로세스 목록 행추가 저장 삭제

순번	프로세스ID*	프로세스 명칭*	프로세스 유형	프로그램ID*	이전 프로세스	연결형식	비고
1	F01001	지출품의 작성	처리 ▼				
2	F01002	지출품의 승인	처리 ▼		F01001	→ ▼	
3	F01003	지출결의 작성	처리 ▼		F01002	→ ▼	
4	F01004	지출결의 승인	처리 ▼		F01003	→ ▼	
5	F01005	지급 의뢰	처리 ▼		F01004	→ ▼	
6	F01006	지급 승인	처리 ▼		F01005	→ ▼	
7	F01007	지출결의 현황 조회	조회 ▼		F01006	→ ▼	

[그림 Ⅱ-10-14] 프로세스 메뉴 설정 화면

위 그림은 하드 코딩(Hard coding)을 배제하고 설정만으로 프로세스 메뉴를 사용할 수 있는 방식의 예시이다. 이는 본서에서 예시로 든 시스템에서 부분적으로 구현한 프로세스 메뉴이다.

먼저 [[프로세스메뉴 설정]] 화면에서 프로세스 그룹을 정의하고 그룹별로 프로세스 단계별 화면을 설정한다. 프로세스 유형으로는 시작, 종료, 조회, 처리, 수작업, 판단, 보고서 등으로 구분할 수 있으며, 각 프로세스에는 오픈(Open)할 화면(프로그램) ID를 지정한다. 프로세스 간의 선후 관계는 '이전 프로세스'에 설정하며, 연결 형식은 →, ←, ↔ 등의 기호를 사용할 수 있다.

위에서 설정한 프로세스 메뉴는 아래 그림과 같이 표현될 수 있다. 앞 설정 화면의 예시 데이터와는 다르나 참고를 위해 상세하게 표시하였다.

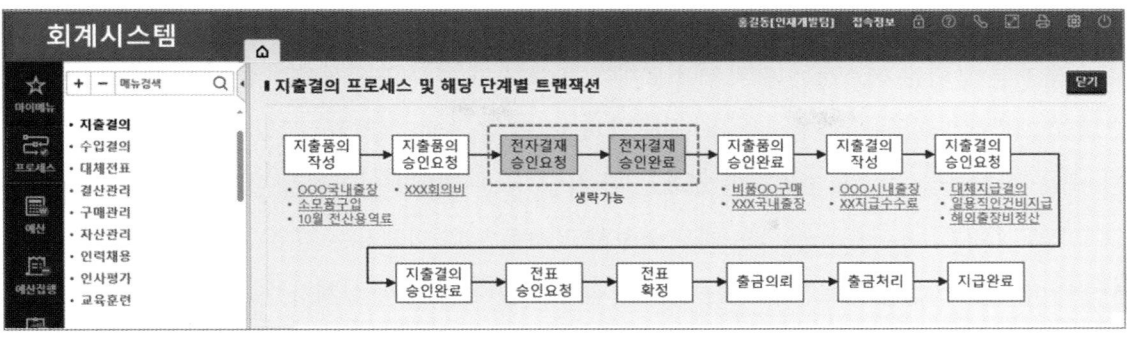

[그림 II-10-15] 프로세스 메뉴 예시

실제 화면에서는 프로세스 박스만 표시되는데, 위 그림은 참고를 위해 각 프로세스 박스 아래 해당 트랜잭션을 표시하였다. 박스를 클릭하면 해당 트랜잭션을 입력할 수 있도록 화면을 클리어한 상태로 띄워 주고, 트랜잭션 링크를 클릭하면 해당 거래의 상세 내용을 확인하고 처리(승인 등)할 수 있도록 한다. 여기서 프로세스 박스 아래의 트랜잭션 목록은 접속한 사용자가 작성자 또는 승인자인 건만 보여 주도록 한다.

8. 테스트

이번 장에서는 그동안 현장에서 느꼈던 테스트 관련 사항을 기술하고자 한다.

시스템 구축 시 설계 및 개발 못지않게 중요한 것이 바로 테스트이다. 개발이 결점 없이 한번에 끝나는 일은 거의 없기 때문에 테스트를 통해 결함을 제거하고 사용자 요구 사항에 맞게 개발이 되었는지 등을 확인해야 한다.

테스트는 여러 유형으로 구분할 수 있지만 보통 응용 시스템에서는 단위 테스트, 통합 테스트, 시스템 테스트 등을 주요 테스트로 본다. 단위 테스트(Unit test)는 프로그램 단위로 설계서에 맞게 개발되었고 이상 없이 작동되는지를 확인하는 절차이며, 통합 테스트(Integration test)는 시스템 전체에 대해 주요 업무 프로세스가 이상 없이 흘러가는지 시스템의 작동 및 데이터의 정합성 등을 체크하는 절차이다. 그리고 시스템 테스트(System test)는 대용량 트랜잭션 처리 시 시스템의 성능 등을 확인하는 절차이다. 여기에 더해 별도의 사용자 수용 테스트(User acceptance test)를 통해 최종 검수를 받는 경우도 있다.

단위 테스트

가장 기본이 되는 테스트는 단위 테스트이다. 사용자가 원하고 설계자가 설계한 대로 개별 프로그램이 개발이 되었는지 점검하는 것이다. 과거 TV의 한 프로그램에서 보았던 '귀 막고 말 전달하기 게임'처럼 여러 사람이 참여하는 일에는 한 사람 건널 때마다 이야기가 달라질 수 있는데, 귀를 막지 않고 동일한 용어를 사용하는 데도 불구하고 서로 달리 이해하는 경우가 흔히 발생한다. 이때 사람마다 생각이 정말 다르구나 하는 것을 실감하게 된다. 따라서 설계자는 자신이 설계한 바대로 개발되었는지 확인해야 하고, 사용자인 고객도 최종적으로 요구한 바가 이상 없이 개발되었는지를 확인해야 한다. 나중에 재개발 또는 대폭 수정하는 일이 발생하지 않도록 하려면 개발 중에 수시로 소통하며 확인하는 것이 좋다. 의심쩍거나 모르면 귀찮더라도 즉시 확인하며 진행하길 권한다.

단위 테스트는 UI(화면), 입력 데이터 검증(Validation), 메시지 및 로그(Log) 처리, 조회 시 체크 사항, 입력/수정/삭제와 같은 데이터 변경 시 체크 사항, 그리고 출력 시 체크 사항 등의 유형으로 구분할 수 있다.

아래 표는 대부분의 응용 시스템에서 개별 프로그램마다 공통적으로 체크해야 하는 사항을 정리한 것이다.

구분	No	체크 사항
UI	1	메뉴명과 화면 상단의 화면명이 일치하는가?
	2	화면의 데이터 영역 사이즈가 적정한가? (예: 모니터 사이즈에 자동으로 맞도록 '반응형'으로 구성, 데이터가 화면 필드 사이즈를 초과할 경우 Tip 처리 또는 자동 줄 바꿈 처리)
	3	화면 오픈 시 포커스 위치가 적정한가? (별도 요구가 없다면 화면의 첫 입력 항목에 위치)
	4	화면/보고서 구성 요소의 배치, 배열, 폰트(사이즈, 색상 등), 형식 등이 UI/UX 표준을 준수하였는가?
	5	필수 입력 항목이 표준대로 표시되어 있는가? (예: 필드명 우측에 붉은 별표)
	6	화면에서 탭키 또는 우측 방향키나 엔터키를 눌렀을 때 커서가 정해진 순서대로 이동하는가?
	7	그리드 내 [행추가] 시 행(Row)이 하나 생성되면서 첫 번째 입력 셀에 커서가 위치하는가? (체크박스 제외)
	8	사용 권한이 없는 아이콘 또는 버튼에 대해 안 보이게 하거나 비활성화 처리하였는가? (예: 권한이 없는 아이콘/버튼은 안 보이게 하거나 클릭이 안 되도록 함)
	9	필드가 표시 전용(Display only) 이거나 권한이 없는 경우 비활성화되어 있는가? (예: 표시 전용 또는 권한이 없는 필드는 입력이 안 되도록 하고 회색 바탕으로 구분 표시함)
Validation	1	각 필드의 속성(문자, 숫자 등)에 따라 입력이 제한되는가? (예: 금액 필드에 문자 입력 불가)
	2	필드에 입력 가능한 데이터의 크기 및 범위 제한이 적용되는가? (예: 금액 및 문자 수 제한 등)
	3	날짜 입력 시 지정된 형식, 정합성 체크 및 기간의 선후 관계가 체크되는가?
	4	필드에 Copy & Paste로 입력 값을 붙여 넣는 경우 입력 필드의 제약 사항이 체크되는가?
	5	계산 처리된 데이터 값은 정확히 체크되는가? (필드 간 산식 적용 시 결괏값, 합계, 건수 등)
	6	수정 또는 삭제 후 데이터가 정상적으로 refresh되는가?
	7	작업 수행 도중 강제 종료(Abort) 시 데이터 오류가 발생하지 않는가?
	8	메인(Main) 화면과 팝업(Popup) 화면 사이의 데이터 연계는 정상적으로 처리되는가?

구분	No	체크 사항
Message & Log	1	메시지 유형에 따른 처리 기준을 준수하였는가? (개발표준 준수 여부 체크)
	2	데이터 삭제 시 삭제 여부를 묻는 확인 메시지가 나타나는가?
	3	데이터 입력 중에 종료(Close)하는 경우 확인 메시지는 표시되는가?
	4	자료 미 입력, 오류 입력에 대해서 메시지 표시 후 해당 입력 항목으로 포커스가 이동하는가?
	5	데이터 처리 시 사용자가 알 수 없는 시스템 오류 메시지가 나타나지 않는가? (모든 SQL에 대한 에러 처리)
	6	주요 데이터에 대한 이력 로그 및 오류 관련 로그가 적정하게 처리되는가?
조회	1	화면에 표시된 내용과 실제 DB에 있는 내용이 동일한가? (SQL을 통해 확인)
	2	조회 조건을 주지 않고 전체 조회 시 오류 없이 정확하게 동작하는가?
	3	조회 조건이 다수인 경우 조건의 조합별로 표시되는 데이터가 정확한가?
	4	목록 조회 시 대상 건수가 없는 경우 표준에 따라 처리되는가? (예; 데이터 없음 메시지 등)
	5	목록에서 선택한 항목의 내역이 상세 영역(그리드 포함)에 정확히 표시되는가?
	6	표(Grid)에 표시된 값이 의도한 정렬 조건에 맞게 표현되는가? (설계서상 Sort 요건과 비교)
	7	표의 데이터 건수나 합계가 맞게 표시되는가? (그리드 하단에 합계 또는 건수 표시하는 경우)
입력/수정/삭제	1	권한이 없는 사용자가 입력/수정/삭제할 수 있는가?
	2	데이터 변경(저장, 삭제) 시 실행 여부를 묻는 확인 절차(예; 메시지)가 있는가?
	3	입력/수정한 데이터가 정상적으로 DB에 저장되는가? (동일 Key를 가진 중복 데이터 배제 포함)
	4	수정 기능이 정상적으로 수행되지 않는 경우 이전의 데이터가 제대로 보존되어 있는가?
	5	필수 입력 항목 및 DB상의 'Not Null' 항목에 대해 체크하는가?
	6	입력한 값을 저장할 때 뒷부분에 붙은 공백 값을 제거(Trim)하는가?
	7	기본(Default)으로 입력되어야 하는 값이 제대로 반영되는가? (기본 설정 값 및 사용자ID/입력시간 등)
	8	자동으로 채번(Numbering)하는 값이 규칙에 따라 제대로 생성, 입력되는가?
	9	찾기 창(Popup window)을 호출하는 경우 팝업창에서 리턴(Return)한 값을 제대로 가져오는가?
	10	입력 데이터가 테이블상 칼럼 사이즈를 초과할 경우 처리 기준에 따라 동작하는가? (오류 메시지 등)
	11	등록과 수정을 같은 화면에서 처리할 때 모드(등록/수정)에 관한 처리가 적정한가?
	12	삭제 시 데이터를 DB에서 Delete하는 경우와 상태 코드만 변경시키는 경우가 각각 정상 동작하는가?
	13	상하 관계가 있는 데이터의 경우 상위 레벨 데이터 삭제 시 하위 레벨 데이터 유무를 체크하는가?
	14	삭제 대상 데이터가 아니라 다른 데이터가 삭제되는 경우가 있는가?
출력/파일	1	미리 보기와 실제 출력(Print)한 결과의 형식과 내용이 일치하는가?
	2	출력 내용이 깨지거나 잘려짐 없이 잘 출력되는가?
	3	출력물의 페이지 및 다음 페이지의 출력물 형태(타이틀 등)가 적절하게 표시되는가?
	4	엑셀이나 텍스트 등 파일로 저장할 경우, 타이틀 및 데이터가 정확하게 저장되는가?

[표 Ⅱ-10-2] 단위 테스트 항목

위 사항은 개별 프로그램마다 하나하나 체크하고 확인해야 하는 사항이다. 주로 외형적인 사항을 열거하였지만 더욱 중요한 것은 시스템 내부에서 처리하는 데이터의 정합성 유지이다. 즉 입력한 데이터가 관련 테이블에 모두 정확히 기록되었는지, 또 관련 시스템과 데이터가 정합성이 유지되며 연계되는지 등도 점검해야 하는 사항이다.

그런데 현실에서는 납기 시간에 쫓겨 코딩 정도만 급하게 완료하고 제출하거나 테스트를 했다고 해도 부분적으로만 수행해서 오류가 많이 발생하는 경우가 흔하다. 이는 결국 다시 보완하는 데 많은 시간이 소요되어 프로젝트 납기 지연 및 손실로 이어지게 되므로, 기본적인 사항의 체크는 습관화하도록 한다.

이제부터 내가
회계 시스템 담당자라는데

회계 시스템 개발자를 위한 회계 원리와 회계 시스템 기본 지식

| 2025년 | 9월 19일 | 1판 | 1쇄 | 인 쇄 |
| 2025년 | 9월 30일 | 1판 | 1쇄 | 발 행 |

지 은 이 : 오 세 훈 · 이 정 수

펴 낸 이 : 박　　정　　태

펴 낸 곳 : **주식회사 광문각출판미디어**

10881
파주시 파주출판문화도시 광인사길 161
광문각 B/D 3층
등　　록 : 2022. 9. 2 제2022-000102호
전 화(代): 031-955-8787
팩　　스 : 031-955-3730
E - mail : kwangmk7@hanmail.net
홈페이지 : www.kwangmoonkag.co.kr

ISBN : 979-11-93205-73-0　　03320

값 : 29,000원

불법복사는 지적재산을 훔치는 범죄행위입니다.

저작권법 제97조 제5(권리의 침해죄)에 따라 위반자는 5년 이하의
징역 또는 5천만 원 이하의 벌금에 처하거나 이를 병과할 수 있습니다.